中国企业信用发展报告 2023

中国企业改革与发展研究会
中国合作贸易企业协会 编
国信联合（北京）认证中心

中国财富出版社有限公司

图书在版编目（CIP）数据

中国企业信用发展报告.2023 / 中国企业改革与发展研究会，中国合作贸易企业协会，国信联合（北京）认证中心编. --北京：中国财富出版社有限公司，2024.9. --ISBN 978-7-5047-8219-9

Ⅰ. F832.4

中国国家版本馆 CIP 数据核字第 2024MA4826 号

策划编辑	杜　亮	**责任编辑**	杜　亮	**版权编辑**	李　洋
责任印制	尚立业	**责任校对**	卓闪闪	**责任发行**	董　倩

出版发行	中国财富出版社有限公司		
社　址	北京市丰台区南四环西路 188 号 5 区 20 楼	**邮政编码**	100070
电　话	010-52227588 转 2098（发行部）		010-52227588 转 321（总编室）
	010-52227566（24 小时读者服务）		010-52227588 转 305（质检部）
网　址	http://www.cfpress.com.cn	**排　版**	宝蕾元
经　销	新华书店	**印　刷**	宝蕾元仁浩（天津）印刷有限公司
书　号	ISBN 978-7-5047-8219-9/F·3714		
开　本	880mm×1230mm　1/16	**版　次**	2024 年 4 月第 1 版
印　张	32	**印　次**	2024 年 4 月第 1 次印刷
字　数	731 千字	**定　价**	180.00 元

诚信为本
服务社会

邹家华

追求质量诚信

践行社会责任

周绍康

《中国企业信用发展报告 2023》

编 辑 委 员 会

序　言

2023年是全面贯彻党的二十大精神的开局之年，是三年新冠疫情防控转段后经济恢复发展的一年。2023年中央经济工作会议强调，必须把坚持高质量发展作为新时代的硬道理，完整、准确、全面贯彻新发展理念，推动经济实现质的有效提升和量的合理增长；必须坚持深化供给侧结构性改革和着力扩大有效需求协同发力，发挥超大规模市场和强大生产能力的优势，使国内大循环建立在内需主动力的基础上，提升国际循环质量和水平；必须坚持依靠改革开放增强发展内生动力，统筹推进深层次改革和高水平开放，不断解放和发展社会生产力、激发和增强社会活力；必须坚持高质量发展和高水平安全良性互动，以高质量发展促进高水平安全，以高水平安全保障高质量发展，发展和安全要动态平衡、相得益彰。

《中国企业信用发展报告2023》显示，我国企业经历了非常艰难的发展时期，整体运行面临着较大的下行压力。最主要因素是有效需求不足、部分行业产能过剩、社会预期偏弱、风险隐患仍然较多，国内大循环存在堵点，外部环境的复杂性、严峻性、不确定性上升。这些不利因素给我国企业高质量发展带来的影响加深，不确定因素增多，需要我国企业界加以深入研究和高度关注，切实采取有效的应对措施。做好当前经济工作，我国企业界应重点做好以下几个方面的工作。

第一，坚持创新引领，加快推进现代化产业体系建设。要以科技创新推动产业创新，特别是以颠覆性技术和前沿技术催生新产业、新模式、新动能，发展新质生产力。要大力推进新型工业化，发展数字经济，加快推动人工智能发展。以数字化转型整体驱动生产方式、生活方式和治理方式变革。打造生物制造、商业航天、低空经济等若干战略性新兴产业，开辟量子、生命科学等未来产业新赛道，广泛应用数智技术、绿色技术，加快传统产业转型升级。

第二，大力发展新质生产力，加快建设世界一流企业。要进一步加大科技创新投入比率，不断实现高水平科技自立自强。尤其是我国大中型企业要集中优势资产，充分利用优势资源，加快形成和壮大主导产业的全球化布局，打造全球行业优势龙头企业。要以科技自立自强推动国内大循环，提高供给体系质量和水平，以新供给创造新需求，以科技自立自强畅通国内国际双循环，保障产业链供应链安全稳定。要以强大科技作支撑，以质量变革、效率变革、动力变革推动现代化经济体系建设。特别是掌握关键核心技术，赋能发展新兴产业，为构建新发展格局、形成新质生产力、推动高质量发展提供新的成长空间、关键着力点和主要支撑体系，使践行新发展理念的高质量发展更多依靠新质生产力的创新驱动型增长，加快建设一批产品卓越、品牌卓著、创新领先、治理现代的世界一流企业。

第三，树立大局意识，努力实现高质量协同发展。在一些关键领域，我国企业在产业链供应链上仍然存在着短板和瓶颈等突出问题，严重制约了我国企业和经济的发展。我国要加强不同所有制企业的协同融合发展，以国有企业混合所有制改革为牵引，加强国企改革的系统集成，实现国有企业和民营企业优势互补，激活企业活力和创造力，以补短板扬优势厚植民营企业发展动力，引导支持民营企业改革发展，聚焦民营经济发展中的难题，坚持探索创新，持续创造可复制可推广的经验做法。促进中小企业“专精特新”发展，积极组建创新联合体或技术创新战略联盟，整合产业链资源，联合中小企业建设先进制造业集群。

第四，践行 ESG 理念，持续推进高质量诚信发展。在当前环境下，部分行业仍然处于低水平运行，甚至出现持续性行业亏损，系统性风险较高。我国企业要强化忧患意识，守住风险底线，做好风险防范，增强发展韧性，进一步加强和提高防范化解风险能力，高度重视和防范各类风险。要突出防范经营效益下滑风险、债务风险、投资风险、金融业务风险、国际化经营风险、安全环保风险，强化各类风险识别，建立预判预警机制，及时排查风险隐患，制定完善的应对预案。要始终坚持底线思维，加强诚信自律，进一步推进企业高质量诚信发展。同时，积极主动承担社会责任，践行 ESG 理念，不断增强企业活力、竞争力、创新力和抗风险能力，进一步提升可持续发展能力。

《中国企业信用发展报告 2023》对中国企业以及各行业的信用状况进行了较为客观的评价和成因分析，立足新发展阶段，揭示了当前宏观经济环境新变化以及中国企业信用发展面临的新问题、新挑战，并提出了可行的、具有操作性的对策建议，为政府、企业和社会提供了有价值的参考依据。值该报告公开出版发行之际，特作此序。

李保国

2023 年 12 月于北京

目　录

第一章　2023 中国企业信用发展报告 …… 1

一、综合分析与研究概述 …… 2

二、研究结论及若干建议 …… 5

第二章　2023 中国企业信用发展综合评价与分析报告 …… 11

一、2023 中国企业信用发展总体评价与分析 …… 12

二、2023 中国企业信用发展行业特征分析 …… 22

三、2023 中国企业信用发展所有制特征分析 …… 33

四、2023 中国企业信用发展规模特征分析 …… 40

五、2023 中国企业信用发展地区特征分析 …… 48

六、中国企业信用发展中存在的突出问题及对策建议 …… 54

第三章　2023 中国企业信用 500 强发展报告 …… 59

一、2023 中国企业信用 500 强分布特征 …… 60

二、2023 中国企业信用 500 强总体评价与分析 …… 65

三、2023 中国企业信用 500 强经济效益变化及趋势分析 …… 67

四、2023 中国企业信用 500 强面对的挑战及若干建议 …… 78

第四章　2023 中国制造业企业信用 100 强发展报告 …………………………… 83

一、2023 中国制造业企业信用 100 强分布特征 ……………………………… 84
二、2023 中国制造业企业信用 100 强行业环境分析 ………………………… 87
三、2023 中国制造业企业信用 100 强行业效益变化趋势分析 ……………… 106
四、2023 中国制造业企业信用 100 强行业效益综合分析 …………………… 125
五、中国制造业信用发展中存在的主要问题及若干建议……………………… 134

第五章　2023 中国服务业企业信用 100 强发展报告 ………………………… 139

一、2023 中国服务业企业信用 100 强分布特征 ……………………………… 140
二、2023 中国服务业企业信用 100 强行业环境分析 ………………………… 143
三、2023 中国服务业企业信用 100 强行业效益变化趋势分析 ……………… 158
四、2023 中国服务业企业信用 100 强行业效益综合分析 …………………… 170
五、中国服务业信用发展中存在的主要问题及若干建议……………………… 178

第六章　2023 中国民营企业信用 100 强发展报告 …………………………… 183

一、2023 中国民营企业信用 100 强分布特征 ………………………………… 184
二、2023 中国民营企业信用 100 强效益变化趋势分析 ……………………… 187
三、中国民营企业信用发展中存在的主要问题及若干建议…………………… 195

第七章　2023 中国上市公司信用 500 强发展报告 …………………………… 199

一、2023 中国上市公司信用 500 强分布特征 ………………………………… 200
二、2023 中国上市公司信用 500 强总体评价与分析 ………………………… 204
三、2023 中国上市公司信用 500 强效益变化趋势分析 ……………………… 207
四、中国上市公司信用发展中存在的主要问题及若干建议…………………… 214

第八章　2023 中国企业信用 500 强评价资料 ………………………………… 219

一、2023 中国企业信用 500 强排序 …………………………………………… 220

二、2023 中国企业信用 500 强收益性指标 …… 236
三、2023 中国企业信用 500 强流动性和安全性指标 …… 252
四、2023 中国企业信用 500 强成长性指标 …… 268
五、2023 中国企业信用 500 强地区分布 …… 284
六、2023 中国企业信用 500 强行业分布 …… 301

第九章 2023 中国制造业企业信用 100 强评价资料 …… 319

一、2023 中国制造业企业信用 100 强排序 …… 320
二、2023 中国制造业企业信用 100 强收益性指标 …… 324
三、2023 中国制造业企业信用 100 强流动性和安全性指标 …… 328
四、2023 中国制造业企业信用 100 强成长性指标 …… 332
五、2023 中国制造业企业信用 100 强地区分布 …… 336
六、2023 中国制造业企业信用 100 强行业分布 …… 341

第十章 2023 中国服务业企业信用 100 强评价资料 …… 345

一、2023 中国服务业企业信用 100 强排序 …… 346
二、2023 中国服务业企业信用 100 强收益性指标 …… 350
三、2023 中国服务业企业信用 100 强流动性和安全性指标 …… 354
四、2023 中国服务业企业信用 100 强成长性指标 …… 358
五、2023 中国服务业企业信用 100 强地区分布 …… 362
六、2023 中国服务业企业信用 100 强行业分布 …… 366

第十一章 2023 中国民营企业信用 100 强评价资料 …… 371

一、2023 中国民营企业信用 100 强排序 …… 372
二、2023 中国民营企业信用 100 强收益性指标 …… 376
三、2023 中国民营企业信用 100 强流动性和安全性指标 …… 380
四、2023 中国民营企业信用 100 强成长性指标 …… 384
五、2023 中国民营企业信用 100 强地区分布 …… 388
六、2023 中国民营企业信用 100 强行业分布 …… 392

第十二章　2023 中国上市公司信用 500 强评价资料 …… 397

一、2023 中国上市公司信用 500 强排序 …… 398
二、2023 中国上市公司信用 500 强收益性指标 …… 414
三、2023 中国上市公司信用 500 强流动性和安全性指标 …… 430
四、2023 中国上市公司信用 500 强成长性指标 …… 446
五、2023 中国上市公司信用 500 强地区分布 …… 462
六、2023 中国上市公司信用 500 强行业分布 …… 479

后　记 …… 497

第一章

2023中国企业信用发展报告

一、综合分析与研究概述

2023 中国企业信用发展分析研究和发布活动，是由中国企业改革与发展研究会、中国合作贸易企业协会、国信联合（北京）认证中心联合开展的，也是自 2011 年以来连续第 13 次针对中国企业信用发展状况进行的分析研究。在此基础上，评价产生了 2023 中国企业信用 500 强和中国制造业企业信用 100 强、中国服务业企业信用 100 强、中国民营企业信用 100 强、中国上市公司信用 500 强，并分别进行了分析研究，作为本报告的组成部分。

本报告通过对 2022 年我国企业信用发展综合分析与研究、2023 年发展预期及 2024 年发展展望，提出如下观点。

（一）企业面临不确定因素增多，修复增长动力不足

2022 年中国经济经济运行不及市场预期，主要原因是国际国内复杂环境导致的不确定因素增多，以及新冠疫情对经济所造成的严重冲击。本报告对我国企业总体经济环境的分析显示，2022 年我国企业的景气指数为 91.97 点，较 2021 年的 118.51 点回落了 26.54 点；盈利指数为 87.91 点，较 2021 年的 106.89 点回落了 18.98 点；效益指数为 105.08 点，较 2021 年的 107.09 点回落了 2.01 点。从三项指数看，景气指数高位跳水，这也是近 10 年来首次跌落到荣枯线以下；盈利指数跌落的幅度巨大，表示利润指标处于负增长区间；效益指数虽有回落，但仍然保持了相对稳定水平，对企业的整体效益有一定的支撑作用。总体来看，2021 年的强势反弹具有明显的不确定性，不具有持续性，尤其是服务业受新冠疫情的影响较为明显。2023 年企业的整体运行呈现趋稳回升的态势，恢复性增长的基础进一步稳固。

从收益性三项指标分析，2022 年企业的营收利润率为 5.68%，较 2021 年的 8.11% 下降了 2.43 个百分点；资产利润率为 3.81%，较 2021 年的 4.22% 下降了 0.41 个百分点；所有者权益报

酬率为5.76%，较2021年的8.93%下降了3.17个百分点。企业的三项收益性指标基于2021年的高位回落，但其波动的幅度仍然处于合理区间，综合近5年波动情况来看，仍保持了相对较高水平。尽管2022年经历了较大的宏观环境影响和国内外市场冲击，我国企业的整体收益水平仍好于预期，表现出较强的发展韧性和抗风险能力。

从企业亏损比率分析，2022年样本企业的亏损比率为71.25%，较2021年的6.13%大幅提高了65.12个百分点。亏损比率的大幅提高，从样本企业的亏损总额也可看出：2022年样本企业的亏损总额较2021年提高了815.03%，表明企业普遍面临着经营困难的严峻局面。

国际货币基金组织2023年10月发布的《世界经济展望》报告认为，全球经济继续从新冠疫情、乌克兰危机等负面因素中缓慢复苏并展现出韧性，但全球经济增长仍然缓慢且不均衡，各国分化趋势日益扩大，多个因素正在阻碍经济复苏。当今世界充满了各种不确定因素，日益加剧的地缘政治博弈、贸易壁垒和贸易战、单边制裁和经济胁迫、乌克兰危机和巴以冲突等，都对全球发展构成严峻挑战。

本报告整体评价结果显示，2023年我国企业的综合信用指数（CCI）为80.20点，较2022年的84.36点下降了4.16点。总体来看，我国企业恢复性增长的基础仍不稳固，企业普遍面临着下行压力，修复增长的动力尚显不足。面对复杂严峻的国际环境和艰巨繁重的国内改革发展稳定任务，2023年前三季度我国国民经济持续恢复向好，高质量发展稳步推进。国家统计局2023年10月18日发布的前三季度多项宏观经济数据显示，初步核算，前三季度国内生产总值913027亿元，按不变价格计算，同比增长5.2%。各地区各部门坚决贯彻落实党中央、国务院决策部署，坚持稳中求进工作总基调，完整、准确、全面贯彻新发展理念，加快构建新发展格局，扎实推动高质量发展，精准有力实施宏观政策调控，着力扩大内需、提振信心、防范风险，国民经济持续恢复向好，生产供给稳步增加，市场需求持续扩大，就业物价总体改善，发展质量稳步提升，积极因素累积增多。

（二）我国企业仍具有发展韧性，恢复性增长基础尚不稳固

一是生产业景气度高位回落。2022年生产业的景气指数为95.18点，较2021年的113.24点下降了18.06点；盈利指数为92.91点，较2021年的102.24点下降了9.33点；效益指数为104.30点，较2021年的104.49点下降了0.19点。生产业主要是受建筑行业大幅下行的拖累，而电力、煤炭等行业发展状态较好。总体上生产业受到的影响相对有限，产业结构优化调整后，具有较强的发展韧性和抗风险能力。

二是制造业盈利水平明显下降。2022年制造业企业的景气指数为95.83点，较2021年的124.21点下降了28.38点；盈利指数为90.83点，较2021年的111.44点下降了20.61点；效益指

数为 106. 27 点，较 2021 年的 108. 02 点下降了 1. 75 点。制造业的三项指数均呈现较大幅度的回落。但相对而言，制造业的三项指数均是基于 2021 年的高位回落，主要表现在盈利能力的明显减弱，这与宏观经济环境影响有密切联系。总体来看，制造业企业仍具有较强发展韧性和抗风险能力。

三是服务业的景气度和盈利能力受到严重冲击。2022 年我国服务业的景气指数为 83. 35 点，较 2021 年的 109. 78 点下降了 26. 43 点；盈利指数为 80. 90 点，较 2021 年的 100. 04 点下降了 19. 14 点；效益指数为 102. 81 点，较 2021 年的 106. 02 点下降了 3. 21 点。由此可见，宏观经济环境以及新冠疫情主要对我国服务业产生严重影响和冲击，其跌落幅度也远超人们的预期。其中，航空运输及相关服务业，软件、程序、计算机应用、网络工程等计算机、微电子服务业，综合服务业（以服务业为主，含有制造业），人力资源（职业教育、培训等）、会展博览、国内外经济合作等社会综合服务业等 6 个细分行业出现了行业性整体亏损。由此可见，我国服务业的恢复性增长的基础还相当薄弱，需要一个相对较长的修复周期。

四是从规模特征分析，宏观经济环境对小型企业的冲击最为显著。2022 年小型企业的景气指数为 61. 87 点，较 2021 年的 98. 63 点下降了 36. 76 点；盈利指数为 63. 38 点，较 2021 年的 89. 06 点下降了 25. 68 点；效益指数为 100. 17 点，较 2021 年的 105. 83 点下降了 5. 66 点。总体来看，我国小型企业多为民营企业，其面临的经营困难的局面有所加剧，抗风险能力也相对较为脆弱，增长动能明显不足，修复的难度也明显更大。

（三）民营和小型企业融资政策效应不明显，资本保值处于安全边际

2022 年小型企业的所有者权益比率为 68. 40%，较 2021 年的 70. 76% 下降了 2. 36 个百分点，但仍处于高位运行，与之相对应的是理论负债率持续维持在 30% 左右。小型企业的资本保值增值率为 99. 76%，较 2021 年的 104. 06% 下降了 4. 30 个百分点。小型企业资本保值增值率已经低于保本点，处于安全边际。

2022 年民营企业的所有者权益比率为 58. 25%，比 2021 年的 52. 12% 提高了 6. 13 个百分点。民营企业的负债水平明显下降，已经降到接近 40%。总体而言，民营企业的整体信贷融资欲望偏弱，负债水平偏低，表明市场活跃度有待进一步提高。

2022 年民营企业和小型企业生产经营面临的困难进一步加大，尽管国家有关部门和地方政府相继出台了一系列的减轻企业负担、优化营商环境、激发企业活力的政策措施，在促进中小型企业和民营企业发展上发挥了一定的积极作用，但政策释放的效应仍然不尽如人意，中小型企业和民营企业的修复增长仍动力不足，经营发展仍步履维艰，需要国家有关部门和地方政府加大对中小企业和民营企业的帮扶力度，以期实现企业的快速修复增长，实现大中小企业的协同发展。

（四）科研投入强度有所提升，优势企业需要进一步提升科研创新能力

2022 年企业的研发经费投入与营业收入的比例为 7.09%，较 2021 年的 4.89% 提高了 2.20 个百分点。在可统计的样本企业中，有 99.73% 的企业科研投入表现为正增长，且增速明显较高，平均增长率高达 408.21%。尽管 2022 年企业的利润增长率表现为较大幅度的负增长，但对科研投入的比例不降反升，表明我国企业对科研投入保持着极高的热情和高度重视，掌握核心技术，创新驱动发展已经成为企业的普遍共识，并为今后的可持续发展、提高核心竞争力提供了坚实的基础。

2022 年我国制造业研发经费投入与营业额的比例为 6.92%，较 2021 年的 5.23% 提高了 1.69 个百分点。

2022 年我国服务业研发经费投入与营业额的比例为 8.31%，较 2021 年的 6.48% 提高了 1.83 个百分点。

研发经费投入逆势上升，表明我国企业更加重视科技创新，总体投入保持在高位运行，创新动能明显发力。但同时也应看到，信用 500 强企业的研发经费投入要低于样本企业。其中，2023 中国企业信用 500 强的研发投入比率为 4.56%，较样本企业的 7.09% 低 2.53 个百分点；2023 中国制造业企业信用 100 强的研发投入比率为 4.05%，较样本企业的 6.92% 低 2.87 个百分点；2023 中国服务业企业信用 100 强的研发投入比率为 4.66%，较样本企业的 8.31% 低 3.65 个百分点。总体来看，我国优势企业的研发经费投入比率明显偏低，相对处于较低水平，在科研投入上仍要进一步加大力度，持续提升科研创新能力。

二、研究结论及若干建议

综合对我国企业总体信用环境、效益变化总体趋势和不同行业、不同所有制、不同规模及上市公司的重点要素分析研究，提出以下主要对策建议。

（一）提振信心，进一步扎实推进企业高质量发展

2023 年是全面贯彻党的二十大精神的开局之年，是三年新冠疫情防控转段后经济恢复发展的一年。2023 年中央经济工作会议强调，进一步推动经济回升向好需要克服一些困难和挑战，主要是有效需求不足、部分行业产能过剩、社会预期偏弱、风险隐患仍然较多，国内大循环存在堵点，

外部环境的复杂性、严峻性、不确定性上升。

信心比黄金更重要。综合起来看，我国发展面临的有利条件强于不利因素，经济回升向好、长期向好的基本趋势没有改变，要增强信心和底气。我国企业必须把坚持高质量发展作为新时代的硬道理，完整、准确、全面贯彻新发展理念，推动经济实现质的有效提升和量的合理增长。必须坚持深化供给侧结构性改革和着力扩大有效需求协同发力，发挥超大规模市场和强大生产能力的优势，使国内大循环建立在内需主动力的基础上，提升国际循环质量和水平。必须坚持依靠改革开放增强发展内生动力，统筹推进深层次改革和高水平开放，不断解放和发展社会生产力、激发和增强社会活力。必须坚持以科技创新引领现代化产业体系建设，特别是以颠覆性技术和前沿技术催生新产业、新模式、新动能，发展新质生产力，进一步推进企业高质量发展。

三年疫情以及国际环境的深刻变化，对全球产业链、供应链形成了新的挑战，由于国内外有效需求不足导致部分行业产能过剩，国内大循环存在堵点，外部环境的复杂性、严峻性、不确定性上升。我国企业必须全面切实转变发展观念，加快实现由要素驱动、投资规模驱动向创新驱动的根本转变，系统推进新质生产力的形成，以新质生产力为中国经济高质量发展构建新竞争力和持久动力。要统筹推进传统产业改造升级和新兴产业培育壮大，要抓住新一轮科技革命和产业变革深入发展的机遇，结合产业发展实际，加快数字化转型，推广先进适用技术，着力提升制造业高端化、智能化、绿色化水平。要抓住全球产业结构和布局调整过程中形成的新机遇，加快新能源、人工智能、生物制造、绿色低碳、量子计算等前沿技术研发和应用推广，打造一批具有国际竞争力的战略性新兴产业集群和数字产业集群，创造新的竞争优势。

（二）创新引领，努力推进现代化产业体系建设

习近平总书记强调：“坚持把发展经济的着力点放在实体经济上，推进新型工业化。”2023 年中央经济工作会议强调，要以科技创新引领现代化产业体系建设。要以科技创新推动产业创新，特别是以颠覆性技术和前沿技术催生新产业、新模式、新动能，发展新质生产力。要大力推进新型工业化，发展数字经济，加快推动人工智能发展。

数字时代是我国经济和企业实现弯道超车的重要战略机遇，加快建设数字经济、数字社会、数字政府，以数字化转型整体驱动生产方式、生活方式和治理方式变革。我国企业要紧紧抓住这一战略机遇，进一步推进实体经济与数字经济效益的深度融合发展，推进服务业与制造业的深度融合，加速向数字化、网络化、智能化发展，着力壮大新增长点，形成发展新动能，壮大经济发展新引擎。

我国企业要加快发展数字经济，推动实体经济和数字经济融合发展，推动互联网、大数据、人工智能同实体经济深度融合，推动制造业加速向数字化、网络化、智能化发展，着力壮大新增

长点，形成发展新动能。培育壮大人工智能、大数据、区块链、云计算、网络安全等新兴数字产业，提升通信设备、核心电子元器件、关键软件等产业水平。我国企业要始终坚持科技创新驱动不动摇，健全鼓励支持基础研究、原始创新的体制机制，完善科技人才发现、培养、激励机制，努力提高制造业和科技型、生产性服务业的深度融合，建立以企业为主体、市场为导向、产学研深度融合的技术创新体系，特别是对中小型企业的创新支持，促进科技成果转化落地，促进制造业高质量发展。

制造业企业要以国家战略性需求为导向推进创新体系优化组合，把自主创新摆在更加突出的位置，进一步加大研发投入力度，加快关键核心技术攻关，打造更多依靠创新驱动、发挥先发优势的引领性企业，加快推动建立以企业为主体、市场为导向、产学研深度融合的技术创新体系，不断提升原始创新能力、产业基础能力和产业链、供应链的现代化水平。

服务业企业要加快数字化转型进程，加快推动人工智能发展；推动大数据、物联网、移动互联网、云计算、人工智能、区块链等数字技术在服务业层面的广泛应用。促进数字技术赋能服务业。以5G、6G人工智能等数字技术不断创新生产性服务产品，增强服务产品功能，打造以技术推广、管理咨询等为主要内容的综合性服务平台，丰富生产性服务业态，增强服务性资源品质，提高服务性资源配置效率；打造生物制造、商业航天、低空经济等若干战略性新兴产业，开辟量子、生命科学等未来产业新赛道，广泛应用数智技术、绿色技术，加快传统服务业转型升级。

（三）深化改革，进一步推进高质量协同融合发展

2023年中央经济工作会议强调，要谋划进一步全面深化改革重大举措，为推动高质量发展、加快中国式现代化建设持续注入强大动力。要不断完善落实“两个毫不动摇”的体制机制，充分激发各类经营主体的内生动力和创新活力。要深入实施国有企业改革深化提升行动，增强核心功能、提高核心竞争力。要促进民营企业发展壮大，在市场准入、要素获取、公平执法、权益保护等方面落实一批举措。

中国企业信用500强作为各行业、各领域中的优质企业，要充分发挥在各自行业和领域中的优势作用，引领行业协同融合发展，打造行业高质量发展的新优势。

一是要加强不同所有制企业的协同融合发展。把深化国有企业改革作为国有企业加快建设世界一流企业的重要途径，以国有企业混合所有制改革为牵引，系统推进国有企业治理结构、市场化薪酬体系、国资监管体制、国有资本投资运营机制等各项改革，加强国企改革的系统集成。逐步推动混合所有制改革由局部试点向综合行动转变，从浅层次“混”向深层次“改”转变，实现国有企业和非公有制企业优势互补，激活企业活力和创造力，充分发挥国资国企独特制度优势，建设一批具有中国特色、全球竞争力的世界一流企业。以补短板扬优势厚植民营企业发展动力，

引导支持民营企业改革发展，聚焦民营经济发展中的难题，坚持探索创新，持续创造可复制可推广的经验做法，建设一批世界一流的民营企业。

二是要加强大企业与中小微企业的协同融合发展，促进中小企业专精特新发展。积极组建创新联合体或技术创新战略联盟，整合产业链资源，联合中小企业建设先进制造业集群，利用自身优势资源在全球布局研发设计中心，有效对接和利用全球资源。上下游企业各自聚焦主业，提供不同的部件或配件，彼此协同分工、紧密配合，才能保证不出现断链。梯度培育有助于更好梳理供应链，增强产业链供应链的自主可控能力。

中国企业信用500强要发挥引领性企业的先发优势，推动建立以企业为主体、市场为导向、产学研深度融合的技术创新体系，加强国有企业与不同所有制企业、各类主体的融通创新，加强知识产权保护，创新促进科技成果转化的机制，不断提升产业基础能力和产业链现代化水平。同时，要加强对中小企业创新的支持，促进科技成果转化。倡导创新文化，强化知识产权创造、保护、运用。培养造就一大批具有国际水平的战略科技人才、科技领军人才、青年科技人才和高水平创新团队。同时，也要注重制度创新、管理创新、市场创新、文化创新等，尤其是科技、信息服务业要创新与制造业的融合发展，依靠创新驱动促进企业高质量融合发展。

（四）释放活力，进一步加快建设世界一流企业

习近平总书记在党的二十大报告中指出，“完善中国特色现代企业制度，弘扬企业家精神，加快建设世界一流企业”。

中国企业信用500强是各行业各领域中的优质企业，发挥着重要的标杆和示范作用。这些企业中，有些已经拥有极强的规模实力、国际化经营能力和核心竞争力；有些已经具备全球领先的产品服务质量、技术水平、品牌影响力；有些已经在前沿方向和领域开始进入“并跑”“领跑”阶段。加快建设世界一流企业，有利于实现我国经济社会高质量发展，为实现中国式现代化提供坚实支撑。但同时我们也应看到，信用500强企业的研发投入比率仍然远低于样本企业，与建设制造强国、提升产业链供应链现代化水平相比，仍有很大提升空间。世界一流企业必然要求一流的技术、商业模式和管理创新能力，信用500强企业要以补链强链提升企业自主创新能力，前瞻性培育我国企业引领未来科技变革方向、支撑国家重大战略需求的创新要素，加快核心技术攻关，加大创新技术场景应用，积极填补国际产业链高端空白，实现高水平科技自立自强。进一步强化企业创新主体地位，推动科技企业融通创新，全面提升创新链产业链水平。提升资源配置能力和品牌美誉度，拓展企业国际化经营能力，引导我国企业在更大范围、更宽领域、更深层次参与全球资源配置，持续提升资源整合能力，多措并举提升海外市场份额，提升与国际市场的对接融合度，形成更强大的国际竞争优势。

一是国有企业要以深化改革为抓手，持续增强国有企业活力。把深化国有企业改革作为推进国有企业高质量发展，加快建设世界一流企业的重要途径，系统推进国有企业治理结构、市场化薪酬体系、国资监管体制、国有资本投资运营机制等各项改革，加强国企改革的系统集成，实现国有企业和非公有制企业优势互补，激活企业活力和创造力，充分发挥国资国企独特制度优势，建设一批具有中国特色、全球竞争力的世界一流企业。

二是发扬民营企业的优势，厚植民营企业发展动力。中共中央、国务院关于营造更好发展环境，支持民营企业改革发展作出一系列重大部署，从根本上解决了民营经济发展预期不稳、要素获取难度高、市场准入门槛不统一等突出问题，引导支持民营企业改革发展，聚焦民营经济发展中的难题，坚持探索创新，持续创造可复制可推广的经验做法，建设一批世界一流的民营企业。我国民营企业和中小型企业，要充分释放政策效应，积极融入国家战略，激发企业高质量发展的内在活力和动力。充分发挥其灵活性、适应性、创新性的巨大优势，发展新产业、新技术、新业态、新模式，积极进入战略性新兴产业或战略性新兴产业链中，努力开辟新的广阔发展空间。

（五）坚守底线，持续推进高质量诚信发展

2023 年中央经济工作会议强调，要持续有效防范化解重点领域风险，坚决守住不发生系统性风险的底线。三年疫情对我国部分行业造成严重冲击，国内外产业链、供应链的影响导致部分行业出口受阻、产能过剩。做好当前经济工作，要聚焦关键环节，要有效管控重点风险，守住不发生系统性风险底线。在当前环境下，企业也面临着下行压力的考验，更面临着各种风险因素挑战，尤其要有效防范化解重大系统性风险，突出防范经营效益下滑风险、债务风险、投资风险、金融业务风险、国际化经营风险、安全环保风险。企业要进一步强化各类风险识别，建立预判预警机制，及时排查风险隐患，制定完善的应对预案，全面切实推进《企业诚信管理体系》（GB/T 31950—2015）标准的贯彻与实施，强化社会责任意识、规则意识、奉献意识，形成诚信价值观，培育诚信文化，以诚信为准则来约束自身的行为；切实建立信用风险管理与控制体系，有效控制已经存在或可能存在的信用风险，尤其是控制系统性风险的发生；要坚持底线思维，确保合规合法经营，切实履行社会责任，以诚信建设推动企业持续健康和高质量发展。

我国企业要坚定不移贯彻创新、协调、绿色、开放、共享的新发展理念，践行人与自然和谐发展理念，主动承担社会责任，积极主动适应 ESG 发展趋势，践行 ESG 理念，不断增强企业活力、竞争力、创新力和抗风险能力，进一步提升可持续发展能力，推动高质量发展。要深入推动中国特色 ESG 生态体系建设，从生产全过程促进绿色低碳转型和消费模式的转变，进一步提升自身可持续发展能力，加快提高治理能力，努力推动企业与利益相关方和谐共赢，以创新实践推动我国企业实现高质量发展，全面提升企业的发展韧性和安全水平。

第二章

2023中国企业信用发展综合评价与分析报告

由中国企业改革与发展研究会、中国合作贸易企业协会、国信联合（北京）认证中心联合开展的2023中国企业信用发展分析研究和发布活动，是自2011年以来连续第13次针对中国企业信用发展状况进行的分析研究工作，并在此基础上，评价产生了2023中国企业信用500强、中国制造业企业信用100强、中国服务业企业信用100强、中国民营企业信用100强和中国上市公司信用500强。

中国企业信用评价模型是从企业的信用环境、信用能力、信用行为三个方面，综合企业的收益性、流动性、安全性、成长性等各项指标，采取以定量评价为主导、定量与定性评价相结合，以效益和效率为核心的多维度、趋势性分析研究，是企业综合信用状况和经营实力的客观体现。其中，信用环境、信用能力研究以2020—2022年（或以企业财年）的数据或信息为依据；信用行为研究以2022年10月1日至2023年9月30日的信息为依据。本报告所采集的信息数据来源主要有以下三种：一是通过公开的信息获得；二是企业自愿申报的数据信息；三是以信用调查评价活动获得的相关信息，如行业、市场、宏观经济、政策及法律法规等影响性分析。

经分析与研究，2023年中国企业综合信用评价结果为AAA级，综合信用指数（CCI）为80.20点，较2022年下降了4.16点（2022年中国企业综合信用指数为84.36点）。

一、2023中国企业信用发展总体评价与分析

（一）我国企业信用环境总体评价与分析

1. 世界经济面临严峻挑战

当今世界充满了各种不确定因素，日益加剧的地缘政治博弈、贸易壁垒和贸易战、单边制裁

和经济胁迫、乌克兰危机和巴以冲突等，都对全球发展构成严峻挑战。国际货币基金组织2023年10月发布的《世界经济展望报告》认为，全球经济继续从新冠疫情、乌克兰危机等负面因素中缓慢复苏并展现出韧性，但全球经济增长仍然缓慢且不均衡，各国分化趋势日益扩大，多个因素正在阻碍经济复苏。与新兴市场和发展中国家相比，发达经济体的放缓更为明显。在发达经济体，政策收紧开始产生负面影响，经济增速预计将从2022年的2.6%放缓至2024年的1.4%。美国增长前景改善，其消费和投资展现出了韧性，2023年经济增速预计为2.1%；相比之下，欧元区经济活动的预测值则被下调至0.7%，其中，德国预测值仅为-0.5%。

而新兴市场和发展中经济体2024年的经济增速预计将小幅下降，从2022年的4.1%降至2024年的4.0%，表现出的韧性强于预期。

由于货币政策收紧，加之国际大宗商品价格下跌，预计全球通胀率将从2022年的8.7%稳步降至2024年的5.8%。

总体来看，核心通胀率（不包括粮食和能源价格）预计也将下降，不过速度慢于总体通胀率，2024年将达到4.5%。大多数国家的通胀率预计要到2025年才能回到目标水平。

2. 我国经济运行保持恢复向好态势

2023年7月24日，中共中央政治局召开会议分析研究当前经济形势，部署下半年经济工作，会议指出，当前经济运行面临新的困难挑战，主要是国内需求不足，一些企业经营困难，重点领域风险隐患较多，外部环境复杂严峻。疫情防控平稳转段后，经济恢复是一个波浪式发展、曲折式前进的过程。我国经济具有巨大的发展韧性和潜力，长期向好的基本面没有改变。

会议强调，要坚持稳中求进工作总基调，完整、准确、全面贯彻新发展理念，加快构建新发展格局，全面深化改革开放，加大宏观政策调控力度，着力扩大内需、提振信心、防范风险，不断推动经济运行持续好转、内生动力持续增强、社会预期持续改善、风险隐患持续化解，推动经济实现质的有效提升和量的合理增长。

会议强调，要用好政策空间、找准发力方向，扎实推动经济高质量发展；要积极扩大国内需求，发挥消费拉动经济增长的基础性作用，通过增加居民收入扩大消费，通过终端需求带动有效供给，把实施扩大内需战略同深化供给侧结构性改革有机结合起来；要大力推动现代化产业体系建设，加快培育壮大战略性新兴产业、打造更多支柱产业；要持续深化改革开放，坚持“两个毫不动摇”，切实提高国有企业核心竞争力，切实优化民营企业发展环境；要切实防范化解重点领域风险，适应我国房地产市场供求关系发生重大变化的新形势，适时调整优化房地产政策，因城施策用好政策工具箱，更好满足居民刚性和改善性住房需求，促进房地产市场平稳健康发展。

面对复杂严峻的国际环境和艰巨繁重的国内改革发展稳定任务，2023年前三季度我国国民经济持续恢复向好，高质量发展稳步推进。

国家统计局2023年10月18日发布前三季度多项宏观经济数据显示，初步核算，前三季度国内生产总值913027亿元，按不变价格计算，同比增长5.2%。国家统计局领导表示，各地区各部门坚决贯彻落实党中央、国务院决策部署，坚持稳中求进工作总基调，完整、准确、全面贯彻新发展理念，加快构建新发展格局，扎实推动高质量发展，精准有力实施宏观政策调控，着力扩大内需、提振信心、防范风险，国民经济持续恢复向好，生产供给稳步增加，市场需求持续扩大，就业物价总体改善，发展质量稳步提升，积极因素累积增多。四季度，我国经济将会继续恢复向好，总体保持回升态势，并对实现全年5%左右的预期目标充满信心。

2011—2023年前三季度国内生产总值及其增长速度分析见图2－1。

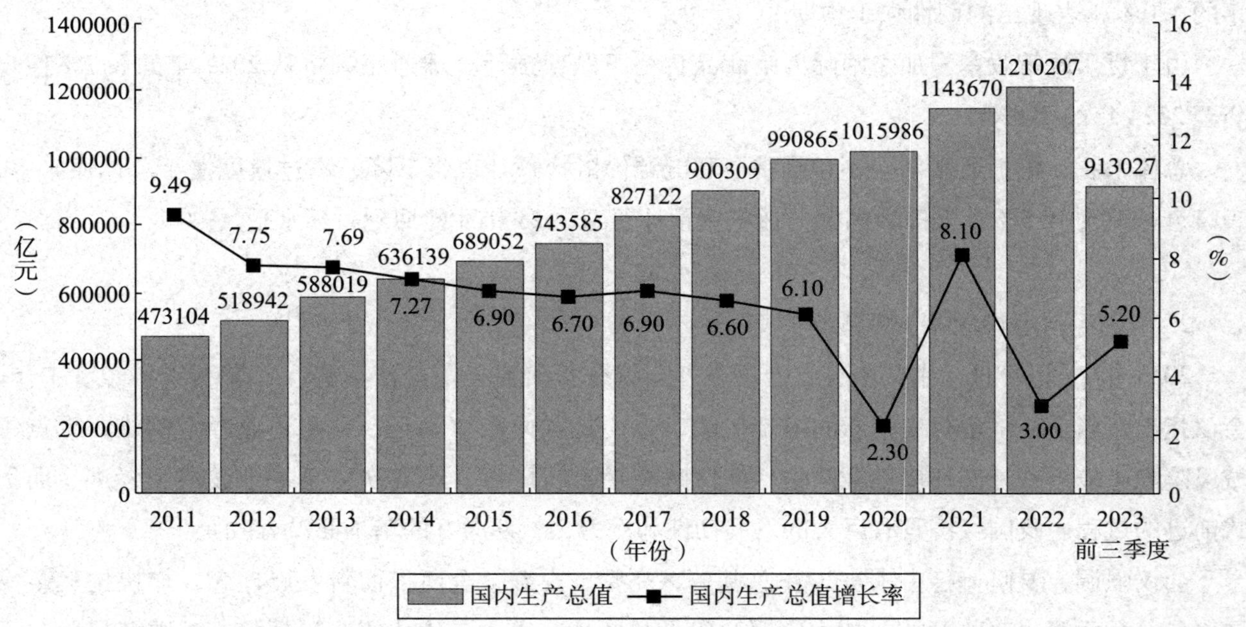

注：该图采用国家统计局当年公告数据，未进行调整或系统修订。

图2－1　2011—2023年前三季度国内生产总值及其增长速度分析

3. 我国企业整体呈现高位回落，恢复性增长的基础尚不稳固

2022年，受世界经济环境及新冠疫情、乌克兰危机等多重负面因素影响，我国经济恢复的基础尚不牢固，需求收缩、供给冲击、预期转弱三重压力仍然较大，外部环境动荡不安，给我国经济带来的影响加深。本报告对2022年我国企业总体经济环境分析显示，2022年我国企业的景气指数为91.97点，较2021年的118.51点回落了26.54点；盈利指数为87.91点，较2021年的106.89点回落了18.98点；效益指数为105.08点，较2021年的107.09点回落了2.01点。

2011—2022年中国企业总体信用环境分析见图2－2。

从图2－2可以看出，2022年我国企业的景气指数、盈利指数和效益指数均呈现大幅回落的态势，表明我国企业整体恢复的基础并不牢固。从三项指数看，景气指数高位跳水，这也是近10年

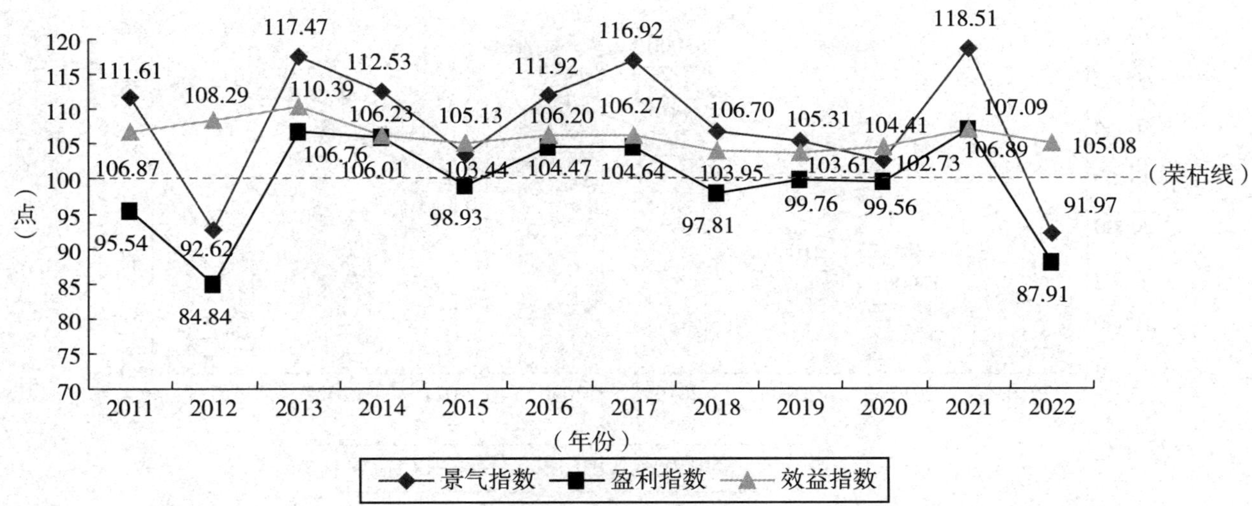

图 2－2　2011—2022 年中国企业总体信用环境分析

来首次跌落到荣枯线以下；盈利指数跌落的幅度最大，表示利润指标处于负增长区间；效益指数虽有回落，但仍然保持相对稳定水平，对企业的整体效益有一定的支撑作用。总体来看，2021 年的强势反弹具有明显的不确定性，不具有持续性，尤其是服务业受新冠疫情的影响较为明显。预测 2023 年企业的整体运行将会呈现趋稳回升的态势，恢复性增长的基础将会进一步稳固，尤其是服务业将会有明显的回升，对我国企业的整体运行将起到拉动作用。

本报告整体评价结果显示，2023 年我国企业的综合信用指数（CCI）为 80. 20 点，较 2022 年的 84. 36 点下降了 4. 16 点。2023 中国企业信用 500 强的入围门槛为 2. 78 亿元净利润，较 2022 年的 2. 76 亿元微幅提高了 0. 02 亿元。2023 年中国制造业企业信用 100 强、中国服务业企业信用 100 强的入围门槛较 2022 年有较为明显的下降；中国民营企业信用 100 强、中国上市公司信用 500 强的入围门槛则有所提高。总体来看，我国企业的恢复性增长的基础仍不稳固，企业普遍面临着下行压力。

2016—2023 年中国企业信用 500 强入围门槛和 CCI 指数见图 2－3。

（二）总体效益及其趋势分析

1. 企业的收益性指标保持相对较高水平，盈利水平大幅回落

第一，从收益性三项指标分析。2022 年企业的营收利润率为 5. 68%，较 2021 年的 8. 11% 下降了 2. 43 个百分点；资产利润率为 3. 81%，较 2021 年的 4. 22% 下降了 0. 41 个百分点；所有者权益报酬率为 5. 76%，较 2021 年的 8. 93% 下降了 3. 17 个百分点。

2011—2022 年企业收益性指标分析见图 2－4。

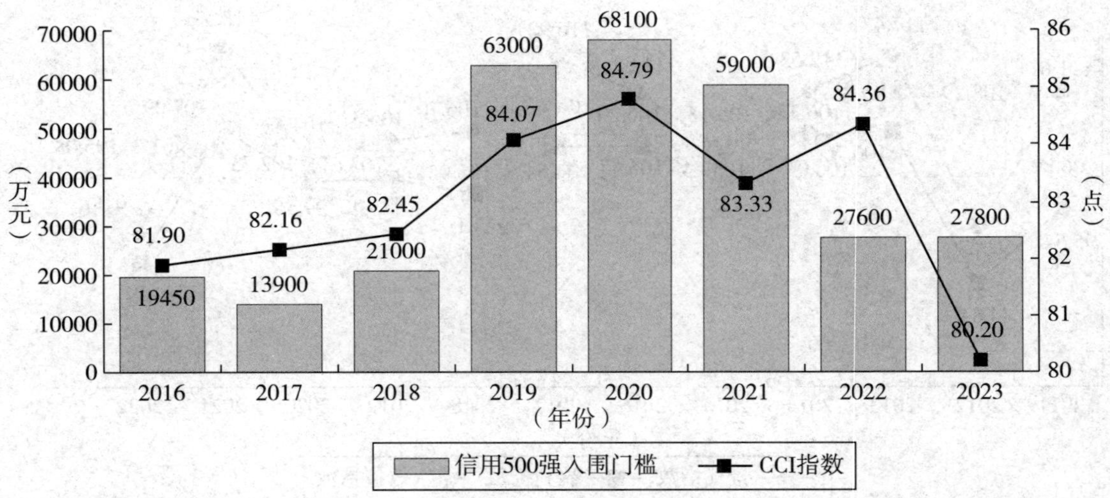

图 2－3　2016—2023 年中国企业信用 500 强入围门槛和 CCI 指数

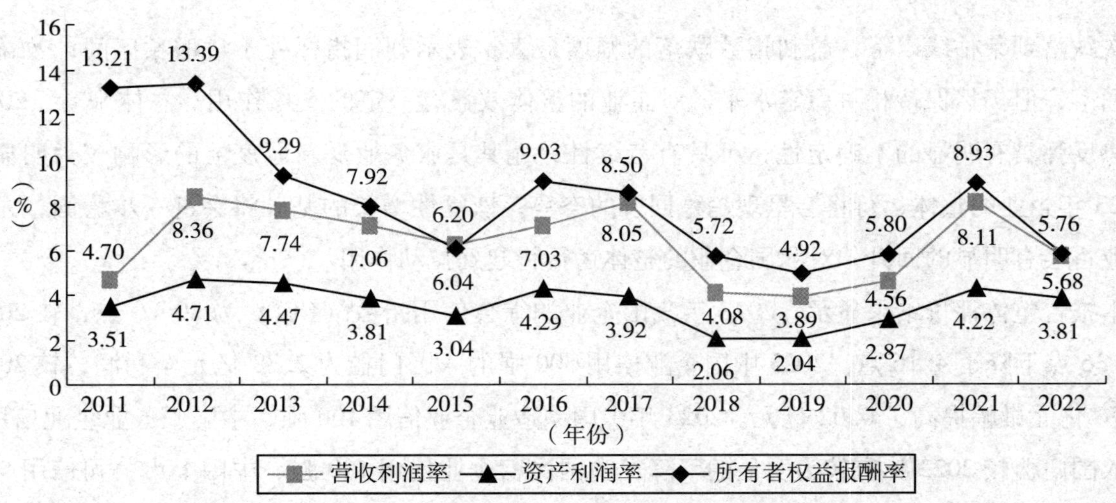

图 2－4　2011—2022 年企业收益性指标分析

从图 2－4 中可以看出，我国企业的三项收益性的指标，虽然基于 2021 年的指标呈高位回落态势，但其波动的幅度仍然处于合理区间，综合近 5 年波动情况来看，仍保持了相对较高水平。尽管 2022 年受宏观环境影响和国内外市场冲击，但我国企业的整体收益水平仍好于预期，表现出较强的发展韧性和抗风险能力。结合 2023 年前三季度 GDP 运行情况预测，2023 年我国企业的整体收益性也将得到明显改善。

第二，从样本企业亏损比率分析。2022 年样本企业的亏损比率为 71.25%，较 2021 年的 6.13% 大幅提高了 65.12 个百分点。亏损比率的大幅提高，从样本企业的亏损总额也可看出：2022 年样本企业的亏损总额较 2021 年提高了 815.03%，表明样本企业普遍面临着经营困难的严峻局面。

2014—2022 年样本企业亏损比率分析见图 2－5。

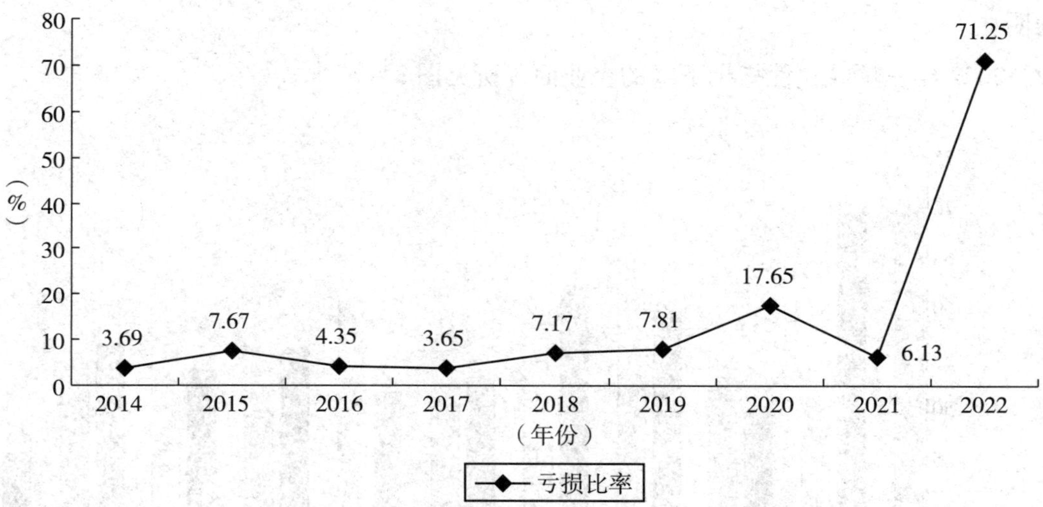

图 2－5　2014—2022 年样本企业亏损比率分析

第三，从亏损的企业面分析。2022 年亏损的企业占比为 17.70%，较 2021 年的 8.20% 提高了 9.50 个百分点，为近 10 年来亏损企业面的最大占比。本报告在上期曾发出警示，2022 年我国企业的整体运行将会出现较大幅度的回落，也许会进入近三年以来最为艰难的时期。但回落的幅度以及亏损的程度之大，还是超过了我们的预期。

2011—2022 年亏损企业面分析见图 2－6。

图 2－6　2011—2022 年亏损企业面分析

第四，从三项收益性指标下降的企业面的分析。2022 年营收利润率下降的企业面为 60.92%，较 2021 年的 53.15% 扩大了 7.77 个百分点；资产利润率下降的企业面为 64.11%，较 2021 年的 47.55% 扩大了 16.56 个百分点；所有者权益报酬率下降的企业面为 64.12%，较 2021 年的 45.58% 扩大了 18.54 个百分点。这种情况表明，企业的收益普遍受到明显影响，尤其是资产性收益受到的影响最为明显。

2012—2022 年三项收益性指标下降的企业面分析见图 2 - 7。

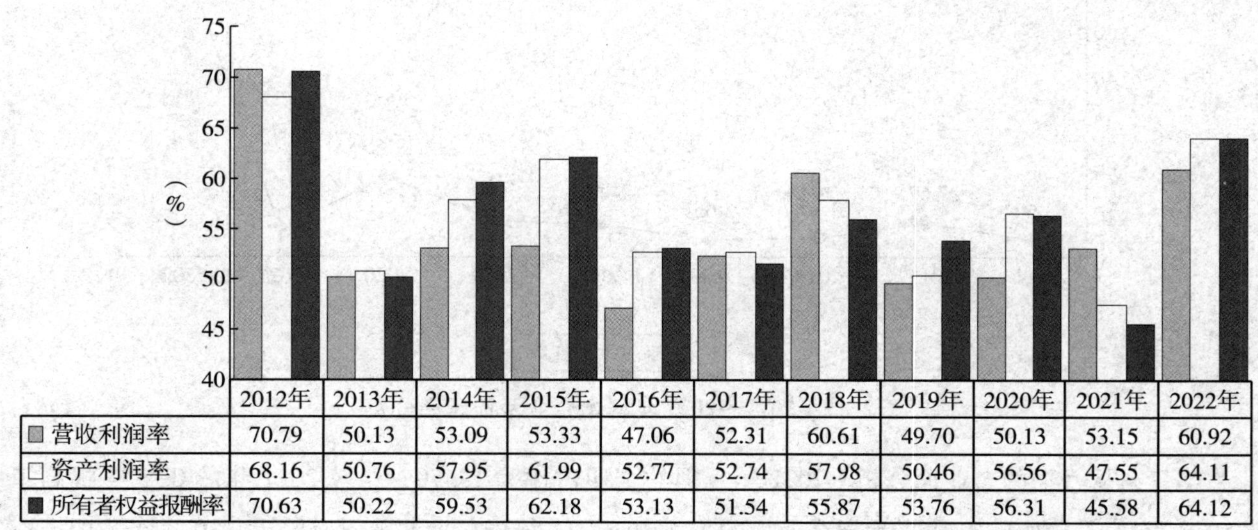

	2012年	2013年	2014年	2015年	2016年	2017年	2018年	2019年	2020年	2021年	2022年
■ 营收利润率	70.79	50.13	53.09	53.33	47.06	52.31	60.61	49.70	50.13	53.15	60.92
□ 资产利润率	68.16	50.76	57.95	61.99	52.77	52.74	57.98	50.46	56.56	47.55	64.11
■ 所有者权益报酬率	70.63	50.22	59.53	62.18	53.13	51.54	55.87	53.76	56.31	45.58	64.12

图 2 - 7　2012—2022 年三项收益性指标下降的企业面分析

通过对以上各项收益性指标综合分析可以看出，2022 年我国企业的总体盈利水平呈现大幅回落的态势，但综合分析也反映出导致大幅回落的主要因素在于出现明显的分化现象，主要表现在以下两个方面：一是综合三项收益性指标来看，虽然表现为较大幅度的回落，但整体盈利水平仍好于预期；二是从亏损比率和亏损企业面分析，产生亏损的主要影响因素在于亏损的企业面明显扩大且占比过大，也就是说 17. 70% 的企业亏损导致了样本企业利润总额的严重缩水。这种情况表明，在样本企业中存在着严重的两极分化现象，可能部分行业中的企业面临着严重的经营困难局面，需要引起企业界的高度关注。根据 2023 年前三季度 GDP 运行情况及后期市场分析，预测 2023 年及后期市场，这一情况将会有明显改善，但恢复性增长也将是波浪式发展、曲折式前进的过程，需要我国企业界对此有清晰的认识，做好充分的思想准备和战略策划，进一步提振高质量发展的信心，增强企业可持续发展的韧性。

2. 负债率下降对流动性影响明显，安全性仍有良好保障

第一，从企业的流动性分析。2022 年企业的资产周转率为 0. 61 次/年，较 2021 年 0. 72 次/年减缓 0. 11 次/年，表明企业的流动性有明显收缩的迹象，整体流动性有待进一步释放。

第二，从企业的负债水平分析。2022 年企业平均所有者权益比率为 52. 42%，较 2021 年的 45. 24% 提高了 7. 18 个百分点，与之相对应，理论负债率表现为明显下降。

从企业的流动性和负债水平两个方面分析可以看出，企业的流动性主要依靠企业的净资产和自有资金来支撑，信贷资金的需求明显减弱，普遍采取了压缩负债水平的措施。预测随着 2023 年

及后期市场的逐步好转，企业的负债水平将会有明显提升，流动性也将明显改善。

2013—2022 年企业平均负债水平分析见图 2－8。

图 2－8　2013—2022 年企业平均负债水平分析

第三，从企业的资本保值增值率分析。2022 年企业平均资本保值增值率为 106. 80%，较 2021 年的 110. 69% 下降了 3. 89 个百分点，接近于疫情前 2019 年的水平，但总体上仍然处于合理水平，表明我国企业在极为不利的宏观经济环境下，仍具有较好的信用安全保障，整体上保持了较强的抗风险能力和发展韧性。

2011—2022 年资本保值增值率分析见图 2－9。

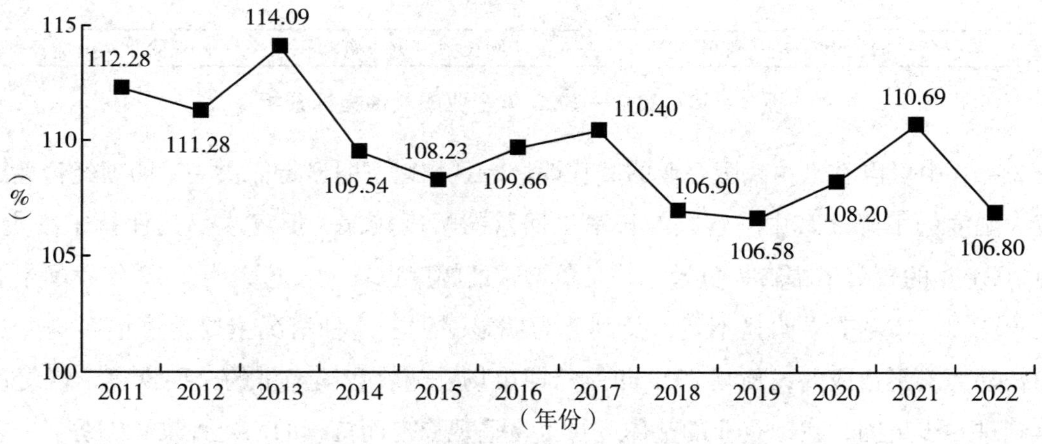

图 2－9　2011—2022 年资本保值增值率分析

综合流动性和安全性分析，2022 年企业的流动性有所放缓，理论负债率出现较大幅度的下降，这一情况表明，企业的信贷意愿下降，投资热情减弱，发展信心和动力不足。从资本保值增值率来看，虽然有明显下降，但下降的幅度仍在预期之内。预测 2023 年及后期市场，在多重利好政策的驱动下，随着我国总体经济形势的逐步好转，企业流动性将会得到明显改善，理论负债率也将有明显提升，资本保值增值率也将得到明显修复。

3. 成长性指标大幅回落，研发投入占比大幅提高

第一，从成长性指标分析。2022 年营收增长率为 5. 85%，较 2021 年的 23. 02% 下降了 17. 17 个百分点；利润增长率为 -21. 90%，较 2021 年的 14. 00% 下降了 35. 90 个百分点，由正增长转为较大幅度的负增长；资产增长率为 13. 00%，较 2021 年的 14. 67% 下降了 1. 67 个百分点；资本积累率为 13. 18%，较 2021 年的 12. 83% 微幅提高了 0. 35 个百分点；从业人员增长率为 1. 33%，较 2021 年的 2. 95% 下降了 1. 62 个百分点。

2011—2022 年企业成长性指标分析见图 2 - 10。

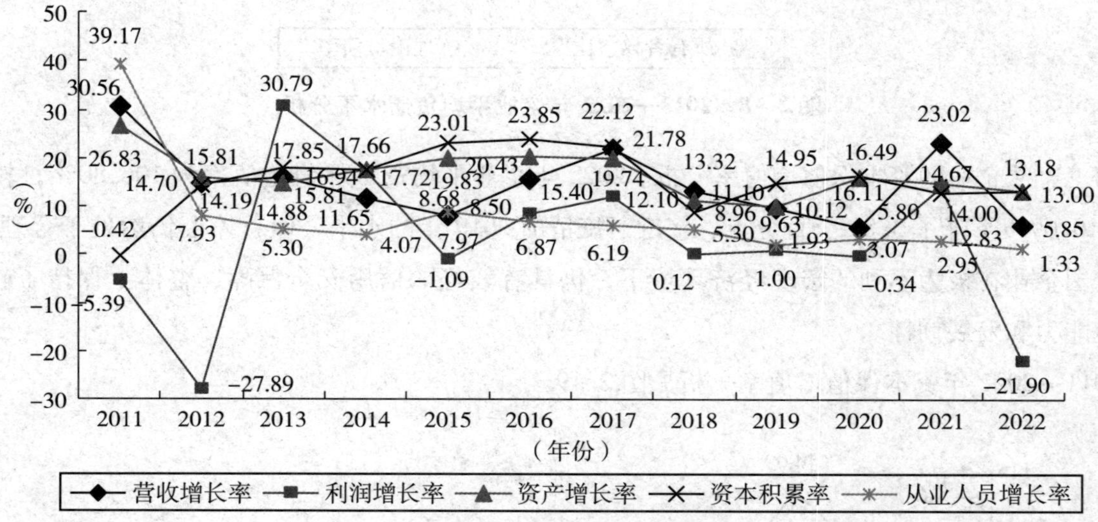

图 2 - 10　2011—2022 年企业成长性指标分析

从图 2 - 10 中可以看出，我国企业的成长性指标具有以下明显特征：一是两项经营性成长指标均呈现较大幅度的下降。其中，营收增长率虽回落的幅度较大，但营收仍然保持了一定的增长；利润则由 2021 年的较高增幅转为负增长，且负增长的幅度也较大。这表明 2022 年我国企业面临着严重的经营压力，市场需求明显不足，盈利能力明显减弱。这种情况主要是疫情影响以及全球宏观经济增长动力不足造成的，预测 2023 年及后期市场，随着我国经济的全面恢复，恢复性增长态势将会得到进一步巩固，我国企业的整体运行也将呈现稳定而持续的恢复性增长态势。

二是从两项资产性成长指标分析，总体呈现有升有降的态势。其中，资产增长率小幅下降，而资本积累率则有小幅提升。总体来看，企业的资产性成长指标运行相对平稳，但投资热情并没有明显提振，企业在投资方面仍然保持了相对谨慎的态度。导致这一现状主要有两个方面的因素：一方面受市场需求不足的影响，现有产能的潜能释放不足；另一方面是转型升级的产能和创新性产业的产能尚没有得到充分的释放。因此，企业界应从以上这两个方面入手，在充分挖掘现有企

业潜力的同时，加快科研投入和成果转化，使创新性产业的产能得到进一步释放，以带动下游产业和市场消费升级，促进和拉动市场需求。

三是从人员增速分析。2022 年企业从业人员增长幅度有明显回落，且下降到近 10 年来的最低水平，仅为 1. 33%，也是首次跌破 2% 关口。导致这一情况的主要因素仍然有以下两个方面：一方面是受到企业经营形势的影响，市场需求的下降，导致企业开工率不足，从而影响到企业的从业人员增长率指标；另一方面则是受企业生产方式的影响，企业大量采用人工智能等替代了原有的用工，从而导致用工的需求明显下降，而这一现象将会对企业的用工需求产生持续而长远的影响。总体来看，社会就业压力将会进一步加大，这也将会是今后一种常态化的发展趋势。

第二，从成长性指标负增长的企业面分析。2022 年营业收入表现为负增长的企业面占比为 40. 58%，较 2021 年的 13. 43% 扩大了 27. 15 个百分点；利润表现为负增长的企业面占比为 58. 91%，较 2021 年的 36. 58% 扩大了 22. 33 个百分点；资产表现为负增长的企业面占比为 28. 62%，较 2021 年的 16. 06% 扩大了 12. 56 个百分点；净资产表现为负增长的企业面占比为 27. 13%，较 2021 年的 16. 52% 扩大了 10. 61 个百分点；从业人员表现为负增长的企业面占比为 48. 87%，较 2021 年的 46. 92% 扩大了 1. 95 个百分点。总体来看，成长性指标负增长的企业面均呈现明显的扩大，尤其是经营性成长指标的负增长的企业面占比均超过 20%；资产性成长指标的负增长的企业占比均超过了 10%；从业人员表现为负增长的企业面占比虽然变动幅度较小，但仍处于相对高位运行。

2011—2022 年成长性指标负增长企业面占比分析见图 2 - 11。

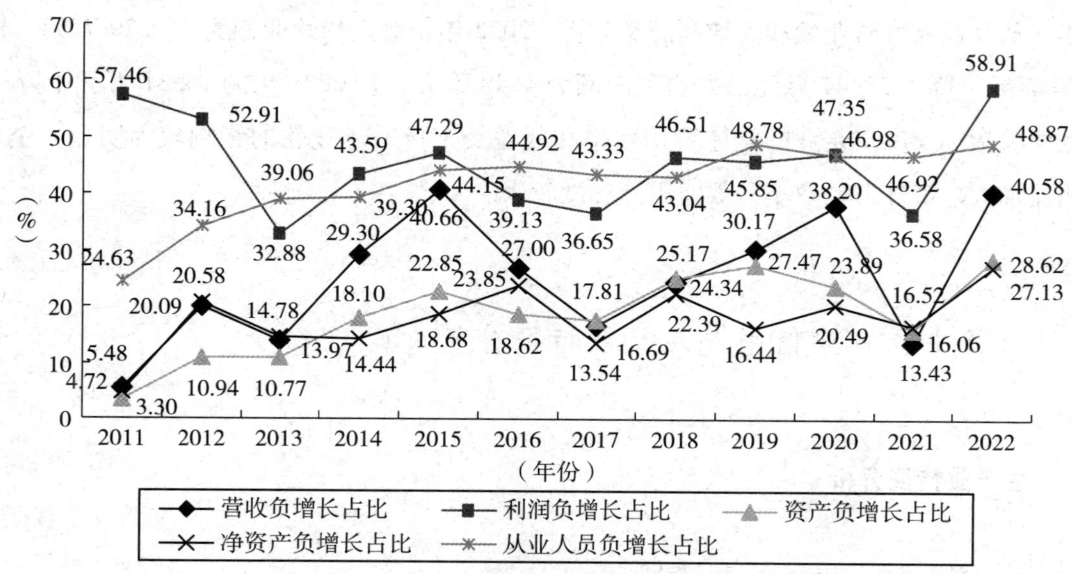

图 2 - 11　2011—2022 年成长性指标负增长企业面占比分析

第三，从企业的研发强度分析。2022 年企业的研发经费投入与营业收入的比为 7.09%，较 2021 年的 4.89% 提高了 2.20 个百分点。

2013—2022 年企业研发经费投入分析见图 2－12。

图 2－12　2013—2022 年企业研发经费投入分析

从图 2－12 中可以看出，2022 年企业的研发经费投入与营业收入的比呈现逆势大幅提升的态势，且创近 10 年来的新高。在可统计的样本企业中，有 99.73% 的企业科研投入表现为正增长，且增速明显较高，平均增长率高达 408.21%。尽管 2022 年企业的利润增长率表现为较大幅度的负增长，但对科研的投入不降反升，表明我国企业对科研投入保持着极高的热情和高度重视，掌握核心技术、创新驱动发展已经成为企业的普遍共识，这为今后的可持续发展、提高核心竞争力提供了坚实的基础。

第四，从企业人均营业额和人均利润额分析。2022 年企业人均营业额为 262.29 万元，较 2021 年 289.76 万元下降了 27.47 万元；人均利润额为 4.48 万元，较 2021 年的 14.31 万元下降了 9.83 万元。这两项指标反映出企业的整体劳动效率和效益受市场需求疲软的影响较为明显，企业的经营难度明显加大，整体劳动效率和效益下降幅度较大。

二、2023 中国企业信用发展行业特征分析

（一）生产业特征分析

1. 生产业高位回落，仍具有较强的发展韧性

第一，生产业总体表现出较强的发展韧性。2022 年生产业的景气指数为 95.18 点，较 2021 年

的 113. 24 点下降了 18. 06 点；盈利指数为 92. 91 点，较 2021 年的 102. 24 点下降了 9. 33 点；效益指数为 104. 30 点，较 2021 年的 104. 49 点下降了 0. 19 点。

2011—2022 年生产业总体信用环境分析见图 2－13。

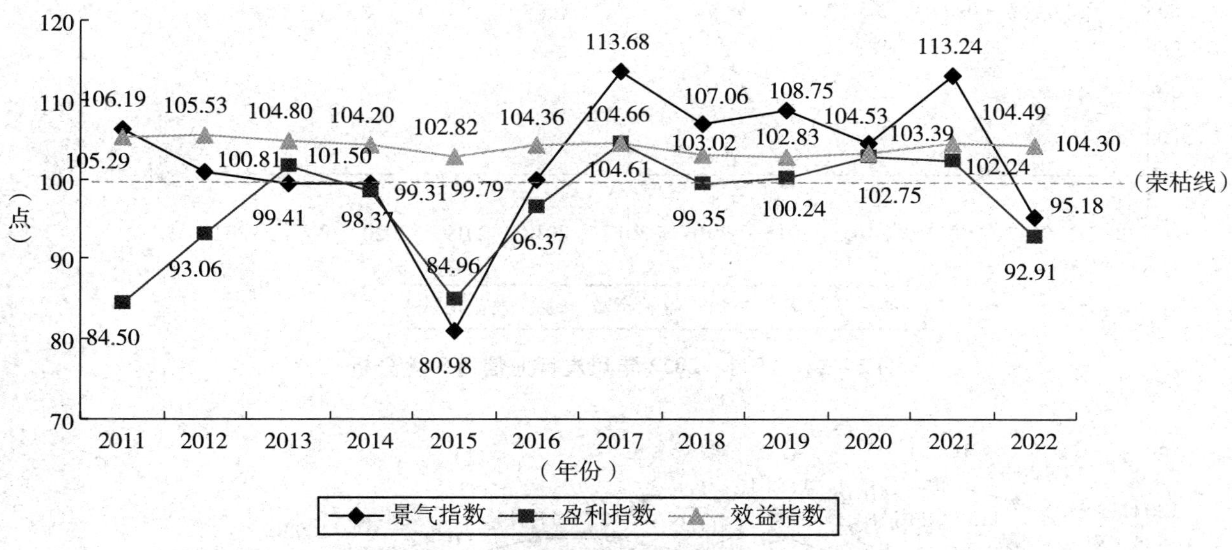

图 2－13 2011—2022 年生产业总体信用环境分析

从三项指数分析可以看出，2022 年生产业的景气指数和盈利指数双双跌破荣枯线，但相对来看其跌落荣枯线的下行幅度有限；效益指数仍然保持在荣枯线以上运行。总体表明生产业受到的影响相对有限，产业结构优化调整后，具有较强的发展韧性和抗风险能力。预测 2023 年及后期市场，随着宏观经济的恢复向好，能源需求持续旺盛，生产业的回落只是暂时现象，整体上仍将维持相对高位运行。

第二，煤炭行业持续运行在较高水平区间。2022 年我国煤炭行业的景气指数为 111. 75 点，较 2021 年的 141. 01 点回落了 29. 26 点；盈利指数为 109. 95 点，较 2021 年的 126. 11 点回落了 16. 16 点；效益指数为 110. 08 点，较 2021 年的 107. 75 点提高了 2. 33 点。

2011—2022 年煤炭行业信用环境分析见图 2－14。

从图 2－14 中可以看出，煤炭行业的景气指数和盈利指数高位回落，但整体上仍然保持了较高水平；效益指数再创新高，突破 110 点关口。总体来看，煤炭行业虽有小幅回落，但整体经营环境呈现持续好转的态势，预测 2023 年及后期市场，该行业的三项指数将会持续运行在较高水平区间。

第三，建筑行业全面回落，下行压力明显加大。2022 年我国建筑行业的景气指数为 84. 57 点，较 2021 年的 109. 88 点下降了 25. 31 点；盈利指数为 84. 95 点，较 2021 年的 103. 92 点下降了 18. 97 点；效益指数为 99. 38 点，较 2021 年的 105. 55 点下降了 6. 17 点。

2011—2022 年建筑行业信用环境分析见图 2－15。

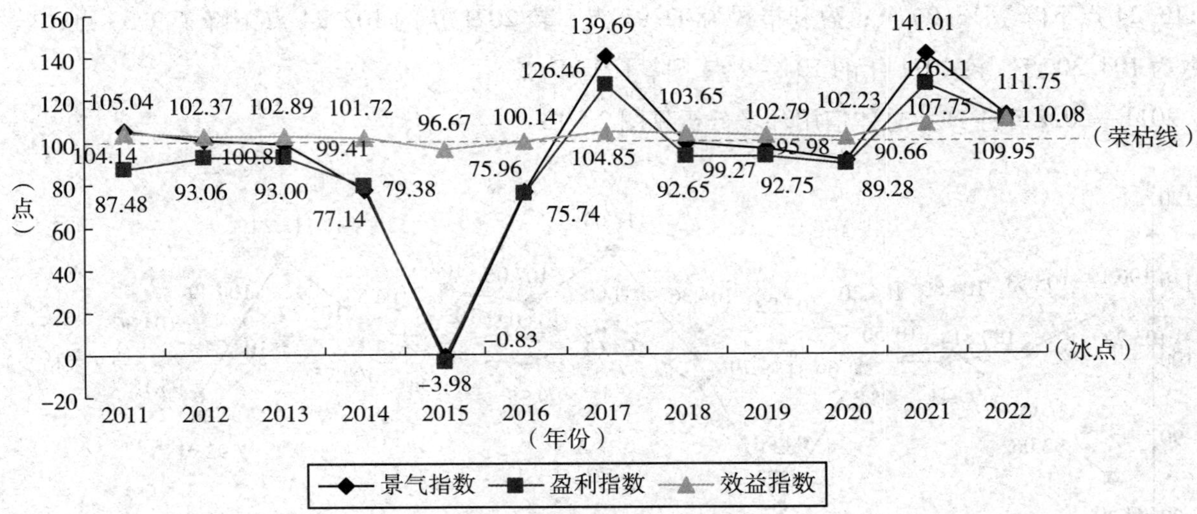

图 2－14　2011—2022 年煤炭行业信用环境分析

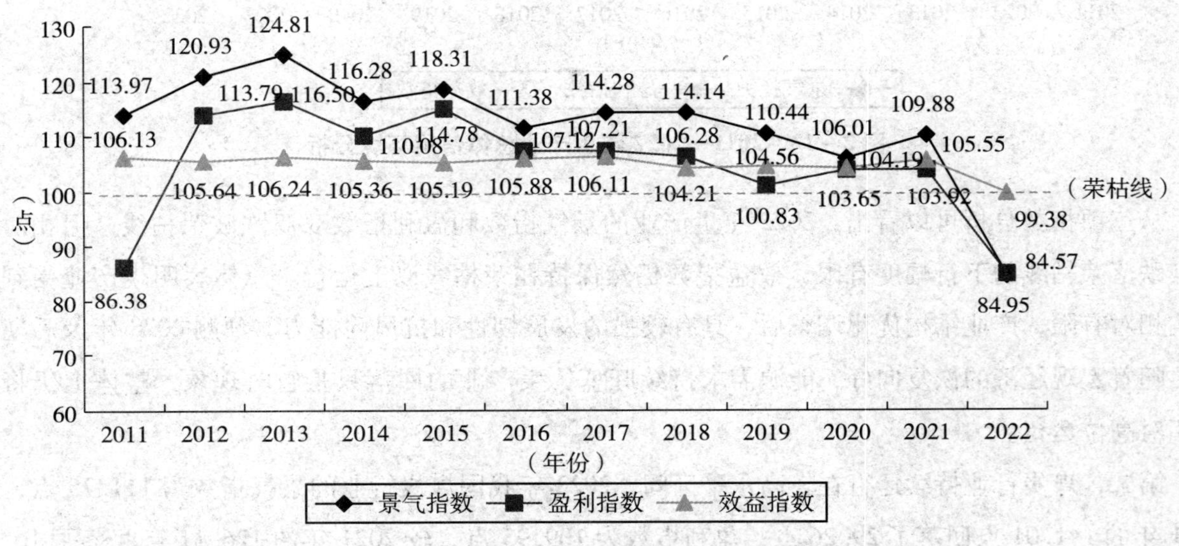

图 2－15　2011—2022 年建筑行业信用环境分析

从图 2－15 中可以看出，2022 年我国建筑行业的三项指数呈现较大幅度的回落，三项指数均已跌破荣枯线，且创近 10 年来的最低水平。由此可见，建筑行业与宏观经济环境有着密切关联，由于投资需求减弱，建筑行业的下行趋势短期内难以得到根本性好转。预测 2023 年及后期市场，该行业可能会随着宏观经济的逐步恢复止跌企稳，但仍然面临较大的下行压力。

第四，电力行业有明显回升迹象。2022 年我国电力行业的景气指数为 96.35 点，较 2021 年的 93.59 点提高了 2.76 点；盈利指数为 94.43 点，较 2021 年的 80.11 点提高了 14.32 点；效益指数为 108.34 点，较 2021 年的 102.76 点提高了 5.58 点。电力行业的三项指数均呈现回升的态势，但景气指数和盈利指数仍然运行在荣枯线以下。总体来看，该行业已经出现明显的回升迹象，预测

2023 年及后期市场，该行业的三项指数将会全部回归到荣枯线以上，整体效益也将全面提升。

2011—2022 年电力行业信用环境分析见图 2 - 16。

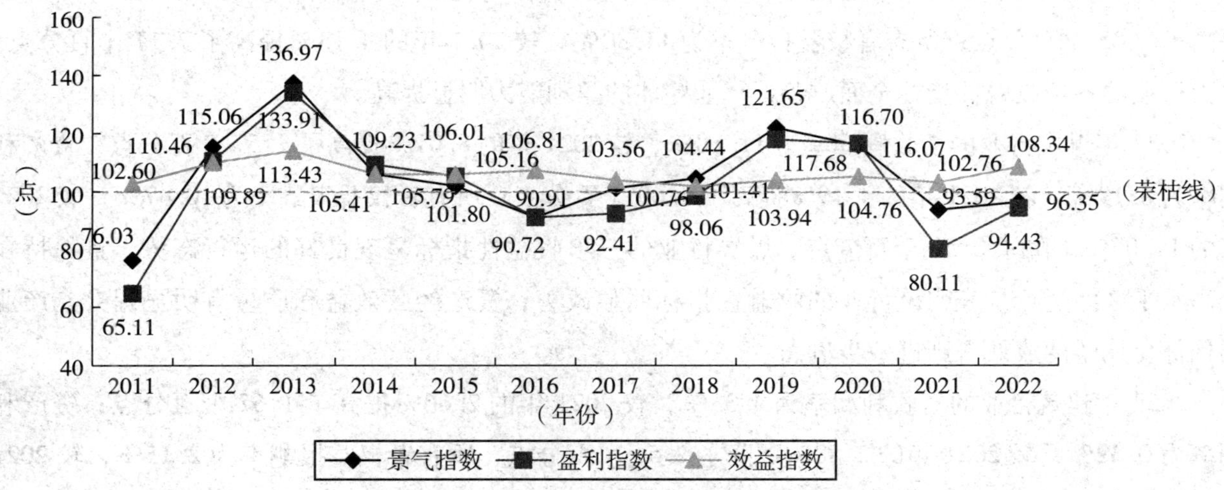

图 2 - 16 2011—2022 年电力行业信用环境分析

2. 生产业收益性指标运行平稳，产业结构优化调整的成果进一步巩固

第一，生产业总体收益性指标运行平稳。2022 年生产业营收利润率为 3. 67%，较 2021 年的 4. 06% 下降了 0. 39 个百分点；资产利润率为 2. 50%，较 2021 年的 2. 29% 提高了 0. 21 个百分点；所有者权益报酬率为 6. 73%，较 2021 年的 7. 13% 下降了 0. 40 个百分点。

2011—2022 年生产业收益性指标分析见图 2 - 17。

生产业的三项收益性指标总体运行相对平稳，表明该行业经过结构调整和优化后，抗风险能力明显加强，在极为不利的宏观环境下，总体保持了平稳运行。预测后期市场，生产业的整体收

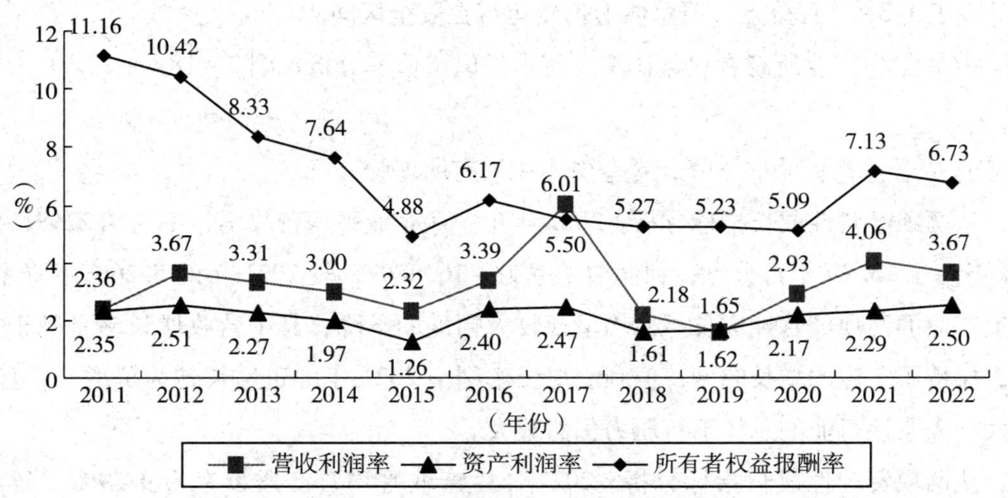

图 2 - 17 2011—2022 年生产业收益性指标分析

益性指标也将进一步得到改善。

第二，电力、煤炭、建筑等行业收益性指标相对平稳。2022 年电力行业的营收利润率为 11.07%，较 2021 年的 3.85% 提高了 7.22 个百分点；资产利润率为 2.64%，较 2021 年的 0.29% 提高了 2.35 个百分点；所有者权益报酬率为 11.30%，较 2021 年的 4.13% 提高了 7.17 个百分点。电力行业的各项收益性指标全面改善，行业整体的盈利能力明显提高。

2022 年煤炭行业的营收利润率为 11.58%，较 2021 年的 8.01% 提高了 3.57 个百分点；资产利润率为 8.19%，较 2021 年的 4.19% 提高了 4.00 个百分点；所有者权益报酬率为 10.47%，较 2021 年的 11.06% 下降了 0.59 个百分点。煤炭行业的三项收益性指标呈现良好的运行态势，且保持在较高水平区间运行，表明该行业的收益性指标明显改善，资产经营效益和质量有明显提升，产业结构优化调整的成效得到进一步巩固。

2022 年建筑行业的营收利润率为 4.33%，较 2021 年的 2.66% 提高了 1.67 个百分点；资产利润率为 0.32%，较 2021 年的 2.88% 下降了 2.56 个百分点；所有者权益报酬率为 2.15%，较 2021 年的 11.12% 下降了 8.97 个百分点。建筑行业的资产性收益明显回落，主要是市场需求减弱所致。

3. 生产业的流动性有所放缓，负债率下降，信用安全有充分保障

第一，从流动性分析。2022 年生产业企业平均资产周转率为 0.55 次/年，较 2021 年的 0.61 次/年下降了 0.06 次/年。生产业企业的流动性有所放缓。

第二，从负债水平分析。2022 年生产业企业所有者权益比率为 36.77%，较 2021 年的 32.34% 提高了 4.43 个百分点，与之相对应的是企业负债率有所下降，投资需求明显减弱，但其总体信用安全有所加强。

第三，从资本保值增值率分析。2022 年生产业企业资本保值增值率为 105.96%，较 2021 年的 107.29% 下降了 1.33 个百分点，但总体上仍然运行在安全区间。

2012—2022 年生产业所有者权益比率、资本保值增值率分析见图 2-18。

4. 生产业成长性指标明显下降，企业资本积累有所增强

第一，从两项经营性成长指标分析。2022 年生产业企业平均营收增长率为 7.22%，较 2021 年的 21.21% 下降了 13.99 个百分点；利润增长率为 -16.85%，较 2021 年的 5.26% 下降了 22.11 个百分点。生产业的两项经营性成长指标均呈现较大幅度的下降，其中营收增长率是基于 2021 年的高点回落，保持了一定的增长幅度，但利润增长率则由 2021 年的正增长转为负增长，且负增长的幅度也较大，表明该行业的总体下行压力仍然很大。

第二，从两项资产性成长指标分析。2022 年生产业平均资产增长率为 9.29%，较 2021 年的 11.65% 下降了 2.36 个百分点；资本积累率为 8.81%，较 2021 年的 7.66% 提高了 1.15 个百分点。

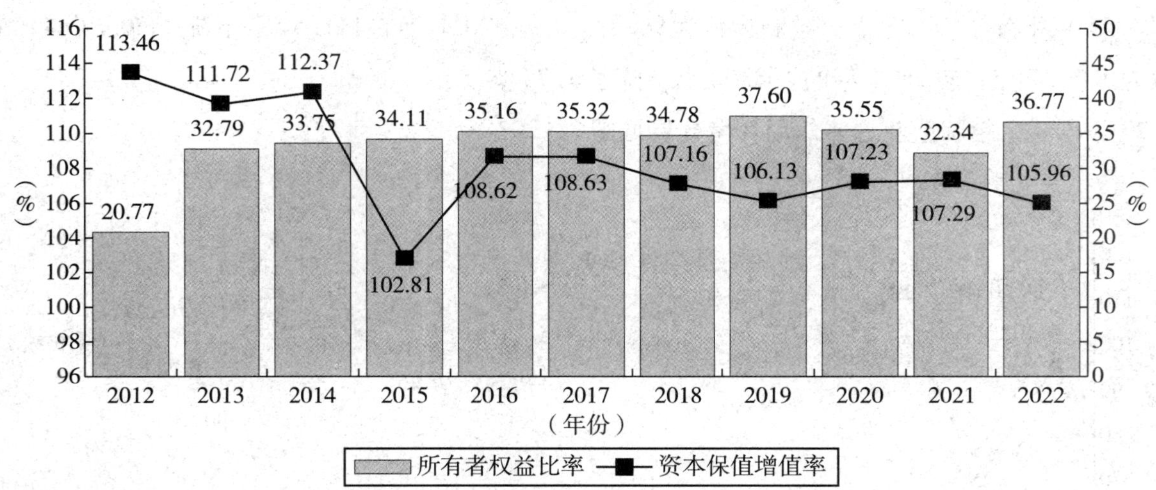

图 2－18　2012—2022 年生产业所有者权益比率、资本保值增值率分析

生产业的两项资产性成长指标一升一降，资产规模增速明显放缓，企业资本积累则有所提高。总体表明，生产业由规模效益转为内生效益的成效持续显现，企业的资本实力进一步增强，但同时也要看到企业的投资需求有所减弱。

2011—2022 年生产业成长性指标分析见图 2－19。

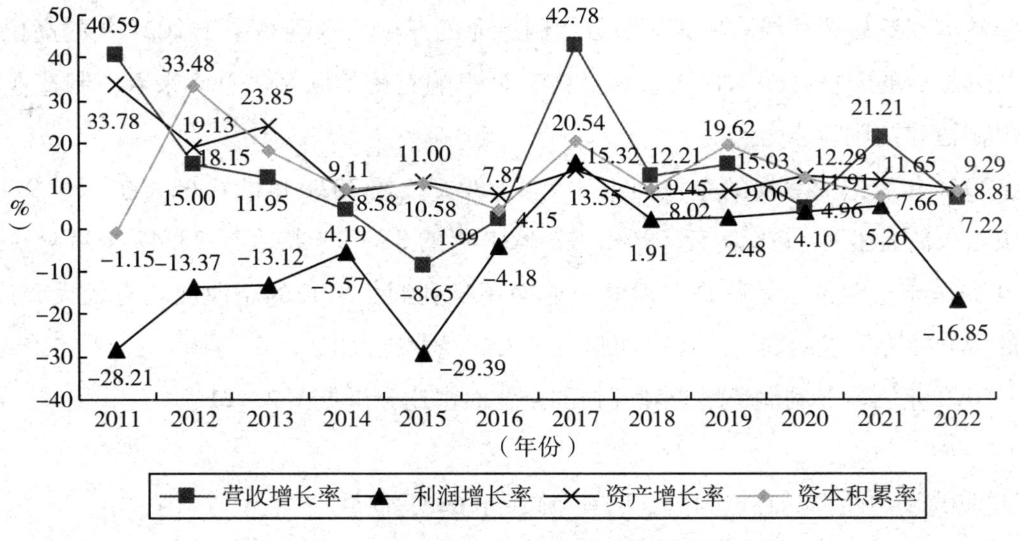

图 2－19　2011—2022 年生产业成长性指标分析

（二）制造业特征分析

1. 制造业三项指数高点回落，盈利能力明显减弱

第一，从制造业的总体信用环境分析。2022 年制造业企业的景气指数为 95. 83 点，较 2021 年

的 124.21 点下降了 28.38 点；盈利指数为 90.83 点，较 2021 年的 111.44 点下降了 20.61 点；效益指数为 106.27 点，较 2021 年的 108.02 点下降了 1.75 点。

2011—2022 年制造业总体信用环境分析见图 2－20。

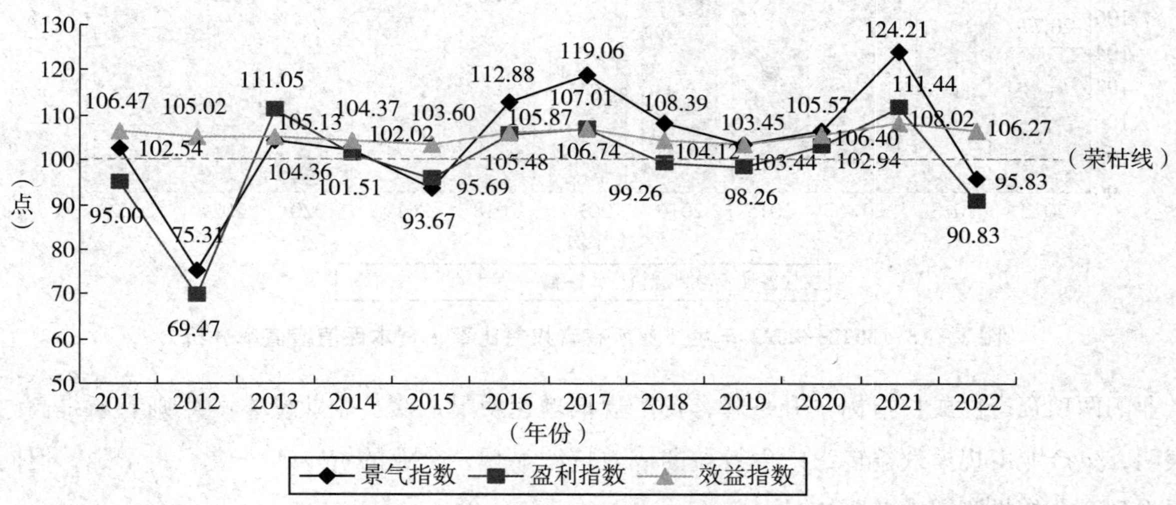

图 2－20　2011—2022 年制造业总体信用环境分析

从图 2－20 中可以看出，2022 年我国制造业的三项指数均呈现较大幅度的回落，其中景气指数和盈利指数双双跌破荣枯线。但相对而言，制造业的三项指数均是基于 2021 年的高位回落，主要表现为盈利能力的明显减弱，这与宏观经济环境影响有密切联系。总体来看，制造业企业仍具有较强发展韧性和抗风险能力。

第二，2022 年制造业亏损的企业面占比为 15.80%，较 2021 年的 6.68% 扩大了 9.12 个百分点；利润负增长的企业面占比为 57.09%，较 2021 年的 33.62% 扩大了 23.47 个百分点。由此可见，2022 年我国制造业企业无论是亏损的企业面还是利润负增长的企业面均有较大幅度的扩大，表明企业的盈利能力明显减弱，总体上面临着较大的经营压力。

2011—2022 年制造业利润负增长和亏损的企业面占比分析见图 2－21。

2. 制造业的收益性指标高点回落，仍具有较强的承压能力

2022 年制造业营收利润率为 7.04%，较 2021 年的 8.40% 下降了 1.36 个百分点；资产利润率为 4.99%，较 2021 年的 5.40% 下降了 0.41 个百分点；所有者权益报酬率为 6.48%，较 2021 年的 10.27% 下降了 3.79 个百分点。制造业的三项收益性指标均呈现高位回落的特征，但从历史横向分析来看，仍然保持了相对较高水平。综合宏观经济运行情况分析，2022 年我国制造业具有较强的承压能力，预测 2023 年及后期市场，我国制造业将会逐步进入恢复性增长态势，整体收益将会明显改善。

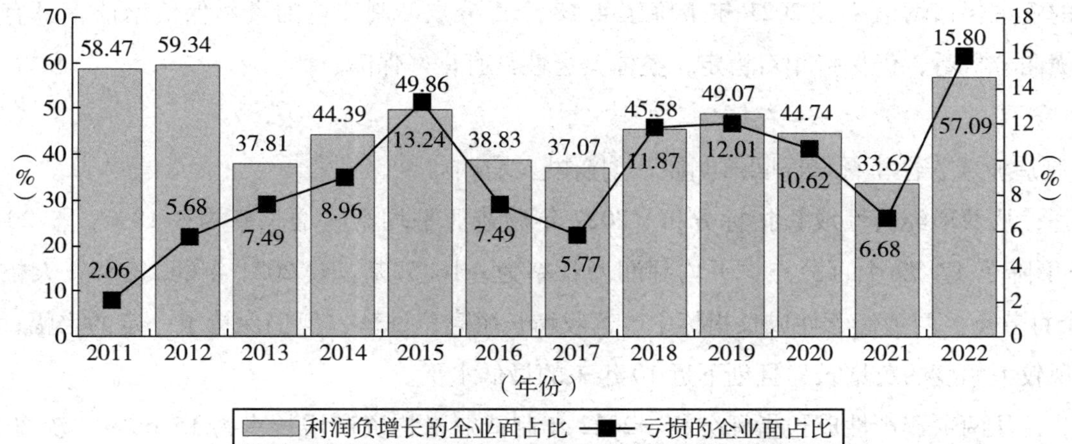

图 2－21　2011—2022 年制造业利润负增长和亏损的企业面占比分析

2011—2022 年制造业企业收益性指标分析见图 2－22。

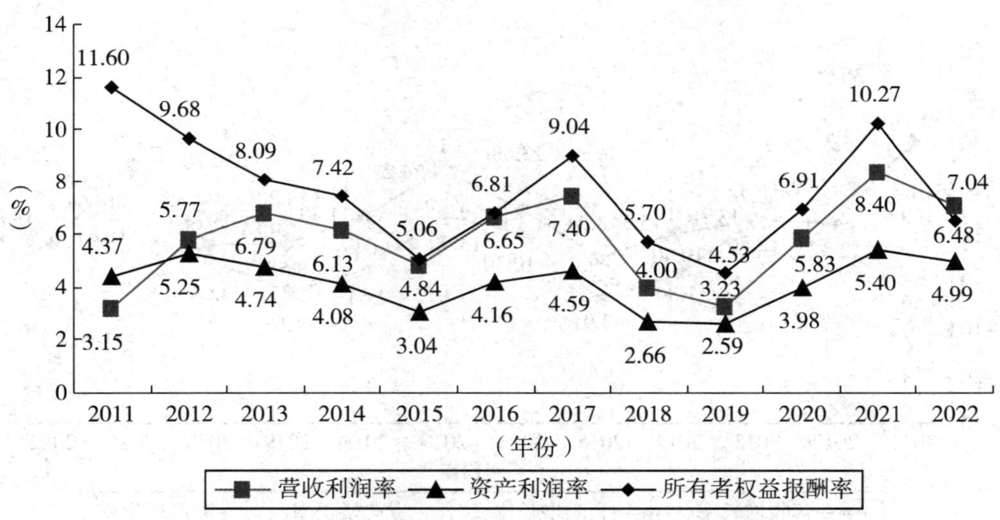

图 2－22　2011—2022 年制造业企业收益性指标分析

3. 制造业的流动性明显放缓，整体安全性具有良好保障

第一，从流动性分析。2022 年制造业资产周转率为 0. 66 次/年，较 2021 的 0. 83 次/年下降了 0. 17 次/年，流动性明显放缓。

第二，从安全性分析。2022 年制造业企业的平均所有者权益比率为 57. 01%，较 2021 年的 51. 22% 提高了 5. 79 个百分点，与之相对应的是理论负债率水平明显下降。这一情况表明，制造业企业的负债意愿下降，但安全性有所提高。

2011—2022 年制造业资本保值增值率分别为 112. 77%、113. 06%、110. 15%、106. 31%、104. 03%、106. 80%、110. 82%、107. 45%、106. 78%、109. 45%、112. 77%、108. 59%，2022 年

制造业的资本保值增值率较 2021 年下降了 4. 18 个百分点。制造业的资本保值增值率虽有明显下降，但横向分析看，仍保持相对稳定，整体安全性具有良好保障。

4. 制造业成长性指标增速回落明显，创新投入增加

第一，从两项经营性成长指标分析。2022 年制造业平均营收增长率为 8. 18%，较 2021 年的 25. 77%下降了 17. 59 个百分点；平均利润增长率为 -16. 52%，较 2021 年的 22. 66%大幅下降了 39. 18 个百分点。两项经营性成长指标中，营收增长率高位回落，但仍保持了一定的增幅；利润增速则表现较大幅度的负增长，且创下近 10 年来的最低水平。

第二，从两项资产性成长指标分析。2022 年制造业平均资产增长率为 15. 68%，较 2021 年的 16. 64%回落了 0. 96 个百分点；平均资本积累率为 16. 01%，较 2021 年的 15. 67%提高了 0. 34 个百分点。资产增速连续两年回落，规模扩张持续放缓，资本积累率运行相对平稳。

2011—2022 年制造业企业成长性指标分析见图 2 - 23。

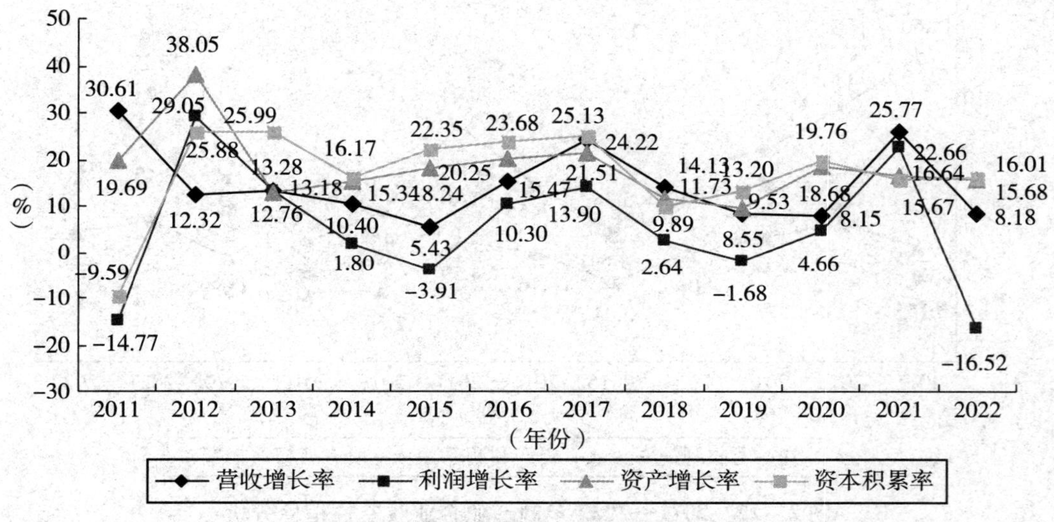

图 2 - 23　2011—2022 年制造业企业成长性指标分析

第三，2011—2022 年制造业从业人员增长率分别为 15. 24%、13. 25%、10. 58%、3. 00%、7. 72%、5. 82%、5. 55%、5. 21%、1. 28%、3. 65%、3. 54%、1. 74%，制造业的从业人员增速也有明显回落，但仍保持了一定的增幅。

第四，我国制造业 2013—2022 年研发经费投入与营业额的比分别为 4. 16%、4. 27%、4. 38%、4. 60%、4. 63%、4. 79%、5. 05%、5. 86%、5. 23%、6. 92%，研发经费投入逆势上升，表明我国制造业企业更加重视科技创新，总体投入保持在高位运行，创新动能明显增强。

（三）服务业特征分析

1. 服务业的景气指数和盈利指数受到严重冲击

2022 年我国服务业的景气指数为 83. 35 点，较 2021 年的 109. 78 点下降了 26. 43 点；盈利指数为 80. 90 点，较 2021 年的 100. 04 点下降了 19. 14 点；效益指数为 102. 81 点，较 2021 年的 106. 02 点下降了 3. 21 点。

2011—2022 年服务业信用环境分析见图 2 – 24。

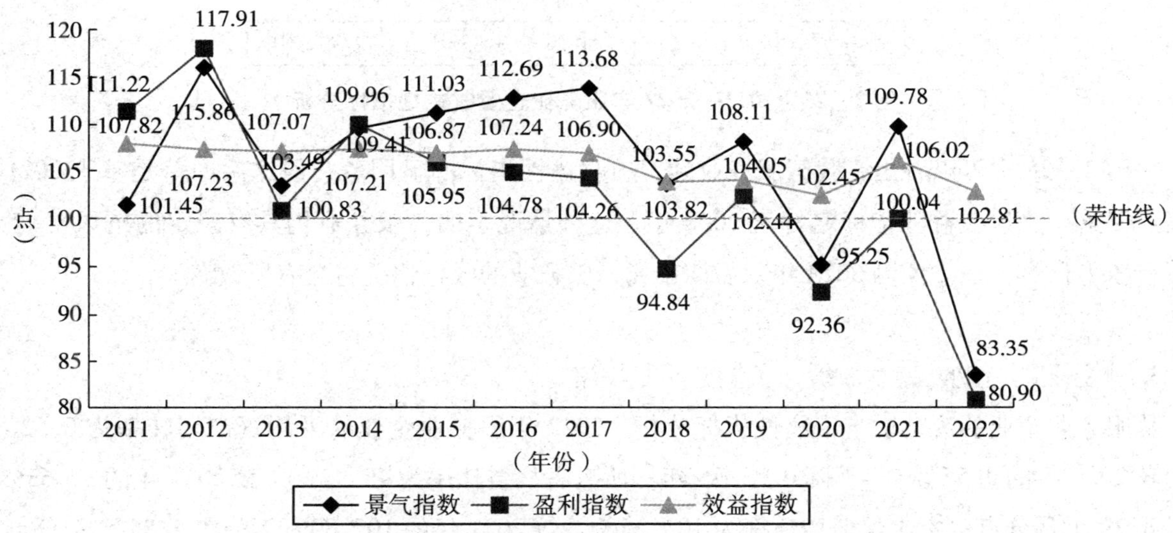

图 2 – 24 2011—2022 年服务业信用环境分析

从图 2 – 24 中可以明显看出，宏观经济环境以及新冠疫情对我国服务业产生了严重影响和冲击。2022 年我国服务业的三项指数均呈现大幅下降的态势，其中景气指数和盈利指数再次双双跌破荣枯线，且创近 10 年来的新低，其跌落幅度也远超人们的预期。由此可见，我国服务业的恢复性增长的基础还相当薄弱，需要一个相对较长的恢复周期。预测 2023 年及后期市场，我国服务业将会进入波浪式恢复性增长的周期，随着宏观经济的逐步好转，其波动的幅度也将会明显减小，总体呈现逐步向好的趋势。

2. 服务业收益性指标再次回落，盈利能力明显减弱

2022 年服务业企业平均营收利润率为 3. 25%，较 2021 年的 8. 50% 下降了 5. 25 个百分点；平均资产利润率为 1. 66%，较 2021 年的 2. 59% 下降了 0. 93 个百分点；平均所有者权益报酬率为 3. 51%，较 2021 年的 6. 97% 下降了 3. 46 个百分点。

2011—2022 年服务业企业收益性指标分析见图 2 – 25。

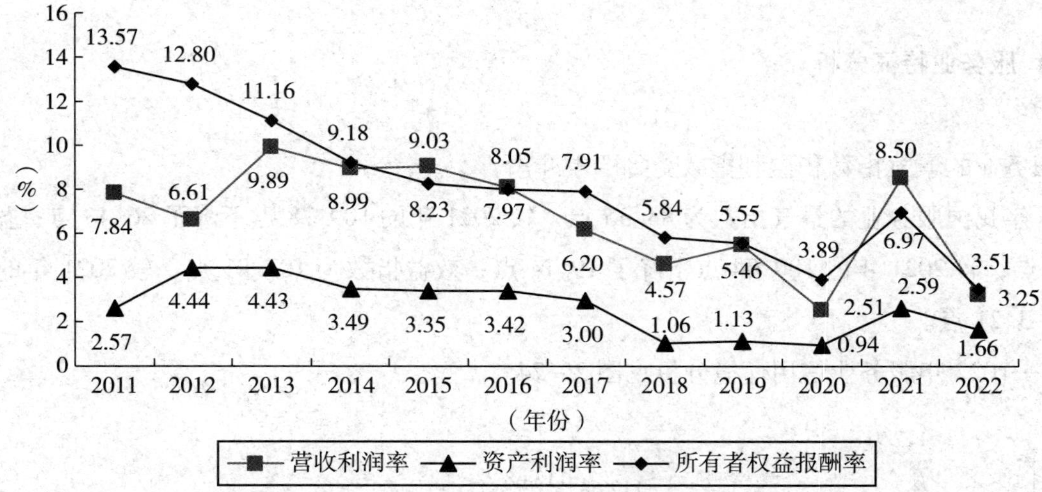

图 2-25　2011—2022 年服务业企业收益性指标分析

从图 2-25 中可以看出，我国服务业的三项收益性指标明显回落，但这次回落是基于 2021 年的高点回落，总体收益性指标略好于 2020 年。这种情况表明，服务业仍具有一定的抗风险能力，但下行压力仍然存在。预测 2023 年及后期市场，服务业的收益情况将会有所改善。

3. 服务业的流动性持续放缓，负债率明显收缩

从服务业企业的流动性与安全性指标分析。2022 年服务业企业的平均资产周转率为 0. 52 次/年，较 2021 年的 0. 55 次/年下降 0. 03 次/年；所有者权益比率为 45. 92%，较 2021 年的 37. 63% 提高了 8. 29 个百分点；资本保值增值率为 103. 25%，较 2021 年的 107. 80% 下降了 4. 55 个百分点。

从这三项指标可以看出，服务业企业的流动性总体呈现持续放缓的态势，仍然徘徊在低水平区间，流动性持续放缓主要与市场需求持续减弱有关。由于流动性持续放缓，对负债的需求减弱，所有者权益比率呈现持续上升的态势，与之相对应的是理论负债率则呈现持续下降的态势，表明企业的经营难度持续加大。从资本保值增值率指标来看，虽有明显下降，但仍然保持在荣枯线以上运行，总体安全性仍具有良好保障。

4. 服务业成长性指标下行压力巨大，资产经营质量效益明显下降

第一，从经营性成长指标分析。2022 年服务业平均营收增长率为 0. 84%，较 2021 年的 18. 61% 下降了 17. 77 个百分点；平均利润增长率为 -34. 13%，由 2021 年 0. 95% 的正增长转为负增长，且大幅下降了 35. 08 个百分点。两项经营性成长指标大幅跳水，其中营收增长率守住了正增长，利润增长率更是断崖式下跌到 -34. 13%，两项经营性成长指标均创近 10 年来的新低。由此可见，2022 年我国服务业经营环境恶化，经营难度和压力明显加大。受下行压力的惯性作用，预测 2023 年及后期市场，服务业的恢复期也要明显长于其他产业，需要引起业界的高度重视和警觉。

第二，从资产性成长指标分析。2022 年服务业平均资产增长率为 8. 18%，比 2021 年的 11. 89%下降了 3. 71 个百分点；平均资本积累率为 8. 13%，比 2021 年的 8. 99%下降了 0. 86 个百分点。两项资产性成长指标总体也呈现下降的态势，但回落的幅度相对有限。从近 10 年的横向比较分析来看，两项资产性成长指标也处于历史低水平区间，表明服务业的资产经营质量效益明显下降。

2011—2022 年服务业企业成长性指标分析见图 2－26。

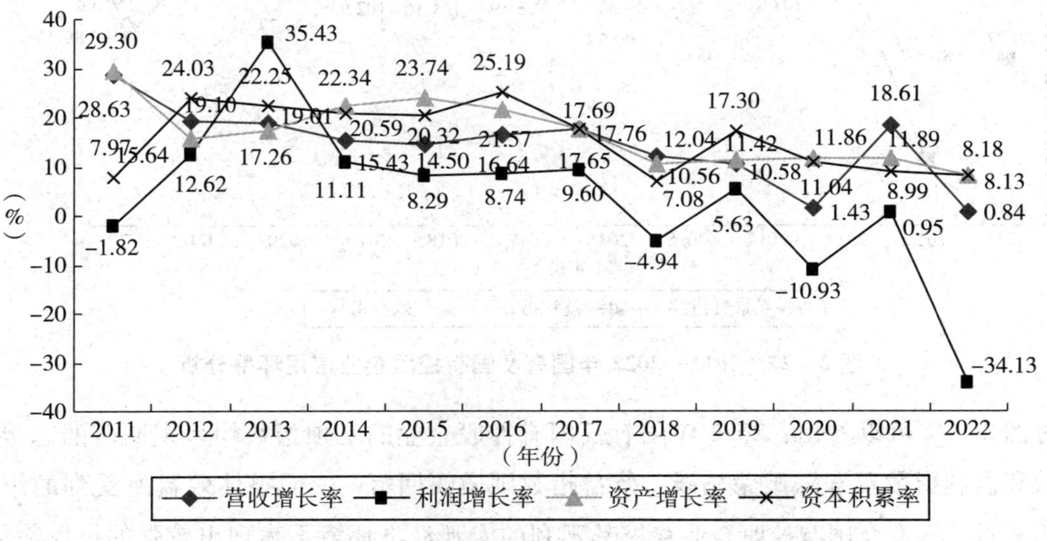

图 2－26　2011—2022 年服务业企业成长性指标分析

第三，从人员增长率分析。2022 年服务业的平均人员增长率为 0. 87%，较 2021 年的 2. 11%回落了 1. 24 个百分点。服务业的人员增速持续徘徊在低水平区间运行，表明服务业的就业压力仍然很大。

综合以上分析可以看出，我国服务业受宏观经济环境的影响和冲击较大。总体来看，我国服务业的恢复性增长的基础还很薄弱，经营环境仍未根本性好转，经营难度和压力较为突出。预测后期市场，服务业的下行压力仍将持续存在，需要引起服务业企业的高度关注和警觉。

三、2023 中国企业信用发展所有制特征分析

（一）信用环境所有制特征分析

1. 国有企业三项指数均有所回落，但整体效益受影响有限

2022 年国有及国有控股企业的景气指数为 95. 04 点，较 2021 年的 117. 04 点下降了 22. 00 点；

盈利指数为 92. 89 点，较 2021 年的 107. 21 点下降了 14. 32 点；效益指数为 105. 57 点，较 2021 年的 105. 63 点下降了 0. 06 点。

2011—2022 年国有及国有控股企业信用环境分析见图 2 - 27。

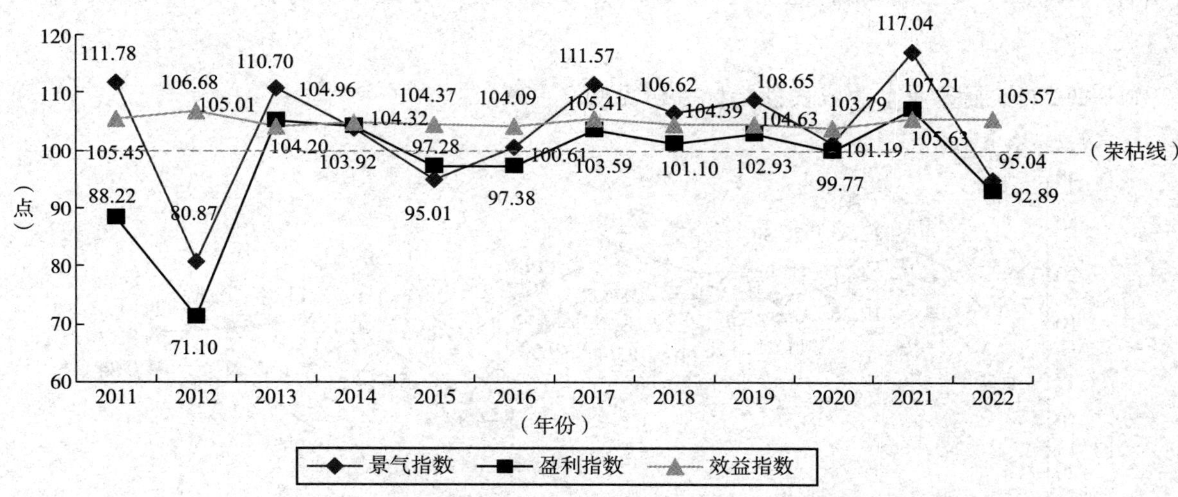

图 2 - 27　2011—2022 年国有及国有控股企业信用环境分析

通过图 2 - 27 可以看出，2022 年国有及国有控股企业的三项指数均呈现回落的态势。其中，景气指数和盈利指数双双跌破荣枯线，效益指数则微幅回落，表明整体效益所受到的影响有限。总体分析来看，国有及国有控股企业在极其不利的宏观经济环境下表现出较强的抗风险能力和发展韧性，在国民经济运行中发挥了“定海神针”的支撑作用。预测 2023 年及后期市场，随着宏观经济恢复性增长，国有及国有控股企业也将呈现稳定增长的基本态势。

2. 民营企业整体回落

2022 年民营企业的景气指数为 91. 67 点，较 2021 年的 120. 57 点下降了 28. 90 点；盈利指数为 86. 49 点，较 2021 年的 107. 36 点下降了 20. 87 点；效益指数为 104. 90 点，较 2021 年的 108. 19 点下降了 3. 29 点。

2011—2022 年民营企业信用环境分析见图 2 - 28。

从图 2 - 28 中可以看出，2022 年民营企业的三项指数总体呈现回落的态势，尤其是景气指数和盈利指数双双跌破荣枯线，且下降的幅度也要大于国有及国有控股企业的幅度。总体来看，民营企业整体上处于负增长区间，盈利能力下降幅度较大。预测 2023 年及后期市场，随着宏观经济整体恢复向好以及对民营支持力度的加大，我国民营企业将会迎来强势反弹，恢复性增长的基础将会进一步夯实。

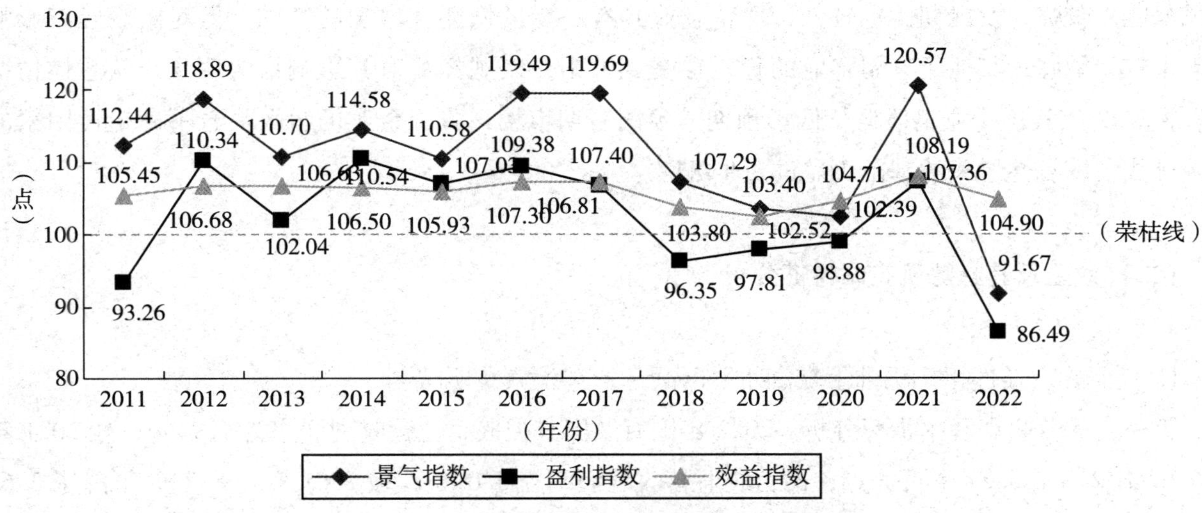

图 2－28　2011—2022 年民营企业信用环境分析

3. 其他所有制企业景气度明显下降

其他所有制企业是指包括集体所有制、混合所有制在内的其他所有制企业。2022 年其他所有制企业的景气指数为 87. 22 点，较 2021 年的 116. 35 点大幅下降了 29. 13 点；盈利指数为 84. 04 点，较 2021 年的 104. 64 点大幅下降了 20. 60 点；效益指数为 104. 94 点，较 2021 年的 108. 28 点下降了 3. 34 点。

2011—2022 年其他所有制企业信用环境分析见图 2－29。

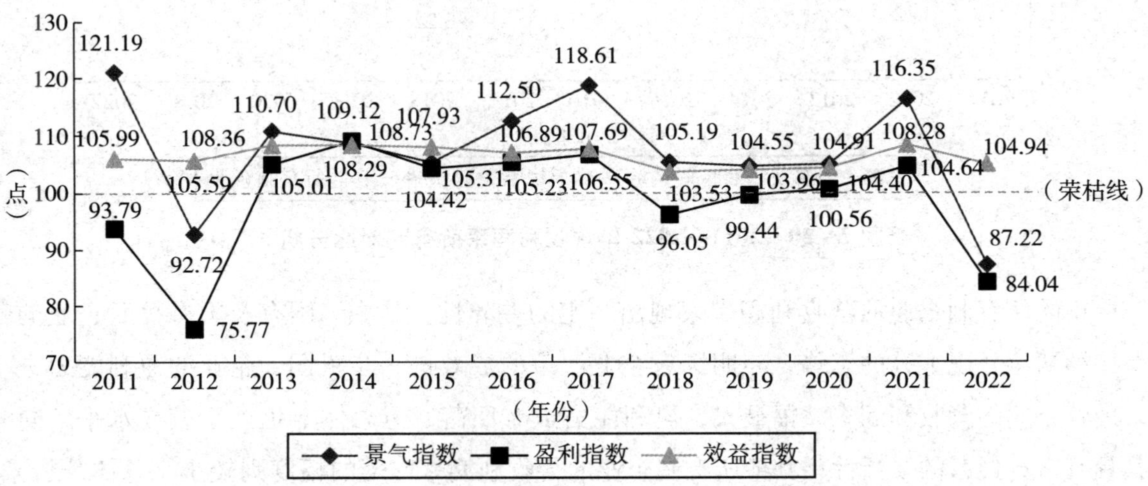

图 2－29　2011—2022 年其他所有制企业信用环境分析

从图 2－29 中可以看出，其他所有制企业的三项指数的总体走势与国有及国有控股企业、民营企业走势基本一致，但下降的幅度相比更大一些，尤其是景气指数和盈利指数双双跌破 90 点。

通过对上述三种不同所有制企业的综合分析可以看出，国有及国有控股企业的基础相对稳定，抗风险能力较强，发展韧性也较强；民营企业具有一定的恢复性增长的基础，但对宏观经济影响因素也较为敏感；其他所有制企业的稳定性受到冲击，宏观经济对其影响最为明显。从总体情况来看，2022 年我国企业整体运行低于预期，预测后期市场，我国企业仍然面临着不确定性因素的严峻挑战，恢复性增长的基础仍需进一步巩固。

（二）效益及其趋势所有制特征分析

1. 企业的收益性指标仍处于较高水平区间，资本积累有所减弱

第一，从营收利润率指标分析。2022 年国有及国有控股企业营收利润率为 6.94%，较 2021 年的 6.67% 提高了 0.27 个百分点；民营企业营收利润率为 5.09%，较 2021 年的 8.73% 下降了 3.64 个百分点；其他所有制企业营收利润率为 5.87%，较 2021 年的 7.15% 下降了 1.28 个百分点。

2011—2022 年营收利润率所有制对比分析见图 2－30。

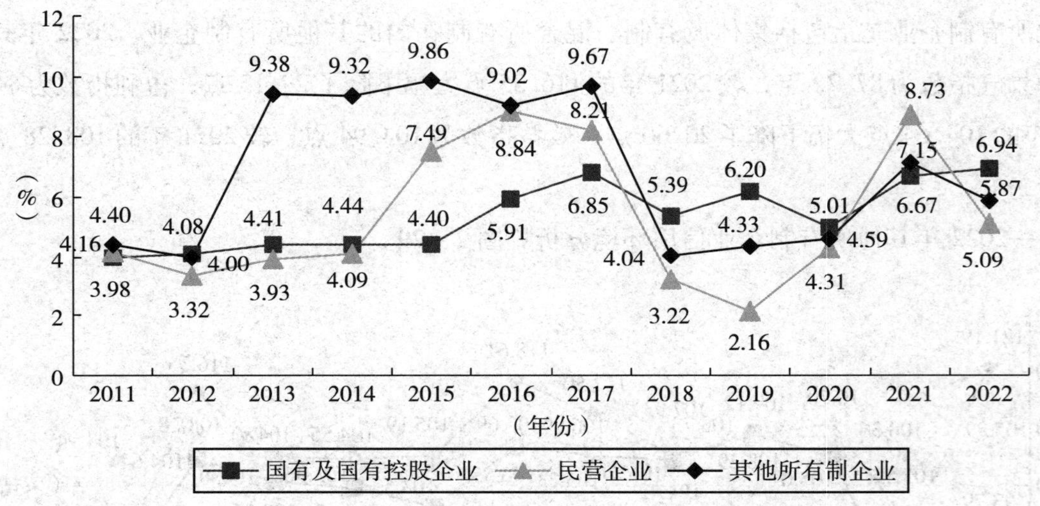

图 2－30　2011—2022 年营收利润率所有制对比分析

三种不同所有制企业的营收利润率表现出一定的差异性。其中，国有及国有控股企业的营收利润率持续两年呈现上升的态势，表明国有企业改革的成效进一步巩固，企业的盈利能力进一步增强；民营企业的营收利润率波幅最大，盈利能力虽有回落，但总体上仍处于较高水平，同时也表明其具有市场经营的灵活性；其他所有制企业的营收利润率回落的幅度则较小。总体分析来看，三种不同所有制企业的经营性收益仍处于较高水平区间，这为后期市场的恢复性增长奠定了的一定的基础，同时也表明我国企业仍具有较强的发展韧性，市场竞争更趋于理性。

第二，从资产利润率分析。2022 年国有及国有控股企业资产利润率为 3.72%，较 2021 年的 2.87% 提高了 0.85 个百分点；民营企业资产利润率为 3.97%，较 2021 年的 5.61% 下降了 1.64 个

百分点；其他所有制企业资产利润率为3.42%，较2021年的3.97%下降了0.55个百分点。

2011—2022年资产利润率所有制对比分析见图2-31。

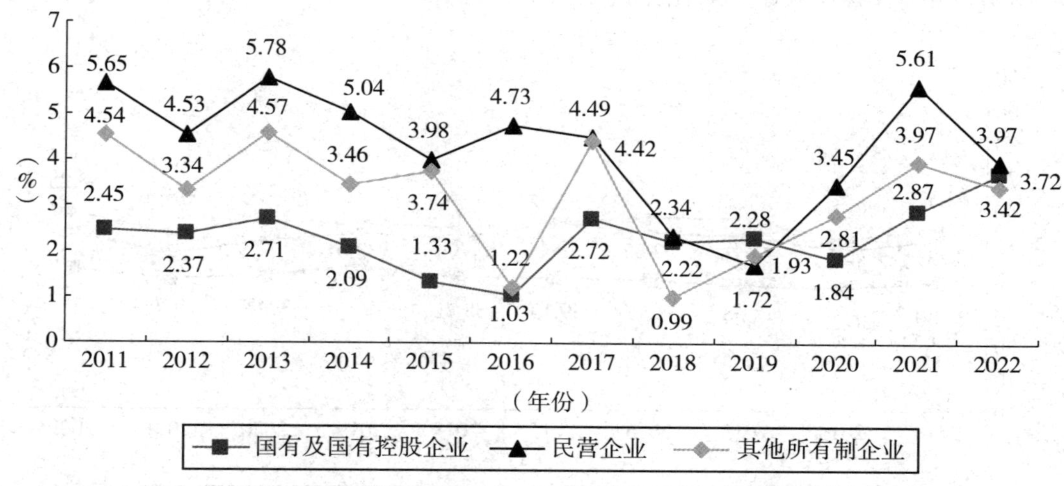

图2-31　2011—2022年资产利润率所有制对比分析

从图2-31中可以看到，三种不同所有制企业的资产利润率几乎处于相同水平，不同之处在于国有及国有控股企业的资产利润率呈现持续上升的态势，表明其资产效益和效率不断提高，国有企业改革成效持续释放；民营企业和其他所有制企业的资产利润率均有不同程度的回落，资产效益明显下降，尤其是其他所有制企业处于相对较低水平，需要进一步优化资产配置和进行结构调整。总体分析来看，企业的资产效益和效率仍处于较高水平区间。

第三，从所有者权益报酬率分析。2022年国有及国有控股企业所有者权益报酬率为5.52%，较2021年的7.34%下降了1.82个百分点；民营企业所有者权益报酬率为5.64%，较2021年的10.24%下降了4.60个百分点；其他所有制企业所有者权益报酬率为5.52%，较2021年的9.64%下降了4.12个百分点。三种不同所有制企业的所有者权益报酬率均呈现明显下降，表明企业的资本积累均有明显减弱。

2. 流动性明显放缓，资本运营质量效益及安全有良好保障

第一，从流动性指标分析。2022年国有及国有控股企业的资产周转率为0.59次/年，较2021年的0.63次/年下降了0.04次/年；民营企业的资产周转率为0.62次/年，较2021年的0.82次/年下降了0.20次/年；其他所有制企业的资产周转率为0.58次/年，较2021年的0.66次/年下降了0.08次/年。不同所有制企业的资产周转率均有所放缓，资产效率呈下降态势。

第二，从负债水平分析。2022年国有及国有控股企业所有者权益比率为41.13%，较2021年的38.34%提高了2.79个百分点；民营企业所有者权益比率为58.25%，较2021年的52.12%提高了6.13个百分点；其他所有制企业所有者权益比率为51.78%，较2021年的45.95%提高了5.83个

百分点。不同所有制企业的所有者权益比率均呈明显上升的态势，与之相对应的是负债率水平有明显下降，表明企业的投资意愿明显减弱，信贷需求明显不足，但同时也表明企业的安全性进一步加强。

2013—2022 年所有者权益比率对比分析见图 2－32。

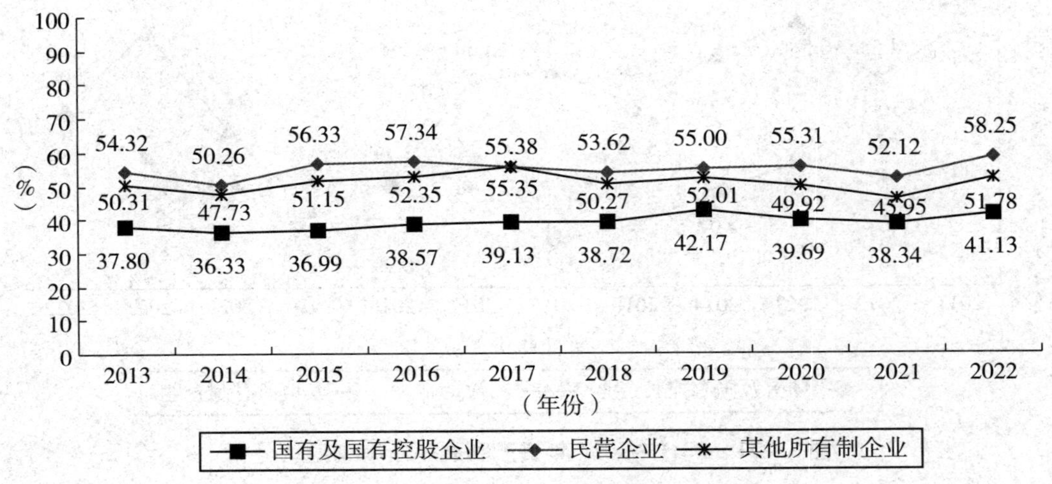

图 2－32　2013—2022 年所有者权益比率对比分析

第三，从资本保值增值率分析。2022 年国有及国有控股企业平均资本保值增值率为 107. 14%，较 2021 年的 108. 44% 下降了 1. 30 个百分点；民营企业平均资本保值增值率为 107. 27%，较 2021 年的 112. 42% 下降了 5. 15 个百分点；其他所有制企业平均资本保值增值率为 105. 11%，较 2021 年的 111. 87% 下降了 6. 76 个百分点。三种不同所有制企业的资本保值增值率均有所下降，但均运行在保本点以上，实现了资本增值，总体资本运营质量效益及安全性有良好保障。

3. 经营性增速大幅下降，资产性增速整体放缓

第一，从营收增长率分析。2022 年国有及国有控股企业营收增长率为 5. 21%，较 2021 年的 20. 04% 下降了 14. 83 个百分点；民营企业营收增长率为 6. 79%，较 2021 年的 25. 44% 下降了 18. 65 个百分点；其他所有制企业营收增长率为 3. 13%，较 2021 年的 23. 84% 下降了 20. 71 个百分点。三种所有制企业的营收增长率均有大幅度下降，尤其是其他所有制企业营收增长率下降幅度最大。但同时也要看到有基于高点回落的特征，总体上保持了正增长的态势。

2011—2022 年营收增长率所有制对比分析见图 2－33。

第二，从利润增长率分析。2022 年国有及国有控股企业利润增长率为－15. 12%，较 2021 年的 14. 04% 下降了 29. 16 个百分点；民营企业利润增长率为－23. 45%，较 2021 年的 15. 70% 下降了 39. 15 个百分点；其他所有制企业利润增长率为－28. 69%，较 2021 年的 8. 86% 下降了 37. 55 个百分点。不同所有制企业的利润均呈大幅度负增长的态势，尤以民营企业和其他所有制企业的下降幅度最大，表明企业的经营难度普遍加大。

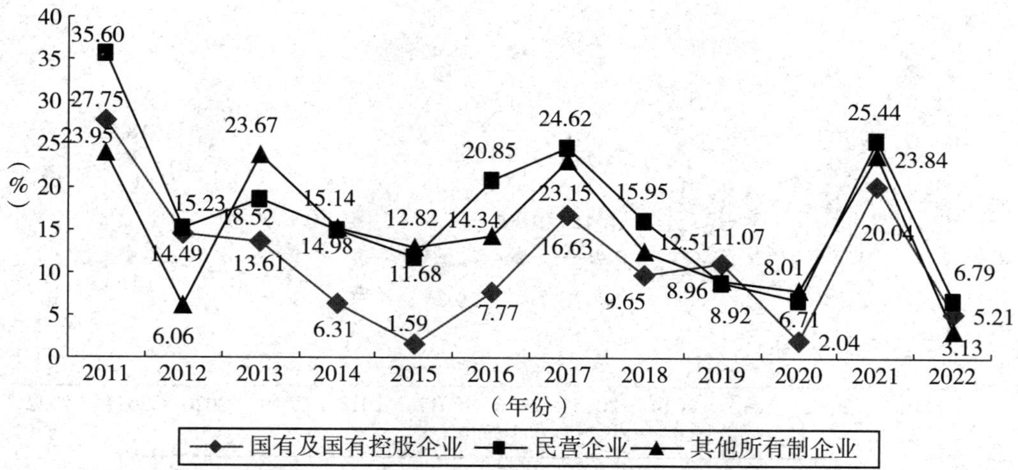

图 2-33　2011—2022 年营收增长率所有制对比分析

2011—2022 年利润增长率所有制对比分析见图 2-34。

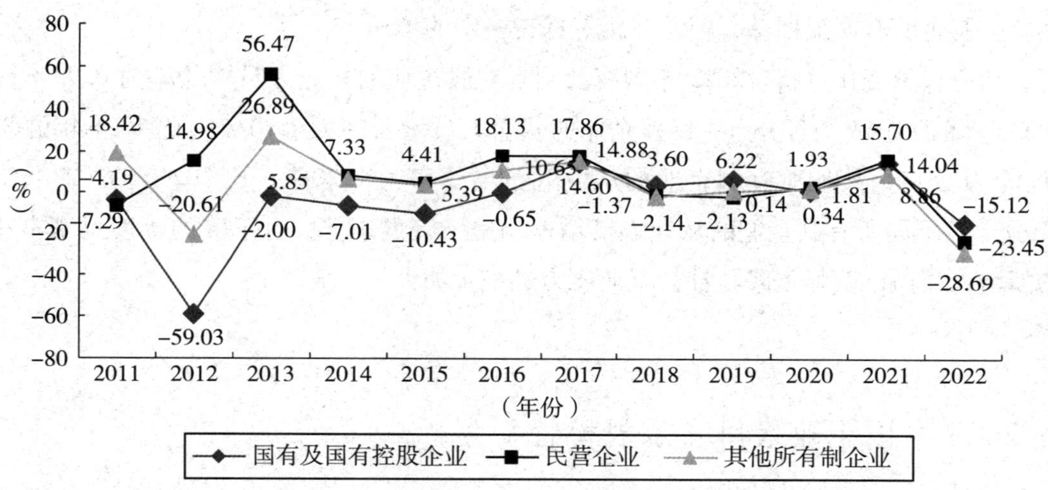

图 2-34　2011—2022 年利润增长率所有制对比分析

第三，从资产增长率分析。2022 年国有及国有控股企业资产增长率为 6.71%，比 2021 年的 10.64% 下降了 3.93 个百分点；民营企业资产增长率为 17.18%，比 2021 年的 18.33% 下降了 1.15 个百分点；其他所有制企业资产增长率为 8.48%，比 2021 年的 14.79% 下降了 6.31 个百分点。不同所有制企业的资产增速均呈放缓的态势，但民营企业的下降幅度有限，仍处于较高的扩张状态，表明其投资信心仍很充足。

2011—2022 年资产增长率所有制对比分析见图 2-35。

第四，从资本积累率分析。2022 年国有及国有控股企业的资本积累率为 8.10%，较 2021 年的 9.76% 下降了 1.66 个百分点；民营企业的资本积累率为 17.16%，较 2021 年的 15.89% 提高了 1.27 个百分点；其他所有制企业的资本积累率为 7.10%，较 2021 年的 11.58% 下降了 4.48 个百分

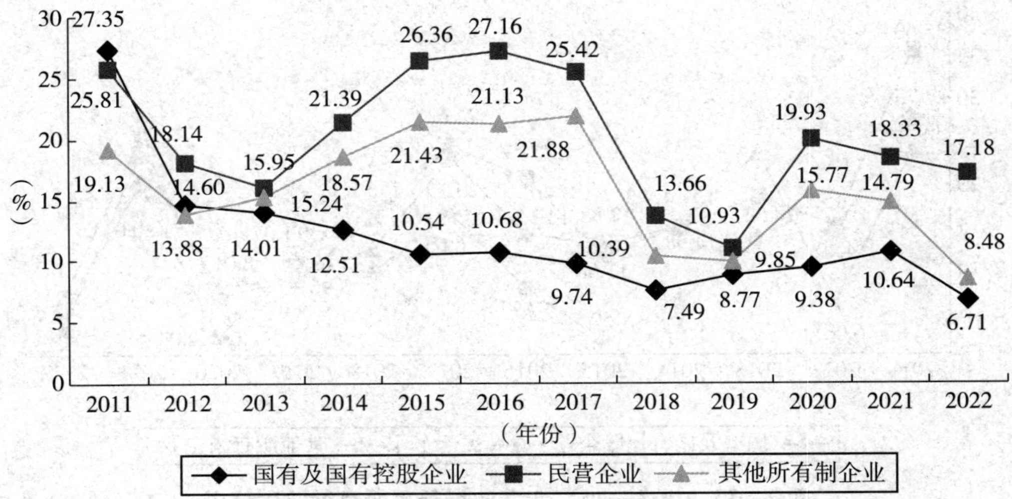

图 2－35　2011—2022 年资产增长率所有制对比分析

点。国有及国有控股企业资本积累率波幅较小；而民营企业却逆势上升，表明其资本实力持续增强；其他所有制企业有明显回落，但总体仍然保持一定的增速。

第五，从业人员变化分析。2022 年国有及国有控股企业的从业人员增长率为 0. 93%，较 2021 年的 2. 56% 下降了 1. 63 个百分点；民营企业的从业人员增长率为 1. 61%，比 2021 年的 3. 29% 下降了 1. 68 个百分点；其他所有制企业的从业人员增长率为 1. 20%，比 2021 年的 2. 86% 下降了 1. 66 个百分点。不同所有制企业的从业人员增速均呈下降的态势，且下降的幅度也基本相同，表明企业的新增人员需求明显下降，社会就业压力进一步加大。

四、2023 中国企业信用发展规模特征分析

（一）信用环境规模特征分析

1. 特大型企业总体运行平稳

2022 年特大型企业的景气指数为 100. 53 点，较 2021 年的 117. 85 点下降了 17. 32 点；盈利指数为 95. 23 点，较 2021 年的 107. 40 点下降了 12. 17 点；效益指数为 105. 20 点，较 2021 年的 105. 54 点下降了 0. 34 点。

2011—2022 年特大型企业信用环境分析见图 2－36。

从图 2－36 中可以看出，我国特大型企业的三项指数总体呈现高位回落的态势。景气指数和效益指数均守住了荣枯线，效益指数仅微幅回落了 0. 34 个百分点，表明特大型企业整体效益并未受到

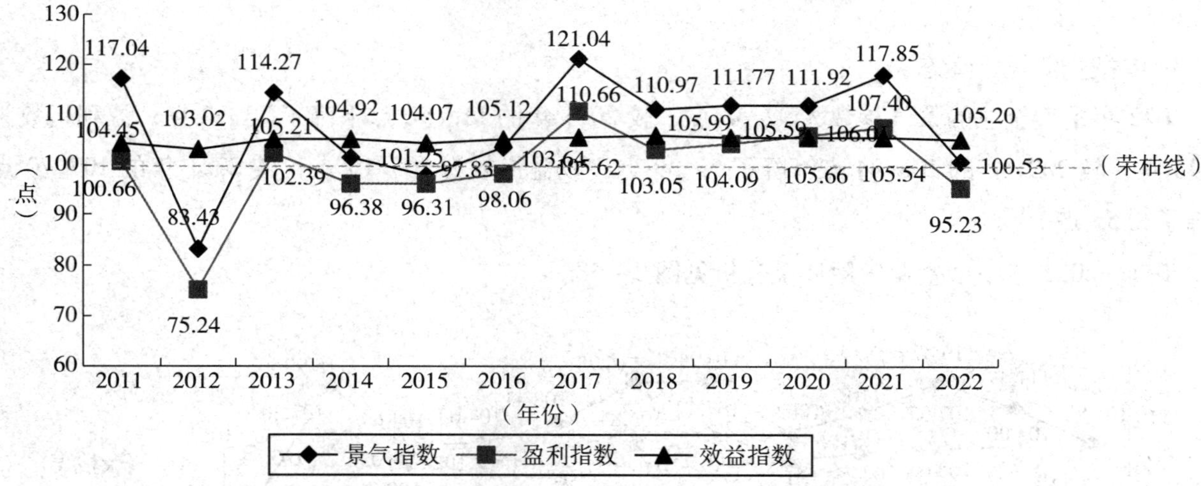

图 2-36　2011—2022 年特大型企业信用环境分析

明显影响；盈利指数跌破了荣枯线，但负增长的幅度有限。由此可以看出，我国特大型企业总体运行相对平稳，受宏观经济的影响也较小，表明特大型企业具有相对较强的抗风险能力和发展韧性。

2. 大型企业整体回落

2022 年大型企业的景气指数为 101.89 点，较 2021 年的 122.96 点下降了 21.07 点；盈利指数为 95.46 点，较 2021 年的 110.92 点下降了 15.46 点；效益指数为 107.30 点，较 2021 年的 107.46 点下降了 0.16 点。大型企业的三项指数走势与特大型企业基本相似，景气指数从高位回落的幅度要大于特大型企业的幅度，表明其稳定性不及特大型企业。

2011—2022 年大型企业信用环境分析见图 2-37。

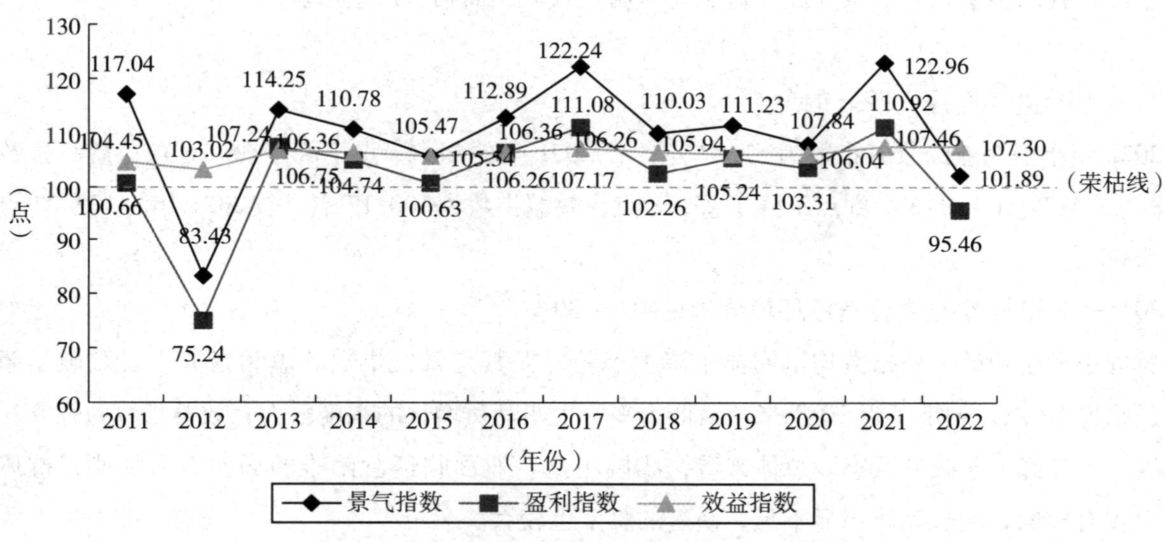

图 2-37　2011—2022 年大型企业信用环境分析

3. 中型企业呈下降态势

2022 年中型企业的景气指数为 92. 53 点，较 2021 年的 115. 90 点下降了 23. 37 点；盈利指数为 88. 45 点，较 2021 年的 103. 84 点下降了 15. 39 点；效益指数为 105. 15 点，较 2021 年的 107. 70 点下降了 2. 55 点。

2011—2022 年中型企业信用环境分析见图 2 - 38。

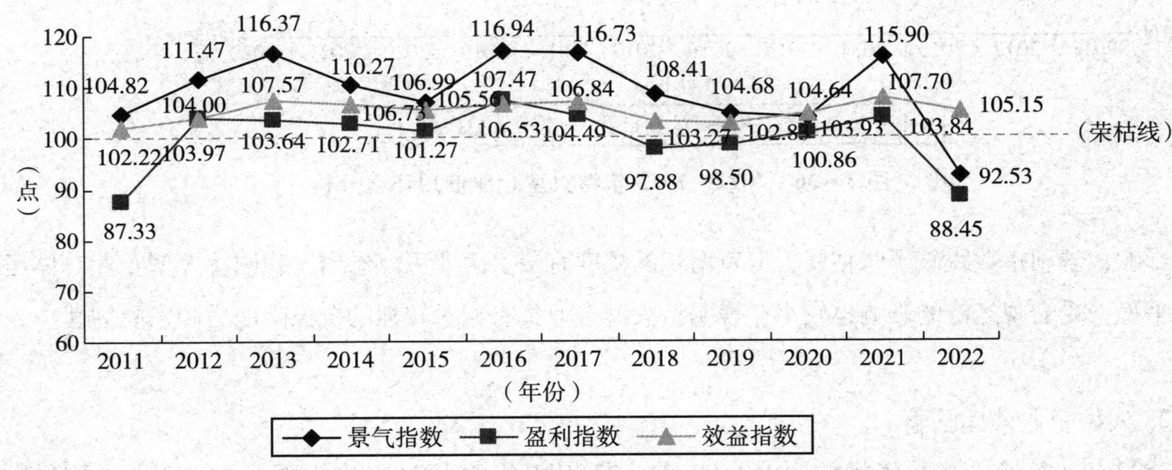

图 2 - 38　2011—2022 年中型企业信用环境分析

从图 2 - 38 中可以看出，我国中型企业的三项指数总体呈现下行的态势。其中，景气指数和盈利指数双双跌破荣枯线，尤其是盈利指数跌破了 90 点关口，表明其整体处于负增长区间；效益指数也有一定幅度的回落，但仍处于荣枯线以上的较高位置，表明其整体经营效益仍有良好保障。总体来看，我国中型企业的景气度和盈利能力明显减弱，面临着严峻考验。

4. 小型企业下行压力明显加大

2022 年小型企业的景气指数为 61. 87 点，较 2021 年的 98. 63 点下降了 36. 76 点；盈利指数为 63. 38 点，较 2021 年的 89. 06 点下降了 25. 68 点；效益指数为 100. 17 点，较 2021 年的 105. 83 点下降了 5. 66 点。

2011—2022 年小型企业信用环境分析见图 2 - 39。

我国小型企业的三项指数均呈明显下降的态势。尤其是景气指数和盈利指数不仅跌破了荣枯线，且临界 60 点，创下了近 10 年来的最低水平，表明其负增长的幅度较大；效益指数勉强守住了荣枯线，但已经处于临界状态。总体来看，我国小型企业面临经营困难的局面有所加剧，抗风险能力也相对较弱，增长动能明显不足，恢复的难度也较大。

综合对不同规模企业的分析，我国特大型企业和大型企业的三项指数表现相对平稳，虽有明

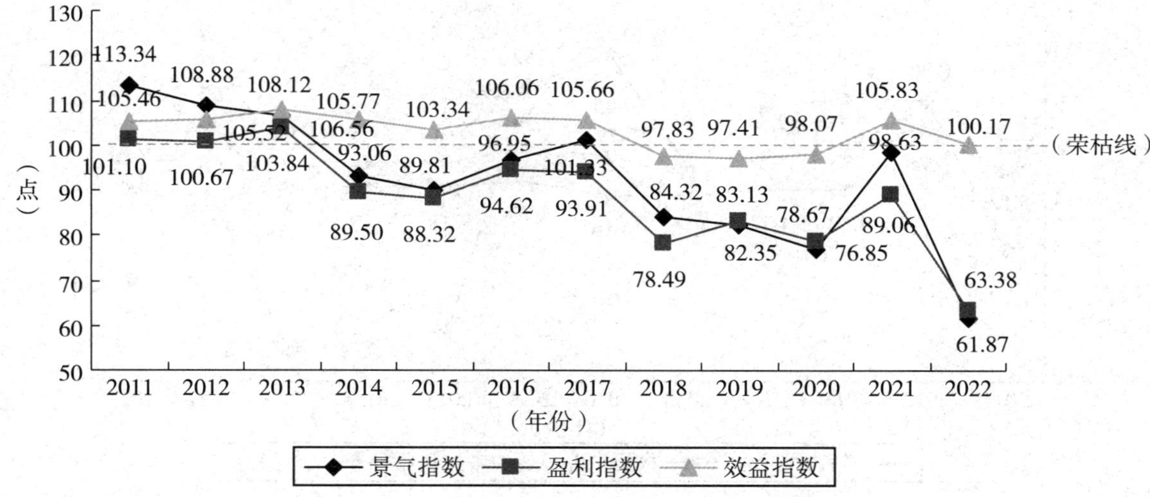

图2－39　2011—2022年小型企业信用环境分析

显下降，但幅度有限，表明我国特大型企业和大型企业具有较强的抗风险能力和发展韧性，在国民经济中发挥着重要的支撑作用；反观中型企业和小型企业的表现，景气度和盈利能力均有较大幅度的下降，对宏观经济环境的敏感度也较高。总体来看，经营环境并未有根本性好转，竞争压力仍然存在，尤其是中小型企业的经营环境和政策环境亟待进一步改善。如何激发中小型企业活力，提振发展信心，帮助中小型企业走出经营困境，仍是今后一个时期面临的主要矛盾，需要各级政府及业界高度关注和深入研究。

（二）效益及其趋势规模特征分析

1. 特大型企业运行平稳，小型企业处于微利状态

第一，从营收利润率规模特征分析。2022年特大型企业的营收利润率为4. 35%，比2021年的4. 03%提高了0. 32个百分点；大型企业的营收利润率为6. 68%，比2021年的7. 20%下降了0. 52个百分点；中型企业的营收利润率为7. 02%，比2021年的10. 07%下降了3. 05个百分点；小型企业的营收利润率为0. 44%，比2021年的4. 09%下降了3. 65个百分点。

2011—2022年营收利润率规模特征对比分析见图2－40。

从图2－40中可以看出，特大型企业营收利润率运行相对平稳，在宏观经济环境极为不利的条件下营收利润率仍有所提高，大型企业营收利润率表现为小幅下降；而中小型企业的营收利润率则有明显下降，尤其以小型企业下降的幅度最大，处于微利状态。

第二，从资产利润率规模特征分析。2022年特大型企业的资产利润率为3. 17%，比2021年的3. 13%提高了0. 04个百分点；大型企业的资产利润率为5. 43%，比2021年的4. 62%提高了0. 81个百分点；中型企业的资产利润率为3. 96%，比2021年的4. 72%下降了0. 76个百分点；小型企

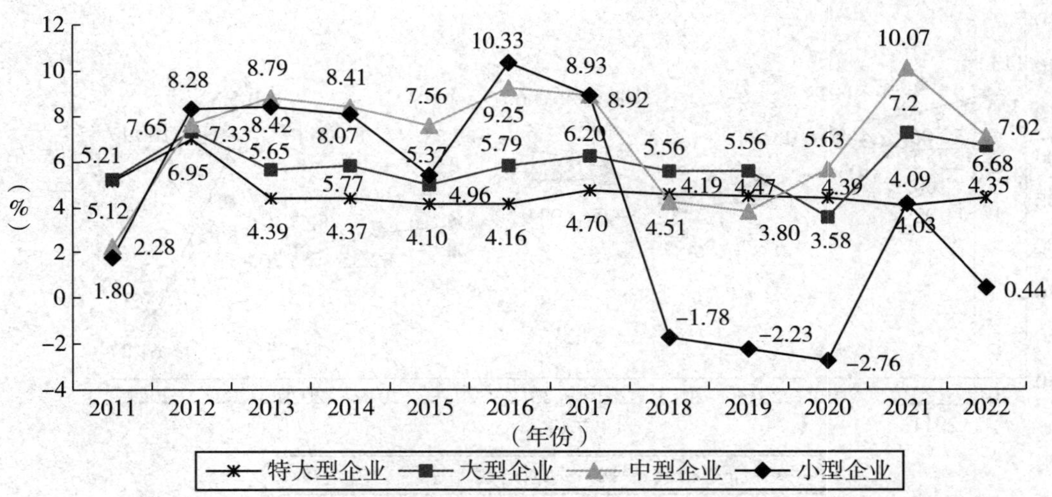

图 2－40　2011—2022 年营收利润率规模特征对比分析

业的资产利润率为 0. 52%，比 2021 年的 1. 45% 下降了 0. 93 个百分点。

从资产收益性指标分析，特大型企业和大型企业的资产利润率均有不同程度的提高，整体运行也相对平稳；而中小型企业的资产利润率则均有下降。总体分析来看，企业的资产效益和运行质量仍然保持了良好状态。

2011—2022 年资产利润率规模特征对比分析见图 2－41。

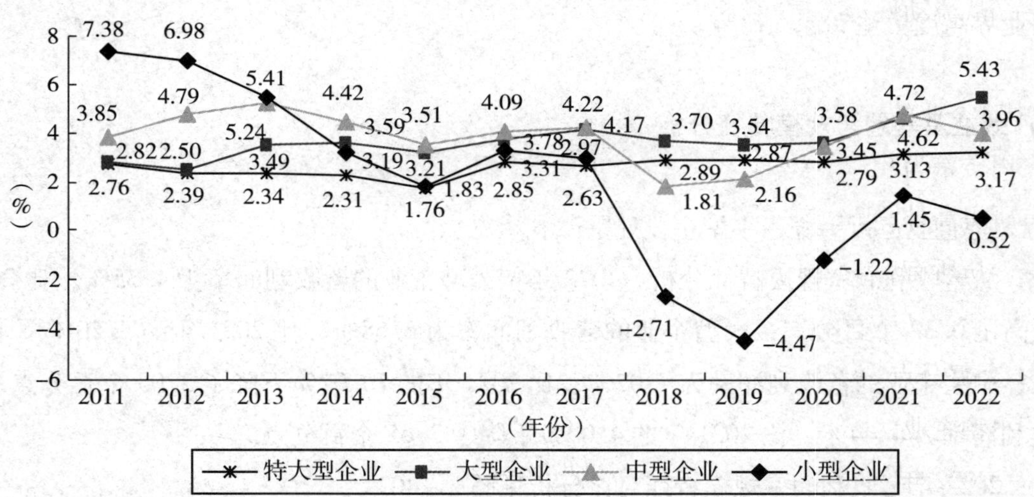

图 2－41　2011—2022 年资产利润率规模特征对比分析

第三，从所有者权益报酬率分析。2022 年特大型企业的所有者权益报酬率为 8. 09%，比 2021 年的 9. 46% 回落了 1. 37 个百分点；大型企业的所有者权益报酬率为 9. 79%，比 2021 年的 10. 56% 回落了 0. 77 个百分点；中型企业的所有者权益报酬率为 7. 47%，比 2021 年的 7. 34% 提高了 0. 13 个百分点；小型企业的所有者权益报酬率为 0. 68%，比 2021 年的 3. 12% 回落了 2. 44 个百分点。

2011—2022 年所有者权益报酬率规模特征对比分析见图 2－42。

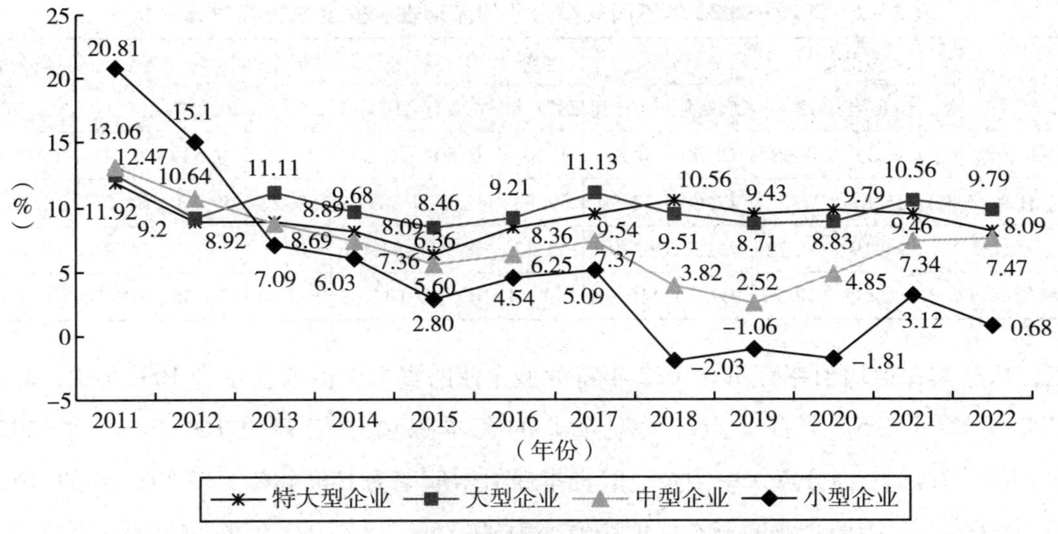

图2－42　2011—2022年所有者权益报酬率规模特征对比分析

从所有者权益报酬率指标分析来看，特大型企业、大型企业和中型企业均保持了相对较高的报酬率，整体运行也相对平稳，波幅有限；而小型企业报酬率回落幅度偏大，且相对处于较低水平。

2. 融资政策效应无明显改善，小型企业资本保值增值率处于安全边际

第一，从流动性分析。2022年特大型企业的资产周转率为0.98次/年，较2021年的0.95次/年提高了0.03次/年；大型企业的资产周转率为0.80次/年，较2021年的0.83次/年下降了0.03次/年；中型企业的资产周转率为0.53次/年，较2021年的0.54次/年下降了0.01次/年；小型企业的资产周转率为0.28次/年，较2021年的0.31次/年下降了0.03次/年。除特大型企业的资产周转率有所提高外，其他规模企业均有所放缓，但下降的幅度有限，整体运行较为平稳。

第二，从所有者权益比率分析。2022年特大型企业的所有者权益比率为27.68%，较2021年的27.28%提高了0.40个百分点；大型企业的所有者权益比率为41.79%，较2021年的39.88%提高了1.91个百分点；中型企业的所有者权益比率为59.23%，较2021年的59.22%提高了0.01个百分点；小型企业的所有者权益比率为68.40%，较2021年的70.76%下降了2.36个百分点。

2020—2022年不同规模企业的流动性、安全性指标对比分析见表2－1。

从表2－1中可以看出，特大型企业和大中型企业的所有者权益比率相对平稳，且有所上升，而小型企业则有明显的下降。与之相对应的理论负债率则表现为大中型企业的负债率有所下降，信贷意愿下降；而小型企业的负债率则有较为明显的上升，这种情况可能与小型企业的融资环境改善有关。总体分析来看，特大型企业和大型企业的理论负债率总体维持在70%左右和60%左右，中型企业和小型企业的理论负债率则总体维持在40%左右和30%左右。中小型企业的融资环境虽有改善，但效果并不明显，仍需要加大对中小型企业的融资政策支持力度。

表2-1 2020—2022年不同规模企业的流动性、安全性指标对比分析

指标	特大型企业			大型企业			中型企业			小型企业		
	2020年	2021年	2022年	2020年	2021年	2022年	2020年	2021年	2022年	2020年	2021年	2022年
资产周转率（次/年）	0.89	0.95	0.98	0.82	0.83	0.80	0.53	0.54	0.53	0.30	0.31	0.28
所有者权益比率（%）	25.81	27.28	27.68	37.99	39.88	41.79	58.42	59.22	59.23	64.06	70.76	68.40
理论负债率（%）	74.19	72.72	72.32	62.01	60.12	58.21	41.58	40.78	40.77	35.94	29.24	31.60
资本保值增值率（%）	112.35	112.27	109.70	110.62	112.04	109.86	107.69	108.95	106.48	101.02	104.06	99.76

第三，从资本保值增值率分析。2022年特大型企业的资本保值增值率为109.70%，较2021年的112.27%下降了2.57个百分点；大型企业的资本保值增值率为109.86%，较2021年的112.04%下降了2.18个百分点；中型企业的资本保值增值率为106.48%，较2021年的108.95%下降了2.47个百分点；小型企业的资本保值增值率为99.76%，较2021年的104.06%下降了4.30个百分点。2022年我国大中型企业的资本保值增值率均有所下降，且下降的幅度也大致相当，总体维持在较高水平区间。而小型企业的资本保值增值率则低于保本点，已经处于安全边际，需要引起小型企业的警觉，应加强对信用风险的管控。

3. 企业普遍增速放缓，中小型企业面临困难局面

第一，从营业收入增长率规模特征分析。2022年特大型企业的营业收入增长率为10.24%，较2021年的20.68%下降了10.44个百分点；大型企业的营业收入增长率为12.18%，较2021年的24.32%下降了12.14个百分点；中型企业的营业收入增长率为6.13%，较2021年的23.90%下降了17.77个百分点；小型企业的营业收入增长率为-11.12%，较2021年的14.39%下降了25.51个百分点，且由正增长再次转为负增长。

2011—2022年营业收入增长率规模特征对比分析见图2-43。

第二，从利润增长率规模特征分析。2022年特大型企业的利润增长率为-9.18%，较2021年的15.02%下降了24.20个百分点；大型企业的利润增长率为-8.40%，较2021年的21.59%下降了29.99个百分点；中型企业的利润增长率为-21.07%，较2021年的7.90%下降了28.97个百分点；小型企业的利润增长率为-65.14%，较2021年的-17.12%下降了48.02个百分点。

2011—2022年利润增长率规模特征对比分析见图2-44。

综合两项经营性成长指标可以看出，特大型企业和大中型企业营收增长率高位回落，但总体保持了一定的增速；而小型企业则呈现负增长态势。利润增长率则均表现为负增长，尤其是中小型企业的负增长幅度较大。由此可见，中小型企业面临着极其严峻的经营困难局面。

第三，从资产增长率规模特征分析。2022年特大型企业的资产增长率为9.16%，较2021年的11.70%下降了2.54个百分点；大型企业的资产增长率为11.06%，较2021年的15.07%下降了

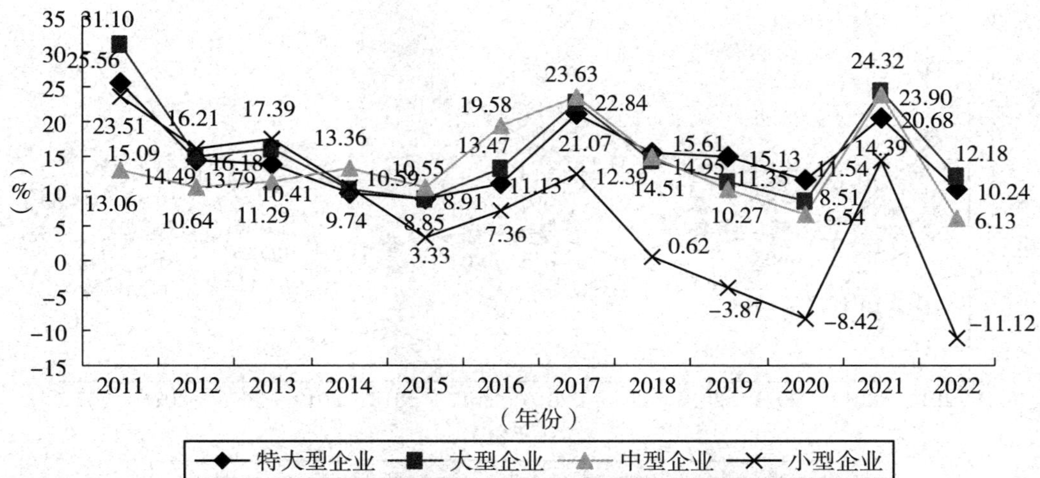

图 2－43　2011—2022 年营业收入增长率规模特征对比分析

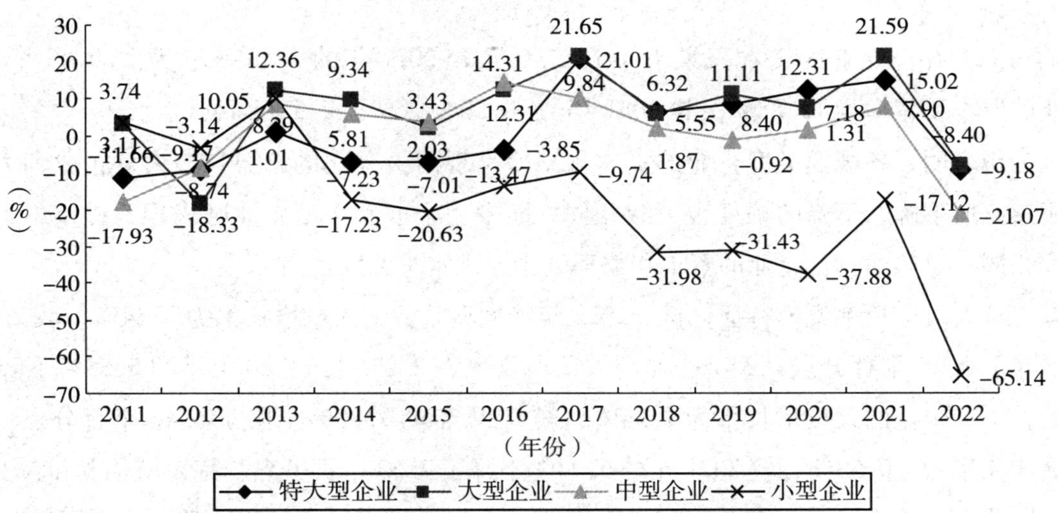

图 2－44　2011—2022 年利润增长率规模特征对比分析

4.01 个百分点；中型企业的资产增长率为 14.59%，较 2021 年的 16.03% 下降了 1.44 个百分点；小型企业的资产增长率为 13.86%，较 2021 年的 13.79% 提高了 0.07 个百分点。

2011—2022 年资产增长率规模特征对比分析见图 2－45。

综合资产增长率指标分析，各规模类型企业的资产增长率有升有降，基本保持较高的增长速度。总体上来看，大中型企业的资产增速呈下降态势，而小型企业的资产增速则呈上升的态势。总体而言，我国企业的资产规模增速相对平稳，且运行在较高水平区间，尤其是小型企业的资产规模增长表现比较活跃，有利于后期市场的恢复性增长。预测 2023 年我国企业的资产增速将有较大的提升空间。

第四，从资本积累率规模特征分析。2022 年特大型企业的资本积累率为 8.14%，较 2021 年的 11.14% 下降了 3.00 个百分点；大型企业的资本积累率为 10.80%，较 2021 年的 13.86% 下降了

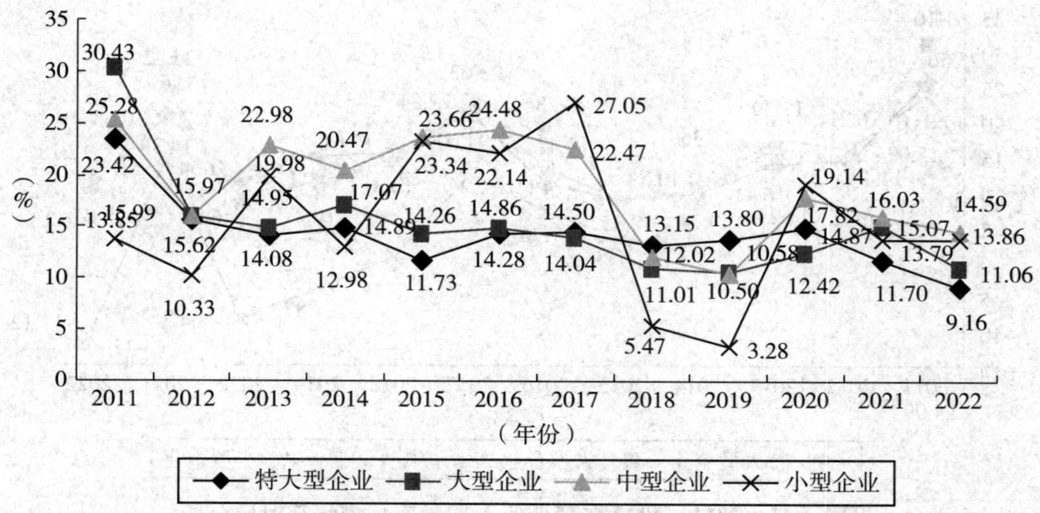

图 2－45　2011—2022 年资产增长率规模特征对比分析

3. 06 个百分点；中型企业的资本积累率为 15. 53%，较 2021 年的 12. 85% 提高了 2. 68 个百分点；小型企业的资本积累率为 12. 88%，较 2021 年的 10. 36% 提高了 2. 52 个百分点。

综合分析表明，各规模类型企业的资本积累率呈现两极分化的态势，特大型企业和大型企业的资本积累有所下降，下降的幅度也大致相同；而中型企业和小型企业则表现为提高，且提高的幅度大致相同。总体而言，企业的资本积累率处于合理水平区间。

第五，从人员增长率规模特征分析。2022 年特大型企业的人员增长率为 3. 34%，较 2021 年的 4. 04% 下降了 0. 70 个百分点；大型企业的人员增长率为 2. 27%，较 2021 年的 5. 55% 下降了 3. 28 个百分点；中型企业的人员增长率为 1. 34%，较 2021 年的 7. 80% 下降了 6. 46 个百分点；小型企业的人员增长率为 －0. 58%，较 2021 年的 6. 94% 下降了 7. 52 个百分点。特大型企业和大型企业的人员增速回落幅度较小，而中型企业和小型企业的人员增速有较大幅度下降，尤其是小型企业表现为负增长。

五、2023 中国企业信用发展地区特征分析

（一）信用环境地区特征分析

1. 东部地区企业大幅回落，受宏观经济环境影响较为明显

2022 年东部地区企业的景气指数为 90. 73 点，较 2021 年的 117. 36 点下降了 26. 63 点；盈利指

数为 86.91 点，较 2021 年的 105.41 点下降了 18.50 点；效益指数为 104.64 点，较 2021 年的 107.22 点下降了 2.58 点。

2011—2022 年东部地区企业信用环境分析见图 2－46。

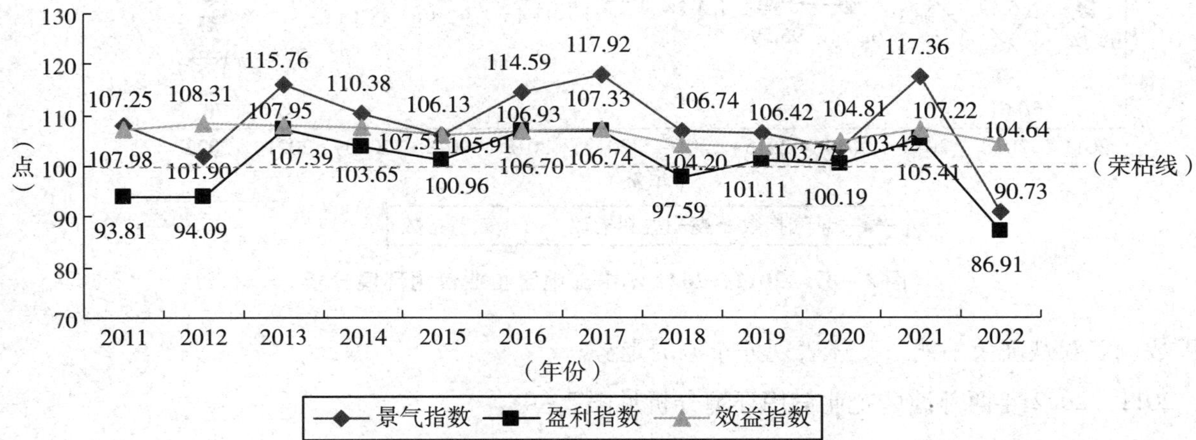

图 2－46　2011—2022 年东部地区企业信用环境分析

从图 2－46 中可以看出，东部地区企业的三项指数均有较大幅度的下降。其中，景气指数和盈利指数双双跌破荣枯线，盈利指数跌幅最大，表明已经处于较为严重的负增长区间。总体来看，东部地区企业受到宏观经济环境的影响较为明显，波幅较大，景气度明显下降，盈利水平极度减弱。

2. 中部地区企业高位回落，稳定性较强

2022 年中部地区企业的景气指数为 96.16 点，较 2021 年的 121.74 点下降了 25.58 点；盈利指数为 91.50 点，较 2021 年的 110.49 点下降了 18.99 点；效益指数为 105.97 点，较 2021 年的 106.60 点下降了 0.63 点。我国中部地区企业三项指数总体呈现高位回落的态势，其中景气指数和盈利指数也双双跌破荣枯线，但下潜的幅度有限。总体来看，中部地区企业整体运行要好于东部地区企业，所受宏观经济环境影响相对较小，稳定性也较强。

2011—2022 年中部地区企业信用环境分析见图 2－47。

3. 西部地区企业三项指数表现偏弱

2022 年西部地区企业的景气指数为 94.22 点，较 2021 年的 119.86 点下降了 25.64 点；盈利指数为 89.58 点，较 2021 年的 109.57 点下降了 19.99 点；效益指数为 106.46 点，较 2021 年的 106.85 点下降了 0.39 点。

2022 年我国西部地区企业的三项指数也呈现高位回落的态势。西部地区企业的景气指数和盈

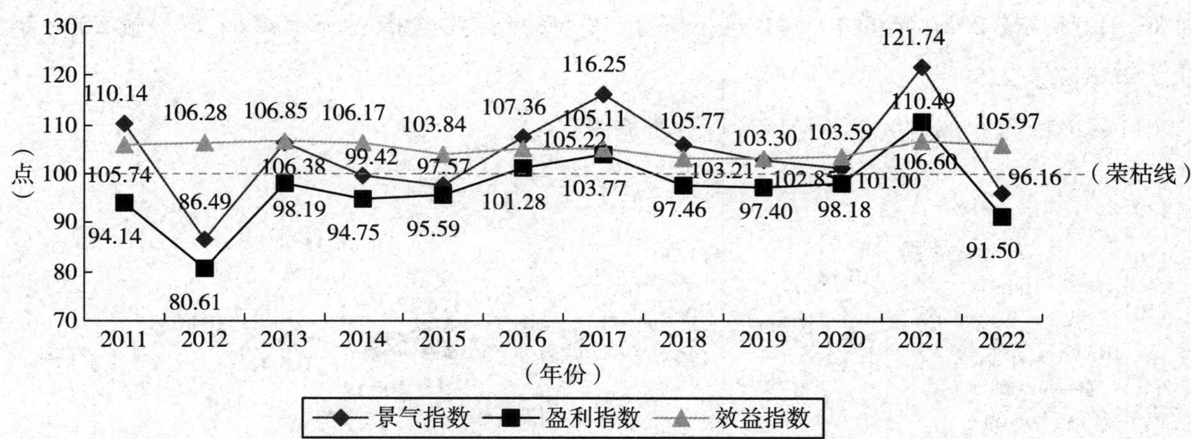

图 2－47　2011—2022 年中部地区企业信用环境分析

利指数也双双跌破荣枯线，整体表现处于偏弱走势。

2011—2022 年西部地区企业信用环境分析见图 2－48。

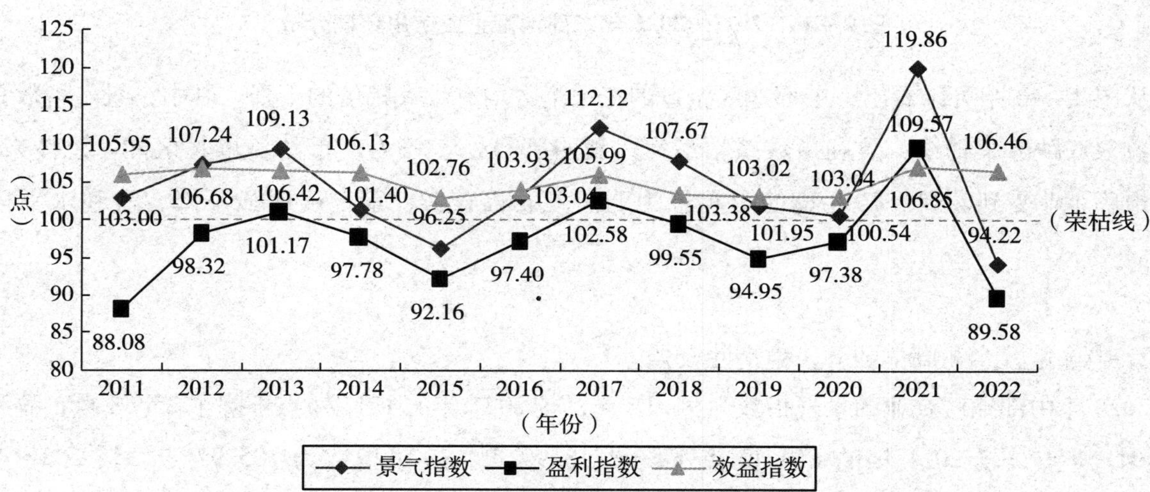

图 2－48　2011—2022 年西部地区企业信用环境分析

综合分析可以看出，不同地区的企业在 2022 年均呈现偏弱的走势，三项指数均呈下降态势。总体来看，2022 年我国企业运行的主要特征是东部、西部地区企业受到宏观经济环境的影响较为明显，而中部地区企业要略好一些，表明其发展韧性较好。

（二）效益及其趋势地区特征分析

1. 各地区企业经营性收益回落，资产性收益处于历史较高水平

2022 年东部地区企业的营收利润率为 5.05%，比 2021 年的 8.18% 下降了 3.13 个百分点；中

部地区企业的营收利润率为 7.60%，比 2021 年的 7.78% 下降了 0.18 个百分点；西部地区企业的营收利润率为 6.92%，比 2021 年的 7.99% 下降了 1.07 个百分点。

2011—2022 年营收利润率地区对比分析见图 2-49。

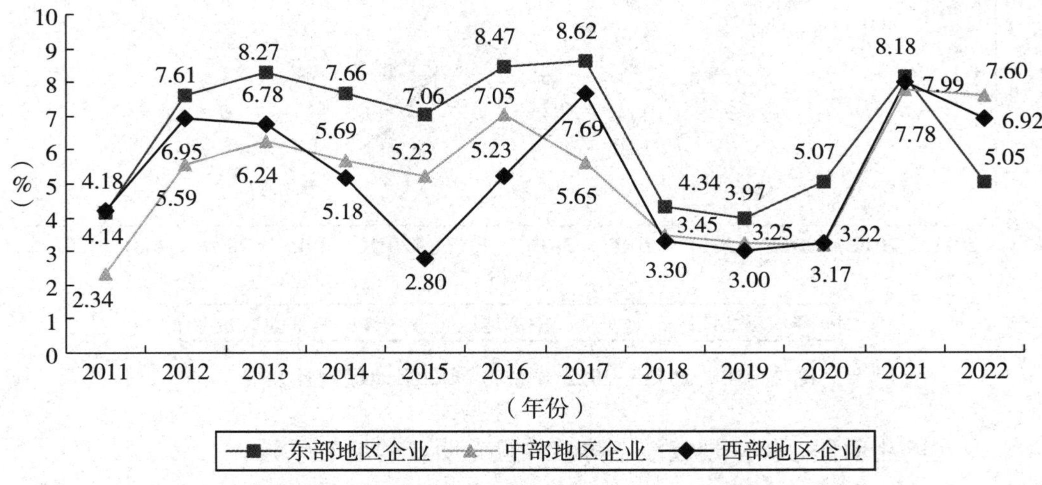

图 2-49　2011—2022 年营收利润率地区对比分析

从图 2-49 中可以看出，不同地区企业的营收利润率均呈现明显回落的态势。其中，东部地区企业的营收利润率回落的幅度较大，盈利能力明显减弱；中部地区和西部地区企业的回落幅度较小。但从历史纵向比较来看，不同地区企业的营收利润率仍然运行在较高水平区间，好于市场预期。

2022 年东部地区企业的资产利润率为 3.53%，比 2021 年的 4.55% 下降了 1.02 个百分点；中部地区企业的资产利润率为 4.34%，比 2021 年的 3.61% 提高了 0.73 个百分点；西部地区企业的资产利润率为 4.84%，比 2021 年的 3.21% 提高了 1.63 个百分点。

2011—2022 年资产利润率地区对比分析见图 2-50。

从图 2-50 中可以看出，中部地区和西部地区企业的资产利润率指标较 2021 年均呈现持续提高的态势，尤其是西部地区企业的资产利润率提高幅度较大，而东部地区企业则有所下降。但总体来看，我国企业的资产利润率仍然处于历史较高水平区间，表明我国企业的资产经营效益有持续性明显改善和提升。

2. 流动性有所放缓，融资需求减弱

第一，从流动性分析。2022 年东部地区企业的资产周转率为 0.62 次/年，较 2021 年的 0.73 次/年下降了 0.11 次/年；中部地区企业的资产周转率为 0.62 次/年，较 2021 年的 0.75 次/年下降了 0.13 次/年；西部地区企业的资产周转率为 0.56 次/年，较 2021 年的 0.66 次/年下降了

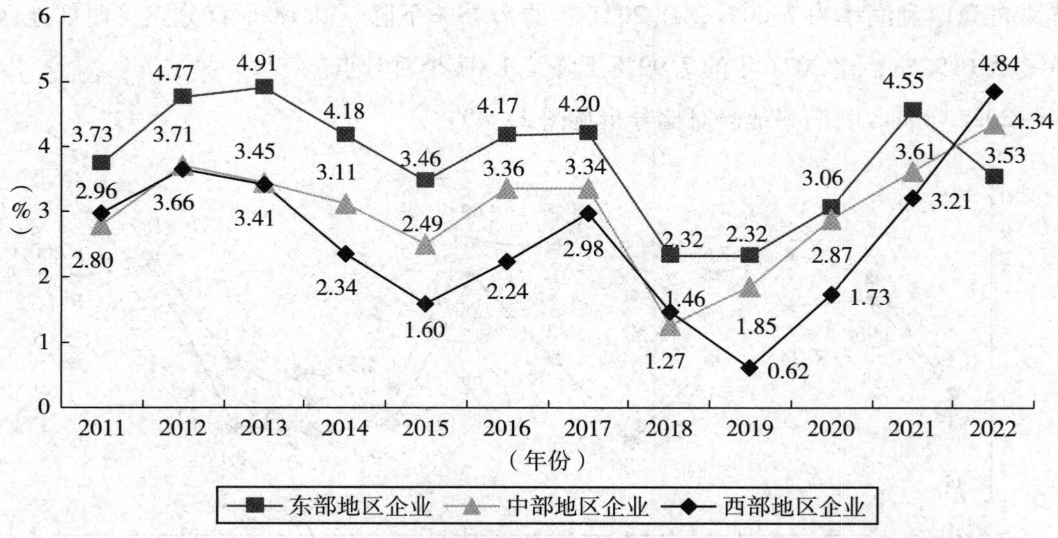

图 2－50　2011—2022 年资产利润率地区对比分析

0. 10 次/年。企业的流动性总体呈现放缓态势，并没有明显的地区差异。

第二，从安全性分析。2022 年东部地区企业的所有者权益比率为 53. 46%，较 2021 年的 45. 85%提高了 7. 61 个百分点；中部地区企业的所有者权益比率为 50. 69%，较 2021 年的 45. 23%提高了 5. 46 个百分点；西部地区企业的所有者权益比率为 48. 26%，较 2021 年的 42. 09%提高了 6. 17 个百分点。各地区企业的所有者权益比率均呈现明显的上升态势，与此相对应的是理论负债率普遍下降，且下降的幅度也基本相当。总体来看，企业的融资需求明显减弱，当前最主要的问题在于提振投资信心，进一步改善融资环境，释放政策性效应。

3. 经营性成长指标增速明显放缓，利润负增长幅度较大

第一，从营收增长率分析。2022 年东部地区企业营收增长率为 4. 88%，比 2021 年的 23. 31%下降了 18. 43 个百分点；中部地区企业营收增长率为 8. 96%，比 2021 年的 23. 25%下降了 14. 29 个百分点；西部地区企业营收增长率为 7. 72%，比 2021 年的 21. 03%下降了 13. 31 个百分点。

2011—2022 年营收增长率地区对比分析见图 2－51。

从图 2－51 中可以看出，不同地区企业的营收增长率均呈现高位回落的基本走势，且下降的幅度较大。总体来看，各地区企业的营收增长率均保持了一定的增速。

第二，从利润增长率分析。2022 年东部地区企业利润增长率为－23. 42%，较 2022 年的 11. 42%下降了 34. 84 个百分点；中部地区企业利润增长率为－16. 64%，较 2022 年的 20. 22%下降了 36. 86 个百分点；西部地区企业营收增长率为－19. 29%，较 2022 年的 18. 69%下降了 37. 98 个百分点。

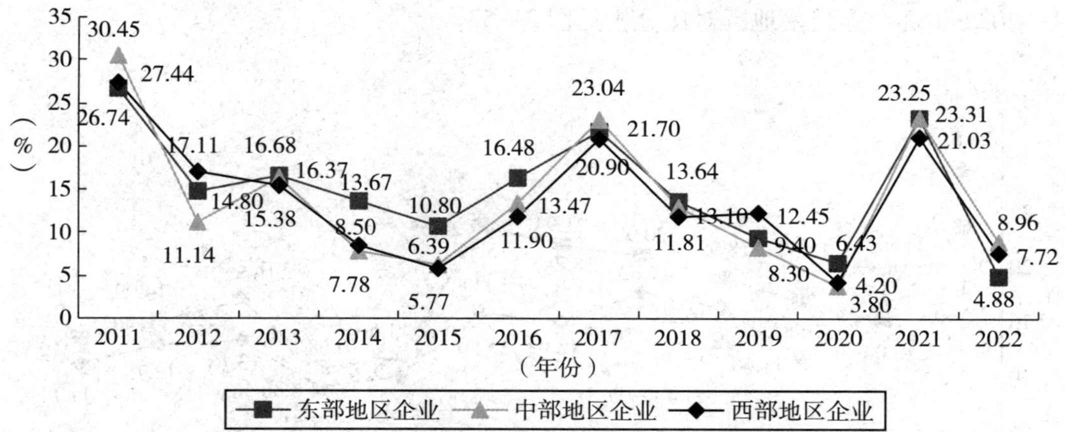

图 2－51　2011—2022 年营收增长率地区对比分析

2011—2022 年利润增长率地区对比分析见图 2－52。

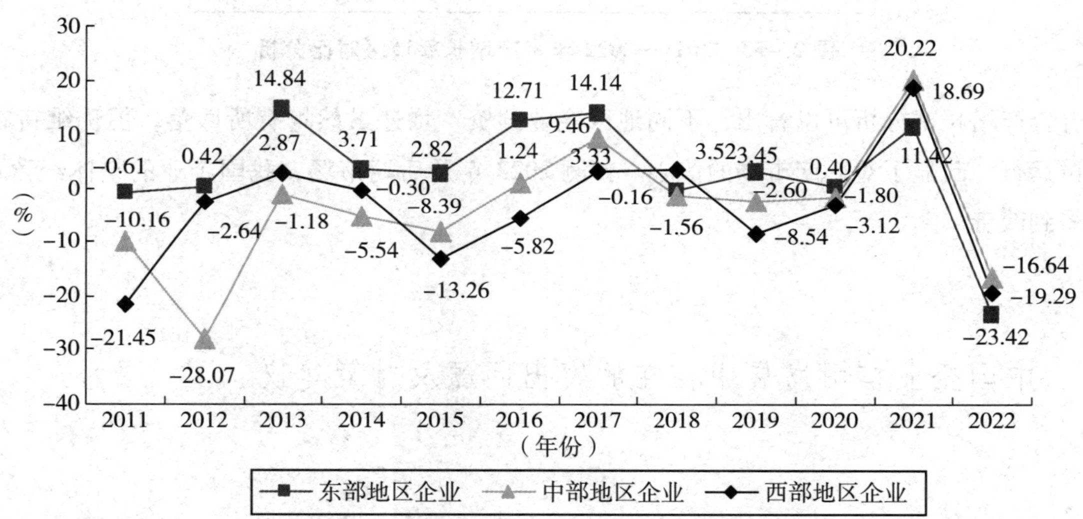

图 2－52　2011—2022 年利润增长率地区对比分析

从利润增长率指标分析看，不同地区企业的利润指标均由正增长转为负增长，且下降的幅度也大致相当，均超过了 30 个百分点。由此可见，此轮波动主要影响到企业的盈利能力，不同地区的企业盈利空间均受较大的挤压，企业经营压力明显加大。预测 2023 年及后期市场，我国企业盈利水平将会有所改善。

4. 企业资产规模增速仍维持较高水平

2022 年东部地区企业的资产增长率为 13.26%，比 2021 年的 14.99% 回落了 1.73 个百分点；中部地区企业的资产增长率为 12.72%，比 2021 年的 14.60% 回落了 1.88 个百分点；西部地区企业的资产增长率为 11.11%，比 2021 年的 12.75% 回落了 1.64 个百分点。

2011—2022 年资产增长率地区对比分析见图 2－53。

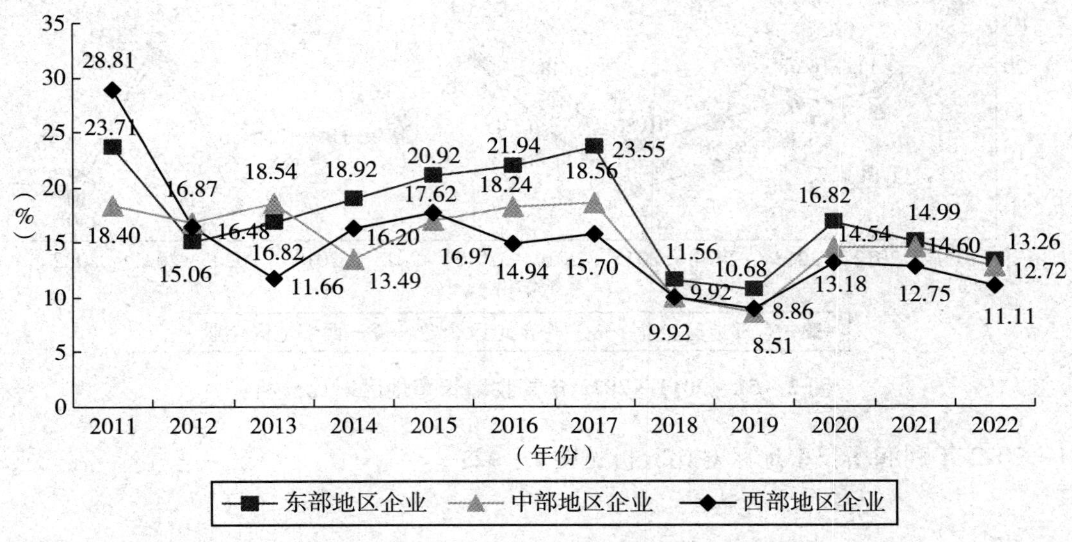

图 2－53　2011—2022 年资产增长率地区对比分析

综合资产增长率分析可以看出，不同地区企业的资产增速虽然均有所回落，但仍维持在 10%以上高位运行，凸显了对后期市场的信心。预测 2023 年及后期市场，我国企业的整体经营形势将会明显得到改善。

六、中国企业信用发展中存在的突出问题及对策建议

综合对我国企业总体信用环境、总体效益趋势分析，通过对行业特征、所有制特征、规模特征以及地区特征的对比分析，可以看到我国企业具有较强的发展韧性和抗风险能力，但整体运行仍然面临着较大的下行压力。最主要因素是有效需求不足、部分行业产能过剩、社会预期偏弱、风险隐患仍然较多，国内大循环存在堵点，外部环境的复杂性、严峻性、不确定性上升。这些不利因素给我国企业高质量发展带来的影响加深，不确定增多，需要我国企业界加以深入研究和高度关注，切实采取有效的应对措施。

（一）以科技创新引领现代化产业体系建设，努力实现高质量协同发展

2023 年是全面贯彻党的二十大精神的开局之年，是三年新冠疫情防控转段后经济恢复发展的

一年。2023年中央经济工作会议强调，必须把坚持高质量发展作为新时代的硬道理，完整、准确、全面贯彻新发展理念，推动经济实现质的有效提升和量的合理增长；必须坚持深化供给侧结构性改革和着力扩大有效需求协同发力，发挥超大规模市场和强大生产能力的优势，使国内大循环建立在内需主动力的基础上，提升国际循环质量和水平；必须坚持依靠改革开放增强发展内生动力，统筹推进深层次改革和高水平开放，不断解放和发展社会生产力、激发和增强社会活力；必须坚持高质量发展和高水平安全良性互动，以高质量发展促进高水平安全，以高水平安全保障高质量发展，发展和安全要动态平衡、相得益彰。

总体来看，传统制造业和基础性产业的供给侧结构性调整成效已经显现，新兴产业和未来产业发展强劲突破，在全球产业链的地位已经由中低端迈向了中高端，尤其是在一些高端领域强势突破，处于引领地位。但在一些关键领域，我国企业在供应链、产业链上仍然存在着短板和瓶颈等突出问题，严重制约了我国企业和经济的发展。现阶段以及今后一个时期，主要矛盾已经由传统的结构性矛盾转向了高质量发展不平衡的矛盾，主要反映在所有制之间、地区之间、规模之间和行业之间存在的发展不平衡的矛盾，构建新发展格局，实现可持续高质量发展仍将任重道远。

一是要加强不同所有制企业的协同融合发展。把深化国有企业改革作为国有企业加快建设世界一流企业的重要途径，以国有企业混合所有制改革为牵引，系统推进国有企业治理结构、市场化薪酬体系、国资监管体制、国有资本投资运营机制等各项改革，加强国企改革的系统集成。逐步推动混合所有制改革由局部试点向综合行动转变，从浅层次“混”向深层次“改”转变，实现国有企业和非公有制企业优势互补，激活企业活力和创造力，充分发挥国资国企独特制度优势，建设一批具有中国特色、全球竞争力的世界一流企业。以补短板扬优势厚植民营企业发展动力，引导支持民营企业改革发展，聚焦民营经济发展中的难题，坚持探索创新，持续创造可复制可推广的经验做法，建设一批世界一流的民营企业。

二是要加强大型企业与中小型企业的协同融合发展，促进中小型企业专精特新发展。积极组建创新联合体或技术创新战略联盟，整合产业链资源，联合中小企业建设先进制造业集群，利用自身优势资源在全球布局研发设计中心，有效对接和利用全球资源。上下游企业各自聚焦主业，提供不同的部件或配件，彼此协同分工、紧密配合，才能保证不出现断链。梯度培育有助于更好梳理供应链，增强产业链供应链的自主可控能力。

三是加强地区间的协同发展，促进中西部地区服务业的高质量发展。加快全国统一大市场建设，推动城乡融合、区域协调发展，加强公益性、基础性服务业供给，推进服务业标准化、品牌化建设，更好地满足人民群众对服务业的消费需求和品质要求。

（二）加快传统产业转型升级，全面提升新核心竞争优势

习近平总书记强调，“坚持把发展经济的着力点放在实体经济上，推进新型工业化”。2023中

央经济工作会议强调，要以科技创新推动产业创新，特别是以颠覆性技术和前沿技术催生新产业、新模式、新动能，发展新质生产力；要大力推进新型工业化，发展数字经济，加快推动人工智能发展；打造生物制造、商业航天、低空经济等若干战略性新兴产业，开辟量子、生命科学等未来产业新赛道，广泛应用数智技术、绿色技术，加快传统产业转型升级。

制造业企业要以国家战略性需求为导向推进创新体系优化组合，把自主创新摆在更加突出的位置，进一步加大研发投入力度，加快关键核心技术攻关，打造更多依靠创新驱动、发挥先发优势的引领性企业，加快推动建立以企业为主体、市场为导向、产学研深度融合的技术创新体系，不断提升原始创新能力、产业基础能力和产业链、供应链的现代化水平。

加快生产性服务业数字化转型进程，要大力推进新型工业化，发展数字经济，加快推动人工智能发展；推动大数据、物联网、移动互联网、云计算、人工智能、区块链等数字技术在生产性服务业层面的广泛应用。促进数字技术赋能生产性服务业。以5G、6G人工智能等数字技术不断创新生产性服务产品，增强服务产品功能，打造以技术推广、管理咨询等为主要内容的综合性服务平台，丰富生产性服务业态，增强服务性资源品质，提高服务性资源配置效率；打造生物制造、商业航天、低空经济等若干战略性新兴产业，开辟量子、生命科学等未来产业新赛道，广泛应用数智技术、绿色技术，加快传统服务业转型升级。

推动生活性服务业向高品质和多样化升级，加快发展健康、养老、育幼、文化、旅游、体育、家政、物业等服务业，加强公益性、基础性服务业供给，推进服务业标准化、品牌化建设，更好地满足人民群众对服务业的消费需求和品质要求。以服务业企业的高质量发展，推动消费从疫后恢复转向持续扩大，培育壮大新型消费，大力发展数字消费、绿色消费、健康消费，积极培育智能家居、文娱旅游、体育赛事、国货“潮品”等新的消费增长点。

（三）大力发展新质生产力，加快建设世界一流企业

习近平总书记在党的二十大报告中指出，“完善中国特色现代企业制度，弘扬企业家精神，加快建设世界一流企业”。习近平总书记在中央全面深化改革委员会第二十四次会议上强调，“加快建设一批产品卓越、品牌卓著、创新领先、治理现代的世界一流企业，在全面建设社会主义现代化国家、实现第二个百年奋斗目标进程中实现更大发展、发挥更大作用”。这为如何加快建设世界一流企业提供了根本遵循。

创新是引领发展的第一动力，以创新为核心、为动力、为先导，才能真正实现协调、绿色、开放、共享发展，才能实现新旧动能转换，才能更好地形成并发展新质生产力。企业界要加快实现由要素驱动、投资规模驱动向创新驱动的根本转变，系统推进新质生产力的形成，以新质生产力为中国经济高质量发展构建新竞争力和持久动力。

一是要进一步加大科技创新投入比率，不断实现高水平科技自立自强。尤其是我国大中型企业要集中优势资产，充分利用优势资源，加快形成和壮大主导产业的全球化布局，打造全球行业优势龙头企业。要以科技自立自强推动国内大循环，提高供给体系质量和水平，以新供给创造新需求，以科技自立自强畅通国内国际双循环，保障产业链供应链安全稳定。要以强大科技作支撑，以质量变革、效率变革、动力变革推动现代化经济体系建设。特别是掌握关键核心技术，赋能发展新兴产业，为构建新发展格局、形成新质生产力、推动高质量发展提供新的成长空间、关键着力点和主要支撑体系，使践行新发展理念的高质量发展更多依靠新质生产力的创新驱动型增长。

二是前瞻性培育我国企业引领未来科技变革方向、支撑国家重大战略需求的创新要素，加快核心技术攻关，加大创新技术场景应用，积极填补国际产业链高端空白，实现高水平科技自立自强。进一步强化企业创新主体地位，推动科技企业融通创新，全面提升创新链产业链水平。要以提升资源配置能力和品牌美誉度拓展企业国际化经营能力，引导我国企业在更大范围、更宽领域、更深层次参与全球资源配置，持续提升资源整合能力，多措并举提升海外市场份额，提升与国际市场的对接融合度，形成更强大的国际竞争优势。中小型企业要突出在产业链、供应链中专注打造“专精特新”优势，梯度培育格局基本成型，更好推动产业基础高级化，产业链现代化，助力实体经济迈向高质量发展，真正做到小企业有大作为。

三是大力推进新型工业化，发展数字经济，加快推动人工智能发展，以数字化转型整体驱动生产方式、生活方式和治理方式变革，进一步推进实体经济与数字经济效益的深度融合发展，推进服务业与制造业的深度融合，加速向数字化、网络化、智能化发展，着力壮大新增长点，形成发展新动能，壮大经济发展新引擎。

（四）践行ESG理念，持续推进高质量诚信发展

2023年中央经济工作会议强调，要持续有效防范化解重点领域风险，坚决守住不发生系统性风险的底线。在当前环境下，部分行业仍然处于低水平运行，甚至出现持续性行业亏损，系统性风险较高。我国企业要强化忧患意识，守住风险底线，做好风险防范，增强发展韧性，进一步加强和提高防范化解风险能力，高度重视和防范各类风险。要突出防范经营效益下滑风险、债务风险、投资风险、金融业务风险、国际化经营风险、安全环保风险，强化各类风险识别，建立预判预警机制，及时排查风险隐患，制定完善的应对预案。要始终坚持底线思维，加强诚信自律，进一步推进企业高质量诚信发展，以诚信建设筑牢企业高质量发展的基石。

我国企业要坚定不移贯彻创新、协调、绿色、开放、共享的新发展理念，更好地履行社会责任，积极主动适应ESG发展趋势，践行ESG理念，不断增强企业活力、竞争力、创新力和抗风险

能力，进一步提升可持续发展能力，推动高质量发展。要深入推动中国特色 ESG 生态体系建设，从生产全过程促进绿色低碳转型和消费模式的转变，进一步提升自身可持续发展能力，加快提高治理能力，努力推动企业与利益相关方和谐共赢，以创新实践推动我国企业实现高质量发展，全面提升企业的发展韧性和安全水平。

第三章

2023中国企业信用500强发展报告

由中国企业改革与发展研究会、中国合作贸易企业协会、国信联合（北京）认证中心联合开展的 2023 中国企业信用 500 强分析研究，是第 12 次向社会发布。中国企业信用 500 强评价模型不是以某单一指标为评价依据，而是以企业的信用环境、信用能力、信用行为三个方面，综合企业的收益性、流动性、安全性、成长性等各项指标，采取以定量评价为主导，定量与定性评价相结合，以经营效益和经营效率为核心的多维度、趋势性分析研究，是企业综合信用状况和经营实力的客观体现。

2023 中国企业信用 500 强的入围门槛为：企业综合信用指数 90 分以上，且 2022 年净利润为 27800 万元以上，较 2022 中国企业信用 500 强的 27600 万元提高了 200 万元。

2023 中国企业信用 500 强分析研究及发布活动，旨在从企业的信用环境、信用能力、信用行为三个方面对中国企业信用发展状况进行客观评价，同时为政府、行业、企业和社会提供参考依据。

一、2023 中国企业信用 500 强分布特征

（一）2023 中国企业信用 500 强行业分布特征

2023 中国企业信用 500 强的行业分布，包括了生产业、制造业、服务业三个大类共 51 个细分行业。其中，生产业有 6 个行业，制造业有 25 个行业，服务业有 20 个行业。

2023 中国企业信用 500 强行业分布见表 3 - 1。

在生产业 6 个行业中共有 30 家企业入围，较 2022 中国企业信用 500 强的 27 家增加了 3 家企业。其中，建筑业企业有 14 家；电力生产业企业有 5 家；农业、渔业、畜牧业及林业企业有 4 家；煤炭采掘及采选业企业有 3 家；石油、天然气开采及生产业企业，其他采选业企业各有 2 家入围。

表3－1 2023中国企业信用500强行业分布

序号	行业	入围企业数量（家）
生产业		30
1	农业、渔业、畜牧业及林业	4
2	煤炭采掘及采选业	3
3	石油、天然气开采及生产业	2
4	建筑业	14
5	电力生产业	5
6	其他采选业	2
制造业		322
7	农副食品及农产品加工业	10
8	食品（含饮料、乳制品、肉食品等）加工制造业	23
9	酿酒制造业	2
10	纺织、印染业	6
11	纺织品、服装、服饰、鞋帽、皮革加工业	14
12	造纸及纸制品（含木材、藤、竹、家具等）加工、印刷、包装业	16
13	生活用品（含文体、玩具、工艺品、珠宝）等轻工产品加工制造业	3
14	石化产品、炼焦及其他燃料生产加工业	7
15	化学原料及化学制品（含精细化工、日化、肥料等）制造业	26
16	医药、生物制药、医疗设备制造业	3
17	橡胶、塑料制品及其他新材料制造业	11
18	建筑材料、玻璃等制造业及非金属矿物制品业	10
19	黑色冶金及压延加工业	12
20	一般有色冶金及压延加工业	16
21	金属制品、加工工具、工业辅助产品加工及金属新材料制造业	7
22	工程机械、设备和特种装备（含电梯、仓储设备）及零配件制造业	22
23	通用机械设备和专用机械设备及零配件制造业	7
24	电力、电气等设备、机械、元器件及光伏、风能、电池、线缆制造业	40
25	家用电器及零配件制造业	8
26	电子元器件与仪器仪表、自动化控制设备制造业	37
27	动力、电力生产等装备、设备制造业	1
28	计算机、通信器材、办公、影像等设备及零部件制造业	27
29	汽车及零配件制造业	5
30	摩托车、自行车和其他交通运输设备及零配件制造业	2
31	综合制造业（以制造业为主，含有服务业）	7

续表

序号	行业	入围企业数量（家）
服务业		148
32	能源（电、热、燃气等）供应、开发、节能减排及再循环服务业	21
33	水上运输业	1
34	港口服务业	3
35	航空运输及相关服务业	1
36	电信、邮寄、速递等服务业	6
37	软件、程序、计算机应用、网络工程等计算机、微电子服务业	19
38	物流、仓储、运输、配送及供应链服务业	8
39	能源、矿产、化工、机电、金属产品等内外商贸批发业	1
40	综合性内外商贸及批发、零售业	8
41	汽车和摩托车商贸、维修保养及租赁业	4
42	银行业	10
43	保险业	1
44	证券及其他金融服务业	9
45	多元化投资控股、商务服务业	9
46	公用事业、市政、水务、航道等公共设施投资、经营与管理业	17
47	人力资源（职业教育、培训等）、会展博览、国内外经济合作等社会综合服务业	1
48	科技研发、推广及地勘、规划、设计、评估、咨询、认证等承包服务业	2
49	文化产业（书刊出版、印刷、发行与销售及影视、音像、文体、演艺等）	2
50	信息、传媒、电子商务、网购、娱乐等互联网服务业	10
51	综合服务业（以服务业为主，含有制造业）	15
合计		500

在制造业25个行业中共有322家企业入围，较2022中国企业信用500强的312家增加了10家企业。其中，电力、电气等设备、机械、元器件及光伏、风能、电池、线缆制造业企业有40家；电子元器件与仪器仪表、自动化控制设备制造业企业有37家；计算机、通信器材、办公、影像等设备及零部件制造业企业有27家；化学原料及化学制品（含精细化工、日化、肥料等）制造业企业有26家；食品（含饮料、乳制品、肉食品等）加工制造业企业有23家；工程机械、设备和特种装备（含电梯、仓储设备）及零配件制造业企业有22家；造纸及纸制品（含木材、藤、竹、家具等）加工、印刷、包装业企业，一般有色冶金及压延加工业企业各有16家；纺织品、服装、服饰、鞋帽、皮革加工业企业有14家；黑色冶金及压延加工业企业有12家；橡胶、塑料制品及其他新材料制造业企业有11家；农副食品及农产品加工业企业，建筑材料、玻璃等制造业及非金属矿物制品业企业各有10家；家用电器及零配件制造业企业有8家；石化产品、炼焦及其他燃料生产

加工业企业，金属制品、加工工具、工业辅助产品加工及金属新材料制造业企业，通用机械设备和专用机械设备及零配件制造业企业，综合制造业（以制造业为主，含有服务业）企业各有7家；纺织、印染业企业有6家；汽车及零配件制造业企业有5家；生活用品（含文体、玩具、工艺品、珠宝）等轻工产品加工制造业企业，医药、生物制药、医疗设备制造业企业各有3家；酿酒制造业企业，摩托车、自行车和其他交通运输设备及零配件制造业企业各有2家；动力、电力生产等装备、设备制造业企业有1家入围。

在服务业20个行业中共有148家企业入围，较2022中国企业信用500强的161家减少了13家企业。其中，能源（电、热、燃气等）供应、开发、节能减排及再循环服务业企业有21家；软件、程序、计算机应用、网络工程等计算机、微电子服务业企业有19家；公用事业、市政、水务、航道等公共设施投资、经营与管理业企业有17家；综合服务业（以服务业为主，含有制造业）企业有15家；银行业企业，信息、传媒、电子商务、网购、娱乐等互联网服务业企业各有10家；证券及其他金融服务业企业，多元化投资控股、商务服务业企业各有9家；物流、仓储、运输、配送及供应链服务业企业，综合性内外商贸及批发、零售业企业各有8家；电信、邮寄、速递等服务业企业有6家；汽车和摩托车商贸、维修保养及租赁业企业有4家；港口服务业企业有3家；科技研发、推广及地勘、规划、设计、评估、咨询、认证等承包服务业企业，文化产业（书刊出版、印刷、发行与销售及影视、音像、文体、演艺等）企业各有2家；水上运输业企业，航空运输及相关服务业企业，能源、矿产、化工、机电、金属产品等内外商贸批发业企业，保险业企业，人力资源（职业教育、培训等）、会展博览、国内外经济合作等社会综合服务业企业各有1家入围。

从各行业占比分析看，生产业入围30家，占比6.00%，较2022中国企业信用500强提高了0.60个百分点；制造业入围322家，占比64.40%，较2022中国企业信用500强提高了2.00个百分点；服务业入围148家，占比29.60%，较2022中国企业信用500强下降了2.60个百分点。

2017—2023中国企业信用500强行业分布变化趋势分析见图3－1。

（二）2023中国企业信用500强地区分布特征

从2023中国企业信用500强入围企业的地区分布情况看，涵盖了31个省、自治区、直辖市（不含香港、澳门、台湾，下同）中的30个。

东部地区11个省、直辖市共371家企业入围。其中，浙江79家，广东68家，北京67家，江苏46家，山东40家，上海31家，福建15家，河北14家，天津7家，辽宁3家，海南1家。

中部地区8个省共57家企业入围。其中，安徽12家，湖北11家，河南、湖南各10家，江西

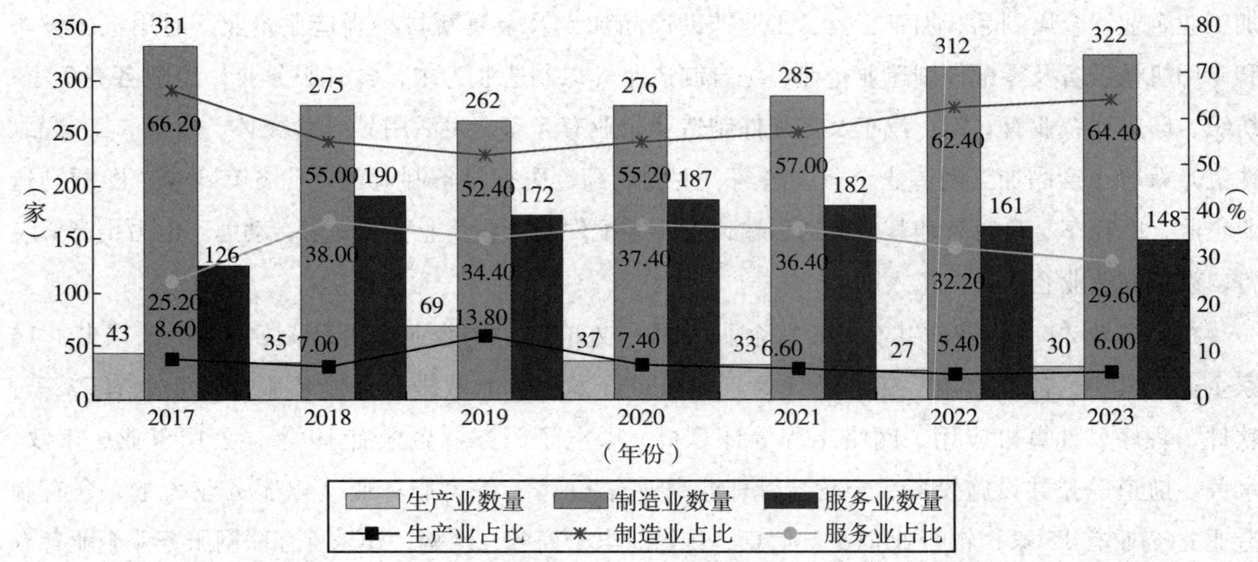

图 3－1　2017—2023 中国企业信用 500 强行业分布变化趋势分析

8 家，山西 3 家，黑龙江 2 家，吉林 1 家。

西部地区 11 个省、自治区、直辖市共有 72 家企业入围。其中，四川 21 家，陕西 13 家，贵州、新疆各 7 家，广西、云南、重庆各 5 家，内蒙古 4 家，甘肃、青海各 2 家，西藏 1 家。

按入围企业数量排列，可以分为三个方阵：浙江 79 家，广东 68 家，北京 67 家，江苏 46 家，山东 40 家，上海 31 家，第一方阵的 6 个省、直辖市均在东部地区；四川 21 家，福建 15 家，河北 14 家，陕西 13 家，安徽 12 家，湖北 11 家，河南 10 家，湖南 10 家，位列第二方阵；其余均在 10 家以下，位列第三方阵。由此可见，入围企业仍然集中在东部地区。

从地区分布上看，东部地区入围的企业数量为 371 家，较 2022 中国企业信用 500 强减少 9 家，占总数的 74. 20%，较 2022 中国企业信用 500 强的 76. 00% 下降了 1. 80 个百分点；中部地区入围的企业数量为 57 家，较 2022 中国企业信用 500 强减少 9 家，占总数的 11. 40%，较 2022 中国企业信用 500 强的 13. 20% 下降了 1. 80 个百分点；西部地区入围的企业数量为 72 家，较 2022 中国企业信用 500 强增加 18 家，占总数的 14. 40%，较 2022 中国企业信用 500 强的 10. 80% 提高了 3. 60 个百分点。

2023 中国企业信用 500 强地区分布见表 3－2。

从表 3－2 中可以看到，2023 中国企业信用 500 强地区分布有明显的均衡化趋势，东部地区的入围数量呈下降的态势，而西部地区则有明显的上升，尤其是四川和陕西 2 个省入围企业数量较多，表明地区之间发展不平衡的矛盾有所缓解。

表 3-2　2023 中国企业信用 500 强地区分布

区域	地区	入围企业数（家）		区域	地区	入围企业数（家）		区域	地区	入围企业数（家）	
		2023 年度	2022 年度			2023 年度	2022 年度			2023 年度	2022 年度
东部地区	北京	67	76	中部地区	安徽	12	17	西部地区	甘肃	2	2
	广东	68	72		河南	10	9		广西	5	3
	河北	14	11		湖北	11	13		贵州	7	2
	江苏	46	41		湖南	10	8		内蒙古	4	3
	山东	40	34		吉林	1	4		宁夏		1
	上海	31	43		黑龙江	2	1		四川	21	18
	天津	7	7		江西	8	6		新疆	7	6
	浙江	79	75		山西	3	8		云南	5	4
	辽宁	3	2						重庆	5	8
	福建	15	19						陕西	13	6
	海南	1							青海	2	
									西藏	1	1
合计		371	380	合计		57	66	合计		72	54

二、2023 中国企业信用 500 强总体评价与分析

（一）2023 中国企业信用 500 强信用环境评价与分析

2023 中国企业信用 500 强 2022 年的景气指数为 130.82 点，较 2021 年的 144.35 点下降了 13.53 点；盈利指数为 119.35 点，较 2021 年的 128.00 点下降了 8.65 点；效益指数为 113.55 点，较 2021 年的 112.36 点提高了 1.19 点。

2023 中国企业信用 500 强总体信用环境影响性分析见图 3-2。

从图 3-2 中可以看出，2022 中国企业信用 500 强的三项指数总体表现平稳。其中，效益指数创下自 2011 年以来的最好水平。

数据库样本企业的三项平均指数分别为：景气指数 91.97 点、盈利指数 87.91 点、效益指数 105.08 点。2023 中国企业信用 500 强的三项指数比样本企业的分别高出 38.85 点、31.44 点、8.47 点，两者之间的差距与 2021 年的 25.84 点、21.11 点、5.27 点相比，总体上的差距进一步扩大，表明 2023 中国企业信用 500 强竞争优势更加显著，具有较强的抗风险能力和发展韧性。

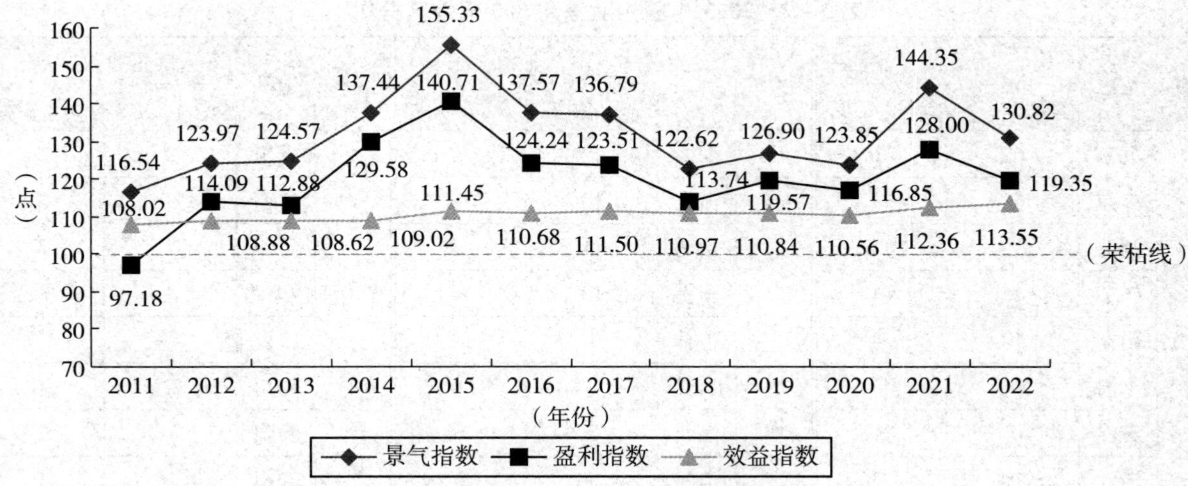

图 3－2　2023 中国企业信用 500 强总体信用环境影响性分析

（二）2023 中国企业信用 500 强总量评价与分析

1. 营业收入总量分析

2023 中国企业信用 500 强的营业收入总额为 590325 亿元，较 2022 中国企业信用 500 强营业收入总额 670323 亿元减少 79998 亿元，下降了 11. 93%；营业收入总额与样本企业营业收入总额的比值为 37. 42%，与 2022 中国企业信用 500 强的 46. 24% 相比下降了 8. 82 个百分点；营业收入总额相当于 2022 年国内生产总值（GDP）的 48. 78%，与 2022 中国企业信用 500 强的 58. 62%% 相比下降了 9. 84 个百分点。

中国企业信用 500 强营业收入总量分析见图 3－3。

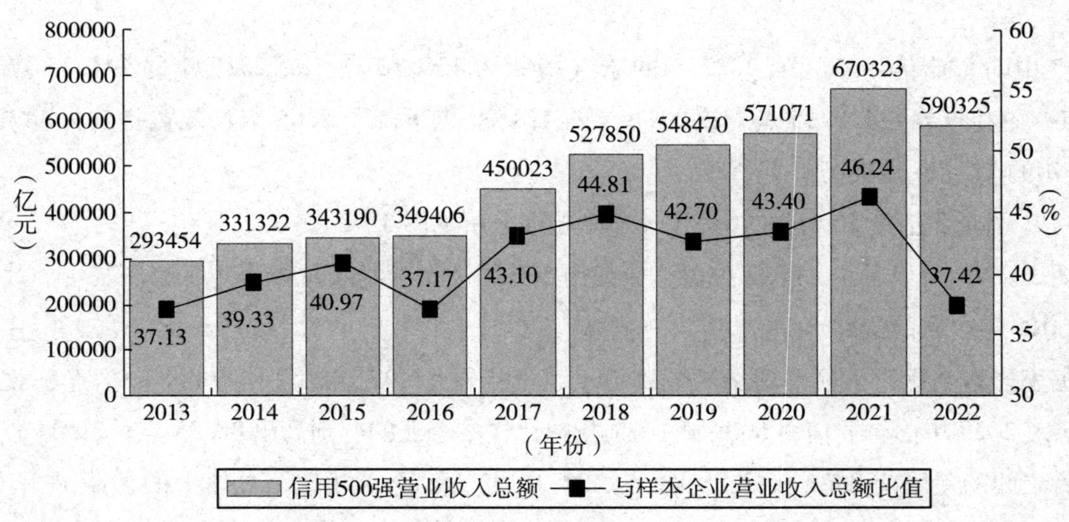

图 3－3　中国企业信用 500 强营业收入总量分析

从图 3－3 中可以看出，2023 中国企业信用 500 的营业收入总额呈现较大幅度的回落，其在国内生产总值（GDP）中比重也明显下降，这种情况与整体宏观经济环境有关，反映出我国企业的营业收入出现普遍下降的态势，相对集中度也明显下降。

2. 净利润总量分析

2023 中国企业信用 500 强 2022 年利润总额为 39951 亿元，与样本企业利润总额的比值为 148.33%。出现这种情况的原因是样本企业中亏损企业占比较高，总亏损额较大。2023 中国企业信用 500 强利润总额较 2022 中国企业信用 500 强利润总额 44744 亿元减少了 4793 亿元。

中国企业信用 500 强利润总量分析见图 3－4。

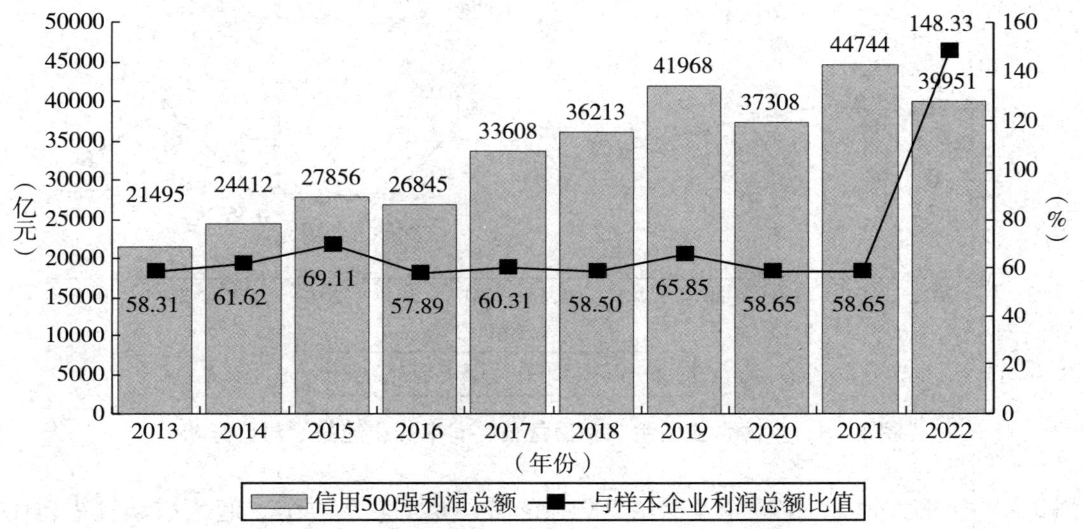

图 3－4 中国企业信用 500 强利润总量分析

综合营业收入和利润总量分析，2023 中国企业信用 500 强的营业收入和利润总量尽管有所减少，但仍然要好于 2020 年。在宏观经济环境极为不利的条件下，在样本企业普遍下行的状态下，中国企业信用 500 强仍然保持了较好的景气度和盈利能力，具有明显的竞争优势。

三、2023 中国企业信用 500 强经济效益变化及趋势分析

（一）2023 中国企业信用 500 强收益性指标变化及趋势分析

1. 营收利润率变化趋势及对比分析

第一，从营收利润率变化分析。2023 中国企业信用 500 强 2022 年的平均营收利润率为

14.92%，较 2022 中国企业信用 500 强的 13.42% 提高了 1.50 个百分点。

第二，与样本企业对比分析。2023 中国企业信用 500 强 2022 年的平均营收利润率为 14.92%，比样本企业的 5.68% 高出 9.24 个百分点。

第三，综合营收利润率指标分析。2023 中国企业信用 500 强 2022 年的平均营收利润率较 2021 年有所提升，自 2020 年起呈现逐年提高的态势。而样本企业的平均营收利润率则有所回落，下降了 2.43 个百分点，两者之间的差距明显加大。

中国企业信用 500 强营收利润率变化趋势及对比分析见图 3－5。

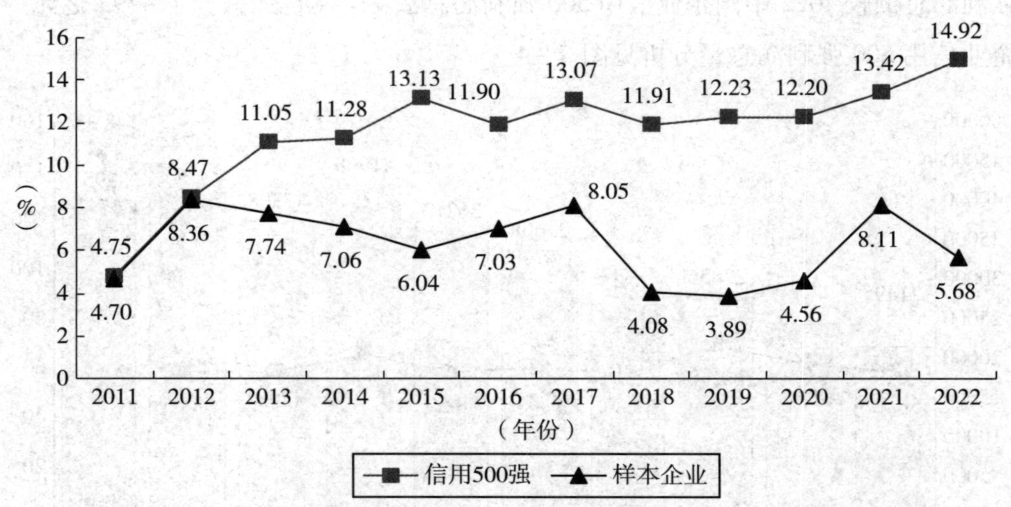

图 3－5　中国企业信用 500 强营收利润率变化趋势及对比分析

从图 3－5 中可以看出，中国企业信用 500 强的整体走势较为强势，起伏波动较小；而样本企业整体走势则呈现较大的起伏波动。综合分析可以看出，中国企业信用 500 强仍然保持着较高的盈利水平，受到宏观经济环境的影响较小，走势相对平稳，表明其具有较强的抗风险能力和发展韧性。

2. 资产利润率变化趋势及对比分析

第一，从资产利润率变化分析。2023 中国企业信用 500 强 2022 年的平均资产利润率为 9.09%，较 2022 中国企业信用 500 强的 7.55% 提高了 1.54 个百分点。

第二，与样本企业对比分析。2023 中国企业信用 500 强的平均资产利润率为 9.09%，比样本企业的 3.81% 高出 5.28 个百分点。

中国企业信用 500 强资产利润率变化趋势及对比分析见图 3－6。

第三，综合资产利润率指标分析。2023 中国企业信用 500 强 2022 年的平均资产利润率呈现持续较大幅度的提升，再创自 2011 年以来的历史最好水平；而样本企业的平均资产利润率水平出现

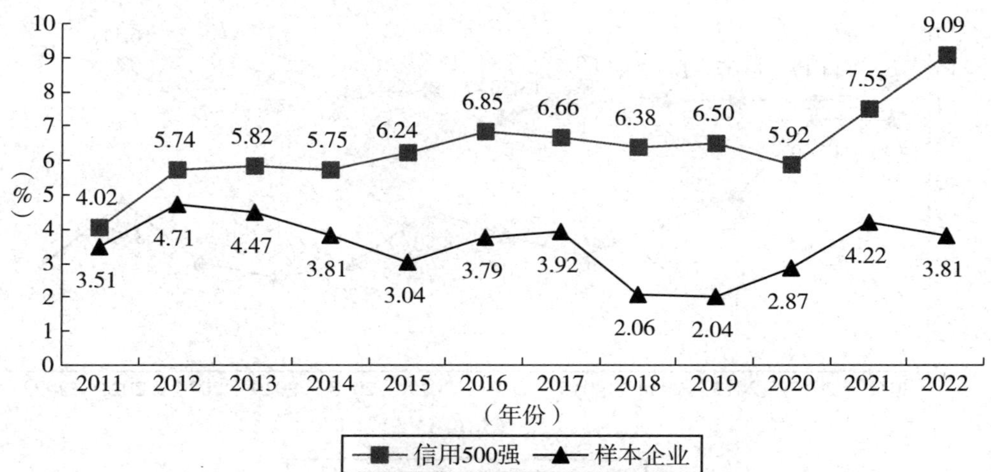

图 3－6　中国企业信用 500 强资产利润率变化趋势及对比分析

小幅波动。由此可见，信用 500 强企业的资产运营效益和质量持续明显提高。

2023 中国企业信用 500 强 2022 年的平均资产利润率高出样本企业 5. 28 个百分点，2022 中国企业信用 500 强 2021 年的平均资产利润率高出样本企业 3. 33 个百分点，两者的差距扩大了 1. 95 个百分点。由此可见，中国企业信用 500 强平均资产运营质量效益明显好于样本企业。

3. 所有者权益报酬率变化趋势及对比分析

第一，从所有者权益报酬率变化分析。2023 中国企业信用 500 强 2022 年的平均所有者权益报酬率为 16. 66%，较 2022 中国企业信用 500 强的 16. 11% 提高了 0. 55 个百分点。

第二，与样本企业对比分析。2023 中国企业信用 500 强的平均所有者权益报酬率为 16. 66%，比样本企业的 5. 76% 高出 10. 90 个百分点。

第三，综合所有者权益报酬率指标分析。2023 中国企业信用 500 强 2022 年的所有者权益报酬率明显提高，再创自 2011 年以来的历史最好水平；而样本企业则呈现明显回落态势，较 2021 年的 8. 93% 回落了 3. 17 个百分点，两者的差距再一次拉大。总体而言，信用 500 强企业持续运行在高水平区间，其竞争优势更加明显。

中国企业信用 500 强所有者权益报酬率变化趋势及对比分析见图 3－7。

（二）2023 中国企业信用 500 强流动性和安全性指标变化及趋势分析

1. 资产周转率变化趋势及对比分析

2023 中国企业信用 500 强 2022 年的平均资产周转率为 0. 82 次/年，较 2022 中国企业信用 500 强的 0. 76 次/年提高了 0. 06 次/年。样本企业 2022 年的平均资产周转率为 0. 61 次/年，较 2021 年

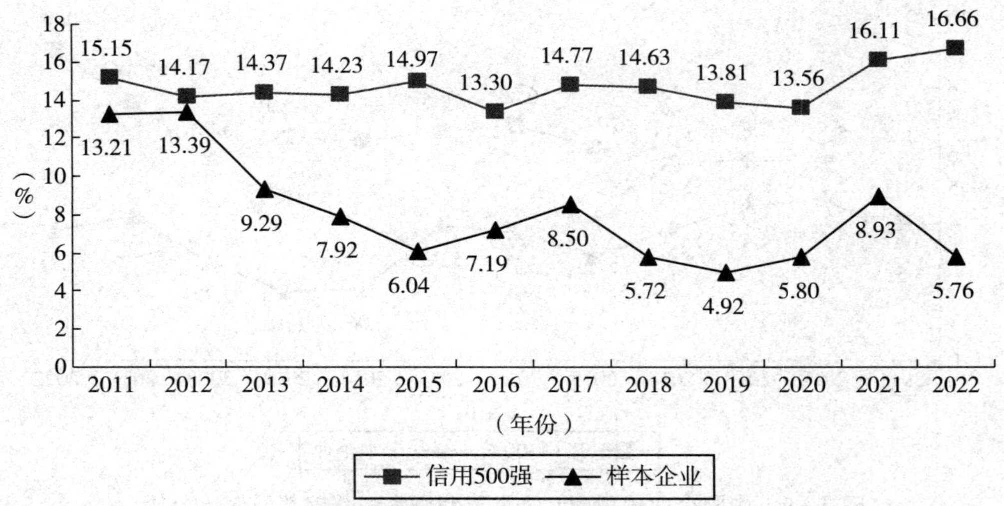

图 3-7　中国企业信用 500 强所有者权益报酬率变化趋势及对比分析

的 0. 72 次/年下降了 0. 11 次/年。

从总体走势分析，信用 500 强企业的资产周转率均呈现持续加快的态势，而样本企业的资产周转率则明显放缓，且创下自 2011 年以来的历史最低水平，两者的差距再次呈现扩大的态势。总体来看，信用 500 强企业的流动性持续改善，资产运行效率进一步提高。

中国企业信用 500 强资产周转率变化趋势及对比分析见图 3-8。

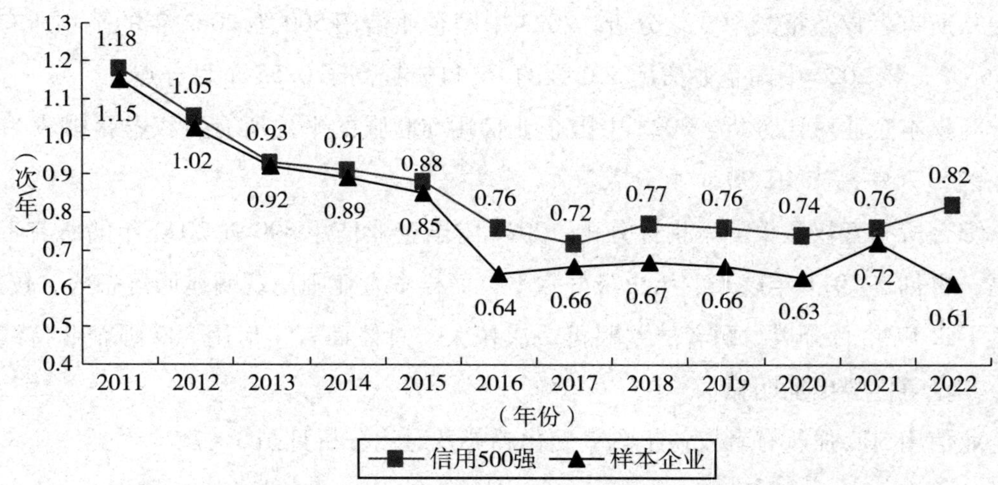

图 3-8　中国企业信用 500 强资产周转率变化趋势及对比分析

2. 所有者权益比率变化趋势及对比分析

第一，从所有者权益比率变化分析。2023 中国企业信用 500 强 2022 年的平均所有者权益比率为 47. 30%，较 2022 中国企业信用 500 强的 42. 71% 提高了 4. 59 个百分点；与之相对应的是理论负

债率为52.70%，较2022中国企业信用500强的理论负债率有明显下降。

第二，与样本企业对比分析。2023中国企业信用500强的平均所有者权益比率和样本企业的平均所有者权益比率均有明显提高，对应的理论负债均呈现下降状态，融资信贷意愿均有所下降。

中国企业信用500强所有者权益比率变化趋势及对比分析见图3－9。

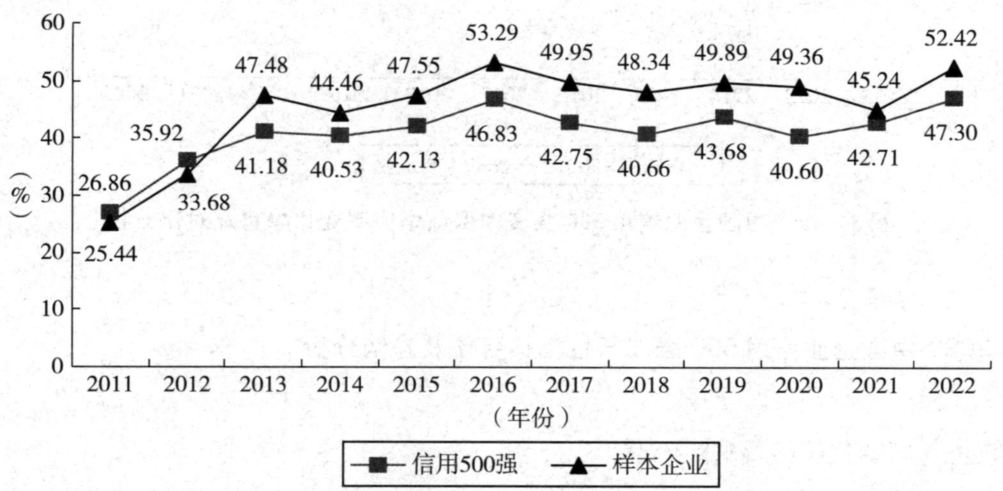

图3－9 中国企业信用500强所有者权益比率变化趋势及对比分析

第三，综合所有者权益比率指标分析。2023中国企业信用500强和样本企业的平均所有者权益比率有较为明显的提升，相应的理论负债率则表现为下降趋势，融资环境有待进一步改善，政策效应需要进一步释放。

3. 资本保值增值率变化趋势及对比分析

第一，从资本保值增值率变化分析。2023中国企业信用500强2022年的资本保值增值率为120.56%，较2022中国企业信用500强2021年的120.93%下降了0.37个百分点。

第二，与样本企业对比分析。2023中国企业信用500强的平均资本保值增值率为120.56%，比样本企业的106.80%高出13.76个百分点；样本企业的资本保值增值率比2021年的下降了3.89个百分点。

第三，综合资本保值增值率指标分析。2023中国企业信用500强2022年的资本保值增值率较2021年有微幅回落，但相对保持在高水平区间。而样本企业的资本保值增值率回落的幅度则较为明显，两者的差距由2021年的10.24个百分点扩大到了13.76个百分点，样本企业的资本保值增值率已经处于自2021年以来的历史最低水平。

中国企业信用500强资本保值增值率变化趋势及对比分析见图3－10。

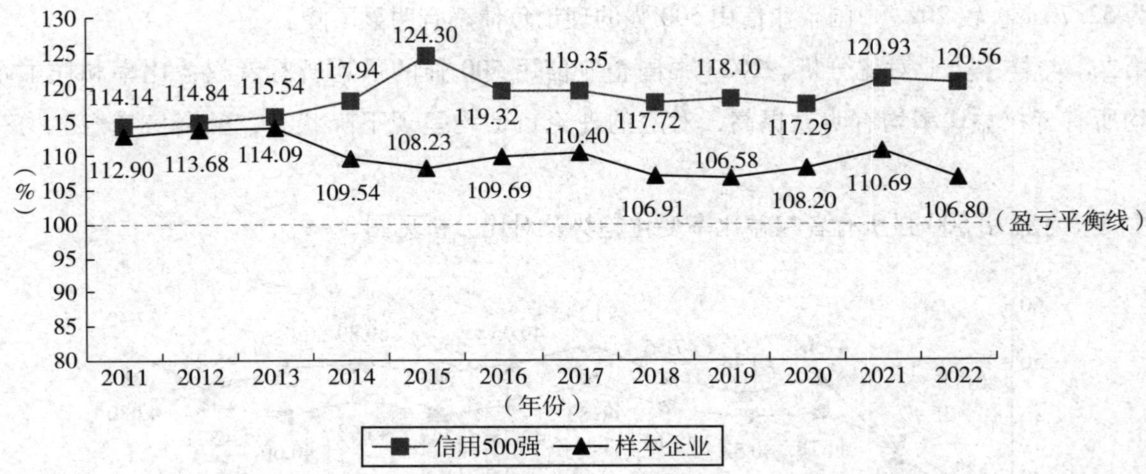

图 3－10　中国企业信用 500 强资本保值增值率变化趋势及对比分析

(三) 2023 中国企业信用 500 强成长性指标变化及趋势分析

1. 营收增长率变化趋势及对比分析

第一，从营收增长率变化分析。2023 中国企业信用 500 强 2022 年的平均营收增长率为 24.68%，较 2022 中国企业信用 500 强 2021 年的 34.21% 下降了 9.53 个百分点。

第二，与样本企业对比分析。2023 中国企业信用 500 强的平均营收增长率为 24.68%，比样本企业的 5.85% 高出 18.83 个百分点；样本企业的平均营收增长率较 2021 年下降了 17.17 个百分点。

第三，综合营收增长率指标分析。2023 中国企业信用 500 强和样本企业 2022 年的平均营收增长率均呈现下降的态势，但样本企业的下降幅度更大，两者的差距由 2021 年的 11.19 个百分点进一步扩大到 18.83 个百分点。由此可见，信用 500 强企业的营收增长率虽有回落，但竞争优势进一步增强。

中国企业信用 500 强营收增长率变化趋势及对比分析见图 3－11。

2. 利润增长率变化趋势及对比分析

第一，从利润增长率变化分析。2023 中国企业信用 500 强 2022 年的平均利润增长率为 36.97%，较 2022 中国企业信用 500 强 2021 年的平均利润增长率 54.49% 下降了 17.52 个百分点。

第二，与样本企业对比分析。2023 中国企业信用 500 强的平均利润增长率为 36.97%，比样本企业的 －21.90% 高出 58.87 个百分点。

第三，综合利润增长率指标分析。2023 中国企业信用 500 强 2022 年的平均利润增长率虽有较大幅度的回落，但仍然保持较高的正增长。而样本企业的利润增长率由正增长转为较大幅度的负

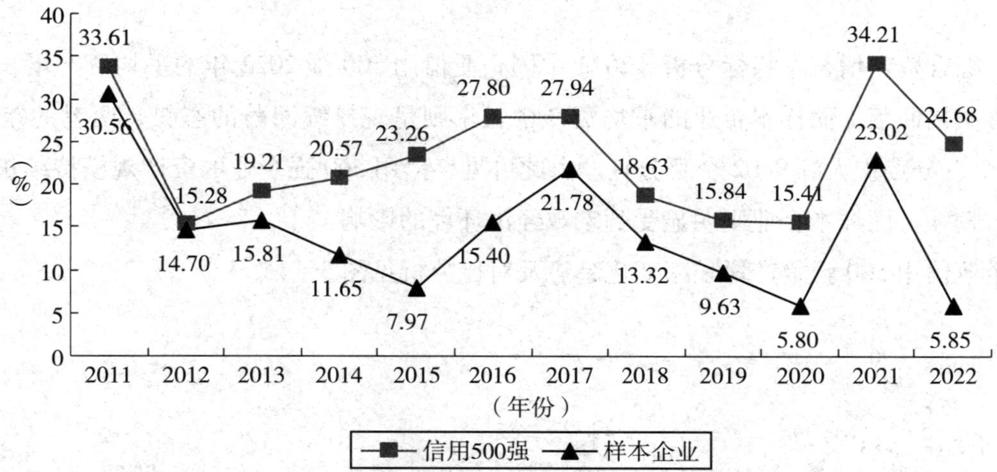

图 3－11　中国企业信用 500 强营收增长率变化趋势及对比分析

增长，下降幅度达 35. 90 个百分点。

综合利润增长率指标分析，信用 500 强企业与样本企业的利润增长率差距由 2021 年的 40. 49 个百分点扩大到 58. 87 个百分点。由此可见，信用 500 强企业的盈利能力具有显著的竞争优势。

中国企业信用 500 强利润增长率变化趋势及对比分析见图 3－12。

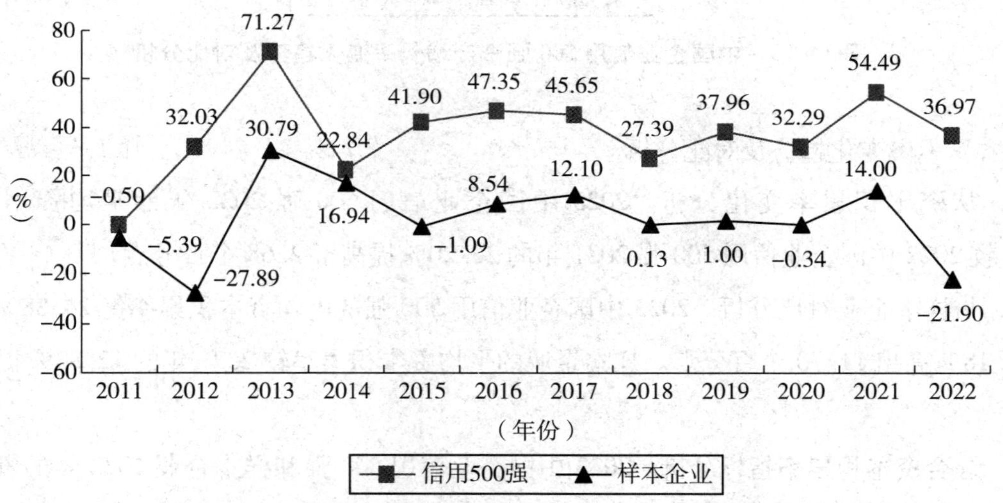

图 3－12　中国企业信用 500 强利润增长率变化趋势及对比分析

3. 资产增长率变化趋势及对比分析

第一，从资产增长率变化分析。2023 中国企业信用 500 强 2022 年的平均资产增长率为 22. 02%，较 2022 中国企业信用 500 强 2021 年的 22. 75% 下降了 0. 73 个百分点。

第二，与样本企业对比分析。2023 中国企业信用 500 强的平均资产增长率为 22. 02%，比样本企业的 13. 00% 高出 9. 02 个百分点。样本企业的平均资产增长率较 2021 年的 14. 67% 回落了 1. 67

个百分点。

第三，综合资产增长率指标分析。2023 中国企业信用 500 强 2022 年的平均资产增长率运行相对平稳，有小幅回落，而样本企业的平均资产增长率则呈现持续回落的态势，两者的差距由 2021 年的 8. 08 个百分点扩大到 9. 02 个百分点。由此可见，信用 500 强企业的资产规模持续扩大，发展的信心相对较强，而样本企业则明显受到宏观经济环境的影响。

中国企业信用 500 强资产增长率变化趋势及对比分析见图 3 – 13。

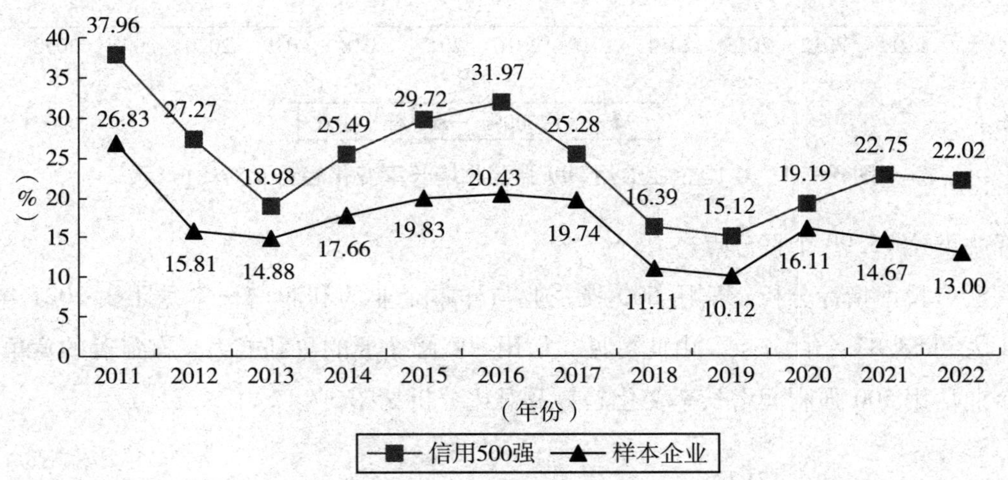

图 3 – 13　中国企业信用 500 强资产增长率变化趋势及对比分析

4. 资本积累率变化趋势及对比分析

第一，从资本积累率变化分析。2023 中国企业信用 500 强 2022 年的平均资本积累率为 24. 88%，较 2022 中国企业信用 500 强 2021 年的 22. 20% 提高了 2. 68 个百分点。

第二，与样本企业对比分析。2023 中国企业信用 500 强的平均资本积累率为 24. 88%，比样本企业的 13. 18% 高出 11. 70 个百分点。样本企业的平均资本积累率较 2021 年的 12. 83% 提高了 0. 35 个百分点。

第三，综合资本积累率指标分析。2023 中国企业信用 500 强和样本企业 2022 年的资本积累率均呈现上升态势，这种情况表明，企业普遍更加注重自身资本实力的积累，对资产规模的扩张持更加谨慎的态度。两者的差距由 2021 年的 9. 37 个百分点进一步扩大至 11. 70 个百分点，信用 500 强企业的资本积累明显高于样本企业。

中国企业信用 500 强资本积累率变化趋势及对比分析见图 3 – 14。

5. 人员增长率变化趋势及对比分析

第一，从人员增长率变化分析。2023 中国企业信用 500 强 2022 年的平均人员增长率为

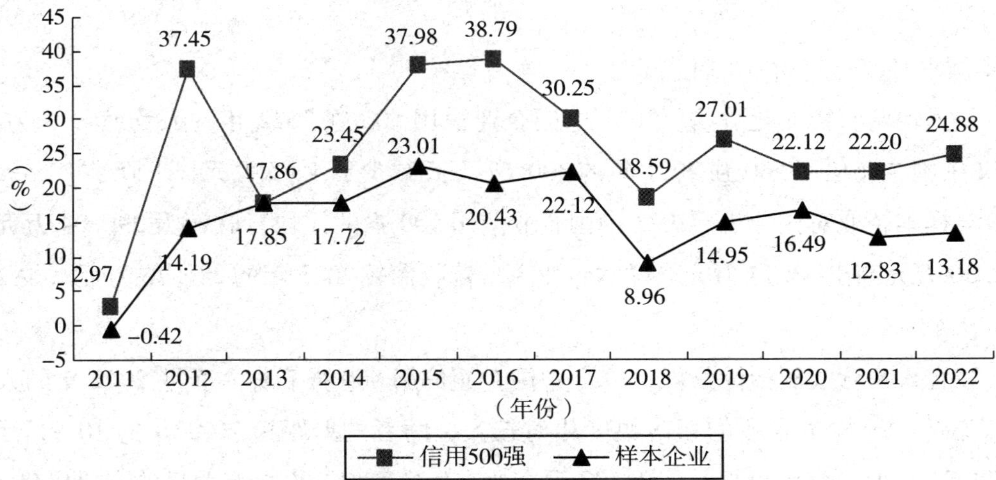

图 3-14　中国企业信用 500 强资本积累率变化趋势及对比分析

7.01%，较 2022 中国企业信用 500 强 2021 年的 11.68% 下降了 4.67 个百分点。

第二，与样本企业对比分析。2023 中国企业信用 500 强的平均人员增长率为 7.01%，比样本企业的 1.33% 高出 5.68 个百分点。样本企业的平均人员增长率较 2021 年的 2.95% 回落了 1.62 个百分点。

第三，综合人员增长率指标分析。2023 中国企业信用 500 强和样本企业 2022 年的人员增速均有明显回落。信用 500 强企业的人员增速回落幅度较大，而样本企业的人员增速则已经处于自 2011 年以来的最低点。总体来看，两者的人员增速相对处于较低水平。

中国企业信用 500 强人员增长率变化趋势及对比分析见图 3-15。

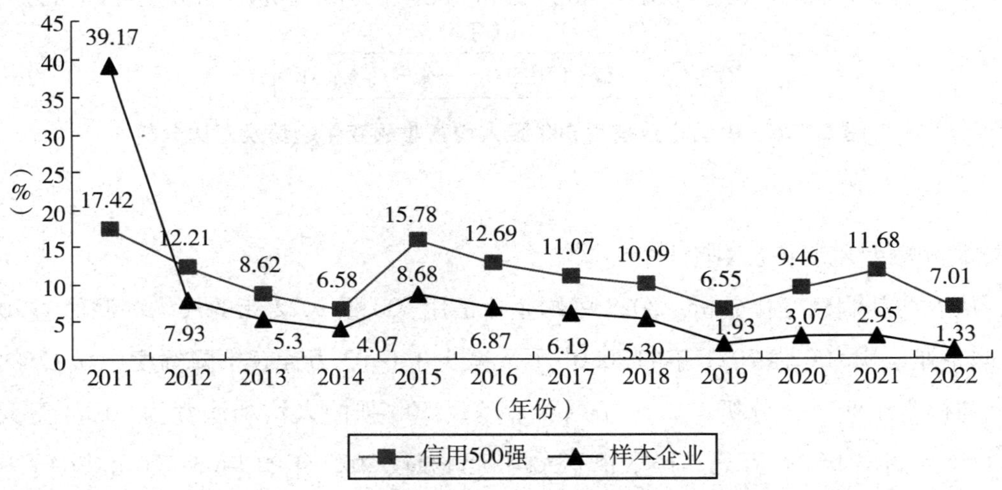

图 3-15　中国企业信用 500 强人员增长率变化趋势及对比分析

6. 人均营收额变化趋势及对比分析

第一，从人均营收额变化分析。2023 中国企业信用 500 强 2022 年的人均营收额为 296.04 万元，较 2022 中国企业信用 500 强 2021 年的 300.67 万元减少了 4.63 万元，下降了 1.54%。

第二，与样本企业对比分析。2023 中国企业信用 500 强的人均营收额为 296.04 万元，比样本企业的 262.30 万元高出 33.74 万元。样本企业人均营收额较 2021 年的 289.76 万元减少了 27.46 万元，下降了 9.48%。

第三，综合人均营收额指标分析。2023 中国企业信用 500 强和样本企业 2022 年的人均营收额均呈现回落态势，但样本企业的回落幅度相对较大，两者的差距由 2021 年的 10.91 万元扩大到 2022 年的 33.74 万元。由此可见，信用 500 强企业在生产效率方面具有明显的竞争优势。

中国企业信用 500 强人均营收额变化趋势及对比分析见图 3－16。

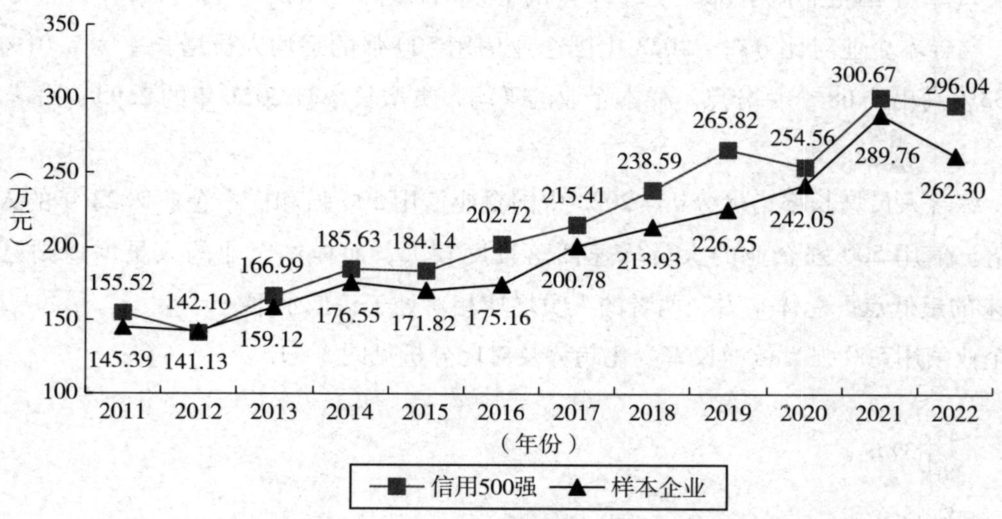

图 3－16　中国企业信用 500 强人均营收额变化趋势及对比分析

7. 人均利润额变化趋势及对比分析

第一，从人均利润额变化分析。2023 中国企业信用 500 强 2022 年的人均利润额为 20.04 万元，较 2022 中国企业信用 500 强 2021 年的 20.07 万元减少了 0.03 万元，下降幅度为 0.15%。

第二，与样本企业对比分析。2023 中国企业信用 500 强的人均利润额为 20.04 万元，比样本企业的 4.48 万元高出 15.56 万元。样本企业人均利润额较 2021 年的 14.31 万元减少了 9.83 万元，下降幅度为 68.69%。

第三，综合人均利润额指标分析。2023 中国企业信用 500 强 2022 年的人均利润额保持平稳运行，下降的幅度极为有限；而样本企业的人均利润额则呈现大幅度的回落，两者之间的差距由

2021 年的 5.76 万元扩大到了 15.56 万元。由此可见，信用 500 强企业在生产效益方面同样具有显著的竞争优势。

综合生产性指标分析，信用 500 强企业的劳动效率和效益持续运行在较高水平区间，而样本企业则表现出较大幅度的波动，两者的差距明显扩大。由此可见，信用 500 强企业具有较强的竞争优势，同时也具有较强的抗风险能力和发展韧性；而样本企业则对宏观经济环境的影响较为敏感，也极易产生大幅波动。我国企业普遍面临经营利润下降的严峻局面，如何充分挖掘企业内部潜力，增强企业发展新动能，进一步提高企业的内涵竞争，实现企业的高质量发展，仍然是我国企业普遍面临的主要问题和需要着力解决的经营难题。

中国企业信用 500 强人均利润额变化趋势及对比分析见图 3 – 17。

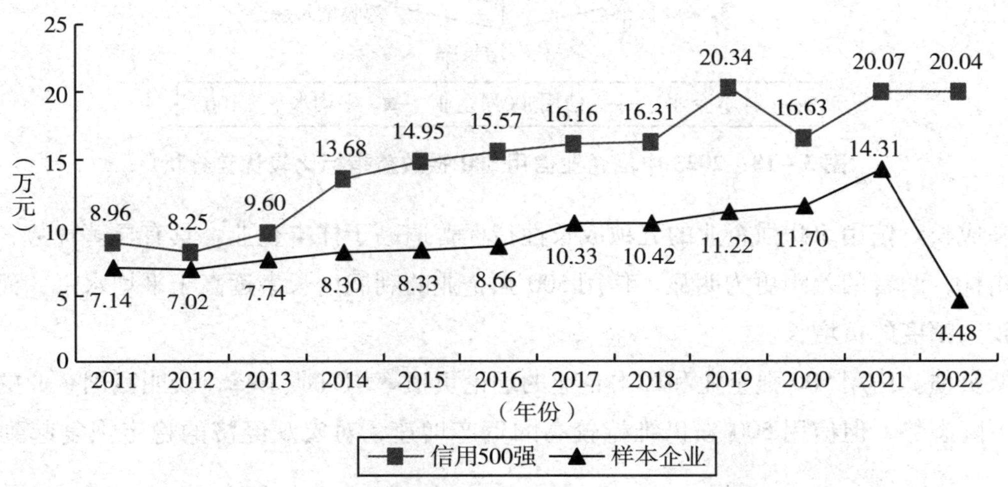

图 3 – 17　中国企业信用 500 强人均利润额变化趋势及对比分析

（四）2023 中国企业信用 500 强效益指标综合分析

2023 中国企业信用 500 强效益指标比较优势分析见图 3 – 18。

从图 3 – 18 中可以看出，2023 中国企业信用 500 强与样本企业相比，具有以下几个方面的比较优势和明显特征。

一是高效益。信用 500 强企业具有明显的高收益性特征，与样本企业相比，其盈利能力具有显著的比较优势。在三项收益性指标中，营收利润率、资产利润率和所有者权益报酬率均持续运行在高水平区间，而样本企业的三项收益性指标则均有明显的回落，两者的差距进一步扩大。

二是高效率。信用 500 强企业资产效率具有明显优势，且呈现持续加速的态势。而样本企业的资产周转率则有所下降，两者的差距有扩大的趋势。

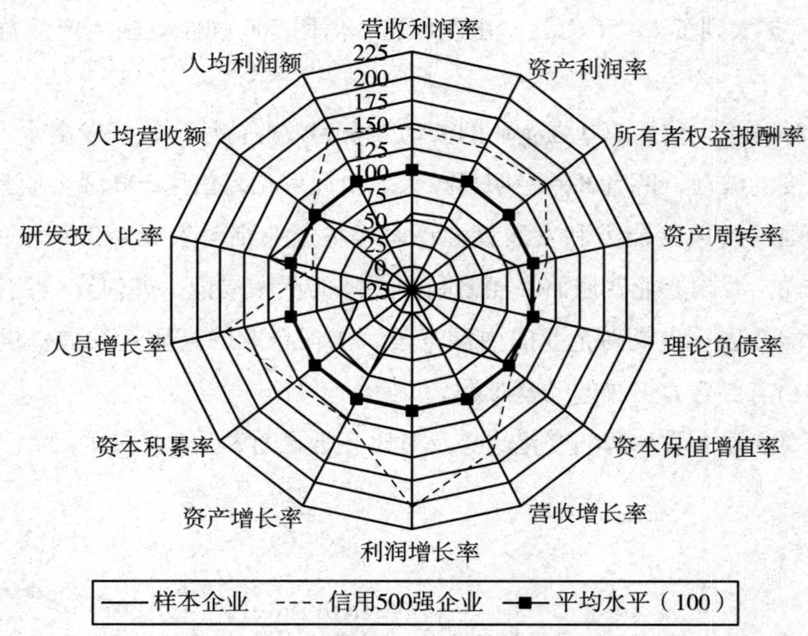

图 3－18　2023 中国企业信用 500 强效益指标比较优势分析

三是高成长。信用 500 强企业的五项成长性指标普遍高于样本企业，具有显著优势，尤其是利润增长率指标，两者的差距更为明显。信用 500 强企业的利润增长率远高于平均水平，而样本企业则呈现出较大幅度的负增长。

四是低负债。信用 500 强企业和样本企业的理论负债率均有所下降，表明我国企业的融资需求普遍呈现下降态势，但信用 500 强仍维持较高的资产增速，对宏观经济的稳定恢复起到重要支撑作用。

四、2023 中国企业信用 500 强面对的挑战及若干建议

通过对 2023 中国企业信用 500 强和样本企业效益指标变化趋势比较分析发现，信用 500 强企业具有高效益、高效率、高成长、低负债的特征，与样本企业相比具有显著的比较优势。面对宏观经济环境不确定不稳定因素的增多，信用 500 强企业也面临着诸多新问题和新挑战，更担负着建设世界一流企业的新责任、新使命。

（一）积极推动产业创新，加快建设世界一流企业

习近平总书记在党的二十大报告中指出，“完善中国特色现代企业制度，弘扬企业家精神，加

快建设世界一流企业”。

中国企业信用500强是各行业各领域中的优质企业，发挥着重要的标杆和示范作用。这些企业中，有些已经拥有极强的规模实力、国际化经营能力和核心竞争力；有些已经具备全球领先的产品服务质量、技术水平、品牌影响力；有些已经在前沿方向和领域开始进入“并跑”“领跑”阶段。加快建设世界一流企业，有利于实现我国经济社会高质量发展，为实现中国式现代化提供坚实支撑。但同时我们也应看到，信用500强企业的研发投入比率低于样本企业，与建设制造强国、提升产业链供应链现代化水平相比，仍有很大提升空间。世界一流企业必然要求一流的技术、商业模式和管理创新能力，信用500强企业要以补链强链提升企业自主创新能力，前瞻性培育我国企业引领未来科技变革方向、支撑国家重大战略需求的创新要素，加快核心技术攻关，加大创新技术场景应用，积极填补国际产业链高端空白，实现高水平科技自立自强。进一步强化企业创新主体地位，推动科技企业融通创新，全面提升创新链产业链水平。要以提升资源配置能力和品牌美誉度拓展企业国际化经营能力，引导我国企业在更大范围、更宽领域、更深层次参与全球资源配置，持续提升资源整合能力，多措并举提升海外市场份额，提升与国际市场的对接融合度，形成更强大的国际竞争优势。

（二）大力推进新型工业化，打造未来产业新赛道

习近平总书记强调，“坚持把发展经济的着力点放在实体经济上，推进新型工业化”。2023 年中央经济工作会议强调，要以科技创新引领现代化产业体系建设；要以科技创新推动产业创新，特别是以颠覆性技术和前沿技术催生新产业、新模式、新动能，发展新质生产力；要大力推进新型工业化，发展数字经济，加快推动人工智能发展。

数字时代是我国经济和企业实现弯道超车的重要战略机遇，加快建设数字经济、数字社会、数字政府，以数字化转型整体驱动生产方式、生活方式和治理方式变革。我国企业要紧紧抓住这一战略机遇，进一步推进实体经济与数字经济效益的深度融合发展，推进服务业与制造业的深度融合，加速向数字化、网络化、智能化发展，着力壮大新增长点，形成发展新动能，壮大经济发展新引擎。

我国企业要加快发展数字经济，推动实体经济和数字经济融合发展，推动互联网、大数据、人工智能同实体经济深度融合，推动制造业加速向数字化、网络化、智能化发展，着力壮大新增长点，形成发展新动能。培育壮大人工智能、大数据、区块链、云计算、网络安全等新兴数字产业，提升通信设备、核心电子元器件、关键软件等产业水平。我国企业要始终坚持科技创新驱动不动摇，健全鼓励支持基础研究、原始创新的体制机制，完善科技人才发现、培养、激励机制，努力提高制造业和科技型、生产性服务业的深度融合，建立以企业为主体、市场为导向、产学研

深度融合的技术创新体系，特别是对中小型企业的创新支持，促进科技成果转化落地，促进制造业高质量发展。

制造业企业要以国家战略性需求为导向推进创新体系优化组合，把自主创新摆在更加突出的位置，进一步加大研发投入力度，加快关键核心技术攻关，打造更多依靠创新驱动、发挥先发优势的引领性企业，加快推动建立以企业为主体、市场为导向、产学研深度融合的技术创新体系，不断提升原始创新能力、产业基础能力和产业链、供应链的现代化水平。

加快生产性服务业数字化转型进程，要大力推进新型工业化，发展数字经济，加快推动人工智能发展；推动大数据、物联网、移动互联网、云计算、人工智能、区块链等数字技术在生产性服务业层面的广泛应用。促进数字技术赋能生产性服务业。以 5G、6G 人工智能等数字技术不断创新生产性服务产品，增强服务产品功能，打造以技术推广、管理咨询等为主要内容的综合性服务平台，丰富生产性服务业态，增强服务性资源品质，提高服务性资源配置效率；打造生物制造、商业航天、低空经济等若干战略性新兴产业，开辟量子、生命科学等未来产业新赛道，广泛应用数智技术、绿色技术，加快传统服务业转型升级。

（三）加强协同融合发展，打造高质量发展新优势

2023 年中央经济工作会议强调，要谋划进一步全面深化改革重大举措，为推动高质量发展、加快中国式现代化建设持续注入强大动力。要不断完善落实“两个毫不动摇”的体制机制，充分激发各类经营主体的内生动力和创新活力。要深入实施国有企业改革深化提升行动，增强核心功能、提高核心竞争力。要促进民营企业发展壮大，在市场准入、要素获取、公平执法、权益保护等方面落实一批举措。

信用 500 强企业作为各行业、各领域中的优质企业，要充分发挥在各自行业和领域中的优势作用，引领行业协同融合发展，打造行业高质量发展的新优势。

一是要加强不同所有制企业的协同融合发展。把深化国有企业改革作为国有企业加快建设世界一流企业的重要途径，以国有企业混合所有制改革为牵引，系统推进国有企业治理结构、市场化薪酬体系、国资监管体制、国有资本投资运营机制等各项改革，加强国企改革的系统集成。逐步推动混合所有制改革由局部试点向综合行动转变，从浅层次“混”向深层次“改”转变，实现国有企业和非公有制企业优势互补，激活企业活力和创造力，充分发挥国资国企独特制度优势，建设一批具有中国特色、全球竞争力的世界一流企业。以补短板扬优势厚植民营企业发展动力，引导支持民营企业改革发展，聚焦民营经济发展中的难题，坚持探索创新，持续创造可复制可推广的经验做法，建设一批世界一流的民营企业。

二是要加强大型企业与中小微企业的协同融合发展，促进中小企业专精特新发展。积极组建

创新联合体或技术创新战略联盟，整合产业链资源，联合中小企业建设先进制造业集群，利用自身优势资源在全球布局研发设计中心，有效对接和利用全球资源。上下游企业各自聚焦主业，提供不同的部件或配件，彼此协同分工、紧密配合，才能保证不出现断链。梯度培育有助于更好梳理供应链，增强产业链供应链的自主可控能力。

信用500强企业要发挥先发优势的引领性企业，推动建立以企业为主体、市场为导向、产学研深度融合的技术创新体系，加强国有企业与各类所有制企业、各类主体的融通创新，加强知识产权保护，创新促进科技成果转化的机制，不断提升产业基础能力和产业链现代化水平。同时，要加强对中小企业创新的支持，促进科技成果转化。倡导创新文化，强化知识产权创造、保护、运用。培养造就一大批具有国际水平的战略科技人才、科技领军人才、青年科技人才和高水平创新团队。同时，也要注重制度创新、管理创新、市场创新、文化创新等，尤其是科技、信息服务业要创新与制造业的融合发展，依靠创新驱动促进企业高质量融合发展。

（四）筑牢诚信基石，强化风险意识，推动企业高质量信用发展

2023年中央经济工作会议强调，要持续有效防范化解重点领域风险，坚决守住不发生系统性风险的底线。在当前环境下，企业也面临着下行压力的考验，更面临着各种风险因素挑战，尤其要有效防范化解重大系统性风险，突出防范经营效益下滑风险、债务风险、投资风险、金融业务风险、国际化经营风险、安全环保风险。企业要进一步强化各类风险识别，建立预判预警机制，及时排查风险隐患，制定完善的应对预案，全面切实推进《企业诚信管理体系》（GB/T 31950—2015）标准的贯彻与实施，强化社会责任意识、规则意识、奉献意识，形成诚信价值观，培育诚信文化，以诚信为准则来约束自身的行为；切实建立信用风险管理与控制体系，有效控制已经存在或可能存在的信用风险，尤其是控制系统性风险的发生；要坚持底线思维，确保合规合法经营，切实履行社会责任，以诚信建设推动企业持续健康和高质量发展。

我国企业要坚定不移贯彻创新、协调、绿色、开放、共享的新发展理念，践行人与自然和谐发展理念，主动承担社会责任，积极主动适应ESG发展趋势，践行ESG理念，不断增强企业活力、竞争力、创新力和抗风险能力，进一步提升可持续发展能力，推动高质量发展。要深入推动中国特色ESG生态体系建设，从生产全过程促进绿色低碳转型和消费模式的转变，进一步提升自身可持续发展能力，加快提高治理能力，努力推动企业与利益相关方和谐共赢，以创新实践推动我国企业实现高质量发展，全面提升企业的发展韧性和安全水平。

第四章
2023中国制造业企业信用100强发展报告

《2023 中国制造业企业信用 100 强发展报告》是由中国企业改革与发展研究会、中国合作贸易企业协会、国信联合（北京）认证中心联合开展的中国制造业企业信用分析研究成果，已是第 11 次向社会发布。

2023 中国制造业企业信用 100 强的入围门槛为：企业综合信用指数为 90 分以上，且 2022 年净利润为 196000 万元以上，较 2022 年中国制造业企业信用 100 强的 280000 万元下降了 84000 万元。

2023 中国制造业企业信用 100 强分析研究及发布活动，旨在通过中国制造业企业的信用环境、信用能力、信用行为三个方面，对中国制造业企业的信用发展状况进行客观评价，为政府、行业、企业和社会提供参考依据。

一、2023 中国制造业企业信用 100 强分布特征

（一）2023 中国制造业企业信用 100 强行业分布特征

2023 中国制造业企业信用 100 强的行业分布，按照入围企业数量的多少排序分别为：电力、电气等设备、机械、元器件及光伏、风能、电池、线缆制造业企业有 13 家；计算机、通信器材、办公、影像等设备及零部件制造业企业有 11 家；电子元器件与仪器仪表、自动化控制设备制造业企业有 9 家；一般有色冶金及压延加工业企业有 7 家；纺织品、服装、服饰、鞋帽、皮革加工业企业，黑色冶金及压延加工业企业各有 6 家；农副食品及农产品加工业企业，食品（含饮料、乳制品、肉食品等）加工制造业企业，汽车及零配件制造业企业各有 5 家；造纸及纸制品（含木材、藤、竹、家具等）加工、印刷、包装业企业，建筑材料、玻璃等制造业及非金属矿物制品业企业，工程机械、设备和特种装备（含电梯、仓储设备）及零配件制造业企业，家用电器及零配件制造业企业各有 4 家；石化产品、炼焦及其他燃料生产加工业企业有 3 家；酿酒制造业企业，纺织、印

染业企业，化学原料及化学制品（含精细化工、日化、肥料等）制造业企业，橡胶、塑料制品及其他新材料制造业企业，通用机械设备和专用机械设备及零配件制造业企业，综合制造业（以制造业为主，含有服务业）企业各有 2 家；医药、生物制药、医疗设备制造业企业，摩托车、自行车和其他交通运输设备及零配件制造业企业各有 1 家入围。

综合入围企业的行业分布情况来看，包括了 22 个细分行业，与 2022 中国制造业企业信用 100 强入围的行业持平。其中，电力、电气等设备、机械、元器件及光伏、风能、电池、线缆制造业，计算机、通信器材、办公、影像等设备及零部件制造业，电子元器件与仪器仪表、自动化控制设备制造业的集中度较高，而医药、生物制药、医疗设备制造业，摩托车、自行车和其他交通运输设备及零配件制造业的集中度较低。2023 中国制造业企业信用 100 强的分布趋向于集中在高科技和新兴产业，反映出高成长性的特征。

2023 中国制造业企业信用 100 强行业分布见表 4－1。

表 4－1　2023 中国制造业企业信用 100 强行业分布

序号	行业	企业数（家）
1	农副食品及农产品加工业	5
2	食品（含饮料、乳制品、肉食品等）加工制造业	5
3	酿酒制造业	2
4	纺织、印染业	2
5	纺织品、服装、服饰、鞋帽、皮革加工业	6
6	造纸及纸制品（含木材、藤、竹、家具等）加工、印刷、包装业	4
7	石化产品、炼焦及其他燃料生产加工业	3
8	化学原料及化学制品（含精细化工、日化、肥料等）制造业	2
9	医药、生物制药、医疗设备制造业	1
10	橡胶、塑料制品及其他新材料制造业	2
11	建筑材料、玻璃等制造业及非金属矿物制品业	4
12	黑色冶金及压延加工业	6
13	一般有色冶金及压延加工业	7
14	工程机械、设备和特种装备（含电梯、仓储设备）及零配件制造业	4
15	通用机械设备和专用机械设备及零配件制造业	2
16	电力、电气等设备、机械、元器件及光伏、风能、电池、线缆制造业	13
17	家用电器及零配件制造业	4
18	电子元器件与仪器仪表、自动化控制设备制造业	9
19	计算机、通信器材、办公、影像等设备及零部件制造业	11
20	汽车及零配件制造业	5
21	摩托车、自行车和其他交通运输设备及零配件制造业	1
22	综合制造业（以制造业为主，含有服务业）	2
合计		100

（二）2023 中国制造业企业信用 100 强地区分布特征

从 2023 中国制造业企业信用 100 强地区分布情况来看，东部地区有 9 个省、直辖市共 71 家企业入围。其中，广东有 19 家，浙江有 13 家，江苏有 10 家，北京有 8 家，山东有 7 家，河北有 6 家，上海有 5 家，天津有 2 家，福建有 1 家。

中部地区有 7 个省共 15 家企业入围。其中，安徽、湖南、江西各有 3 家，河南、山西各有 2 家，湖北、吉林各有 1 家。

西部地区有 10 个省、自治区、直辖市共 14 家企业入围。其中，内蒙古有 4 家，新疆有 2 家，甘肃、贵州、四川、云南、重庆、陕西、青海、西藏各有 1 家。

2023 中国制造业企业信用 100 强地区分布及变动情况见表 4－2。

表 4－2　2023 中国制造业企业信用 100 强地区分布及变动情况

区域	地区	入围企业数（家）		区域	地区	入围企业数（家）		区域	地区	入围企业数（家）	
		2023 年度	2022 年度			2023 年度	2022 年度			2023 年度	2022 年度
东部地区	北京	8	17	中部地区	安徽	3	1	西部地区	甘肃	1	
	广东	19	20		河南	2	1		广西		1
	河北	6	3		湖北	1	2		贵州	1	1
	江苏	10	9		湖南	3	2		内蒙古	4	1
	山东	7	11		吉林	1	2		宁夏		1
	上海	5	7		黑龙江		1		四川	1	3
	天津	2			江西	3			新疆	2	2
	浙江	13	10		山西	2			云南	1	
	辽宁								重庆	1	1
	福建	1	3						陕西	1	1
	海南								青海	1	
									西藏	1	
合计		71	80	合计		15	9	合计		14	11

从变动情况看，东部地区入围数量较 2022 中国制造业企业信用 100 强减少 9 家。其中，北京减少数量最多，达 9 家，广东、山东、上海、福建均有所减少；河北、浙江有所增加；新增天津 2 家。

中部地区入围数量较 2022 中国制造业企业信用 100 强增加 6 家。其中，安徽、河南、湖南均有所增加；湖北、吉林有所减少；新增江西 3 家和山西 2 家；黑龙江没有企业入围。

西部地区入围数量较2022中国制造业企业信用100强增加3家。其中，内蒙古增加3家；四川减少2家；贵州、新疆、重庆、陕西没有变化；新增甘肃、云南、青海、西藏各1家；广西、宁夏均没有企业入围。

综合地区分布情况来看，东部地区受影响较大，中、西部地区入围企业数量则有所增加，地区分布更趋均衡化。

二、2023中国制造业企业信用100强行业环境分析

（一）食品、酿酒等行业信用环境影响性分析

1. 农副食品及农产品加工业整体效益得到修复

农副食品及农产品加工业企业2022年的景气指数为95.26点，较2021年的89.87点提高了5.39点；盈利指数为92.62点，较2021年的80.15点提高了12.47点；效益指数为104.42点，较2021年的101.28点提高了3.14点。

2011—2022年农副食品及农产品加工业信用环境影响性分析见图4－1。

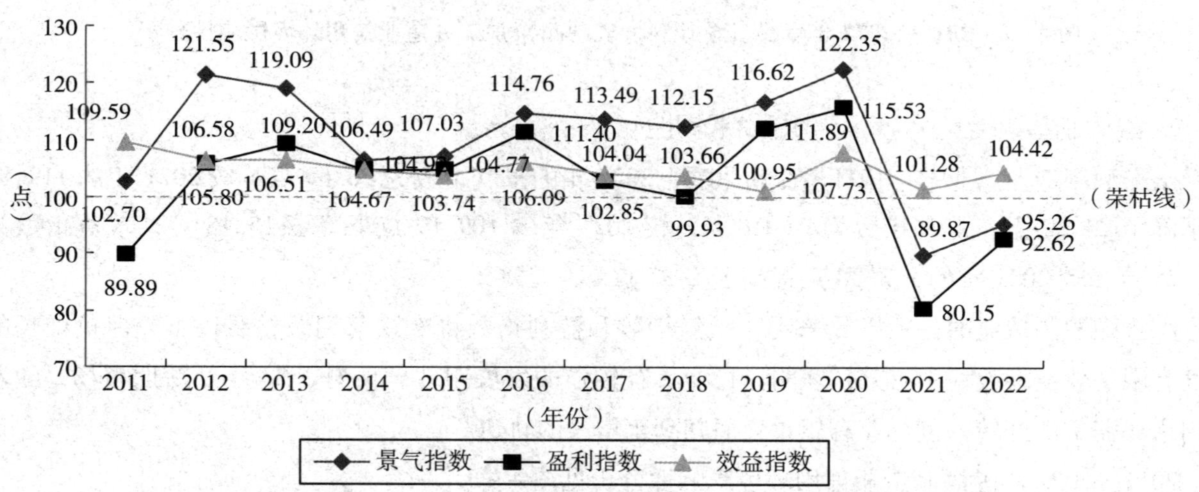

图4－1　2011—2022年农副食品及农产品加工业信用环境影响性分析

从图4－1中可以看出，农副食品及农产品加工业的三项指数具有止跌企稳的形态，景气指数和盈利指数仍处于荣枯线以下，但负增长幅度有明显收窄，效益指数有所回升，表明该行业的整体经营效益得到一定的修复。

2. 食品（含饮料、乳制品）加工制造业持续低迷

食品（含饮料、乳制品）加工制造业 2022 年的景气指数为 97. 35 点，较 2021 年的 105. 61 点下降了 8. 26 点；盈利指数为 94. 01 点，较 2021 年的 97. 05 点下降了 3. 04 点；效益指数为 109. 21 点，较 2021 年的 108. 71 点提高了 0. 50 点。

综合三项指数分析，食品（含饮料、乳制品）加工制造业整体运行呈现持续下行的态势，尤其是景气指数和盈利指数均跌到荣枯线以下，且负增长的幅度较 2021 年有所扩大。

2011—2022 年食品（含饮料、乳制品）加工制造业信用环境影响性分析见图 4 – 2。

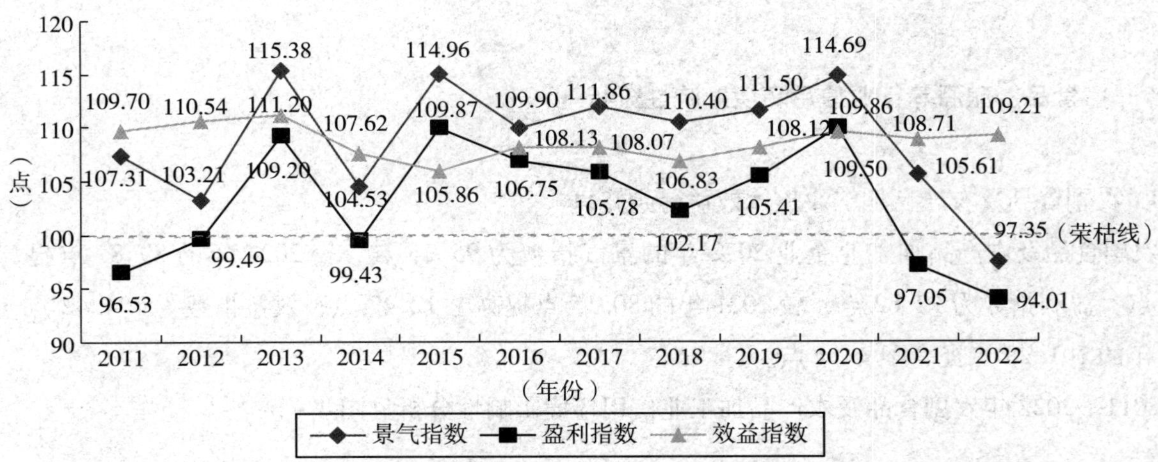

图 4 – 2　2011—2022 年食品（含饮料、乳制品）加工制造业信用环境影响性分析

3. 酿酒制造业增长乏力，但仍显发展韧性

从酿酒制造业企业的信用环境分析来看，2022 年的景气指数为 96. 69 点，较 2021 年的 119. 89 点下降了 23. 20 点；盈利指数为 94. 01 点，较 2021 年的 109. 19 点下降了 15. 18 点；效益指数为 114. 75 点，较 2021 年的 113. 38 点提高了 1. 37 点。

综合酿酒制造业的三项指数来看，景气指数和盈利指数再次跌落到荣枯线以下，但负增长的幅度有限。效益指数稳中有升，表明该行业具有较强的发展韧性。预测 2023 年及后期市场，随着国内市场需求的好转，该行业有望重新回归到正增长的轨道。

2011—2022 年酿酒制造业信用环境影响性分析见图 4 – 3。

（二）纺织、服装、造纸、医药等制造业信用环境影响性分析

1. 纺织、印染业出现巨量波动

从纺织、印染业企业的信用环境分析来看，2022 年的景气指数为 74. 13 点，较 2021 年的

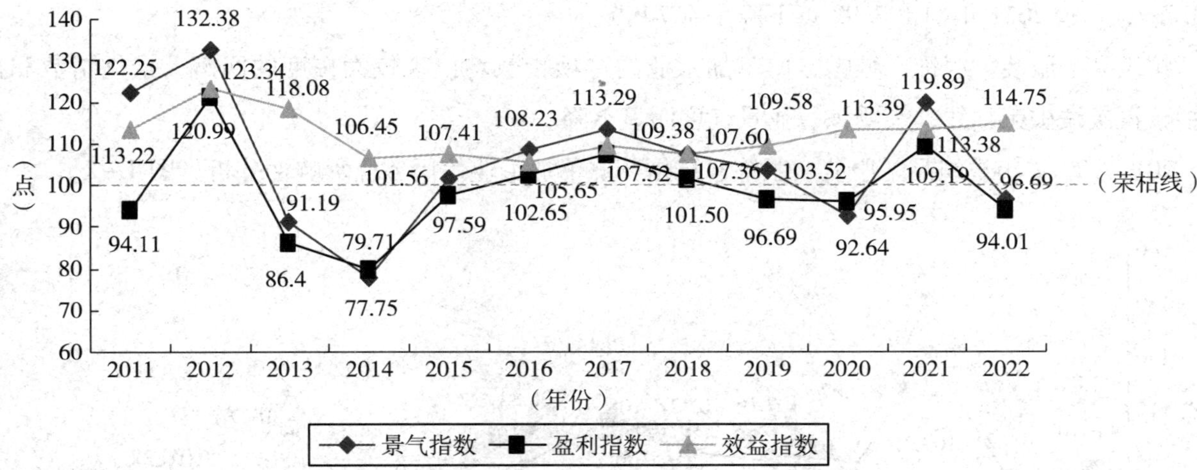

图 4－3　2011—2022 年酿酒制造业信用环境影响性分析

150. 87 点下降了 76. 74 点；盈利指数为 71. 34 点，较 2021 年的 141. 38 点下降了 70. 04 点；效益指数 99. 40 点，较 2021 年的 108. 24 点下降了 8. 84 点。

纺织、印染业的三项指数出现巨量波动。其中，景气指数和盈利指数从高位跳水，跌至 70 多点，由 2021 年的历史最高水平转为历史最低水平；效益指数也首次跌破荣枯线。这表明该行业受宏观经济的影响和冲击较为严重，经营形势不容乐观。

2011—2022 年纺织、印染业信用环境影响性分析见图 4－4。

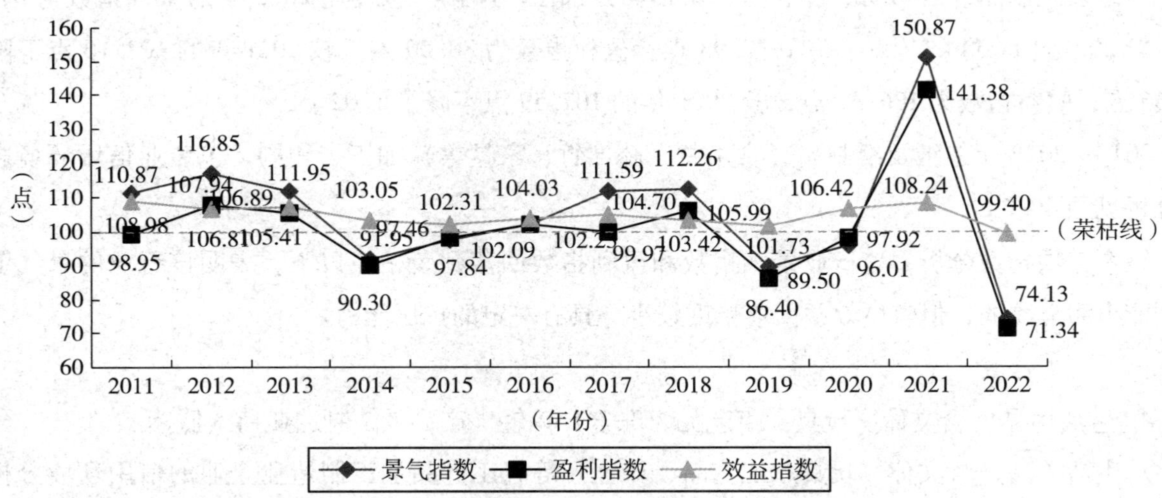

图 4－4　2011—2022 年纺织、印染业信用环境影响性分析

2. 纺织品、服装、服饰、鞋帽、皮革加工业景气度明显下降

纺织品、服装、服饰、鞋帽、皮革加工业 2022 年的景气指数为 85. 37 点，较 2021 年的 113. 46 点下降了 28. 09 点；盈利指数为 83. 52 点，较 2021 年的 106. 63 点下降了 23. 11 点；效益指数为

103. 22 点，较 2021 年的 107. 92 点下降了 4. 70 点。

纺织品、服装、服饰、鞋帽、皮革加工业的三项指数均出现较大幅度的回落，景气指数和盈利指数再次跌破荣枯线，表明该行业景气度明显下降。

2011—2022 年纺织品、服装、服饰、鞋帽、皮革加工业信用环境影响性分析见图 4－5。

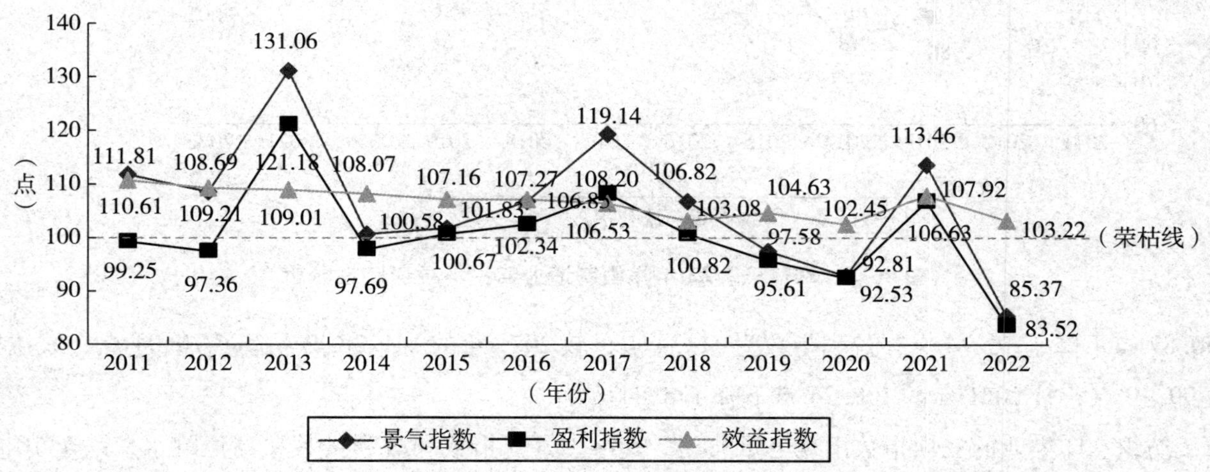

图 4－5　2011—2022 年纺织品、服装、服饰、鞋帽、皮革加工业信用环境影响性分析

3. 造纸及纸制品（含木材、藤、竹、家具等）加工、印刷、包装业盈利能力明显减弱

造纸及纸制品（含木材、藤、竹、家具等）加工、印刷、包装业 2022 年的景气指数为 81. 84 点，较 2021 年的 114. 77 点下降了 32. 93 点；盈利指数为 80. 50 点，较 2021 年的 102. 16 点下降了 21. 66 点；效益指数为 106. 57 点，较 2021 年的 107. 59 点下降了 1. 02 点。

2011—2022 年造纸及纸制品（含木材、藤、竹、家具等）加工、印刷、包装业信用环境影响性分析见图 4－6。

综合三项指数分析，该行业景气指数和盈利指数回落到荣枯线以下，表明该行业的景气度和盈利能力明显减弱，但整体效益回落幅度较小，具有一定的抗压能力。

4. 生活用品（含文体、玩具、工艺品、珠宝）等轻工产品加工制造业持续低迷

从生活用品（含文体、玩具、工艺品、珠宝）等轻工产品加工制造业企业的信用环境分析来看，2022 年的景气指数为 83. 59 点，较 2021 年的 110. 90 点下降了 27. 31 点；盈利指数为 84. 49 点，较 2021 年的 99. 35 点下降了 14. 86 点；效益指数为 105. 06 点，较 2021 年的 107. 85 点下降了 2. 79 点。

生活用品（含文体、玩具、工艺品、珠宝）等轻工产品加工制造业的三项指数均有所回落。其中，景气指数和盈利指数均跌破荣枯线，尤其是盈利指数连续 6 年徘徊在荣枯线以下，表明该行

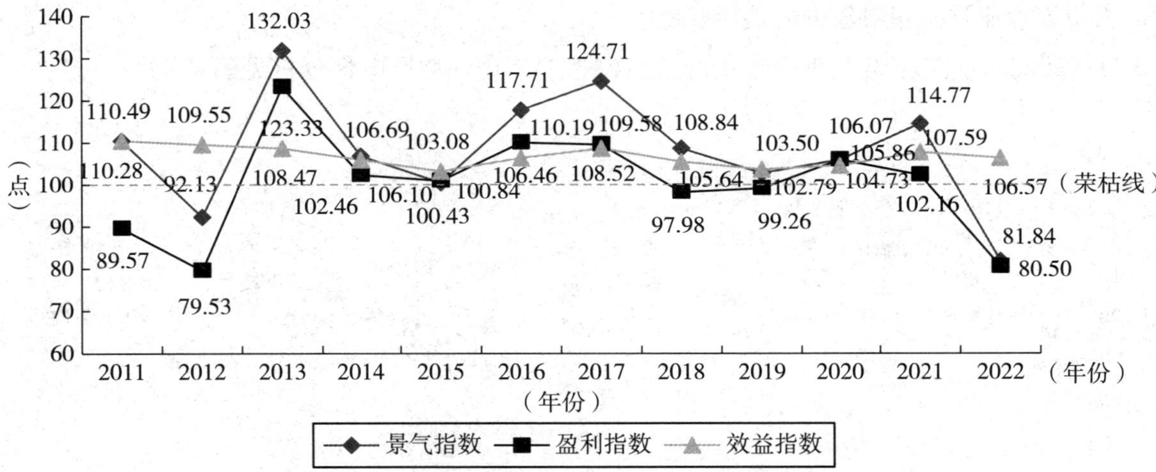

图 4-6 2011—2022 年造纸及纸制品（含木材、藤、竹、家具等）加工、印刷、包装业信用环境影响性分析

业整体经营形势持续承受着较大的下行压力。

2011—2022 年生活用品（含文体、玩具、工艺品、珠宝）等轻工产品加工制造业信用环境影响性分析见图 4-7。

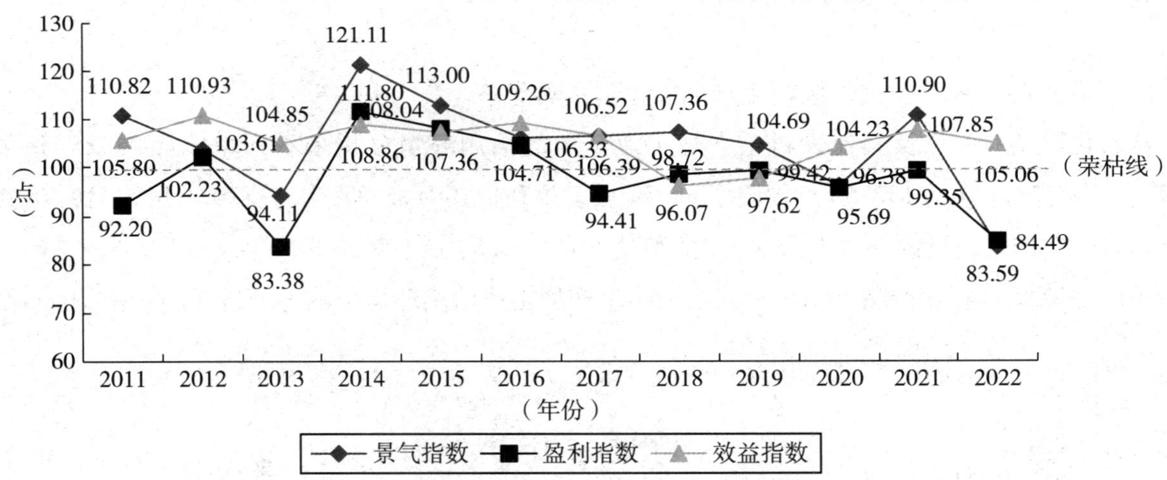

图 4-7 2011—2022 年生活用品（含文体、玩具、工艺品、珠宝）等轻工产品加工制造业信用环境影响性分析

5. 医药、生物制药、医疗设备制造业相对平稳

从医药、生物制药、医疗设备制造业企业的信用环境分析来看，2022 年的景气指数为 97.36 点，较 2021 年的 118.66 点下降了 21.30 点；盈利指数为 90.54 点，较 2021 年的 108.42 点下降了 17.88 点；效益指数为 108.85 点，较 2021 年的 111.43 点下降了 2.58 点。

综合三项指数分析，该行业整体运行相对平稳，景气指数和盈利指数虽跌破荣枯线，但幅度有限，表明该行业具有相对较强的抗风险能力。

2011—2022 年医药、生物制药、医疗设备制造业信用环境影响性分析见图 4－8。

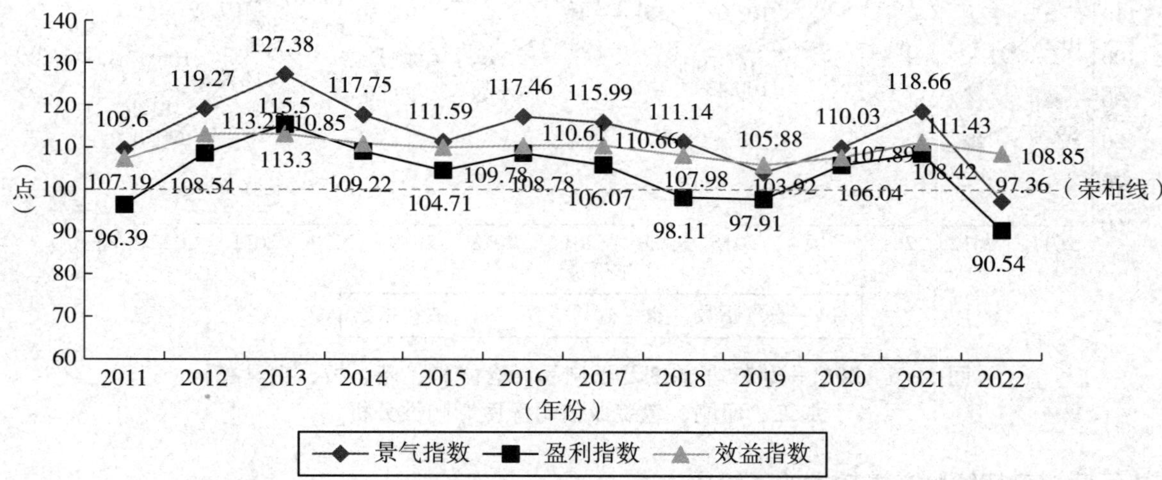

图 4－8　2011—2022 年医药、生物制药、医疗设备制造业信用环境影响性分析

（三）石化、化工、橡胶等制造业信用环境影响性分析

1. 石化产品、炼焦及其他燃料生产加工业明显回落

从石化产品、炼焦及其他燃料生产加工业企业的信用环境分析来看，2022 年的景气指数为 95. 97 点，较 2021 年的 132. 56 点下降了 36. 59 点；盈利指数为 85. 87 点，较 2021 年的 116. 78 点下降了 30. 91 点；效益指数为 104. 73 点，较 2021 年的 106. 53 点下降了 1. 80 点。

2011—2022 年石化产品、炼焦及其他燃料生产加工业信用环境影响性分析见图 4－9。

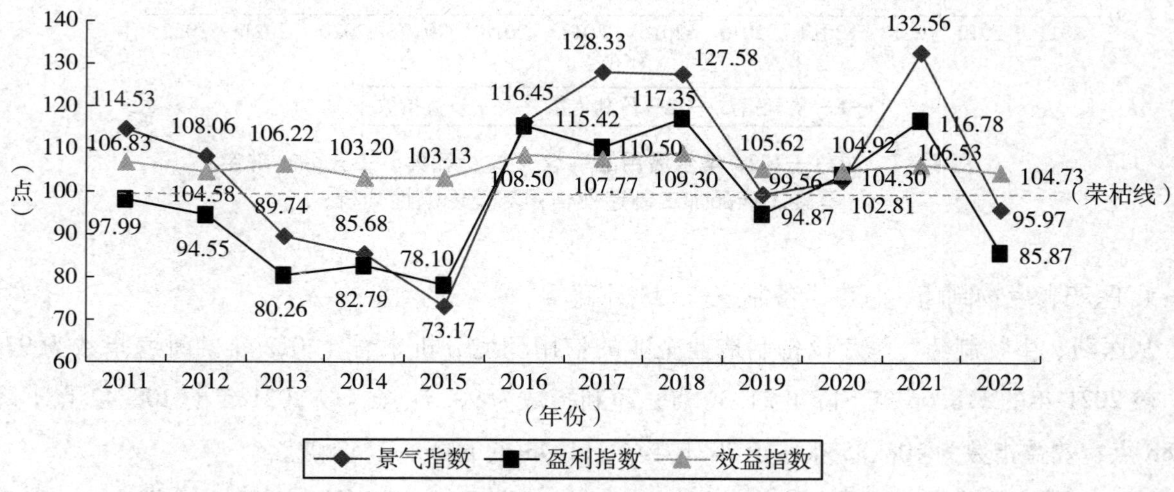

图 4－9　2011—2022 年石化产品、炼焦及其他燃料生产加工业信用环境影响性分析

从图 4－9 中可以明显看出，石化产品、炼焦及其他燃料生产加工业的三项指数均呈现回落态势。尤其是景气指数和盈利指数双双跌破荣枯线，且回落幅度较大，表明该行业面临较大的下行压力。

2. 化学原料及化学制品（含精细化工、日化、肥料等）制造业高位回落

化学原料及化学制品（含精细化工、日化、肥料等）制造业 2022 年的景气指数为 104. 39 点，较 2021 年的 148. 72 点下降了 44. 33 点；盈利指数为 95. 46 点，较 2021 年的 131. 23 点下降了 35. 77 点；效益指数为 109. 28 点，较 2021 年的 111. 08 点下降了 1. 80 点。

该行业的三项指数虽有回落，但景气指数仍然保持在荣枯线以上，盈利指数虽跌破荣枯线，但幅度有限。这表明该行业的整体运行相对平稳。

2011—2022 年化学原料及化学制品（含精细化工、日化、肥料等）制造业信用环境影响性分析见图 4－10。

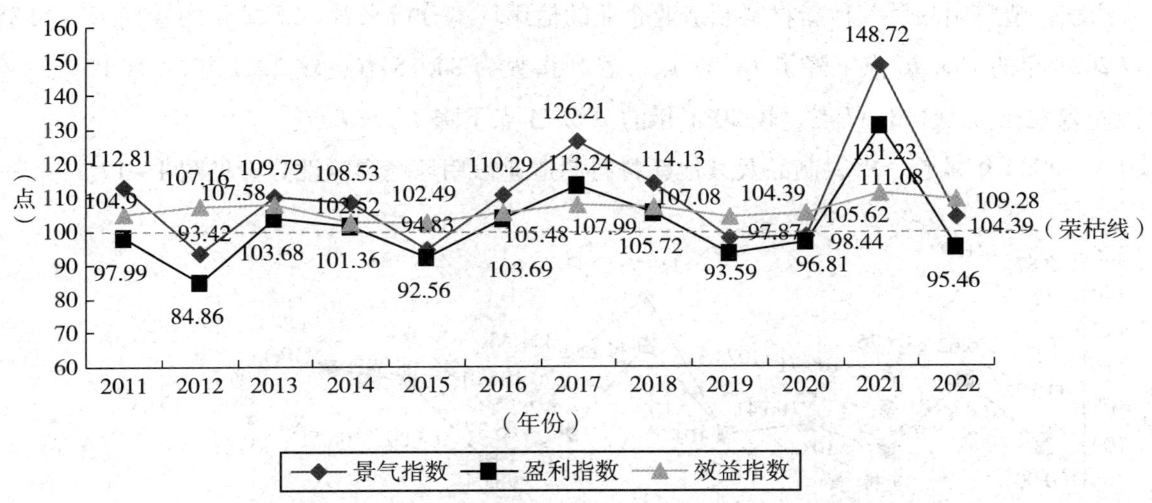

图 4－10　2011—2022 年化学原料及化学制品（含精细化工、日化、肥料等）制造业信用环境影响性分析

3. 化学纤维制造业出现大幅回落

化学纤维制造业 2022 年的景气指数为 82. 75 点，较 2021 年的 148. 00 点下降了 65. 25 点；盈利指数为 77. 14 点，较 2021 年的 133. 11 点下降了 55. 97 点；效益指数为 106. 16 点，较 2021 年的 109. 24 点下降了 3. 08 点。该行业的三项指数呈现高位回落，尤其是景气指数和盈利指数回落幅度较大，表明该行业整体下行压力较大。

2011—2022 年化学纤维制造业信用环境影响性分析见图 4－11。

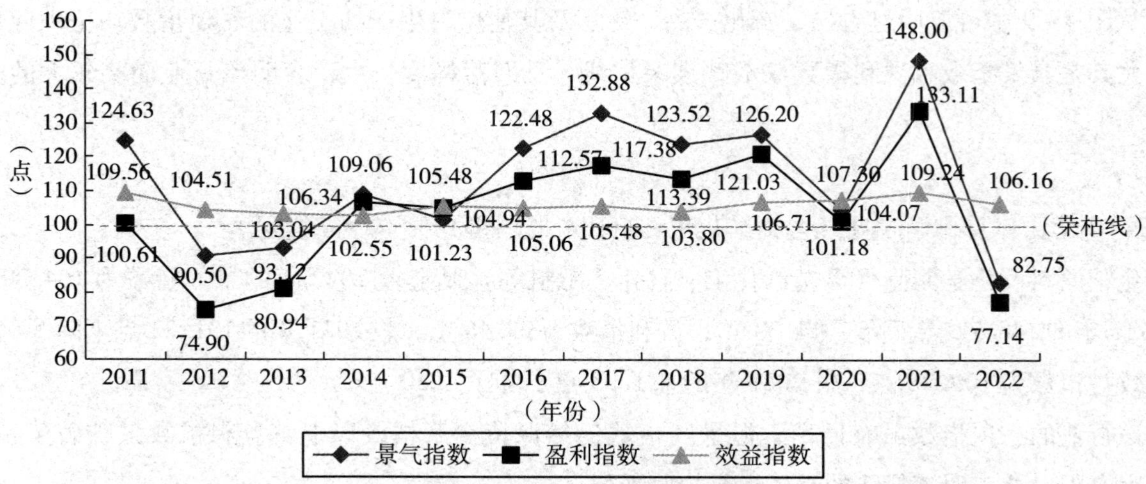

图 4-11　2011—2022 年化学纤维制造业信用环境影响性分析

4. 橡胶、塑料制品及其他新材料制造业经营难度进一步加大

从橡胶、塑料制品及其他新材料制造业企业的信用环境分析来看，2022 年的景气指数为 85. 19 点，较 2021 年的 103. 76 点下降了 18. 57 点；盈利指数为 84. 15 点，较 2021 年的 91. 05 点下降了 6. 90 点；效益指数为 103. 37 点，较 2021 年的 106. 74 点下降了 3. 37 点。

2011—2022 年橡胶、塑料制品及其他新材料制造业信用环境影响性分析见图 4-12。

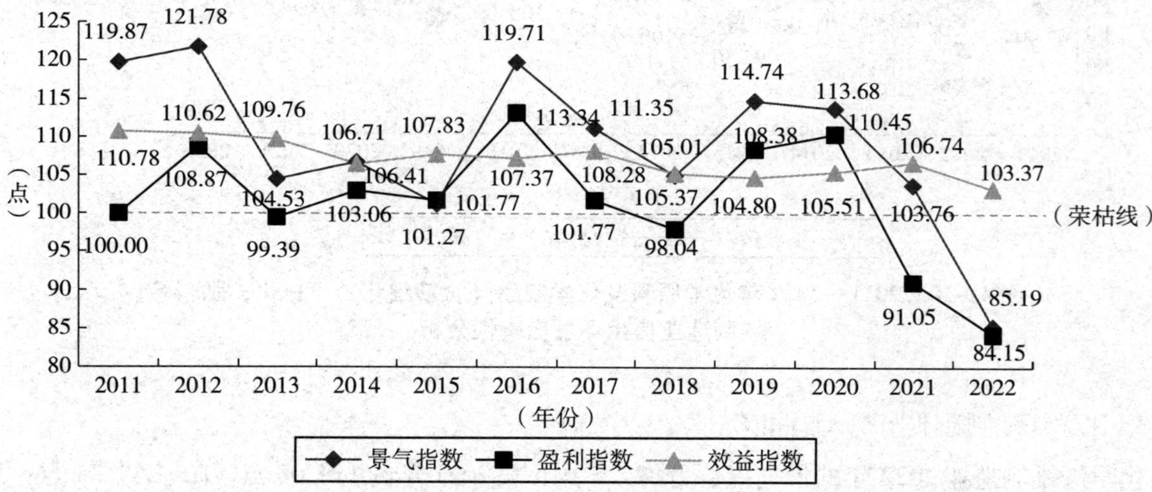

图 4-12　2011—2022 年橡胶、塑料制品及其他新材料制造业信用环境影响性分析

从图 4-12 中可以看出，橡胶、塑料制品及其他新材料制造业的三项指数均呈现持续下行的态势，尤其是景气指数和盈利指数回落的幅度进一步加大，表明该行业的盈利能力持续减弱，负增长幅度较大，经营难度进一步加大。

（四）建材、有色冶金等制造业信用环境影响性分析

1. 建筑材料及玻璃等制造业及非金属矿物制品业下行压力加大

从建筑材料及玻璃等制造业及非金属矿物制品业企业的信用环境分析来看，2022 年的景气指数为 75. 19 点，较 2021 年的 123. 94 点下降了 48. 75 点；盈利指数为 76. 12 点，较 2021 年的 112. 56 点下降了 36. 44 点；效益指数为 103. 70 点，较 2021 年的 109. 08 点下降了 5. 38 点。

综合三项指数分析表明，该行业总体呈现断崖式下跌的基本态势，尤其是景气指数和盈利指数双双跌落到自 2011 年以来的历史最低点，表明该行业面临着较大的下行压力。

2011—2022 年建筑材料及玻璃等制造业及非金属矿物制品业信用环境影响性分析见图 4 – 13。

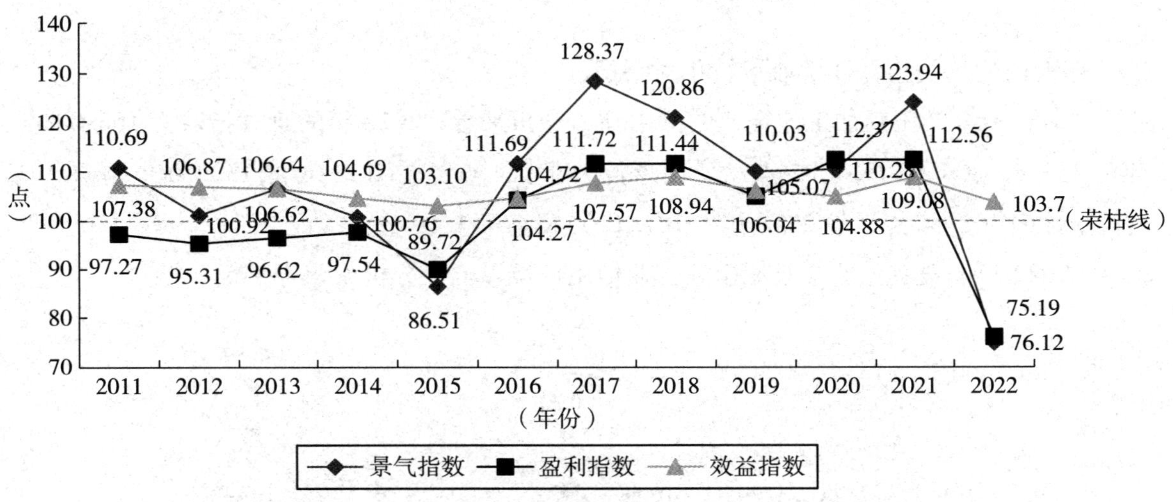

图 4 – 13　2011—2022 年建筑材料及玻璃等制造业及非金属矿物制品业信用环境影响性分析

2. 黑色冶金及压延加工业经营难度加大

从黑色冶金及压延加工业企业的信用环境分析来看，2022 年的景气指数为 69. 65 点，较 2021 年的 145. 05 点下降了 75. 40 点；盈利指数为 69. 07 点，较 2021 年的 129. 90 点下降了 60. 83 点；效益指数为 104. 34 点，较 2021 年的 108. 24 点下降了 3. 90 点。

黑色冶金及压延加工业三项指数均呈现较大幅度的回落，其中景气指数和盈利指数双双跌破荣枯线，且跌落的幅度较大。从整体走势分析，该行业恢复性增长的基础尚不稳固。预测后期市场，随着宏观经济的整体好转以及投资拉动，该行业的恢复性增长的态势会有所明确。

2011—2022 年黑色冶金及压延加工业信用环境影响性分析见图 4 – 14。

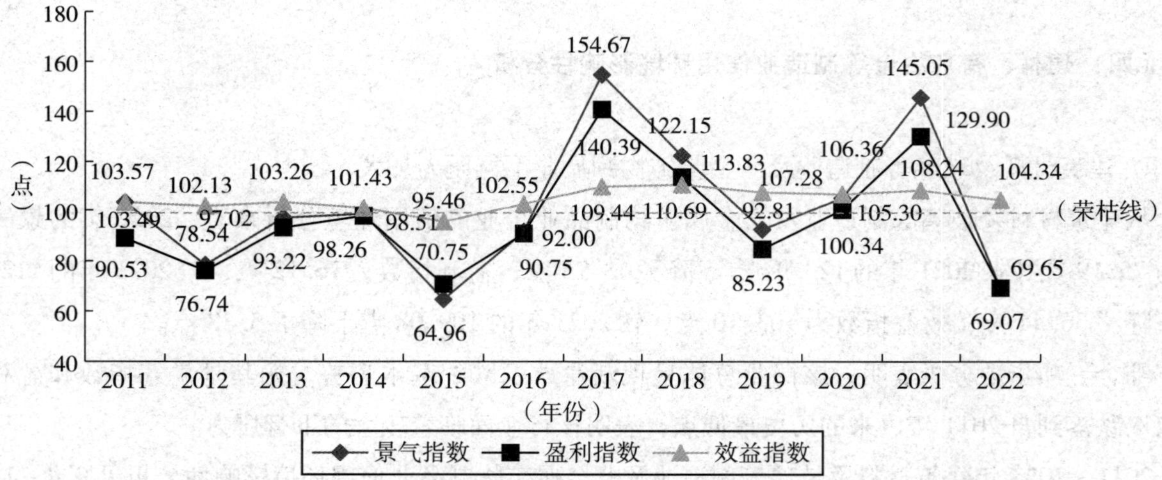

图 4－14　2011—2022 年黑色冶金及压延加工业信用环境影响性分析

3. 一般有色冶金及压延加工业运行相对平稳

从一般有色冶金及压延加工业企业的信用环境分析来看，2022 年的景气指数为 106. 07 点，较 2021 年的 143. 89 点下降了 37. 82 点；盈利指数为 97. 24 点，较 2021 年的 130. 10 点下降了 32. 86 点；效益指数为 108. 61 点，较 2021 年的 107. 42 点提高了 1. 19 点。

2011—2022 年一般有色冶金及压延加工业信用环境影响性分析见图 4－15。

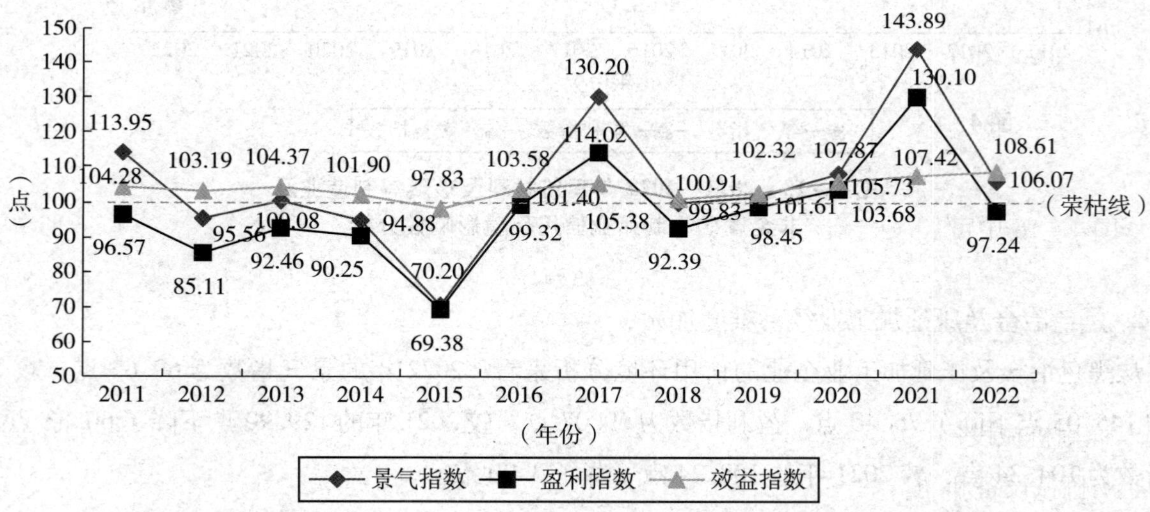

图 4－15　2011—2022 年一般有色冶金及压延加工业信用环境影响性分析

从图 4－15 可以看出，一般有色冶金及压延加工业的景气指数和盈利指数均呈现回落态势，但景气指数仍保持在荣枯线以上；盈利指数虽跌破荣枯线，但幅度有限；效益指数有所提高。整体来看，该行业运行相对平稳，预测后期市场仍将保持稳中有升的基本态势。

（五）工程、电力等机械、设备制造业信用环境影响性分析

1. 工程机械、设备和特种装备（含电梯、仓储设备）及零配件制造业运行相对平稳

工程机械、设备和特种装备（含电梯、仓储设备）及零配件制造业 2022 年的景气指数为 92.42 点，较 2021 年的 125.22 点下降了 32.80 点；盈利指数为 93.96 点，较 2021 年的 112.78 点下降了 18.82 点；效益指数为 105.60 点，较 2021 年的 106.47 点下降了 0.87 点。

2011—2022 年工程机械、设备和特种装备（含电梯、仓储设备）及零配件制造业信用环境影响性分析见图 4 – 16。

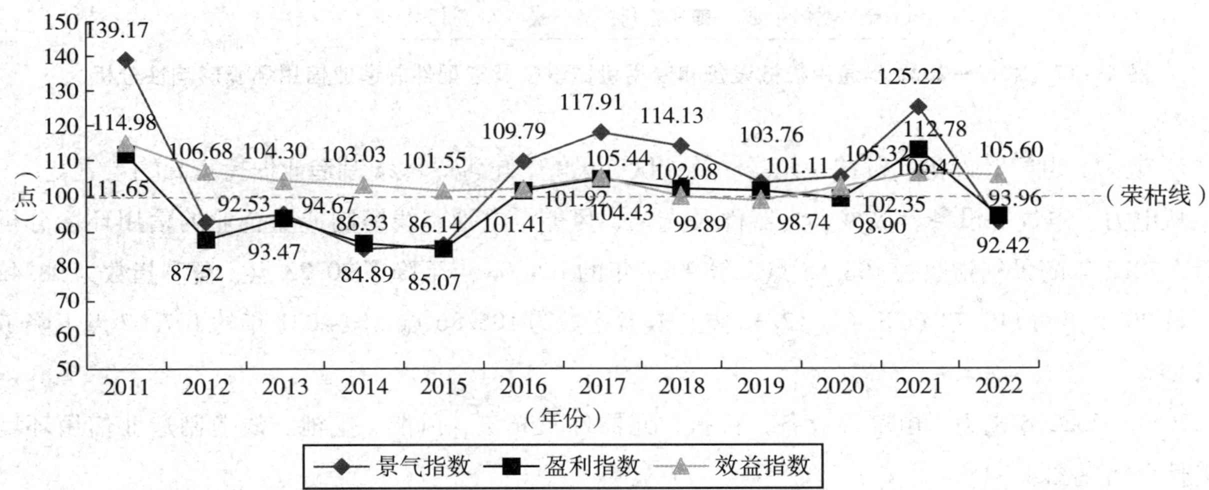

图 4 – 16　2011—2022 年工程机械、设备和特种装备（含电梯、仓储设备）及零配件制造业信用环境影响性分析

从图 4 – 16 中可以看出，工程机械、设备和特种装备（含电梯、仓储设备）及零配件制造业的三项指数均有所回落，但幅度相对有限，总体来看运行相对平稳。其中，景气指数和盈利指数双双跌破荣枯线，表明该行业的景气度和盈利能力有所减弱，企业经营难度加大。

2. 通用机械设备和专用机械设备及零配件制造业盈利能力明显减弱

通用机械设备和专用机械设备及零配件制造业 2022 年的景气指数为 93.74 点，较 2021 年的 112.47 点下降了 18.73 点；盈利指数为 88.55 点，较 2021 年的 99.95 点下降了 11.40 点；效益指数为 105.57 点，较 2021 年的 106.79 点下降了 1.22 点。

通用机械设备和专用机械设备及零配件制造业的三项指数均有回落，尤其是景气指数和盈利指数回落幅度较大，盈利指数连续两年运行在荣枯线以下，表明该行业盈利能力有明显减弱。

2011—2022 年通用机械设备和专用机械设备及零配件制造业信用环境影响性分析见图 4 – 17。

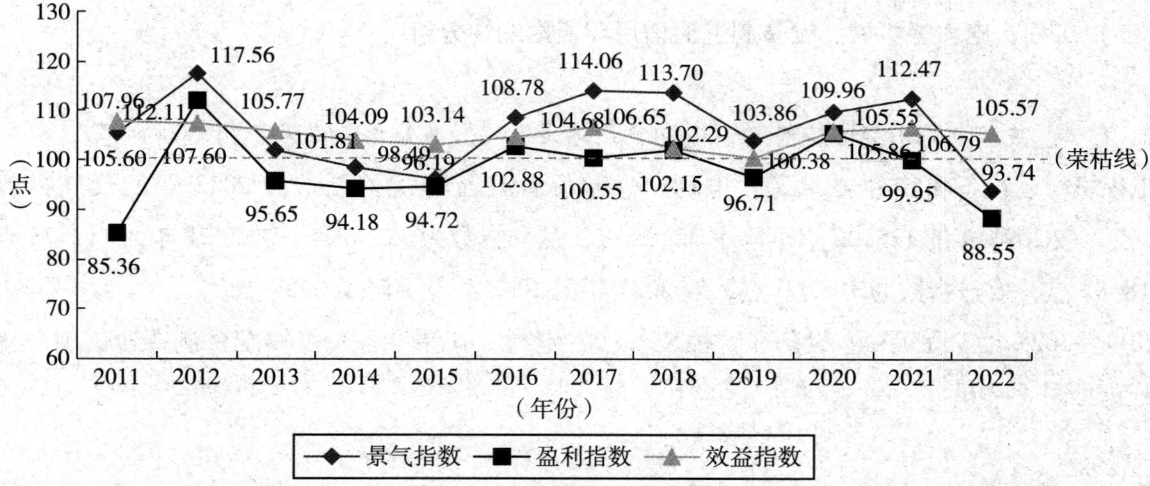

图 4－17　2011—2022 年通用机械设备和专用机械设备及零配件制造业信用环境影响性分析

3. 电力、电气等设备、机械、元器件及光伏、风能、电池、线缆制造业保持较高的景气度

从电力、电气等设备、机械、元器件及光伏、风能、电池、线缆制造业企业的信用环境分析来看，2022 年的景气指数为 108.85 点，较 2021 年的 129.08 点下降了 20.23 点；盈利指数为 98.42 点，较 2021 年的 110.78 点下降了 12.36 点；效益指数为 105.86 点，较 2021 年的 107.67 点下降了 1.81 点。

2011—2022 年电力、电气等设备、机械、元器件及光伏、风能、电池、线缆制造业信用环境影响性分析见图 4－18。

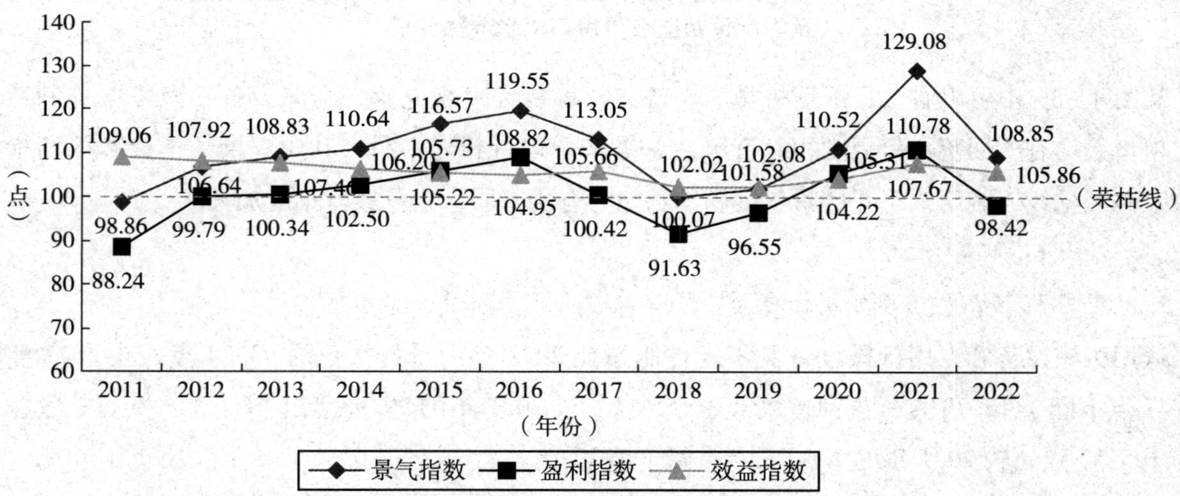

图 4－18　2011—2022 年电力、电气等设备、机械、元器件及光伏、风能、电池、线缆制造业信用环境影响性分析

从图 4 – 18 中可以看出，电力、电气等设备、机械、元器件及光伏、风能、电池、线缆制造业三项指数虽有回落，但景气指数仍保持在荣枯线以上；盈利指数虽跌破荣枯线，但回落的幅度有限。总体表明该行业整体经营形势受宏观经济影响较小，预测后期市场该行业仍将保持较高的景气度，恢复性增长将是今后一个时期的主要趋势。

4. 电子元器件与仪器仪表、自动化控制设备制造业明显回落

从电子元器件与仪器仪表、自动化控制设备制造业企业的信用环境分析来看，2022 年的景气指数为 91. 41 点，较 2021 年的 134. 01 点下降了 42. 60 点；盈利指数为 87. 19 点，较 2021 年的 116. 95 点下降了 29. 76 点；效益指数为 105. 11 点，较 2021 年的 110. 74 点下降了 5. 63 点。该行业的三项指数均有较大幅度的回落，其中景气指数和盈利指数双双跌破荣枯线，表明该行业的景气度和盈利能力明显减弱。

2011—2022 年电子元器件与仪器仪表、自动化控制设备制造业信用环境影响性分析见图 4 – 19。

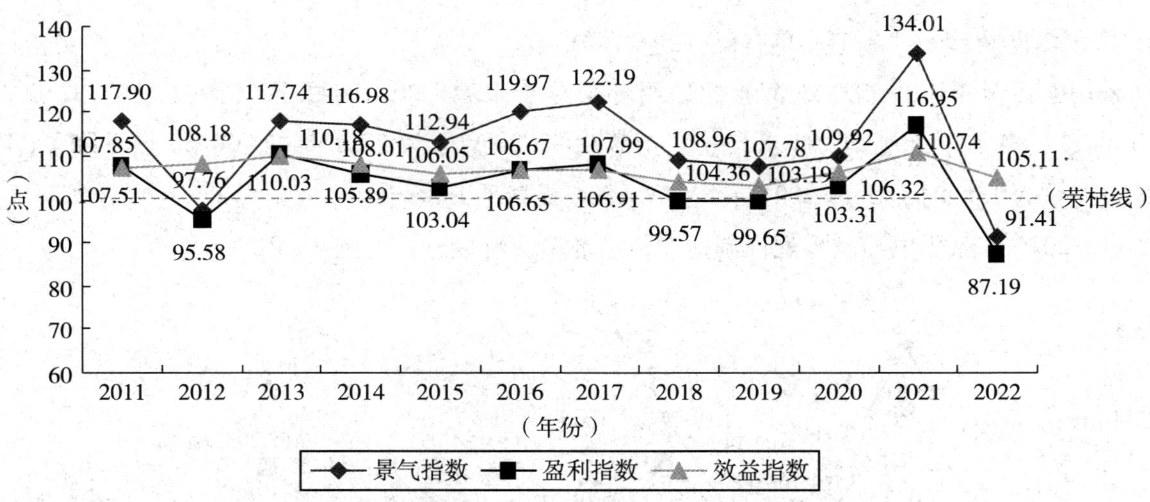

图 4 – 19　2011—2022 年电子元器件与仪器仪表、自动化控制设备制造业信用环境影响性分析

5. 动力、电力生产等装备、设备制造业整体效益运行良好

从动力、电力生产等装备、设备制造业企业的信用环境分析来看，2022 年的景气指数为 98. 37 点，较 2021 年的 112. 67 点下降了 14. 30 点；盈利指数为 97. 23 点，较 2021 年的 106. 67 点下降了 9. 44 点；效益指数为 108. 06 点，较 2021 年的 101. 41 点提高了 6. 65 点。该行业景气度和盈利能力有所下降，但幅度有限，效益指数则有所提高，表明其整体效益保持良好状态。

2011—2022 年动力、电力生产等装备、设备制造业信用环境影响性分析见图 4 – 20。

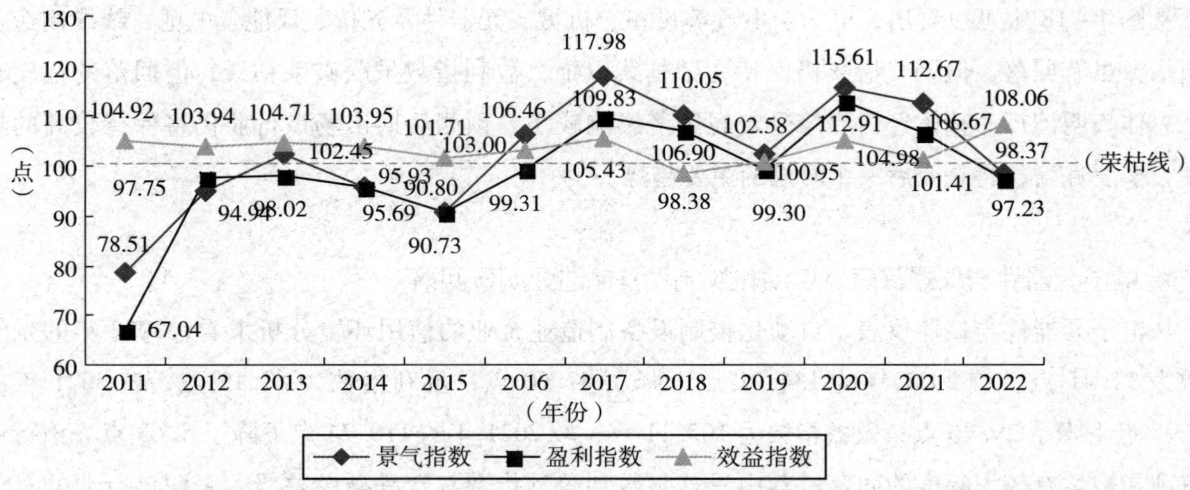

图 4－20　2011—2022 年动力、电力生产等装备、设备制造业信用环境影响性分析

（六）家电、通信器材、汽车等行业信用环境影响性分析

1. 家用电器及零配件制造业具有良好的整体效益

从家用电器及零配件制造业企业的信用环境分析来看，2022 年的景气指数为 96. 82 点，较 2021 年的 117. 80 点下降了 20. 98 点；盈利指数为 97. 20 点，较 2021 年的 108. 20 点下降了 11. 00 点；效益指数为 108. 84 点，较 2021 年的 107. 48 点提高了 1. 36 点。

2011—2022 年家用电器及零配件制造业信用环境影响性分析见图 4－21。

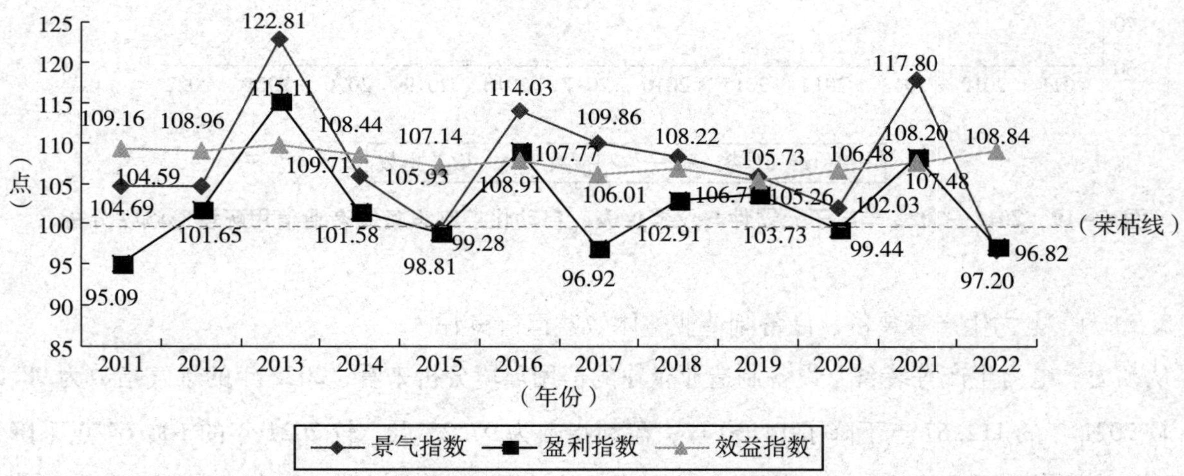

图 4－21　2011—2022 年家用电器及零配件制造业信用环境影响性分析

通过图 4－21 可以看出，家用电器及零配件制造业三项指数有升有降。其中，景气指数和盈利指数跌破荣枯线，但回落的幅度相对有限；效益指数却逆势上升，且持续两年稳定提高。总体来

看，该行业具有较强的抗压能力和发展韧性，表明其内涵发展具有明显成效，潜能释放较为明显。

2. 计算机、通信器材、办公、影像等设备及零部件制造业有所回落

从计算机、通信器材、办公、影像等设备及零部件制造业企业的信用环境分析来看，2022 年的景气指数为 98. 50 点，较 2021 年的 120. 97 点下降了 22. 47 点；盈利指数为 94. 72 点，较 2021 年的 110. 19 点下降了 15. 47 点；效益指数为 104. 38 点，较 2021 年的 106. 84 点下降了 2. 46 点。

2011—2022 年计算机、通信器材、办公、影像等设备及零部件制造业信用环境影响性分析见图 4 - 22。

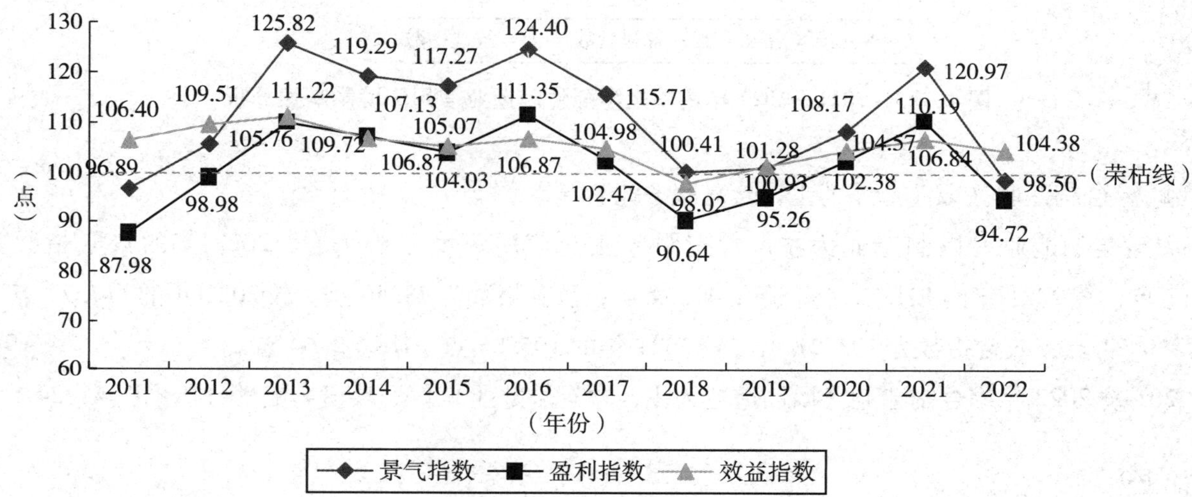

图 4 - 22 2011—2022 年计算机、通信器材、办公、影像等设备及零部件制造业信用环境影响性分析

从图 4 - 22 中可以看出，计算机、通信器材、办公、影像等设备及零部件制造业的三项指数均有所回落，但回落幅度有限。综合分析来看，该行业具有较强的抗压能力和发展韧性。

3. 汽车及零配件制造业盈利能力持续下降

从汽车及零配件制造业企业的信用环境分析来看，2022 年的景气指数为 97. 75 点，较 2021 年的 100. 87 点下降了 3. 12 点；盈利指数为 92. 18 点，较 2021 年的 94. 86 点下降了 2. 68 点；效益指数为 103. 05 点，较 2021 年的 102. 98 点提高了 0. 07 点。

2011—2022 年汽车及零配件制造业信用环境影响性分析见图 4 - 23。

从图 4 - 23 中可以看出，汽车及零配件制造业三项指数中除效益指数有微幅回升外，景气指数和盈利均有不同程度的回落。尤其是盈利指数持续 5 年运行在荣枯线以下，景气指数徘徊在荣枯线边际，表明该行业增长动力明显不足，竞争压力进一步加大。

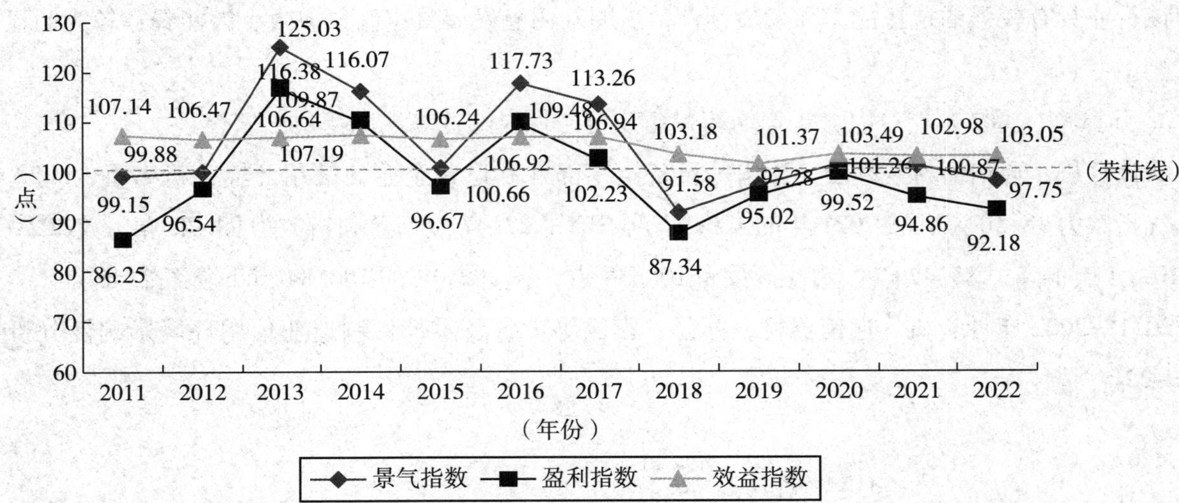

图 4－23　2011—2022 年汽车及零配件制造业信用环境影响性分析

4. 综合制造业（以制造业为主，含有服务业）波动明显

从综合制造业（以制造业为主，含有服务业）信用环境分析来看，2022 年的景气指数为 90. 17 点，较 2021 年的 131. 71 点下降了 41. 54 点；盈利指数为 88. 46 点，较 2021 年的 117. 77 点下降了 29. 31 点；效益指数为 103. 21 点，较 2021 年的 105. 85 点下降了 2. 64 点。

2011—2022 年综合制造业（以制造业为主，含有服务业）信用环境影响性分析见图 4－24。

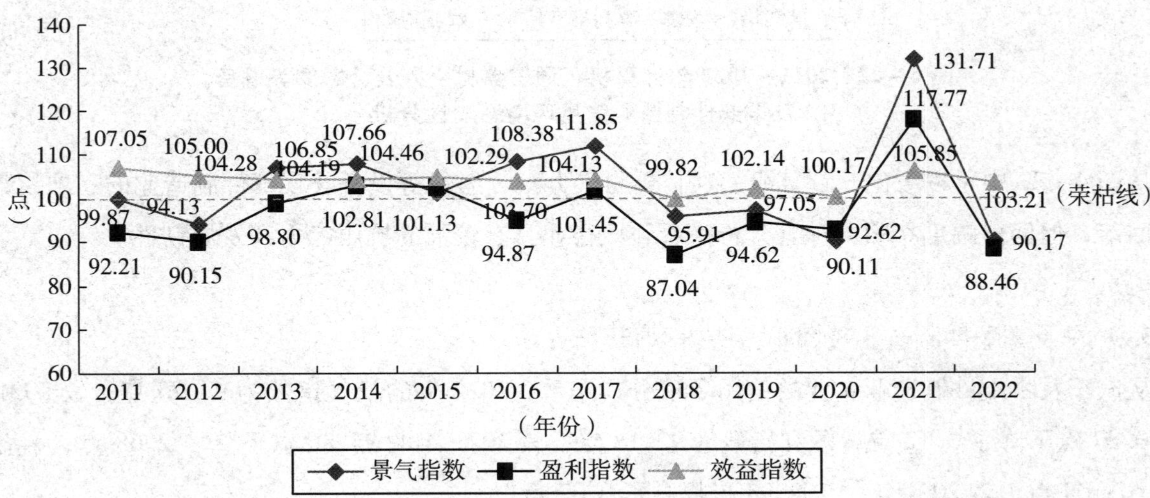

图 4－24　2011—2022 年综合制造业（以制造业为主，含有服务业）信用环境影响性分析

从图 4－24 中可以看出，综合制造业（以制造业为主，含有服务业）的三项指数均呈现明显回落态势，且回落的幅度较大，表明该行业周期性波动的特征较为明显。

（七）2022 年制造业信用环境行业特征分析

1. 2022 年制造业细分行业指数综合分析

2022 年制造业的景气度可谓是全面回落的态势，29 个细分行业中景气指数运行在荣枯线以上且指数上升的仅有黄金冶炼及压延加工业，摩托车、自行车和其他运输设备及零配件制造业 2 个细分行业，其余 27 个细分行业均在荣枯线以下或呈下降状态。其中，在荣枯线以上的有 7 个细分行业，景气指数上升的仅有 3 个细分行业。

2022 年制造业 29 个细分行业中盈利指数运行在荣枯线以上的仅有 2 个细分行业，盈利指数上升的仅有 4 个细分行业。

2022 年制造业 29 个细分行业中仅有 1 个细分行业的效益指数跌破荣枯线，其余 28 个细分行业均运行在荣枯线以上，有 10 个细分行业保持上升状态，其余 19 个细分行业表现为下降状态。

2022 年制造业信用环境行业特征汇总分析见表 4－3。

表 4－3　2022 年制造业信用环境行业特征汇总分析

序号	行业	景气指数		盈利指数		效益指数		盈亏系数	
		本期	同比（±）	本期	同比（±）	本期	同比（±）	本期	上期
1	农副食品及农产品加工业	95.26	5.39	92.62	12.47	104.42	3.14	0.374	1.862
2	食品（含饮料、乳制品、肉食品等）加工制造业	97.35	－8.26	94.01	－3.04	109.21	0.50	0.026	0.004
3	酿酒制造业	96.69	－23.20	94.01	－15.18	114.75	1.37	0.002	0.002
4	纺织、印染业	74.13	－76.74	71.34	－70.04	99.40	－8.84	0.142	0.003
5	纺织品、服装、服饰、鞋帽、皮革加工业	85.37	－28.09	83.52	－23.11	103.22	－4.70	0.092	0.004
6	造纸及纸制品（含木材、藤、竹、家具等）加工、印刷、包装业	81.84	－32.93	80.50	－21.66	106.57	－1.02	0.154	0.017
7	生活用品（含文体、玩具、工艺品、珠宝）等轻工产品加工制造业	83.59	－27.31	84.49	－14.86	105.06	－2.79	0.050	0.021
8	石化产品、炼焦及其他燃料生产加工业	95.97	－36.59	85.87	－30.91	104.73	－1.80	0.015	0.011
9	化学原料及化学制品（含精细化工、日化、肥料等）制造业	104.39	－44.33	95.46	－35.77	109.28	－1.80	0.039	0.021

续表

序号	行业	景气指数		盈利指数		效益指数		盈亏系数	
		本期	同比（±）	本期	同比（±）	本期	同比（±）	本期	上期
10	医药、生物制药、医疗设备制造业	97.36	-21.30	90.54	-17.88	108.85	-2.58	0.149	0.014
11	化学纤维制造业	82.75	-65.25	77.14	-55.97	106.16	-3.08	0.080	0.002
12	橡胶、塑料制品及其他新材料制造业	85.19	-18.57	84.15	-6.90	103.37	-3.37	0.151	0.012
13	建筑材料、玻璃等制造业及非金属矿物制品业	75.19	-48.75	76.12	-36.44	103.70	-5.38	0.083	0.042
14	黑色冶金及压延加工业	69.65	-75.40	69.07	-60.83	104.34	-3.90	0.096	0.000
15	一般有色冶金及压延加工业	106.07	-37.82	97.24	-32.86	108.61	1.19	0.056	0.248
16	黄金冶炼及压延加工业	122.16	28.16	110.62	18.46	117.05	13.74	0.000	0.248
17	金属制品、加工工具、工业辅助产品加工制造业	102.47	-27.15	96.72	-16.57	108.31	-0.27	0.011	0.000
18	工程机械、设备和特种装备（含电梯、仓储设备）及零配件制造业	92.42	-32.80	93.96	-18.82	105.60	-0.87	0.066	0.014
19	通用机械设备和专用机械设备及零配件制造业	93.74	-18.73	88.55	-11.40	105.57	-1.22	0.203	0.142
20	电力、电气等设备、机械、元器件及光伏、风能、电池、线缆制造业	108.85	-20.23	98.42	-12.36	105.86	-1.81	0.030	0.013
21	船舶、轨道交通设备及零部件制造业	99.36	-3.56	97.18	2.29	104.01	-2.30	0.045	0.000
22	家用电器及零配件制造业	96.82	-20.98	97.20	-11.00	108.84	1.36	0.023	0.007
23	电子元器件与仪器仪表、自动化控制设备制造业	91.41	-42.60	87.19	-29.76	105.11	-5.63	0.179	0.009
24	动力、电力生产等装备、设备制造业	98.37	-14.30	97.23	-9.44	108.06	6.65	0.596	1.300
25	计算机、通信器材、办公、影像等设备及零部件制造业	98.50	-22.47	94.72	-15.47	104.38	-2.46	0.074	0.055
26	汽车及零配件制造业	97.75	-3.12	92.18	-2.68	103.05	0.07	0.165	0.155
27	摩托车、自行车和其他运输设备及零配件制造业	146.28	43.87	136.21	45.78	107.69	1.74	0.012	0.000

续表

序号	行业	景气指数		盈利指数		效益指数		盈亏系数	
		本期	同比（±）	本期	同比（±）	本期	同比（±）	本期	上期
28	航空航天及国防军工业	100.47	-10.13	93.83	-9.71	107.65	1.79	0.014	0.000
29	综合制造业（以制造业为主，含有服务业）	90.17	-41.54	88.46	-29.31	103.21	-2.64	0.145	0.034

注：盈亏系数=行业亏损总额/行业净利润总额，数值越高，亏损比率越大，数值为1.000则盈亏额相等，数值为0.000则无亏损额。

从表4-3中可以看出，2022年制造业细分行业景气指数运行在荣枯线（100点）以上的行业有7个，分别为：摩托车、自行车和其他运输设备及零配件制造业，景气指数为146.28点；黄金冶炼及压延加工业，景气指数为122.16点；电力、电气等设备、机械、元器件及光伏、风能、电池、线缆制造业，景气指数为108.85点；一般有色冶金及压延加工业，景气指数为106.07点；化学原料及化学制品（含精细化工、日化、肥料等）制造业，景气指数为104.39点；金属制品、加工工具、工业辅助产品加工制造业，景气指数为102.47点；航空航天及国防军工业，景气指数为100.47点。

景气指数在90点（不含）以下的细分行业有8个，分别为：黑色冶金及压延加工业，景气指数为69.65点；纺织、印染业，景气指数为74.13点；建筑材料、玻璃等制造业及非金属矿物制品业，景气指数为75.19点；造纸及纸制品（含木材、藤、竹、家具等）加工、印刷、包装业，景气指数为81.84点；化学纤维制造业，景气指数为82.75点；生活用品（含文体、玩具、工艺品、珠宝）等轻工产品加工制造业，景气指数为83.59点；橡胶、塑料制品及其他新材料制造业，景气指数为85.19点；纺织品、服装、服饰、鞋帽、皮革加工业，景气指数为85.37点。以上这8个行业景气度较低，受宏观经济影响和冲击较大。

2022年盈利指数超过100点的细分行业仅有2个，分别为：摩托车、自行车和其他运输设备及零配件制造业，盈利指数为136.21点；黄金冶炼及压延加工业，盈利指数为110.62点。

盈利指数低于90点（不含）的行业有12个，分别为：黑色冶金及压延加工业，盈利指数为69.07点；纺织、印染业，盈利指数为71.34点；建筑材料、玻璃等制造业及非金属矿物制品业，盈利指数为76.12点；化学纤维制造业，盈利指数为77.14点；造纸及纸制品（含木材、藤、竹、家具等）加工、印刷、包装业，盈利指数为80.50点；纺织品、服装、服饰、鞋帽、皮革加工业，盈利指数为83.52点；橡胶、塑料制品及其他新材料制造业，盈利指数为84.15点；生活用品（含文体、玩具、工艺品、珠宝）等轻工产品加工制造业，盈利指数为84.49点；石化产品、炼焦及其他燃料生产加工业，盈利指数为85.87点；电子元器件与仪器仪表、自动化控制设备制造业，盈利指数为87.19点；综合制造业（以制造业为主，含有服务业），盈利指数为88.46点；通用机械设备和专用机械设备及零配件制造业，盈利指数为 88.55 点。上述 12 个行业 2022 年的盈利能力明显减弱。

2022 年效益指数低于 100 点的细分行业仅有 1 个，为纺织，印染业，效益指数为 99.40 点，该行业的综合效益水平较低。

效益指数超过 110 点的细分行业有 2 个，分别为：黄金冶炼及压延加工业，效益指数为 117.05 点；酿酒制造业，效益指数为 114.75 点。上述 2 个行业 2022 年的综合效益水平较高。

制造业 29 个细分行业中，有 19 个行业的效益指数呈下降态势，有 10 个行业的效益指数呈上升态势。综合来看，制造业企业的整体效益和内生动力得到一定的释放。

2. 2022 年制造业细分行业盈亏系数综合分析

2022 年盈亏系数等于 0.000 的有 1 个细分行业：黄金冶炼及压延加工业，该行业没有出现亏损额。

2022 年盈亏系数小于等于 0.05（含）的有 11 个细分行业，分别为：酿酒制造业，盈亏系数为 0.002（亏损比率为 0.20%）；金属制品、加工工具、工业辅助产品加工制造业，盈亏系数为 0.011（亏损比率为 1.10%）；摩托车、自行车和其他运输设备及零配件制造业，盈亏系数为 0.012（亏损比率为 1.20%）；航空航天及国防军工业，盈亏系数为 0.014（亏损比率为 1.40%）；石化产品、炼焦及其他燃料生产加工业，盈亏系数为 0.015（亏损比率为 1.50%）；家用电器及零配件制造业，盈亏系数为 0.023（亏损比率为 2.30%）；食品（含饮料、乳制品、肉食品等）加工制造业，盈亏系数为 0.026（亏损比率为 2.60%）；电力、电气等设备、机械、元器件及光伏、风能、电池、线缆制造业，盈亏系数为 0.030（亏损比率为 3.00%）；化学原料及化学制品（含精细化工、日化、肥料等）制造业，盈亏系数为 0.039（亏损比率为 3.90%）；船舶、轨道交通设备及零部件制造业，盈亏系数为 0.045（亏损比率为 4.50%）；生活用品（含文体、玩具、工艺品、珠宝）等轻工产品加工制造业，盈亏系数为 0.050（亏损比率为 5.00%）。上述 11 个行业 2022 年行业亏损比率较低。

2022 年制造业中没有盈亏系数大于 1.000 的细分行业，表明制造业没有出现行业性亏损现象，内生动能和潜力得到一定释放，整体抗风险能力有所增强，具有良好的发展韧性。

三、2023 中国制造业企业信用 100 强行业效益变化趋势分析

（一）食品、酿酒行业经济效益变化趋势分析

1. 食品（含饮料、乳制品、肉食品等）加工制造业市场需求疲软

第一，从收益性指标分析。2022 年食品（含饮料、乳制品、肉食品等）加工制造业营收利润

率为9.81%，同比提高了1.19个百分点；资产利润率为7.33%，同比提高了0.71个百分点；所有者权益报酬率为10.48%，同比下降了0.41个百分点。该行业的经营性收益率总体呈现稳中有升的态势，其中营收利润率和资产利润率均有所提高，所有者权益报酬率虽有小幅回落，但总体上保持相对较高水平。

食品（含饮料、乳制品、肉食品等）加工制造业收益性指标变化趋势分析见图4-25。

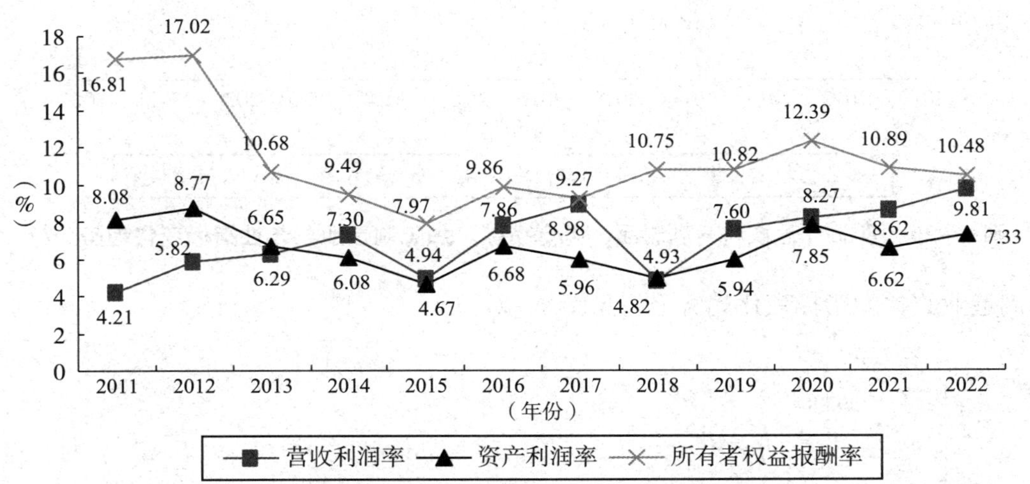

图4-25　食品（含饮料、乳制品、肉食品等）加工制造业收益性指标变化趋势分析

第二，从成长性指标分析。2022年食品（含饮料、乳制品、肉食品等）加工制造业营收增长率为5.02%，同比下降了10.56个百分点；利润增长率为-10.32%，同比负增长的幅度扩大了5.97个百分点；资产增长率为13.48%，同比下降了1.03个百分点；人员增长率为-1.69%，同比下降了4.95个百分点。

综合四项成长性指标分析，该行业的营业收入增速明显放缓，利润连续两年负增长，且负增长幅度明显扩大，资产增长率持续回落，人员增速处于负增长状态。总体来看，该行业受市场需求持续疲软的影响，竞争压力可能会加大。

食品（含饮料、乳制品、肉食品等）加工制造业成长性指标变化趋势分析见图4-26。

2. 酿酒制造业整体运行持续向好

第一，从收益性指标分析。2022年酿酒制造业营收利润率为16.88%，同比提升了0.90个百分点；资产利润率为8.12%，同比提升了0.12个百分点；所有者权益报酬率为19.25%，同比提高了3.08个百分点。

综合三项收益性指标分析，酿酒制造业的整体收益水平持续向好，且保持相对较高水平，表明该行业盈利能力持续稳定提升，运行平稳，受宏观经济影响相对较小。

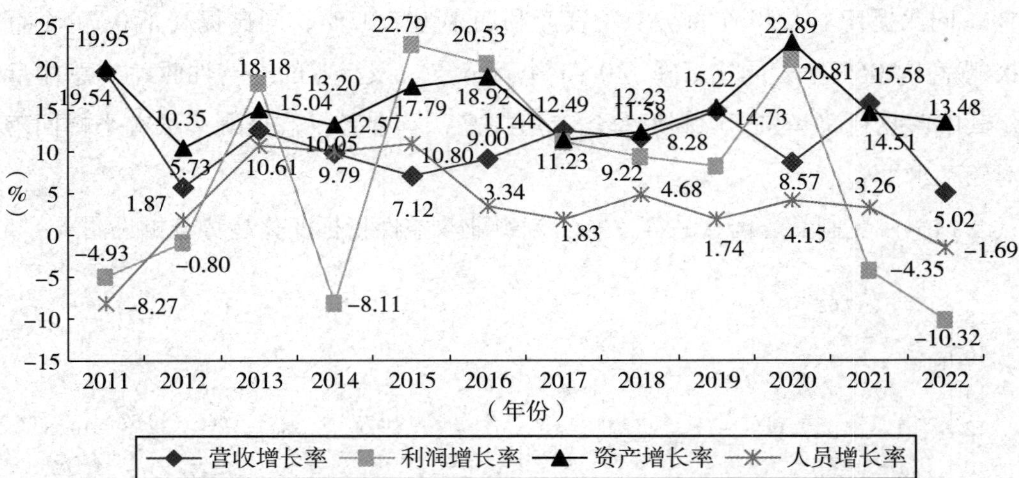

图 4－26　食品（含饮料、乳制品、肉食品等）加工制造业成长性指标变化趋势分析

酿酒制造业收益性指标变化趋势分析见图 4－27。

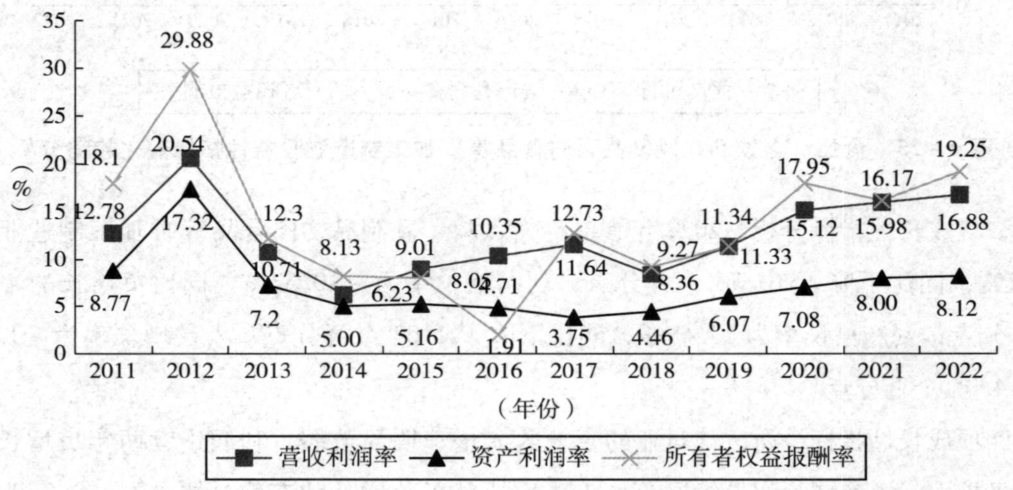

图 4－27　酿酒制造业收益性指标变化趋势分析

第二，从成长性指标分析。2022 年酿酒制造业营收增长率为 9. 01%，同比下降了 11. 63 个百分点；利润增长率为－15. 63%，同比下降了 34. 77 个百分点；资产增长率为 4. 37%，同比下降了 14. 62 个百分点；人员增长率为 2. 05%，同比下降了 4. 86 个百分点。

综合四项成长性指标分析，酿酒制造业总体呈现全面回落的运行态势，尤其是利润增长率高位回落，由正增长转为较大幅度的负增长。但结合盈亏比来分析，该行业并未出现亏损扩大的迹象，仅是增速回落。除此之外，该行业的其他成长性指标均保持了正增长的态势，总体表明该行业市场需求有所减弱，并呈现分化态势，但总体向好的基本面并没有改变。

酿酒制造业成长性指标变化趋势分析见图 4－28。

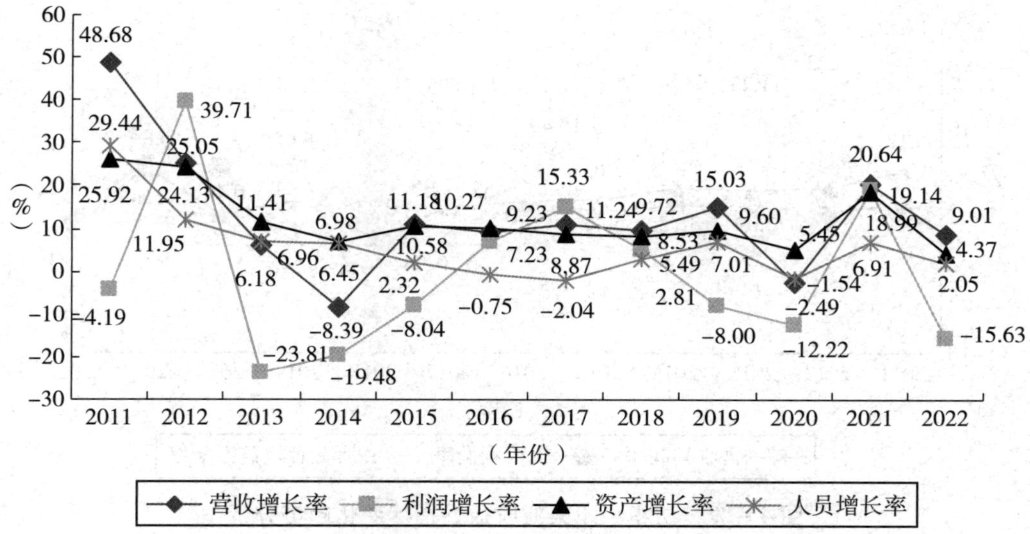

图 4－28　酿酒制造业成长性指标变化趋势分析

（二）纺织、印染业经济效益变化趋势分析

1. 纺织、印染业大幅回落

第一，从收益性指标分析。2022 年纺织、印染业营收利润率为 1.94%，同比下降了 4.95 个百分点；资产利润率为 0.81%，同比下降了 5.59 个百分点；所有者权益报酬率为－4.54%，同比下降了 15.97 个百分点。

综合三项收益性指标分析，2022 年纺织、印染业的营收利润率和资产利润率均有明显下降，所有者权益报酬率出现负值，表明该行业整体处于微利状态。

纺织、印染业收益性指标变化趋势分析见图 4－29。

第二，从成长性指标分析。2022 年纺织、印染业营收增长率为 1.07%，同比下降了 19.68 个百分点；利润增长率为－52.81%，由大幅正增长转为大幅负增长；资产增长率为－2.51%，同比下降了 9.01 个百分点；人员增长率为－4.96%，同比下降了 5.37 个百分点。

纺织、印染业成长性指标变化趋势分析见图 4－30。

从图 4－30 中可以看出，2022 年纺织、印染业的四项成长性指标均呈现波动下降的态势。尤其是利润增长率波幅巨大，下降的幅度高达 133.81 个百分点。由此可见，该行业周期性波动与国内外市场需求波动有关，其波动的幅度也超出了预期。总体来看，该行业恢复性增长的基础尚不稳固，需要引起业界的高度警觉和重视。

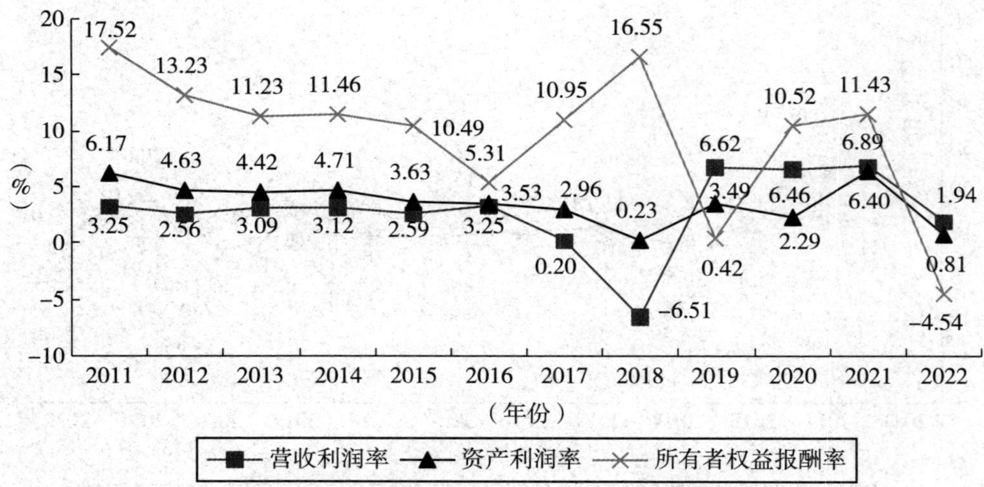

图 4－29　纺织、印染业收益性指标变化趋势分析

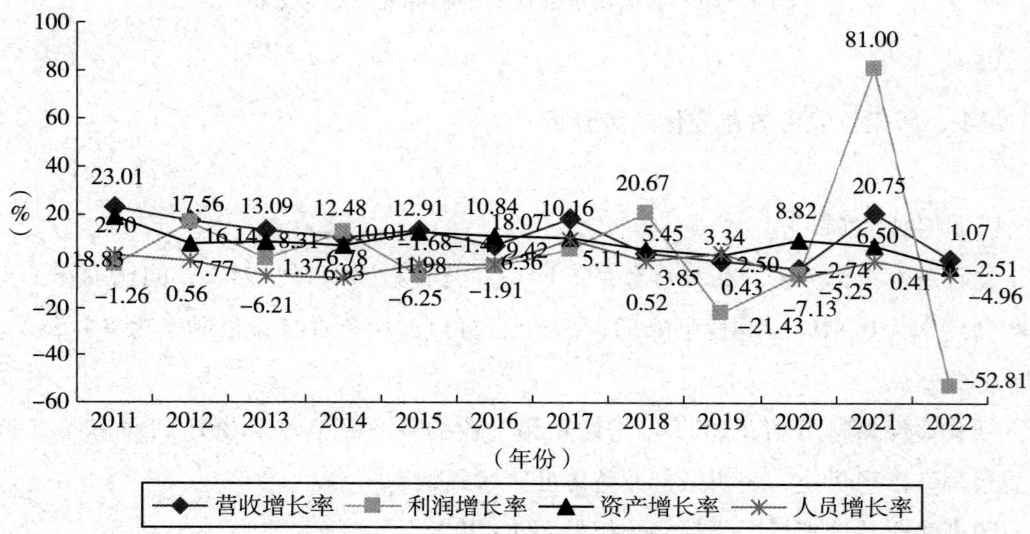

图 4－30　纺织、印染业成长性指标变化趋势分析

2. 纺织品、服装、服饰、鞋帽、皮革加工业出现较大波幅

第一，从收益性指标分析。2022 年纺织品、服装、服饰、鞋帽、皮革加工业营收利润率为 2.09%，同比下降了 5.60 个百分点；资产利润率为 2.59%，同比下降了 2.90 个百分点；所有者权益报酬率为 4.98%，同比下降了 5.59 个百分点。

纺织品、服装、服饰、鞋帽、皮革加工业收益性指标变化趋势分析见图 4－31。

综合三项收益性指标分析，该行业也呈现高位回落的态势，总体收益水平回落到低位运行区间。总体分析来看，该行业也受市场需求疲软的影响。

第二，从成长性指标分析。2022 年纺织品、服装、服饰、鞋帽、皮革加工业营收增长率为

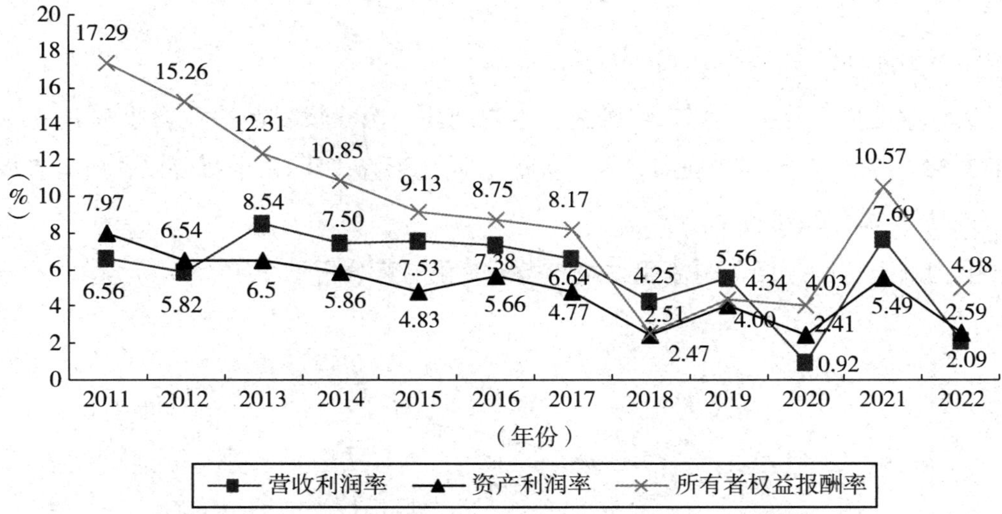

图 4－31　纺织品、服装、服饰、鞋帽、皮革加工业收益性指标变化趋势分析

－2.15%，同比下降了 16.26 个百分点；利润增长率为－27.11%，同比下降了 39.92 个百分点；资产增长率为 1.44%，同比下降了 7.68 个百分点；人员增长率为－0.47%，同比下降了 1.19 个百分点。

纺织品、服装、服饰、鞋帽、皮革加工业成长性指标变化趋势分析见图 4－32。

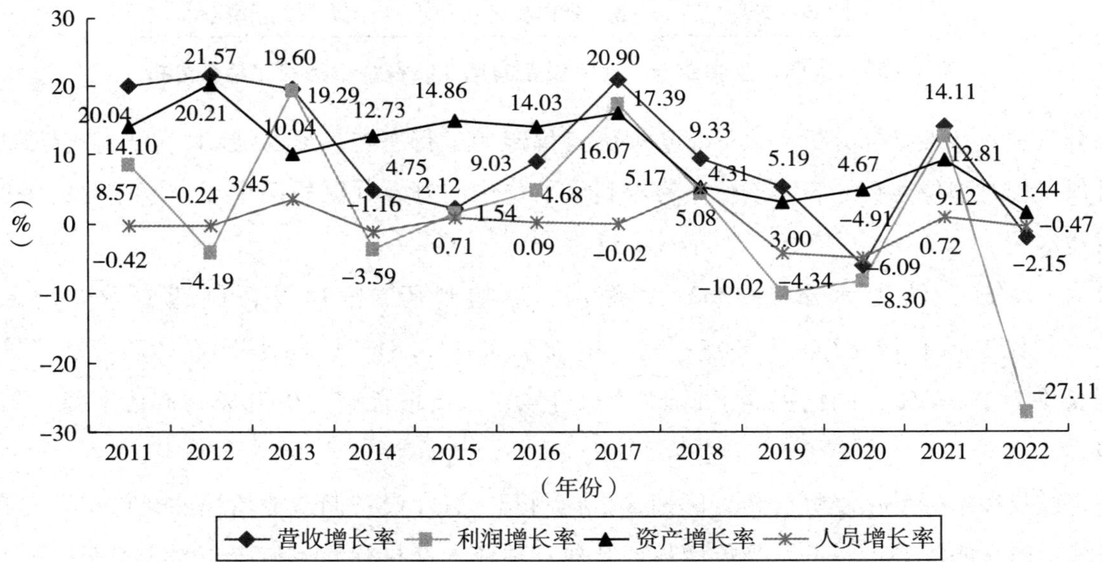

图 4－32　纺织品、服装、服饰、鞋帽、皮革加工业成长性指标变化趋势分析

综合成长性指标变化趋势分析，该行业也呈现大幅波动回落的状态，预测后期市场，该行业受消费需求拉动，将有明显的恢复性增长。

3. 医药、生物制药、医疗设备制造业增速放缓

第一，从收益性指标分析。2022 年医药、生物制药、医疗设备制造业营收利润率为 11.09%，同比下降了 3.32 个百分点；资产利润率为 7.40%，同比下降了 0.62 个百分点；所有者权益报酬率为 8.06%，同比下降了 3.78 个百分点。

医药、生物制药、医疗设备制造业收益性指标变化趋势分析见图 4－33。

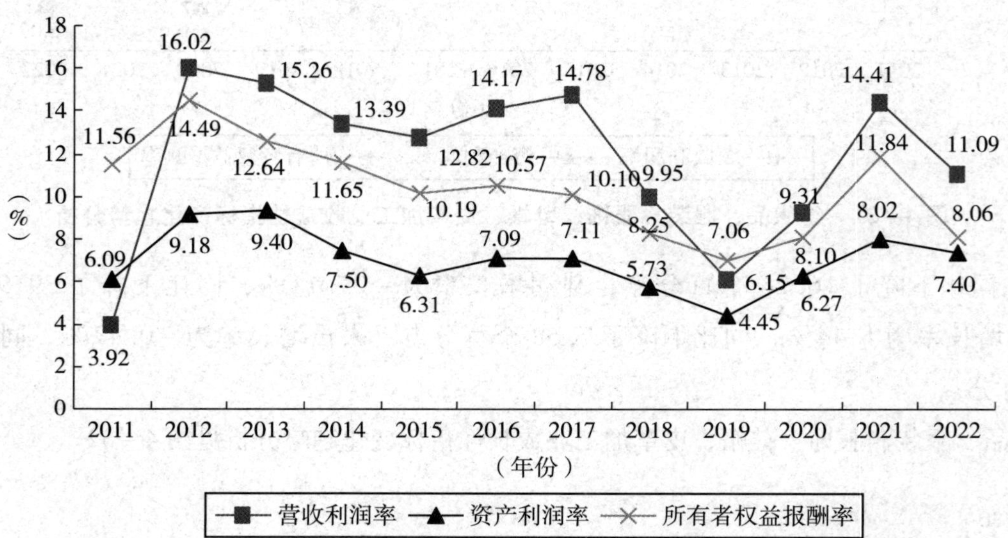

图 4－33　医药、生物制药、医疗设备制造业收益性指标变化趋势分析

综合三项收益性指标分析，该行业基本保持稳定的运行态势，虽有波动，但尚在合理波动区间，且保持相对高位运行，表明该行业的盈利水平稳中向好。预测后期市场，该行业仍将保持稳定的收益水平。

第二，从成长性指标分析。2022 年医药、生物制药、医疗设备制造业营收增长率为 8.53%，同比下降了 12.83 个百分点；利润增长率为－13.81%，同比下降了 29.77 个百分点；资产增长率为 19.75%，同比提高了 2.65 个百分点；人员增长率为 0.78%，同比下降了 2.72 个百分点。

综合成长性指标变化趋势分析，医药、生物制药、医疗设备制造业增速明显放缓，尤其是利润增长率由较大幅度的正增长转为负增长。其他三项成长性指标均保持了正增长态势，尤其是资产增长率仍有扩大的趋势。从总体趋势上分析，该行业在后期市场仍将保持较快的增速，且具有相对稳定的利润空间，稳中向好仍是该行业的总体发展趋势。

医药、生物制药、医疗设备制造业成长性指标变化趋势分析见图 4－34。

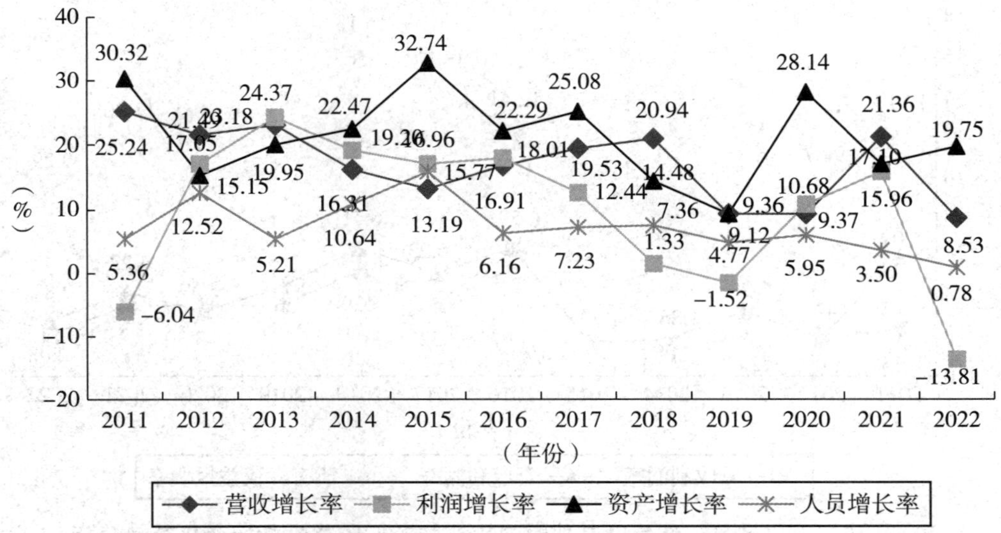

图 4－34 医药、生物制药、医疗设备制造业成长性指标变化趋势分析

（三）石化、化工制造业经济效益变化趋势分析

1. 石化产品、炼焦及其他燃料生产加工业盈利水平明显下降

第一，从收益性指标分析。2022 年石化产品、炼焦及其他燃料生产加工业营收利润率为 2. 08%，同比下降了 1. 47 个百分点；资产利润率为 2. 81%，同比下降了 1. 41 个百分点；所有者权益报酬率为 9. 29%，同比下降了 2. 51 个百分点。该行业三项收益性指标虽有所回落，但波幅相对较小，总体上保持了稳定运行的态势。

石化产品、炼焦及其他燃料生产加工业收益性指标变化趋势分析见图 4－35。

第二，从成长性指标分析。2022 年石化产品、炼焦及其他燃料生产加工业的营收增长率为 18. 40%，同比下降了 13. 24 个百分点；利润增长率为－26. 46%，同比下降了 59. 94 个百分点；资产增长率为 12. 89%，同比提高了 4. 08 个百分点；人员增长率为 2. 64%，同比提高了 2. 24 个百分点。

石化产品、炼焦及其他燃料生产加工业成长性指标变化趋势分析见图 4－36。

综合成长性指标变化趋势分析，该行业的营收增长率仍然保持了较高增速，资产增长率和人员增长率也呈现提升态势，但利润增长率却高位回落，表现为较大幅度的负增长。总体分析来看，该行业整体保持较高增速，但盈利空间明显压缩，表明该行业的结构性调整仍需加强。预测 2023 年及后期市场，随着国民经济的整体向好，该行业的盈利水平将会回升，也将保持合理的增长速度。

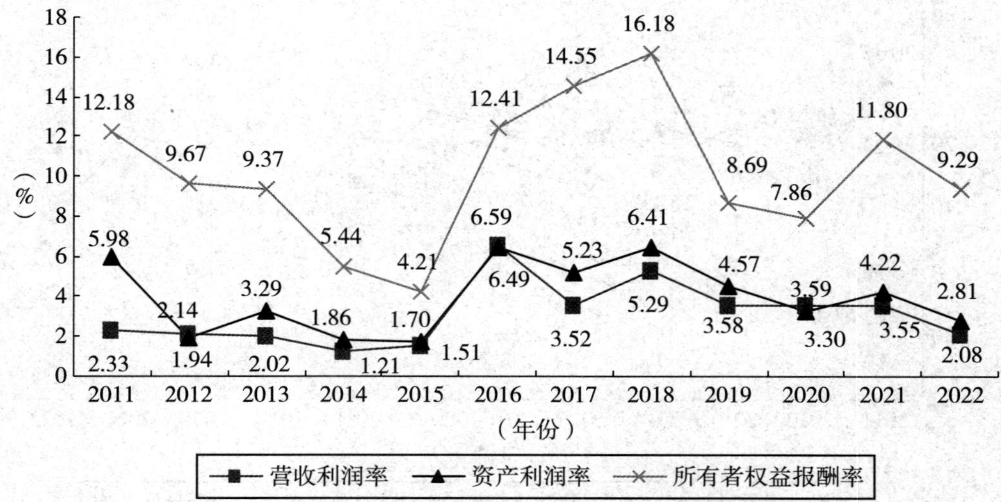

图 4－35　石化产品、炼焦及其他燃料生产加工业收益性指标变化趋势分析

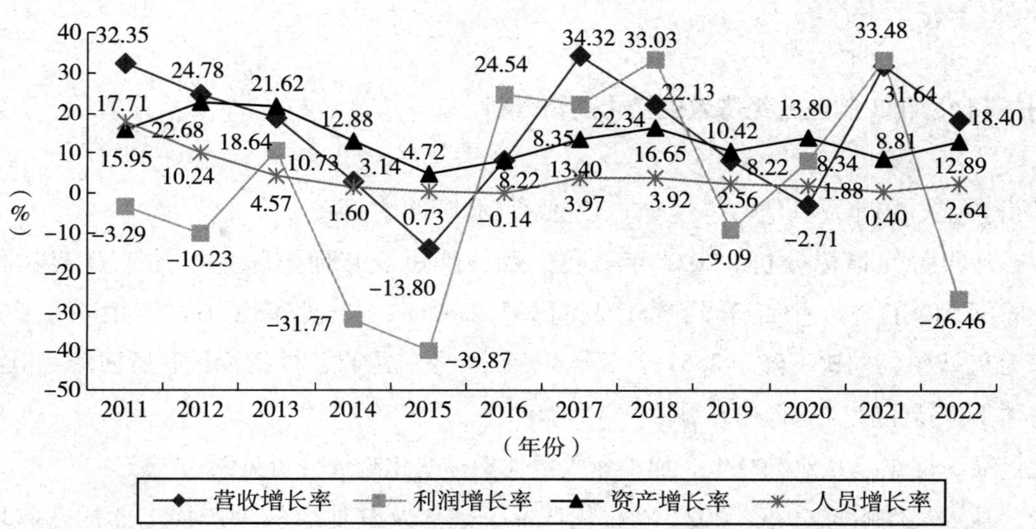

图 4－36　石化产品、炼焦及其他燃料生产加工业成长性指标变化趋势分析

2. 化学原料及化学制品（含精细化工、日化、肥料等）制造业保持较高景气度

第一，从收益性指标分析。2022 年化学原料及化学制品（含精细化工、日化、肥料等）制造业营收利润率为 9.89%，同比下降了 0.73 个百分点；资产利润率为 7.63%，同比下降了 0.41 个百分点；所有者权益报酬率为 10.33%，同比下降了 4.24 个百分点。

化学原料及化学制品（含精细化工、日化、肥料等）制造业收益性指标变化趋势分析见图 4－37。

从图 4－37 中可以看出，该行业的三项指标整体呈现高位回落的态势，但总体上仍然保持在较高区间运行。总体来看，该行业已经走出历史低谷期，恢复性增长将是后期市场的总趋势，出现

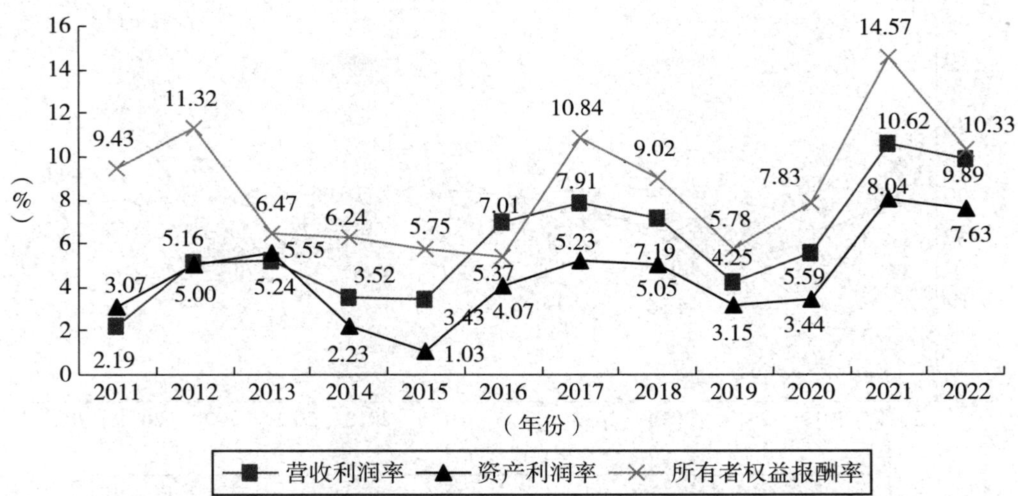

图4－37 化学原料及化学制品（含精细化工、日化、肥料等）制造业收益性指标变化趋势分析

较大波动的可能性不大，同时也将维持合理的收益水平。

第二，从成长性指标分析。2022年化学原料及化学制品（含精细化工、日化、肥料等）制造业营收增长率为15.26%，同比下降了22.27个百分点；利润增长率为－6.47%，同比下降了66.38个百分点；资产增长率为16.80%，同比下降了2.02个百分点；人员增长率为3.14%，同比下降了0.59个百分点。

从该行业的成长性指标的趋势分析可以看出，除利润增长率高位回落表现为小幅负增长外，其他成长性指标均保持正增长态势，尤其是营收增长率和资产增长率均保持相对较高水平，这在当前宏观经济环境下是十分难得的。尽管利润出现负增长，但是从历史高位回落，且负增长的幅度有限。总体来看，该行业的成长性指标表现良好。预测后期市场，受宏观经济环境稳步向好因素的影响，该行业也将持续保持合理增速。

化学原料及化学制品（含精细化工、日化、肥料等）制造业成长性指标变化趋势分析见图4－38。

（四）建材、冶金等制造业经济效益变化趋势分析

1. 建筑材料、玻璃等制造业及非金属矿物制品业明显回调

第一，从收益性指标分析。2022年建筑材料、玻璃等制造业及非金属矿物制品业营收利润率为6.10%，同比下降了5.33个百分点；资产利润率为2.96%，同比下降了3.05个百分点；所有者权益报酬率为2.04%，同比下降了7.77个百分点。

综合三项收益性指标分析，该行业总体呈现高位回调的基本态势，三项指标大体回落到2020年水平。其中，营收利润率回落到6.10%，与2020年水平持平；资产利润率略低于2020年水平；

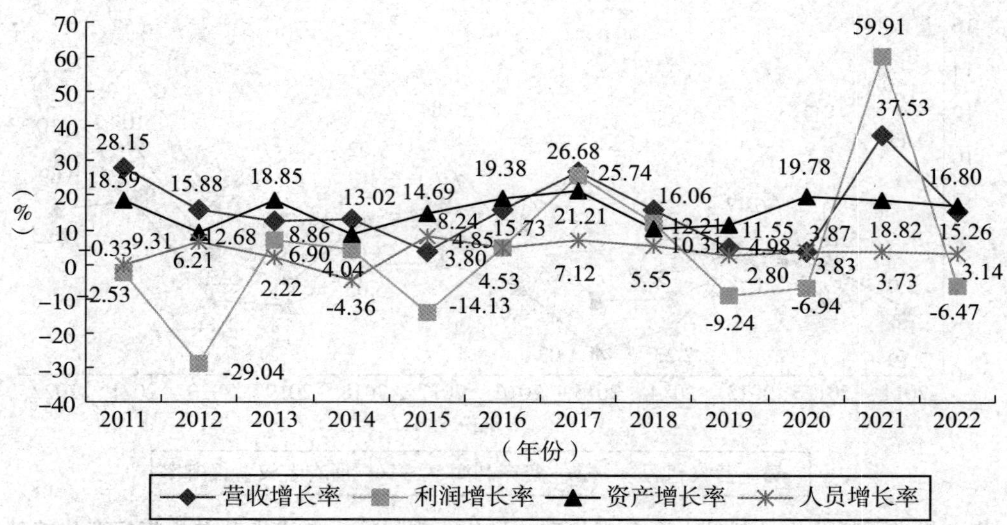

图 4－38　化学原料及化学制品（含精细化工、日化、肥料等）制造业成长性指标变化趋势分析

所有者权益报酬率则创自 2011 年以来的历史新低。总体表明该行业受宏观经济环境影响较为明显，但调整的回调幅度符合预期。预测 2023 年及后期市场，随着宏观经济环境的改善，该行业市场环境将会得到明显改善。

建筑材料、玻璃等制造业及非金属矿物制品业收益性指标变化趋势分析见图 4－39。

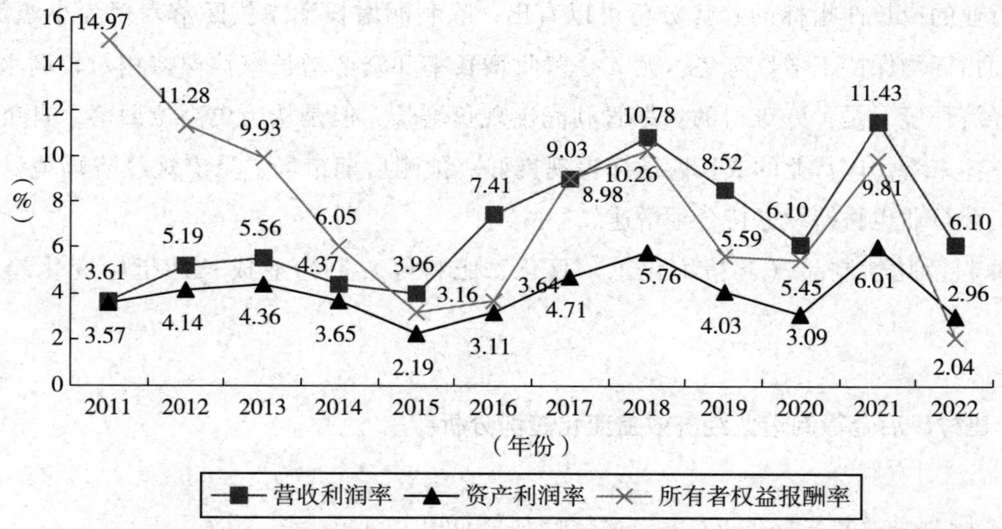

图 4－39　建筑材料、玻璃等制造业及非金属矿物制品业收益性指标变化趋势分析

第二，从成长性指标分析。2022 年建筑材料、玻璃等制造业及非金属矿物制品业的营收增长率为－3.75%，同比下降了 30.29 个百分点；利润增长率为－45.87%，同比下降了 67.22 个百分点；资产增长率为 6.39%，同比下降了 6.68 个百分点；人员增长率为－0.85%，同比下降了 4.31 个百分点。

建筑材料、玻璃等制造业及非金属矿物制品业成长性指标变化趋势分析见图 4－40。

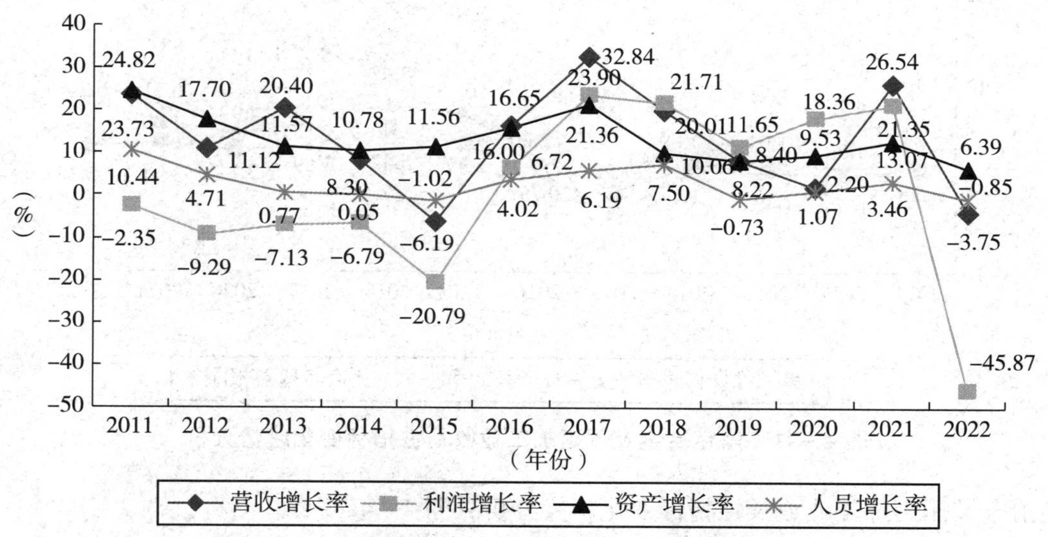

图 4－40　建筑材料、玻璃等制造业及非金属矿物制品业成长性指标变化趋势分析

综合成长性指标分析，建筑材料、玻璃等制造业及非金属矿物制品业的四项成长性指标均呈现较大幅度的回落态势。尤其是营收增长率、利润增长率和人员增长率三项指标均表现为负增长，尤其是利润增长率负增长的幅度较大，表明该行业面临着较为艰难的经营困局。预测 2023 年及后期市场，随着宏观经济环境的改善，该行业将会逐步进入恢复性增长时期。

2. 黑色冶金及压延加工业震荡回调

第一，从收益性指标分析。2022 年黑色冶金及压延加工业营收利润率为 3. 50%，同比下降了 0. 44 个百分点；资产利润率为 3. 33%，同比下降了 2. 88 个百分点；所有者权益报酬率为 6. 20%，同比下降了 8. 36 个百分点。

黑色冶金及压延加工业收益性指标变化趋势分析见图 4－41。

从图 4－41 中可以看出，黑色冶金及压延加工业的三项收益性指标呈现明显的震荡回调态势，但回调的幅度相对有限，且从历史走向分析相对处于中高水平区间。总体来看，该行业的产业优化和结构调整已经使其具有明显的恢复性增长的基础，尤其是在当前不利的宏观环境下，该行业仍然保持一定的盈利水平，表明该行业的整体抗风险能力有明显加强。所以说，该行业整体经营形势持续向好的基本面没有改变，仍有一定的盈利提升空间。

第二，从成长性指标分析。2022 年黑色冶金及压延加工业营收增长率为 0. 78%，同比下降了 30. 24 个百分点；利润增长率为－61. 49%，由大幅正增长转为大幅负增长，同比下降了 120. 58 个百分点；资产增长率为 5. 34%，同比下降了 9. 77 个百分点。

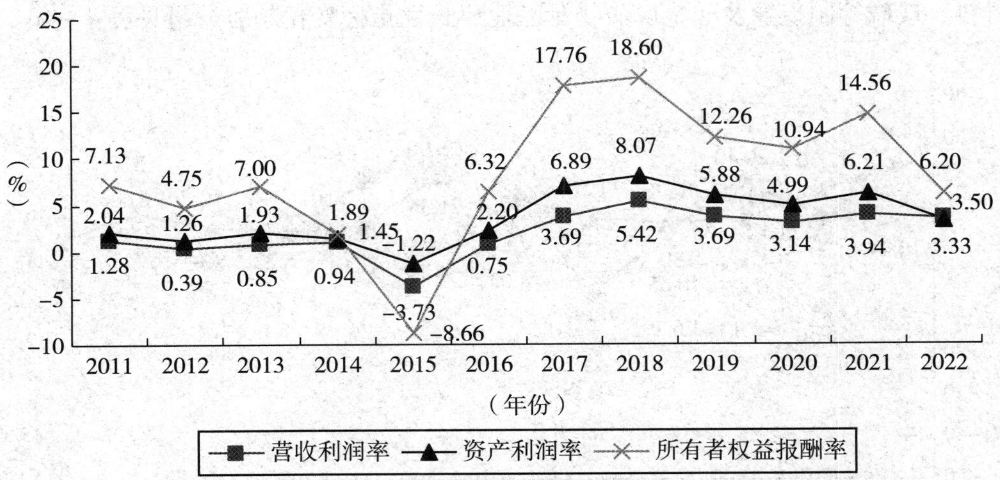

图 4－41　黑色冶金及压延加工业收益性指标变化趋势分析

黑色冶金及压延加工业成长性指标变化趋势分析见图 4－42。

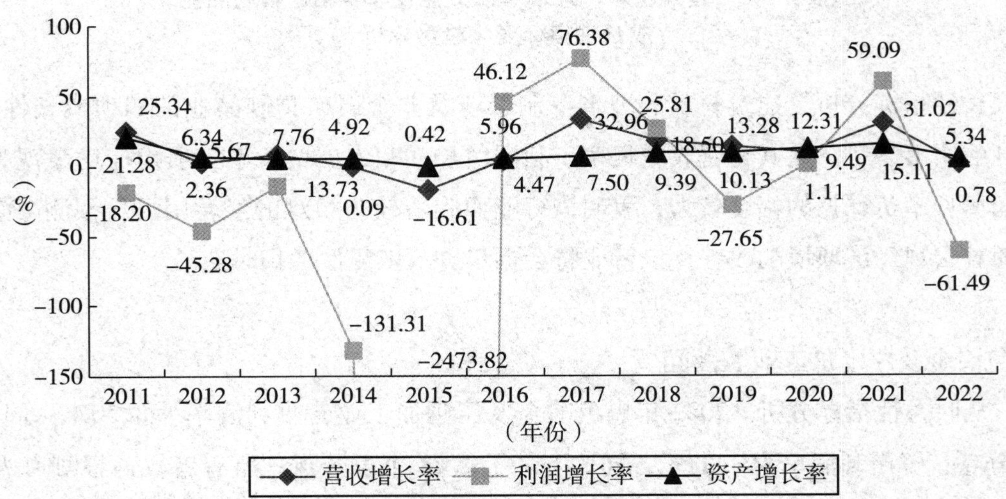

图 4－42　黑色冶金及压延加工业成长性指标变化趋势分析

从图 4－42 可以看出，黑色冶金及压延加工业成长性指标呈现大幅震荡波动的特征，总体来看，该行业与宏观经济环境的关联较为紧密。从营收增长率仍然保持正增长的角度分析，市场需求矛盾和结构性矛盾得到一定程度上的缓解；但从利润增长率大幅波动来看，该行业仍然存在一定程度的结构性矛盾，行业内部的竞争仍相当激烈。总体分析来看，该行业结构性调整后的内生动力明显加强，但恢复性增长的动力和持续性尚不明确。预测 2023 年及后期市场，受宏观经济全面复苏的利好因素的影响，该行业有望保持相对合理的增长速度，但结构性调整的力度仍需进一步加强。

（五）特种设备、通用设备等机械设备制造业经济效益变化趋势分析

1. 工程机械、设备和特种装备（含电梯、仓储设备）及零配件制造业运行平稳

第一，从收益性指标分析。2022 年工程机械、设备和特种装备（含电梯、仓储设备）及零配件制造业营收利润率为 6.75%，与 2021 年持平；资产利润率为 2.96%，同比下降了 1.15 个百分点；所有者权益报酬率为 7.08%，同比下降了 1.47 个百分点。

工程机械、设备和特种装备（含电梯、仓储设备）及零配件制造业收益性指标变化趋势分析见图 4－43。

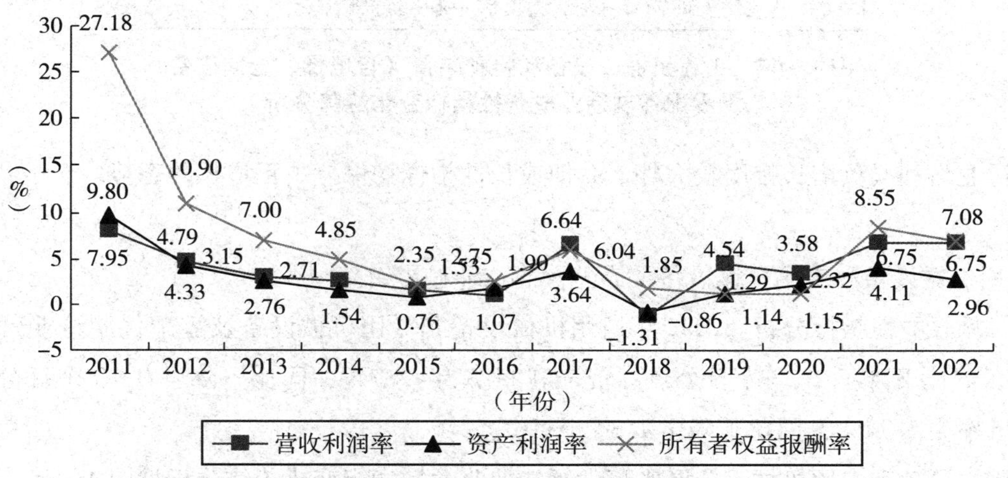

图 4－43　工程机械、设备和特种装备（含电梯、仓储设备）及零配件制造业收益性指标变化趋势分析

综合三项收益性指标分析，该行业总体运行相对平稳。三项收益性指标的波动幅度相对较小，尤其是营收利润率与 2021 年持平。总体分析来看，该行业总体呈现出成熟平稳的经营状态，预测后期市场，该行业的整体经营形势也将会呈现稳中向好的态势。

第二，从成长性指标分析。2022 年工程机械、设备和特种装备（含电梯、仓储设备）及零配件制造业营收增长率为 1.13%，同比下降了 22.56 个百分点；利润增长率为－16.30%，同比下降了 43.06 个百分点；资产增长率为 13.50%，同比下降了 2.18 个百分点；人员增长率为 1.70%，同比下降了 0.88 个百分点。

工程机械、设备和特种装备（含电梯、仓储设备）及零配件制造业成长性指标变化趋势分析见图 4－44。

综合成长性指标分析，工程机械、设备和特种装备（含电梯、仓储设备）及零配件制造业的利润指标回落幅度较大，由正增长转为负增长，而资产性增速和人员增速则回落幅度较小。总体

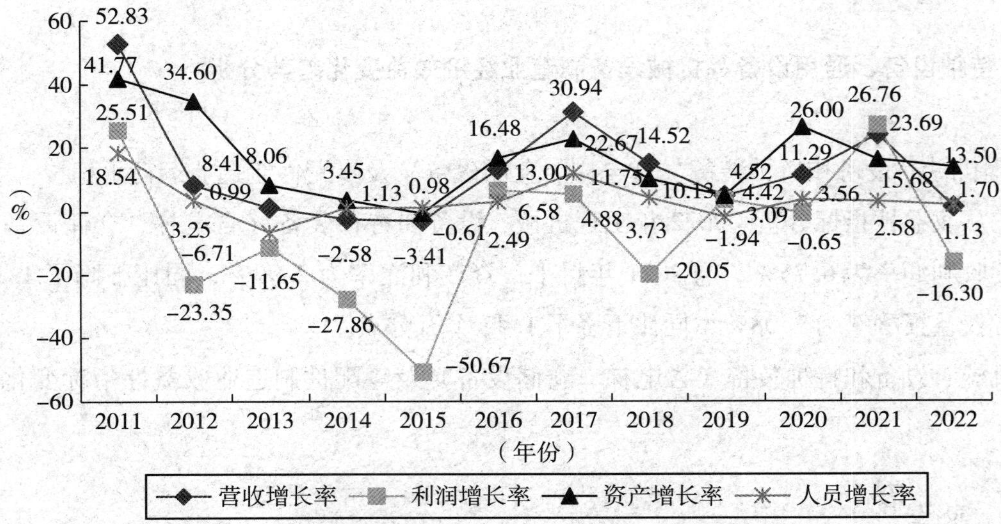

图 4-44　工程机械、设备和特种装备（含电梯、仓储设备）及零配件制造业成长性指标变化趋势分析

来看，该行业除利润负增长幅度较大外，其他成长性指标均保持了正增长的态势。

2. 通用机械设备和专用机械设备及零配件制造业稳中有降

第一，从收益性指标分析。2022 年通用机械设备和专用机械设备及零配件制造业营收利润率为 6.60%，同比下降了 2.23 个百分点；资产利润率为 4.37%，同比下降了 0.10 个百分点；所有者权益报酬率为 5.74%，同比下降了 1.34 个百分点。

通用机械设备和专用机械设备及零配件制造业收益性指标变化趋势分析见图 4-45。

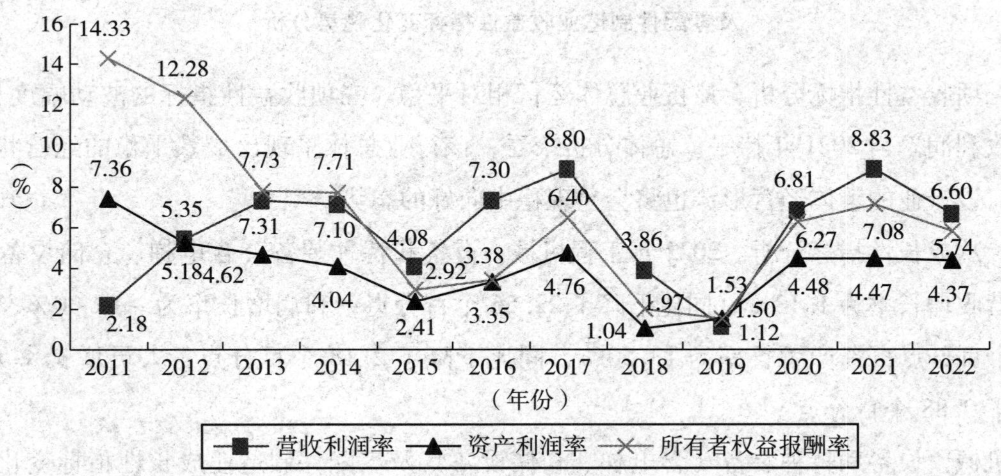

图 4-45　通用机械设备和专用机械设备及零配件制造业收益性指标变化趋势分析

从图 4-45 中可以看出，该行业的三项收益性指标总体呈现稳中有降的态势，表明该行业整体经营形势稳定；资产利润有所回落，但幅度有限。

第二，从成长性指标分析。2022 年通用机械设备和专用机械设备及零配件制造业营收增长率为 6. 88%，同比下降了 16. 53 个百分点；利润增长率为 –19. 39%，同比下降了 20. 92 个百分点；资产增长率为 17. 28%，同比提高了 1. 75 个百分点；人员增长率为 4. 13%，同比提高了 0. 50 个百分点。

通用机械设备和专用机械设备及零配件制造业成长性指标变化趋势分析见图 4 –46。

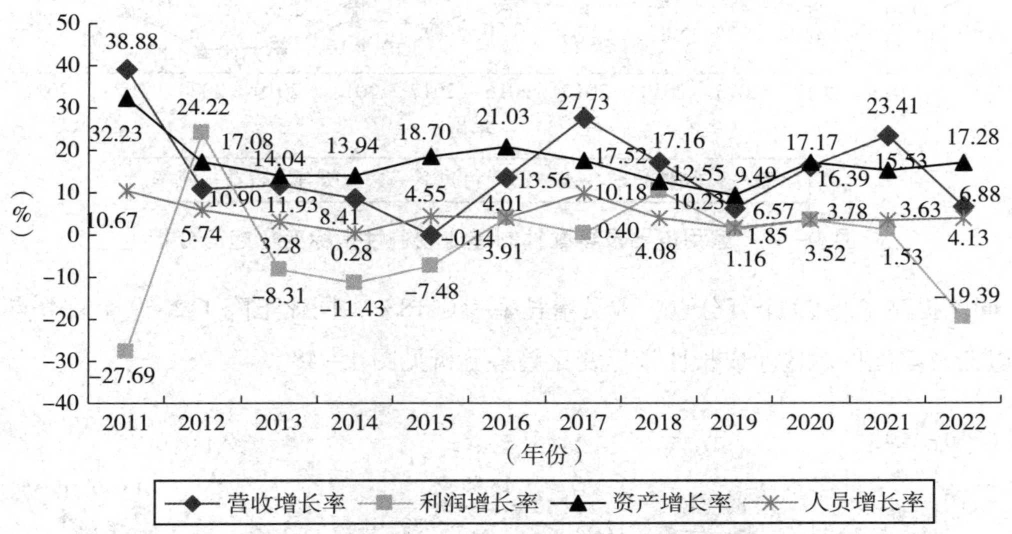

图 4 –46　通用机械设备和专用机械设备及零配件制造业成长性指标变化趋势分析

综合成长性指标分析，该行业营收增速有所放缓，利润呈现负增长，表明该行业的恢复性增长的基础尚不稳固。预测后期市场，该行业仍将会保持合理的增速。

（六）家电、计算机、汽车等制造业经济效益变化趋势分析

1. 家用电器及零配件制造业总体平稳

第一，从收益性指标分析。2022 年家用电器及零配件制造业营收利润率为 9. 17%，同比提高了 2. 58 个百分点；资产利润率为 6. 21%，同比提高了 1. 30 个百分点；所有者权益报酬率为 11. 13%，同比提高了 0. 18 个百分点。

家用电器及零配件制造业收益性指标变化趋势分析见图 4 –47。

综合三项收益性指标分析，家用电器及零配件制造业收益性指标总体运行相对平稳。三项指标均有提高，表明资产运营的质量效益有所提高。预测 2023 年及后期市场，该行业仍将处于温和回升态势，不会出现较大波幅。

第二，从成长性指标分析。2022 年家用电器及零配件制造业营收增长率为 –1. 92%，同比下降了 20. 71 个百分点；利润增长率为 –4. 45%，同比下降了 21. 26 个百分点；资产增长率为

图 4－47　家用电器及零配件制造业收益性指标变化趋势分析

18. 27%，同比提高了 9. 99 个百分点；人员增长率为 0. 18%，同比下降了 2. 69 个百分点。

家用电器及零配件制造业成长性指标变化趋势分析见图 4－48。

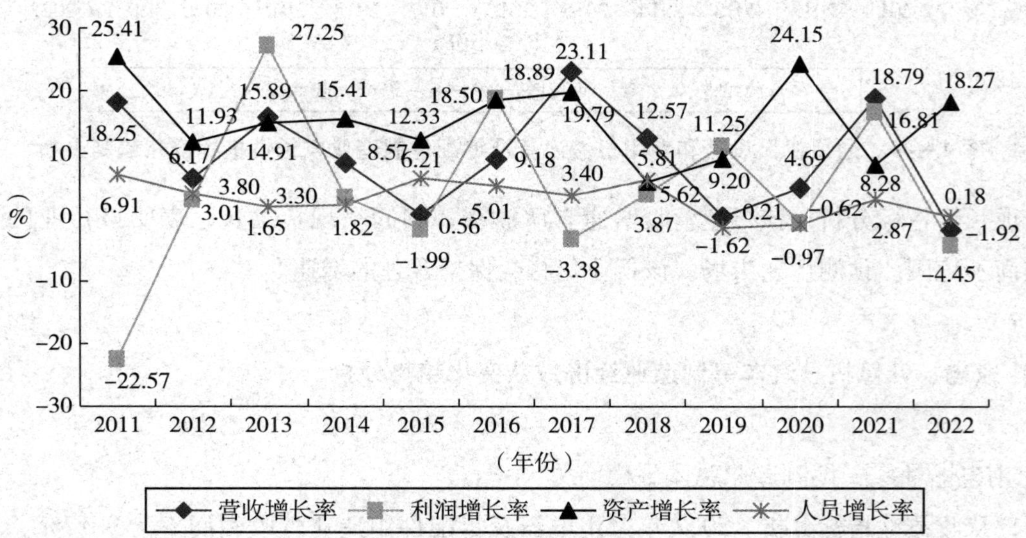

图 4－48　家用电器及零配件制造业成长性指标变化趋势分析

综合成长性指标分析，家用电器及零配件制造业营收增长率和利润增长率高位回落，呈现负增长，表明行业景气度下降。但综合分析来看，该行业仍具有恢复性增长的迹象，预测 2023 年及后期市场，该行业的整体经营形势将会好转。

2. 计算机、通信器材、办公、影像等设备及零部件制造业总体下降

第一，从收益性指标分析。2022 年计算机、通信器材、办公、影像等设备及零部件制造业营收利润率为 5. 11%，同比下降了 3. 90 个百分点；资产利润率为 4. 38%，同比提高了 1. 82 个百分

点；所有者权益报酬率为3.63%，同比下降了5.32个百分点。

计算机、通信器材、办公、影像等设备及零部件制造业收益性指标变化趋势分析见图4－49。

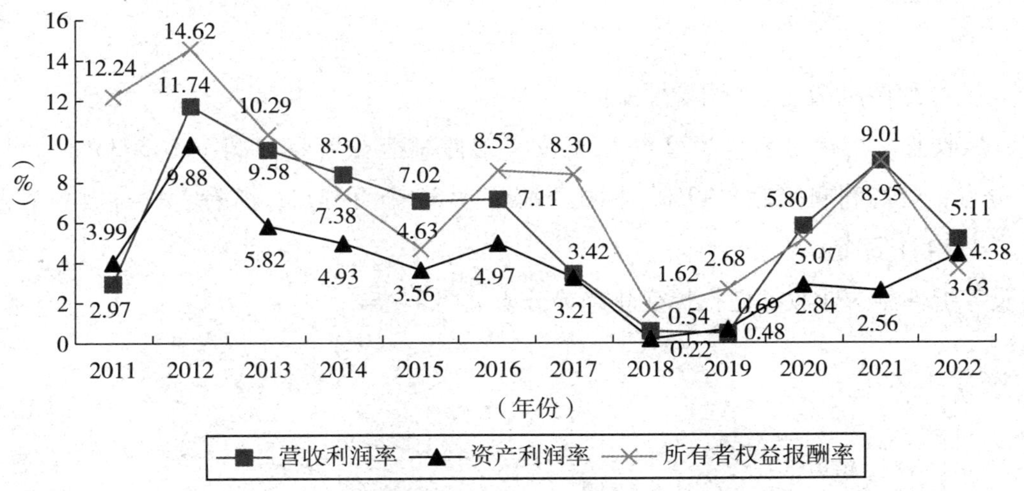

图4－49　计算机、通信器材、办公、影像等设备及零部件制造业收益性指标变化趋势分析

从图4－49中可以看出，该行业总体呈现下降的走势，但三项指标均保持正增长。

第二，从成长性指标分析。2022年计算机、通信器材、办公、影像等设备及零部件制造业营收增长率为5.48%，同比下降了16.92个百分点；利润增长率为－8.47%，同比下降了28.00个百分点；资产增长率为12.42%，同比下降了1.25个百分点；人员增长率为0.14%，同比下降了3.38个百分点。

计算机、通信器材、办公、影像等设备及零部件制造业成长性指标变化趋势分析见图4－50。

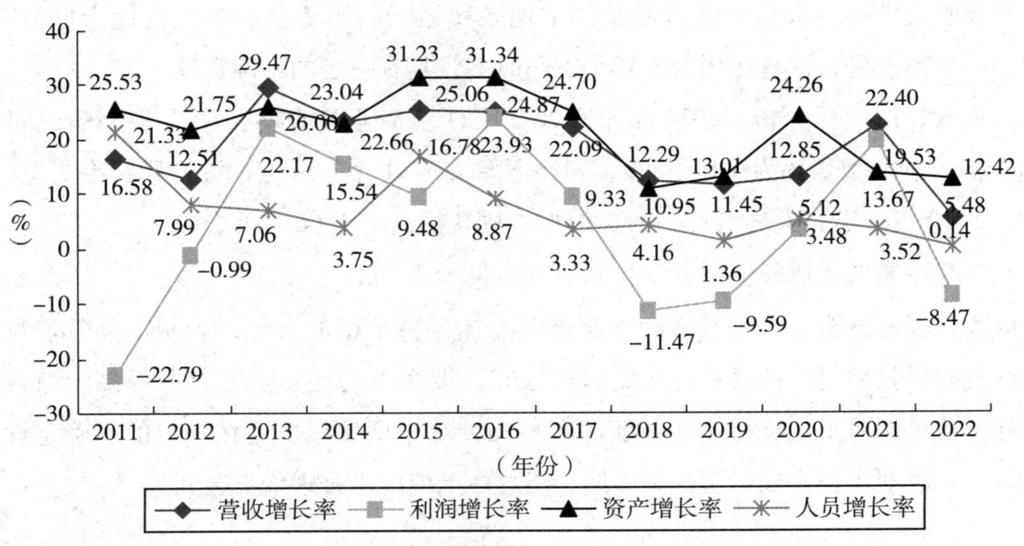

图4－50　计算机、通信器材、办公、影像等设备及零部件制造业成长性指标变化趋势分析

从图 4 - 50 中可以看出，计算机、通信器材、办公、影像等设备及零部件制造业的成长性指标总体呈下降趋势，营收增长率降幅较大；资产增长率虽有回落，但属于正常波动调整；人员增长率仍保持合理增速。

3. 汽车及零配件制造业运行相对平稳

第一，从收益性指标分析。2022 年汽车及零配件制造业营收利润率为 3.33%，同比下降了 0.38 个百分点；资产利润率为 1.99%，同比下降了 0.55 个百分点；所有者权益报酬率为 3.83%，同比提高了 1.14 个百分点。

汽车及零配件制造业收益性指标变化趋势分析见图 4 - 51。

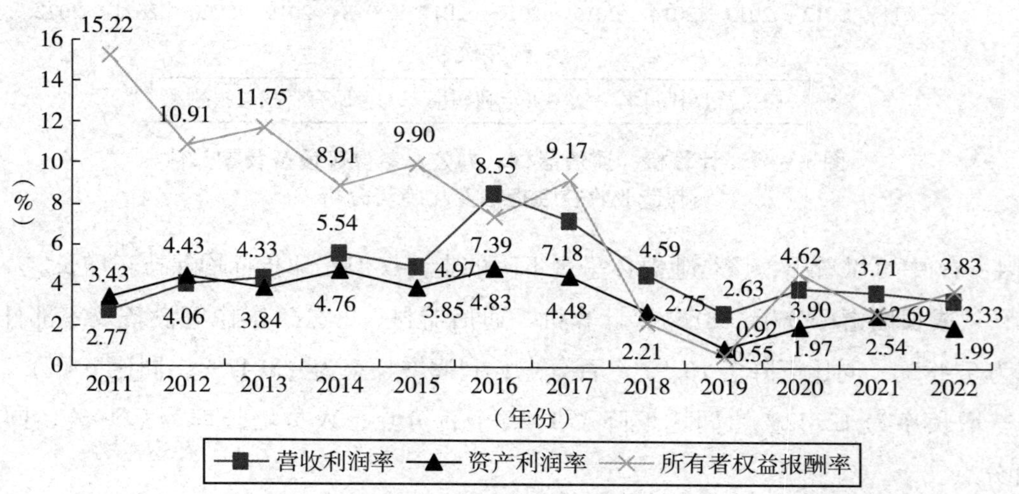

图 4 - 51　汽车及零配件制造业收益性指标变化趋势分析

综合三项收益性指标分析，该行业总体呈现平稳运行的态势，三项收益性指标虽有升有降，但波幅较小。总体来看，该行业仍处于转型震荡时期，具有一定的不确定性。

第二，从成长性指标分析。2022 年汽车及零配件制造业营收增长率为 9.85%，同比下降了 0.82 个百分点；利润增长率为 - 14.35%，同比下降了 5.41 个百分点；资产增长率为 10.80%，同比提高了 2.51 个百分点；人员增长率为 3.01%，同比提高了 1.66 个百分点。

汽车及零配件制造业成长性指标变化趋势分析见图 4 - 52。

综合成长性指标分析，汽车及零配件制造业总体保持平稳的态势，表明市场需求没有明显减少。其中，利润增长率仍然持续运行在负增长区间，表明市场竞争烈度有所提高。综合收益性和成长性指标分析可以看出，该行业在新能源车型和传统车型发展上存在一定的不确定性，预测该行业在今后一个时期内仍将处于震荡调整期，但总体上应处于合理增长区间。

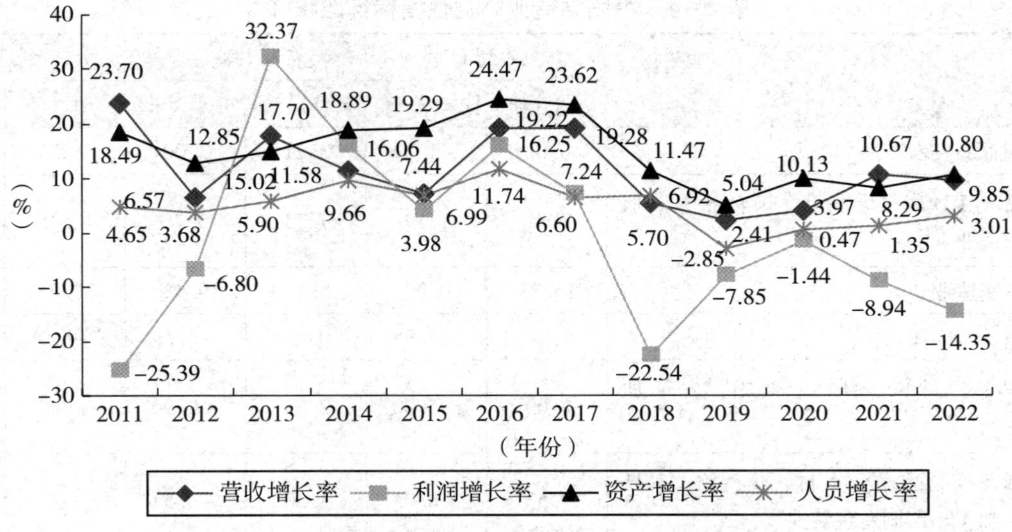

图 4-52　汽车及零配件制造业成长性指标变化趋势分析

四、2023 中国制造业企业信用 100 强行业效益综合分析

（一）中国制造业收益性指标综合分析

1. 中国制造业收益性指标综合分析

中国制造业 29 个细分行业中，2022 年营收利润率提高的细分行业有 9 个，较 2021 年减少了 11 个行业；营收利润率下降的细分行业有 19 个；有 1 个行业持平。

资产利润率提高的细分行业有 12 个，较 2021 年减少了 6 个行业；资产利润率下降的细分行业有 17 个。

所有者权益报酬率提高的细分行业有 7 个，较 2021 年减少了 13 个行业；所有者权益报酬率下降的细分行业有 22 个。

三项收益性指标中有一项或多项指标下降的行业有 24 个；三项指标均为提高的行业仅有 5 个，较 2021 年减少了 8 个行业。

中国制造业收益性指标行业特征见表 4-4。

2. 中国制造业收益性指标排序分析

2022 年营收利润率超过 10% 的有 4 个细分行业，分别为：酿酒制造业 16.88%；动力、电力生产等装备、设备制造业 12.51%；航空航天及国防军工业 11.49%；医药、生物制药、医疗设备制造业 11.09%。以上 4 个行业的营收利润率较高，盈利能力较强。

表4-4 中国制造业收益性指标行业特征

序号	行业	营收利润率		资产利润率		所有者权益报酬率	
		本期（%）	同比（±）	本期（%）	同比（±）	本期（%）	同比（±）
1	农副食品及农产品加工业	0.02	-1.09	3.71	3.00	9.52	7.52
2	食品（含饮料、乳制品、肉食品等）加工制造业	9.81	1.19	7.33	0.71	10.48	-0.41
3	酿酒制造业	16.88	0.90	8.12	0.12	19.25	3.08
4	纺织、印染业	1.94	-4.95	0.81	-5.59	-4.54	-15.97
5	纺织品、服装、服饰、鞋帽、皮革加工业	2.09	-5.60	2.59	-2.90	4.98	-5.59
6	造纸及纸制品（含木材、藤、竹、家具等）加工、印刷、包装业	7.53	-0.03	4.50	-0.57	7.67	-2.48
7	生活用品（含文体、玩具、工艺品、珠宝）等轻工产品加工制造业	4.36	-1.77	4.08	-2.49	6.73	-4.11
8	石化产品、炼焦及其他燃料生产加工业	2.08	-1.47	2.81	-1.41	9.29	-2.51
9	化学原料及化学制品（含精细化工、日化、肥料等）制造业	9.89	-0.73	7.63	-0.41	10.33	-4.24
10	医药、生物制药、医疗设备制造业	11.09	-3.32	7.40	-0.62	8.06	-3.78
11	化学纤维制造业	7.57	2.00	3.74	-1.64	7.16	-9.61
12	橡胶、塑料制品及其他新材料制造业	4.74	-2.88	3.56	-1.14	1.81	-6.10
13	建筑材料、玻璃等制造业及非金属矿物制品业	6.10	-5.33	2.96	-3.05	2.04	-7.77
14	黑色冶金及压延加工业	3.50	-0.44	3.33	-2.88	6.20	-8.36
15	一般有色冶金及压延加工业	6.22	0.93	7.07	2.78	12.53	-0.14
16	黄金冶炼及压延加工业	6.69	3.45	3.28	0.68	6.84	2.73
17	金属制品、加工工具、工业辅助产品加工制造业	7.16	-0.02	8.39	2.51	9.38	-3.31
18	工程机械、设备和特种装备（含电梯、仓储设备）及零配件制造业	6.75	0.00	2.96	-1.15	7.08	-1.47
19	通用机械设备和专用机械设备及零配件制造业	6.60	-2.23	4.37	-0.10	5.74	-1.34
20	电力、电气等设备、机械、元器件及光伏、风能、电池、线缆制造业	7.29	-0.96	3.91	-1.05	6.38	-3.43
21	船舶、轨道交通设备及零部件制造业	3.30	-6.38	3.73	0.35	5.00	-0.87
22	家用电器及零配件制造业	9.17	2.58	6.21	1.30	11.13	0.18

续表

序号	行业	营收利润率		资产利润率		所有者权益报酬率	
		本期（%）	同比（±）	本期（%）	同比（±）	本期（%）	同比（±）
23	电子元器件与仪器仪表、自动化控制设备制造业	6.05	-8.01	4.52	-2.63	4.76	-6.25
24	动力、电力生产等装备、设备制造业	12.51	2.81	5.57	0.10	6.10	-4.8
25	计算机、通信器材、办公、影像等设备及零部件制造业	5.11	-3.90	4.38	1.82	3.63	-5.32
26	汽车及零配件制造业	3.33	-0.38	1.99	-0.55	3.83	1.14
27	摩托车、自行车和其他运输设备及零配件制造业	4.50	0.77	4.94	1.12	13.64	3.33
28	航空航天及国防军工业	11.49	4.00	3.35	0.15	8.13	1.26
29	综合制造业（以制造业为主，含有服务业）	3.15	-1.86	3.69	-0.34	2.78	-5.72

资产利润率超过5%的有8个细分行业，分别为：金属制品、加工工具、工业辅助产品加工制造业8.39%；酿酒制造业8.12%；化学原料及化学制品（含精细化工、日化、肥料等）制造业7.63%；医药、生物制药、医疗设备制造业7.40%；食品（含饮料、乳制品、肉食品等）加工制造业7.33%；一般有色冶金及压延加工业7.07%；家用电器及零配件制造业6.21%；动力、电力生产等装备、设备制造业5.57%。以上8个行业的资产运营效益较高。

所有者权益报酬率超过10%的有6个细分行业，分别为：酿酒制造业19.25%；摩托车、自行车和其他运输设备及零配件制造业13.64%；一般有色冶金及压延加工业12.53%；家用电器及零配件制造业11.13%；食品（含饮料、乳制品、肉食品等）加工制造业10.48%；化学原料及化学制品（含精细化工、日化、肥料等）制造业10.33%。以上6个行业的股东回报率较高。

（二）中国制造业流动性和安全性指标综合分析

1. 中国制造业流动性和安全性指标综合分析

中国制造业29个细分行业中，2022年资产周转率提高的细分行业仅有2个，其余27个细分行业的资产周转率均为下降，表明制造业企业的资产运营效率呈普遍下降态势。

所有者权益比率提高的细分行业高达27个，仅有2个细分行业的所有者权益比率表现为下降。与之相对应的是理论负债率普遍下降，表明制造业企业普遍融资热情不高，投资意愿明显下降，趋于保守状态。

资本保值增值率提高的细分行业有7个，资本保值增值率下降的细分行业有22个。29个细分行业的资本保值增值率均在 100%（保值平衡点）以上，表明制造业企业的安全性仍具有良好保障。

三项指标中均呈提高的行业有 2 个，有一项或多项指标下降的行业有 27 个，三项指标均为下降的行业有 2 个。

中国制造业流动性和安全性指标行业特征见表 4－5。

表 4－5　中国制造业流动性和安全性指标行业特征

序号	行业	资产周转率		所有者权益比率		资本保值增值率	
		本期（次/年）	同比（±）	本期（%）	同比（±）	本期（%）	同比（±）
1	农副食品及农产品加工业	1.00	－0.17	44.54	1.33	102.68	0.61
2	食品（含饮料、乳制品、肉食品等）加工制造业	0.79	－0.12	62.97	4.48	111.10	－2.07
3	酿酒制造业	0.49	－0.01	55.73	－1.91	111.33	－12.53
4	纺织、印染业	0.75	－0.16	57.96	3.35	100.89	－14.93
5	纺织品、服装、服饰、鞋帽、皮革加工业	0.66	－0.11	61.37	4.76	105.41	－6.53
6	造纸及纸制品（含木材、藤、竹、家具等）加工、印刷、包装业	0.72	－0.10	53.87	3.14	107.84	1.62
7	生活用品（含文体、玩具、工艺品、珠宝）等轻工产品加工制造业	0.74	－0.23	58.99	4.29	108.91	－3.10
8	石化产品、炼焦及其他燃料生产加工业	1.52	－0.09	41.62	0.82	103.48	－10.72
9	化学原料及化学制品（含精细化工、日化、肥料等）制造业	0.75	－0.04	59.42	3.81	114.16	－4.05
10	医药、生物制药、医疗设备制造业	0.46	－0.12	68.90	2.79	110.71	－5.07
11	化学纤维制造业	0.84	－0.29	50.38	11.44	107.62	－14.08
12	橡胶、塑料制品及其他新材料制造业	0.68	－0.07	57.48	0.02	104.24	－5.17
13	建筑材料、玻璃等制造业及非金属矿物制品业	0.59	－0.11	52.79	－0.03	105.79	－8.26
14	黑色冶金及压延加工业	1.36	－0.12	41.60	1.26	105.39	－12.24
15	一般有色冶金及压延加工业	0.99	－0.20	46.08	4.49	111.03	－4.67
16	黄金冶炼及压延加工业	1.08	－0.12	42.77	2.48	108.54	4.01
17	金属制品、加工工具、工业辅助产品加工制造业	0.88	－0.35	52.90	6.43	108.72	－6.78
18	工程机械、设备和特种装备（含电梯、仓储设备）及零配件制造业	0.47	－0.17	52.72	8.19	105.24	－4.87

续表

序号	行业	资产周转率		所有者权益比率		资本保值增值率	
		本期（次/年）	同比（±）	本期（%）	同比（±）	本期（%）	同比（±）
19	通用机械设备和专用机械设备及零配件制造业	0.53	-0.13	57.60	4.62	107.62	-1.13
20	电力、电气等设备、机械、元器件及光伏、风能、电池、线缆制造业	0.65	-0.17	53.25	5.23	110.97	-1.99
21	船舶、轨道交通设备及零部件制造业	0.48	0.08	60.25	5.13	107.50	0.61
22	家用电器及零配件制造业	0.79	-0.19	53.49	11.27	115.53	2.81
23	电子元器件与仪器仪表、自动化控制设备制造业	0.54	-0.05	63.06	0.48	107.92	-6.92
24	动力、电力生产等装备、设备制造业	0.59	-0.06	53.56	5.31	112.06	-4.50
25	计算机、通信器材、办公、影像等设备及零部件制造业	0.61	-0.16	60.29	8.71	105.99	-3.50
26	汽车及零配件制造业	0.64	-0.09	51.46	4.65	104.94	1.23
27	摩托车、自行车和其他运输设备及零配件制造业	1.10	0.02	44.26	0.86	117.34	2.33
28	航空航天及国防军工业	0.37	-0.12	63.42	17.32	105.75	-1.96
29	综合制造业（以制造业为主，含有服务业）	0.60	-0.36	49.52	10.52	105.55	-5.04

2. 中国制造业流动性和安全性指标排序分析

2022 年资产周转率在 1 次（含）以上的有 5 个细分行业，分别为：石化产品、炼焦及其他燃料生产加工业 1.52 次；黑色冶金及压延加工业 1.36 次；摩托车、自行车和其他运输设备及零配件制造业 1.10 次；黄金冶炼及压延加工业 1.08 次；农副食品及农产品加工业 1.00 次。以上这 5 个细分行业的资产运营效率较高。

所有者权益比率超过 50% 的有 22 个细分行业，其中有 7 个行业的所有者权益比率超过 60%，分别为：医药、生物制药、医疗设备制造业 68.90%；航空航天及国防军工业 63.42%；电子元器件与仪器仪表、自动化控制设备制造业 63.06%；食品（含饮料、乳制品、肉食品等）加工制造业 62.97%；纺织品、服装、服饰、鞋帽、皮革加工业 61.37%；计算机、通信器材、办公、影像等设备及零部件制造业 60.29%；船舶、轨道交通设备及零部件制造业 60.25%。以上这 7 个行业的理论负债率相对较低。

资本保值增值率超过 110% 的有 9 个细分行业，分别为：摩托车、自行车和其他运输设备及零配件制造业 117.34%；家用电器及零配件制造业 115.53%；化学原料及化学制品（含精细化工、日化、肥料等）制造业 114.16%；动力、电力生产等装备、设备制造业 112.06%；酿酒制造业 111.33%；食品（含饮料、乳制品、肉食品等）加工制造业 111.10%；一般有色冶金及压延加工业 111.03%；电力、电气等设备、机械、元器件及光伏、电池、线缆制造业 110.97%；医药、生物制药、医疗设备制造业 110.71%。以上这 9 个细分行业的资本保值增值率水平较高，安全性有良好保障。

（三）中国制造业成长性指标综合分析

1. 中国制造业成长性指标综合分析

中国制造业 29 个细分行业中，2022 年营收增长率正增长的细分行业有 25 个，营收增长率为负增长的细分行业有 4 个。

中国制造业 29 个细分行业中，2022 年利润增长率正增长的细分行业仅有 2 个，利润增长率负增长的细分行业有 27 个，负增长的企业面有明显扩大。

2022 年资产增长率正增长的细分行业有 28 个，资产增长率负增长的细分行业有 1 个，为纺织、印染业。

2022 年资本积累率正增长的细分行业有 28 个，资本积累率负增长的细分行业有 1 个，为纺织、印染业。

2022 年人员增长率正增长的细分行业有 22 个，人员增长率负增长的细分行业有 7 个，负增长的企业面有明显扩大。

中国制造业成长性指标行业特征见表 4－6。

表 4－6　中国制造业成长性指标行业特征

序号	行业	营收增长率（%）	利润增长率（%）	资产增长率（%）	资本积累率（%）	人员增长率（%）
1	农副食品及农产品加工业	4.41	－13.88	1.12	1.69	0.33
2	食品（含饮料、乳制品、肉食品等）加工制造业	5.02	－10.32	13.48	11.31	－1.69
3	酿酒制造业	9.01	－15.63	4.37	3.73	2.05
4	纺织、印染业	1.07	－52.81	－2.51	－5.23	－4.96
5	纺织品、服装、服饰、鞋帽、皮革加工业	－2.15	－27.11	1.44	4.92	－0.47
6	造纸及纸制品（含木材、藤、竹、家具等）加工、印刷、包装业	1.07	－37.39	5.70	7.55	－0.98

续表

序号	行业	营收增长率（%）	利润增长率（%）	资产增长率（%）	资本积累率（%）	人员增长率（%）
7	生活用品（含文体、玩具、工艺品、珠宝）等轻工产品加工制造业	-0.95	-31.87	15.15	18.46	-0.23
8	石化产品、炼焦及其他燃料生产加工业	18.40	-26.46	12.89	4.88	2.64
9	化学原料及化学制品（含精细化工、日化、肥料等）制造业	15.26	-6.47	16.80	19.64	3.14
10	医药、生物制药、医疗设备制造业	8.53	-13.81	19.75	19.61	0.78
11	化学纤维制造业	10.92	-45.42	17.87	16.34	2.87
12	橡胶、塑料制品及其他新材料制造业	1.08	-30.70	11.67	9.46	0.98
13	建筑材料、玻璃等制造业及非金属矿物制品业	-3.75	-45.87	6.39	3.30	-0.85
14	黑色冶金及压延加工业	0.78	-61.49	5.34	5.34	-0.47
15	一般有色冶金及压延加工业	17.23	-5.09	15.62	12.91	3.91
16	黄金冶炼及压延加工业	32.41	11.92	31.15	23.42	4.46
17	金属制品、加工工具、工业辅助产品加工制造业	13.51	-8.58	17.04	20.36	2.19
18	工程机械、设备和特种装备（含电梯、仓储设备）及零配件制造业	1.13	-16.30	13.50	9.68	1.70
19	通用机械设备和专用机械设备及零配件制造业	6.88	-19.39	17.28	17.26	4.13
20	电力、电气等设备、机械、元器件及光伏、风能、电池、线缆制造业	19.71	-2.01	26.10	23.87	4.40
21	船舶、轨道交通设备及零部件制造业	5.11	-6.38	9.32	20.84	1.37
22	家用电器及零配件制造业	-1.92	-4.45	18.27	28.93	0.18
23	电子元器件与仪器仪表、自动化控制设备制造业	3.56	-20.75	18.66	20.36	1.98
24	动力、电力生产等装备、设备制造业	4.18	-7.44	9.71	15.59	0.84
25	计算机、通信器材、办公、影像等设备及零部件制造业	5.48	-8.47	12.42	16.34	0.14
26	汽车及零配件制造业	9.85	-14.35	10.80	8.54	3.01
27	摩托车、自行车和其他运输设备及零配件制造业	20.68	71.88	16.71	13.76	6.18
28	航空航天及国防军工业	10.75	-9.81	30.39	28.96	0.84
29	综合制造业（以制造业为主，含有服务业）	7.00	-26.67	17.84	19.96	2.35

2. 中国制造业成长性指标排序分析

2022年营收增长率超过10%的有9个细分行业，分别为：黄金冶炼及压延加工业32.41%；摩托车、自行车和其他运输设备及零配件制造业20.68%；电力、电气等设备、机械、元器件及光伏、风能、电池、线缆制造业19.71%；石化产品、炼焦及其他燃料生产加工业18.40%；一般有色冶金及压延加工业17.23%；化学原料及化学制品（含精细化工、日化、肥料等）制造业15.26%；金属制品、加工工具、工业辅助产品加工制造业13.51%；化学纤维制造业10.92%；航空航天及国防军工业10.75%。

利润增长率保持正增长的有2个细分行业，分别为：摩托车、自行车和其他运输设备及零配件制造业71.88%；黄金冶炼及压延加工业11.92%。其余27个细分行业均为负增长，其中负增长幅度较大的有4个细分行业，分别为：黑色冶金及压延加工业-61.49%；纺织、印染业-52.81%；建筑材料、玻璃等制造业及非金属矿物制品业-45.87%；化学纤维制造业-45.42%。这4个行业的负增长幅度均超过了40%。

资产增长率超过20%的有3个细分行业，分别为：黄金冶炼及压延加工业31.15%；航空航天及国防军工业30.39%；电力、电气等设备、机械、元器件及光伏、风能、电池、线缆制造业26.10%。

资本积累率超过20%的有7个细分行业，分别为：航空航天及国防军工业28.96%；家用电器及零配件制造业28.93%；电力、电气等设备、机械、元器件及光伏、风能、电池、线缆制造业23.87%；黄金冶炼及压延加工业23.42%；船舶、轨道交通设备及零部件制造业20.84%；金属制品、加工工具、工业辅助产品加工制造业20.36%；电子元器件与仪器仪表、自动化控制设备制造业20.36%。

人员增长率超过4%的有4个细分行业，分别为：摩托车、自行车和其他运输设备及零配件制造业6.18%；黄金冶炼及压延加工业4.46%；电力、电气等设备、机械、元器件及光伏、风能、电池、线缆制造业4.40%；通用机械设备和专用机械设备及零配件制造业4.13%。

（四）2023中国制造业企业信用100强优势分析

2023中国制造业企业信用100强的经营运行指标为各细分行业及企业提供了一个对标参数，同时也起到了行业标杆作用。

2023中国制造业企业信用100强2022年的三项指数分别为：景气指数126.46点，较样本企业的95.83点高出30.63点；盈利指数117.42点，较样本企业的90.83点高出26.59点；效益指数114.88点，较样本企业的106.27点高出8.61点。

2023 中国制造业企业信用 100 强 2022 年的三项收益性指标分别为：营收利润率 12.38%，较样本企业的 7.04% 高出 5.34 个百分点；资产利润率 11.36%，较样本企业的 4.99% 高出 6.37 个百分点；所有者权益报酬率 20.91%，较样本企业的 6.78% 高出 14.13 个百分点。

2023 中国制造业企业信用 100 强 2022 年的流动性和安全性指标分别为：资产周转率 0.99 次/年，较样本企业的 0.67 次/年提高 0.32 次/年；所有者权益比率 44.02%，较样本企业的 57.01% 低 12.99 个百分点；资本保值增值率 123.26%，较样本企业的 108.59% 高出 14.67 个百分点。

2023 中国制造业企业信用 100 强 2022 年的成长性指标分别为：营收增长率 19.08%，较样本企业的 8.17% 高出 10.91 个百分点；利润增长率 33.84%，较样本企业的 −16.52% 高出 50.36 个百分点；资产增长率 15.51%，较样本企业的 15.68% 低 0.17 个百分点；资本积累率 19.88%，较样本企业的 16.01% 高出 3.87 个百分点；人员增长率 9.41%，较样本企业的 1.74% 高出 7.67 个百分点；研发投入比率 4.05%，较样本企业的 6.92% 低 2.87 个百分点。

2023 中国制造业企业信用 100 强 2022 年的人均营业收入 302.99 万元，较样本企业的 205.34 万元高出 97.65 万元；人均利润 13.80 万元，较样本企业的 10.67 万元高出 3.13 万元。

2023 中国制造业企业信用 100 强效益指标比较优势分析见图 4 −53。

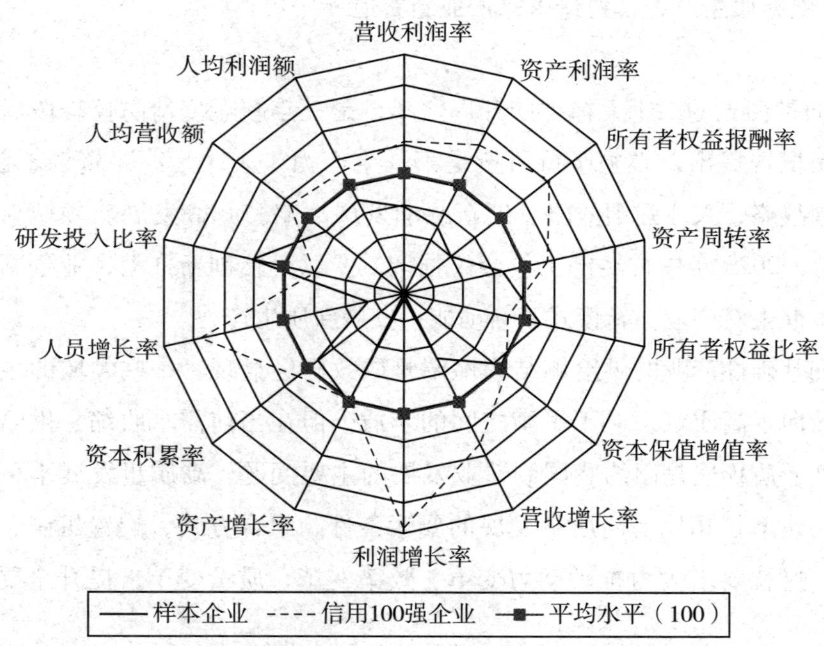

图 4 −53　2023 中国制造业企业信用 100 强效益指标比较优势分析

通过图 4 −53 可以明显看出，2023 中国制造业企业信用 100 强与制造业样本企业对比分析，具有以下显著的比较优势：一是收益性指标全面领先于样本企业，具有显著的盈利能力优势；二是成长性指标中利润增长率、营收增长率和人员增长率优势明显；三是人均效益明显高于样本企业，生产效率效益具有明显的比较优势；四是所有者权益比率明显偏低，相应的理论负债率偏高，表明其具有明显的融资信用优势；五是资本保值增值率具有优势，安全性较高；六是资产周转率较高，资产效能具有优势。同时也可以看出，2023 中国制造业企业信用 100 强的研发投入比率仍然偏低，资产增速偏低，在投资质量效率上仍有进一步提升的空间。

五、中国制造业信用发展中存在的主要问题及若干建议

通过对 2023 中国制造业信用 100 强以及各行业信用环境和经济效益变化趋势分析可以看出：我国制造业发展韧性好、抗风险能力强，在极为不利的宏观经济环境条件，仍然取得了良好的发展成果。但恢复性增长的基础尚不牢固，有效需求不足、部分行业产能过剩、社会预期偏弱、风险隐患仍然较多，国内大循环存在堵点，外部环境的复杂性、严峻性、不确定性上升等，对我国制造业高质量发展构成新挑战。

（一）创新发展新质生产力，打造未来产业新赛道

2023 年是全面贯彻党的二十大精神的开局之年，是三年新冠疫情防控转段后经济恢复发展的一年。党的二十大报告提出，必须坚持科技是第一生产力、人才是第一资源、创新是第一动力，深入实施科教兴国战略、人才强国战略、创新驱动发展战略，开辟发展新领域新赛道，不断塑造发展新动能新优势。2023 年中央经济工作会议强调，要以科技创新推动产业创新，特别是以颠覆性技术和前沿技术催生新产业、新模式、新动能，发展新质生产力。

传统制造业和基础性产业的供给侧结构性调整成效已经显现，一些领域的主要矛盾已经由传统的结构性矛盾转向了高质量发展不平衡之间的矛盾。但在当前需求收缩、供给冲击的后疫情阶段，深层次结构性矛盾仍然是制约我国制造业发展的主要问题，高质量发展不平衡问题与矛盾仍将日益突出。与高速增长相比，高质量发展的要素条件、组合方式、配置机制、发展模式等都发生了根本性改变，这就要求大力推动动力变革、效率变革、质量变革，提升全要素生产率，实现创新驱动发展。

新质生产力是引领全球创新性可持续发展的关键驱动要素。科技创新催生先进生产力对经济全球化的产生和发展起决定作用，并深刻影响着全球的经济结构和经济发展。当今世界，新一轮科技革命与产业变革正在深入推进，数字经济与实体经济深度融合，各国之间围绕产业、技术特别是关键核心技术的竞争日趋激烈。

2022年在我国企业发展面临极其困难的局面下，其研发投入强度持续加强，对科研的重视程度日趋提高，为发展新质生产力提供了有力支撑。制造业要始终坚持以科技创新驱动产业创新，加快推进新型工业化，持续推动产业结构优化升级，大力推动创新链、产业链、资金链、人才链“四链”融合，大力推动数字技术与实体经济深度融合，全面推动工业绿色发展，赋能支柱产业迭代升级、新兴产业培育壮大、未来产业前瞻布局，打造具有核心竞争力的优势产业集群，加快构建具有智能化、绿色化、融合化特征和符合完整性、先进性、安全性要求的高质量现代化产业体系，形成并发展先进程度跃迁的新质生产力，从而为全球生产力创新性可持续发展贡献中国方案。

（二）大力推进新型工业化，加快传统产业转型升级

习近平总书记强调，“坚持把发展经济的着力点放在实体经济上，推进新型工业化”。2023年中央经济工作会议强调，要大力推进新型工业化，发展数字经济，加快推动人工智能发展。“加快数字化发展，建设数字中国”是“十四五”规划的重要任务之一。数字时代是我国经济和企业实现弯道超车的重要战略机遇，加快建设数字经济、数字社会、数字政府，以数字化转型整体驱动生产方式、生活方式和治理方式变革。我国企业要紧紧抓住这一战略机遇，进一步推进实体经济与数字经济效益的深度融合发展，推进服务业与制造业的深度融合，加速向数字化、网络化、智能化发展，着力壮大新增长点，形成发展新动能，壮大经济发展新引擎。

我国企业要加快发展数字经济，推动实体经济和数字经济融合发展，推动互联网、大数据、人工智能同实体经济深度融合，推动制造业加速向数字化、网络化、智能化发展，着力壮大新增长点，形成发展新动能。培育壮大人工智能、大数据、区块链、云计算、网络安全等新兴数字产业，提升通信设备、核心电子元器件、关键软件等产业水平。我国企业要始终坚持科技创新驱动不动摇，健全鼓励支持基础研究、原始创新的体制机制，完善科技人才发现、培养、激励机制，努力提高制造业和科技型服务业的深度融合，建立以企业为主体、市场为导向、产学研深度融合的技术创新体系，特别是对中小型企业的创新支持，促进科技成果转化落地，促进制造业高质量发展。

创新是引领发展的第一动力，是构建新发展格局、实现高质量发展的关键所在。在我国企业发展面临极其困难的局面下，其研发投入强度持续加强，对科研的重视程度日趋提高，但相对而言，我国制造业的科研投入仍然偏低，尤其是制造业信用100强企业的研发投入比率仍有很大的提升空间。制造业企业尤其是信用100强企业要以国家战略性需求为导向推进创新体系优化组合，把自主创新摆在更加突出的位置，进一步加大研发投入力度，加快关键核心技术攻关，打造更多依靠创新驱动、发挥先发优势的引领性企业，加快推动建立以企业为主体、市场为导向、产学研深

度融合的技术创新体系，不断提升原始创新能力、产业基础能力和产业链、供应链的现代化水平。

制造业企业要统筹推进传统产业改造升级和新兴产业培育壮大。传统制造业是现代化产业体系的基底。要抓住新一轮科技革命和产业变革深入发展的机遇，结合产业发展实际，加快数字化转型，推广先进适用技术，着力提升制造业高端化、智能化、绿色化水平。新兴产业是我国培育经济新动能、实现高质量发展的重要产业支撑。要抓住全球产业结构和布局调整过程中形成的新机遇，加快新能源、人工智能、生物制造、绿色低碳、量子计算等前沿技术研发和应用推广，打造一批具有国际竞争力的战略性新兴产业集群和数字产业集群，创造新的竞争优势。

（三）以产业升级构筑新竞争优势，全面提升企业的综合竞争力

习近平总书记强调，高质量发展需要新的生产力理论来指导，而新质生产力已经在实践中形成并展示出对高质量发展的强劲推动力、支撑力，需要我们从理论上进行总结、概括，用以指导新的发展实践。概括地说，新质生产力是创新起主导作用，摆脱传统经济增长方式、生产力发展路径，具有高科技、高效能、高质量特征，符合新发展理念的先进生产力质态。它由技术革命性突破、生产要素创新性配置、产业深度转型升级而催生，以劳动者、劳动资料、劳动对象及其优化组合的跃升为基本内涵，以全要素生产率大幅提升为核心标志，特点是创新，关键在质优，本质是先进生产力。

一是切实转变发展观念，依靠创新驱动发展新质生产力。依靠创新驱动形成的生产力，从本质上，已区别于大量消耗资源能源的传统生产力。劳动力三要素：劳动者、劳动资料、劳动对象，都面对着高质量发展下的更高要求。大企业的技术创新具有显著的外溢和带动效应，要有效组织吸纳产业链上下游企业、高校、科研机构等组建创新联合体，带动产业链相关企业联合组织开展科技创新攻关，提供创新平台。大企业对标世界一流企业，围绕主导产业和新兴产业，不断完善战略性新兴产业和未来产业发展规划，以打造强大的国际竞争力为目标，集中优势资产，充分利用优势资源，加快形成和壮大主导产业的全球化布局，打造全球行业优势龙头企业。中小型企业要突出在产业链、供应链中专注打造“专精特新”优势，梯度培育发展新格局，更好推动产业基础高级化，产业链现代化，助力实体经济迈向高质量发展。中小企业要不断改进生产经营流程，优化资源要素配置，提高发展质量效益；坚持质量兴企，发扬“工匠”精神，创建知名品牌，提高市场竞争力和影响力；加快由低端制造向高生产率的设计、研发、品牌、营销、产业链管理等环节延伸。

二是要培育一大批懂科技、懂资本、懂市场、懂金融的战略企业家。人才是市场竞争的制胜之道。战略性新兴产业和未来产业发展的最大制约因素是人才，特别是需要千百万个“四懂”战略企业家。我国企业家要与时俱进，弘扬企业家精神，培养造就一大批与现代科技和社会生产力

发展相适应、符合新质生产力发展要求的高素质人才队伍，加快建设一批产品卓越、品牌卓著、创新领先、治理现代的世界一流企业。

（四）推进高质量诚信发展　提升发展韧性和安全水平

在当前宏观经济环境下，我国企业要努力以自身工作的确定性应对形势变化的不确定性，要始终坚持底线思维，加强诚信自律，进一步推进企业诚信体系建设。在当前面临诸多困难和风险挑战的发展时期，我国企业更要强化忧患意识，做好风险防范，增强发展韧性，进一步加强和提高防范化解风险能力，高度重视和防范各类风险，强化各类风险识别，建立预判预警机制，及时排查风险隐患，制定完善的应对预案，为企业可持续高质量发展保驾护航，为我国经济行稳致远做出企业担当和贡献。

ESG 作为一种防范社会环境风险、推动可持续发展的新理念，近年来已成为国际主流共识，在我国进入快速发展阶段。我国企业要积极主动适应 ESG 发展趋势，践行 ESG 理念，不断增强企业活力、竞争力、创新力和抗风险能力，进一步提升可持续发展能力，推动高质量发展。要深入推动中国特色 ESG 生态体系建设，从生产全过程促进绿色低碳转型和消费模式的转变，进一步提升自身可持续发展能力，加快提高治理能力，努力推动企业与利益相关方和谐共赢，以创新实践推动我国企业实现高质量发展，全面提升企业的发展韧性和安全水平。

第五章

2023中国服务业企业信用100强发展报告

《2023 中国服务业企业信用 100 强发展报告》是由中国企业改革与发展研究会、中国合作贸易企业协会、国信联合（北京）认证中心联合开展的中国服务业企业信用分析研究成果，已是第 11 次向社会发布。

2023 中国服务业企业信用 100 强的入围门槛为：企业综合信用指数为 90 分以上，且 2022 年净利润为 67000 万元以上，较 2022 中国服务业企业信用 100 强的 116000 万元下降了 49000 万元。

2023 中国服务业企业信用 100 强分析研究及发布活动，旨在通过中国服务业企业的信用环境、信用能力、信用行为三个方面对中国服务业企业的信用发展状况进行客观评价，为政府、行业、企业和社会提供参考依据。

一、2023 中国服务业企业信用 100 强分布特征

（一）2023 中国服务业企业信用 100 强行业分布特征

2023 中国服务业企业信用 100 强的行业分布，按照入围企业数量的多少排序分别为：能源（电、热、燃气等）供应、开发、节能减排及再循环服务业有 14 家；软件、程序、计算机应用、网络工程等计算机、微电子服务业有 12 家；公用事业、市政、水务、航道等公共设施投资、经营与管理业有 11 家；银行业有 10 家；证券及其他金融服务业，多元化投资控股、商务服务业各有 9 家；电信、邮寄、速递等服务业，信息、传媒、电子商务、网购、娱乐等互联网服务业各有 6 家；物流、仓储、运输、配送及供应链服务业，综合性内外商贸及批发、零售业，综合服务业（以服务业为主，含有制造业）各有 5 家；港口服务业，科技研发、推广及地勘、规划、设计、评估、咨询、认证等承包服务业各有 2 家；能源、矿产、化工、机电、金属产品等内外商贸批发业，汽车和摩托车商贸、维修保养及租赁业，保险业，人力资源（职业教育、培训等）、会展博览、国内外

经济合作等社会综合服务业各有1家企业入围。

2023中国服务业企业信用100强行业分布见表5-1。

表5-1　2023中国服务业企业信用100强行业分布

序号	行业	企业数（家）
1	能源（电、热、燃气等）供应、开发、节能减排及再循环服务业	14
2	港口服务业	2
3	电信、邮寄、速递等服务业	6
4	软件、程序、计算机应用、网络工程等计算机、微电子服务业	12
5	物流、仓储、运输、配送及供应链服务业	5
6	能源、矿产、化工、机电、金属产品等内外商贸批发业	1
7	综合性内外商贸及批发、零售业	5
8	汽车和摩托车商贸、维修保养及租赁业	1
9	银行业	10
10	保险业	1
11	证券及其他金融服务业	9
12	多元化投资控股、商务服务业	9
13	公用事业、市政、水务、航道等公共设施投资、经营与管理业	11
14	人力资源（职业教育、培训等）、会展博览、国内外经济合作等社会综合服务业	1
15	科技研发、推广及地勘、规划、设计、评估、咨询、认证等承包服务业	2
16	信息、传媒、电子商务、网购、娱乐等互联网服务业	6
17	综合服务业（以服务业为主，含有制造业）	5
合计		100

综合入围企业的行业分布情况来看，包括17个细分行业，较2021年的21个细分行业减少4个细分行业。

从行业入围企业数量和集中度分析，能源（电、热、燃气等）供应、开发、节能减排及再循环服务业企业所占比例最高，是服务业企业信用100强集中度最高的行业；软件、程序、计算机应用、网络工程等计算机、微电子服务业，公用事业、市政、水务、航道等公共设施投资、经营与管理业扩容速度加快；银行及金融相关服务业表现稳定。

房地产开发与经营，物业及房屋装饰、修缮、管理等服务业由传统的服务业企业信用100强大户收缩到无企业上榜，表明该行业已经进入拐点，受宏观经济环境影响较为严重。

（二）2023 中国服务业企业信用 100 强地区分布特征

从 2023 中国服务业企业信用 100 强地区分布情况来看，东部地区有 10 个省、直辖市共 83 家企业入围。其中，北京有 29 家，浙江有 13 家，广东有 12 家，上海有 9 家，江苏有 6 家，福建有 5 家，河北、山东各有 3 家，辽宁有 2 家，天津有 1 家。

中部地区有 5 个省共 6 家企业入围。其中，河南有 2 家，湖北、湖南、黑龙江、江西各有 1 家。

西部地区有 6 个省、自治区、直辖市共 11 家企业入围。其中，四川有 3 家，新疆、重庆、陕西各有 2 家，广西、云南各有 1 家。

2023 中国服务业企业信用 100 强地区分布及变动情况见表 5－2。

表 5－2　2023 中国服务业企业信用 100 强地区分布及变动情况

区域	地区	入围企业数（家）		区域	地区	入围企业数（家）		区域	地区	入围企业数（家）	
		2023 年度	2022 年度			2023 年度	2022 年度			2023 年度	2022 年度
东部地区	北京	29	31	中部地区	安徽		3	西部地区	甘肃		
	广东	12	15		河南	2			广西	1	
	河北	3	2		湖北	1	3		贵州		
	江苏	6	7		湖南	1			内蒙古		
	山东	3	3		吉林				宁夏		
	上海	9	13		黑龙江	1			四川	3	5
	天津	1	1		江西	1			新疆	2	
	浙江	13	5		山西		2		云南	1	1
	辽宁	2	1						重庆	2	3
	福建	5	5						陕西	2	
	海南								青海		
									西藏		
合计		83	83	合计		6	8	合计		11	9

从地区分布来看，东部地区入围企业数量与 2022 年度相比持平，西部地区增加了 2 家企业，而中部地区则减少了 2 家。东部地区服务业企业 100 强入围企业的集中度仍然较高。

从集中度及其变动情况分析看，浙江增加了 8 家，为增加企业数量最多的省份。上海减少了 4 家，广东减少了 3 家，北京减少了 2 家，但北上广及江浙仍是服务业企业 100 强相对集中的地区，共有 69 家企业入围。

二、2023 中国服务业企业信用 100 强行业环境分析

（一）能源、交通、物流等服务业信用环境影响性分析

1. 能源（电、热、燃气等）供应、开发、节能减排及再循环服务业景气度明显下降

从能源（电、热、燃气等）供应、开发、节能减排及再循环服务业企业的信用环境分析来看，2022 年的景气指数为 89.50 点，比 2021 年的 115.04 点下降了 25.54 点；盈利指数为 87.24 点，比 2021 年的 100.18 点下降了 12.94 点；效益指数为 104.20 点，比 2021 年的 106.43 点下降了 2.23 点。

2011—2022 年能源（电、热、燃气等）供应、开发、节能减排及再循环服务业信用环境影响性分析见图 5－1。

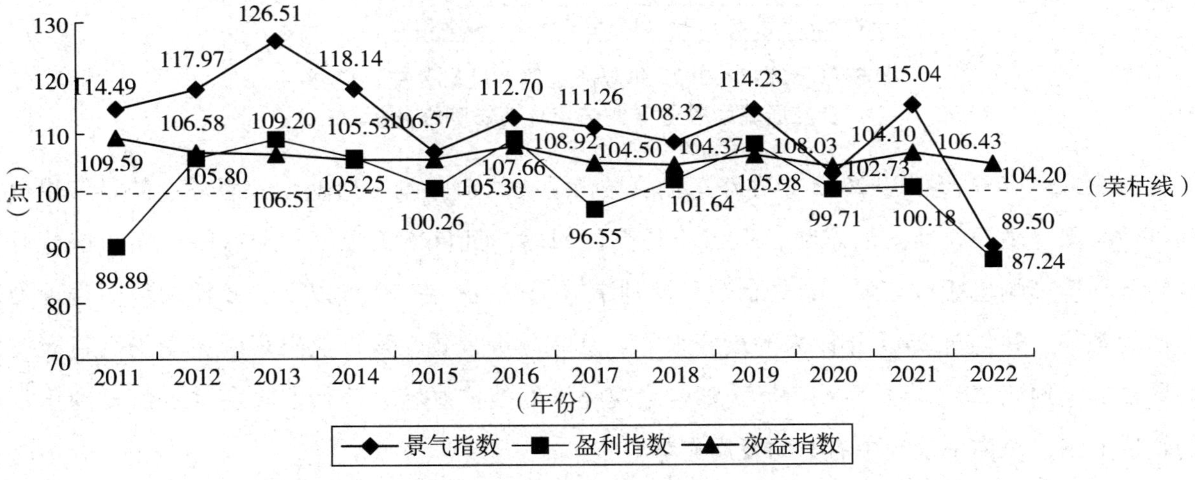

图 5－1　2011—2022 年能源（电、热、燃气等）供应、开发、节能减排及再循环服务业信用环境影响性分析

综合三项指数分析，能源（电、热、燃气等）供应、开发、节能减排及再循环服务业的整体运行呈现明显下行的态势。其中，景气指数和盈利指数双双跌破荣枯线，且回落到 90 点以下；效益指数接近最低水平。总体来看，该行业已经跌落到周期性运行的低点，表明该行业的市场需求严重低迷。预测 2023 年及后期市场，随着宏观经济的恢复性增长，国际能源需求改善，该行业将会呈现恢复性增长的态势。

2. 陆路运输、城市公交、道路及交通辅助等服务业回落幅度相对有限

从陆路运输、城市公交、道路及交通辅助等服务业企业的信用环境分析来看，2022 年的景气指数为 93. 74 点，比 2021 年的 138. 57 点下降了 44. 83 点；盈利指数为 92. 97 点，比 2021 年的 123. 38 点下降了 30. 41 点；效益指数为 112. 00 点，比 2021 年的 110. 94 点提高了 1. 06 点。

2011—2022 年陆路运输、城市公交、道路及交通辅助等服务业信用环境影响性分析见图 5 – 2。

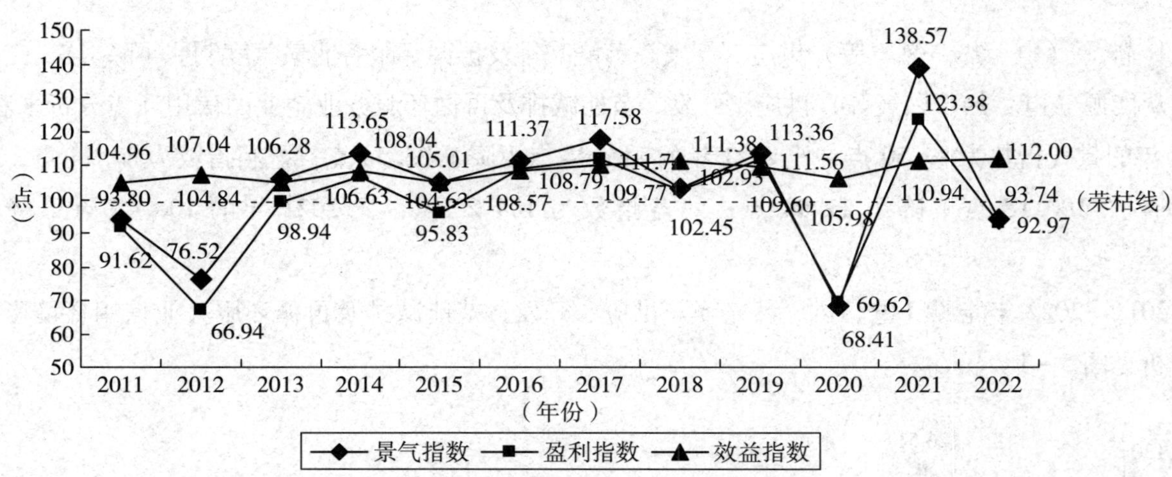

图 5 – 2　2011—2022 年陆路运输、城市公交、道路及交通辅助等服务业信用环境影响性分析

从图 5 – 2 中可以看出，2022 年陆路运输、城市公交、道路及交通辅助等服务业的景气指数和盈利指数虽然呈现明显回落的态势，但由于是高位回落，且负增长幅度相对有限，表明该行业受宏观经济环境影响也相对有限。景气指数和盈利指数仍然运行在 90 点以上，效益指数则表现为逆势上扬的态势，并创自 2011 年以来的最好水平。总体分析来看，该行业出现的波动仍是新冠疫情影响导致的，预测 2023 年及后期市场，随着宏观经济的整体好转，该行业将会逐步恢复到正常运行的轨道上来，总体呈现稳中有升的发展态势。

3. 航空运输及相关服务业行业性亏损严重

从航空运输及相关服务业企业的信用环境分析来看，2022 年的景气指数为 – 11. 16 点，比 2021 年的 24. 19 点下降了 35. 35 点；盈利指数为 – 22. 15 点，比 2021 年的 29. 31 点下降了 51. 46 点；效益指数为 77. 36 点，比 2021 年的 97. 06 点下降了 19. 70 点。

2011—2022 年航空运输及相关服务业信用环境影响性分析见图 5 – 3。

从图 5 – 3 中可以看出，我国航空运输及相关服务业的三项指数持续运行在荣枯线以下。其中，景气指数和盈利指数再创新低，并已经跌破冰点，表明该行业已经处于严重的行业性亏损状态。

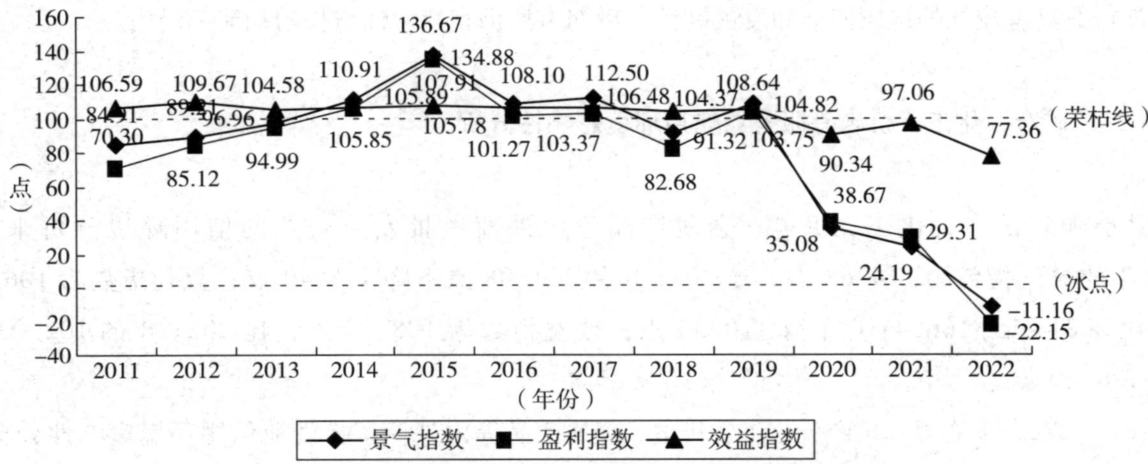

图 5－3　2011—2022 年航空运输及相关服务业信用环境影响性分析

总体而言，该行业受新冠疫情影响和冲击极为严重，这一情况可能等到 2023 年及后期市场才会出现根本性好转。

4. 物流、仓储、运输、配送及供应链服务业波幅相对较小

从物流、仓储、运输、配送及供应链服务业企业的信用环境分析来看，2022 年的景气指数为 92.76 点，比 2021 年的 123.72 点下降了 30.96 点；盈利指数为 91.78 点，比 2021 年的 107.01 点下降了 15.23 点；效益指数为 106.39 点，比 2021 年的 107.96 点下降了 1.57 点。

2011—2022 年物流、仓储、运输、配送及供应链服务业信用环境影响性分析见图 5－4。

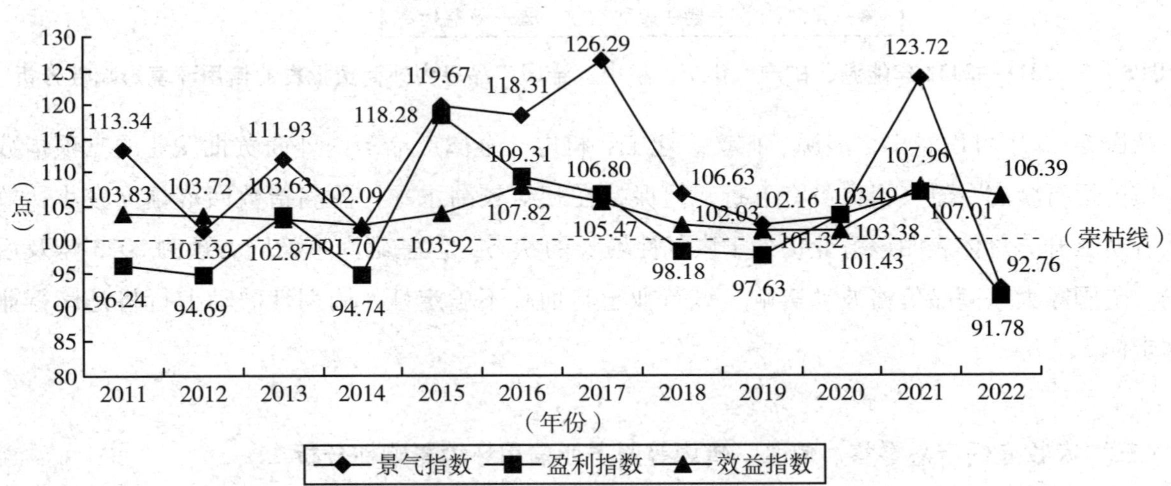

图 5－4　2011—2022 年物流、仓储、运输、配送及供应链服务业信用环境影响性分析

从图 5－4 中可以看出，2022 年物流、仓储、运输、配送及供应链服务业企业的三项指数虽然呈现高位回落的态势，但回落的幅度也相对有限。尤其是效益指数仍然保持在高位运行。总体来

看，该行业具有较强的抗压能力和发展韧性，后期市场仍有持续性增长的动能和潜力。

（二）矿产、化工、机电等服务业信用环境影响性分析

从能源、矿产、化工、机电、金属产品等内外商贸批发业企业的信用环境分析来看，2022 年的景气指数为 114. 68 点，比 2021 年的 121. 08 点下降了 6. 40 点；盈利指数为 106. 06 点，比 2021 年的 106. 41 点下降了 0. 35 点；效益指数为 108. 22 点，比 2021 年的 102. 03 点提高了 6. 19 点。

2011—2022 年能源、矿产、化工、机电、金属产品等内外商贸批发业信用环境影响性分析见图 5 – 5。

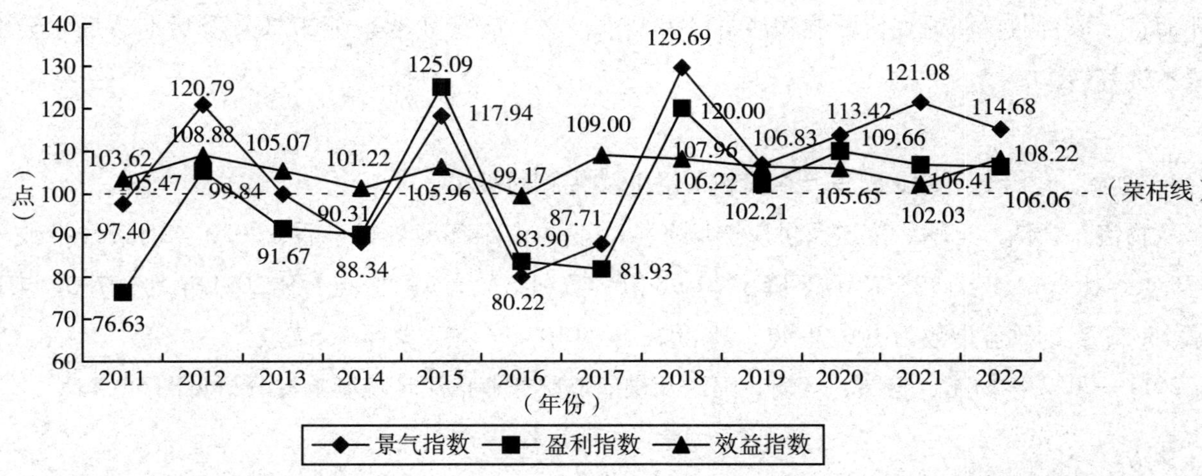

图 5 – 5　2011—2022 年能源、矿产、化工、机电、金属产品等内外商贸批发业信用环境影响性分析

从图 5 – 5 中可以看出，能源、矿产、化工、机电、金属产品等内外商贸批发业的三项指数仍处于震荡运行状态。景气指数虽有下行，但保持在相对较高水平；盈利指数回落幅度较小；效益指数有所上升。总体表明该行业仍处于恢复性增长的状态，但基础尚不稳固。预测 2023 年及后期市场，受国际大宗商品价格波动影响，该行业也将面临不确定性，周期性波动上行将是该行业的总体走向。

（三）农牧渔饲产品零售、信息、传媒等服务业信用环境影响性分析

1. 农牧渔饲产品及生活消费品等内外贸批发、零售业稳中有升

从农牧渔饲产品及生活消费品等内外贸批发、零售业企业的信用环境分析来看，2022 年的景气指数为 107. 80 点，比 2021 年的 106. 32 点提高了 1. 48 点；盈利指数为 106. 20 点，比 2021 年的

103.40 点提高了 2.80 点；效益指数为 103.75 点，比 2021 年的 105.66 点下降了 1.91 点。

2011—2022 年农牧渔饲产品及生活消费品等内外贸批发、零售业信用环境影响性分析见图 5－6。

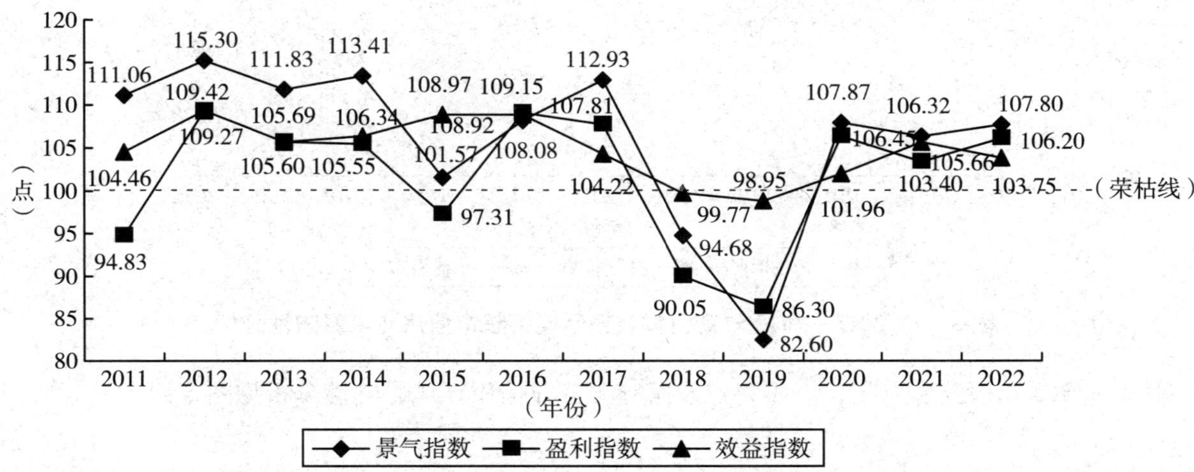

图 5－6　2011—2022 年农牧渔饲产品及生活消费品等内外贸批发、零售业信用环境影响性分析

综合三项指数分析，农牧渔饲产品及生活消费品等内外贸批发、零售业总体呈现明显反弹特征，三项指数持续维持在高位运行，效益指数下行的幅度有限，尚在正常波动范围之内。总体分析来看，由于市场需求持续旺盛以及价格因素影响，该行业整体经营形势仍将会持续改善。预测 2023 年及后期市场，该行业仍将会保持较高的景气度和合理的增速。

2. 商业零售业及连锁超市下行幅度较大

从商业零售业及连锁超市企业的信用环境分析来看，2022 年的景气指数为 75.78 点，比 2021 年的 100.76 点下降了 24.98 点；盈利指数为 82.04 点，比 2021 年的 99.26 点下降了 17.22 点；效益指数为 105.76 点，比 2021 年的 104.16 点提升了 1.60 点。

2011—2022 年商业零售业及连锁超市信用环境影响性分析见图 5－7。

从图 5－7 中可以看出，商业零售业及连锁超市总体上再次面临较大的下行压力。尤其是景气指数和盈利指数再次跌到荣枯线以下，且负增长的幅度有明显扩大。预测 2023 年及后期市场，该行业将会有所恢复，但上行压力仍然很大。

3. 医药专营批发、零售业及医疗服务业下行压力加大

从医药专营批发、零售业及医疗服务业企业的信用环境分析来看，2022 年的景气指数为 99.85 点，比 2021 年的 113.60 点下降了 13.75 点；盈利指数为 90.42 点，比 2021 年的 105.60 点下降了 15.18 点；效益指数为 103.32 点，比 2021 年的 108.20 点下降了 4.88 点。

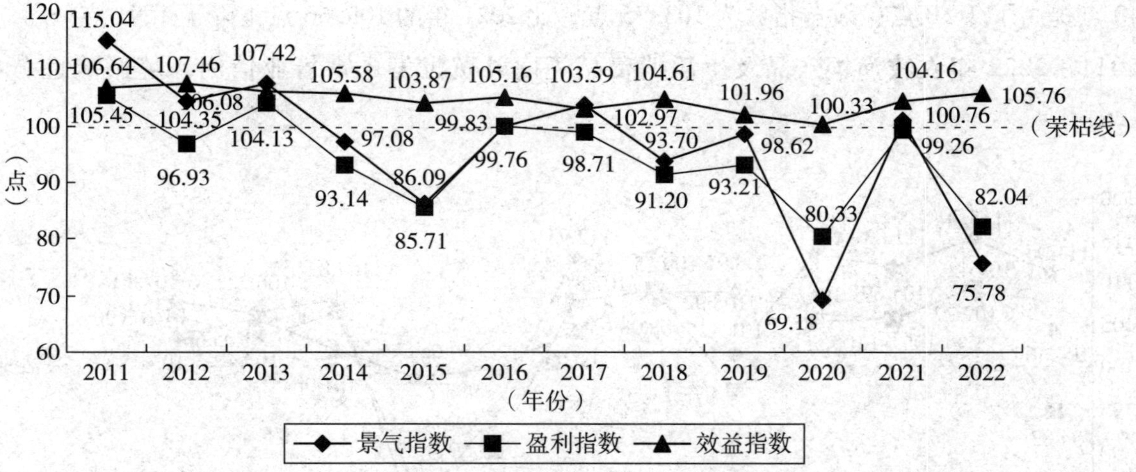

图 5－7　2011—2022 年商业零售业及连锁超市信用环境影响性分析

2011—2022 年医药专营批发、零售业及医疗服务业信用环境影响性分析见图 5－8。

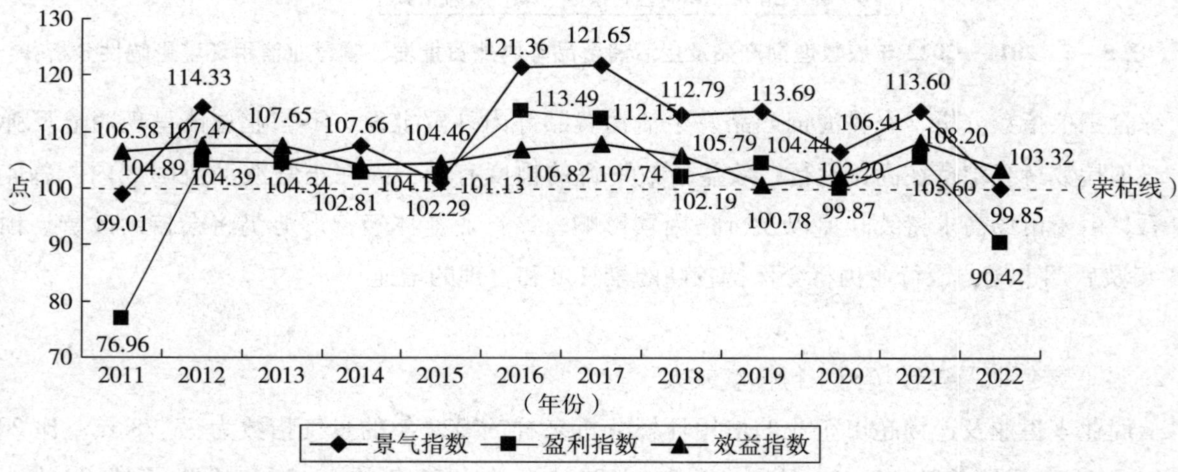

图 5－8　2011—2022 年医药专营批发、零售业及医疗服务业信用环境影响性分析

从图 5－8 中可以看出，医药专营批发、零售业及医疗服务业总体处于下行通道，三项指数均有较大幅度下降。尤其是景气指数和盈利指数再次跌破荣枯线，表明该行业下行压力加大。预测 2023 年及后期市场，该行业的三项指数将会有所恢复，但报复性反弹的可能性不大。

4. 信息、传媒、电子商务、网购、娱乐等互联网服务业大幅回落

从信息、传媒、电子商务、网购、娱乐等互联网服务业企业的信用环境分析来看，2022 年的景气指数为 76.97 点，较 2021 年的 111.45 点下降了 34.48 点；盈利指数为 75.09 点，较 2021 年的 100.47 点下降了 25.38 点；效益指数为 100.27 点，较 2021 年的 108.06 点下降了 7.79 点。

2013—2022 年信息、传媒、电子商务、网购、娱乐等互联网服务业信用环境影响性分析见图 5－9。

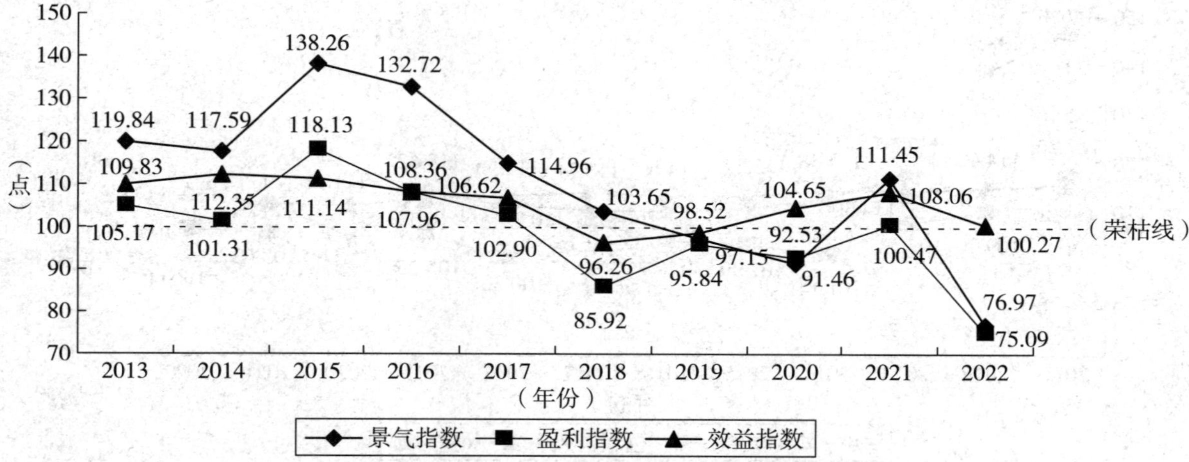

图 5－9　2013—2022 年信息、传媒、电子商务、网购、娱乐等互联网服务业信用环境影响性分析

综合三项指数分析，信息、传媒、电子商务、网购、娱乐等互联网服务业总体呈现大幅下行的态势，景气指数和盈利指数再次跌破荣枯线，且下行的幅度较大。效益指数已经跌至荣枯线边际水平。总体分析看，该行业恢复性增长的基础尚不具备。预测 2023 年及后期市场，该行业将会受创新要素的驱动，以温和增长为主线，市场仍将有进一步拓展的空间。

（四）银行、证券、保险等金融服务业信用环境影响性分析

1. 银行业整体运行平稳

从银行业企业的信用环境分析来看，2022 年的景气指数为 106. 06 点，比 2021 年的 111. 76 点下降了 5. 70 点；盈利指数为 106. 17 点，比 2021 年的 105. 62 点提高了 0. 55 点；效益指数为 113. 69 点，比 2021 年的 111. 35 点提高了 2. 34 点。

2011—2022 年银行业信用环境影响性分析见图 5－10。

综合三项指数分析，银行业总体呈现平稳的态势，其波动的幅度尚在合理范围之内。景气指数和盈利指数有升有降，波幅较小；效益指数有所回升。总体分析来看，由于政策性调控以及对实体经济的持续性扶持，该行业存在一定的下行压力。预测后期市场，该行业仍将保持适度的增长，不会出现较大幅度的波动。

2. 证券及其他金融服务业下行压力明显

从证券及其他金融服务业企业的信用环境分析来看，2022 年的景气指数为 72. 79 点，比 2021 年的 122. 58 点下降了 49. 79 点；盈利指数为 78. 93 点，比 2021 年的 115. 02 点下降了 36. 09 点；效益指数为 107. 00 点，比 2021 年的 112. 59 点下降了 5. 59 点。

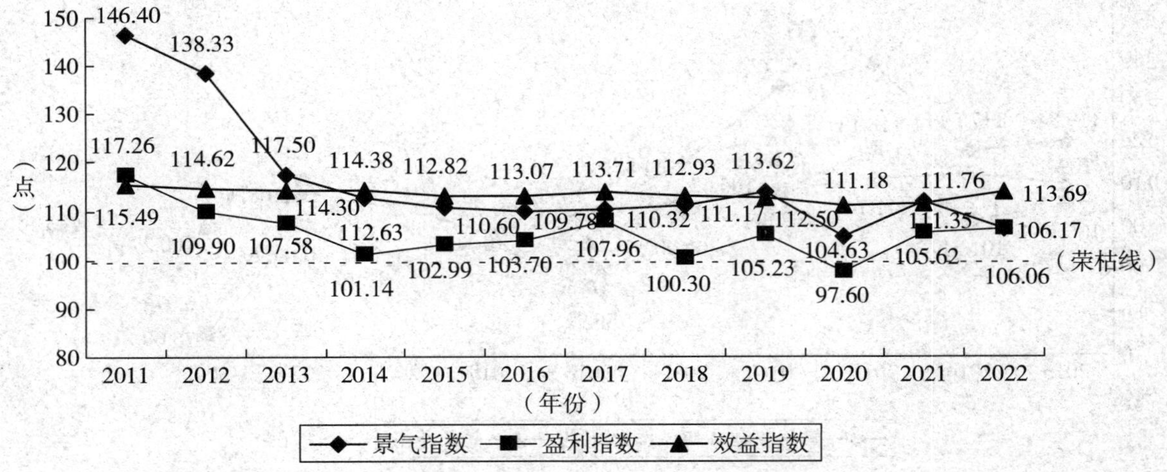

图 5－10　2011—2022 年银行业信用环境影响性分析

2013—2022 年证券及其他金融服务业信用环境影响性分析见图 5－11。

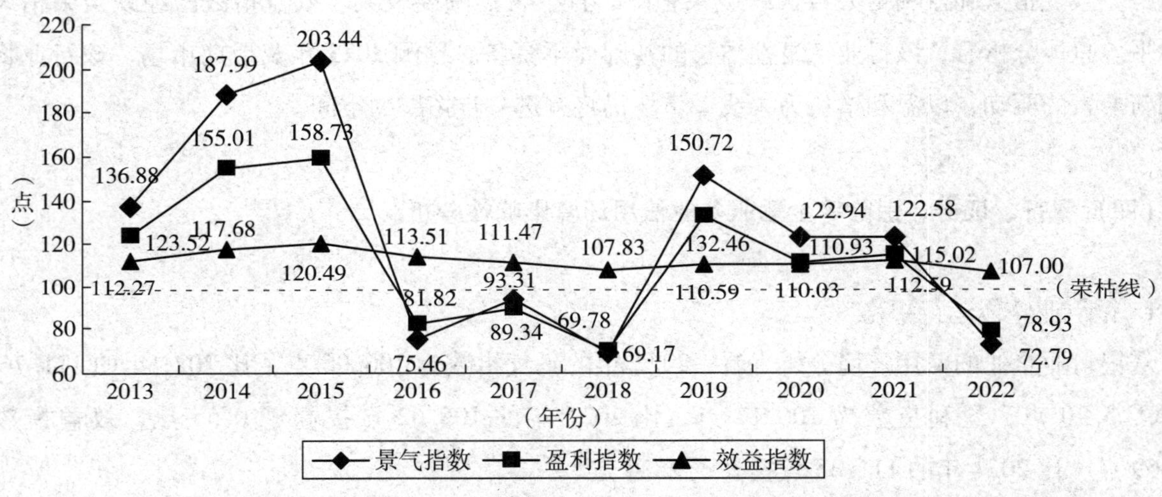

图 5－11　2013—2022 年证券及其他金融服务业信用环境影响性分析

从图 5－11 中可以看出，证券及其他金融服务业呈现明显的下行态势，三项指数均出现较大幅度的回落。总体分析来看，该行业受市场环境和市场情绪的影响，面临着较大的下行压力。预测 2023 年及后期市场，随着资本市场深化改革，该行业仍将面临诸多不利因素的挑战，这需要引起业界的思考和警觉。

3. 保险业持续低迷

从保险业企业的信用环境分析来看，2022 年的景气指数为 97. 17 点，比 2021 年的 95. 39 点提高了 1. 78 点；盈利指数为 96. 70 点，比 2021 年的 93. 38 点提高了 3. 32 点；效益指数为 105. 63 点，比 2021 年的 105. 22 点提高了 0. 41 点。

2011—2022 年保险业信用环境影响性分析见图 5 - 12。

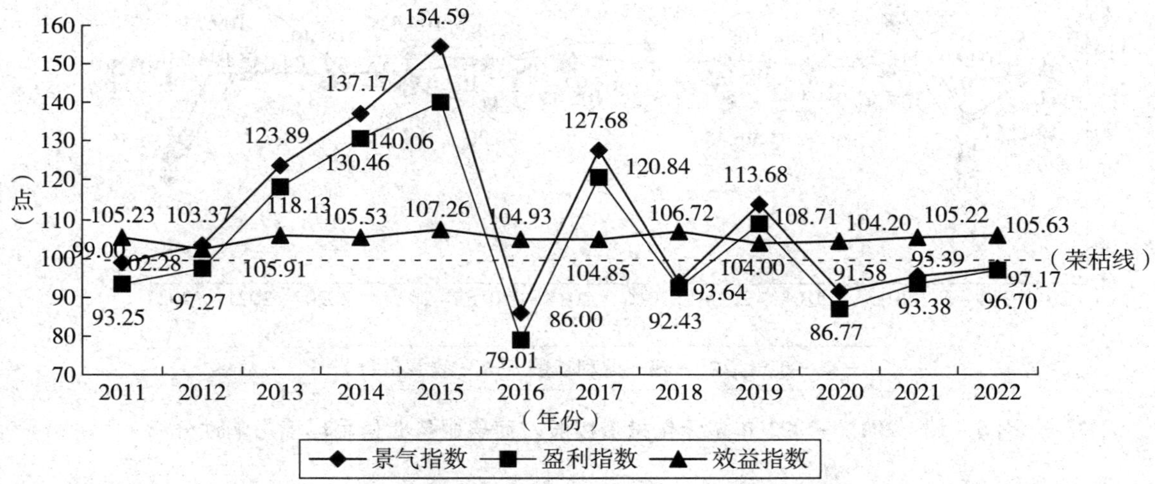

图 5 - 12　2011—2022 年保险业信用环境影响性分析

从图 5 - 12 中可以看出，保险业总体仍处于低位徘徊状态，上升动力明显不足。景气指数和盈利指数持续三年在荣枯线以下运行，但负增长的幅度逐步收窄。预测后期市场，该行业仍将保持在相对低位区间运行，在发展模式和创新机制上仍需做出转变。

（五）多元投资、房地产开发等服务业信用环境影响性分析

1. 多元化投资控股、商务服务业高位回落

从多元化投资控股、商务服务业企业的信用环境分析来看，2022 年的景气指数为 82. 55 点，比 2021 年的 125. 80 点下降了 43. 25 点；盈利指数为 78. 01 点，比 2021 年的 109. 24 点下降了 31. 23 点；效益指数为 103. 30 点，比 2021 年的 104. 63 点下降了 1. 33 点。

2011—2022 年多元化投资控股、商务服务业信用环境影响性分析见图 5 - 13。

从图 5 - 13 中可以看出，多元化投资控股、商务服务业总体呈现高位回落的态势。景气指数和盈利指数大幅下降，创自 2011 年以来的最低水平。这一情况表明，该行业具有与宏观经济环境相对较高的关联度。总体分析来看，该行业受宏观经济环境的影响以及投资热情减弱的冲击，恢复性增长的基础尚不稳固，总体投资活跃度明显偏弱。预测后期市场，随着宏观经济的全面恢复，该行业将会呈现恢复性增长的态势。

2. 房地产开发与经营、物业及房屋装饰、修缮、管理等服务业受挫明显

从房地产开发与经营、物业及房屋装饰、修缮、管理等服务业企业的信用环境分析来看，2022

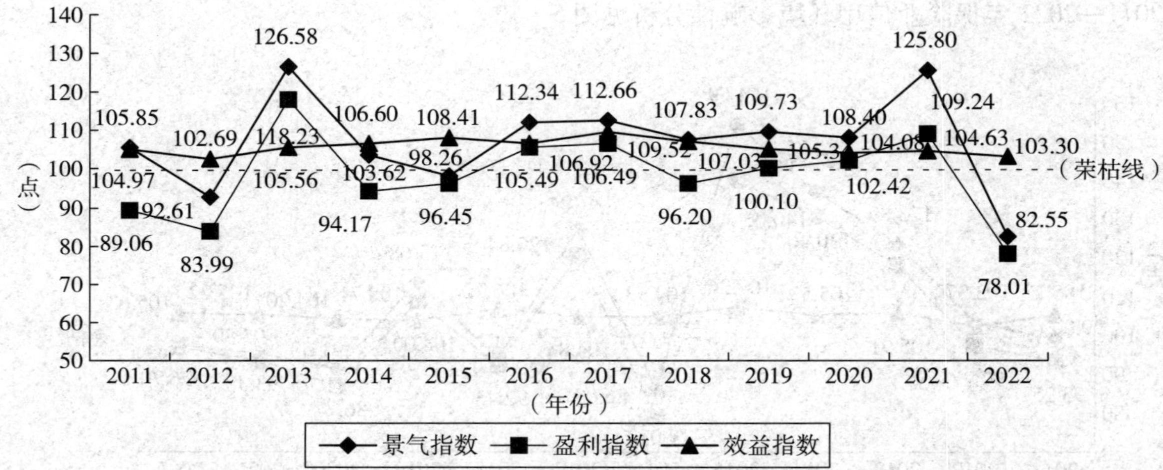

图 5-13　2011—2022 年多元化投资控股、商务服务业信用环境影响性分析

年的景气指数为 70. 28 点，比 2021 年的 93. 06 点下降了 22. 78 点；盈利指数为 68. 26 点，比 2021 年的 84. 56 点下降了 16. 30 点；效益指数为 99. 44 点，比 2021 年的 104. 48 点下降了 5. 04 点。

2011—2022 年房地产开发与经营、物业及房屋装饰、修缮、管理等服务业信用环境影响性分析见图 5-14。

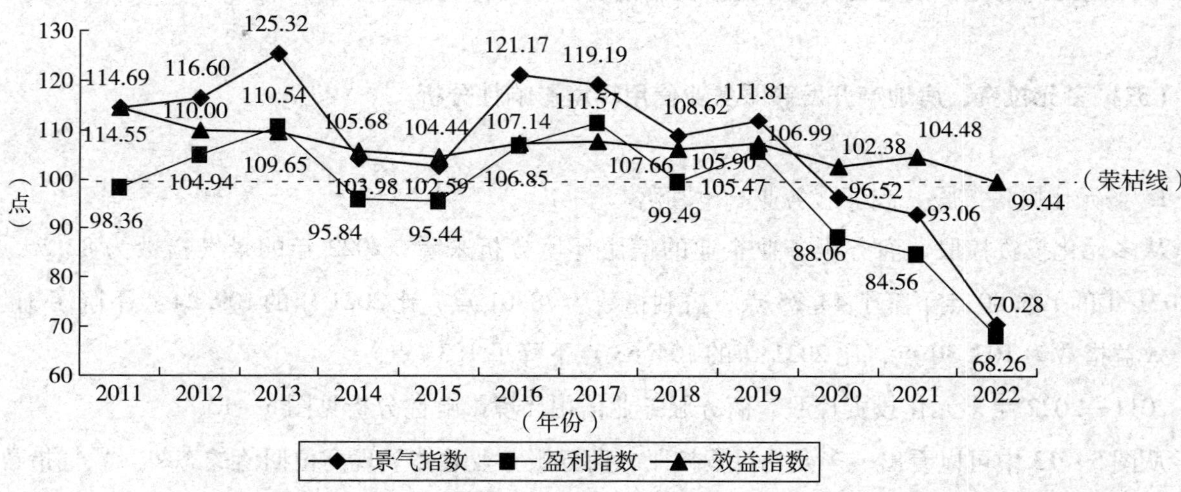

图 5-14　2011—2022 年房地产开发与经营、物业及房屋装饰、修缮、管理等服务业信用环境影响性分析

从图 5-14 中可以看出，房地产开发与经营、物业及房屋装饰、修缮、管理等服务业下行压力持续加大，受挫明显。景气指数和盈利指数再创新低，尚未出现止跌迹象。这一情况表明，该行业的景气度持续低迷，整体盈利能力持续减弱，整体经营形势持续恶化。预测后期市场，该行业受宏观经济环境和消费疲软的双重影响，短期内难以改变低位运行的状态。但由于政策性扶持，该行业也将维持在适度的低位区间运行。

（六）科技、文化等服务业信用环境影响性分析

1. 科技研发、推广及地勘、规划、设计、评估、咨询、认证等承包服务业回落幅度较大

从科技研发、推广及地勘、规划、设计、评估、咨询、认证等承包服务业企业的信用环境分析来看，2022 年的景气指数为 91.75 点，比 2021 年的 113.26 点下降了 21.51 点；盈利指数为 84.92 点，比 2021 年的 104.31 点下降了 19.39 点；效益指数为 105.92 点，比 2021 年的 108.65 点下降了 2.73 点。

2011—2022 年科技研发、推广及地勘、规划、设计、评估、咨询、认证等承包服务业信用环境影响性分析见图 5－15。

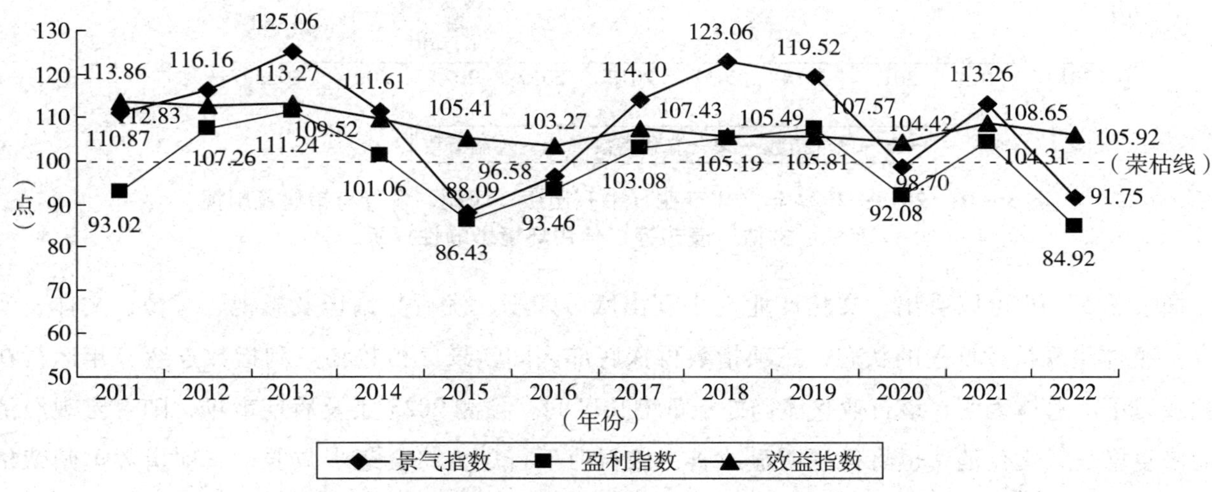

图 5－15　2011—2022 年科技研发、推广及地勘、规划、设计、评估、咨询、认证等承包服务业信用环境影响性分析

综合三项指数可以看出，科技研发、推广及地勘、规划、设计、评估、咨询、认证等承包服务业在一度温和回升后再起波澜，景气指数和盈利指数重新跌破荣枯线，尤其是盈利指数创自 2011 年以来的最低水平，这一情况表明，该行业的经营形势再次变得严峻。总体分析来看，该行业的回落仍是受到新冠疫情的影响和投资热情减弱的影响。预测 2023 年及后期市场，随着宏观经济环境和投资环境持续改善及活跃度逐步好转，该行业的整体经营形势也将会呈现恢复性增长的态势。

2. 文化产业（书刊出版、印刷、发行与销售及影视、音像、文体、演艺等）持续低迷

从文化产业（书刊出版、印刷、发行与销售及影视、音像、文体、演艺等）企业的信用环境分析来看，2022 年的景气指数为 73.61 点，比 2021 年的 96.98 点下降了 23.37 点；盈利指数为

75. 14 点，比 2021 年的 93. 58 点下降了 18. 44 点；效益指数为 95. 78 点，比 2021 年的 102. 97 点下降了 7. 19 点。

2013—2022 年文化产业（书刊出版、印刷、发行与销售及影视、音像、文体、演艺等）信用环境影响性分析见图 5 - 16。

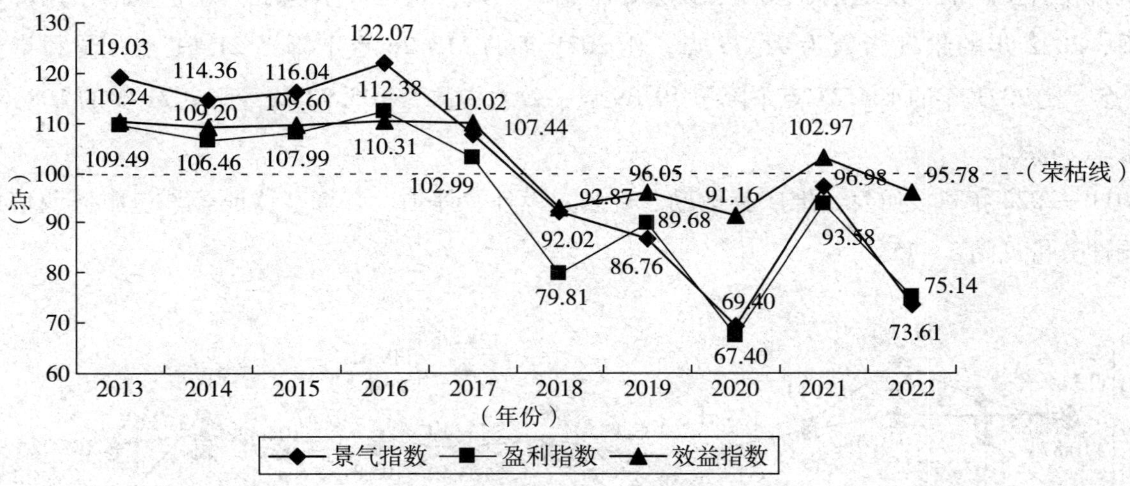

图 5 - 16　2013—2022 年文化产业（书刊出版、印刷、发行与销售及影视、音像、文体、演艺等）信用环境影响性分析

通过图 5 - 16 可以看出，文化产业（书刊出版、印刷、发行与销售及影视、音像、文体、演艺等）整体呈现持续低迷的状态，三项指数再探底部区间，景气指数和盈利指数连续五年运行在荣枯线以下。总体表明，该行业整体仍处于负增长区间。预测 2023 年及后期市场，随着宏观经济全面恢复增长，文化消费也将得到明显改善，该行业下行压力将会逐步减弱，三项指数重归荣枯线以上运行值得期待。

（七）2022 年服务业信用环境行业特征分析

1. 2022 年服务业细分行业指数综合分析

2022 年服务业的景气指数几乎可以用全面跌落来形容，除农牧渔饲产品及生活消费品等内外贸批发、零售业保持在荣枯线以上且同比增长外，其他行业均表现为下降状态。在 28 个细分行业中仅有 5 个细分行业在荣枯线以上运行。

2022 年盈利指数表现更不乐观，在 28 个细分行业中仅有 4 个细分行业在荣枯线以上运行，其中有 2 个细分行业同比增长。

2022 年效益指数在荣枯线以上运行且同比增长的细分行业有 8 个，在荣枯线以上运行的细分行业有 21 个，低于荣枯线的有 7 个细分行业。

2022 年服务业信用环境行业特征汇总分析见表 5－3。

表 5－3　2022 年服务业信用环境行业特征汇总分析

序号	行业	景气指数		盈利指数		效益指数		盈亏系数	
		本期	同比（±）	本期	同比（±）	本期	同比（±）	本期	上期
1	能源（电、热、燃气等）供应、开发、节能减排及再循环服务业	89.50	－25.54	87.24	－12.94	104.20	－2.23	0.053	0.245
2	铁路运输及辅助服务业	61.58	－32.15	76.65	－7.28	109.64	4.66	0.066	0.048
3	陆路运输、城市公交、道路及交通辅助等服务业	93.74	－44.83	92.97	－30.41	112.00	1.06	0.022	0.002
4	水上运输业	112.32	－33.97	95.47	－39.34	112.47	－3.66	0.000	0.000
5	港口服务业	102.41	－14.56	99.24	－12.18	106.98	0.49	0.032	0.018
6	航空运输及相关服务业	－11.16	－35.35	－22.15	－51.46	77.36	－19.70	4.405	10.388
7	航空港及相关服务业	8.87	－44.30	1.77	－48.97	89.73	－6.57	16.786	4.861
8	电信、邮寄、速递等服务业	95.44	－24.15	105.43	－4.41	100.24	－2.88	0.004	0.004
9	软件、程序、计算机应用、网络工程等计算机、微电子服务业	75.49	－35.34	71.59	－27.43	101.89	－4.05	3.422	0.047
10	物流、仓储、运输、配送及供应链服务业	92.76	－30.96	91.78	－15.23	106.39	－1.57	0.029	0.009
11	能源、矿产、化工、机电、金属产品等内外商贸批发业	114.68	－6.40	106.06	－0.35	108.22	6.19	0.014	0.344
12	农牧渔饲产品及生活消费品等内外贸批发、零售业	107.80	1.48	106.20	2.80	103.75	－1.91	0.002	0.000
13	综合性内外商贸及批发、零售业	99.98	－26.06	93.90	－22.63	103.53	0.82	0.066	0.027
14	汽车和摩托车商贸、维修保养及租赁业	86.44	－32.65	79.98	－26.98	104.29	－5.64	0.387	0.000
15	医药专营批发、零售业及医疗服务业	99.85	－13.75	90.42	－15.18	103.32	－4.88	0.142	0.000
16	商业零售业及连锁超市	75.78	－24.98	82.04	－17.22	105.76	1.60	0.184	1.742
17	银行业	106.06	－5.70	106.17	0.55	113.69	2.34	0.000	0.000
18	保险业	97.17	1.78	96.70	3.32	105.63	0.41	0.000	0.000
19	证券及其他金融服务业	72.79	－49.79	78.93	－36.09	107.00	－5.59	0.026	0.002

续表

序号	行业	景气指数		盈利指数		效益指数		盈亏系数	
		本期	同比（±）	本期	同比（±）	本期	同比（±）	本期	上期
20	多元化投资控股、商务服务业	82.55	-43.25	78.01	-31.23	103.30	-1.33	0.081	0.005
21	房地产开发与经营、物业及房屋装饰、修缮、管理等服务业	70.28	-22.78	68.26	-16.30	99.44	-5.04	1.007	0.267
22	旅游、旅馆及娱乐服务业	19.04	-56.00	20.52	-45.56	89.71	-8.90	0.417	0.081
23	公用事业、市政、水务、航道等公共设施投资、经营与管理业	86.08	-29.54	80.47	-24.41	104.45	-5.51	0.355	0.062
24	人力资源（职业教育、培训等）、会展博览、国内外经济合作等社会综合服务业	82.38	-12.32	83.28	-2.31	94.47	2.36	1.709	0.543
25	科技研发、推广及地勘、规划、设计、评估、咨询、认证等承包服务业	91.75	-21.51	84.92	-19.39	105.92	-2.73	0.012	0.060
26	文化产业（书刊出版、印刷、发行与销售及影视、音像、文体、演艺等）	73.61	-23.37	75.14	-18.44	95.78	-7.19	0.723	0.047
27	信息、传媒、电子商务、网购、娱乐等互联网服务业	76.97	-34.48	75.09	-25.38	100.27	-7.79	0.066	0.076
28	综合服务业（以服务业为主，含有制造业）	73.85	-28.95	72.68	-16.09	96.21	-5.21	4.046	0.316

注：盈亏系数 = 行业亏损总额/行业净利润总额，数值越高，亏损比率越大，数值为 1.000 则盈亏额相等，数值为 0.000 则无亏损额。

2022 年服务业细分行业景气指数运行在 100 点（荣枯线）以上的细分行业有 5 个，分别为：水上运输业 112.32 点；港口服务业 102.41 点；能源、矿产、化工、机电、金属产品等内外商贸批发业 114.68 点；农牧渔饲产品及生活消费品等内外贸批发、零售业 107.80 点；银行业 106.06 点。

2022 年景气指数偏低的行业有：航空运输及相关服务业 -11.16 点，航空港及相关服务业 8.87 点，这 2 个行业已经处于或接近行业性亏损状态；旅游、旅馆及娱乐服务业 19.04 点，铁路运输及辅助服务业 61.58 点，房地产开发与经营、物业及房屋装饰、修缮、管理等服务业 70.28 点，证券及其他金融服务业 72.79 点，以上这 4 个行业也值得重点关注。

2022 年盈利指数超过 100 点（荣枯线）的行业有 4 个，分别为：电信、邮寄、速递等服务业 105.43 点；能源、矿产、化工、机电、金属产品等内外商贸批发业 106.06 点；农牧渔饲产品及生活消费品等内外贸批发、零售业 106.20 点；银行业 106.17 点。

2022 年盈利指数偏低的行业有：航空运输及相关服务业 -22.15 点，航空港及相关服务业 1.77 点，旅游、旅馆及娱乐服务业 20.52 点，这 3 个细分行业盈利能力处于或接近行业性亏损状态。另外，房地产开发与经营、物业及房屋装饰、修缮、管理等服务业 68.26 点，软件、程序、计算机应用、网络工程等计算机、微电子服务业 71.59 点，这 2 个细分行业的盈利能力也值得重点关注。

2022 年效益指数超过 110 点的行业有 3 个，分别为：银行业 113.69 点；水上运输业 112.47 点；陆路运输、城市公交、道路及交通辅助等服务业 112.00 点。这 3 个细分行业效益较高。

2022 年景气指数、盈利指数、效益指数均高于 100 点（荣枯线）的行业有 3 个，分别为：能源、矿产、化工、机电、金属产品等内外商贸批发业，农牧渔饲产品及生活消费品等内外贸批发、零售业，银行业。

2022 年景气指数、盈利指数、效益指数均低于 100 点（荣枯线）的行业有 7 个，需要引起业界的高度警觉和关注。

2. 2022 年服务业细分行业盈亏系数综合分析

2022 年服务业细分行业中盈亏系数为“0.000”（无亏损额）的行业有 3 个分别为：水上运输业，银行业和保险业。

2022 年服务业细分行业中盈亏系数大于 1.000（亏损比率大于 100%）的行业有 6 个，分别为：航空运输及相关服务业 4.405；航空港及相关服务业 16.786；软件、程序、计算机应用、网络工程等计算机、微电子服务业 3.422；房地产开发与经营、物业及房屋装饰、修缮、管理等服务业 1.007；综合服务业（以服务业为主，含有制造业）4.046；人力资源（职业教育、培训等）、会展博览、国内外经济合作等社会综合服务业 1.709。这 6 个细分行业出现了行业性整体亏损，需要重点关注。

2022 年服务业细分行业中盈亏系数大于 0.300，小于 1.000（亏损比率大于 30%，小于 100%）的行业有 4 个，分别为：文化产业（书刊出版、印刷、发行与销售及影视、音像、文体、演艺等）0.723，旅游、旅馆及娱乐服务业 0.417，汽车和摩托车商贸、维修保养及租赁业 0.387，公用事业、市政、水务、航道等公共设施投资、经营与管理业 0.355。这 4 个行业的亏损比率较大，也需要业界高度重视。

三、2023 中国服务业企业信用 100 强行业效益变化趋势分析

（一）能源、交通、物流等行业经济效益变化趋势分析

1. 能源（电、热、燃气等）供应、开发、节能减排及再循环服务业收益下降

第一，从收益性指标分析。2022 年能源（电、热、燃气等）供应、开发、节能减排及再循环服务业营收利润率为 3. 82%，同比下降了 1. 89 个百分点；资产利润率为 1. 50%，同比下降了 0. 58 个百分点；所有者权益报酬率为 7. 28%，同比下降了 4. 23 个百分点。

能源（电、热、燃气等）供应、开发、节能减排及再循环服务业收益性指标变化趋势分析见图 5 – 17。

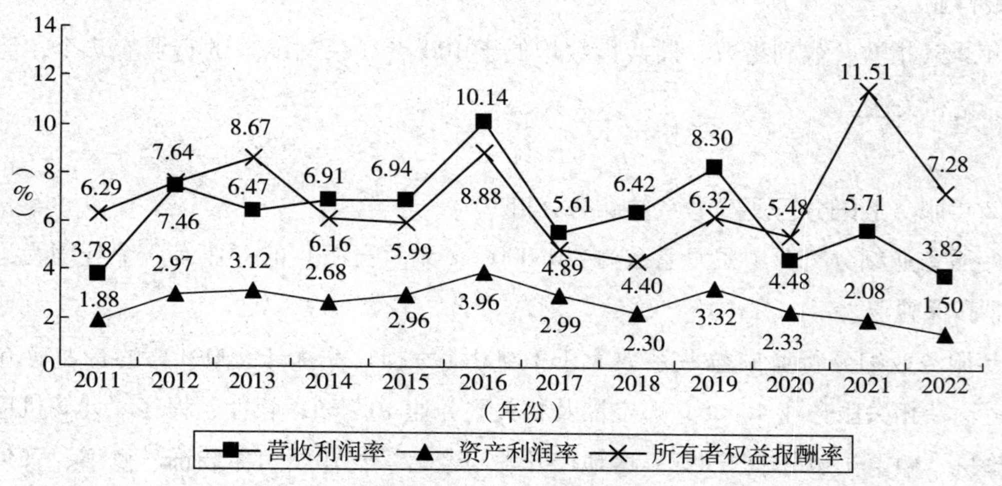

图 5 – 17　能源（电、热、燃气等）供应、开发、节能减排及再循环服务业收益性指标变化趋势分析

从图 5 – 17 中可以看出，该行业的三项收益性指数均呈现明显下降态势。其中，营收利润率和资产利润率重新回到历史低位，表明该行业整体盈利能力明显减弱；但所有者权益报酬率仍维持在相对高位运行。总体来看，该行业整体经营效益所受影响相对有限。

第二，从成长性指标分析。2022 年能源（电、热、燃气等）供应、开发、节能减排及再循环服务业营收增长率为 4. 98%，同比下降了 20. 07 个百分点；利润增长率为 – 25. 98%，同比下降了 31. 02 个百分点；资产增长率为 6. 58%，同比下降了 6. 43 个百分点；人员增长率为 2. 55%，同比下降了 1. 65 个百分点。

能源（电、热、燃气等）供应、开发、节能减排及再循环服务业成长性指标变化趋势分析见图 5 - 18。

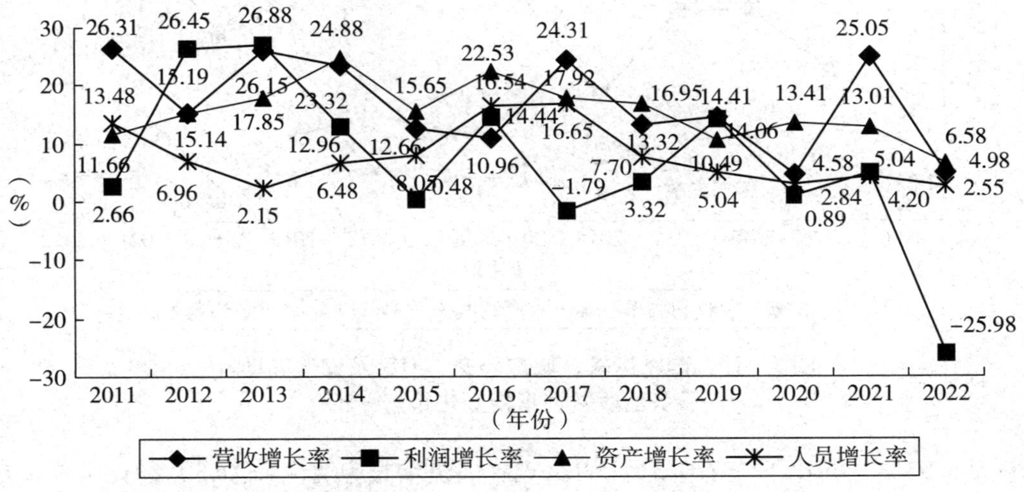

图 5 - 18　能源（电、热、燃气等）供应、开发、节能减排及再循环服务业成长性指标变化趋势分析

综合四项成长性指标分析，该行业总体上呈现明显下行的态势。其中，营收增长率下降幅度较大，仅维持在正增长的边际水平；利润增长率表现为较大幅度的负增长，表明其受市场需求影响，整体收益也受重挫；资产增长率维持在低位运行；人员增长率也有所下降。总体分析表明，该行业增长乏力，动能不足，整体经营形势不容乐观。预测 2023 年及后期市场，随着宏观经济持续向好，该行业将会逐步恢复增长。

2. 陆路运输、城市公交、道路及交通辅助等服务业增速回落

第一，从收益性指标分析。2022 年陆路运输、城市公交、道路及交通辅助等服务业营收利润率为 22.49%，同比提高了 1.55 个百分点；资产利润率为 3.18%，同比下降了 0.58 个百分点；所有者权益报酬率为 10.35%，同比提高了 2.22 个百分点。

陆路运输、城市公交、道路及交通辅助等服务业收益性指标变化趋势分析见图 5 - 19。

综合三项收益性指标分析，该行业总体延续了强势上扬的基本走势。营收利润率和所有者权益报酬在原有的相对高位上再度大幅度拉升，表明该行业的整体盈利能力显著增强。资产利润率虽有小幅回落，但仍然在相对高位运行。从整体走势来看，该行业已经回归正常运行轨道，预测后期市场，随着宏观经济的全面恢复，该行业的收益性指标出现大幅波动的可能性不大。

第二，从成长性指标分析。2022 年陆路运输、城市公交、道路及交通辅助等服务业营收增长率为 3.27%，同比下降了 30.12 个百分点；利润增长率为 -15.78%，同比下降了 59.54 个百分点；

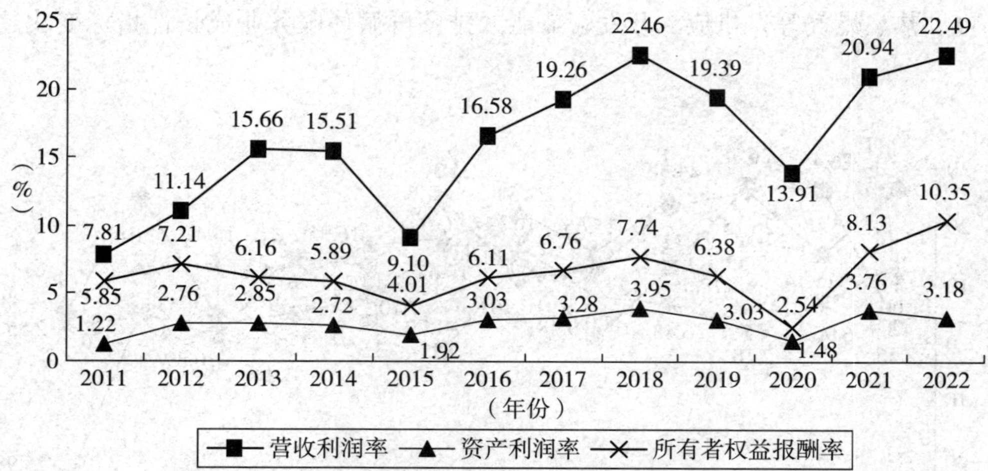

图 5-19　陆路运输、城市公交、道路及交通辅助等服务业收益性指标变化趋势分析

资产增长率为 6.93%，同比下降了 0.31 个百分点；人员增长率为 -1.70%，同比下降了 6.28 个百分点。

陆路运输、城市公交、道路及交通辅助等服务业成长性指标变化趋势分析见图 5-20。

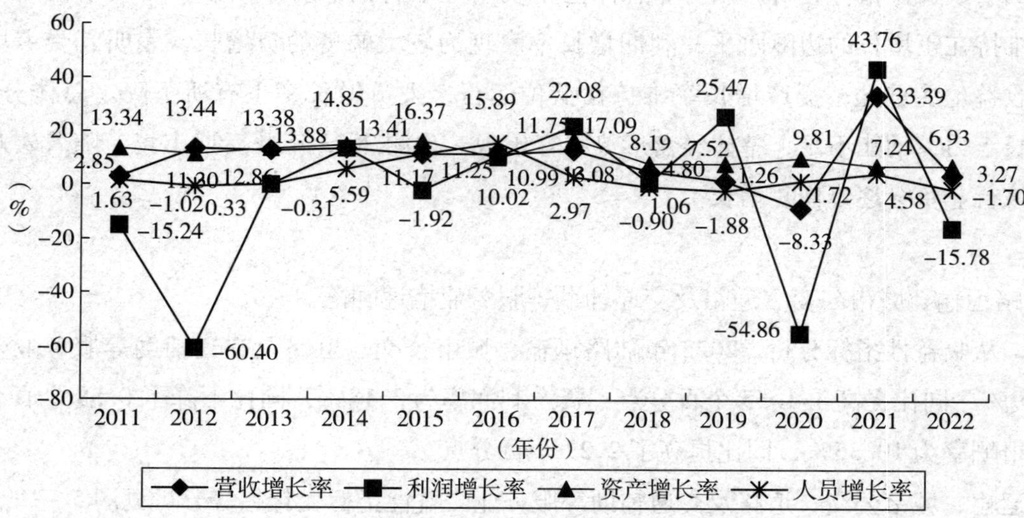

图 5-20　陆路运输、城市公交、道路及交通辅助等服务业成长性指标变化趋势分析

综合四项成长性指标分析，该行业主要经营性成长指标表现较为弱势。营收增长率高位回落，利润增长率和人员增长率则由正增长转为负增长，资产增速再度放缓。该行业成长性指标的下降，明显是受宏观环境影响，总体走势符合市场预期，预测 2023 年及后期市场，该行业将会出现反弹。

3. 物流、仓储、运输、配送及供应链服务业收益性指标持续高位运行

第一，从收益性指标分析。2022 年物流、仓储、运输、配送及供应链服务业营收利润率为 4. 94%，同比提高了 2. 03 个百分点；资产利润率为 3. 77%，同比提高了 0. 38 个百分点；所有者权益报酬率为 10. 47%，同比下降了 7. 13 个百分点。

物流、仓储、运输、配送及供应链服务业收益性指标变化趋势分析见图 5 – 21。

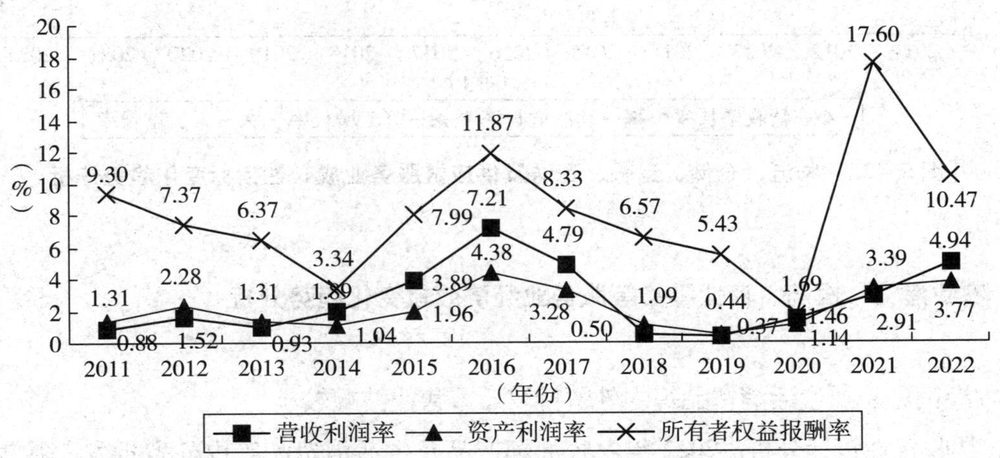

图 5 – 21　物流、仓储、运输、配送及供应链服务业收益性指标变化趋势分析

从图 5 – 21 中可以看出，该行业三项收益性指标有升有降，但总体走势持续在相对高位运行。其中，营收利润率和资产利润率持续提升，所有者权益报酬率高位回落，但仍保持高位运行。总体来看，该行业盈利能力持续稳定提高。

第二，从成长性指标分析。2022 年物流、仓储、运输、配送及供应链服务业营收增长率为 3. 07%，同比下降了 31. 15 个百分点；利润增长率为 – 17. 54%，同比下降了 30. 77 个百分点；资产增长率为 12. 98%，同比下降了 7. 30 个百分点；人员增长率为 2. 38%，同比下降了 0. 03 个百分点。

物流、仓储、运输、配送及供应链服务业成长性指标变化趋势分析见图 5 – 22。

从成长性指标分析，该行业增速出现较大幅度的波动。营收增长率和资产增长率从高位回落，利润增长率由正增长转为较大幅度的负增长，人员增长率出现小幅回落。结合收益性指标综合分析来看，该行业的稳中向好的基本面没有改变，预测 2023 年及后期市场，该行业仍将保持较高的景气度和盈利能力，保持合理较快的增长速度仍将是该行业的主要发展趋势。

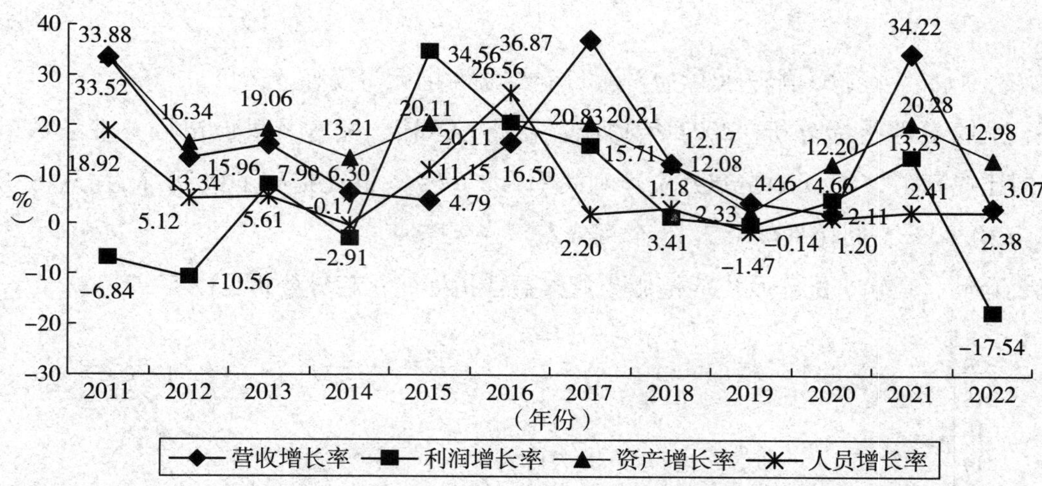

图 5-22 物流、仓储、运输、配送及供应链服务业成长性指标变化趋势分析

（二）农牧渔饲、医药、商业零售等服务业经济效益变化趋势分析

1. 农牧渔饲产品及生活消费品等内外贸批发、零售业波幅较小

第一，从收益性指标分析。2022 年农牧渔饲产品及生活消费品等内外贸批发、零售业营收利润率为 1.97%，同比下降了 5.31 个百分点；资产利润率为 2.35%，同比下降了 1.18 个百分点；所有者权益报酬率为 6.92%，同比提高了 0.74 个百分点。

农牧渔饲产品及生活消费品等内外贸批发、零售业收益性指标变化趋势分析见图 5-23。

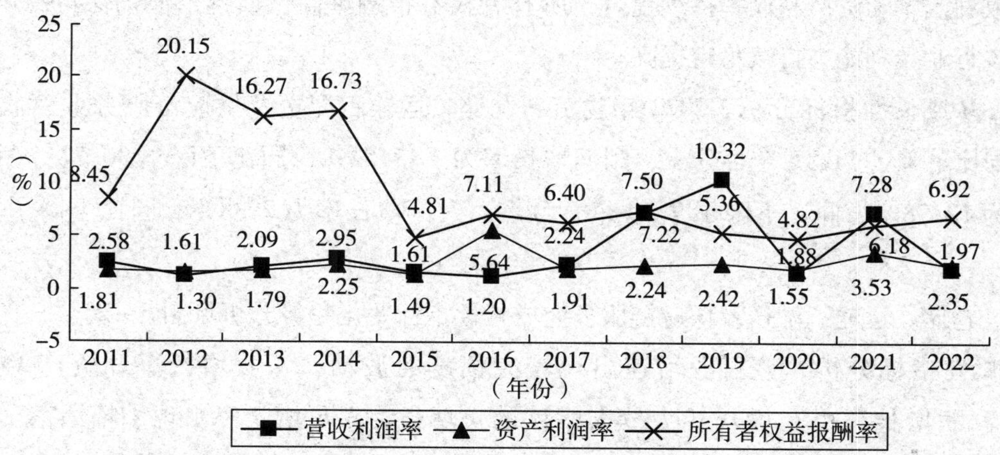

图 5-23 农牧渔饲产品及生活消费品等内外贸批发、零售业收益性指标变化趋势分析

综合三项收益性指标分析，该行业整体波幅较小。其中，营收利润率和资产利润率有所回落，但所有者权益报酬率逆势上升。总体来看，该行业收益性具有周期性波动的特征，但总体来看波幅较小，运行相对平稳。

第二，从成长性指标分析。2022 年农牧渔饲产品及生活消费品等内外贸批发、零售业营收增长率为 2. 95%，同比下降了 2. 93 个百分点；利润增长率为 12. 65%，同比提高了 5. 89 个百分点；资产增长率为 3. 58%，同比下降了 8. 97 个百分点；人员增长率为 2. 82%，同比提高了 3. 55 个百分点。

农牧渔饲产品及生活消费品等内外贸批发、零售业成长性指标变化趋势分析见图 5 - 24。

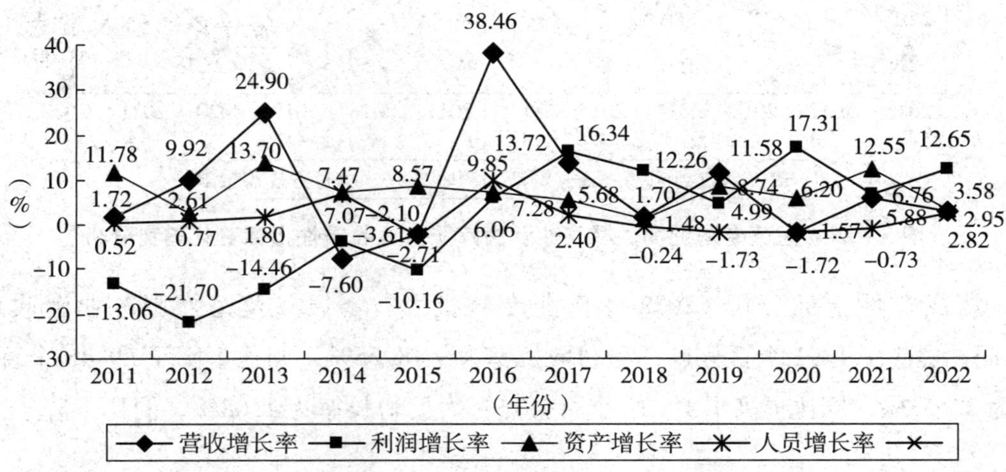

图 5 - 24　农牧渔饲产品及生活消费品等内外贸批发、零售业成长性指标变化趋势分析

综合农牧渔饲产品及生活消费品等内外贸批发、零售业的成长性指标变化趋势分析，营收增长率仍保持正增长态势，利润增长率提升幅度较大，资产增长率和人员增长率也保持正增长态势，尤其是人员增速有所提升。结合收益性指标分析，该行业仍保持良好的成长性。预测 2023 年及后期市场，该行业仍将延续正增长态势，但受价格波动及消费需求减弱影响，该行仍具有一定的不确定性，周期性波动震荡整理将是该行业的总体趋势。

2. 医药专营批发、零售业及医疗服务业高位回落整理

第一，从收益性指标分析。2022 年医药专营批发、零售业及医疗服务业的营收利润率为 0. 50%，同比下降了 5. 31 个百分点；资产利润率为 3. 54%，同比下降了 1. 11 个百分点；所有者权益报酬率为 5. 93%，同比下降了 8. 20 个百分点。

医药专营批发、零售业及医疗服务业收益性指标变化趋势分析见图 5 - 25。

综合三项收益性指标分析，该行业的三项指标总体呈现高位回落的态势。营收利润率和所有者权益报酬率回落幅度较大，资产利润率也有明显回调，其主要原因可能与 2021 年在新冠疫情影响下过度释放有关，高位回调整理是一种短期技术性需求。综合分析来看，该行业盈利水平变化与疫情变化有关，预测后期市场，该行业的盈利水平将会逐步回归到正常而理性的轨道上来。

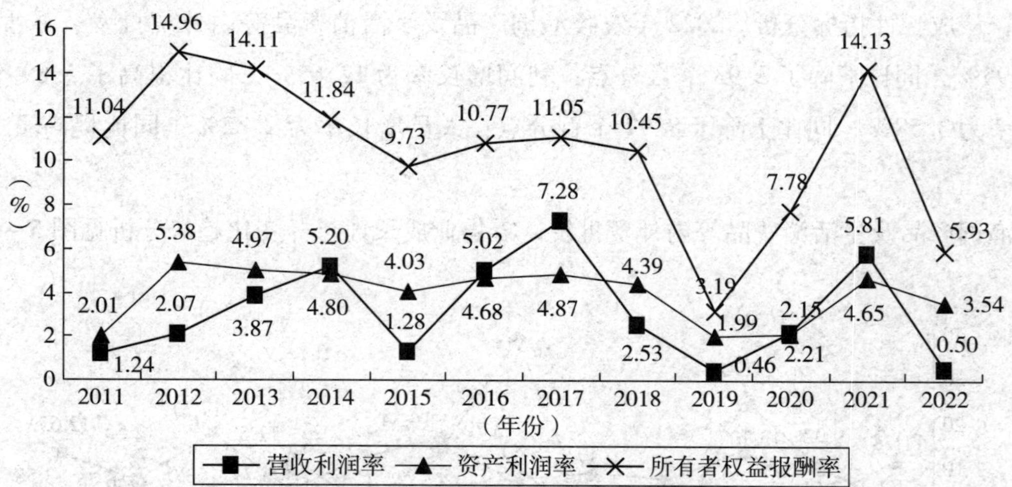

图 5－25 医药专营批发、零售业及医疗服务业收益性指标变化趋势分析

第二，从成长性指标分析。2022 年医药专营批发、零售业及医疗服务业营收增长率为 17.94%，同比提高了 1.91 个百分点；利润增长率为－18.25%，同比下降了 29.43 个百分点；资产增长率为 22.53%，同比提高了 10.37 个百分点；人员增长率为 1.68%，同比下降了 2.07 个百分点。

医药专营批发、零售业及医疗服务业成长性指标变化趋势分析见图 5－26。

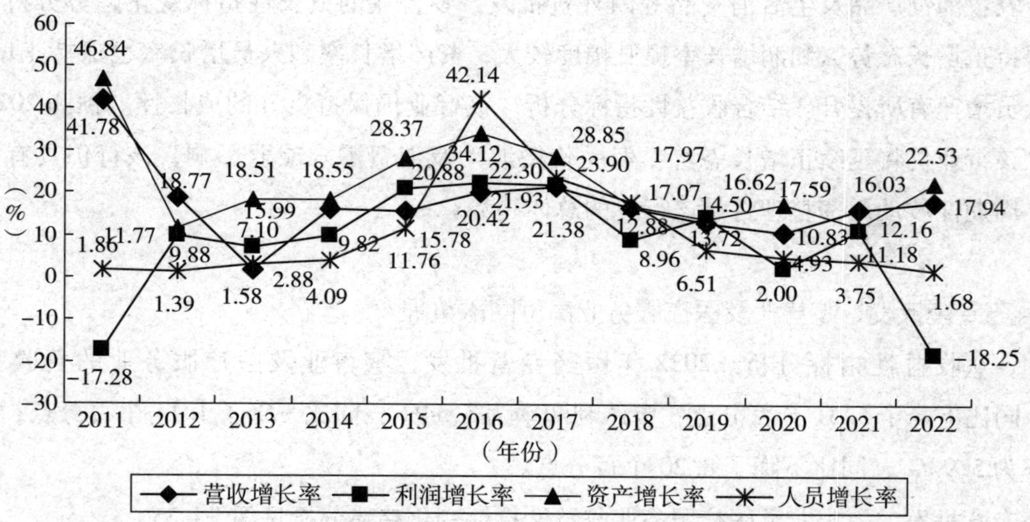

图 5－26 医药专营批发、零售业及医疗服务业成长性指标变化趋势分析

综合成长性指标变化趋势分析，该行业总体呈现有升有降的态势。其中，营收增长率和资产增长率仍保持着较高幅度的正增长，而利润增长率大幅回落转为负增长，人员增长率也有回落。总体来看，该行业持续向好的基本趋势没有改变。

3. 商业零售业及连锁超市盈利水平持续改善，下行压力仍然很大

第一，从收益性指标分析。2022 年商业零售业及连锁超市营收利润率为 6. 61%，同比下降了 0. 19 个百分点；资产利润率为 3. 14%，同比提高了 0. 45 个百分点；所有者权益报酬率为 7. 53%，同比提高了 4. 54 个百分点。

商业零售业及连锁超市收益性指标变化趋势分析见图 5 – 27。

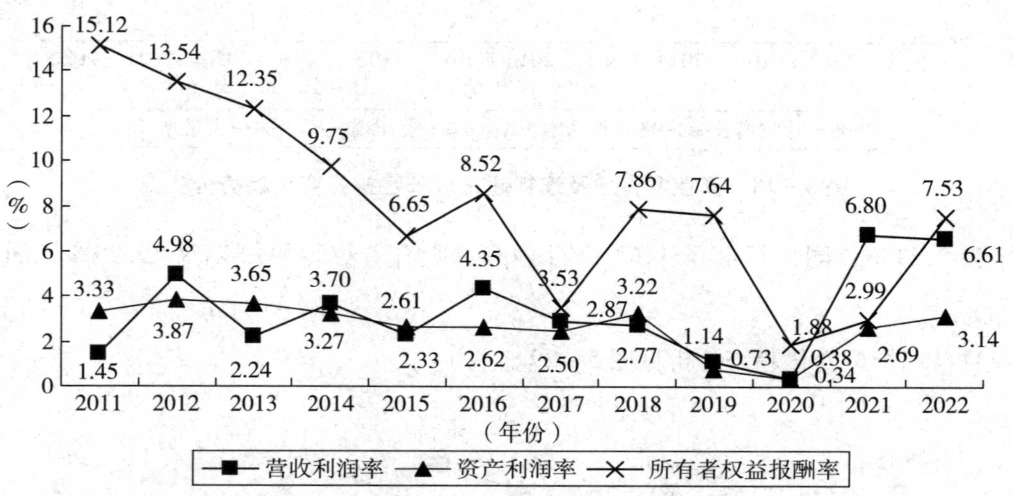

图 5 – 27　商业零售业及连锁超市收益性指标变化趋势分析

综合三项收益性指标分析，该行业盈利水平总体呈现持续改善的态势。营收利润率虽有回落，但保持相对较高水平，资产利润率和所有者报酬率均持续提高。预测后期市场，该行业的总体盈利水平会维持在相对合理区间运行。

第二，从成长性指标分析。2022 年商业零售业及连锁超市营收增长率为 – 7. 82%，同比下降了 10. 68 个百分点；利润增长率为 – 40. 61%，同比下降了 39. 27 个百分点；资产增长率为 –2. 24%，同比下降了 17. 15 个百分点；人员增长率为 – 4. 38%，同比下降了 5. 54 个百分点。

商业零售业及连锁超市成长性指标变化趋势分析见图 5 – 28。

综合成长性指标变化趋势分析，该行业有四项成长性指标再度大幅回落，均呈现负增长的态势。其中，利润增长率下降幅度较大，负增长幅度创近 10 年来的最低水平，表明该行业总体经营形势仍不乐观，下行压力依然很大。

（三）银行、保险、房地产开发等服务业经济效益变化趋势分析

1. 银行业盈利提升，保持正增长

第一，从收益性指标分析。2022 年银行业营收利润率为 26. 47%，同比提高了 1. 75 个百分点；

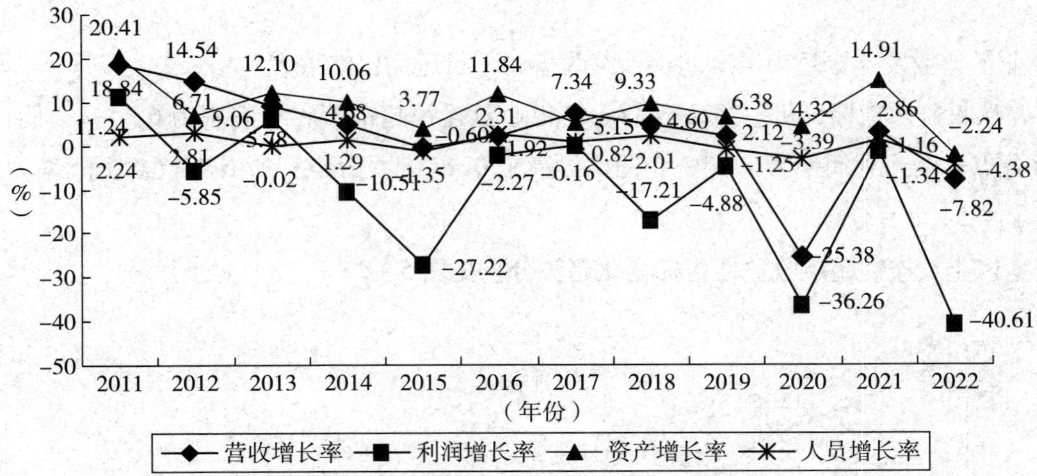

图 5－28　商业零售业及连锁超市成长性指标变化趋势分析

资产利润率为 2.31%，同比提高了 1.62 个百分点；所有者权益报酬率为 12.29%，同比提高了 3.66 个百分点。

银行业收益性指标变化趋势分析见图 5－29。

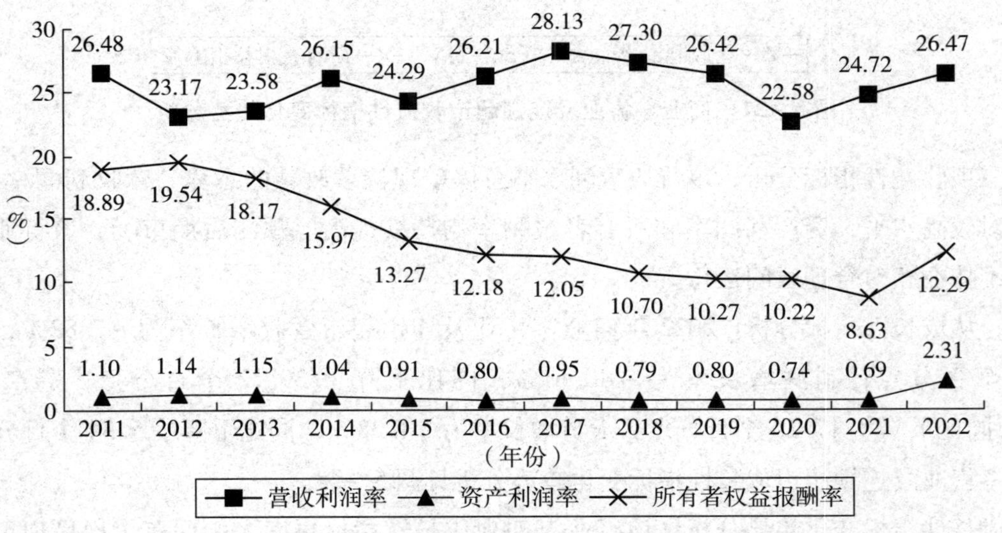

图 5－29　银行业收益性指标变化趋势分析

综合三项收益性指标分析，银行业总体运行稳中有升，营收利润率和所有者权益报酬率明显提升，资产利润率创自 2011 年以来的最好水平。从整体来看，银行业仍具有较高的盈利水平。预测后期市场，该行业将保持相对平稳运行的态势，但仍有向下调整的空间和需求。

第二，从成长性指标分析。2022 年银行业营收增长率为 1.75%，同比下降了 11.48 个百分点；利润增长率为 10.37%，同比提高了 0.08 个百分点；资产增长率为 5.94%，同比下降了 3.51 个百分点；人员增长率为 3.19%，同比提高了 0.21 个百分点。

银行业成长性指标变化趋势分析见图 5 – 30。

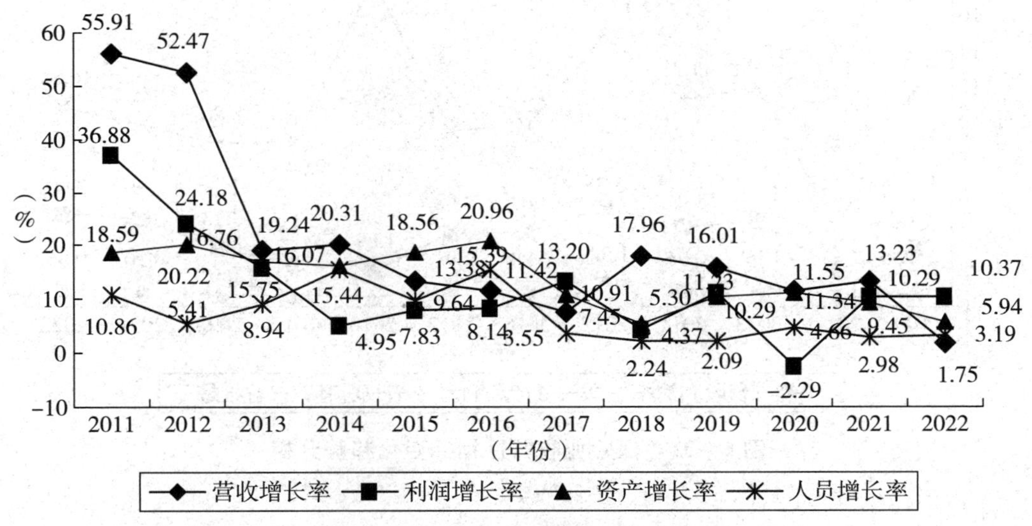

图 5 – 30　银行业成长性指标变化趋势分析

综合成长性指标变化趋势分析，该行业总体呈现有升有降的态势，但均保持正增长。其中，营收增长率增速明显放缓，利润增长率增速则有所提高，资产增长率明显回落，人员增速温和提升。总体来看，该行业虽出现一定的波动，但其波幅尚在合理范围之内。

2. 保险业温和回升

第一，从收益性指标分析。2022 年保险业营收利润率为 5. 06%，同比提高了 0. 26 个百分点；资产利润率为 0. 95%，同比下降了 0. 01 个百分点；所有者权益报酬率为 10. 88%，同比提高了 0. 96 个百分点。

保险业收益性指标变化趋势分析见图 5 – 31。

综合三项收益性指标分析，保险业总体运行呈现温和回升的态势。其中，营收利润率持续稳定回升，所有者权益报酬率持续提升。总体分析来看，该行业盈利能力有明显提高，经营形势持续改善。

第二，从成长性指标分析。2022 年保险业营收增长率为 1. 06%，同比下降了 4. 51 个百分点；利润增长率为 – 6. 73%，同比负增长收窄了 8. 06 个百分点；资产增长率为 8. 40%，同比下降了 5. 71 个百分点；人员增长率为 – 0. 21%，同比负增长收窄了 4. 59 个百分点。

保险业成长性指标变化趋势分析见图 5 – 32。

综合成长性指标变化趋势分析，保险业总体延续了震荡调整的态势。营收增长率继续波动调整，利润增长率虽处于负增长区间，但负增长的幅度持续收窄，资产增长率持续下降，人员增长率表现为负增长。总体来看，该行业仍处于低位调整状态，但有回升迹象。

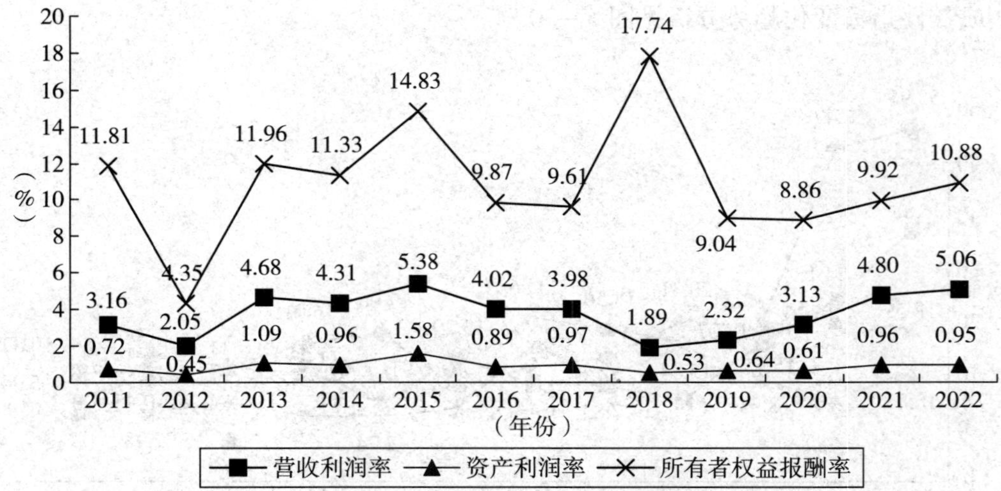

图 5-31　保险业收益性指标变化趋势分析

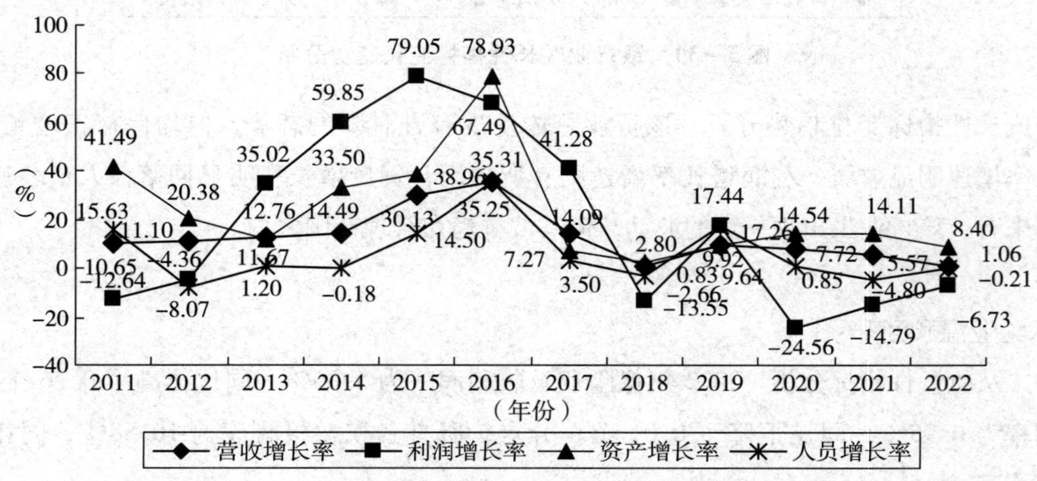

图 5-32　保险业成长性指标变化趋势分析

3. 房地产开发与经营、物业及房屋装饰、修缮、管理等服务业大幅下行

第一，从收益性指标分析。2022 年房地产开发与经营、物业及房屋装饰、修缮、管理等服务业营收利润率为 -2.08%，同比下降了 8.65 个百分点；资产利润率为 -1.31%，同比下降了 3.81 个百分点；所有者权益报酬率为 -0.92%，同比下降了 5.28 个百分点。

房地产开发与经营、物业及房屋装饰、修缮、管理等服务业收益性指标变化趋势分析见图 5-33。

综合三项收益性指标分析，该行业收益性指标均表现为负数，表明该行业已经处于整体性亏损状态，市场表现低迷。

第二，从成长性指标分析。2022 年房地产开发与经营、物业及房屋装饰、修缮、管理等服务业营收增长率为 0.66%，同比下降了 13.32 百分点；利润增长率为 -60.10%，同比下降了 32.24

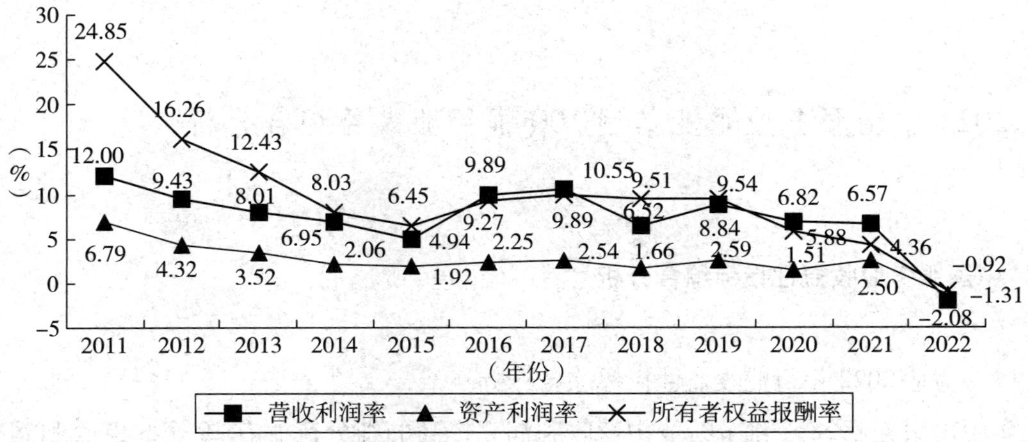

图 5－33　房地产开发与经营、物业及房屋装饰、修缮、管理等服务业收益性指标变化趋势分析

个百分点；资产增长率为 -4.31%，同比下降了 10.78 个百分点；人员增长率为 -2.62%，同比下降了 1.92 个百分点。

房地产开发与经营、物业及房屋装饰、修缮、管理等服务业成长性指标变化趋势分析见图 5－34。

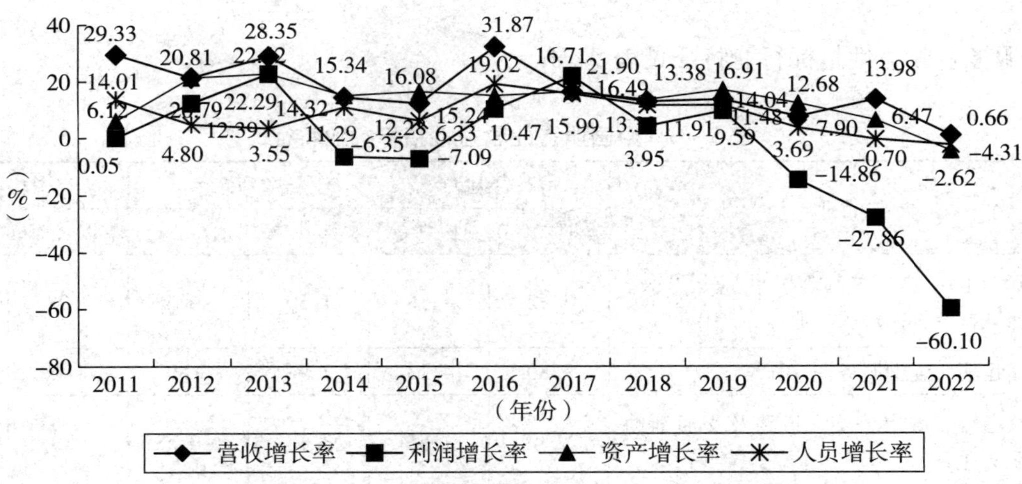

图 5－34　房地产开发与经营、物业及房屋装饰、修缮、管理等服务业成长性指标变化趋势分析

综合成长性指标分析，该行业总体呈现较大幅度的下行态势，且负增长的幅度进一步扩大。尤其是利润增长率表现为更大幅度的负增长，营收增长率接近边界状态，资产增速和人员增速均表现为负增长。预测 2023 年及后期市场，该行业仍将面临较大的下行压力。

四、2023 中国服务业企业信用 100 强行业效益综合分析

（一）中国服务业收益性指标综合分析

1. 中国服务业 2022 年行业收益性指标综合分析

2022 年中国服务业 28 个细分行业中营收利润率提高的细分行业有 10 个，营收利润率下降的细分行业有 18 个。

2022 年中国服务业 28 个细分行业中资产利润率提高的细分行业有 9 个，资产利润率下降的细分行业有 19 个。

2022 年中国服务业 28 个细分行业中所有者权益报酬率提高的细分行业有 9 个，所有者权益报酬率下降的细分行业有 19 个。

三项收益性指标中均为提高的细分行业仅有 5 个，其余 23 个细分行业均有一项或多项指标下降。

中国服务业收益性指标行业特征见表 5－4。

表 5－4　中国服务业收益性指标行业特征

序号	行业	营收利润率		资产利润率		所有者权益报酬率	
		本期（%）	同比（±）	本期（%）	同比（±）	本期（%）	同比（±）
1	能源（电、热、燃气等）供应、开发、节能减排及再循环服务业	3.82	－1.89	1.50	－0.58	7.28	－4.23
2	铁路运输及辅助服务业	9.80	4.13	7.94	4.89	11.18	10.61
3	陆路运输、城市公交、道路及交通辅助等服务业	22.49	1.55	3.18	－0.58	10.35	2.22
4	水上运输业	17.64	－1.97	5.89	－2.08	13.87	－6.94
5	港口服务业	13.42	2.14	2.62	－0.11	4.92	－0.54
6	航空运输及相关服务业	－43.23	－38.59	－7.93	－6.62	－16.75	－13.88
7	航空港及相关服务业	－24.03	－13.85	－2.36	－2.05	－4.43	－3.81
8	电信、邮寄、速递等服务业	4.92	0.15	0.29	－1.76	3.78	－3.02
9	软件、程序、计算机应用、网络工程等计算机、微电子服务业	1.68	－6.28	2.37	－1.90	1.62	－3.97

续表

序号	行业	营收利润率		资产利润率		所有者权益报酬率	
		本期（%）	同比（±）	本期（%）	同比（±）	本期（%）	同比（±）
10	物流、仓储、运输、配送及供应链服务业	4.94	2.03	3.77	0.38	10.47	-7.13
11	能源、矿产、化工、机电、金属产品等内外商贸批发业	8.30	0.81	4.62	1.48	11.74	2.43
12	农牧渔饲产品及生活消费品等内外贸批发、零售业	1.97	-5.31	2.35	-1.18	6.92	0.74
13	综合性内外商贸及批发、零售业	1.41	1.09	3.04	1.29	6.12	0.06
14	汽车和摩托车商贸、维修保养及租赁业	4.17	-11.31	2.91	-1.53	5.81	-4.06
15	医药专营批发、零售业及医疗服务业	0.50	-5.31	3.54	-1.11	5.93	-8.20
16	商业零售业及连锁超市	6.61	-0.19	3.14	0.45	7.53	4.54
17	银行业	26.47	1.75	2.31	1.62	12.29	3.66
18	保险业	5.06	0.26	0.95	-0.01	10.88	0.96
19	证券及其他金融服务业	14.83	-13.25	2.05	0.01	4.14	-3.51
20	多元化投资控股、商务服务业	5.00	-1.63	1.10	-0.46	3.80	-4.79
21	房地产开发与经营、物业及房屋装饰、修缮、管理等服务业	-2.08	-8.65	-1.31	-3.81	-0.92	-5.28
22	旅游、旅馆及娱乐服务业	-23.75	-26.36	-3.43	-4.00	-3.68	-4.95
23	公用事业、市政、水务、航道等公共设施投资、经营与管理业	9.67	-6.28	2.47	0.13	1.21	-10.37
24	人力资源（职业教育、培训等）、会展博览、国内外经济合作等社会综合服务业	-12.67	1.55	0.19	1.63	-4.10	3.90
25	科技研发、推广及地勘、规划、设计、评估、咨询、认证等承包服务业	8.71	-1.04	3.44	-1.75	9.28	-1.73
26	文化产业（书刊出版、印刷、发行与销售及影视、音像、文体、演艺等）	3.44	-1.62	0.96	-1.87	0.03	-0.99
27	信息、传媒、电子商务、网购、娱乐等互联网服务业	0.60	-8.68	0.54	-4.76	0.83	-8.76
28	综合服务业（以服务业为主，含有制造业）	-7.04	-9.44	-1.87	-2.01	-2.47	-4.18

2. 中国服务业2022年行业收益性指标排序分析

2022年中国服务业28个细分行业中营收利润率超过10%的有5个细分行业，分别为：银行业26.47%；陆路运输、城市公交、道路及交通辅助等服务业22.49%；水上运输业17.64%；证券及其他金融服务业 14.83%；港口服务业 13.42%。

资产利润率超过 4% 的有 3 个细分行业，分别为：铁路运输及辅助服务业 7.94%；水上运输业 5.89%；能源、矿产、化工、机电、金属产品等内外商贸批发业 4.62%。

所有者权益报酬率超过 10% 的有 7 个细分行业，分别为：水上运输业 13.87%；银行业 12.29%；能源、矿产、化工、机电、金属产品等内外商贸批发业 11.74%；铁路运输及辅助服务业 11.18%；保险业 10.88%；物流、仓储、运输、配送及供应链服务业 10.47%；陆路运输、城市公交、道路及交通辅助等服务业 10.35%。

需要特别指出的是以下 5 个细分行业的收益性指标均为负值，表示出现行业性整体亏损，分别为：航空运输及相关服务业，航空港及相关服务业，房地产开发与经营、物业及房屋装饰、修缮、管理等服务业，旅游、旅馆及娱乐服务业，综合服务业（以服务业为主，含有制造业）。

（二）中国服务业流动性和安全性指标综合分析

1. 中国服务业 2022 年行业流动性和安全性指标综合分析

2022 年中国服务业 28 个细分行业中资产周转率提高的细分行业有 8 个（较 2021 年减少了 15 个），资产周转率下降的细分行业有 20 个。

所有者权益比率提高的细分行业有 22 个（较 2021 年增加了 13 个），表明服务业企业普遍降低了负债率；而所有者权益比率下降的细分行业仅有 6 个。

资本保值增值率提高的细分行业有 8 个（较 2021 年减少了 11 个），资本保值增值率下降的细分行业有 20 个。

资本保值增值率低于 100% 的细分行业有 6 个（较 2021 年增加了 4 个），分别为：航空运输及相关服务业，航空港及相关服务业，房地产开发与经营、物业及房屋装饰、修缮、管理等服务业，旅游、旅馆及娱乐服务业，信息、传媒、电子商务、网购、娱乐等互联网服务业，综合服务业（以服务业为主，含有制造业）。其中尤其以航空运输及相关服务业亏损最为严重，资本保值增值率仅为 52.88%。

中国服务业流动性和安全性指标行业特征见表 5－5。

2. 中国服务业 2022 年流动性和安全性指标排序分析

资产周转率超过 1.00 次/年的有 5 个细分行业，分别为：农牧渔饲产品及生活消费品等内外贸批发、零售业 1.26 次/年；综合性内外商贸及批发、零售业 1.23 次/年；汽车和摩托车商贸、维修保养及租赁业 1.12 次/年；物流、仓储、运输、配送及供应链服务业 1.07 次/年；能源、矿产、化工、机电、金属产品等内外商贸批发业 1.03 次/年。以上这 5 个细分行业的资产运营效率较高。

表5-5　中国服务业流动性和安全性指标行业特征

序号	行业	资产周转率		所有者权益比率		资本保值增值率	
		本期（次/年）	同比（±）	本期（%）	同比（±）	本期（%）	同比（±）
1	能源（电、热、燃气等）供应、开发、节能减排及再循环服务业	0.48	-0.05	38.60	-2.47	103.60	-2.89
2	铁路运输及辅助服务业	0.79	-0.35	60.69	1.80	110.06	3.23
3	陆路运输、城市公交、道路及交通辅助等服务业	0.19	-0.01	42.47	0.47	108.61	0.04
4	水上运输业	0.51	0.03	50.31	6.04	118.41	1.48
5	港口服务业	0.36	-0.05	44.36	2.07	105.51	-0.27
6	航空运输及相关服务业	0.24	-0.03	14.13	-9.11	52.88	-32.17
7	航空港及相关服务业	0.19	-0.04	55.53	-1.49	95.31	-4.30
8	电信、邮寄、速递等服务业	0.66	0.04	44.51	2.91	100.87	-10.36
9	软件、程序、计算机应用、网络工程等计算机、微电子服务业	0.49	-0.08	65.24	3.66	102.89	-5.26
10	物流、仓储、运输、配送及供应链服务业	1.07	-0.26	45.67	9.64	100.26	-6.52
11	能源、矿产、化工、机电、金属产品等内外商贸批发业	1.03	-0.19	44.42	6.50	115.05	-4.37
12	农牧渔饲产品及生活消费品等内外贸批发、零售业	1.26	-0.11	32.34	10.13	107.34	0.10
13	综合性内外商贸及批发、零售业	1.23	-0.25	36.99	4.72	109.89	0.24
14	汽车和摩托车商贸、维修保养及租赁业	1.12	-0.42	49.00	5.88	106.90	-5.41
15	医药专营批发、零售业及医疗服务业	0.86	-0.32	46.51	10.28	111.76	-4.81
16	商业零售业及连锁超市	0.65	-0.03	45.47	6.47	104.69	-0.28
17	银行业	0.09	0.06	9.90	1.92	112.48	0.66
18	保险业	0.23	-0.02	9.25	-1.77	110.34	-0.81
19	证券及其他金融服务业	0.18	0.04	30.75	3.04	104.52	-4.55
20	多元化投资控股、商务服务业	0.36	0.01	30.87	7.75	103.07	-3.64
21	房地产开发与经营、物业及房屋装饰、修缮、管理等服务业	0.35	0.01	32.06	2.78	95.51	-10.79
22	旅游、旅馆及娱乐服务业	0.29	-0.22	48.54	-4.05	92.92	-10.77
23	公用事业、市政、水务、航道等公共设施投资、经营与管理业	0.27	0.04	45.28	9.33	102.80	2.59

续表

序号	行业	资产周转率		所有者权益比率		资本保值增值率	
		本期（次/年）	同比（±）	本期（%）	同比（±）	本期（%）	同比（±）
24	人力资源（职业教育、培训等）、会展博览、国内外经济合作等社会综合服务业	0.65	0.05	48.48	6.35	105.82	4.31
25	科技研发、推广及地勘、规划、设计、评估、咨询、认证等承包服务业	0.49	-0.10	51.37	2.42	106.02	-8.05
26	文化产业（书刊出版、印刷、发行与销售及影视、音像、文体、演艺等）	0.43	-0.07	56.50	-1.02	101.45	-5.43
27	信息、传媒、电子商务、网购、娱乐等互联网服务业	0.61	-0.11	59.68	0.86	99.43	-12.38
28	综合服务业（以服务业为主，含有制造业）	0.63	-0.04	37.12	2.92	97.27	-4.54

所有者权益比率超过50%的有7个细分行业，分别为：软件、程序、计算机应用、网络工程等计算机、微电子服务业65.24%；铁路运输及辅助服务业60.69%；信息、传媒、电子商务、网购、娱乐等互联网服务业59.68%；文化产业（书刊出版、印刷、发行与销售及影视、音像、文体、演艺等）56.50%；航空港及相关服务业55.53%；科技研发、推广及地勘、规划、设计、评估、咨询、认证等承包服务业51.37%；水上运输业50.31%。以上这7个细分行业的理论负债率相对较低。

资本保值增值率超过110%的有6个细分行业，分别为：水上运输业118.41%；能源、矿产、化工、机电、金属产品等内外商贸批发业115.05%；银行业112.48%；医药专营批发、零售业及医疗服务业111.76%；保险业110.34%；铁路运输及辅助服务业110.06%。以上这6个细分行业的资本效益较高。

（三）中国服务业成长性指标综合分析

1. 中国服务业2022年行业成长性指标综合分析

2022年中国服务业28个细分行业中营收增长率正增长的细分行业有19个（较2021年减少了8个）；营收增长率负增长的细分行业有9个。

利润增长率正增长的细分行业仅有3个（较2021年减少了17个）；利润增长率负增长的细分行业有25个。

资产增长率正增长的细分行业有21个（较2021年减少了6个）；资产增长率负增长的细分行

业有7个。

资本积累率正增长的细分行业有21个（较2021年减少了4个）；资本积累率负增长的细分行业有7个。

人员增长率正增长的细分行业有17个（较2021年减少了4个）；人员增长率负增长的细分行业有11个。

中国服务业成长性指标行业特征见表5－6。

表5－6　中国服务业成长性指标行业特征

序号	行业	营收增长率（%）	利润增长率（%）	资产增长率（%）	资本积累率（%）	人员增长率（%）
1	能源（电、热、燃气等）供应、开发、节能减排及再循环服务业	4.98	－25.98	6.58	0.66	2.55
2	铁路运输及辅助服务业	－19.00	－57.84	－12.59	－12.22	0.33
3	陆路运输、城市公交、道路及交通辅助等服务业	3.27	－15.78	6.93	3.87	－1.70
4	水上运输业	26.33	－1.68	10.39	17.52	－0.21
5	港口服务业	5.31	－0.49	10.02	10.93	－0.34
6	航空运输及相关服务业	－15.96	－206.37	0.35	－23.45	－0.56
7	航空港及相关服务业	－1.49	－180.78	8.04	12.35	4.86
8	电信、邮寄、速递等服务业	10.07	－19.19	4.37	3.77	3.01
9	软件、程序、计算机应用、网络工程等计算机、微电子服务业	0.72	－49.75	15.69	15.41	1.94
10	物流、仓储、运输、配送及供应链服务业	3.07	－17.54	12.98	20.70	2.38
11	能源、矿产、化工、机电、金属产品等内外商贸批发业	17.16	12.21	28.26	23.82	3.00
12	农牧渔饲产品及生活消费品等内外贸批发、零售业	2.95	12.65	3.58	5.70	2.82
13	综合性内外商贸及批发、零售业	11.72	－11.76	13.83	15.52	4.66
14	汽车和摩托车商贸、维修保养及租赁业	4.62	－31.74	9.26	12.46	1.35
15	医药专营批发、零售业及医疗服务业	17.94	－18.25	22.53	23.76	1.68
16	商业零售业及连锁超市	－7.82	－40.61	－2.24	－2.26	－4.38
17	银行业	1.75	10.37	5.94	5.24	3.19
18	保险业	1.06	－6.73	8.40	－4.23	－0.21
19	证券及其他金融服务业	－22.96	－31.45	4.37	4.43	3.85

续表

序号	行业	营收增长率（%）	利润增长率（%）	资产增长率（%）	资本积累率（%）	人员增长率（%）
20	多元化投资控股、商务服务业	8.17	-43.06	10.49	13.38	3.66
21	房地产开发与经营、物业及房屋装饰、修缮、管理等服务业	0.66	-60.10	-4.30	-4.93	-2.62
22	旅游、旅馆及娱乐服务业	-22.65	-139.26	-1.26	2.24	-1.66
23	公用事业、市政、水务、航道等公共设施投资、经营与管理业	2.85	-30.69	14.15	13.16	-1.68
24	人力资源（职业教育、培训等）、会展博览、国内外经济合作等社会综合服务业	3.14	-38.39	-1.26	21.58	-3.87
25	科技研发、推广及地勘、规划、设计、评估、咨询、认证等承包服务业	5.79	-22.29	11.52	13.58	2.50
26	文化产业（书刊出版、印刷、发行与销售及影视、音像、文体、演艺等）	-9.31	-43.48	-2.59	-4.25	0.60
27	信息、传媒、电子商务、网购、娱乐等互联网服务业	-2.74	-43.31	6.41	12.01	2.71
28	综合服务业（以服务业为主，含有制造业）	-4.89	-47.41	-2.31	-8.84	-1.76

2. 中国服务业 2022 年成长性指标排序分析

营收增长率超过 10% 的有 5 个细分行业，分别为：水上运输业 26.33%；医药专营批发、零售业及医疗服务业 17.94%；能源、矿产、化工、机电、金属产品等内外商贸批发业 17.16%；综合性内外商贸及批发、零售业 11.72%；电信、邮寄、速递等服务业 10.07%。

利润增长率保持正增长的仅有 3 个细分行业，分别为：农牧渔饲产品及生活消费品等内外贸批发、零售业 12.65%；能源、矿产、化工、机电、金属产品等内外商贸批发业 12.21%；银行业 10.37%。其余 25 个细分行业均为负增长，其中航空运输及相关服务业 -206.37%，航空港及相关服务业 -180.78%，旅游、旅馆及娱乐服务业 -139.26%，这 3 个细分行业的负增长幅度较大。

资产增长率超过 10% 的有 10 个细分行业，分别为：能源、矿产、化工、机电、金属产品等内外商贸批发业 28.26%；医药专营批发、零售业及医疗服务业 22.53%；软件、程序、计算机应用、网络工程等计算机、微电子服务 15.69%；公用事业、市政、水务、航道等公共设施投资、经营与管理业 14.15%；综合性内外商贸及批发、零售业 13.83%；物流、仓储、运输、配送及供应链服务业 12.98%；科技研发、推广及地勘、规划、设计、评估、咨询、认证等承包服务业 11.52%；多元化投资控股、商务服务业 10.49%；水上运输业 10.39%；港口服务业 10.02%。以上这 10 个

细分行业仍然保持较快的资产规模增速。

资本积累率超过10%的有14个细分行业，分别为：能源、矿产、化工、机电、金属产品等内外商贸批发业23.82%；医药专营批发、零售业及医疗服务业23.76%；人力资源（职业教育、培训等）、会展博览、国内外经济合作等社会综合服务业21.58%；物流、仓储、运输、配送及供应链服务业20.70%；水上运输业17.52%；综合性内外商贸及批发、零售业15.52%；软件、程序、计算机应用、网络工程等计算机、微电子服务15.41%；科技研发、推广及地勘、规划、设计、评估、咨询、认证等承包服务业13.58%；多元化投资控股、商务服务业13.38%；公用事业、市政、水务、航道等公共设施投资、经营与管理业13.16%；汽车和摩托车商贸、维修保养及租赁业12.46%；航空港及相关服务业12.35%；信息、传媒、电子商务、网购、娱乐等互联网服务业12.01%；港口服务业10.93%。以上这14个细分行业的资本实力有明显提高。

人员增长率超过3%（含）的有7个细分行业，分别为：航空港及相关服务业4.86%；综合性内外商贸及批发、零售业4.66%；证券及其他金融服务业3.85%；多元化投资控股、商务服务业3.66%；银行业3.19%；电信、邮寄、速递等服务业3.01%；能源、矿产、化工、机电、金属产品等内外商贸批发业3.00%。以上这7个细分行业仍然保持较高的人员增速。

（四）2023中国服务业企业信用100强优势分析

2023中国服务业企业信用100强的经营运行指标为各细分行业及企业提供了一个对标参数，同时也起到了行业标杆作用。

2023中国服务业企业信用100强2022年的三项指数分别为：景气指数111.41点，较样本企业的83.35点高出28.06点；盈利指数106.17点，较样本企业的80.90点高出25.27点；效益指数112.21点，较样本企业的102.81点高出9.40点。

2023中国服务业企业信用100强2022年的三项收益性指标分别为：营收利润率19.23%，较样本企业的3.25%高出15.98个百分点；资产利润率5.40%，较样本企业的1.66%高出3.74个百分点；所有者权益报酬率11.99%，较样本企业的3.51%高出8.48个百分点。

2023中国服务业企业信用100强2022年的流动性和安全性指标分别为：资产周转率0.51次/年，较样本企业的0.52次/年减缓0.01次/年；所有者权益比率37.00%，较样本企业的45.92%降低8.92个百分点；资本保值增值率114.15%，较样本企业的103.25%高出10.90个百分点。

2023中国服务业企业信用100强2022年的成长性指标分别为：营收增长率10.59%，较样本企业的0.84%高出9.75个百分点；利润增长率12.24%，较样本企业的-34.13%高出46.37个百分点；资产增长率15.10%，较样本企业的8.18%高出6.92个百分点；资本积累率15.44%，较样本企业的8.13%高出7.31个百分点；人员增长率8.12%，较样本企业的0.87%高出7.25个百分点；研发投入比率 4.66%，较样本企业的 8.31%低 3.65 个百分点。

2023 中国服务业企业信用 100 强 2022 年的人均营业收入为 290.19 万元，较样本企业的 255.45 万元高出 34.74 万元；人均利润为 31.34 万元，较样本企业的 17.82 万元高出 13.52 万元。

2023 中国服务业企业信用 100 强效益指标比较优势分析见图 5-35。

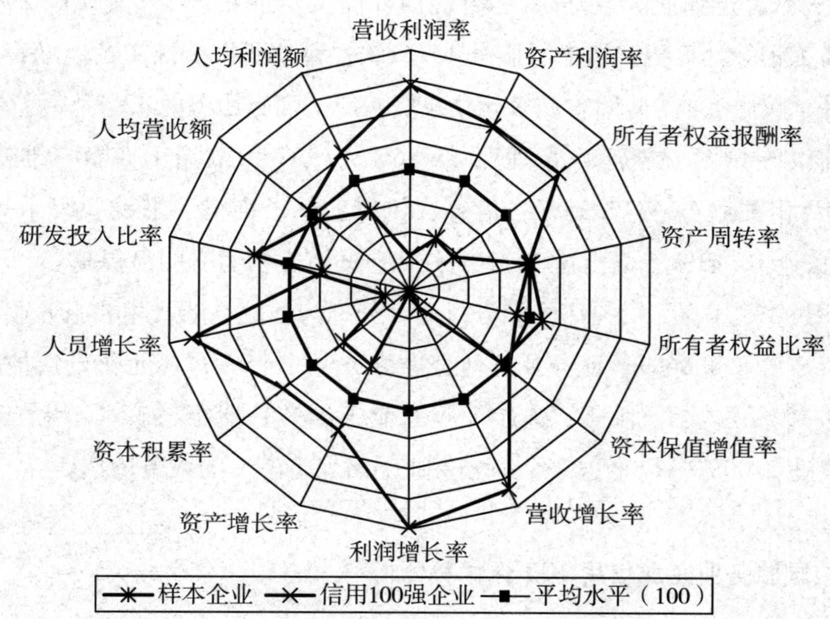

图 5-35　2023 中国服务业企业信用 100 强效益指标比较优势分析

通过对 2023 中国服务业企业信用 100 强与服务业样本企业对比分析，服务业信用 100 强企业的比较优势主要表现在以下几个方面：一是收益性指标全面领先于样本企业，具有显著的比较优势和竞争优势；二是成长性指标全面领先于样本企业，突出表现在利润增速显著高于样本企业，具有显著的比较优势，人员增长率明显高于样本企业，对促进和扩大社会就业发挥着重要作用，同时也表明其活跃度明显高于样本企业；三是人均效益明显高于样本企业，生产效益具有明显的比较优势。

通过以上综合对比分析，2023 中国服务业企业信用 100 强具有显著的比较优势，但同时也要看到，服务业信用 100 强企业在研发投入比率方面仍需要进一步提高。

五、中国服务业信用发展中存在的主要问题及若干建议

通过对 2023 中国服务业企业信用 100 强以及我国服务业各行业信用环境影响性分析和经济效

益变化趋势分析可以看出，我国服务业受新冠疫情冲击最为严重，由于内需不足，服务业增长动力明显不足；外部不确定因素增多，对出口贸易也产生较为不利的影响，这些都对我国服务业高质量发展提出新问题和新挑战。

（一）增强发展信心，努力推进服务业企业高质量发展

习近平总书记在党的二十大报告中指出，“完善中国特色现代企业制度，弘扬企业家精神，加快建设世界一流企业”。这是以习近平同志为核心的党中央基于新时代新征程党的使命任务作出的重大战略部署，为广大服务业企业指明了勇毅前行的方向和目标。

2023 年中央经济工作会议深刻分析当前经济形势强调指出，我国发展面临的有利条件强于不利因素，经济回升向好、长期向好的基本趋势没有改变，要增强信心和底气。本报告统计显示，2022 年服务业的景气指数几乎可用全面跌落来形容，在 28 个细分行业中仅有 5 个细分行业保持在荣枯线以上；盈利指数表现更不乐观，在 28 个细分行业中仅有 4 个细分行业保持在荣枯线以上。我国服务业整体增速持续放缓，盈利能力持续减弱，恢复性增长的动能明显不足。综合分析来看，服务业企业的总体经营形势仍然十分困难，面临的外部环境也更趋复杂严峻，不确定因素明显增多。

服务业企业要想实现全面根本性好转，实现全面恢复性增长，根本出路在于增强发展信心，推进服务业企业的高质量发展。我国经济运行总体恢复回升的基本面没有改变，尤其是经济发展长期向好趋势没有改变，消费提升和数字经济给服务业持续高质量发展带来更为广阔空间和新机遇。我国服务业企业要积极应对环境变化，保持发展定力，提振发展信心，把握价值、重塑机遇，推动生产性服务业向专业化和价值链高端延伸，推动生活性服务业向高品质和多样化升级。

（二）加大产业融合，促进生产性服务业企业高质量协同发展

2023 年中央经济工作会议会议强调，以科技创新引领现代化产业体系建设，要以科技创新推动产业创新，特别是以颠覆性技术和前沿技术催生新产业、新模式、新动能，发展新质生产力。

生产性服务业是我国现代产业体系的重要组成部分，是国家和地区实体经济的灵魂，是实体增加经济附加值、生态价值和产业价值所在。建设以实体经济为支撑的现代化产业体系，推动经济高质量发展，需加快发展生产性服务业，充分发挥生产性服务业服务先进制造业和战略性新兴产业的重要作用。我国服务业要以国家战略需求为导向，进一步改革科研创新机制体制，主动承担起企业的主体责任，加快推动建立以企业为主体、市场为导向、产学研深度融合的技术创新体系；进一步加大研发投入力度，加快关键核心技术攻关，打造更多依靠创新驱动、发挥先发优势

的引领性企业；不断提升原始创新能力、产业基础能力和产业链、供应链的现代化水平。

加快生产性服务业数字化转型进程，要大力推进新型工业化，发展数字经济，加快推动人工智能发展；推动大数据、物联网、移动互联网、云计算、人工智能、区块链等数字技术在生产性服务业层面的广泛应用。促进数字技术赋能生产性服务业。以 5G、6G 人工智能等数字技术不断创新生产性服务产品，增强服务产品功能，打造以技术推广、管理咨询等为主要内容的综合性服务平台，丰富生产性服务业态，增强服务性资源品质，提高服务性资源配置效率；打造生物制造、商业航天、低空经济等若干战略性新兴产业，开辟量子、生命科学等未来产业新赛道，广泛应用数智技术、绿色技术，加快传统服务业转型升级。

（三）补短板上水平，构建新型生活性服务业发展新格局

2023 年中央经济工作会议强调，推动消费从疫情后恢复转向持续扩大，培育壮大新型消费，大力发展数字消费、绿色消费、健康消费，积极培育智能家居、文娱旅游、体育赛事、国货“潮品”等新的消费增长点。

2021 年国务院办公厅转发国家发展改革委《关于推动生活性服务业补短板上水平提高人民生活品质的若干意见》（以下简称《意见》），《意见》提出了 9 个方面 30 项具体举措，以推动生活性服务业高质量发展。提出，推动生活性服务业补短板、上水平，要加强公益性基础性服务供给，包括强化基本公共服务保障，扩大普惠性生活服务供给，大力发展社区便民服务；从场地设施、品牌建设、人力资源、数字化赋能、市场培育、营商环境等方面提出了一系列补短板举措。生活性服务业是指满足居民最终消费需求的服务活动，包括十二大领域：居民和家庭服务、健康服务、养老服务、旅游游览和娱乐服务、体育服务、文化服务、居民零售和互联网销售服务、居民出行服务、住宿餐饮服务、教育培训服务、居民住房服务以及其他生活性服务等。

人们对生活性服务业提出了更高要求，也具有更高的消费需求。加快全国统一大市场建设，扩大高水平对外开放，加快培育外贸新动能，推动城乡融合、区域协调发展，这些国家战略部署都为服务业高质量发展提供了新战略机遇。推动生活性服务业向高品质和多样化升级，加快发展健康、养老、育幼、文化、旅游、体育、家政、物业等服务业，加强公益性、基础性服务业供给，推进服务业标准化、品牌化建设，更好地满足人民群众对服务业的消费需求和品质要求。以服务业企业的高质量发展，推动消费从疫后恢复转向持续扩大，培育壮大新型消费，大力发展数字消费、绿色消费、健康消费，积极培育智能家居、文娱旅游、体育赛事、国货“潮品”等新的消费增长点。

（四）守牢诚信风险底线，促服务业企业高质量诚信发展

在下行压力加大的行业环境下，服务业企业信用风险也进一步加大，部分行业仍然处于低水平运行，甚至出现持续性行业亏损，系统性风险较高。服务业及相关行业，要强化忧患意识，做好风险防范，增强发展韧性，进一步加强和提高防范化解风险能力，高度重视和防范各类风险。要突出防范经营效益下滑风险、债务风险、投资风险、金融业务风险、国际化经营风险、安全环保风险，强化各类风险识别，建立预判预警机制，及时排查风险隐患，制定完善的应对预案，建立信用风险管理与控制体系，建立系统性的评价机制，从根本上消除可能存在或已经存在的失信风险。在当前面临诸多困难和风险挑战的发展时期，我国企业更为企业可持续高质量发展保驾护航，为我国经济行稳致远做出企业担当和贡献。

第六章
2023中国民营企业信用100强发展报告

《2023 中国民营企业信用 100 强发展报告》是由中国企业改革与发展研究会、中国合作贸易企业协会、国信联合（北京）认证中心联合开展的中国民营企业信用分析研究成果，也是第 10 次向社会发布。

2023 中国民营企业信用 100 强的入围门槛为：企业综合信用指数为 90 分以上，且 2022 年净利润为 110000 万元以上，较 2022 中国民营企业信用 100 强的 105000 万元提高了 5000 万元。

2023 中国民营企业信用 100 强分析研究及发布活动，旨在通过中国民营企业的信用环境、信用能力、信用行为三个方面，对中国民营企业的信用发展状况进行分析评价，客观真实地反映我国民营企业的信用发展状况和水平，同时为政府、行业、企业和社会提供参考依据。

一、2023 中国民营企业信用 100 强分布特征

（一）2023 中国民营企业信用 100 强行业分布特征

制造业入围 2023 中国民营企业信用 100 强的有 84 家，按照入围企业数量的多少排序分别为：电力、电气等设备、机械、元器件及光伏、风能、电池、线缆制造业有 13 家；农副食品及农产品加工业，纺织品、服装、服饰、鞋帽、皮革加工业，造纸及纸制品（含木材、藤、竹、家具等）加工、印刷、包装业，计算机、通信器材、办公、影像等设备及零部件制造业各有 6 家；食品（含饮料、乳制品、肉食品等）加工制造业，化学原料及化学制品（含精细化工、日化、肥料等）制造业，黑色冶金及压延加工业各有 5 家；橡胶、塑料制品及其他新材料制造业，建筑材料、玻璃等制造业及非金属矿物制品业，工程机械、设备和特种装备（含电梯、仓储设备）及零配件制造业，通用机械设备和专用机械设备及零配件制造业，电子元器件与仪器仪表、自动化控制设备制造业，汽车及零配件制造业各有 3 家；纺织、印染业，石化产品、炼焦及其他燃料生产加工业，一

般有色冶金及压延加工业，家用电器及零配件制造业，摩托车、自行车和其他交通运输设备及零配件制造业，综合制造业（以制造业为主，含有服务业）各有2家；医药、生物制药、医疗设备制造业，金属制品、加工工具、工业辅助产品加工及金属新材料制造业各有1家企业入围。

2023中国民营企业信用100强行业分布见表6-1。

表6-1　2023中国民营企业信用100强行业分布

序号	行业	企业数（家）
制造业		84
1	农副食品及农产品加工业	6
2	食品（含饮料、乳制品、肉食品等）加工制造业	5
3	纺织、印染业	2
4	纺织品、服装、服饰、鞋帽、皮革加工业	6
5	造纸及纸制品（含木材、藤、竹、家具等）加工、印刷、包装业	6
6	石化产品、炼焦及其他燃料生产加工业	2
7	化学原料及化学制品（含精细化工、日化、肥料等）制造业	5
8	医药、生物制药、医疗设备制造业	1
9	橡胶、塑料制品及其他新材料制造业	3
10	建筑材料、玻璃等制造业及非金属矿物制品业	3
11	黑色冶金及压延加工业	5
12	一般有色冶金及压延加工业	2
13	金属制品、加工工具、工业辅助产品加工及金属新材料制造业	1
14	工程机械、设备和特种装备（含电梯、仓储设备）及零配件制造业	3
15	通用机械设备和专用机械设备及零配件制造业	3
16	电力、电气等设备、机械、元器件及光伏、风能、电池、线缆制造业	13
17	家用电器及零配件制造业	2
18	电子元器件与仪器仪表、自动化控制设备制造业	3
19	计算机、通信器材、办公、影像等设备及零部件制造业	6
20	汽车及零配件制造业	3
21	摩托车、自行车和其他交通运输设备及零配件制造业	2
22	综合制造业（以制造业为主，含有服务业）	2
服务业		14
23	能源（电、热、燃气等）供应、开发、节能减排及再循环服务业	1
24	电信、邮寄、速递等服务业	2
25	软件、程序、计算机应用、网络工程等计算机、微电子服务业	2
26	物流、仓储、运输、配送及供应链服务业	1

续表

序号	行业	企业数（家）
27	能源、矿产、化工、机电、金属产品等内外商贸批发业	1
28	证券及其他金融服务业	1
29	多元化投资控股、商务服务业	1
30	公用事业、市政、水务、航道等公共设施投资、经营与管理业	1
31	信息、传媒、电子商务、网购、娱乐等互联网服务业	4
生产业		2
32	农业、渔业、畜牧业及林业	1
33	建筑业	1
合计		100

服务业入围2023中国民营企业信用100强的有14家，按照入围企业数量的多少排序分别为：信息、传媒、电子商务、网购、娱乐等互联网服务业有4家；电信、邮寄、速递等服务业，软件、程序、计算机应用、网络工程等计算机、微电子服务业各有2家；能源（电、热、燃气等）供应、开发、节能减排及再循环服务业，物流、仓储、运输、配送及供应链服务业，能源、矿产、化工、机电、金属产品等内外商贸批发业，证券及其他金融服务业，多元化投资控股、商务服务业，公用事业、市政、水务、航道等公共设施投资、经营与管理业各有1家企业入围。

生产业入围2023中国民营企业信用100强的有2家，分别为：农业、渔业、畜牧业及林业，建筑业各有1家企业入围。

综合入围企业的行业分布情况来看，包括了制造业、服务业和生产业三个大类中的33个细分行业，比2022中国民营企业信用100强减少了1个细分行业。其中，生产业有2家企业，比2022年增加1家，分布在2个细分行业中；制造业有84家企业，比2022年增加3家，分布在22个细分行业中；服务业有14家企业，比2022年减少4家，分布在9个细分行业中。

（二）2023中国民营企业信用100强地区分布特征

从2023中国民营企业信用100强地区分布情况看，东部地区的10个省、直辖市共有86家企业入围。其中，浙江有26家，广东有16家，江苏、山东各有14家，河北有6家，上海有4家，福建有3家，北京、天津、辽宁各有1家。

中部地区的4个省共有6家企业入围。其中，安徽、湖南各有2家，江西、河南各有1家。

西部地区的7个省、自治区、直辖市共有8家企业入围。其中，新疆有2家，广西、重庆、四川、陕西、内蒙古、西藏各有1家。

从变动情况分析，东部地区较 2022 年度增加 8 家，中部地区减少 5 家企业，西部地区减少 3 家企业。浙江（26 家）、广东（16 家）、江苏（14 家）、山东（14 家）这 4 个省是 2023 中国民营企业信用 100 强大省，其集中度相比 2022 年度又有所提高。

2023 中国民营企业信用 100 强地区分布见表 6－2。

表 6－2　2023 中国民营企业信用 100 强地区分布

区域	地区	入围企业数（家）		区域	地区	入围企业数（家）		区域	地区	入围企业数（家）	
		2023 年度	2022 年度			2023 年度	2022 年度			2023 年度	2022 年度
东部地区	北京	1	4	中部地区	安徽	2	3	西部地区	广西	1	
	广东	16	16		湖北		4		重庆	1	3
	河北	6	4		湖南	2	1		四川	1	2
	江苏	14	13		江西	1			陕西	1	1
	山东	14	11		河南	1	1		内蒙古	1	1
	上海	4	4		吉林		1		宁夏		1
	天津	1			山西		1		新疆	2	1
	浙江	26	21						贵州		
	辽宁	1	1						甘肃		1
	福建	3	4						西藏	1	1
	海南										
合计		86	78	合计		6	11	合计		8	11

二、2023 中国民营企业信用 100 强效益变化趋势分析

（一）2023 中国民营企业信用 100 强收益性指标变化趋势分析

1. 营收利润率变化趋势对比分析

2023 中国民营企业信用 100 强 2022 年的营收利润率为 13. 13%，较 2021 年的 13. 32% 下降了 0. 19 个百分点；样本企业的营收利润率为 5. 09%，较 2021 年的 8. 73% 下降了 3. 64 个百分点。

2013—2022 年民营 100 强企业与民营样本企业营收利润率对比分析见图 6－1。

从图 6－1 可以看出，2023 中国民营企业信用 100 强 2022 年的营收利润率与样本企业相比，两者的差距由 2021 年的 4. 59 个百分点，扩大到 2022 年的 8. 04 个百分点。由此可见，民营 100 强企

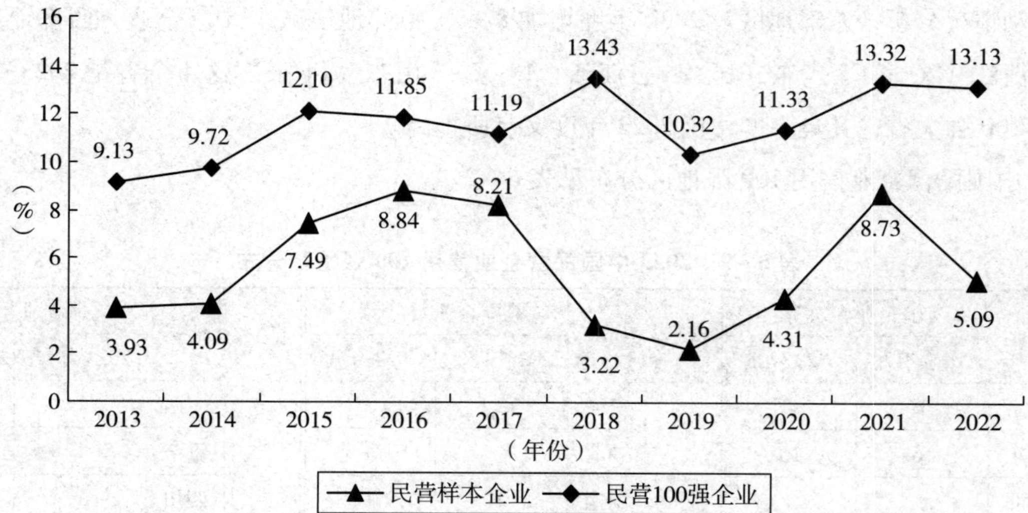

图 6－1　2013—2022 年民营 100 强企业与民营样本企业营收利润率对比分析

业的盈利能力具有明显的比较优势，且优势有进一步扩大的趋势。

2. 资产利润变化趋势对比分析

2023 中国民营企业信用 100 强 2022 年的资产利润率为 12.62%，较 2021 年的 10.28% 提高了 2.34 个百分点；样本企业的资产利润率为 3.97%，较 2021 年的 5.61% 下降了 1.64 个百分点。

2023 中国民营企业信用 100 强 2022 年的资产利润率和样本企业的资产利润率呈现一升一降的状态，两者的差距也由 2021 年的 4.67 个百分点，扩大到 2022 年的 8.65 个百分点。由此可以看出，民营 100 强企业的资产运营效益优势更加明显，两者的差距也有进一步扩大的趋势，民营 100 强企业的资产运营效益和质量明显占据优势。

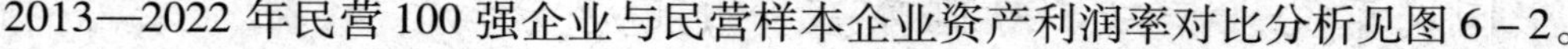

2013—2022 年民营 100 强企业与民营样本企业资产利润率对比分析见图 6－2。

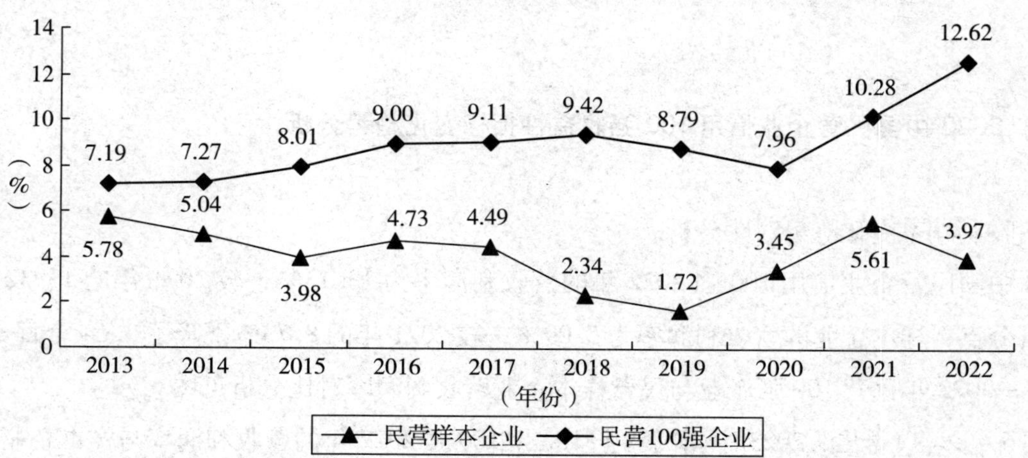

图 6－2　2013—2022 年民营 100 强企业与民营样本企业资产利润率对比分析

3. 所有者权益报酬率变化趋势对比分析

2023 中国民营企业信用 100 强 2022 年的所有者权益报酬率为 21.35%，较 2021 年的 20.21% 提高了 1.14 个百分点；样本企业的所有者权益报酬率为 5.64%，较 2021 年的 8.65% 下降了 3.01 个百分点。

2013—2022 年民营 100 强企业与民营样本企业所有者权益报酬率对比分析见图 6－3。

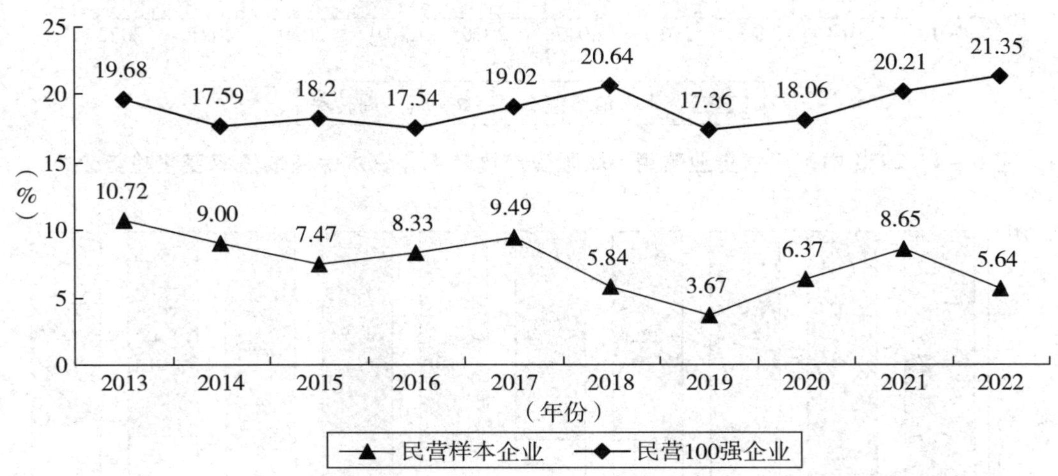

图 6－3　2013—2022 年民营 100 强企业与民营样本企业所有者权益报酬率对比分析

由图 6－3 可以看出，2023 中国民营企业信用 100 强 2022 年的所有者权益报酬率与样本民营企业相比，两者的差距由 2021 年的 11.56 个百分点，扩大到 2022 年的 15.71 个百分点。从趋势上看，民营 100 强企业的所有者权益报酬率延续了高位运行的态势，且创自 2013 年以来的历史新高，而样本企业则出现明显的波动。民营 100 强企业的股东回报率明显要高于样本企业，且具有稳定性。

（二）2023 中国民营企业信用 100 强流动性和安全性指标变化趋势分析

流动性和安全性指标从资产周转率、资本保值增值率和所有者权益比率三项指标进行分析。2023 中国民营企业信用 100 强 2022 年的资产周转率为 1.09 次/年，较 2021 年的 0.95 次/年提高了 0.14 次/年；资本保值增值率为 124.84%，较 2021 年的 126.93% 下降了 2.09 个百分点；所有者权益比率为 50.21%，较 2021 年的 46.88% 提高了 3.33 个百分点。

2023 中国民营企业信用 100 强资产周转率、资本保值增值率变化趋势分析见图 6－4。

2023 中国民营企业信用 100 强所有者权益比率变化趋势分析见图 6－5。

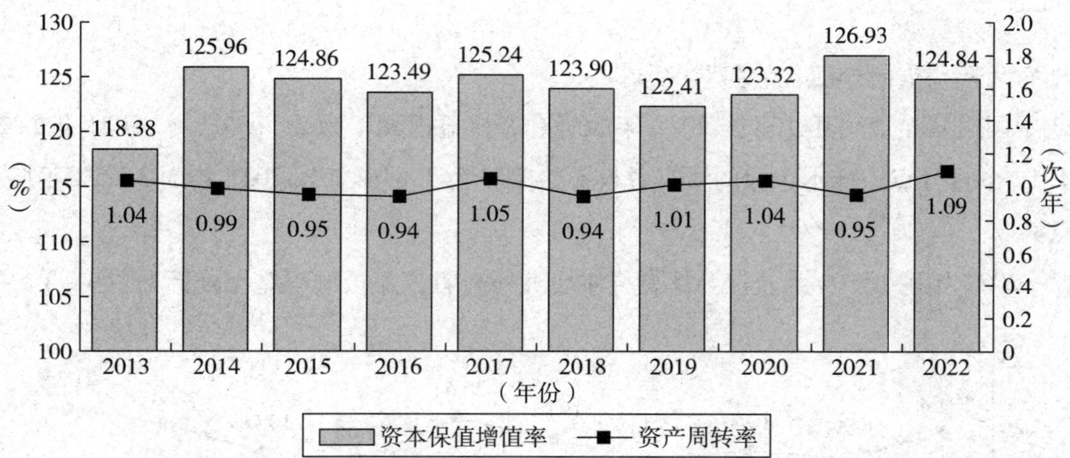

图 6－4　2023 中国民营企业信用 100 强资产周转率、资本保值增值率变化趋势分析

图 6－5　2023 中国民营企业信用 100 强所有者权益比率变化趋势分析

1. 流动性明显加快

第一，从资产周转率指标分析。2023 中国民营企业信用 100 强的资产周转率明显加快，且创自 2013 年以来的最好水平。2022 年资产周转率为 1.09 次/年，比 2021 年的 0.95 次/年提高了 0.14 次/年。

第二，与样本民营企业对比分析。样本民营企业 2022 年的平均资产周转率为 0.62 次/年，比 2021 年的 0.82 次/年下降了 0.20 次/年。民营企业信用 100 强 2022 年的资产周转率较样本民营企业高出 0.47 次/年。

第三，综合资产周转率指标分析。民营企业信用 100 强的资产周转率明显提高，而样本民营企业的资产周转率有所下降，两者的差距由 2021 年的 0.13 次/年扩大到 2022 年的 0.47 次/年，表明民营企业信用100强的资产运营效率比较优势明显扩大，资产运营效益明显好于样本民营企业。

2. 资本保值增值率明显回落

第一，从资本保值增值率指标分析。2023中国民营企业信用100强2022年的资本保值增值率有所回落，2022年为124.84%，较2021年的126.93%回落了2.09个百分点。

第二，与样本民营企业对比分析。样本民营企业2022年的平均资本保值增值率为107.27%，比2021年的112.42%回落了5.15个百分点。民营企业信用100强2022年的资本保值增值率较样本民营企业高出17.57个百分点。

第三，综合资本保值增值率指标分析。民营企业信用100强和样本民营企业的资本保值增值率均有所回落，但民营企业信用100强回落的幅度要明显低于样本企业，两者的差距由2021年的14.51个百分点进一步扩大到2022年的17.57个百分点。

3. 理论负债率创新低

第一，从所有者权益比率指标分析。2023中国民营企业信用100强2022年的所有者权益比率为50.21%，比2021年的46.88%提高了3.33个百分点，相应的理论负债率明显下降。

第二，与样本民营企业对比分析。样本民营企业2022年的所有者权益比率为58.25%，比2021年的52.12%提高了6.13个百分点。2023中国民营企业信用100强2022年的所有者权益比率较样本民营企业低8.04个百分点。

第三，综合理论负债率指标分析。2023中国民营企业信用100强的理论负债率呈明显下降态势，自2013年以来首次降到50%以下。样本民营企业的理论负债率也同步下降，已经降到接近40%。总体而言，民营企业的整体信贷融资欲望偏弱，负债水平偏低，表明市场活跃度有待进一步提高。

（三）2023中国民营企业信用100强成长性指标变化趋势分析

成长性指标从营收增长率、利润增长率、资产增长率、资本积累率和人员增长率五项指标进行分析。

中国民营企业信用100强2013—2022年平均营收增长率分别为19.44%、18.53%、20.28%、16.62%、25.64%、18.47%、18.55%、13.78%、32.12%、25.34%；利润增长率分别为43.37%、85.51%、62.72%、21.90%、53.25%、26.58%、38.50%、26.81%、47.22%、35.17%；资产增长率分别为20.43%、25.92%、26.35%、21.00%、24.58%、20.83%、17.63%、20.69%、25.85%、18.52%；资本积累率分别为19.01%、48.30%、35.11%、

26.49%、27.03%、20.45%、25.93%、24.35%、25.91%、21.71%；人员增长率分别为 5.00%、13.64%、9.24%、10.51%、10.01%、9.77%、6.42%、10.85%、17.13%、7.48%。

2013—2022 年中国民营企业信用 100 强成长性指标变化趋势分析见图 6－6。

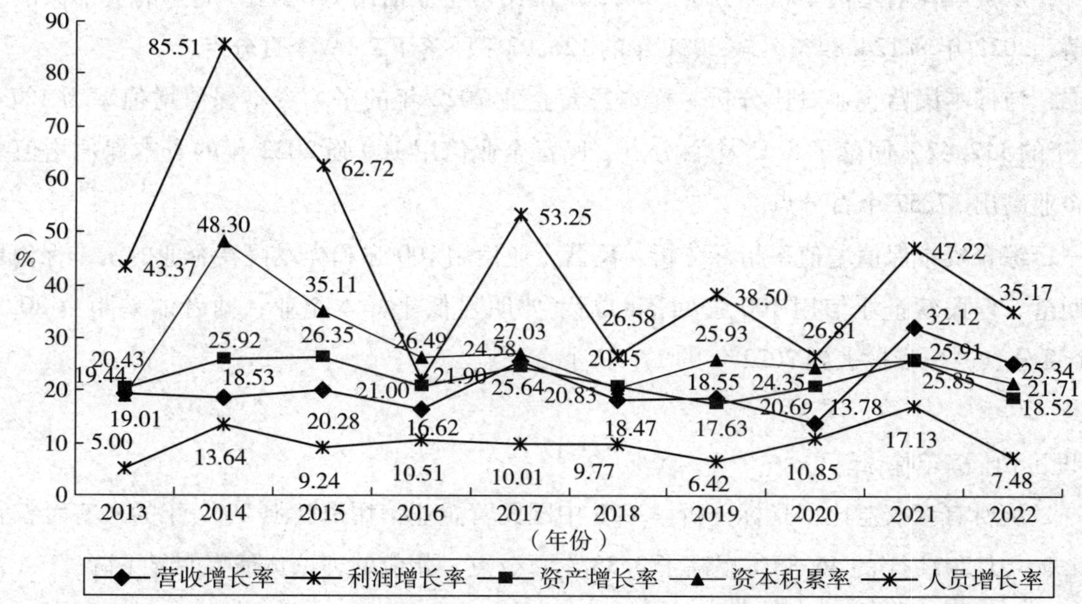

图 6－6　2013—2022 年中国民营企业信用 100 强成长性指标变化趋势分析

1. 营收增长率有所回落

第一，从营收增长率指标分析。2023 中国民营企业信用 100 强 2022 年的平均营收增长率为 25.34%，比 2021 年的 32.12% 下降了 6.78 个百分点。

第二，与样本民营企业对比分析。样本民营企业 2022 年的平均营收增长率为 6.79%，比 2021 年的 25.44% 下降了 18.65 个百分点。两者对比，2023 中国民营企业信用 100 强 2022 年的营收增长率较样本民营企业高出 18.55 个百分点。

第三，综合营收增长率指标分析。2023 中国民营企业信用 100 强和样本民营企业的营收增长率均呈现下降态势，但样本企业的下降幅度要远高于信用 100 强企业，两者的差距由 2021 年的 6.68 个百分点，进一步扩大到 2022 年的 18.55 个百分点。总体而言，民营企业整体保持了正增长的态势，民营企业信用 100 强的营业收入增速仍保持相对较高水平，具有明显的比较优势。

2. 利润保持高速增长

第一，从利润增长率指标分析。2023 中国民营企业信用 100 强 2022 年的平均利润增长率为 35.17%，比 2021 年的 47.22% 下降了 12.05 个百分点。

第二，与样本民营企业对比分析。样本民营企业 2022 年的平均利润增长率为 －23.45%，由

2021 年的 15.70% 的正增长，转为较大幅度的负增长，下降了 39.15 个百分点。2023 中国民营企业信用 100 强 2022 年的利润增长率较样本民营企业高出 58.62 个百分点。

第三，综合利润增长率指标分析。2023 中国民营企业信用 100 强 2022 年的平均利润增速较 2021 年虽有所回落，但相对保持了高速增长。而样本民营企业的利润增长率由正增长转为较大幅度的负增长。两者的差距由 2021 年的 31.52 个百分点进一步扩大到 58.62 个百分点，表明民营企业信用 100 强的利润增速具有显著的比较优势，抗风险能力和发展韧性明显高于样本民营企业。

3. 资产增速有所放缓

第一，从资产增长率指标分析。2023 中国民营企业信用 100 强 2022 年的平均资产增长率为 18.52%，比 2021 年的 25.85% 下降了 7.33 个百分点。

第二，与样本民营企业对比分析。样本民营企业 2022 年的平均资产增长率为 17.18%，比 2021 年的 18.33% 回落了 1.15 个百分点。2023 中国民营企业信用 100 强 2022 年的资产增长率高于样本民营企业 1.34 个百分点。

第三，综合资产增长率指标分析。2023 中国民营企业信用 100 强和样本民营企业 2022 年的平均资产规模增速均有所回落，但中国民营企业信用 100 强的回落幅度要高于样本民营企业，两者的差距由 2021 年的 7.52 个百分点，缩小到 2022 年的 1.34 个百分点。但总体而言，民营企业整体上保持了资产规模的较高增速，表明民营企业的投资热情并未受到宏观经济环境的较大影响。

4. 资本积累率持续高位运行

第一，从资本积累率指标分析。2023 中国民营企业信用 100 强 2022 年的平均资本积累率为 21.71%，比 2021 年的 25.91% 下降了 4.20 个百分点。

第二，与样本民营企业对比分析。样本民营企业 2022 年的平均资本积累率为 17.16%，比 2021 年的 15.89% 提高了 1.27 个百分点。2023 中国民营企业信用 100 强 2022 年的资本积累率比样本民营企业的资本积累率高出 4.55 个百分点。

第三，综合资本积累率指标分析。2023 中国民营企业信用 100 强的资本积累率有所下降，而样本企业的资本积累率则有所提高，两者的差距由 2021 年的 10.02 个百分点，缩小到 2022 年 4.55 个百分点。总体而言，民营企业的资本积累率普遍保持较高水平。

5. 人员增长率显著回落

第一，从人员增长率指标分析。2023 中国民营企业信用 100 强 2022 年的平均人员增长率为 7.48%，比 2021 年的 17.13% 下降了 9.65 个百分点。

第二，与样本民营企业对比分析。样本民营企业 2022 年的平均人员增长率为 1.61%，比 2021

年的 3. 29% 下降了 1. 68 个百分点。2023 中国民营企业信用 100 强 2022 年的人员增长率比样本民营企业的人员增长率高出 5. 87 个百分点。

第三，综合人员增长率指标分析。2023 中国民营企业信用 100 强和样本民营企业的从业人员规模增速均有所回落，但民营企业信用 100 强的人员增速仍显著高于样本民营企业，两者的差距由 2021 年的 13. 84 个百分点，缩小到 2022 年的 5. 87 个百分点。总体来看，民营企业的人员增速明显回落，社会就业压力明显加大。

6. 人均营收额明显回落

第一，从人均营收额指标分析。2023 中国民营企业信用 100 强 2022 年的人均营收额为 254. 86 万元，比 2021 年的 343. 49 万元下降了 88. 63 万元。

第二，与样本民营企业对比分析。样本民营企业 2022 年的人均营收额为 242. 57 万元，比 2021 年的 279. 07 万元下降了 36. 50 万元。2023 中国民营企业信用 100 强 2022 年的人均营收额比样本民营企业的人均营收额高出 12. 29 万元。

第三，综合人均营收额指标分析。2023 中国民营企业信用 100 强的人均营收额虽有明显回落，但仍高于样本企业，两者的差距由 2021 年的 64. 42 万元缩小到 2022 年的 12. 29 万元。总体来看，民营企业信用 100 强的劳动效益仍具有一定的比较优势。

7. 人均利润额出现下降

第一，从人均利润额指标分析。2023 中国民营企业信用 100 强 2022 年的人均利润额为 20. 12 万元，比 2021 年的 27. 12 万元下降了 7. 00 万元。

第二，与样本民营企业对比分析。样本民营企业 2022 年的人均利润额为 9. 35 万元，比 2021 年的 13. 78 万元下降了 4. 43 万元。2023 中国民营企业信用 100 强 2022 年的人均利润额比样本民营企业的人均利润额高出 10. 77 万元。

第三，综合人均利润额指标分析。2023 中国民营企业信用 100 强 2022 年的人均利润额仍明显高于样本民营企业，但两者的差距由 2021 年的 13. 34 万元，缩小到 2022 年的 10. 77 万元。民营企业信用 100 强的劳动效率（人均营收额）和劳动效益（人均利润额）仍具有明显的比较优势。

8. 研发投入强度有待提高

第一，从研发投入经费与营收总额的比值指标分析。2023 中国民营企业信用 100 强 2022 年的平均研发投入经费与营收总额的比值为 3. 81%，比 2021 年的 4. 87% 下降了 1. 06 个百分点。

第二，与样本民营企业对比分析。样本民营企业 2022 年的平均研发投入经费与营收总额的比值为 7. 73%，比 2021 年的 5. 24% 提高了 2. 49 个百分点。民营企业信用 100 强平均研发投入强度比

样本民营企业低3.92个百分点。

第三，综合研发投入经费与营收总额的比值指标分析。2023中国民营企业信用100强2022年的平均研发投入强度仍明显低于样本民营企业，而两者的差距由2021年的0.37个百分点，进一步扩大到2022年的3.92个百分点。由此可见，民营企业信用100强的高利润中有一部分是以牺牲研发投入换取的，民营企业信用100强研发投入强度有待进一步提高。

三、中国民营企业信用发展中存在的主要问题及若干建议

通过对2023中国民营企业信用100强以及我国民营企业综合性分析可以发现，我国民营企业虽然具有较好的发展韧性和发展潜能，但在新时期发展中民营企业也面临经营困难、发展质量不高等诸多新挑战和新问题，对民营企业的高质量发展提出了新要求。

（一）充分释放政策效应，进一步推进民营企业高质量发展

2023年7月《中共中央国务院关于促进民营经济发展壮大的意见》提出了8个方面31条举措，明确提出民营经济是推进中国式现代化的生力军，是高质量发展的重要基础，是推动我国全面建成社会主义现代化强国、实现第二个百年奋斗目标的重要力量。应准确认识民营经济健康高质量发展的主要内涵，着力推动促进民营经济实现高质量发展。

2023年中央经济工作会议强调，要不断完善落实“两个毫不动摇”的体制机制，充分激发各类经营主体的内生动力和创新活力。要促进民营企业发展壮大，在市场准入、要素获取、公平执法、权益保护等方面落实一批举措。

近年来，国家出台了一系列精准的政策措施。比如，国家发展改革委出台17项有针对性的具体措施，支持民间资本参与重大项目，优化民间投资项目的融资支持，进一步提升民间投资活力。工业和信息化部健全优质中小企业梯度培育体系，激发涌现更多“专精特新”中小企业，聚焦重点产业链，开展“一链一策一批”中小微企业融资促进行动。与此同时，各地也纷纷加大对民营经济的政策支持力度。党的大政方针，给民营企业家吃下“定心丸”，使他们消除顾虑、放下包袱、大胆发展，必将在全社会形成鼓励支持民营经济发展、尊重爱护民营企业家的浓厚氛围。

当前，我国经济运行面临来自国际国内新的困难挑战，国际市场需求减弱，全球经济金融领域风险积累，地缘政治格局深刻调整，外部环境复杂严峻；国内需求不足，部分领域存在风险隐

患。同时，更要看到，我国经济韧性强、潜力大、活力足，长期向好的基本面没有改变，新发展格局正在加快构建，高质量发展正在全面推进，经济发展具有良好支撑和有利条件。我国民营企业和中小型企业，要充分释放政策效应，激发企业高质量发展的内在活力和动力。中小企业必须顺势而为，充分发挥其灵活性、适应性、创新性的巨大优势，发展新产业、新技术、新业态、新模式，积极进入战略性新兴产业或战略性新兴产业链中，努力开辟新的广阔发展空间。

民营企业在以往发展中存在一些短板弱项，如产权结构不清晰、法人治理结构不完善以及防范风险意识不足等短板，阻碍了民营企业的发展步伐。需要广大民营企业深刻把握发展存在的不足和面临的挑战，通过进一步深化体制改革等一系列根本性措施加以有效遏制和消除，转变发展方式、调整产业结构、转换增长动力，坚守主业、做强实业。民营企业和中小型企业要积极融入国家战略，在实施军民融合，混合所有制改革以及“一带一路”长江经济带建设和京津冀一体化三大发展战略中，在国内国际双循环和构建全国统一大市场中积极作为，实现民营经济产业的升级换代，自觉走健康发展路子，集中精力做强做优主业，提升核心竞争力。

（二）打造主导产业，推动民营企业高质量发展

我国经济已由高速增长阶段转向高质量发展阶段，正处在转变发展方式、优化经济结构、转换增长动力的攻关期，向形态更高级、分工更复杂、结构更合理阶段演化。我国传统制造业和基础性产业的供给侧结构性调整成效已经显现，新兴产业和未来产业发展强劲突破，在全球产业链的地位已经由中低端迈向了中高端，尤其是在一些高端领域强势突破，处于引领地位。但同时我们也应该清醒地认识到在一些关键领域和产业链上还存在明显的短板和“卡脖子”的瓶颈问题。这些都为我国民营经济的新一轮发展提供了战略机遇。民营企业要顺势而为，紧紧抓住全球产业链新变局所带来的新机遇，创新作为，主动担当，紧紧围绕主导产业，尤其是战略性主导产业，补短板、破瓶颈、强弱项，进一步优化和调整经济发展思路，优化资产配置、产业布局以及可持续高质量发展的实现路径，提高全球竞争优势，创建国际一流企业。

一是提升科技创新能力。民营经济已经成为我国科技创新不可或缺的重要力量，民营企业要进一步强化企业创新主体地位，加大科研投入力度，坚持创新发展引领企业高质量发展，结合企业自身实际情况，从中短期规划着手，以长远发展布局，为推动我国经济高质量发展作出应有贡献。二是加强数字化转型能力。数字化转型是数字经济时代关乎企业生存发展的重大命题，是持续提升企业核心竞争力的有效路径。要进一步降低企业“上云用数赋智”成本，加快数字化转型步伐，为高质量发展奠定坚实基础。三是培育绿色发展能力。民营企业要加快推动产业结构、能源结构、交通运输结构等的调整优化，发展绿色低碳产业。

（三）坚守诚信底线，加强 ESG 治理，提高防范化解风险能力

当前，宏观经济环境带来了一些风险要素增多，如企业债务违约、资金链断裂等，我国民营企业要进一步强化忧患意识，做好风险防范，增强发展韧性。尤其要进一步加强和提高防范化解风险能力，高度重视和防范各类风险。要突出防范经营效益下滑风险、债务风险、投资风险、金融业务风险、国际化经营风险、安全环保风险，强化各类风险识别，建立预判预警机制，及时排查风险隐患，制定完善的应对预案，为企业可持续高质量发展保驾护航。

企业的发展要秉承绿色低碳发展理念，践行人与自然和谐发展理念。民营企业家珍视自身社会形象，践行社会主义核心价值观，弘扬企业家精神，做爱国敬业、守法经营、创业创新、回报社会的典范。民营企业要进一步推动 ESG 体系建设，坚定不移贯彻创新、协调、绿色、开放、共享的新发展理念，努力实现企业的高质量可持续发展。

第七章

2023中国上市公司信用500强发展报告

《2023 中国上市公司信用 500 强发展报告》是由中国企业改革与发展研究会、中国合作贸易企业协会、国信联合（北京）认证中心联合开展的中国上市公司信用分析研究成果，是第 9 次向社会发布。

2023 中国上市公司信用 500 强的入围门槛为：企业综合信用指数为 90 分以上，且 2022 年归属于上市公司股东的净利润为 16400 万元以上，较 2022 中国上市公司信用 500 强的 15070 万元提高了 1330 万元。

2023 中国上市公司信用 500 强分析研究及发布活动，旨在通过中国上市公司的信用环境、信用能力、信用行为三个方面，对中国上市公司的信用发展状况进行分析评价，客观真实地反映我国上市公司的信用发展状况和水平，同时为政府、行业、企业和社会提供参考依据。

一、2023 中国上市公司信用 500 强分布特征

（一）2023 中国上市公司信用 500 强行业分布特征

2023 中国上市公司信用 500 强的行业分布，包括三个大类中的 46 个细分行业，较 2022 年的 55 个细分行业减少了 9 个。其中，制造业 325 家企业（较 2022 年增加 1 家），分布在 24 个细分行业（较 2022 年减少 4 个）；服务业 150 家企业（较 2022 年增加 2 家），分布在 16 个细分行业（较 2022 年减少 5 个）；生产业 25 家企业（较 2022 年减少 3 家），分布在 6 个细分行业（与 2022 年持平）。

2023 中国上市公司信用 500 强行业分布见表 7－1。

表7－1　2023中国上市公司信用500强行业分布

序号	行业	企业数（家）
制造业		325
1	农副食品及农产品加工业	5
2	食品（含饮料、乳制品、肉食品等）加工制造业	24
3	酿酒制造业	2
4	纺织、印染业	4
5	纺织品、服装、服饰、鞋帽、皮革加工业	12
6	造纸及纸制品（含木材、藤、竹、家具等）加工、印刷、包装业	18
7	生活用品（含文体、玩具、工艺品、珠宝）等轻工产品加工制造业	3
8	石化产品、炼焦及其他燃料生产加工业	2
9	化学原料及化学制品（含精细化工、日化、肥料等）制造业	23
10	医药、生物制药、医疗设备制造业	3
11	橡胶、塑料制品及其他新材料制造业	15
12	建筑材料、玻璃等制造业及非金属矿物制品业	16
13	黑色冶金及压延加工业	7
14	一般有色冶金及压延加工业	15
15	金属制品、加工工具、工业辅助产品加工及金属新材料制造业	6
16	工程机械、设备和特种装备（含电梯、仓储设备）及零配件制造业	30
17	通用机械设备和专用机械设备及零配件制造业	7
18	电力、电气等设备、机械、元器件及光伏、风能、电池、线缆制造业	42
19	家用电器及零配件制造业	8
20	电子元器件与仪器仪表、自动化控制设备制造业	41
21	计算机、通信器材、办公、影像等设备及零部件制造业	33
22	汽车及零配件制造业	4
23	摩托车、自行车和其他交通运输设备及零配件制造业	1
24	综合制造业（以制造业为主，含有服务业）	4
服务业		150
25	能源（电、热、燃气等）供应、开发、节能减排及再循环服务业	15
26	水上运输业	1
27	港口服务业	4
28	电信、邮寄、速递等服务业	4
29	软件、程序、计算机应用、网络工程等计算机、微电子服务业	41
30	物流、仓储、运输、配送及供应链服务业	9
31	能源、矿产、化工、机电、金属产品等内外商贸批发业	1

续表

序号	行业	企业数（家）
32	综合性内外商贸及批发、零售业	5
33	汽车和摩托车商贸、维修保养及租赁业	3
34	银行业	12
35	证券及其他金融服务业	10
36	公用事业、市政、水务、航道等公共设施投资、经营与管理业	18
37	科技研发、推广及地勘、规划、设计、评估、咨询、认证等承包服务业	6
38	文化产业（书刊出版、印刷、发行与销售及影视、音像、文体、演艺等）	2
39	信息、传媒、电子商务、网购、娱乐等互联网服务业	9
40	综合服务业（以服务业为主，含有制造业）	10
生产业		25
41	农业、渔业、畜牧业及林业	7
42	煤炭采掘及采选业	3
43	石油、天然气开采及生产业	1
44	建筑业	11
45	电力生产业	1
46	其他采选业	2
合计		500

制造业按照入围企业数量的多少排序分别为：电力、电气等设备、机械、元器件及光伏、风能、电池、线缆制造业有42家；电子元器件与仪器仪表、自动化控制设备制造业有41家；计算机、通信器材、办公、影像等设备及零部件制造业有33家；工程机械、设备和特种装备（含电梯、仓储设备）及零配件制造业有30家；食品（含饮料、乳制品、肉食品等）加工制造业有24家；化学原料及化学制品（含精细化工、日化、肥料等）制造业有23家；造纸及纸制品（含木材、藤、竹、家具等）加工、印刷、包装业有18家；建筑材料、玻璃等制造业及非金属矿物制品业有16家；橡胶、塑料制品及其他新材料制造业，一般有色冶金及压延加工业各有15家；纺织品、服装、服饰、鞋帽、皮革加工业有12家；家用电器及零配件制造业有8家；黑色冶金及压延加工业，通用机械设备和专用机械设备及零配件制造业各有7家；金属制品、加工工具、工业辅助产品加工及金属新材料制造业有6家；农副食品及农产品加工业有5家；纺织、印染业，汽车及零配件制造业，综合制造业（以制造业为主，含有服务业）各有4家；生活用品（含文体、玩具、工艺品、珠宝）等轻工产品加工制造业，医药、生物制药、医疗设备制造业各有3家；酿酒制造业，石化产品、炼焦及其他燃料生产加工业各有2家；摩托车、自行车和其他交通运输设备及零配件制造业有1家企业入围。

服务业按照入围企业数量的多少排序分别为：软件、程序、计算机应用、网络工程等计算机尧、电子服务业有41家；公用事业、市政、水务、航道等公共设施投资、经营与管理业有18家；

能源（电、热、燃气等）供应、开发、节能减排及再循环服务业有15家；银行业有12家；证券及其他金融服务业，综合服务业（以服务业为主，含有制造业）各有10家；物流、仓储、运输、配送及供应链服务业，信息、传媒、电子商务、网购、娱乐等互联网服务业各有9家；科技研发、推广及地勘、规划、设计、评估、咨询、认证等承包服务业有6家；综合性内外商贸及批发、零售业有5家；港口服务业，电信、邮寄、速递等服务业各有4家；汽车和摩托车商贸、维修保养及租赁业有3家；文化产业（书刊出版、印刷、发行与销售及影视、音像、文体、演艺等）有2家；水上运输业，能源、矿产、化工、机电、金属产品等内外商贸批发业各有1家。

生产业按照入围企业数量的多少排序分别为：建筑业有11家；农业、渔业、畜牧业及林业有7家；煤炭采掘及采选业有3家；其他采选业有2家；石油、天然气开采及生产业，电力生产业各有1家企业入围。

（二）2023中国上市公司信用500强地区分布特征

从2023中国上市公司信用500强地区分布情况来看，东部地区的11个省、直辖市共有369家企业入围，较2022年度增加了6家。其中，广东78家，浙江71家，北京64家，江苏49家，上海38家，山东27家，福建18家，河北10家，天津9家，辽宁4家，海南1家。

2023中国上市公司信用500强地区分布见表7－2。

表7－2 2023中国上市公司信用500强地区分布

区域	地区	入围企业数（家）		区域	地区	入围企业数（家）		区域	地区	入围企业数（家）	
		2023年度	2022年度			2023年度	2022年度			2023年度	2022年度
东部地区	北京	64	63	中部地区	安徽	16	22	西部地区	甘肃	1	3
	广东	78	61		河南	10	11		广西	3	2
	河北	10	7		湖北	15	13		贵州	6	3
	江苏	49	49		湖南	12	9		内蒙古	5	3
	山东	27	30		吉林		6		宁夏		1
	上海	38	53		黑龙江	2	3		四川	21	17
	天津	9	8		江西	4	4		新疆	8	8
	浙江	71	69		山西	3	9		云南	7	5
	辽宁	4	4						重庆	4	12
	福建	18	19						陕西	11	5
	海南	1							青海	2	
									西藏	1	1
合计		369	363	合计		62	77	合计		69	60

中部地区 7 个省共有 62 家企业入围，较 2022 年度减少了 15 家。其中，安徽 16 家，湖北 15 家，湖南 12 家，河南 10 家，江西 4 家，山西 3 家，黑龙江 2 家。

西部地区 11 个省、自治区、直辖市共有 69 家企业入围，较 2022 年度增加了 9 家。其中，四川 21 家，陕西 11 家，新疆 8 家，云南 7 家，贵州 6 家，内蒙古 5 家，重庆 4 家，广西 3 家，青海 2 家，甘肃、西藏各 1 家。

2023 中国上市公司信用 500 强仍然相对集中在东部地区，入围企业 369 家，占全部上市公司信用 500 强企业的 73.80%。其中，北京、广东、浙江、江苏、上海、山东仍是东部地区上市公司信用 500 强大户。中部地区入围企业 62 家，占全部上市公司信用 500 强企业的 12.40%。其中，安徽、湖北、湖南、河南仍是中部地区上市公司信用 500 强大户。西部地区入围企业 69 家，占全部上市公司信用 500 强企业的 13.80%。其中，四川、陕西是西部地区上市公司信用 500 强大户。从总体地区分布特征来看，东部地区和西部地区增加，尤其是西部地区的入围企业数量超过了中部地区，由此可见中部地区受宏观经济环境的影响较为严重，企业发展水平仍需进一步提高。

二、2023 中国上市公司信用 500 强总体评价与分析

（一）2023 中国上市公司信用 500 强信用环境评价与分析

2023 中国上市公司信用 500 强 2022 年的景气指数为 135.34 点，较 2021 年的 149.31 点下降了 13.97 点；盈利指数为 122.55 点，较 2021 年的 131.65 点下降了 9.10 点；效益指数为 115.54 点，较 2021 年的 113.62 点提高了 1.92 点。

2023 中国上市公司信用 500 强总体信用环境影响性分析见图 7－1。

从图 7－1 中可以看出，2023 中国上市公司信用 500 强 2022 年的景气指数和盈利指数虽有所回落，但仍然保持高位运行；效益指数逆势上扬，突破 115 点关口，创自 2014 年以来的最好水平。

中国上市公司 2022 年的景气指数为 91.26 点，较 2021 年的 119.09 点下降了 27.83 点；盈利指数为 87.16 点，较 2021 年的 106.89 点下降了 19.73 点；效益指数为 105.30 点，较 2021 年的 107.79 点下降了 2.49 点。

2014—2022 年中国上市公司信用环境影响性分析见图 7－2。

从图 7－2 可以看出，我国上市公司 2022 年的三项指数表现为大幅下降态势，与 2023 中国上市公司信用 500 强相比形成明显的差别。其中，景气指数和盈利指数均跌破荣枯线，且下潜的幅度较大，创自 2014 年以来的最低水平。

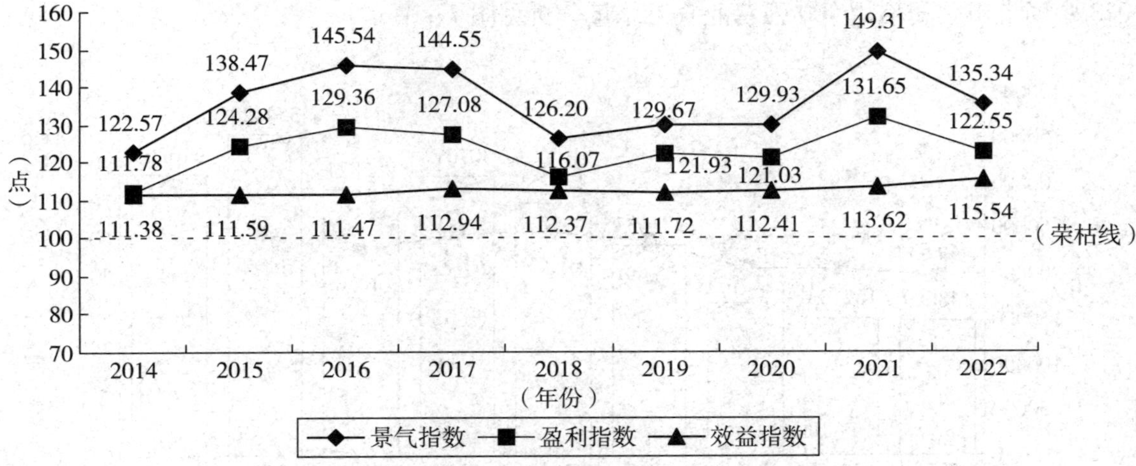

图7－1　2023中国上市公司信用500强总体信用环境影响性分析

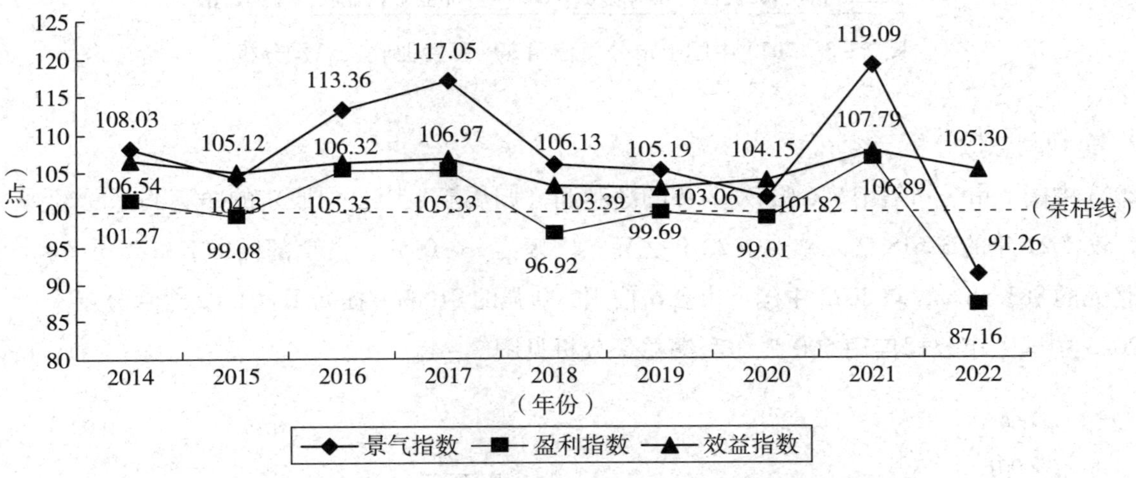

图7－2　2014—2022年中国上市公司信用环境影响性分析

通过图7－1、图7－2对比分析可以看出，2023中国上市公司信用500强比样本上市公司的三项指数分别高出44.08点、35.39点、10.24点，2023中国上市公司信用500强的比较优势更加明显，两者的差距进一步扩大，表明上市公司信用500强企业具有较强的抗风险能力和发展韧性。

（二）2023中国上市公司信用500强总量评价与分析

1. 营业收入总量分析

2023中国上市公司信用500强2022年的营业收入总额为310300亿元，较2021年的354420亿元减少了44120亿元，增幅为－12.45%；营业收入总额占全部样本上市公司营业收入总额578697亿元的48.47%，较2021年的61.24%下降了12.77个百分点；营业收入总额约相当于2022年国内生产总值（GDP）的25.64%，较2022中国上市公司信用500强的30.99%下降了5.35个百分点。

2023 中国上市公司信用 500 强营业收入总量分析见图 7－3。

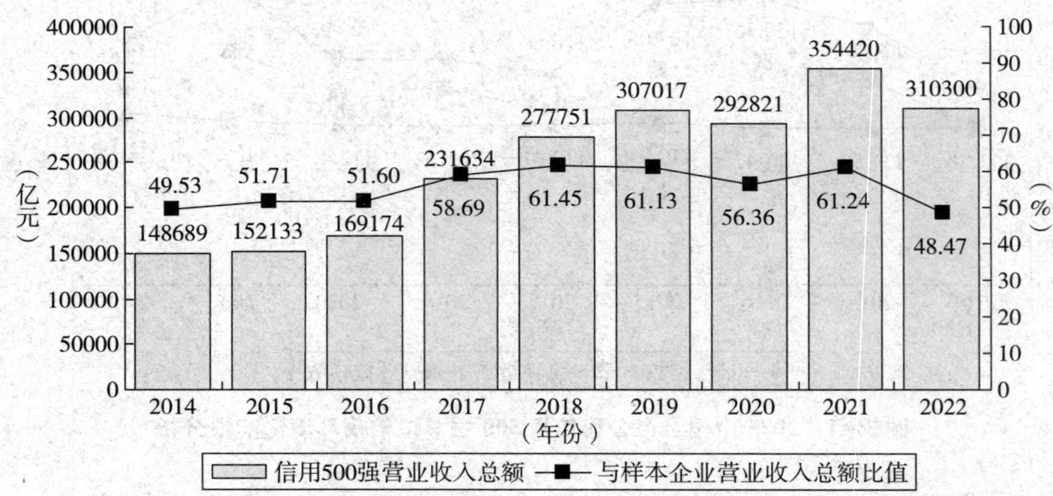

图 7－3　2023 中国上市公司信用 500 强营业收入总量分析

2. 净利润总量分析

2023 中国上市公司信用 500 强 2022 年的净利润（归属于上市公司股东的净利润）总额为 35339 亿元，较 2021 年的 37618 亿元减少了 2279 亿元，增幅为－6.06%；占全部样本上市公司净利润总额 4000 亿元的 883.48%，较 2022 中国上市公司信用 500 强的 81.66% 提高了 801.82 个百分点。

2023 中国上市公司信用 500 强净利润总量分析见图 7－4。

图 7－4　2023 中国上市公司信用 500 强净利润总量分析

综合图 7－3 和图 7－4 两项对比分析可以看出，2023 中国上市公司信用 500 强的营业收入总额占全部样本上市公司营业收入总额 578697 亿元的 48.47%，较 2021 年的 61.24% 下降了 12.77 个百分点；净利润总额占全部样本上市公司净利润总额的 883.48%，较 2021 年的 81.66% 提高了

801.82个百分点。其中，2023中国上市公司信用500强的营业收入总额占全部样本上市公司营业收入总额比重下降的原因，主要是样本企业有较大幅度的扩容；而净利润总额占全部样本上市公司净利润总额的比重有大幅的提升，则与样本企业中亏损的企业面较大有关。样本企业的利润总额为69008亿元，亏损总额则为65008亿元，全年净利润总额则仅为4000亿元。总体来看，入围2023中国上市公司信用500强的企业具有显著的市场竞争优势，尤其是盈利能力更具有明显的比较优势。

三、2023中国上市公司信用500强效益变化趋势分析

（一）2023中国上市公司信用500强收益性指标变化趋势分析

收益性指标从营收利润率、资产利润率和所有者权益报酬率三项指标进行分析。2023中国上市公司信用500强2011—2022年的营收利润率分别为15.28%、11.66%、12.38%、12.96%、12.77%、14.99%、16.17%、15.12%、14.23%、15.59%、16.79%、18.32%；资产利润率分别为4.01%、7.05%、7.18%、7.34%、6.59%、7.05%、7.80%、7.31%、7.26%、7.12%、8.28%、10.46%；所有者权益报酬率分别为18.47%、15.46%、18.24%、13.67%、12.32%、12.39%、14.86%、14.69%、13.67%、14.53%、15.78%、17.83%。

2023中国上市公司信用500强收益性指标变化趋势分析见图7-5。

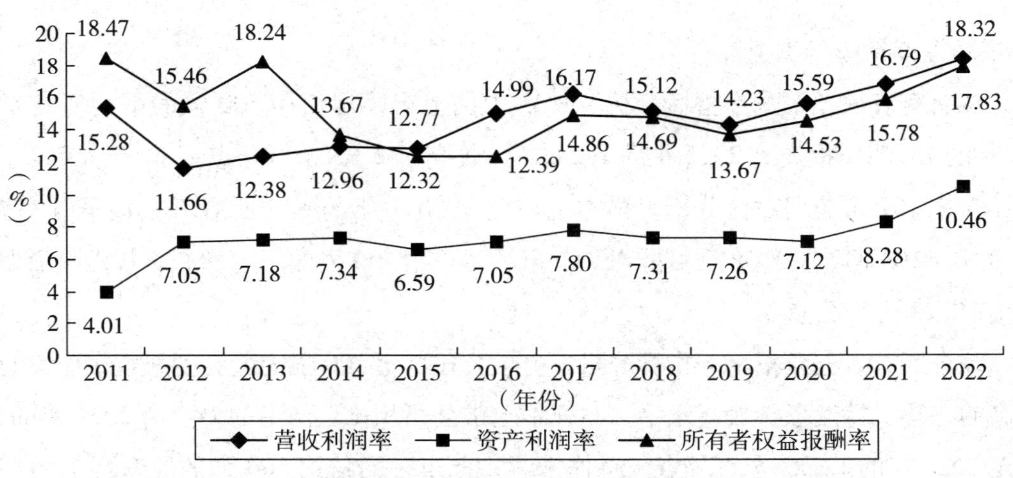

图7-5　2023中国上市公司信用500强收益性指标变化趋势分析

1. 营收利润率高位运行

第一，从营收利润率指标分析。2023 中国上市公司信用 500 强的平均营收利润率由 2021 年的 16.79% 提高到 2022 年的 18.32%，2022 年较 2021 年提高了 1.53 个百分点。

第二，与样本上市公司对比分析。样本上市公司 2022 年的平均营收利润率为 6.25%，比 2021 年的 10.15% 下降了 3.90 个百分点。上市公司信用 500 强企业的平均营收利润率较样本上市公司高出 12.07 个百分点。

第三，综合营收利润率指标分析。上市公司信用 500 强的营收利润率有所提高，而样本企业的营收利润率则有所下降，两者的差距由 2021 年的 6.64 个百分点扩大到 2022 年的 12.07 个百分点。但总体来看，上市公司信用 500 强盈利水平持续保持高位运行，盈利能力的比较优势进一步凸现。

2. 资产利润率突破 10 点关口

第一，从资产利润率指标分析。2023 中国上市公司信用 500 强的平均资产利润率由 2021 年的 8.28% 提高到 2022 年的 10.46%，提高了 2.18 个百分点。

第二，与样本上市公司对比分析。样本上市公司 2022 年的平均资产利润率为 4.06%，比 2021 年的 4.60% 下降了 0.54 个百分点。上市公司信用 500 强的平均资产利润率较样本上市公司高出 6.40 个百分点。

第三，综合资产利润率指标分析。上市公司信用 500 强与样本上市公司的资产利润率的差距由 2021 年的 3.68 个百分点扩大到 2022 年的 6.40 个百分点。总体来看，两者的差距进一步扩大，表明上市公司信用 500 强的资产经营效益和质量仍具有十分明显的比较优势。

3. 股东回报率持续稳步提高

第一，从所有者权益报酬率指标分析。2023 中国上市公司信用 500 强的平均所有者权益报酬率由 2021 年的 15.78% 提高到 2022 年的 17.83%，提高了 2.05 个百分点。

第二，与样本上市公司对比分析。样本上市公司 2021 年的平均所有者权益报酬率为 5.60%，比 2021 年的 8.62% 下降了 3.02 个百分点。上市公司信用 500 强的平均所有者权益报酬率较样本上市公司高出 12.23 个百分点。

第三，综合所有者权益报酬率指标分析。上市公司信用 500 强的所有者权益报酬率总体运行呈现稳步提高的态势，持续保持较高水平，与样本上市公司相比，两者的差距由 2021 年的 7.16 个百分点缩小至 2022 年的 12.23 个百分点。总体来看，上市公司信用 500 强的股东回报率持续高位运行，与样本上市公司相比具有十分明显的比较优势。

（二）2023 中国上市公司信用 500 强流动性和安全性指标变化趋势分析

流动性和安全性指标从资产周转率、资本保值增值率和所有者权益比率三项指标进行分析。2011—2022 年上市公司信用 500 强的资产周转率分别为 0.67 次/年、0.94 次/年、0.78 次/年、0.76 次/年、0.51 次/年、0.60 次/年、0.64 次/年、0.69 次/年、0.69 次/年、0.61 次/年、0.67 次/年、0.70 次/年；资本保值增值率分别为 122.51%、121.39%、120.33%、126.17%、116.21%、119.24%、120.90%、117.75%、118.45%、118.51%、120.64%、121.89%；所有者权益比率分别为 22.07%、44.17%、41.03%、53.02%、52.50%、55.79%、51.84%、48.05%、50.31%、46.82%、48.83%、54.11%。

2023 中国上市公司信用 500 强资产周转率、资本保值增值率变化趋势分析见图 7－6。

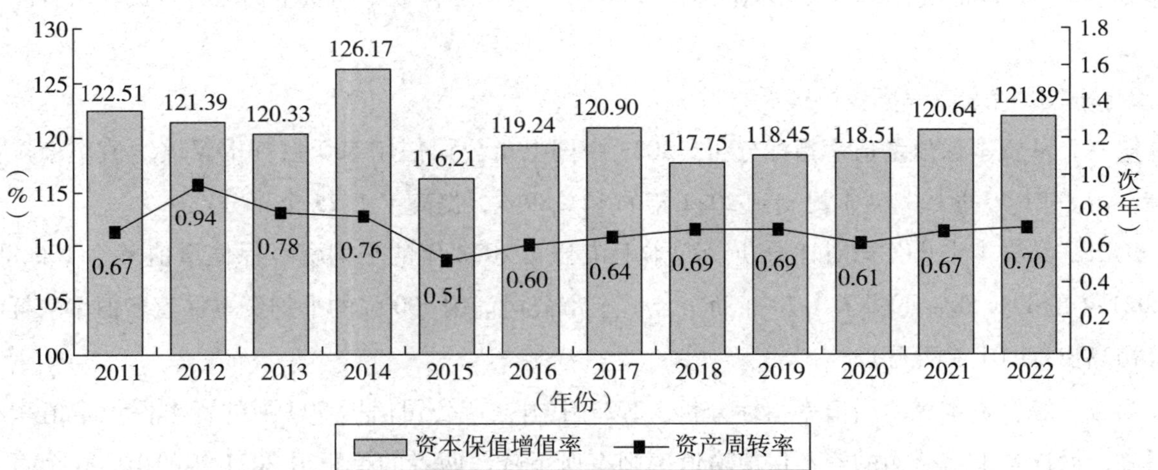

图 7－6　2023 中国上市公司信用 500 强资产周转率、资本保值增值率变化趋势分析

2023 中国上市公司信用 500 强所有者权益比率变化趋势分析见图 7－7。

1. 流动性进一步加快

第一，从资产周转率指标分析。2023 中国上市公司信用 500 强的资产周转率进一步加快。2022 年资产周转率为 0.70 次/年，比 2021 年的 0.67 次/年提高了 0.03 次/年。

第二，与样本上市公司对比分析。样本上市公司 2022 年的平均资产周转率为 0.62 次/年，比 2021 年的 0.55 次/年提高了 0.07 次/年。上市公司信用 500 强的平均资产周转率比样本上市公司高出 0.08 次/年。

第三，综合资产周转率指标分析。上市公司信用 500 强和样本上市公司的资产周转率均呈现加快的态势，上市公司信用 500 强与样本企业的差距由 2021 年的 0.12 次/年缩小到 2022 年的

图 7－7　2023 中国上市公司信用 500 强所有者权益比率变化趋势分析

0.08 次/年。综合来看，2023 上市公司信用 500 强的资产运营效率和质量仍然具有比较优势。

2. 资本保值增值率稳步持续提高

第一，从资本保值增值率指标分析。2023 中国上市公司信用 500 强资本保值增值率稳步持续提高，由 2021 年的 120.64% 提高到 2022 年的 121.89%，提高了 1.25 个百分点。

第二，与样本上市公司对比分析。样本上市公司 2022 年的平均资本保值增值率为 106.88%，比 2021 年的 110.58% 下降了 3.70 个百分点。上市公司信用 500 强的平均资本保值增值率较样本上市公司高出 15.01 个百分点。

第三，综合资本保值增值率指标分析。2023 中国上市公司信用 500 强的资本保值增值率有明显提高，而样本上市公司的资本保值增值率则有所下降，两者的差距由 2021 年的 10.06 个百分点扩大到 2022 年的 15.01 个百分点，其差距再创新高。由此可见，上市公司信用 500 强仍具有显著的比较优势，且优势也在进一步扩大。

3. 理论负债率明显下降

第一，从所有者权益比率指标分析。2023 中国上市公司信用 500 强的所有者权益比率大幅提高，由 2021 年的 48.83% 提高到 2022 年的 54.11%，提高了 5.28 个百分点。

第二，与样本上市公司对比分析。样本上市公司 2022 年的所有者权益比率为 56.11%，比 2021 年的 51.41% 提高了 4.70 个百分点。上市公司信用 500 强较样本上市公司低 2.00 个百分点。

第三，综合负债率水平分析。上市公司信用 500 强和样本企业的理论负债率均有所下降。尤其是上市公司信用 500 强的理论负债率再次回落到 50% 以下，表明企业的信贷需求减弱，市场活跃度下降。

（三）2023 中国上市公司信用 500 强成长性指标变化趋势分析

成长性指标从营收增长率、利润增长率、资产增长率、资本积累率和人员增长率五项指标进行分析。2023 中国上市公司信用 500 强 2022 年平均营收增长率为 28. 15%，较 2021 年的 37. 44%下降了 9. 29 个百分点；平均利润增长率为 42. 54%，较 2021 年的 61. 18%下降了 18. 64 个百分点；平均资产增长率为 26. 10%，较 2021 年的 24. 18%提高了 1. 92 个百分点；平均资本积累率为 29. 60%，较 2021 年的 23. 80%提高了 5. 80 个百分点；平均人员增长率为 6. 09%，较 2021 年的 12. 69%下降了 6. 60 个百分点。

2023 中国上市公司信用 500 强成长性指标变化趋势分析见图 7－8。

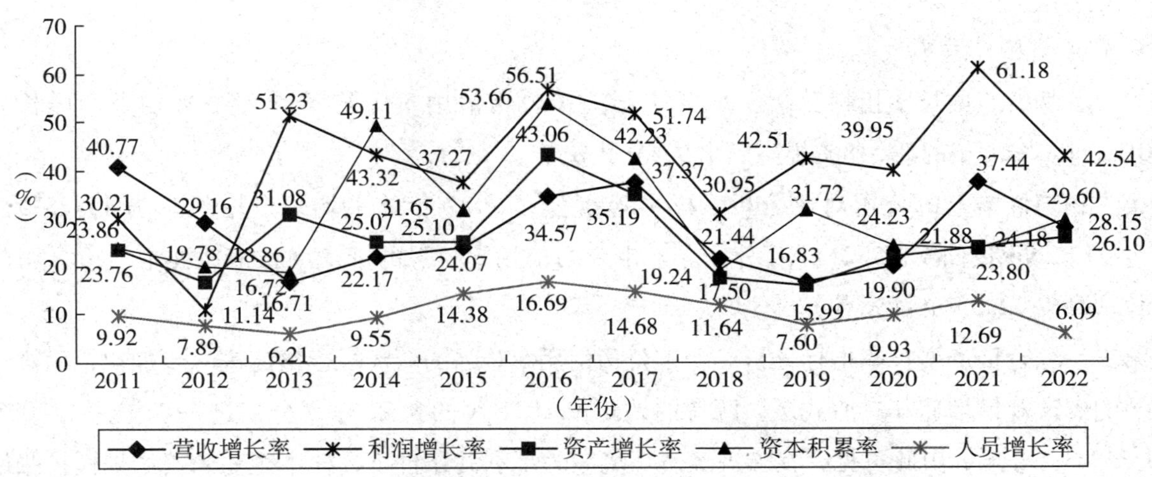

图 7－8　2023 中国上市公司信用 500 强成长性指标变化趋势分析

1. 营业收入增速放缓

第一，从营收增长率指标分析。2023 中国上市公司信用 500 强 2022 年的平均营收增长率为 28. 15%，比 2021 年的 37. 44%下降了 9. 29 个百分点。

第二，与样本上市公司对比分析。样本上市公司 2022 年的平均营收增长率为 5. 72%，比 2021 年的 24. 22%下降了 18. 50 个百分点。上市公司信用 500 强的平均营收增长率较样本上市公司高出 22. 43 个百分点。

第三，综合营收增长率指标分析。上市公司信用 500 强和样本上市公司的营业收入增速均有明显回落，而上市公司信用 500 强回落幅度要低于样本上市公司，两者差距由 2021 年的 13. 22 个百分点扩大至 22. 43 个百分点。由此可见，上市公司信用 500 强营收增速明显高于样本上市公司，具有明显的比较优势。

2. 利润增长率虽有回落，但仍保持高位运行

第一，从利润增长率指标分析。2023 中国上市公司信用 500 强 2022 年的平均利润增长率为 42. 54%，比 2021 年的 61. 18% 大幅回落了 18. 64 个百分点。

第二，与样本上市公司对比分析。样本上市公司 2022 年的平均利润增长率为 –23. 20%，由 2021 年的 13. 95% 正增长转为较大幅度的负增长，下降了 37. 15 个百分点。上市公司信用 500 强的平均利润增长率较样本上市公司高出 65. 74 个百分点。

第三，综合利润增长率指标分析。2023 中国上市公司信用 500 强的平均利润增长率持续保持高位运行，而样本上市公司则表现为大幅波动。综合来看，上市公司的利润增速保持相对比较优势，盈利能力明显高于样本企业，具有极强的抗风险能力。

3. 资产规模持续扩大

第一，从资产增长率指标分析。2023 中国上市公司信用 500 强 2022 年的平均资产增长率为 26. 10%，比 2021 年的 24. 18% 提高了 1. 92 个百分点。

第二，与样本上市公司对比分析。样本上市公司 2022 年的平均资产增长率为 13. 75%，比 2021 年的 15. 96% 下降了 2. 21 个百分点。上市公司信用 500 强的资产增长率比样本上市公司的资产增长率高出 12. 35 个百分点。

第三，综合资产增长率指标分析。上市公司信用 500 强的资产规模增速进一步加快，而样本上市公司的资产规模增速却有所放缓，两者的差距由 2021 年的 8. 22 个百分点进一步扩大至 2022 年的 12. 35 个百分点。由此可见，在宏观经济环境较为不利的条件下，样本企业的资产规模扩张欲望普遍较低，而效益明显较高的上市公司信用 500 强的资产规模增速则持续在高位运行，表明其扩张欲望较强，发展动能充沛。

4. 资本实力明显加强

第一，从资本积累率指标分析。2023 中国上市公司信用 500 强 2022 年的平均资本积累率为 29. 60%，比 2021 年的 23. 80% 提高了 5. 80 个百分点。

第二，与样本上市公司对比分析。样本上市公司 2022 年的平均资本积累率为 14. 29%，比 2021 年的 13. 15% 提高了 1. 14 个百分点。上市公司信用 500 强的资本积累率比样本上市公司的资本积累率高出 15. 31 个百分点。

第三，综合资本积累率指标分析。2023 中国上市公司信用 500 强和样本上市公司的资本积累率均有所提高，但中国上市公司信用 500 强资本积累率提高的幅度较大，与样本上市公司相比，两者的差距由 2021 年的 10. 65 个百分点扩大至 2022 年的 15. 31 个百分点。总体而言，在较为不利的

宏观经济环境下，企业更加重视自身实力的增强，以应对市场挑战。而上市公司信用500强在资本实力方面仍具有明显的比较优势。

5. 社会就业压力明显加大

第一，从人员增长率指标分析。2023中国上市公司信用500强2022年的平均人员增长率为6.09%，比2021年的12.69%下降了6.60个百分点。

第二，与样本上市公司对比分析。样本上市公司2022年的平均人员增长率为－6.89%，比2021年的3.39%下降了10.28个百分点。

第三，综合人员增长率指标分析。2023中国上市公司信用500强的人员增速仍然保持了正增长，而样本上市公司的人员增速则表现为较大幅度的负增长。由此可见，上市公司信用500强的活跃度要远高于样本上市公司，社会就业贡献率明显较高，在稳定社会就业方面发挥着十分重要的作用。但总体来看，无论是上市公司信用500强还是样本企业的人员增速均有较大幅度的回落，表明社会就业压力仍然有进一步加大的趋势。

6. 人均营收额明显下降

第一，从人均营收额指标分析。2023中国上市公司信用500强2022年的人均营收额为276.67万元，比2021年的305.09万元下降了28.42万元。

第二，与样本上市公司对比分析。样本上市公司2022年的人均营收额为200.96万元，比2021年的271.43万元下降了70.47万元。上市公司信用500强的人均营收额比样本上市公司的人均营收额高出75.71万元。

第三，综合人均营收额指标分析。上市公司信用500强和样本上市公司的人均营收额均有明显回落，两者的差距由2021年的33.66万元扩大到2022年的75.71万元。总体来看，上市公司信用500强的劳动效率仍具有明显的比较优势。

7. 人均利润额明显下降

第一，从人均利润额指标分析。2023中国上市公司信用500强2022年的人均利润额为31.65万元，比2021年的32.38万元下降了0.73万元。

第二，与样本上市公司对比分析。样本上市公司2022年的人均利润额为1.26万元，比2021年的21.61万元下降了20.35万元。上市公司信用500强的人均利润额比样本上市公司的人均利润额高出30.39万元。

第三，综合人均利润额指标分析。2023中国上市公司信用500强和样本上市公司的人均利润额均有所回落，但中国上市公司信用500强的回落幅度相对有限，而样本上市公司则受亏损企业面的影响，回落幅度较大，两者的差距由 2021 年的 10. 77 万元扩大至 2022 年的 30. 39 万元。总体来看，上市公司信用 500 强在劳动效益方面具有十分显著的比较优势。

8. 研发投入强度仍待提升

第一，从研发投入经费与营收总额的比值指标分析。2023 中国上市公司信用 500 强 2022 年平均研发投入经费与营收总额的比值为 5. 19%，比 2021 年的 4. 22% 提高了 0. 97 个百分点。

第二，与样本上市公司对比分析。样本上市公司 2022 年的平均研发投入经费与营收总额的比值为 7. 09%，比 2021 年的 4. 64% 提高了 2. 45 个百分点。上市公司信用 500 强平均研发投入比值比样本上市公司低 1. 90 个百分点。

第三，综合研发投入经费与营收总额的比值指标分析。上市公司信用 500 强和样本企业的平均研发投入比值均有提高，但上市公司信用 500 强的研发强度仍然小于样本上市公司，两者的差距由 2021 年的 0. 42 个百分点扩大至 1. 90 个百分点。由此可见，上市公司信用 500 强的研发投入强度尽管有所提高，但与样本企业相比差距仍然十分明显，仍有大幅提升的空间。

四、中国上市公司信用发展中存在的主要问题及若干建议

通过对 2023 中国上市公司信用 500 强以及我国上市公司经济效益指标的综合对比分析可以看出，2023 中国上市公司信用 500 强企业的景气水平、盈利能力和整体效益持续保持高水平运行，与上市样本公司相比具有十分显著的比较优势，在上市公司中发挥着标杆和示范作用。但由于受内外部宏观经济环境影响以及不确定因素增多，上市公司下行压力明显加大，增长新动能明显不足，股东回报率不高、资产运营效率效益偏低，在公司治理、信息披露、违规减持、违规交易等重大诚信方面存在的诸多问题，需要引起上市公司的高度关注。

（一）提高上市公司质量，持续推动上市公司高质量发展

上市公司的持续高质量发展是推动资本市场健康发展的必要条件，也是经济高质量发展的微观基础。提高上市公司质量是党中央、国务院从战略和全局高度作出的重大决策部署。2020 年 10 月，国务院印发《关于进一步提高上市公司质量的意见》，从国家层面形成了提高上市公司质量的制度安排，为进一步提高上市公司质量擘画出“路线图”。2022 年年底，新一轮推动提高上市公司质量三年行动方案启动实施。特别是 2023 年 7 月中共中央政治局会议提出“要活跃资本市场，提

振投资者信心”以来，多部门协同配合，从投资端、交易端、融资端等方面出台诸多政策举措，上市公司由此获得更加强劲的高质量发展新动能。

据本报告不完全统计分析显示，2020—2022 年上市公司样本企业的营收总额分别为：567102 亿元、671772 亿元、640207 亿元，分别占当年国内生产总值（GDP）的 55.82%、58.74%、52.90%，而亏损总额分别为：－4834 亿元、－5862 亿元、－65008 亿元，亏损比率分别为 9.81%、9.60%和94.20%，由此可见，上市公司的盈利能力波幅较大，发展质量有待进一步提高，高质量发展的基础并不稳固。

2023 年，是资本市场全面深化改革、持续扩大开放的关键一年，也是上市公司向更高水平迈进，全面推动上市公司高质量发展的重要一年。上市公司要认真落实党中央、国务院决策部署，贯彻新发展理念，坚持市场化、法治化方向，按照深化金融供给侧结构性改革要求，加强资本市场基础制度建设，大力提高上市公司质量。要进一步健全现代企业制度，完善公司治理，依法建立科学的公司内部治理结构，覆盖决策、执行、监督的全过程，使各权力机构在相互制约的同时达到良好的配合效果。优化资本结构，提高我国上市公司治理效率。优化股权结构，关注股权分置改革，彻底解决股票全流通问题。通过建立股权合理制衡的多元化所有权结构，让各类股东都能参与到公司的治理中去，使公司的治理更加有效，进一步提高上市公司治理水平。建立和完善以效益效率为核心的考核体系，努力提高上市公司的质量，进一步推进上市公司的高质量发展，更好地回馈股东、投资者和社会。

（二）加快数字化转型，为上市公司高质量发展注入新动能

上市公司是经济高质量发展的重要微观基础，推动上市公司高质量发展有助于高水平科技自立自强、加快建设现代化产业体系，有助于增强市场信心。新旧动能转化加速，加快向数字智能、绿色低碳转型升级。智能化、数字化、绿色低碳化成为上市公司精细治理、推动转型升级、实现高质量发展的重要着力点。上市公司要牢牢坚持新发展理念，保持新发展定力，提高资本的集中度，将优势资产和资本更集中于主导产业和优势产业领域，做强做优做大主导产业。要聚集主导产业，加快发展现代产业体系，推动经济体系优化升级，要提升产业链供应链现代化水平。要聚焦重点任务，发挥资本优势，带动构建新发展格局，立足国内大循环，扩大有效投资，发挥产业龙头作用，切实增强产业链供应链自主可控能力，推动上下游、产供销有效衔接、协调运转，主动适应和创造市场需求。助力畅通国内国际双循环，推动可持续高质量发展作出贡献。

国有及国有控股上市公司要充分发挥“领头羊”作用，要加大力度持续推进上市公司数字化转型和提质增效，赋能上市公司高质量发展。上市公司要健全完善数字化转型重大决策和体制机

制配套改革联动机制，建立健全数字化转型、智能化发展配套的工作制度。

民营上市公司已成为促进我国资本市场健康发展的重要力量。民营企业要坚定不移走高质量发展道路，不断筑牢发展根基，提高核心竞争力。要完善风险防控机制，推进公司治理结构现代化，加大投资者权益保护，大力弘扬企业家精神。

企业作为宏观经济的微观主体，也是推动经济高质量发展的主体。优势上市公司要着力推进发展方式变革，用先进方式提质增效，要努力实现转型升级，掌握核心技术和优化产业链关键环节，不断提高核心竞争力。中小型上市公司要大力发展创业投资，培育科技型、创新型企业，着力打造单项冠军、专精特新“小巨人”企业。企业要不断改进生产经营流程，优化资源要素配置，提高发展质量效益。坚持质量兴企，积极创建知名品牌，提高市场竞争力和影响力。不断提高研发设计、供应链管理、品牌培育和营销水平，加快由低端制造向高生产率的设计、研发、品牌、营销、产业链管理等环节延伸。要充分发挥其灵活性、适应性、创新性的巨大优势，发展新产业、新技术、新业态、新模式，积极进入战略性新兴产业或战略性新兴产业链中，努力开辟新的广阔发展空间。

（三）推进 ESG 体系建设，着力提高防范化解风险能力

党中央和国务院多次强调提高上市公司质量的重要性。国务院印发《关于进一步提高上市公司质量的意见》指出，完善退市标准，简化退市程序，加大退市监管力度。严厉打击通过财务造假、利益输送、操纵市场等方式恶意规避退市行为，将缺乏持续经营能力、严重违法违规扰乱市场秩序的公司及时清出市场。加大对违法违规主体的责任追究力度。支持投资者依法维权，保护投资者合法权益。

部分上市公司因治理失效、管控失灵、运作失序等引发资金占用、违规担保、财务造假、操纵并购、操纵股价等严重问题仍然十分突出，甚至引发投资者质疑和不满。在当前面临诸多困难和风险挑战的发展时期，上市公司要深入学习贯彻习近平总书记关于推动金融高质量发展和提高上市公司质量系列重要论述和指示批示精神，落实中央经济工作会议和中央金融工作会议要求，坚持诚实守信，筑牢发展根基，坚持规范运作，强化忧患意识，做好风险防范，增强发展韧性，进一步加强和提高防范化解风险能力；要坚守底线思维，不断增强自我规范、自我提高、自我完善的意识，形成上市公司规范治理的长效机制，进一步推进企业诚信体系建设，以诚信建设筑牢企业高质量发展的基石。要积极践行 ESG（环境、社会和公司治理）理念，构建可持续发展生态。ESG 与上市公司高质量发展紧密相连、相得益彰，越来越多的上市公司积极践行 ESG 理念，推动企业实现可持续发展。《中国上市公司 ESG 发展报告（2023）》显示，有近 1800 家 A 股上市公司单独发布 ESG 相关报告，披露率超过 35%，同比大幅增长。据中国上

市公司协会调查，超过 80% 的上市公司董事长都参与了企业 ESG 的管理工作，近 1/4 的公司设立或者指定董事会专门委员会统筹管理 ESG 工作。我国上市公司要以 ESG 作为推进上市公司高质量发展的重要抓手，在探索上市公司高质量发展的道路上踔厉奋发、勇毅前行，推动上市公司整体质量再上新台阶，为活跃资本市场和提振投资者信心夯实基础，为中国经济的高质量发展注入强大动能。

第八章

2023中国企业信用500强评价资料

一、2023 中国企业信用 500 强排序

序号	企业名称	地区	综合信用指数	信用环境指数	信用能力指数	信用行为指数
1	国家电网有限公司	北京	99.815	13.815	72.000	14.000
2	中国石油化工集团有限公司	北京	99.460	13.824	71.636	14.000
3	中国宝武钢铁集团有限公司	上海	99.176	14.000	71.176	14.000
4	中国石油天然气集团有限公司	北京	98.985	14.000	70.985	14.000
5	华为投资控股有限公司	广东	98.843	13.859	71.041	13.944
6	中国建设银行股份有限公司	北京	98.716	13.626	71.090	14.000
7	中国工商银行股份有限公司	北京	98.472	13.484	70.989	14.000
8	腾讯控股有限公司	广东	98.391	12.391	72.000	14.000
9	招商局集团有限公司	北京	98.388	13.391	70.997	14.000
10	中国农业银行股份有限公司	北京	98.100	13.662	70.438	14.000
11	贵州茅台酒股份有限公司	贵州	97.874	11.874	72.000	14.000
12	中国银行股份有限公司	北京	97.814	13.568	70.245	14.000
13	珠海格力电器股份有限公司	广东	97.600	14.000	72.000	11.600
14	中国海洋石油集团有限公司	北京	97.579	14.000	69.579	14.000
15	中国建材集团有限公司	北京	97.458	13.142	70.716	13.600
16	中国建筑股份有限公司	北京	97.400	14.000	69.400	14.000
17	中国华润有限公司	广东	97.385	13.552	72.000	11.833
18	美的集团股份有限公司	广东	97.346	14.000	71.733	11.613
19	中国电子科技集团有限公司	北京	97.324	13.339	72.000	11.985
20	中国第一汽车集团有限公司	吉林	97.313	13.368	71.991	11.954
21	中国移动通信集团有限公司	北京	97.312	13.913	69.399	14.000
22	中国南方电网有限责任公司	广东	97.287	14.316	71.371	11.600
23	中国神华能源股份有限公司	北京	97.100	13.200	69.900	14.000
24	中芯国际集成电路制造有限公司	香港	97.091	13.491	72.000	11.600
25	比亚迪股份有限公司	广东	97.082	13.217	71.325	12.540
26	特变电工股份有限公司	新疆	97.072	13.472	72.000	11.600
27	中国铝业集团有限公司	北京	97.051	13.341	71.210	12.500
28	隆基绿能科技股份有限公司	陕西	96.912	13.312	72.000	11.600

续表

序号	企业名称	地区	综合信用指数	信用环境指数	信用能力指数	信用行为指数
29	富士康工业互联网股份有限公司	广东	96.872	12.411	72.000	12.461
30	上海国际港务（集团）股份有限公司	上海	96.857	13.872	71.385	11.600
31	兴业银行股份有限公司	福建	96.780	12.808	69.972	14.000
32	海尔集团公司	山东	96.779	14.000	71.179	11.600
33	中国铁路工程集团有限公司	北京	96.668	14.000	69.868	12.800
34	中国邮政集团有限公司	北京	96.625	14.000	69.503	13.122
35	中国五矿集团有限公司	北京	96.620	13.500	71.520	11.600
36	福耀玻璃工业集团股份有限公司	福建	96.596	13.941	71.055	11.600
37	中国铁道建筑集团有限公司	北京	96.578	14.000	69.778	12.800
38	农夫山泉股份有限公司	浙江	96.536	12.936	72.000	11.600
39	上海汽车集团股份有限公司	上海	96.506	12.959	71.084	12.463
40	金川集团股份有限公司	甘肃	96.491	12.310	71.079	13.102
41	鹏鼎控股（深圳）股份有限公司	广东	96.452	13.937	70.916	11.600
42	晶科能源股份有限公司	江西	96.400	13.291	71.509	11.600
43	浙江省能源集团有限公司	浙江	96.394	13.848	70.946	11.600
44	中国中信集团有限公司	北京	96.340	12.750	70.990	12.600
45	山东魏桥创业集团有限公司	山东	96.336	12.368	71.169	12.800
46	波司登股份有限公司	江苏	96.333	12.733	72.000	11.600
47	中国光大银行股份有限公司	北京	96.313	13.549	68.765	14.000
48	四川川投能源股份有限公司	四川	96.275	13.600	69.875	12.800
49	中兴通讯股份有限公司	广东	96.271	12.904	71.767	11.600
50	杭州市实业投资集团有限公司	浙江	96.226	13.152	71.474	11.600
51	浙江正泰电器股份有限公司	浙江	96.219	12.619	72.000	11.600
52	中国信息通信科技集团有限公司	湖北	96.208	13.951	68.657	13.600
53	北京控股集团有限公司	北京	96.203	11.833	71.970	12.400
54	中国电信集团有限公司	北京	96.151	13.067	70.285	12.800
55	物产中大集团股份有限公司	浙江	96.125	13.210	71.314	11.600
56	金东纸业（江苏）股份有限公司	江苏	96.052	12.452	72.000	11.600
57	金发科技股份有限公司	广东	96.034	12.434	72.000	11.600
58	江苏阳光集团有限公司	江苏	96.016	12.000	71.216	12.800
59	中国卫通集团股份有限公司	北京	95.998	13.811	70.588	11.600
60	新疆广汇实业投资（集团）有限责任公司	新疆	95.936	12.336	72.000	11.600
61	三角轮胎股份有限公司	山东	95.924	13.845	70.479	11.600

续表

序号	企业名称	地区	综合信用指数	信用环境指数	信用能力指数	信用行为指数
62	江苏长电科技股份有限公司	江苏	95.919	13.600	70.720	11.600
63	海澜集团有限公司	江苏	95.897	13.003	71.295	11.600
64	内蒙古伊利实业集团股份有限公司	内蒙古	95.881	13.180	71.100	11.600
65	广西投资集团有限公司	广西	95.821	13.813	70.408	11.600
66	佛山市海天调味食品股份有限公司	广东	95.813	12.474	71.739	11.600
67	华勤橡胶工业集团有限公司	山东	95.808	12.284	71.924	11.600
68	立讯精密工业股份有限公司	广东	95.806	12.886	71.321	11.600
69	明阳智慧能源集团股份公司	广东	95.744	13.019	71.126	11.600
70	天合光能股份有限公司	江苏	95.736	12.496	71.639	11.600
71	赛轮集团股份有限公司	山东	95.605	12.411	71.594	11.600
72	中国振华（集团）科技股份有限公司	贵州	95.535	14.000	69.936	11.600
73	郑州煤矿机械集团股份有限公司	河南	95.505	13.445	70.461	11.600
74	中国保利集团有限公司	北京	95.503	11.903	72.000	11.600
75	徐工集团工程机械股份有限公司	江苏	95.500	12.412	71.488	11.600
76	阳光电源股份有限公司	安徽	95.490	13.402	70.488	11.600
77	万洲国际有限公司	河南	95.407	12.953	71.854	10.600
78	雅戈尔集团股份有限公司	浙江	95.400	12.855	70.945	11.600
79	天津城市基础设施建设投资集团有限公司	天津	95.397	12.558	70.839	12.000
80	晶科能源控股有限公司	江西	95.333	13.340	70.394	11.600
81	山推工程机械股份有限公司	山东	95.273	14.000	69.673	11.600
82	通威集团有限公司	四川	95.236	13.525	70.111	11.600
83	浙江交通科技股份有限公司	浙江	95.232	13.859	69.773	11.600
84	紫光国芯微电子股份有限公司	河北	95.227	13.820	69.807	11.600
85	安克创新科技股份有限公司	湖南	95.227	13.641	69.986	11.600
86	研祥高科技控股集团有限公司	广东	95.133	12.972	70.561	11.600
87	爱玛科技集团股份有限公司	天津	95.112	13.400	70.112	11.600
88	浙江伟明环保股份有限公司	浙江	95.096	12.520	71.276	11.300
89	北京首都创业集团有限公司	北京	95.086	12.095	68.990	14.000
90	中国电力建设集团有限公司	北京	95.072	14.000	67.472	13.600
91	网易股份有限公司	广东	95.065	13.865	69.600	11.600
92	中国华能集团有限公司	北京	95.043	13.443	68.000	13.600
93	重庆水务集团股份有限公司	重庆	95.021	11.999	70.022	13.000
94	晶澳太阳能科技股份有限公司	河北	95.012	12.412	72.000	10.600

续表

序号	企业名称	地区	综合信用指数	信用环境指数	信用能力指数	信用行为指数
95	格林美股份有限公司	广东	94.963	13.241	70.122	11.600
96	阿里巴巴（中国）有限公司	浙江	94.899	11.560	71.336	12.004
97	中国交通建设集团有限公司	北京	94.886	14.000	68.086	12.800
98	厦门亿联网络技术股份有限公司	福建	94.872	13.209	70.563	11.100
99	中国华电集团有限公司	北京	94.851	13.484	67.768	13.600
100	迪尚集团有限公司	山东	94.834	12.600	71.634	10.600
101	安井食品集团股份有限公司	福建	94.833	13.367	69.866	11.600
102	神州数码集团股份有限公司	广东	94.820	13.780	69.440	11.600
103	成都市兴蓉环境股份有限公司	四川	94.813	12.559	69.754	12.500
104	蓝思科技股份有限公司	湖南	94.804	12.332	70.872	11.600
105	牧原食品股份有限公司	河南	94.800	11.200	72.000	11.600
106	千禾味业食品股份有限公司	四川	94.742	13.513	69.628	11.600
107	双良节能系统股份有限公司	江苏	94.734	13.416	69.718	11.600
108	中山华利实业集团股份有限公司	广东	94.728	12.128	72.000	10.600
109	心里程控股集团有限公司	广东	94.712	13.932	69.180	11.600
110	上海派能能源科技股份有限公司	上海	94.711	13.600	69.511	11.600
111	石药创新制药股份有限公司	河北	94.702	12.562	71.540	10.600
112	江苏苏盐井神股份有限公司	江苏	94.701	13.600	69.501	11.600
113	胜达集团有限公司	浙江	94.686	13.182	69.904	11.600
114	欧派家居集团股份有限公司	广东	94.669	12.357	71.711	10.600
115	TCL 中环新能源科技股份有限公司	天津	94.664	13.472	70.592	10.600
116	双胞胎（集团）股份有限公司	江西	94.649	12.579	71.469	10.600
117	广联达科技股份有限公司	北京	94.648	12.740	70.307	11.600
118	浙商中拓集团股份有限公司	浙江	94.642	13.825	69.217	11.600
119	中国国际金融股份有限公司	北京	94.626	13.625	68.902	12.100
120	梅花生物科技集团股份有限公司	西藏	94.616	13.419	69.596	11.600
121	山东齐润控股集团有限公司	山东	94.614	12.921	71.093	10.600
122	北京当升材料科技股份有限公司	北京	94.608	12.728	71.281	10.600
123	北方华创科技集团股份有限公司	北京	94.601	12.968	71.033	10.600
124	谱尼测试集团股份有限公司	北京	94.589	13.343	69.646	11.600
125	科达制造股份有限公司	广东	94.585	13.000	71.485	10.100
126	首钢集团有限公司	北京	94.576	13.185	67.791	13.600
127	湖南五江控股集团有限公司	湖南	94.572	13.500	70.472	10.600

续表

序号	企业名称	地区	综合信用指数	信用环境指数	信用能力指数	信用行为指数
128	河南蓝天燃气股份有限公司	河南	94. 500	12. 469	71. 431	10. 600
129	青岛国恩科技股份有限公司	山东	94. 499	13. 408	69. 491	11. 600
130	安徽元琛环保科技股份有限公司	安徽	94. 482	13. 600	68. 082	12. 800
131	青岛港国际股份有限公司	山东	94. 481	13. 797	69. 084	11. 600
132	中国广核集团有限公司	广东	94. 473	13. 418	67. 455	13. 600
133	浙江新澳纺织股份有限公司	浙江	94. 468	13. 600	68. 068	12. 800
134	锐捷网络股份有限公司	北京	94. 466	13. 250	69. 616	11. 600
135	中国化学工程集团有限公司	北京	94. 455	13. 988	66. 868	13. 600
136	云南恩捷新材料股份有限公司	云南	94. 437	13. 300	70. 038	11. 100
137	苏州东山精密制造股份有限公司	江苏	94. 436	13. 939	68. 898	11. 600
138	索通发展股份有限公司	山东	94. 433	13. 823	69. 010	11. 600
139	东富龙科技集团股份有限公司	上海	94. 426	12. 829	69. 997	11. 600
140	黄山永新股份有限公司	安徽	94. 423	13. 408	69. 415	11. 600
141	聚辰半导体股份有限公司	上海	94. 417	13. 600	69. 217	11. 600
142	桂林力源粮油食品集团有限公司	广西	94. 409	13. 375	69. 435	11. 600
143	金风科技股份有限公司	新疆	94. 399	11. 832	70. 967	11. 600
144	澜起科技股份有限公司	上海	94. 388	12. 747	71. 041	10. 600
145	石家庄尚太科技股份有限公司	河北	94. 370	13. 394	69. 377	11. 600
146	深圳市汇川技术股份有限公司	广东	94. 360	12. 260	72. 000	10. 100
147	顾家家居股份有限公司	浙江	94. 359	12. 570	71. 189	10. 600
148	奥德集团有限公司	山东	94. 329	12. 673	70. 056	11. 600
149	金诚信矿业管理股份有限公司	北京	94. 318	13. 434	69. 284	11. 600
150	南京国博电子股份有限公司	江苏	94. 283	13. 335	69. 347	11. 600
151	恺英网络股份有限公司	福建	94. 280	13. 586	69. 095	11. 600
152	新奥天然气股份有限公司	河北	94. 262	12. 898	69. 765	11. 600
153	嘉友国际物流股份有限公司	北京	94. 245	13. 600	69. 045	11. 600
154	杨凌美畅新材料股份有限公司	陕西	94. 228	13. 401	69. 227	11. 600
155	青鸟消防股份有限公司	河北	94. 225	13. 047	69. 578	11. 600
156	新疆大全新能源股份有限公司	新疆	94. 205	13. 928	68. 677	11. 600
157	厦门建发股份有限公司	福建	94. 201	13. 774	68. 827	11. 600
158	中矿资源集团股份有限公司	北京	94. 200	12. 100	72. 000	10. 100
159	浙江省海港投资运营集团有限公司	浙江	94. 179	13. 500	69. 079	11. 600
160	安琪酵母股份有限公司	湖北	94. 175	12. 917	69. 658	11. 600

续表

序号	企业名称	地区	综合信用指数	信用环境指数	信用能力指数	信用行为指数
161	云南云天化股份有限公司	云南	94.152	13.909	67.443	12.800
162	浙江晶盛机电股份有限公司	浙江	94.137	13.320	70.216	10.600
163	中国联合网络通信集团有限公司	北京	94.119	13.094	68.225	12.800
164	盐津铺子食品股份有限公司	湖南	94.115	13.600	68.915	11.600
165	三全食品股份有限公司	河南	94.113	13.451	69.063	11.600
166	广东海大集团股份有限公司	广东	94.104	13.254	69.251	11.600
167	天津九安医疗电子股份有限公司	天津	94.097	12.600	69.897	11.600
168	银都餐饮设备股份有限公司	浙江	94.092	13.218	69.274	11.600
169	西安城市基础设施建设投资集团有限公司	陕西	94.057	11.600	71.957	10.500
170	青海盐湖工业股份有限公司	青海	94.054	14.000	67.254	12.800
171	比音勒芬服饰股份有限公司	广东	94.053	13.420	69.033	11.600
172	软通动力信息技术（集团）股份有限公司	北京	94.053	13.171	69.281	11.600
173	四川雅化实业集团股份有限公司	四川	94.049	13.000	68.249	12.800
174	华泰集团有限公司	山东	94.037	12.729	69.708	11.600
175	深圳市星源材质科技股份有限公司	广东	94.035	13.396	69.039	11.600
176	金猴集团有限公司	山东	94.034	12.939	69.495	11.600
177	安通控股股份有限公司	黑龙江	94.029	13.600	68.829	11.600
178	卫华集团有限公司	河南	94.016	13.854	68.563	11.600
179	欧龙汽车贸易集团有限公司	浙江	93.993	12.703	69.689	11.600
180	汇通达网络股份有限公司	江苏	93.987	13.800	68.587	11.600
181	广州视源电子科技股份有限公司	广东	93.976	13.060	69.316	11.600
182	香驰控股有限公司	山东	93.960	13.451	68.910	11.600
183	大亚科技集团有限公司	江苏	93.951	13.523	68.827	11.600
184	永兴特种材料科技股份有限公司	浙江	93.900	12.700	69.600	11.600
185	烟台杰瑞石油服务集团股份有限公司	山东	93.897	12.828	69.969	11.100
186	贵州轮胎股份有限公司	贵州	93.886	13.813	68.473	11.600
187	厦门象屿股份有限公司	福建	93.883	14.000	68.283	11.600
188	三花控股集团有限公司	浙江	93.877	12.918	69.359	11.600
189	振石控股集团有限公司	浙江	93.874	13.067	69.208	11.600
190	潍坊特钢集团有限公司	山东	93.869	13.600	68.669	11.600
191	甘肃能化股份有限公司	甘肃	93.867	13.600	68.667	11.600
192	江苏太平洋石英股份有限公司	江苏	93.862	12.600	70.162	11.100
193	广州天赐高新材料股份有限公司	广东	93.852	14.000	67.052	12.800

续表

序号	企业名称	地区	综合信用指数	信用环境指数	信用能力指数	信用行为指数
194	索菲亚家居股份有限公司	广东	93.815	12.800	69.415	11.600
195	百隆东方股份有限公司	浙江	93.778	13.600	67.378	12.800
196	江苏国泰国际集团股份有限公司	江苏	93.772	13.437	68.735	11.600
197	重庆望变电气（集团）股份有限公司	重庆	93.769	13.239	68.929	11.600
198	南京盛航海运股份有限公司	江苏	93.762	12.100	71.562	10.100
199	志邦家居股份有限公司	安徽	93.739	13.131	69.008	11.600
200	北京高能时代环境技术股份有限公司	北京	93.736	11.236	72.000	10.500
201	华泰证券股份有限公司	江苏	93.695	12.264	69.831	11.600
202	四川省能源投资集团有限责任公司	四川	93.679	13.811	68.269	11.600
203	中兵红箭股份有限公司	湖南	93.660	13.654	68.406	11.600
204	佛燃能源集团股份有限公司	广东	93.649	13.188	68.861	11.600
205	北京金山办公软件股份有限公司	北京	93.647	13.299	68.749	11.600
206	曙光信息产业股份有限公司	天津	93.637	13.587	68.450	11.600
207	东方电子股份有限公司	山东	93.602	13.660	68.341	11.600
208	平安银行股份有限公司	广东	93.602	13.390	66.648	13.564
209	深圳市铭利达精密技术股份有限公司	广东	93.582	13.306	68.675	11.600
210	东方财富信息股份有限公司	上海	93.563	13.147	68.816	11.600
211	环旭电子股份有限公司	上海	93.558	12.501	69.457	11.600
212	航天信息股份有限公司	北京	93.551	12.814	69.136	11.600
213	承德露露股份公司	河北	93.548	13.107	68.840	11.600
214	海信集团控股股份有限公司	山东	93.546	14.000	67.946	11.600
215	广州产业投资控股集团有限公司	广东	93.528	13.785	68.142	11.600
216	安徽合力股份有限公司	安徽	93.505	12.870	70.535	10.100
217	纳思达股份有限公司	广东	93.505	13.975	67.930	11.600
218	青岛东方铁塔股份有限公司	山东	93.491	13.428	68.463	11.600
219	江西洪城环境股份有限公司	江西	93.474	12.593	71.072	9.808
220	交通银行股份有限公司	上海	93.474	12.573	66.901	14.000
221	中哲控股集团有限公司	浙江	93.465	13.394	68.470	11.600
222	老凤祥股份有限公司	上海	93.462	12.961	68.900	11.600
223	中国北方稀土（集团）高科技股份有限公司	内蒙古	93.455	13.539	67.837	12.079
224	湖南博深实业集团有限公司	湖南	93.445	13.485	68.359	11.600
225	确成硅化学股份有限公司	江苏	93.437	13.486	68.351	11.600
226	上海璞泰来新能源科技股份有限公司	上海	93.429	13.328	68.501	11.600

续表

序号	企业名称	地区	综合信用指数	信用环境指数	信用能力指数	信用行为指数
227	福建圣农发展股份有限公司	福建	93.406	11.200	70.606	11.600
228	深圳金雅福控股集团有限公司	广东	93.406	13.673	68.133	11.600
229	鲁泰纺织股份有限公司	山东	93.390	12.600	70.390	10.400
230	四川天味食品集团股份有限公司	四川	93.363	13.536	68.227	11.600
231	湖北菲利华石英玻璃股份有限公司	湖北	93.347	13.401	68.346	11.600
232	圆通速递股份有限公司	辽宁	93.321	10.785	70.936	11.600
233	杭州市城市建设投资集团有限公司	浙江	93.310	13.816	67.894	11.600
234	五得利面粉集团有限公司	河北	93.301	13.073	68.628	11.600
235	浙江航民股份有限公司	浙江	93.298	12.600	69.098	11.600
236	广西南丹南方金属有限公司	广西	93.293	12.298	70.595	10.400
237	新乡市瑞丰新材料股份有限公司	河南	93.277	13.600	66.877	12.800
238	江苏江南水务股份有限公司	江苏	93.267	13.393	67.075	12.800
239	扬州扬杰电子科技股份有限公司	江苏	93.260	13.474	68.186	11.600
240	成都新易盛通信技术股份有限公司	四川	93.217	13.591	68.026	11.600
241	景津装备股份有限公司	山东	93.217	12.434	70.683	10.100
242	固德威技术股份有限公司	江苏	93.198	13.465	68.132	11.600
243	武汉三镇实业控股股份有限公司	湖北	93.195	13.600	66.795	12.800
244	山西杏花村汾酒厂股份有限公司	山西	93.191	12.984	68.607	11.600
245	广州海格通信集团股份有限公司	广东	93.190	13.035	68.556	11.600
246	盛泰智造集团股份有限公司	浙江	93.181	13.429	68.152	11.600
247	广西北部湾投资集团有限公司	广西	93.176	13.809	67.767	11.600
248	中航光电科技股份有限公司	内蒙古	93.172	13.298	68.274	11.600
249	南昌市政公用集团有限公司	江西	93.170	11.493	70.178	11.500
250	广东奥普特科技股份有限公司	广东	93.167	12.981	68.586	11.600
251	中科创达软件股份有限公司	北京	93.152	12.547	70.504	10.100
252	圣邦微电子（北京）股份有限公司	北京	93.126	12.276	70.750	10.100
253	龙岩卓越新能源股份有限公司	福建	93.113	12.450	70.562	10.100
254	郑州公用事业投资发展集团有限公司	河南	93.100	11.084	71.416	10.600
255	楚天科技股份有限公司	湖南	93.094	12.952	68.542	11.600
256	苏美达股份有限公司	江苏	93.055	13.698	67.757	11.600
257	西安三角防务股份有限公司	陕西	93.048	13.328	68.119	11.600
258	杭州华旺新材料科技股份有限公司	浙江	93.040	12.960	68.480	11.600
259	鲁银投资集团股份有限公司	山东	93.040	11.934	71.007	10.100

续表

序号	企业名称	地区	综合信用指数	信用环境指数	信用能力指数	信用行为指数
260	永艺家具股份有限公司	浙江	92.993	13.600	67.793	11.600
261	天通控股股份有限公司	浙江	92.990	13.488	67.902	11.600
262	上海万业企业股份有限公司	上海	92.978	13.087	68.292	11.600
263	杭州巨星科技股份有限公司	浙江	92.957	13.062	68.295	11.600
264	久立集团股份有限公司	浙江	92.957	13.251	68.105	11.600
265	江西铜业集团有限公司	江西	92.943	13.514	67.829	11.600
266	杭州长川科技股份有限公司	浙江	92.939	13.595	67.744	11.600
267	中天科技集团有限公司	江苏	92.927	13.511	67.816	11.600
268	厦门法拉电子股份有限公司	福建	92.923	13.372	67.951	11.600
269	江苏共创人造草坪股份有限公司	江苏	92.921	12.435	70.386	10.100
270	浙江伟星实业发展股份有限公司	浙江	92.920	13.204	68.116	11.600
271	浙江天振科技股份有限公司	浙江	92.916	13.292	68.025	11.600
272	浪潮电子信息产业股份有限公司	山东	92.896	13.112	68.184	11.600
273	晶晨半导体（上海）股份有限公司	上海	92.896	12.904	68.392	11.600
274	北京神州泰岳软件股份有限公司	北京	92.883	12.117	69.666	11.100
275	安集微电子科技（上海）股份有限公司	上海	92.881	13.600	67.681	11.600
276	浙江三花智能控制股份有限公司	浙江	92.881	13.516	67.765	11.600
277	润建股份有限公司	广西	92.873	13.640	67.634	11.600
278	中粮糖业控股股份有限公司	新疆	92.864	13.454	67.810	11.600
279	江苏省农垦农业发展股份有限公司	江苏	92.842	11.200	70.042	11.600
280	湖南钢铁集团有限公司	湖南	92.832	13.600	67.632	11.600
281	陕西有色金属控股集团有限责任公司	陕西	92.815	13.836	67.380	11.600
282	北京首农食品集团有限公司	北京	92.787	12.280	68.908	11.600
283	中基宁波集团股份有限公司	浙江	92.778	13.545	67.633	11.600
284	恒信汽车集团股份有限公司	湖北	92.769	11.132	70.036	11.600
285	冀南钢铁集团有限公司	河北	92.760	13.600	65.160	14.000
286	海南海德资本管理股份有限公司	海南	92.756	12.100	69.556	11.100
287	北京中科三环高技术股份有限公司	北京	92.745	13.453	67.692	11.600
288	中山公用事业集团股份有限公司	广东	92.744	11.817	68.127	12.800
289	厦门翔业集团有限公司	福建	92.724	13.235	67.889	11.600
290	富海集团新能源控股有限公司	山东	92.723	12.917	68.206	11.600
291	华工科技产业股份有限公司	湖北	92.717	13.818	67.299	11.600
292	岳阳林纸股份有限公司	湖南	92.707	12.176	69.432	11.100

续表

序号	企业名称	地区	综合信用指数	信用环境指数	信用能力指数	信用行为指数
293	北京国联视讯信息技术股份有限公司	北京	92.692	13.954	67.138	11.600
294	山东神驰控股有限公司	山东	92.685	13.415	67.670	11.600
295	兴华财富集团有限公司	河北	92.684	13.063	68.021	11.600
296	滁州多利汽车科技股份有限公司	安徽	92.681	13.338	67.743	11.600
297	江苏常宝钢管股份有限公司	江苏	92.659	13.600	67.459	11.600
298	北京能源集团有限责任公司	北京	92.654	12.917	68.137	11.600
299	福建星网锐捷通讯股份有限公司	福建	92.653	13.724	67.329	11.600
300	多弗国际控股集团有限公司	浙江	92.645	13.495	67.550	11.600
301	明阳新能源投资控股集团有限公司	广东	92.632	11.369	69.664	11.600
302	江苏新长江实业集团有限公司	江苏	92.613	13.600	67.413	11.600
303	四川福蓉科技股份公司	四川	92.598	13.548	67.449	11.600
304	宁波德业科技股份有限公司	浙江	92.586	13.600	67.386	11.600
305	上海紫江企业集团股份有限公司	上海	92.581	13.476	67.505	11.600
306	雪天盐业集团股份有限公司	湖南	92.568	13.285	67.683	11.600
307	陕西省天然气股份有限公司	陕西	92.563	13.490	67.473	11.600
308	杭州锦江集团有限公司	浙江	92.546	14.000	66.946	11.600
309	中伟新材料股份有限公司	贵州	92.536	13.233	67.703	11.600
310	浙江伟星新型建材股份有限公司	浙江	92.536	13.130	67.806	11.600
311	东莞怡合达自动化股份有限公司	广东	92.533	13.404	67.530	11.600
312	创维数字股份有限公司	四川	92.494	13.629	67.266	11.600
313	中际旭创股份有限公司	山东	92.492	13.561	67.330	11.600
314	诸城外贸有限责任公司	山东	92.484	13.138	67.746	11.600
315	山东鲁花集团有限公司	山东	92.475	13.241	67.634	11.600
316	云南省能源投资集团有限公司	云南	92.469	13.671	67.198	11.600
317	浙江东方金融控股集团股份有限公司	浙江	92.452	13.443	67.409	11.600
318	江苏扬农化工股份有限公司	江苏	92.441	13.902	65.739	12.800
319	浙江天铁实业股份有限公司	浙江	92.439	13.518	67.321	11.600
320	湖北兴发化工集团股份有限公司	湖北	92.431	13.820	65.811	12.800
321	浙江华铁应急设备科技股份有限公司	浙江	92.427	13.419	67.408	11.600
322	国轩高科股份有限公司	安徽	92.408	13.253	67.556	11.600
323	广东领益智造股份有限公司	广东	92.383	13.881	66.902	11.600
324	广东粤海控股集团有限公司	广东	92.358	13.406	67.352	11.600
325	横店集团东磁股份有限公司	浙江	92.341	13.304	67.437	11.600

续表

序号	企业名称	地区	综合信用指数	信用环境指数	信用能力指数	信用行为指数
326	中节能太阳能股份有限公司	重庆	92.340	13.115	67.625	11.600
327	深圳华强集团有限公司	广东	92.339	13.692	67.048	11.600
328	南兴装备股份有限公司	广东	92.279	12.922	67.758	11.600
329	无锡新洁能股份有限公司	江苏	92.269	13.055	67.614	11.600
330	新疆天润乳业股份有限公司	新疆	92.258	13.600	67.058	11.600
331	重庆顺博铝合金股份有限公司	重庆	92.256	13.600	66.635	12.021
332	申能（集团）有限公司	上海	92.253	12.643	68.009	11.600
333	禾丰食品股份有限公司	辽宁	92.239	13.255	67.384	11.600
334	上海移远通信技术股份有限公司	上海	92.199	13.706	66.893	11.600
335	四川路桥建设集团股份有限公司	四川	92.170	13.941	66.630	11.600
336	山东潍坊润丰化工股份有限公司	山东	92.164	13.970	65.394	12.800
337	山东豪迈机械科技股份有限公司	山东	92.160	13.421	67.139	11.600
338	河北新华联合冶金控股集团有限公司	河北	92.153	13.600	66.953	11.600
339	苏州固锝电子股份有限公司	江苏	92.110	13.546	66.965	11.600
340	陕西省国际信托股份有限公司	陕西	92.099	13.457	67.041	11.600
341	中国银河证券股份有限公司	北京	92.098	11.950	68.548	11.600
342	成都燃气集团股份有限公司	四川	92.093	13.010	67.482	11.600
343	浙江新安化工集团股份有限公司	浙江	92.092	13.751	65.541	12.800
344	利尔化学股份有限公司	四川	92.052	13.916	65.336	12.800
345	浙江巨化股份有限公司	浙江	92.029	14.000	65.229	12.800
346	北大荒农垦集团有限公司	黑龙江	92.014	11.200	69.214	11.600
347	昆山新莱洁净应用材料股份有限公司	江苏	92.002	13.439	66.963	11.600
348	无锡奥特维科技股份有限公司	江苏	91.966	13.274	67.092	11.600
349	上海华谊控股集团有限公司	上海	91.949	13.911	65.238	12.800
350	紫光股份有限公司	北京	91.941	13.083	67.258	11.600
351	江西金力永磁科技股份有限公司	江西	91.933	13.315	67.018	11.600
352	韵达控股股份有限公司	浙江	91.901	12.653	67.648	11.600
353	安福县海能实业股份有限公司	江西	91.886	13.600	66.686	11.600
354	常州聚和新材料股份有限公司	江苏	91.862	13.090	67.172	11.600
355	三人行传媒集团股份有限公司	陕西	91.858	13.415	66.843	11.600
356	斯达半导体股份有限公司	浙江	91.848	13.600	66.648	11.600
357	中控技术股份有限公司	浙江	91.842	13.669	66.573	11.600
358	密尔克卫化工供应链服务股份有限公司	上海	91.828	13.600	66.628	11.600

续表

序号	企业名称	地区	综合信用指数	信用环境指数	信用能力指数	信用行为指数
359	得力集团有限公司	浙江	91.811	13.395	66.816	11.600
360	沪士电子股份有限公司	江苏	91.789	14.000	66.189	11.600
361	厦门国贸控股集团有限公司	福建	91.778	12.683	67.495	11.600
362	陕西华秦科技实业股份有限公司	陕西	91.750	12.735	67.415	11.600
363	宁波容百新能源科技股份有限公司	浙江	91.749	13.204	66.944	11.600
364	山西焦化股份有限公司	山西	91.747	13.600	66.547	11.600
365	旺能环境股份有限公司	浙江	91.731	13.402	66.729	11.600
366	百度网络技术有限公司	北京	91.729	12.179	67.950	11.600
367	南京高科股份有限公司	江苏	91.727	12.922	67.205	11.600
368	南山集团有限公司	山东	91.716	13.456	66.659	11.600
369	无锡先导智能装备股份有限公司	江苏	91.698	13.302	66.796	11.600
370	深圳市康冠科技股份有限公司	广东	91.691	13.529	66.562	11.600
371	万凯新材料股份有限公司	浙江	91.662	13.800	65.061	12.800
372	中国能源建设股份有限公司	北京	91.650	14.000	66.050	11.600
373	江苏龙蟠科技股份有限公司	江苏	91.628	13.762	65.066	12.800
374	晨光生物科技集团股份有限公司	河北	91.613	13.424	66.589	11.600
375	陕西投资集团有限公司	陕西	91.609	13.830	66.179	11.600
376	广东广弘控股股份有限公司	广东	91.596	13.600	66.396	11.600
377	锦浪科技股份有限公司	浙江	91.581	13.322	66.659	11.600
378	攀钢集团钒钛资源股份有限公司	四川	91.547	12.963	66.984	11.600
379	浙江富冶集团有限公司	浙江	91.547	13.588	66.359	11.600
380	天洁集团有限公司	浙江	91.502	13.410	66.491	11.600
381	安徽应流机电股份有限公司	安徽	91.489	13.564	66.326	11.600
382	天能控股集团有限公司	浙江	91.482	13.284	66.598	11.600
383	公牛集团股份有限公司	浙江	91.478	13.158	66.720	11.600
384	新疆雪峰科技（集团）股份有限公司	新疆	91.467	13.600	65.067	12.800
385	湖北江瀚新材料股份有限公司	湖北	91.467	13.375	65.292	12.800
386	东鹏饮料（集团）股份有限公司	广东	91.453	13.371	66.482	11.600
387	洽洽食品股份有限公司	安徽	91.452	13.124	66.728	11.600
388	山东寿光鲁清石化有限公司	山东	91.421	13.052	66.769	11.600
389	通鼎集团有限公司	江苏	91.404	13.803	66.000	11.600
390	安徽广信农化股份有限公司	安徽	91.383	13.805	64.779	12.800
391	西部矿业股份有限公司	青海	91.352	12.090	67.662	11.600

续表

序号	企业名称	地区	综合信用指数	信用环境指数	信用能力指数	信用行为指数
392	上海机电股份有限公司	上海	91.347	13.439	66.308	11.600
393	天士力医药集团股份有限公司	天津	91.320	13.600	66.120	11.600
394	云南能源投资股份有限公司	云南	91.311	13.389	66.323	11.600
395	恒林家居股份有限公司	浙江	91.302	13.085	66.616	11.600
396	深圳市中金岭南有色金属股份有限公司	广东	91.276	13.480	66.196	11.600
397	紫金矿业集团股份有限公司	福建	91.272	11.595	68.078	11.600
398	上海华峰铝业股份有限公司	上海	91.251	13.460	66.191	11.600
399	上海富瀚微电子股份有限公司	上海	91.234	13.104	66.530	11.600
400	广发证券股份有限公司	广东	91.228	11.686	67.942	11.600
401	山东鲁阳节能材料股份有限公司	山东	91.208	13.233	66.375	11.600
402	贵州振华风光半导体股份有限公司	贵州	91.197	12.930	66.667	11.600
403	深圳市燃气集团股份有限公司	广东	91.188	12.689	66.900	11.600
404	东方润安集团有限公司	江苏	91.162	12.606	66.956	11.600
405	山东海科控股有限公司	山东	91.158	13.422	66.137	11.600
406	长城汽车股份有限公司	河北	91.157	13.084	68.810	9.263
407	浙富控股集团股份有限公司	浙江	91.136	11.822	67.715	11.600
408	安徽海螺集团有限责任公司	安徽	91.126	10.820	68.706	11.600
409	山东省药用玻璃股份有限公司	山东	91.107	13.039	66.468	11.600
410	东方航空物流股份有限公司	上海	91.106	12.967	66.539	11.600
411	杭州安旭生物科技股份有限公司	浙江	91.101	13.125	66.375	11.600
412	西子联合控股有限公司	浙江	91.093	11.479	68.014	11.600
413	陕西建工控股集团有限公司	陕西	91.090	14.000	65.490	11.600
414	新天绿色能源股份有限公司	河北	91.087	13.126	66.362	11.600
415	江苏立霸实业股份有限公司	江苏	91.080	13.600	65.880	11.600
416	东华软件股份公司	北京	91.074	13.353	66.121	11.600
417	中盐内蒙古化工股份有限公司	内蒙古	91.074	13.777	64.497	12.800
418	宁波富邦控股集团有限公司	浙江	91.063	13.221	66.242	11.600
419	奥克斯集团有限公司	浙江	91.058	14.000	65.458	11.600
420	珀莱雅化妆品股份有限公司	浙江	91.042	13.476	64.766	12.800
421	上海水星家用纺织品股份有限公司	上海	90.992	13.113	65.079	12.800
422	山西通宝能源股份有限公司	山西	90.979	13.600	65.779	11.600
423	深圳市科达利实业股份有限公司	广东	90.970	13.250	66.120	11.600
424	重庆中昂投资集团有限公司	重庆	90.959	13.110	66.249	11.600

续表

序号	企业名称	地区	综合信用指数	信用环境指数	信用能力指数	信用行为指数
425	成都云图控股股份有限公司	四川	90.948	13.681	64.467	12.800
426	信达证券股份有限公司	北京	90.948	13.019	66.329	11.600
427	深圳科士达科技股份有限公司	广东	90.914	13.369	65.945	11.600
428	道恩集团有限公司	山东	90.911	13.686	64.425	12.800
429	周大生珠宝股份有限公司	广东	90.901	13.058	66.243	11.600
430	森林包装集团股份有限公司	浙江	90.870	12.035	67.235	11.600
431	深圳市信维通信股份有限公司	广东	90.869	13.853	65.416	11.600
432	上海中谷物流股份有限公司	上海	90.854	13.596	65.659	11.600
433	浙江中国轻纺城集团股份有限公司	浙江	90.842	13.600	65.642	11.600
434	东软集团股份有限公司	辽宁	90.830	13.599	65.631	11.600
435	宁波博洋控股集团有限公司	浙江	90.816	12.294	66.922	11.600
436	山东中海化工集团有限公司	山东	90.816	13.900	64.116	12.800
437	中国宝安集团股份有限公司	广东	90.807	14.000	65.207	11.600
438	兆易创新科技集团股份有限公司	北京	90.802	12.565	66.637	11.600
439	福莱特玻璃集团股份有限公司	浙江	90.797	12.902	66.295	11.600
440	宁波滕头集团有限公司	浙江	90.789	12.401	66.788	11.600
441	上海梅林正广和股份有限公司	上海	90.789	13.478	65.711	11.600
442	西安蓝晓科技新材料股份有限公司	陕西	90.787	13.518	64.468	12.800
443	金鹰重型工程机械股份有限公司	湖北	90.784	13.481	65.704	11.600
444	广州市建筑集团有限公司	广东	90.754	13.996	65.158	11.600
445	北京指南针科技发展股份有限公司	北京	90.749	13.400	65.748	11.600
446	雅迪科技集团有限公司	江苏	90.737	13.400	65.737	11.600
447	四川华西集团有限公司	四川	90.690	13.600	65.490	11.600
448	成都振芯科技股份有限公司	四川	90.689	13.600	65.489	11.600
449	山东阳谷华泰化工股份有限公司	山东	90.687	13.560	64.327	12.800
450	深圳拓邦股份有限公司	广东	90.653	13.464	65.589	11.600
451	成都银行股份有限公司	四川	90.645	13.252	65.793	11.600
452	广州工业投资控股集团有限公司	广东	90.630	14.000	65.030	11.600
453	洛阳国宏投资控股集团有限公司	河南	90.628	13.107	65.921	11.600
454	西部超导材料科技股份有限公司	陕西	90.619	13.479	65.540	11.600
455	贵州磷化（集团）有限责任公司	贵州	90.613	14.000	63.813	12.800
456	四川华油集团有限责任公司	四川	90.608	13.447	65.561	11.600
457	贵研铂业股份有限公司	云南	90.605	13.164	65.841	11.600

续表

序号	企业名称	地区	综合信用指数	信用环境指数	信用能力指数	信用行为指数
458	宁波银行股份有限公司	浙江	90.577	13.040	65.937	11.600
459	江苏天奈科技股份有限公司	江苏	90.567	13.256	65.710	11.600
460	北京华峰测控技术股份有限公司	北京	90.552	13.407	65.545	11.600
461	深圳市富安娜家居用品股份有限公司	广东	90.551	12.709	66.241	11.600
462	上海临港经济发展（集团）有限公司	上海	90.538	10.305	66.233	14.000
463	江苏省广电有线信息网络股份有限公司	江苏	90.522	13.412	65.511	11.600
464	贵州航天电器股份有限公司	贵州	90.522	13.439	65.483	11.600
465	京东方科技集团股份有限公司	北京	90.502	10.083	68.819	11.600
466	武汉东湖高新集团股份有限公司	湖北	90.444	13.600	65.244	11.600
467	深圳新宙邦科技股份有限公司	广东	90.433	13.740	63.892	12.800
468	通州建总集团有限公司	江苏	90.430	13.472	65.358	11.600
469	无锡市国联发展（集团）有限公司	江苏	90.412	13.440	65.372	11.600
470	四川英杰电气股份有限公司	四川	90.410	13.431	65.380	11.600
471	宇通重工股份有限公司	河南	90.406	12.684	66.122	11.600
472	浙报数字文化集团股份有限公司	浙江	90.403	13.111	65.691	11.600
473	中国人寿保险（集团）公司	北京	90.402	13.012	63.750	13.640
474	浙江大华技术股份有限公司	浙江	90.395	12.115	66.680	11.600
475	宁波申洲针织有限公司	浙江	90.368	11.701	67.067	11.600
476	瀚蓝环境股份有限公司	广东	90.363	12.926	65.837	11.600
477	上海华测导航技术股份有限公司	上海	90.363	13.507	65.256	11.600
478	杭州炬华科技股份有限公司	浙江	90.355	13.544	65.211	11.600
479	中国核工业集团有限公司	北京	90.337	13.415	65.322	11.600
480	广东南方新媒体股份有限公司	广东	90.295	12.889	65.806	11.600
481	天津七一二通信广播股份有限公司	天津	90.295	13.458	65.236	11.600
482	黑牡丹（集团）股份有限公司	江苏	90.215	12.842	65.773	11.600
483	深圳麦格米特电气股份有限公司	广东	90.215	13.397	65.217	11.600
484	欣旺达电子股份有限公司	广东	90.214	13.010	65.604	11.600
485	深圳市英维克科技股份有限公司	广东	90.211	13.455	65.156	11.600
486	胜宏科技（惠州）股份有限公司	广东	90.193	13.838	64.754	11.600
487	中国国际技术智力合作集团有限公司	北京	90.192	10.906	66.486	12.800
488	中国黄金集团黄金珠宝股份有限公司	北京	90.189	12.963	65.626	11.600
489	东莞市奥海科技股份有限公司	广东	90.186	13.199	65.387	11.600
490	浙江鼎力机械股份有限公司	浙江	90.177	13.531	65.046	11.600

续表

序号	企业名称	地区	综合信用指数	信用环境指数	信用能力指数	信用行为指数
491	富通集团有限公司	浙江	90.164	12.811	65.754	11.600
492	良品铺子股份有限公司	湖北	90.124	13.446	65.078	11.600
493	浙江越剑智能装备股份有限公司	浙江	90.123	13.600	64.923	11.600
494	铜陵有色金属集团股份有限公司	安徽	90.103	12.587	65.916	11.600
495	山东高速路桥集团股份有限公司	山东	90.078	13.600	64.878	11.600
496	中国东方电气集团有限公司	四川	90.073	13.402	65.070	11.600
497	东方国际（集团）有限公司	上海	90.056	13.453	65.002	11.600
498	万向集团公司	浙江	90.049	13.171	68.133	8.745
499	浙江水晶光电科技股份有限公司	浙江	90.045	13.464	64.982	11.600
500	厦门钨业股份有限公司	福建	90.004	13.817	64.587	11.600

二、2023 中国企业信用 500 强收益性指标

序号	企业名称	地区	综合信用指数	营收利润率（%）	资产利润率（%）	净资产利润率（%）
1	国家电网有限公司	北京	99.815	1.55	1.12	2.63
2	中国石油化工集团有限公司	北京	99.460	2.05	2.55	7.12
3	中国宝武钢铁集团有限公司	上海	99.176	1.54	1.35	5.23
4	中国石油天然气集团有限公司	北京	98.985	4.36	3.23	6.69
5	华为投资控股有限公司	广东	98.843	5.53	3.34	8.13
6	中国建设银行股份有限公司	北京	98.716	39.38	0.94	11.34
7	中国工商银行股份有限公司	北京	98.472	39.27	0.91	10.31
8	腾讯控股有限公司	广东	98.391	33.95	11.93	26.09
9	招商局集团有限公司	北京	98.388	11.56	2.17	11.97
10	中国农业银行股份有限公司	北京	98.100	35.75	0.76	9.71
11	贵州茅台酒股份有限公司	贵州	97.874	50.54	24.66	31.75
12	中国银行股份有限公司	北京	97.814	36.80	0.79	9.37
13	珠海格力电器股份有限公司	广东	97.600	12.97	6.90	25.33
14	中国海洋石油集团有限公司	北京	97.579	10.31	7.55	15.29
15	中国建材集团有限公司	北京	97.458	5.82	3.15	9.42
16	中国建筑股份有限公司	北京	97.400	2.48	1.92	13.26
17	中国华润有限公司	广东	97.385	3.83	1.37	9.92
18	美的集团股份有限公司	广东	97.346	8.59	6.99	20.68
19	中国电子科技集团有限公司	北京	97.324	4.77	3.02	8.13
20	中国第一汽车集团有限公司	吉林	97.313	4.39	4.34	10.36
21	中国移动通信集团有限公司	北京	97.312	10.54	4.33	7.85
22	中国南方电网有限责任公司	广东	97.287	1.33	0.89	2.45
23	中国神华能源股份有限公司	北京	97.100	27.94	15.48	24.44
24	中芯国际集成电路制造有限公司	香港	97.091	24.50	3.98	9.10
25	比亚迪股份有限公司	广东	97.082	3.92	3.37	14.97
26	特变电工股份有限公司	新疆	97.072	16.56	9.32	27.53
27	中国铝业集团有限公司	北京	97.051	2.21	1.83	10.44

续表

序号	企业名称	地区	综合信用指数	营收利润率（%）	资产利润率（%）	净资产利润率（%）
28	隆基绿能科技股份有限公司	陕西	96.912	11.48	10.61	23.83
29	富士康工业互联网股份有限公司	广东	96.872	3.92	7.06	15.56
30	上海国际港务（集团）股份有限公司	上海	96.857	46.20	9.47	15.33
31	兴业银行股份有限公司	福建	96.780	41.09	0.99	12.25
32	海尔集团公司	山东	96.779	3.15	2.22	14.84
33	中国铁路工程集团有限公司	北京	96.668	1.19	0.84	10.43
34	中国邮政集团有限公司	北京	96.625	4.55	0.23	6.81
35	中国五矿集团有限公司	北京	96.620	0.66	0.56	9.04
36	福耀玻璃工业集团股份有限公司	福建	96.596	16.92	9.37	16.40
37	中国铁道建筑集团有限公司	北京	96.578	1.10	0.79	10.21
38	农夫山泉股份有限公司	浙江	96.536	25.56	21.64	35.27
39	上海汽车集团股份有限公司	上海	96.506	2.17	1.63	5.77
40	金川集团股份有限公司	甘肃	96.491	2.25	5.20	14.42
41	鹏鼎控股（深圳）股份有限公司	广东	96.452	13.84	12.92	17.94
42	晶科能源股份有限公司	江西	96.400	3.55	2.78	11.00
43	浙江省能源集团有限公司	浙江	96.394	3.33	1.86	6.10
44	中国中信集团有限公司	北京	96.340	3.87	0.25	5.99
45	山东魏桥创业集团有限公司	山东	96.336	1.24	2.43	7.09
46	波司登股份有限公司	江苏	96.333	16.05	12.94	21.40
47	中国光大银行股份有限公司	北京	96.313	36.91	0.89	11.02
48	四川川投能源股份有限公司	四川	96.275	247.48	6.42	10.40
49	中兴通讯股份有限公司	广东	96.271	6.57	4.47	13.78
50	杭州市实业投资集团有限公司	浙江	96.226	1.28	2.94	12.51
51	浙江正泰电器股份有限公司	浙江	96.219	8.75	3.86	11.07
52	中国信息通信科技集团有限公司	湖北	96.208	2.63	1.16	4.27
53	北京控股集团有限公司	北京	96.203	1.14	0.32	3.10
54	中国电信集团有限公司	北京	96.151	2.36	1.32	3.50
55	物产中大集团股份有限公司	浙江	96.125	0.68	2.70	11.59
56	金东纸业（江苏）股份有限公司	江苏	96.052	9.92	4.07	12.23
57	金发科技股份有限公司	广东	96.034	4.93	3.59	12.05
58	江苏阳光集团有限公司	江苏	96.016	4.98	11.55	20.81

续表

序号	企业名称	地区	综合信用指数	营收利润率（%）	资产利润率（%）	净资产利润率（%）
59	中国卫通集团股份有限公司	北京	95.998	33.69	4.11	6.09
60	新疆广汇实业投资（集团）有限责任公司	新疆	95.936	0.51	0.42	2.64
61	三角轮胎股份有限公司	山东	95.924	8.00	4.17	6.31
62	江苏长电科技股份有限公司	江苏	95.919	9.57	8.20	13.11
63	海澜集团有限公司	江苏	95.897	3.84	4.08	5.67
64	内蒙古伊利实业集团股份有限公司	内蒙古	95.881	7.69	7.20	18.76
65	广西投资集团有限公司	广西	95.821	0.27	0.08	1.85
66	佛山市海天调味食品股份有限公司	广东	95.813	24.20	18.20	23.48
67	华勤橡胶工业集团有限公司	山东	95.808	2.89	6.03	12.31
68	立讯精密工业股份有限公司	广东	95.806	4.28	6.18	20.21
69	明阳智慧能源集团股份公司	广东	95.744	11.24	5.01	12.29
70	天合光能股份有限公司	江苏	95.736	4.33	4.09	13.97
71	赛轮集团股份有限公司	山东	95.605	6.08	4.49	10.90
72	中国振华（集团）科技股份有限公司	贵州	95.535	32.79	17.57	24.42
73	郑州煤矿机械集团股份有限公司	河南	95.505	7.92	5.73	14.25
74	中国保利集团有限公司	北京	95.503	1.90	0.47	7.37
75	徐工集团工程机械股份有限公司	江苏	95.500	4.59	2.46	8.09
76	阳光电源股份有限公司	安徽	95.490	8.93	5.83	19.25
77	万洲国际有限公司	河南	95.407	4.87	6.65	13.76
78	雅戈尔集团股份有限公司	浙江	95.400	34.19	6.52	13.36
79	天津城市基础设施建设投资集团有限公司	天津	95.397	8.56	0.20	0.69
80	晶科能源控股有限公司	江西	95.333	2.64	2.78	11.00
81	山推工程机械股份有限公司	山东	95.273	6.32	5.48	12.91
82	通威集团有限公司	四川	95.236	5.12	6.89	41.81
83	浙江交通科技股份有限公司	浙江	95.232	3.40	2.70	11.96
84	紫光国芯微电子股份有限公司	河北	95.227	36.97	17.17	27.12
85	安克创新科技股份有限公司	湖南	95.227	8.02	11.28	16.70
86	研祥高科技控股集团有限公司	广东	95.133	5.25	6.95	10.68
87	爱玛科技集团股份有限公司	天津	95.112	9.01	10.14	27.87
88	浙江伟明环保股份有限公司	浙江	95.096	37.18	8.17	17.80
89	北京首都创业集团有限公司	北京	95.086	0.79	0.11	1.74
90	中国电力建设集团有限公司	北京	95.072	0.63	0.32	4.04

续表

序号	企业名称	地区	综合信用指数	营收利润率（%）	资产利润率（%）	净资产利润率（%）
91	网易股份有限公司	广东	95.065	21.08	11.77	19.42
92	中国华能集团有限公司	北京	95.043	1.78	0.53	5.41
93	重庆水务集团股份有限公司	重庆	95.021	24.54	5.97	11.18
94	晶澳太阳能科技股份有限公司	河北	95.012	7.58	7.65	20.12
95	格林美股份有限公司	广东	94.963	4.41	2.94	7.01
96	阿里巴巴（中国）有限公司	浙江	94.899	3.79	1.85	3.36
97	中国交通建设集团有限公司	北京	94.886	0.91	0.36	4.90
98	厦门亿联网络技术股份有限公司	福建	94.872	45.27	25.30	27.60
99	中国华电集团有限公司	北京	94.851	2.26	0.67	6.16
100	迪尚集团有限公司	山东	94.834	11.93	18.50	30.24
101	安井食品集团股份有限公司	福建	94.833	9.04	6.80	9.43
102	神州数码集团股份有限公司	广东	94.820	0.87	2.50	13.21
103	成都市兴蓉环境股份有限公司	四川	94.813	21.20	4.22	10.95
104	蓝思科技股份有限公司	湖南	94.804	5.24	3.12	5.54
105	牧原食品股份有限公司	河南	94.800	10.63	6.88	18.48
106	千禾味业食品股份有限公司	四川	94.742	14.12	10.84	14.62
107	双良节能系统股份有限公司	江苏	94.734	6.60	4.36	14.00
108	中山华利实业集团股份有限公司	广东	94.728	15.69	18.87	24.46
109	心里程控股集团有限公司	广东	94.712	4.10	11.63	17.24
110	上海派能能源科技股份有限公司	上海	94.711	21.17	15.73	29.53
111	石药创新制药股份有限公司	河北	94.702	27.65	15.84	18.45
112	江苏苏盐井神股份有限公司	江苏	94.701	13.47	8.27	15.91
113	胜达集团有限公司	浙江	94.686	2.96	6.31	9.68
114	欧派家居集团股份有限公司	广东	94.669	11.96	9.40	16.29
115	TCL 中环新能源科技股份有限公司	天津	94.664	10.18	6.25	18.13
116	双胞胎（集团）股份有限公司	江西	94.649	4.88	11.55	23.40
117	广联达科技股份有限公司	北京	94.648	14.75	8.37	15.32
118	浙商中拓集团股份有限公司	浙江	94.642	0.52	3.85	18.98
119	中国国际金融股份有限公司	北京	94.626	29.12	1.17	7.64
120	梅花生物科技集团股份有限公司	西藏	94.616	15.77	17.99	32.60
121	山东齐润控股集团有限公司	山东	94.614	2.98	7.07	12.81
122	北京当升材料科技股份有限公司	北京	94.608	10.62	10.48	10.48

续表

序号	企业名称	地区	综合信用指数	营收利润率（%）	资产利润率（%）	净资产利润率（%）
123	北方华创科技集团股份有限公司	北京	94.601	16.02	5.53	11.91
124	谱尼测试集团股份有限公司	北京	94.589	8.53	7.00	9.07
125	科达制造股份有限公司	广东	94.585	38.10	20.10	37.33
126	首钢集团有限公司	北京	94.576	0.51	0.24	1.06
127	湖南五江控股集团有限公司	湖南	94.572	7.73	4.69	6.99
128	河南蓝天燃气股份有限公司	河南	94.500	12.46	9.48	16.17
129	青岛国恩科技股份有限公司	山东	94.499	4.95	5.20	16.28
130	安徽元琛环保科技股份有限公司	安徽	94.482	100.00	45.46	90.07
131	青岛港国际股份有限公司	山东	94.481	23.49	7.87	12.10
132	中国广核集团有限公司	广东	94.473	7.11	1.07	6.26
133	浙江新澳纺织股份有限公司	浙江	94.468	9.87	8.39	13.18
134	锐捷网络股份有限公司	北京	94.466	4.86	6.83	12.80
135	中国化学工程集团有限公司	北京	94.455	1.64	1.23	8.39
136	云南恩捷新材料股份有限公司	云南	94.437	31.77	10.36	22.57
137	苏州东山精密制造股份有限公司	江苏	94.436	7.50	5.84	14.47
138	索通发展股份有限公司	山东	94.433	4.67	5.22	16.61
139	东富龙科技集团股份有限公司	上海	94.426	15.48	6.33	11.37
140	黄山永新股份有限公司	安徽	94.423	10.98	10.16	15.92
141	聚辰半导体股份有限公司	上海	94.417	36.08	17.20	18.47
142	桂林力源粮油食品集团有限公司	广西	94.409	3.78	10.74	28.78
143	金风科技股份有限公司	新疆	94.399	5.13	1.74	6.26
144	澜起科技股份有限公司	上海	94.388	35.38	12.16	13.11
145	石家庄尚太科技股份有限公司	河北	94.370	26.97	14.54	24.81
146	深圳市汇川技术股份有限公司	广东	94.360	18.77	11.02	21.80
147	顾家家居股份有限公司	浙江	94.359	10.06	11.25	20.40
148	奥德集团有限公司	山东	94.329	10.02	6.58	11.10
149	金诚信矿业管理股份有限公司	北京	94.318	11.39	5.41	9.95
150	南京国博电子股份有限公司	江苏	94.283	15.04	6.25	9.24
151	恺英网络股份有限公司	福建	94.280	27.52	17.75	22.92
152	新奥天然气股份有限公司	河北	94.262	3.79	4.29	33.25
153	嘉友国际物流股份有限公司	北京	94.245	14.10	12.71	16.37
154	杨凌美畅新材料股份有限公司	陕西	94.228	40.26	21.80	28.94

续表

序号	企业名称	地区	综合信用指数	营收利润率（%）	资产利润率（%）	净资产利润率（%）
155	青鸟消防股份有限公司	河北	94.225	12.38	7.07	9.82
156	新疆大全新能源股份有限公司	新疆	94.205	61.80	36.58	41.99
157	厦门建发股份有限公司	福建	94.201	0.75	0.94	10.74
158	中矿资源集团股份有限公司	北京	94.200	40.97	28.69	43.88
159	浙江省海港投资运营集团有限公司	浙江	94.179	8.86	1.92	4.65
160	安琪酵母股份有限公司	湖北	94.175	10.29	7.80	14.27
161	云南云天化股份有限公司	云南	94.152	8.00	11.31	36.79
162	浙江晶盛机电股份有限公司	浙江	94.137	27.48	10.12	27.14
163	中国联合网络通信集团有限公司	北京	94.119	1.84	0.96	3.41
164	盐津铺子食品股份有限公司	湖南	94.115	10.42	12.28	26.57
165	三全食品股份有限公司	河南	94.113	10.77	10.63	20.64
166	广东海大集团股份有限公司	广东	94.104	2.82	6.68	16.57
167	天津九安医疗电子股份有限公司	天津	94.097	60.92	73.77	81.98
168	银都餐饮设备股份有限公司	浙江	94.092	16.86	13.04	17.74
169	西安城市基础设施建设投资集团有限公司	陕西	94.057	4.52	0.46	1.22
170	青海盐湖工业股份有限公司	青海	94.054	50.62	37.07	61.79
171	比音勒芬服饰股份有限公司	广东	94.053	25.22	13.04	17.62
172	软通动力信息技术（集团）股份有限公司	北京	94.053	5.09	6.46	9.68
173	四川雅化实业集团股份有限公司	四川	94.049	31.39	30.99	41.67
174	华泰集团有限公司	山东	94.037	1.61	3.25	9.17
175	深圳市星源材质科技股份有限公司	广东	94.035	24.97	5.25	8.53
176	金猴集团有限公司	山东	94.034	2.07	6.54	9.62
177	安通控股股份有限公司	黑龙江	94.029	25.52	18.15	24.46
178	卫华集团有限公司	河南	94.016	3.22	5.08	12.04
179	欧龙汽车贸易集团有限公司	浙江	93.993	2.78	7.32	15.11
180	汇通达网络股份有限公司	江苏	93.987	0.47	1.35	4.77
181	广州视源电子科技股份有限公司	广东	93.976	9.87	10.29	17.35
182	香驰控股有限公司	山东	93.960	3.28	6.27	11.69
183	大亚科技集团有限公司	江苏	93.951	3.37	5.87	21.27
184	永兴特种材料科技股份有限公司	浙江	93.900	40.57	40.98	51.47
185	烟台杰瑞石油服务集团股份有限公司	山东	93.897	19.68	7.68	13.00
186	贵州轮胎股份有限公司	贵州	93.886	5.08	2.72	6.65

续表

序号	企业名称	地区	综合信用指数	营收利润率（%）	资产利润率（%）	净资产利润率（%）
187	厦门象屿股份有限公司	福建	93.883	0.49	2.29	15.43
188	三花控股集团有限公司	浙江	93.877	3.33	4.35	13.36
189	振石控股集团有限公司	浙江	93.874	9.55	12.27	24.84
190	潍坊特钢集团有限公司	山东	93.869	2.42	8.49	15.49
191	甘肃能化股份有限公司	甘肃	93.867	25.85	11.66	24.58
192	江苏太平洋石英股份有限公司	江苏	93.862	52.50	28.55	32.23
193	广州天赐高新材料股份有限公司	广东	93.852	25.61	22.38	45.55
194	索菲亚家居股份有限公司	广东	93.815	9.48	8.83	18.41
195	百隆东方股份有限公司	浙江	93.778	22.36	9.64	15.54
196	江苏国泰国际集团股份有限公司	江苏	93.772	4.03	4.38	12.26
197	重庆望变电气（集团）股份有限公司	重庆	93.769	11.80	8.50	13.15
198	南京盛航海运股份有限公司	江苏	93.762	100.00	513.51	31.03
199	志邦家居股份有限公司	安徽	93.739	9.96	9.29	18.64
200	北京高能时代环境技术股份有限公司	北京	93.736	7.89	3.06	7.80
201	华泰证券股份有限公司	江苏	93.695	34.51	1.31	6.58
202	四川省能源投资集团有限责任公司	四川	93.679	0.72	0.27	1.46
203	中兵红箭股份有限公司	湖南	93.660	12.20	5.46	8.40
204	佛燃能源集团股份有限公司	广东	93.649	3.46	4.43	12.06
205	北京金山办公软件股份有限公司	北京	93.647	28.77	9.27	12.81
206	曙光信息产业股份有限公司	天津	93.637	11.87	4.85	9.07
207	东方电子股份有限公司	山东	93.602	8.03	4.58	10.57
208	平安银行股份有限公司	广东	93.602	25.30	0.86	10.47
209	深圳市铭利达精密技术股份有限公司	广东	93.582	12.52	8.59	18.21
210	东方财富信息股份有限公司	上海	93.563	68.15	4.02	13.06
211	环旭电子股份有限公司	上海	93.558	4.47	7.93	19.43
212	航天信息股份有限公司	北京	93.551	5.59	4.56	7.63
213	承德露露股份公司	河北	93.548	22.36	15.79	21.82
214	海信集团控股股份有限公司	山东	93.546	1.96	2.03	17.09
215	广州产业投资控股集团有限公司	广东	93.528	2.51	0.98	4.82
216	安徽合力股份有限公司	安徽	93.505	5.77	6.12	13.35
217	纳思达股份有限公司	广东	93.505	7.21	4.05	11.74
218	青岛东方铁塔股份有限公司	山东	93.491	22.80	6.32	9.75

续表

序号	企业名称	地区	综合信用指数	营收利润率（%）	资产利润率（%）	净资产利润率（%）
219	江西洪城环境股份有限公司	江西	93.474	12.16	4.52	13.30
220	交通银行股份有限公司	上海	93.474	33.76	0.71	9.00
221	中哲控股集团有限公司	浙江	93.465	1.33	5.19	21.49
222	老凤祥股份有限公司	上海	93.462	2.70	6.54	16.79
223	中国北方稀土（集团）高科技股份有限公司	内蒙古	93.455	16.06	16.33	30.17
224	湖南博深实业集团有限公司	湖南	93.445	4.21	6.82	13.34
225	确成硅化学股份有限公司	江苏	93.437	21.78	12.32	14.31
226	上海璞泰来新能源科技股份有限公司	上海	93.429	20.08	8.70	23.07
227	福建圣农发展股份有限公司	福建	93.406	2.44	2.17	4.14
228	深圳金雅福控股集团有限公司	深圳	93.406	0.54	8.37	14.47
229	鲁泰纺织股份有限公司	山东	93.390	13.89	7.22	10.69
230	四川天味食品集团股份有限公司	四川	93.363	12.70	7.09	8.50
231	湖北菲利华石英玻璃股份有限公司	湖北	93.347	28.43	11.30	16.26
232	圆通速递股份有限公司	辽宁	93.321	7.32	9.98	14.70
233	杭州市城市建设投资集团有限公司	浙江	93.310	3.50	0.88	3.00
234	五得利面粉集团有限公司	河北	93.301	4.24	9.26	13.63
235	浙江航民股份有限公司	浙江	93.298	6.87	8.05	11.33
236	广西南丹南方金属有限公司	广西	93.293	2.44	5.77	14.78
237	新乡市瑞丰新材料股份有限公司	河南	93.277	19.31	17.32	21.47
238	江苏江南水务股份有限公司	江苏	93.267	22.11	4.79	8.03
239	扬州扬杰电子科技股份有限公司	江苏	93.260	19.62	11.18	17.23
240	成都新易盛通信技术股份有限公司	四川	93.217	27.29	15.38	18.71
241	景津装备股份有限公司	山东	93.217	14.68	10.45	20.77
242	固德威技术股份有限公司	江苏	93.198	13.78	11.20	28.76
243	武汉三镇实业控股股份有限公司	湖北	93.195	96.22	13.65	54.69
244	山西杏花村汾酒厂股份有限公司	山西	93.191	30.88	22.07	37.97
245	广州海格通信集团股份有限公司	广东	93.190	11.90	4.39	6.27
246	盛泰智造集团股份有限公司	浙江	93.181	6.30	5.12	14.81
247	广西北部湾投资集团有限公司	广西	93.176	3.40	0.75	2.56
248	中航光电科技股份有限公司	内蒙古	93.172	17.16	8.54	15.61
249	南昌市政公用集团有限公司	江西	93.170	0.91	0.34	1.44
250	广东奥普特科技股份有限公司	广东	93.167	28.47	10.98	11.69

续表

序号	企业名称	地区	综合信用指数	营收利润率（%）	资产利润率（%）	净资产利润率（%）
251	中科创达软件股份有限公司	北京	93.152	14.12	7.17	8.48
252	圣邦微电子（北京）股份有限公司	北京	93.126	27.41	20.11	25.20
253	龙岩卓越新能源股份有限公司	福建	93.113	10.40	15.13	16.23
254	郑州公用事业投资发展集团有限公司	河南	93.100	5.73	0.99	4.54
255	楚天科技股份有限公司	湖南	93.094	8.80	5.14	13.47
256	苏美达股份有限公司	江苏	93.055	0.65	1.73	14.64
257	西安三角防务股份有限公司	陕西	93.048	33.29	8.96	13.29
258	杭州华旺新材料科技股份有限公司	浙江	93.040	13.60	8.47	12.95
259	鲁银投资集团股份有限公司	山东	93.040	8.56	6.19	12.31
260	永艺家具股份有限公司	浙江	92.993	8.27	11.22	19.05
261	天通控股股份有限公司	浙江	92.990	14.85	6.15	8.59
262	上海万业企业股份有限公司	上海	92.978	36.59	4.34	5.10
263	杭州巨星科技股份有限公司	浙江	92.957	11.26	7.64	10.60
264	久立集团股份有限公司	浙江	92.957	1.90	4.31	16.19
265	江西铜业集团有限公司	江西	92.943	0.62	1.49	8.41
266	杭州长川科技股份有限公司	浙江	92.939	17.90	9.83	20.25
267	中天科技集团有限公司	江苏	92.927	3.52	5.87	26.09
268	厦门法拉电子股份有限公司	福建	92.923	26.24	17.75	24.67
269	江苏共创人造草坪股份有限公司	江苏	92.921	18.09	15.79	19.53
270	浙江伟星实业发展股份有限公司	浙江	92.920	13.47	10.24	16.89
271	浙江天振科技股份有限公司	浙江	92.916	12.78	9.28	11.04
272	浪潮电子信息产业股份有限公司	山东	92.896	2.99	5.07	12.05
273	晶晨半导体（上海）股份有限公司	上海	92.896	13.10	12.39	14.85
274	北京神州泰岳软件股份有限公司	北京	92.883	11.28	9.31	11.21
275	安集微电子科技（上海）股份有限公司	上海	92.881	27.99	14.72	19.81
276	浙江三花智能控制股份有限公司	浙江	92.881	12.05	9.20	19.88
277	润建股份有限公司	广西	92.873	5.20	3.33	9.77
278	中粮糖业控股股份有限公司	新疆	92.864	2.81	3.73	7.01
279	江苏省农垦农业发展股份有限公司	江苏	92.842	6.49	5.66	13.27
280	湖南钢铁集团有限公司	湖南	92.832	3.59	5.04	20.57
281	陕西有色金属控股集团有限责任公司	陕西	92.815	0.87	1.06	3.89
282	北京首农食品集团有限公司	北京	92.787	1.30	1.45	5.57

续表

序号	企业名称	地区	综合信用指数	营收利润率（%）	资产利润率（%）	净资产利润率（%）
283	中基宁波集团股份有限公司	浙江	92.778	0.31	2.06	18.20
284	恒信汽车集团股份有限公司	湖北	92.769	1.62	5.10	8.91
285	冀南钢铁集团有限公司	河北	92.760	7.53	8.09	24.89
286	海南海德资本管理股份有限公司	海南	92.756	65.87	8.82	13.58
287	北京中科三环高技术股份有限公司	北京	92.745	8.73	7.24	13.17
288	中山公用事业集团股份有限公司	广东	92.744	29.62	4.21	6.84
289	厦门翔业集团有限公司	福建	92.724	1.47	0.57	1.62
290	富海集团新能源控股有限公司	山东	92.723	2.21	6.23	14.04
291	华工科技产业股份有限公司	湖北	92.717	7.54	5.40	11.00
292	岳阳林纸股份有限公司	湖南	92.707	6.29	3.70	6.69
293	北京国联视讯信息技术股份有限公司	北京	92.692	2.80	8.77	20.81
294	山东神驰控股有限公司	山东	92.685	1.60	5.19	9.81
295	兴华财富集团有限公司	河北	92.684	4.59	11.91	15.57
296	滁州多利汽车科技股份有限公司	安徽	92.681	13.30	12.65	23.97
297	江苏常宝钢管股份有限公司	江苏	92.659	7.57	6.42	10.29
298	北京能源集团有限责任公司	北京	92.654	2.00	0.48	2.07
299	福建星网锐捷通讯股份有限公司	福建	92.653	3.66	3.99	9.49
300	多弗国际控股集团有限公司	浙江	92.645	1.26	1.93	3.52
301	明阳新能源投资控股集团有限公司	广东	92.632	6.49	3.15	8.67
302	江苏新长江实业集团有限公司	江苏	92.613	1.63	3.32	10.47
303	四川福蓉科技股份公司	四川	92.598	17.36	16.07	20.89
304	宁波德业科技股份有限公司	浙江	92.586	25.48	17.84	37.35
305	上海紫江企业集团股份有限公司	上海	92.581	6.28	4.99	10.95
306	雪天盐业集团股份有限公司	湖南	92.568	11.94	8.23	12.38
307	陕西省天然气股份有限公司	陕西	92.563	7.25	4.74	9.76
308	杭州锦江集团有限公司	浙江	92.546	1.98	2.59	11.58
309	中伟新材料股份有限公司	贵州	92.536	5.09	2.87	9.34
310	浙江伟星新型建材股份有限公司	浙江	92.536	18.66	18.70	24.36
311	东莞怡合达自动化股份有限公司	广东	92.533	20.14	14.78	18.99
312	创维数字股份有限公司	四川	92.494	6.85	7.61	13.72
313	中际旭创股份有限公司	山东	92.492	12.69	7.39	10.25
314	诸城外贸有限责任公司	山东	92.484	3.07	3.38	6.77

续表

序号	企业名称	地区	综合信用指数	营收利润率（%）	资产利润率（%）	净资产利润率（%）
315	山东鲁花集团有限公司	山东	92.475	8.21	8.80	21.99
316	云南省能源投资集团有限公司	云南	92.469	2.51	1.26	5.31
317	浙江东方金融控股集团股份有限公司	浙江	92.452	5.03	2.56	6.10
318	江苏扬农化工股份有限公司	江苏	92.441	11.35	12.13	21.02
319	浙江天铁实业股份有限公司	浙江	92.439	23.84	8.01	13.75
320	湖北兴发化工集团股份有限公司	湖北	92.431	19.31	14.06	28.83
321	浙江华铁应急设备科技股份有限公司	浙江	92.427	19.56	4.45	14.01
322	国轩高科股份有限公司	安徽	92.408	1.35	0.43	1.33
323	广东领益智造股份有限公司	广东	92.383	4.63	4.41	9.30
324	广东粤海控股集团有限公司	广东	92.358	9.35	1.72	8.34
325	横店集团东磁股份有限公司	浙江	92.341	8.58	9.48	21.54
326	中节能太阳能股份有限公司	重庆	92.340	15.01	2.98	6.35
327	深圳华强集团有限公司	广东	92.339	1.21	0.52	2.32
328	南兴装备股份有限公司	广东	92.279	9.81	7.40	12.08
329	无锡新洁能股份有限公司	江苏	92.269	24.03	10.91	12.94
330	新疆天润乳业股份有限公司	新疆	92.258	99.68	61.07	104.03
331	重庆顺博铝合金股份有限公司	重庆	92.256	53.31	240.22	240.22
332	申能（集团）有限公司	上海	92.253	5.28	1.79	3.97
333	禾丰食品股份有限公司	辽宁	92.239	1.57	3.34	7.10
334	上海移远通信技术股份有限公司	上海	92.199	4.38	6.06	16.74
335	四川路桥建设集团股份有限公司	四川	92.170	8.30	5.38	26.83
336	山东潍坊润丰化工股份有限公司	山东	92.164	9.77	12.18	22.85
337	山东豪迈机械科技股份有限公司	山东	92.160	18.07	13.97	16.36
338	河北新华联合冶金控股集团有限公司	河北	92.153	1.21	6.98	18.84
339	苏州固锝电子股份有限公司	江苏	92.110	11.35	10.85	13.58
340	陕西省国际信托股份有限公司	陕西	92.099	43.51	3.68	5.17
341	中国银河证券股份有限公司	北京	92.098	23.07	1.24	7.56
342	成都燃气集团股份有限公司	四川	92.093	10.17	6.83	11.84
343	浙江新安化工集团股份有限公司	浙江	92.092	13.55	15.35	25.59
344	利尔化学股份有限公司	四川	92.052	17.88	14.09	24.93
345	浙江巨化股份有限公司	浙江	92.029	11.08	10.52	15.39
346	北大荒农垦集团有限公司	黑龙江	92.014	0.20	0.15	0.90

续表

序号	企业名称	地区	综合信用指数	营收利润率（%）	资产利润率（%）	净资产利润率（%）
347	昆山新莱洁净应用材料股份有限公司	江苏	92.002	13.16	9.37	21.59
348	无锡奥特维科技股份有限公司	江苏	91.966	20.14	8.38	27.72
349	上海华谊控股集团有限公司	上海	91.949	5.68	3.23	13.21
350	紫光股份有限公司	北京	91.941	2.91	2.91	6.78
351	江西金力永磁科技股份有限公司	江西	91.933	9.81	6.26	10.36
352	韵达控股股份有限公司	浙江	91.901	3.13	3.90	8.74
353	安福县海能实业股份有限公司	江西	91.886	13.66	12.03	20.88
354	常州聚和新材料股份有限公司	江苏	91.862	6.01	6.73	8.60
355	三人行传媒集团股份有限公司	陕西	91.858	13.03	13.87	28.57
356	斯达半导体股份有限公司	浙江	91.848	30.22	11.47	14.25
357	中控技术股份有限公司	浙江	91.842	12.05	6.11	15.18
358	密尔克卫化工供应链服务股份有限公司	上海	91.828	5.23	6.37	15.98
359	得力集团有限公司	浙江	91.811	6.37	6.20	17.06
360	沪士电子股份有限公司	江苏	91.789	16.33	54.43	16.47
361	厦门国贸控股集团有限公司	福建	91.778	0.28	0.60	5.35
362	陕西华秦科技实业股份有限公司	陕西	91.750	49.59	7.90	8.76
363	宁波容百新能源科技股份有限公司	浙江	91.749	4.49	5.27	19.43
364	山西焦化股份有限公司	山西	91.747	21.38	11.01	17.87
365	旺能环境股份有限公司	浙江	91.731	21.55	4.98	11.88
366	百度网络技术有限公司	北京	91.729	6.11	1.93	3.38
367	南京高科股份有限公司	江苏	91.727	53.60	6.42	14.50
368	南山集团有限公司	山东	91.716	3.17	2.69	5.74
369	无锡先导智能装备股份有限公司	江苏	91.698	16.63	7.04	20.84
370	深圳市康冠科技股份有限公司	广东	91.691	13.08	15.32	25.60
371	万凯新材料股份有限公司	浙江	91.662	4.78	8.00	16.57
372	中国能源建设股份有限公司	北京	91.650	2.13	1.18	7.66
373	江苏龙蟠科技股份有限公司	江苏	91.628	5.35	5.13	15.94
374	晨光生物科技集团股份有限公司	河北	91.613	6.89	6.27	13.71
375	陕西投资集团有限公司	陕西	91.609	4.03	1.31	7.03
376	广东广弘控股股份有限公司	广东	91.596	26.82	16.01	30.43
377	锦浪科技股份有限公司	浙江	91.581	18.00	7.10	24.96
378	攀钢集团钒钛资源股份有限公司	四川	91.547	8.91	11.26	15.28

续表

序号	企业名称	地区	综合信用指数	营收利润率（%）	资产利润率（%）	净资产利润率（%）
379	浙江富冶集团有限公司	浙江	91.547	0.95	5.20	18.77
380	天洁集团有限公司	浙江	91.502	5.44	10.29	14.85
381	安徽应流机电股份有限公司	安徽	91.489	18.28	4.06	9.40
382	天能控股集团有限公司	浙江	91.482	0.97	2.55	13.96
383	公牛集团股份有限公司	浙江	91.478	22.64	19.15	25.72
384	新疆雪峰科技（集团）股份有限公司	新疆	91.467	9.65	7.98	20.21
385	湖北江瀚新材料股份有限公司	湖北	91.467	31.40	35.28	43.58
386	东鹏饮料（集团）股份有限公司	广东	91.453	16.94	12.14	28.44
387	洽洽食品股份有限公司	安徽	91.452	14.18	11.42	18.52
388	山东寿光鲁清石化有限公司	山东	91.421	1.93	3.69	10.91
389	通鼎集团有限公司	江苏	91.404	2.76	5.15	18.27
390	安徽广信农化股份有限公司	安徽	91.383	25.55	16.72	26.68
391	西部矿业股份有限公司	青海	91.352	8.67	6.52	21.34
392	上海机电股份有限公司	上海	91.347	4.16	2.62	7.58
393	天士力医药集团股份有限公司	天津	91.320	99.64	52.11	69.02
394	云南能源投资股份有限公司	云南	91.311	12.42	2.18	4.45
395	恒林家居股份有限公司	浙江	91.302	5.42	4.01	10.76
396	深圳市中金岭南有色金属股份有限公司	广东	91.276	2.19	3.71	8.22
397	紫金矿业集团股份有限公司	福建	91.272	7.41	6.55	22.53
398	上海华峰铝业股份有限公司	上海	91.251	7.79	10.59	17.84
399	上海富瀚微电子股份有限公司	上海	91.234	18.86	11.55	17.54
400	广发证券股份有限公司	广东	91.228	31.55	1.28	6.60
401	山东鲁阳节能材料股份有限公司	山东	91.208	17.28	14.87	20.22
402	贵州振华风光半导体股份有限公司	贵州	91.197	38.90	6.29	7.23
403	深圳市燃气集团股份有限公司	广东	91.188	5.43	4.27	12.41
404	东方润安集团有限公司	江苏	91.162	1.39	6.51	12.14
405	山东海科控股有限公司	山东	91.158	2.28	6.43	16.49
406	长城汽车股份有限公司	河北	91.157	6.02	4.46	12.68
407	浙富控股集团股份有限公司	浙江	91.136	8.74	5.96	13.82
408	安徽海螺集团有限责任公司	安徽	91.126	2.64	1.94	8.00
409	山东省药用玻璃股份有限公司	山东	91.107	14.77	7.04	8.88
410	东方航空物流股份有限公司	上海	91.106	15.50	13.95	26.89

续表

序号	企业名称	地区	综合信用指数	营收利润率（%）	资产利润率（%）	净资产利润率（%）
411	杭州安旭生物科技股份有限公司	浙江	91.101	49.38	43.86	56.15
412	西子联合控股有限公司	浙江	91.093	5.32	3.14	11.09
413	陕西建工控股集团有限公司	陕西	91.090	1.13	0.68	16.96
414	新天绿色能源股份有限公司	河北	91.087	12.36	2.96	11.21
415	江苏立霸实业股份有限公司	江苏	91.080	39.86	30.64	43.96
416	东华软件股份公司	北京	91.074	187.83	199.38	199.38
417	中盐内蒙古化工股份有限公司	内蒙古	91.074	10.26	9.36	16.68
418	宁波富邦控股集团有限公司	浙江	91.063	1.42	1.40	6.16
419	奥克斯集团有限公司	浙江	91.058	2.06	2.66	11.75
420	珀莱雅化妆品股份有限公司	浙江	91.042	12.80	14.15	23.19
421	上海水星家用纺织品股份有限公司	上海	90.992	7.59	7.87	10.06
422	山西通宝能源股份有限公司	山西	90.979	7.68	8.51	12.90
423	深圳市科达利实业股份有限公司	广东	90.970	10.41	6.36	15.73
424	重庆中昂投资集团有限公司	重庆	90.959	12.96	6.41	13.43
425	成都云图控股股份有限公司	四川	90.948	7.28	7.98	19.43
426	信达证券股份有限公司	北京	90.948	35.70	42.05	8.97
427	深圳科士达科技股份有限公司	广东	90.914	14.92	10.55	18.51
428	道恩集团有限公司	山东	90.911	2.42	6.06	28.69
429	周大生珠宝股份有限公司	广东	90.901	9.81	14.34	18.05
430	森林包装集团股份有限公司	浙江	90.870	99.90	98.04	115.23
431	深圳市信维通信股份有限公司	广东	90.869	7.55	5.32	9.85
432	上海中谷物流股份有限公司	上海	90.854	19.29	13.62	29.47
433	浙江中国轻纺城集团股份有限公司	浙江	90.842	144.70	11.35	19.05
434	东软集团股份有限公司	辽宁	90.830	99.85	50.08	102.32
435	宁波博洋控股集团有限公司	浙江	90.816	1.70	5.23	20.12
436	山东中海化工集团有限公司	山东	90.816	5.17	11.57	16.19
437	中国宝安集团股份有限公司	广东	90.807	3.61	2.21	12.66
438	兆易创新科技集团股份有限公司	北京	90.802	25.25	12.33	13.52
439	福莱特玻璃集团股份有限公司	浙江	90.797	13.73	6.56	15.13
440	宁波滕头集团有限公司	浙江	90.789	2.79	6.15	9.23
441	上海梅林正广和股份有限公司	上海	90.789	2.01	3.18	10.38
442	西安蓝晓科技新材料股份有限公司	陕西	90.787	27.99	11.78	19.75

续表

序号	企业名称	地区	综合信用指数	营收利润率（%）	资产利润率（%）	净资产利润率（%）
443	金鹰重型工程机械股份有限公司	湖北	90.784	11.52	6.50	13.68
444	广州市建筑集团有限公司	广东	90.754	0.38	0.51	5.41
445	北京指南针科技发展股份有限公司	北京	90.749	26.96	7.93	19.89
446	雅迪科技集团有限公司	江苏	90.737	7.37	9.56	39.44
447	四川华西集团有限公司	四川	90.690	1.51	1.23	9.87
448	成都振芯科技股份有限公司	四川	90.689	25.38	11.52	19.64
449	山东阳谷华泰化工股份有限公司	山东	90.687	14.65	14.55	18.54
450	深圳拓邦股份有限公司	广东	90.653	6.57	5.62	10.17
451	成都银行股份有限公司	四川	90.645	49.61	1.09	16.37
452	广州工业投资控股集团有限公司	广州	90.630	0.64	0.54	4.19
453	洛阳国宏投资控股集团有限公司	河南	90.628	2.34	1.52	5.19
454	西部超导材料科技股份有限公司	陕西	90.619	25.55	9.55	18.01
455	贵州磷化（集团）有限责任公司	贵州	90.613	6.62	3.54	20.58
456	四川华油集团有限责任公司	四川	90.608	2.85	4.38	14.18
457	贵研铂业股份有限公司	云南	90.605	1.00	3.11	6.85
458	宁波银行股份有限公司	浙江	90.577	43.87	1.07	15.07
459	江苏天奈科技股份有限公司	江苏	90.567	23.04	10.44	16.93
460	北京华峰测控技术股份有限公司	北京	90.552	49.16	15.61	16.77
461	深圳市富安娜家居用品股份有限公司	广东	90.551	17.33	11.42	14.16
462	上海临港经济发展（集团）有限公司	上海	90.538	6.07	0.38	2.32
463	江苏省广电有线信息网络股份有限公司	江苏	90.522	4.36	0.89	1.48
464	贵州航天电器股份有限公司	贵州	90.522	9.23	5.57	9.77
465	京东方科技集团股份有限公司	北京	90.502	4.23	1.80	5.55
466	武汉东湖高新集团股份有限公司	湖北	90.444	4.14	16.58	7.82
467	深圳新宙邦科技股份有限公司	广东	90.433	18.20	11.42	21.02
468	通州建总集团有限公司	江苏	90.430	3.14	23.38	44.78
469	无锡市国联发展（集团）有限公司	江苏	90.412	6.37	0.87	5.45
470	四川英杰电气股份有限公司	四川	90.410	26.44	11.82	22.46
471	宇通重工股份有限公司	河南	90.406	10.76	8.15	15.87
472	浙报数字文化集团股份有限公司	浙江	90.403	9.44	4.01	5.28
473	中国人寿保险（集团）公司	北京	90.402	4.53	0.75	23.91
474	浙江大华技术股份有限公司	浙江	90.395	7.60	5.03	9.00

续表

序号	企业名称	地区	综合信用指数	营收利润率（%）	资产利润率（%）	净资产利润率（%）
475	宁波申洲针织有限公司	浙江	90.368	3.97	5.00	6.36
476	瀚蓝环境股份有限公司	广东	90.363	8.90	3.44	10.53
477	上海华测导航技术股份有限公司	上海	90.363	16.15	8.99	14.26
478	杭州炬华科技股份有限公司	浙江	90.355	31.34	11.69	15.44
479	中国核工业集团有限公司	北京	90.337	3.28	0.75	4.64
480	广东南方新媒体股份有限公司	广东	90.295	48.39	15.76	19.93
481	天津七一二通信广播股份有限公司	天津	90.295	19.18	7.89	17.99
482	黑牡丹（集团）股份有限公司	江苏	90.215	5.29	1.94	6.14
483	深圳麦格米特电气股份有限公司	广东	90.215	8.63	5.59	12.76
484	欣旺达电子股份有限公司	广东	90.214	2.85	1.43	5.30
485	深圳市英维克科技股份有限公司	广东	90.211	9.59	6.93	13.24
486	胜宏科技（惠州）股份有限公司	广东	90.193	10.03	5.53	11.40
487	中国国际技术智力合作集团有限公司	北京	90.192	0.57	4.45	11.21
488	中国黄金集团黄金珠宝股份有限公司	北京	90.189	1.62	6.58	11.06
489	东莞市奥海科技股份有限公司	广东	90.186	9.80	6.20	9.58
490	浙江鼎力机械股份有限公司	浙江	90.177	23.09	10.65	17.79
491	富通集团有限公司	浙江	90.164	2.84	5.02	12.88
492	良品铺子股份有限公司	湖北	90.124	3.55	6.66	13.98
493	浙江越剑智能装备股份有限公司	浙江	90.123	35.60	14.02	17.66
494	铜陵有色金属集团股份有限公司	安徽	90.103	2.24	4.44	10.77
495	山东高速路桥集团股份有限公司	山东	90.078	3.85	2.43	15.94
496	中国东方电气集团有限公司	四川	90.073	2.91	1.32	7.74
497	东方国际（集团）有限公司	上海	90.056	0.53	0.75	2.69
498	万向集团公司	浙江	90.049	2.56	4.25	13.93
499	浙江水晶光电科技股份有限公司	浙江	90.045	13.17	5.61	7.07
500	厦门钨业股份有限公司	福建	90.004	3.00	3.63	14.48

三、2023 中国企业信用 500 强流动性和安全性指标

序号	企业名称	地区	综合信用指数	资产周转率（次/年）	所有者权益比率（%）	资本保值增值率（%）
1	国家电网有限公司	北京	99. 815	0. 73	42. 80	102. 80
2	中国石油化工集团有限公司	北京	99. 460	1. 25	35. 85	107. 66
3	中国宝武钢铁集团有限公司	上海	99. 176	0. 88	25. 88	105. 42
4	中国石油天然气集团有限公司	北京	98. 985	0. 74	48. 21	107. 12
5	华为投资控股有限公司	广东	98. 843	0. 60	41. 08	108. 57
6	中国建设银行股份有限公司	北京	98. 716	0. 02	8. 26	112. 39
7	中国工商银行股份有限公司	北京	98. 472	0. 02	8. 82	111. 07
8	腾讯控股有限公司	广东	98. 391	0. 35	45. 71	123. 35
9	招商局集团有限公司	北京	98. 388	0. 19	18. 09	112. 91
10	中国农业银行股份有限公司	北京	98. 100	0. 02	7. 87	110. 73
11	贵州茅台酒股份有限公司	贵州	97. 874	0. 49	77. 65	133. 09
12	中国银行股份有限公司	北京	97. 814	0. 02	8. 40	110. 22
13	珠海格力电器股份有限公司	广东	97. 600	0. 53	27. 25	123. 64
14	中国海洋石油集团有限公司	北京	97. 579	0. 73	49. 38	118. 04
15	中国建材集团有限公司	北京	97. 458	0. 54	33. 38	110. 46
16	中国建筑股份有限公司	北京	97. 400	0. 77	14. 49	114. 82
17	中国华润有限公司	广东	97. 385	0. 36	13. 81	110. 94
18	美的集团股份有限公司	广东	97. 346	0. 81	33. 83	123. 67
19	中国电子科技集团有限公司	北京	97. 324	0. 63	37. 11	109. 27
20	中国第一汽车集团有限公司	吉林	97. 313	0. 99	41. 86	111. 34
21	中国移动通信集团有限公司	北京	97. 312	0. 41	55. 10	108. 37
22	中国南方电网有限责任公司	广东	97. 287	0. 67	36. 37	102. 55
23	中国神华能源股份有限公司	北京	97. 100	0. 55	63. 35	125. 54
24	中芯国际集成电路制造有限公司	香港	97. 091	0. 16	43. 71	111. 11
25	比亚迪股份有限公司	广东	97. 082	0. 86	22. 48	117. 48
26	特变电工股份有限公司	新疆	97. 072	0. 56	33. 87	135. 94
27	中国铝业集团有限公司	北京	97. 051	0. 83	17. 50	111. 12

续表

序号	企业名称	地区	综合信用指数	资产周转率（次/年）	所有者权益比率（%）	资本保值增值率（%）
28	隆基绿能科技股份有限公司	陕西	96.912	0.92	44.53	131.22
29	富士康工业互联网股份有限公司	广东	96.872	1.80	45.38	116.84
30	上海国际港务（集团）股份有限公司	上海	96.857	0.21	61.79	117.26
31	兴业银行股份有限公司	福建	96.780	0.02	8.05	113.36
32	海尔集团公司	山东	96.779	0.71	14.98	116.11
33	中国铁路工程集团有限公司	北京	96.668	0.71	8.10	111.20
34	中国邮政集团有限公司	北京	96.625	0.05	3.37	107.08
35	中国五矿集团有限公司	北京	96.620	0.85	6.18	108.80
36	福耀玻璃工业集团股份有限公司	福建	96.596	0.55	57.13	118.08
37	中国铁道建筑集团有限公司	北京	96.578	0.72	7.76	111.46
38	农夫山泉股份有限公司	浙江	96.536	0.85	61.35	140.96
39	上海汽车集团股份有限公司	上海	96.506	0.75	28.20	105.89
40	金川集团股份有限公司	甘肃	96.491	2.31	36.08	117.25
41	鹏鼎控股（深圳）股份有限公司	广东	96.452	0.93	72.00	123.25
42	晶科能源股份有限公司	江西	96.400	0.78	25.27	121.67
43	浙江省能源集团有限公司	浙江	96.394	0.56	30.44	106.36
44	中国中信集团有限公司	北京	96.340	0.06	4.14	106.28
45	山东魏桥创业集团有限公司	山东	96.336	1.96	34.31	107.34
46	波司登股份有限公司	江苏	96.333	0.81	60.44	124.70
47	中国光大银行股份有限公司	北京	96.313	0.02	8.06	111.60
48	四川川投能源股份有限公司	四川	96.275	0.03	61.81	111.25
49	中兴通讯股份有限公司	广东	96.271	0.68	32.41	115.70
50	杭州市实业投资集团有限公司	浙江	96.226	2.30	23.48	113.88
51	浙江正泰电器股份有限公司	浙江	96.219	0.44	34.83	112.44
52	中国信息通信科技集团有限公司	湖北	96.208	0.44	27.20	105.15
53	北京控股集团有限公司	北京	96.203	0.28	10.23	103.18
54	中国电信集团有限公司	北京	96.151	0.56	37.86	103.63
55	物产中大集团股份有限公司	浙江	96.125	3.97	23.26	112.87
56	金东纸业（江苏）股份有限公司	江苏	96.052	0.41	33.29	113.25
57	金发科技股份有限公司	广东	96.034	0.73	29.82	113.29
58	江苏阳光集团有限公司	江苏	96.016	2.32	55.53	122.08

续表

序号	企业名称	地区	综合信用指数	资产周转率（次/年）	所有者权益比率（%）	资本保值增值率（%）
59	中国卫通集团股份有限公司	北京	95.998	0.12	67.36	107.67
60	新疆广汇实业投资（集团）有限责任公司	新疆	95.936	0.81	15.77	102.81
61	三角轮胎股份有限公司	山东	95.924	0.52	66.10	106.62
62	江苏长电科技股份有限公司	江苏	95.919	0.86	62.53	115.39
63	海澜集团有限公司	江苏	95.897	1.06	71.93	105.62
64	内蒙古伊利实业集团股份有限公司	内蒙古	95.881	0.94	38.38	119.77
65	广西投资集团有限公司	广西	95.821	0.28	4.08	101.77
66	佛山市海天调味食品股份有限公司	广东	95.813	0.75	77.51	126.48
67	华勤橡胶工业集团有限公司	山东	95.808	2.09	49.02	114.03
68	立讯精密工业股份有限公司	广东	95.806	1.44	30.56	125.97
69	明阳智慧能源集团股份公司	广东	95.744	0.45	40.78	118.78
70	天合光能股份有限公司	江苏	95.736	0.95	29.27	121.51
71	赛轮集团股份有限公司	山东	95.605	0.74	41.24	112.41
72	中国振华（集团）科技股份有限公司	贵州	95.535	0.54	71.95	132.02
73	郑州煤矿机械集团股份有限公司	河南	95.505	0.72	40.20	117.16
74	中国保利集团有限公司	北京	95.503	0.25	6.43	107.86
75	徐工集团工程机械股份有限公司	江苏	95.500	0.54	30.42	111.82
76	阳光电源股份有限公司	安徽	95.490	0.65	30.29	122.95
77	万洲国际有限公司	河南	95.407	1.37	48.35	116.49
78	雅戈尔集团股份有限公司	浙江	95.400	0.19	48.77	114.90
79	天津城市基础设施建设投资集团有限公司	天津	95.397	0.02	29.41	100.70
80	晶科能源控股有限公司	江西	95.333	1.05	25.27	112.23
81	山推工程机械股份有限公司	山东	95.273	0.87	42.45	114.41
82	通威集团有限公司	四川	95.236	1.34	16.47	149.16
83	浙江交通科技股份有限公司	浙江	95.232	0.80	22.61	116.71
84	紫光国芯微电子股份有限公司	河北	95.227	0.46	63.30	136.33
85	安克创新科技股份有限公司	湖南	95.227	1.41	67.54	118.89
86	研祥高科技控股集团有限公司	广东	95.133	1.32	65.14	111.95
87	爱玛科技集团股份有限公司	天津	95.112	1.13	36.39	137.66
88	浙江伟明环保股份有限公司	浙江	95.096	0.22	45.93	121.62
89	北京首都创业集团有限公司	北京	95.086	0.14	6.23	101.84
90	中国电力建设集团有限公司	北京	95.072	0.51	7.98	104.38

续表

序号	企业名称	地区	综合信用指数	资产周转率（次/年）	所有者权益比率（%）	资本保值增值率（%）
91	网易股份有限公司	广东	95.065	0.56	60.62	121.33
92	中国华能集团有限公司	北京	95.043	0.30	9.88	106.27
93	重庆水务集团股份有限公司	重庆	95.021	0.24	53.42	111.62
94	晶澳太阳能科技股份有限公司	河北	95.012	1.01	38.02	133.54
95	格林美股份有限公司	广东	94.963	0.67	41.89	109.11
96	阿里巴巴（中国）有限公司	浙江	94.899	0.49	55.07	103.36
97	中国交通建设集团有限公司	北京	94.886	0.39	7.25	105.51
98	厦门亿联网络技术股份有限公司	福建	94.872	0.56	91.69	134.39
99	中国华电集团有限公司	北京	94.851	0.30	10.86	106.04
100	迪尚集团有限公司	山东	94.834	1.55	61.18	136.23
101	安井食品集团股份有限公司	福建	94.833	0.75	72.12	121.70
102	神州数码集团股份有限公司	广东	94.820	2.88	18.90	116.52
103	成都市兴蓉环境股份有限公司	四川	94.813	0.20	38.55	112.02
104	蓝思科技股份有限公司	湖南	94.804	0.60	56.38	105.74
105	牧原食品股份有限公司	河南	94.800	0.65	37.20	124.41
106	千禾味业食品股份有限公司	四川	94.742	0.77	74.19	116.58
107	双良节能系统股份有限公司	江苏	94.734	0.66	31.12	139.73
108	中山华利实业集团股份有限公司	广东	94.728	1.20	77.12	156.22
109	心里程控股集团有限公司	广东	94.712	2.84	67.45	118.88
110	上海派能能源科技股份有限公司	上海	94.711	0.74	53.28	142.85
111	石药创新制药股份有限公司	河北	94.702	0.57	85.85	122.08
112	江苏苏盐井神股份有限公司	江苏	94.701	0.61	51.98	118.54
113	胜达集团有限公司	浙江	94.686	2.13	65.21	109.75
114	欧派家居集团股份有限公司	广东	94.669	0.79	57.70	118.66
115	TCL 中环新能源科技股份有限公司	天津	94.664	0.61	34.47	121.53
116	双胞胎（集团）股份有限公司	江西	94.649	2.37	49.34	129.72
117	广联达科技股份有限公司	北京	94.648	0.57	54.67	116.70
118	浙商中拓集团股份有限公司	浙江	94.642	7.43	20.26	122.18
119	中国国际金融股份有限公司	北京	94.626	0.04	15.33	109.00
120	梅花生物科技集团股份有限公司	西藏	94.616	1.14	55.19	141.48
121	山东齐润控股集团有限公司	山东	94.614	2.37	55.16	115.08
122	北京当升材料科技股份有限公司	北京	94.608	0.99	100.00	123.91

续表

序号	企业名称	地区	综合信用指数	资产周转率（次/年）	所有者权益比率（%）	资本保值增值率（%）
123	北方华创科技集团股份有限公司	北京	94.601	0.35	46.41	113.92
124	谱尼测试集团股份有限公司	北京	94.589	0.82	77.26	115.88
125	科达制造股份有限公司	广东	94.585	0.53	53.84	162.04
126	首钢集团有限公司	北京	94.576	0.48	23.19	101.04
127	湖南五江控股集团有限公司	湖南	94.572	0.61	67.12	107.52
128	河南蓝天燃气股份有限公司	河南	94.500	0.76	58.61	120.36
129	青岛国恩科技股份有限公司	山东	94.499	1.05	31.93	119.08
130	安徽元琛环保科技股份有限公司	安徽	94.482	0.45	50.47	188.20
131	青岛港国际股份有限公司	山东	94.481	0.34	65.07	112.73
132	中国广核集团有限公司	广东	94.473	0.15	17.05	106.58
133	浙江新澳纺织股份有限公司	浙江	94.468	0.85	63.65	114.34
134	锐捷网络股份有限公司	北京	94.466	1.41	53.34	135.20
135	中国化学工程集团有限公司	北京	94.455	0.75	14.64	110.52
136	云南恩捷新材料股份有限公司	云南	94.437	0.33	45.90	128.92
137	苏州东山精密制造股份有限公司	江苏	94.436	0.78	40.36	116.24
138	索通发展股份有限公司	山东	94.433	1.12	31.40	120.06
139	东富龙科技集团股份有限公司	上海	94.426	0.41	55.64	119.59
140	黄山永新股份有限公司	安徽	94.423	0.92	63.78	117.04
141	聚辰半导体股份有限公司	上海	94.417	0.48	93.11	123.21
142	桂林力源粮油食品集团有限公司	广西	94.409	2.84	37.32	142.16
143	金风科技股份有限公司	新疆	94.399	0.34	27.84	106.71
144	澜起科技股份有限公司	上海	94.388	0.34	92.76	115.49
145	石家庄尚太科技股份有限公司	河北	94.370	0.54	58.59	169.94
146	深圳市汇川技术股份有限公司	广东	94.360	0.59	50.54	127.20
147	顾家家居股份有限公司	浙江	94.359	1.12	55.14	122.60
148	奥德集团有限公司	山东	94.329	0.66	59.30	112.48
149	金诚信矿业管理股份有限公司	北京	94.318	0.48	54.38	111.53
150	南京国博电子股份有限公司	江苏	94.283	0.42	67.69	120.41
151	恺英网络股份有限公司	福建	94.280	0.64	77.42	130.10
152	新奥天然气股份有限公司	河北	94.262	1.13	12.91	139.40
153	嘉友国际物流股份有限公司	北京	94.245	0.90	77.62	123.83
154	杨凌美畅新材料股份有限公司	陕西	94.228	0.54	75.33	136.66

续表

序号	企业名称	地区	综合信用指数	资产周转率（次/年）	所有者权益比率（%）	资本保值增值率（%）
155	青鸟消防股份有限公司	河北	94.225	0.57	72.00	116.08
156	新疆大全新能源股份有限公司	新疆	94.205	0.59	87.14	216.13
157	厦门建发股份有限公司	福建	94.201	1.25	8.80	112.35
158	中矿资源集团股份有限公司	北京	94.200	0.70	65.40	180.94
159	浙江省海港投资运营集团有限公司	浙江	94.179	0.22	41.28	104.91
160	安琪酵母股份有限公司	湖北	94.175	0.76	54.68	119.28
161	云南云天化股份有限公司	云南	94.152	1.42	30.75	158.95
162	浙江晶盛机电股份有限公司	浙江	94.137	0.37	37.30	142.77
163	中国联合网络通信集团有限公司	北京	94.119	0.52	28.14	103.56
164	盐津铺子食品股份有限公司	湖南	94.115	1.18	46.23	134.53
165	三全食品股份有限公司	河南	94.113	0.99	51.52	124.77
166	广东海大集团股份有限公司	广东	94.104	2.37	40.29	120.43
167	天津九安医疗电子股份有限公司	天津	94.097	1.21	89.98	658.04
168	银都餐饮设备股份有限公司	浙江	94.092	0.77	73.55	119.65
169	西安城市基础设施建设投资集团有限公司	陕西	94.057	0.10	37.68	101.25
170	青海盐湖工业股份有限公司	青海	94.054	0.73	60.00	266.73
171	比音勒芬服饰股份有限公司	广东	94.053	0.52	74.03	122.42
172	软通动力信息技术（集团）股份有限公司	北京	94.053	1.27	66.78	119.17
173	四川雅化实业集团股份有限公司	四川	94.049	0.99	74.36	171.26
174	华泰集团有限公司	山东	94.037	2.02	35.45	109.84
175	深圳市星源材质科技股份有限公司	广东	94.035	0.21	61.57	116.86
176	金猴集团有限公司	山东	94.034	3.16	67.99	110.36
177	安通控股股份有限公司	黑龙江	94.029	0.71	74.20	130.17
178	卫华集团有限公司	河南	94.016	1.58	42.20	112.97
179	欧龙汽车贸易集团有限公司	浙江	93.993	2.63	48.42	118.18
180	汇通达网络股份有限公司	江苏	93.987	2.87	28.39	106.37
181	广州视源电子科技股份有限公司	广东	93.976	1.04	59.27	124.80
182	香驰控股有限公司	山东	93.960	1.91	53.59	113.01
183	大亚科技集团有限公司	江苏	93.951	1.74	27.57	127.42
184	永兴特种材料科技股份有限公司	浙江	93.900	1.01	79.61	225.49
185	烟台杰瑞石油服务集团股份有限公司	山东	93.897	0.39	59.08	118.00
186	贵州轮胎股份有限公司	贵州	93.886	0.54	40.92	107.25

续表

序号	企业名称	地区	综合信用指数	资产周转率（次/年）	所有者权益比率（%）	资本保值增值率（%）
187	厦门象屿股份有限公司	福建	93.883	4.68	14.85	115.32
188	三花控股集团有限公司	浙江	93.877	1.31	32.57	115.29
189	振石控股集团有限公司	浙江	93.874	1.28	49.40	133.31
190	潍坊特钢集团有限公司	山东	93.869	3.51	54.81	118.65
191	甘肃能化股份有限公司	甘肃	93.867	0.45	47.44	132.49
192	江苏太平洋石英股份有限公司	江苏	93.862	0.54	88.56	148.26
193	广州天赐高新材料股份有限公司	广东	93.852	0.87	49.14	179.85
194	索菲亚家居股份有限公司	广东	93.815	0.93	47.96	118.87
195	百隆东方股份有限公司	浙江	93.778	0.43	62.03	117.38
196	江苏国泰国际集团股份有限公司	江苏	93.772	1.09	35.70	116.42
197	重庆望变电气（集团）股份有限公司	重庆	93.769	0.72	64.64	126.85
198	南京盛航海运股份有限公司	江苏	93.762	5.14	1654.70	148.56
199	志邦家居股份有限公司	安徽	93.739	0.93	49.83	120.71
200	北京高能时代环境技术股份有限公司	北京	93.736	0.39	39.18	112.61
201	华泰证券股份有限公司	江苏	93.695	0.04	19.83	107.45
202	四川省能源投资集团有限责任公司	四川	93.679	0.37	18.33	101.63
203	中兵红箭股份有限公司	湖南	93.660	0.45	65.00	109.09
204	佛燃能源集团股份有限公司	广东	93.649	1.28	36.73	114.69
205	北京金山办公软件股份有限公司	北京	93.647	0.32	72.35	114.48
206	曙光信息产业股份有限公司	天津	93.637	0.41	53.50	112.19
207	东方电子股份有限公司	山东	93.602	0.57	43.38	111.51
208	平安银行股份有限公司	广东	93.602	0.03	8.17	111.51
209	深圳市铭利达精密技术股份有限公司	广东	93.582	0.69	47.17	150.50
210	东方财富信息股份有限公司	上海	93.563	0.06	30.76	119.32
211	环旭电子股份有限公司	上海	93.558	1.78	40.83	123.39
212	航天信息股份有限公司	北京	93.551	0.82	59.75	108.08
213	承德露露股份公司	河北	93.548	0.71	72.35	125.54
214	海信集团控股股份有限公司	山东	93.546	1.04	11.87	118.62
215	广州产业投资控股集团有限公司	广东	93.528	0.39	20.33	105.25
216	安徽合力股份有限公司	安徽	93.505	1.06	45.85	115.56
217	纳思达股份有限公司	广东	93.505	0.56	34.49	113.03
218	青岛东方铁塔股份有限公司	山东	93.491	0.28	64.87	110.39

续表

序号	企业名称	地区	综合信用指数	资产周转率（次/年）	所有者权益比率（%）	资本保值增值率（%）
219	江西洪城环境股份有限公司	江西	93.474	0.37	34.01	116.06
220	交通银行股份有限公司	上海	93.474	0.02	7.88	109.55
221	中哲控股集团有限公司	浙江	93.465	3.89	24.17	126.58
222	老凤祥股份有限公司	上海	93.462	2.42	38.95	118.50
223	中国北方稀土（集团）高科技股份有限公司	内蒙古	93.455	1.02	54.12	138.99
224	湖南博深实业集团有限公司	湖南	93.445	1.62	51.10	117.07
225	确成硅化学股份有限公司	江苏	93.437	0.57	86.05	115.41
226	上海璞泰来新能源科技股份有限公司	上海	93.429	0.43	37.70	129.60
227	福建圣农发展股份有限公司	福建	93.406	0.89	52.49	104.15
228	深圳金雅福控股集团有限公司	深圳	93.406	15.39	57.86	118.08
229	鲁泰纺织股份有限公司	山东	93.390	0.52	67.52	112.07
230	四川天味食品集团股份有限公司	四川	93.363	0.56	83.37	108.98
231	湖北菲利华石英玻璃股份有限公司	湖北	93.347	0.40	69.53	119.84
232	圆通速递股份有限公司	辽宁	93.321	1.36	67.94	117.34
233	杭州市城市建设投资集团有限公司	浙江	93.310	0.25	29.41	104.61
234	五得利面粉集团有限公司	河北	93.301	2.18	67.93	115.26
235	浙江航民股份有限公司	浙江	93.298	1.17	71.03	112.04
236	广西南丹南方金属有限公司	广西	93.293	2.37	39.06	117.53
237	新乡市瑞丰新材料股份有限公司	河南	93.277	0.90	80.64	127.25
238	江苏江南水务股份有限公司	江苏	93.267	0.22	59.64	108.51
239	扬州扬杰电子科技股份有限公司	江苏	93.260	0.57	64.89	120.86
240	成都新易盛通信技术股份有限公司	四川	93.217	0.56	82.18	122.83
241	景津装备股份有限公司	山东	93.217	0.71	50.33	124.75
242	固德威技术股份有限公司	江苏	93.198	0.81	38.93	139.21
243	武汉三镇实业控股股份有限公司	湖北	93.195	0.14	24.96	148.80
244	山西杏花村汾酒厂股份有限公司	山西	93.191	0.71	58.12	153.18
245	广州海格通信集团股份有限公司	广东	93.190	0.37	70.10	106.50
246	盛泰智造集团股份有限公司	浙江	93.181	0.81	34.58	118.33
247	广西北部湾投资集团有限公司	广西	93.176	0.22	29.20	103.03
248	中航光电科技股份有限公司	内蒙古	93.172	0.50	54.70	118.21
249	南昌市政公用集团有限公司	江西	93.170	0.37	23.38	101.40
250	广东奥普特科技股份有限公司	广东	93.167	0.39	93.93	112.92

续表

序号	企业名称	地区	综合信用指数	资产周转率（次/年）	所有者权益比率（%）	资本保值增值率（%）
251	中科创达软件股份有限公司	北京	93.152	0.51	84.57	114.82
252	圣邦微电子（北京）股份有限公司	北京	93.126	0.73	79.81	136.32
253	龙岩卓越新能源股份有限公司	福建	93.113	1.46	93.24	118.29
254	郑州公用事业投资发展集团有限公司	河南	93.100	0.17	21.75	105.15
255	楚天科技股份有限公司	湖南	93.094	0.58	38.14	115.80
256	苏美达股份有限公司	江苏	93.055	2.66	11.81	116.18
257	西安三角防务股份有限公司	陕西	93.048	0.27	67.44	125.43
258	杭州华旺新材料科技股份有限公司	浙江	93.040	0.62	65.36	118.34
259	鲁银投资集团股份有限公司	山东	93.040	0.72	50.33	117.33
260	永艺家具股份有限公司	浙江	92.993	1.36	58.92	123.17
261	天通控股股份有限公司	浙江	92.990	0.41	71.61	113.29
262	上海万业企业股份有限公司	上海	92.978	0.12	85.16	105.56
263	杭州巨星科技股份有限公司	浙江	92.957	0.68	72.11	113.39
264	久立集团股份有限公司	浙江	92.957	2.27	26.62	120.24
265	江西铜业集团有限公司	江西	92.943	2.40	17.71	109.27
266	杭州长川科技股份有限公司	浙江	92.939	0.55	48.54	126.08
267	中天科技集团有限公司	江苏	92.927	1.67	22.50	132.30
268	厦门法拉电子股份有限公司	福建	92.923	0.68	71.96	129.32
269	江苏共创人造草坪股份有限公司	江苏	92.921	0.87	80.88	122.36
270	浙江伟星实业发展股份有限公司	浙江	92.920	0.76	60.66	118.16
271	浙江天振科技股份有限公司	浙江	92.916	0.73	84.05	131.53
272	浪潮电子信息产业股份有限公司	山东	92.896	1.70	42.09	113.72
273	晶晨半导体（上海）股份有限公司	上海	92.896	0.95	83.44	118.75
274	北京神州泰岳软件股份有限公司	北京	92.883	0.83	83.11	112.52
275	安集微电子科技（上海）股份有限公司	上海	92.881	0.53	74.31	125.09
276	浙江三花智能控制股份有限公司	浙江	92.881	0.76	46.28	123.08
277	润建股份有限公司	广西	92.873	0.64	34.09	111.08
278	中粮糖业控股股份有限公司	新疆	92.864	1.33	53.20	107.42
279	江苏省农垦农业发展股份有限公司	江苏	92.842	0.87	42.68	114.29
280	湖南钢铁集团有限公司	湖南	92.832	1.40	24.48	122.18
281	陕西有色金属控股集团有限责任公司	陕西	92.815	1.22	27.16	104.14
282	北京首农食品集团有限公司	北京	92.787	1.12	26.02	105.49

续表

序号	企业名称	地区	综合信用指数	资产周转率（次/年）	所有者权益比率（%）	资本保值增值率（%）
283	中基宁波集团股份有限公司	浙江	92.778	6.59	11.35	122.06
284	恒信汽车集团股份有限公司	湖北	92.769	3.15	57.21	109.78
285	冀南钢铁集团有限公司	河北	92.760	1.07	32.48	135.03
286	海南海德资本管理股份有限公司	海南	92.756	0.13	64.91	114.77
287	北京中科三环高技术股份有限公司	北京	92.745	0.83	54.95	117.01
288	中山公用事业集团股份有限公司	广东	92.744	0.14	61.48	107.08
289	厦门翔业集团有限公司	福建	92.724	0.39	35.19	102.18
290	富海集团新能源控股有限公司	山东	92.723	2.81	44.39	116.31
291	华工科技产业股份有限公司	湖北	92.717	0.72	49.05	112.26
292	岳阳林纸股份有限公司	湖南	92.707	0.59	55.33	107.03
293	北京国联视讯信息技术股份有限公司	北京	92.692	3.14	42.15	126.02
294	山东神驰控股有限公司	山东	92.685	3.25	52.96	110.87
295	兴华财富集团有限公司	河北	92.684	2.59	76.50	118.44
296	滁州多利汽车科技股份有限公司	安徽	92.681	0.95	52.79	131.53
297	江苏常宝钢管股份有限公司	江苏	92.659	0.85	62.43	111.11
298	北京能源集团有限责任公司	北京	92.654	0.24	23.13	102.25
299	福建星网锐捷通讯股份有限公司	福建	92.653	1.09	42.03	112.28
300	多弗国际控股集团有限公司	浙江	92.645	1.53	54.92	103.65
301	明阳新能源投资控股集团有限公司	广东	92.632	0.49	36.30	111.58
302	江苏新长江实业集团有限公司	江苏	92.613	2.04	31.66	112.09
303	四川福蓉科技股份公司	四川	92.598	0.93	76.96	123.75
304	宁波德业科技股份有限公司	浙江	92.586	0.70	47.75	157.47
305	上海紫江企业集团股份有限公司	上海	92.581	0.80	45.63	110.88
306	雪天盐业集团股份有限公司	湖南	92.568	0.69	66.50	115.25
307	陕西省天然气股份有限公司	陕西	92.563	0.65	48.57	109.69
308	杭州锦江集团有限公司	浙江	92.546	1.31	22.38	113.35
309	中伟新材料股份有限公司	贵州	92.536	0.56	30.67	115.70
310	浙江伟星新型建材股份有限公司	浙江	92.536	1.00	76.77	126.44
311	东莞怡合达自动化股份有限公司	广东	92.533	0.73	77.82	122.38
312	创维数字股份有限公司	四川	92.494	1.11	55.50	118.18
313	中际旭创股份有限公司	山东	92.492	0.58	72.15	110.65
314	诸城外贸有限责任公司	山东	92.484	1.10	49.88	107.26

续表

序号	企业名称	地区	综合信用指数	资产周转率（次/年）	所有者权益比率（%）	资本保值增值率（%）
315	山东鲁花集团有限公司	山东	92.475	1.07	40.00	123.67
316	云南省能源投资集团有限公司	云南	92.469	0.50	23.78	105.06
317	浙江东方金融控股集团股份有限公司	浙江	92.452	0.51	42.04	107.12
318	江苏扬农化工股份有限公司	江苏	92.441	1.07	57.69	125.84
319	浙江天铁实业股份有限公司	浙江	92.439	0.34	58.23	116.27
320	湖北兴发化工集团股份有限公司	湖北	92.431	0.73	48.78	142.32
321	浙江华铁应急设备科技股份有限公司	浙江	92.427	0.23	31.76	117.29
322	国轩高科股份有限公司	安徽	92.408	0.32	32.37	101.66
323	广东领益智造股份有限公司	广东	92.383	0.95	47.43	110.10
324	广东粤海控股集团有限公司	广东	92.358	0.18	20.67	109.33
325	横店集团东磁股份有限公司	浙江	92.341	1.10	44.01	124.80
326	中节能太阳能股份有限公司	重庆	92.340	0.20	46.94	109.32
327	深圳华强集团有限公司	广东	92.339	0.43	22.33	102.40
328	南兴装备股份有限公司	广东	92.279	0.75	61.28	113.03
329	无锡新洁能股份有限公司	江苏	92.269	0.45	84.29	128.44
330	新疆天润乳业股份有限公司	新疆	92.258	0.61	58.70	208.25
331	重庆顺博铝合金股份有限公司	重庆	92.256	4.51	100.00	369.44
332	申能（集团）有限公司	上海	92.253	0.34	45.19	103.58
333	禾丰食品股份有限公司	辽宁	92.239	2.13	47.01	107.94
334	上海移远通信技术股份有限公司	上海	92.199	1.39	36.21	119.41
335	四川路桥建设集团股份有限公司	四川	92.170	0.65	20.06	141.30
336	山东潍坊润丰化工股份有限公司	山东	92.164	1.25	53.32	128.79
337	山东豪迈机械科技股份有限公司	山东	92.160	0.77	85.40	118.45
338	河北新华联合冶金控股集团有限公司	河北	92.153	5.75	37.04	122.77
339	苏州固锝电子股份有限公司	江苏	92.110	0.96	79.90	115.50
340	陕西省国际信托股份有限公司	陕西	92.099	0.08	71.13	106.84
341	中国银河证券股份有限公司	北京	92.098	0.05	16.41	107.84
342	成都燃气集团股份有限公司	四川	92.093	0.67	57.68	112.57
343	浙江新安化工集团股份有限公司	浙江	92.092	1.13	59.99	133.04
344	利尔化学股份有限公司	四川	92.052	0.79	56.50	136.42
345	浙江巨化股份有限公司	浙江	92.029	0.95	68.36	117.85
346	北大荒农垦集团有限公司	黑龙江	92.014	0.75	17.08	100.86

续表

序号	企业名称	地区	综合信用指数	资产周转率（次/年）	所有者权益比率（%）	资本保值增值率（%）
347	昆山新莱洁净应用材料股份有限公司	江苏	92.002	0.71	43.38	127.20
348	无锡奥特维科技股份有限公司	江苏	91.966	0.42	30.22	150.63
349	上海华谊控股集团有限公司	上海	91.949	0.57	24.45	114.49
350	紫光股份有限公司	北京	91.941	1.00	42.99	107.20
351	江西金力永磁科技股份有限公司	江西	91.933	0.64	60.47	123.70
352	韵达控股股份有限公司	浙江	91.901	1.25	44.59	109.40
353	安福县海能实业股份有限公司	江西	91.886	0.88	57.64	124.04
354	常州聚和新材料股份有限公司	江苏	91.862	1.12	78.25	131.66
355	三人行传媒集团股份有限公司	陕西	91.858	1.07	48.57	136.69
356	斯达半导体股份有限公司	浙江	91.848	0.38	80.50	116.36
357	中控技术股份有限公司	浙江	91.842	0.51	40.25	117.63
358	密尔克卫化工供应链服务股份有限公司	上海	91.828	1.22	39.84	119.20
359	得力集团有限公司	浙江	91.811	0.97	36.32	117.21
360	沪士电子股份有限公司	江苏	91.789	3.33	330.50	118.82
361	厦门国贸控股集团有限公司	福建	91.778	2.15	11.30	107.42
362	陕西华秦科技实业股份有限公司	陕西	91.750	0.16	90.16	162.21
363	宁波容百新能源科技股份有限公司	浙江	91.749	1.17	27.14	124.93
364	山西焦化股份有限公司	山西	91.747	0.51	61.61	121.22
365	旺能环境股份有限公司	浙江	91.731	0.23	41.93	113.42
366	百度网络技术有限公司	北京	91.729	0.32	57.16	103.57
367	南京高科股份有限公司	江苏	91.727	0.12	44.28	115.94
368	南山集团有限公司	山东	91.716	0.85	46.89	106.09
369	无锡先导智能装备股份有限公司	江苏	91.698	0.42	33.80	124.48
370	深圳市康冠科技股份有限公司	广东	91.691	1.17	59.84	156.47
371	万凯新材料股份有限公司	浙江	91.662	1.67	48.28	151.77
372	中国能源建设股份有限公司	北京	91.650	0.55	15.34	108.29
373	江苏龙蟠科技股份有限公司	江苏	91.628	0.96	32.15	133.88
374	晨光生物科技集团股份有限公司	河北	91.613	0.91	45.71	115.58
375	陕西投资集团有限公司	陕西	91.609	0.33	18.70	107.99
376	广东广弘控股股份有限公司	广东	91.596	0.60	52.62	139.60
377	锦浪科技股份有限公司	浙江	91.581	0.39	28.45	147.31
378	攀钢集团钒钛资源股份有限公司	四川	91.547	1.26	73.70	117.86

续表

序号	企业名称	地区	综合信用指数	资产周转率（次/年）	所有者权益比率（%）	资本保值增值率（%）
379	浙江富冶集团有限公司	浙江	91.547	5.47	27.71	123.00
380	天洁集团有限公司	浙江	91.502	1.89	69.32	117.90
381	安徽应流机电股份有限公司	安徽	91.489	0.22	43.16	110.21
382	天能控股集团有限公司	浙江	91.482	2.63	18.23	115.81
383	公牛集团股份有限公司	浙江	91.478	0.85	74.47	129.65
384	新疆雪峰科技（集团）股份有限公司	新疆	91.467	0.83	39.49	141.09
385	湖北江瀚新材料股份有限公司	湖北	91.467	1.12	80.95	177.66
386	东鹏饮料（集团）股份有限公司	广东	91.453	0.72	42.67	133.99
387	洽洽食品股份有限公司	安徽	91.452	0.81	61.64	120.36
388	山东寿光鲁清石化有限公司	山东	91.421	1.91	33.78	152.63
389	通鼎集团有限公司	江苏	91.404	1.86	28.18	120.73
390	安徽广信农化股份有限公司	安徽	91.383	0.65	62.65	133.28
391	西部矿业股份有限公司	青海	91.352	0.75	30.57	125.93
392	上海机电股份有限公司	上海	91.347	0.63	34.54	107.97
393	天士力医药集团股份有限公司	天津	91.320	0.52	75.50	165.96
394	云南能源投资股份有限公司	云南	91.311	0.18	49.00	106.61
395	恒林家居股份有限公司	浙江	91.302	0.74	37.29	111.67
396	深圳市中金岭南有色金属股份有限公司	广东	91.276	1.69	45.19	109.15
397	紫金矿业集团股份有限公司	福建	91.272	0.88	29.06	128.21
398	上海华峰铝业股份有限公司	上海	91.251	1.36	59.39	121.20
399	上海富瀚微电子股份有限公司	上海	91.234	0.61	65.85	121.69
400	广发证券股份有限公司	广东	91.228	0.04	19.46	107.44
401	山东鲁阳节能材料股份有限公司	山东	91.208	0.86	73.57	122.10
402	贵州振华风光半导体股份有限公司	贵州	91.197	0.16	87.07	148.94
403	深圳市燃气集团股份有限公司	广东	91.188	0.79	34.42	113.20
404	东方润安集团有限公司	江苏	91.162	4.70	53.64	113.82
405	山东海科控股有限公司	山东	91.158	2.82	39.02	118.44
406	长城汽车股份有限公司	河北	91.157	0.74	35.18	113.31
407	浙富控股集团股份有限公司	浙江	91.136	0.68	43.11	115.14
408	安徽海螺集团有限责任公司	安徽	91.126	0.74	24.27	108.16
409	山东省药用玻璃股份有限公司	山东	91.107	0.48	79.25	113.24
410	东方航空物流股份有限公司	上海	91.106	0.90	51.88	133.12

续表

序号	企业名称	地区	综合信用指数	资产周转率（次/年）	所有者权益比率（%）	资本保值增值率（%）
411	杭州安旭生物科技股份有限公司	浙江	91.101	0.89	78.11	216.81
412	西子联合控股有限公司	浙江	91.093	0.59	28.31	111.54
413	陕西建工控股集团有限公司	陕西	91.090	0.60	4.00	121.25
414	新天绿色能源股份有限公司	河北	91.087	0.24	26.44	111.65
415	江苏立霸实业股份有限公司	江苏	91.080	0.77	69.70	168.33
416	东华软件股份公司	北京	91.074	1.06	100.00	303.55
417	中盐内蒙古化工股份有限公司	内蒙古	91.074	0.91	56.11	124.11
418	宁波富邦控股集团有限公司	浙江	91.063	0.98	22.69	107.23
419	奥克斯集团有限公司	浙江	91.058	1.30	22.67	112.83
420	珀莱雅化妆品股份有限公司	浙江	91.042	1.11	61.00	128.41
421	上海水星家用纺织品股份有限公司	上海	90.992	1.04	78.27	110.55
422	山西通宝能源股份有限公司	山西	90.979	1.11	66.00	114.85
423	深圳市科达利实业股份有限公司	广东	90.970	0.61	40.42	119.78
424	重庆中昂投资集团有限公司	重庆	90.959	0.49	47.76	115.51
425	成都云图控股股份有限公司	四川	90.948	1.10	41.06	133.28
426	信达证券股份有限公司	北京	90.948	1.18	468.79	109.86
427	深圳科士达科技股份有限公司	广东	90.914	0.71	57.02	121.44
428	道恩集团有限公司	山东	90.911	2.50	21.12	141.47
429	周大生珠宝股份有限公司	广东	90.901	1.46	79.43	118.85
430	森林包装集团股份有限公司	浙江	90.870	0.98	85.08	217.94
431	深圳市信维通信股份有限公司	广东	90.869	0.70	53.98	110.85
432	上海中谷物流股份有限公司	上海	90.854	0.71	46.22	128.25
433	浙江中国轻纺城集团股份有限公司	浙江	90.842	0.08	59.56	120.40
434	东软集团股份有限公司	辽宁	90.830	0.50	48.95	198.67
435	宁波博洋控股集团有限公司	浙江	90.816	3.09	26.01	124.68
436	山东中海化工集团有限公司	山东	90.816	2.24	71.43	119.39
437	中国宝安集团股份有限公司	广东	90.807	0.61	17.47	114.46
438	兆易创新科技集团股份有限公司	北京	90.802	0.49	91.23	115.22
439	福莱特玻璃集团股份有限公司	浙江	90.797	0.48	43.33	117.97
440	宁波滕头集团有限公司	浙江	90.789	2.20	66.67	123.73
441	上海梅林正广和股份有限公司	上海	90.789	1.58	30.68	111.43
442	西安蓝晓科技新材料股份有限公司	陕西	90.787	0.42	59.66	125.82

续表

序号	企业名称	地区	综合信用指数	资产周转率（次/年）	所有者权益比率（%）	资本保值增值率（%）
443	金鹰重型工程机械股份有限公司	湖北	90.784	0.56	47.56	115.34
444	广州市建筑集团有限公司	广东	90.754	1.34	9.40	106.17
445	北京指南针科技发展股份有限公司	北京	90.749	0.29	39.87	126.39
446	雅迪科技集团有限公司	江苏	90.737	1.30	24.23	151.47
447	四川华西集团有限公司	四川	90.690	0.82	12.45	111.53
448	成都振芯科技股份有限公司	四川	90.689	0.45	58.65	124.44
449	山东阳谷华泰化工股份有限公司	山东	90.687	0.99	78.48	126.73
450	深圳拓邦股份有限公司	广东	90.653	0.86	55.27	111.59
451	成都银行股份有限公司	四川	90.645	0.02	6.68	119.33
452	广州工业投资控股集团有限公司	广州	90.630	0.84	12.87	104.61
453	洛阳国宏投资控股集团有限公司	河南	90.628	0.65	29.26	109.05
454	西部超导材料科技股份有限公司	陕西	90.619	0.37	53.04	120.15
455	贵州磷化（集团）有限责任公司	贵州	90.613	0.53	17.18	125.27
456	四川华油集团有限责任公司	四川	90.608	1.53	30.86	112.97
457	贵研铂业股份有限公司	云南	90.605	3.12	45.42	110.93
458	宁波银行股份有限公司	浙江	90.577	0.02	7.12	116.94
459	江苏天奈科技股份有限公司	江苏	90.567	0.45	61.68	121.39
460	北京华峰测控技术股份有限公司	北京	90.552	0.32	93.11	120.08
461	深圳市富安娜家居用品股份有限公司	广东	90.551	0.66	80.65	114.43
462	上海临港经济发展（集团）有限公司	上海	90.538	0.06	16.17	102.39
463	江苏省广电有线信息网络股份有限公司	江苏	90.522	0.20	59.63	101.50
464	贵州航天电器股份有限公司	贵州	90.522	0.60	57.01	110.59
465	京东方科技集团股份有限公司	北京	90.502	0.42	32.36	105.28
466	武汉东湖高新集团股份有限公司	湖北	90.444	4.01	211.93	108.96
467	深圳新宙邦科技股份有限公司	广东	90.433	0.63	54.33	125.98
468	通州建总集团有限公司	江苏	90.430	7.44	52.22	154.66
469	无锡市国联发展（集团）有限公司	江苏	90.412	0.14	16.01	105.61
470	四川英杰电气股份有限公司	四川	90.410	0.45	52.65	128.52
471	宇通重工股份有限公司	河南	90.406	0.76	51.36	117.43
472	浙报数字文化集团股份有限公司	浙江	90.403	0.43	76.04	105.49
473	中国人寿保险（集团）公司	北京	90.402	0.17	3.15	117.68
474	浙江大华技术股份有限公司	浙江	90.395	0.66	55.86	109.84

续表

序号	企业名称	地区	综合信用指数	资产周转率（次/年）	所有者权益比率（%）	资本保值增值率（%）
475	宁波申洲针织有限公司	浙江	90.368	1.26	78.66	106.00
476	瀚蓝环境股份有限公司	广东	90.363	0.39	32.69	111.57
477	上海华测导航技术股份有限公司	上海	90.363	0.56	63.04	116.49
478	杭州炬华科技股份有限公司	浙江	90.355	0.37	75.74	117.89
479	中国核工业集团有限公司	北京	90.337	0.23	16.15	104.99
480	广东南方新媒体股份有限公司	广东	90.295	0.33	79.09	122.66
481	天津七一二通信广播股份有限公司	天津	90.295	0.41	43.85	121.43
482	黑牡丹（集团）股份有限公司	江苏	90.215	0.37	31.61	106.52
483	深圳麦格米特电气股份有限公司	广东	90.215	0.65	43.82	114.97
484	欣旺达电子股份有限公司	广东	90.214	0.50	26.92	108.16
485	深圳市英维克科技股份有限公司	广东	90.211	0.72	52.38	115.09
486	胜宏科技（惠州）股份有限公司	广东	90.193	0.55	48.50	112.61
487	中国国际技术智力合作集团有限公司	北京	90.192	7.79	39.73	112.41
488	中国黄金集团黄金珠宝股份有限公司	北京	90.189	4.05	59.48	111.67
489	东莞市奥海科技股份有限公司	广东	90.186	0.63	64.77	117.52
490	浙江鼎力机械股份有限公司	浙江	90.177	0.46	59.87	121.03
491	富通集团有限公司	浙江	90.164	1.77	38.95	113.73
492	良品铺子股份有限公司	湖北	90.124	1.87	47.63	115.63
493	浙江越剑智能装备股份有限公司	浙江	90.123	0.39	79.42	120.14
494	铜陵有色金属集团股份有限公司	安徽	90.103	1.98	41.28	112.58
495	山东高速路桥集团股份有限公司	山东	90.078	0.63	15.24	118.52
496	中国东方电气集团有限公司	四川	90.073	0.46	17.10	108.83
497	东方国际（集团）有限公司	上海	90.056	1.43	28.03	102.72
498	万向集团公司	浙江	90.049	1.66	30.51	115.70
499	浙江水晶光电科技股份有限公司	浙江	90.045	0.43	79.26	107.15
500	厦门钨业股份有限公司	福建	90.004	1.21	25.10	116.14

四、2023 中国企业信用 500 强成长性指标

序号	企业名称	地区	营收增长率（%）	利润增长率（%）	资产增长率（%）	资本积累率（%）
1	国家电网有限公司	北京	20.00	19.69	4.94	6.46
2	中国石油化工集团有限公司	北京	22.43	21.10	5.18	7.55
3	中国宝武钢铁集团有限公司	上海	11.87	-13.20	10.99	3.70
4	中国石油天然气集团有限公司	北京	22.35	128.10	4.83	6.46
5	华为投资控股有限公司	广东	1.85	-68.71	8.24	5.43
6	中国建设银行股份有限公司	北京	-0.22	6.56	14.37	9.28
7	中国工商银行股份有限公司	北京	-2.63	3.49	12.62	7.29
8	腾讯控股有限公司	广东	-0.99	-16.27	-2.12	-10.53
9	招商局集团有限公司	北京	-0.45	3.66	4.91	7.85
10	中国农业银行股份有限公司	北京	0.69	7.45	16.71	10.51
11	贵州茅台酒股份有限公司	贵州	16.87	19.55	-0.31	4.20
12	中国银行股份有限公司	北京	2.06	5.02	8.20	9.10
13	珠海格力电器股份有限公司	广东	-0.35	6.26	11.08	-6.65
14	中国海洋石油集团有限公司	北京	35.38	92.91	13.79	17.98
15	中国建材集团有限公司	北京	-8.51	-22.83	7.78	11.04
16	中国建筑股份有限公司	北京	8.66	-0.89	11.08	11.75
17	中国华润有限公司	广东	5.21	6.12	13.24	10.23
18	美的集团股份有限公司	广东	0.79	3.43	8.92	14.47
19	中国电子科技集团有限公司	北京	5.02	29.17	9.01	13.99
20	中国第一汽车集团有限公司	吉林	-16.42	11.41	-0.62	9.43
21	中国移动通信集团有限公司	北京	10.36	4.92	6.59	6.64
22	中国南方电网有限责任公司	广东	13.86	21.19	5.81	4.35
23	中国神华能源股份有限公司	北京	2.78	91.46	2.41	4.51
24	中芯国际集成电路制造有限公司	香港	38.97	13.04	32.69	22.14
25	比亚迪股份有限公司	广东	96.20	445.86	66.97	16.79
26	特变电工股份有限公司	新疆	56.48	118.93	34.80	30.57
27	中国铝业集团有限公司	北京	-0.20	26.54	0.09	6.52

续表

序号	企业名称	地区	营收增长率（%）	利润增长率（%）	资产增长率（%）	资本积累率（%）
28	隆基绿能科技股份有限公司	陕西	59.39	63.02	42.79	30.98
29	富士康工业互联网股份有限公司	广东	16.45	0.32	6.59	8.22
30	上海国际港务（集团）股份有限公司	上海	8.72	17.31	6.45	12.56
31	兴业银行股份有限公司	福建	0.51	10.52	7.71	9.07
32	海尔集团公司	山东	5.38	3.26	5.50	8.61
33	中国铁路工程集团有限公司	北京	7.55	14.50	18.16	7.43
34	中国邮政集团有限公司	北京	5.82	-12.63	11.66	3.91
35	中国五矿集团有限公司	北京	5.66	48.25	5.22	-2.67
36	福耀玻璃工业集团股份有限公司	福建	19.05	51.15	13.36	10.25
37	中国铁道建筑集团有限公司	北京	7.47	10.15	12.74	12.33
38	农夫山泉股份有限公司	浙江	11.93	18.62	19.33	16.11
39	上海汽车集团股份有限公司	上海	-4.59	-34.30	7.98	1.99
40	金川集团股份有限公司	甘肃	25.95	20.24	19.16	19.63
41	鹏鼎控股（深圳）股份有限公司	广东	8.69	51.07	9.18	29.59
42	晶科能源股份有限公司	江西	103.79	157.24	44.97	96.95
43	浙江省能源集团有限公司	浙江	22.49	49.43	0.99	4.25
44	中国中信集团有限公司	北京	9.32	-16.76	20.30	4.79
45	山东魏桥创业集团有限公司	山东	22.58	-44.76	0.89	3.45
46	波司登股份有限公司	江苏	3.92	4.04	15.62	15.38
47	中国光大银行股份有限公司	北京	-0.73	28.93	6.75	5.26
48	四川川投能源股份有限公司	四川	12.43	13.86	12.89	8.22
49	中兴通讯股份有限公司	广东	7.36	18.60	7.22	13.91
50	杭州市实业投资集团有限公司	浙江	-2.17	-1.13	2.12	10.90
51	浙江正泰电器股份有限公司	浙江	17.78	19.47	20.72	12.37
52	中国信息通信科技集团有限公司	湖北	-5.26	214.62	18.70	20.60
53	北京控股集团有限公司	北京	9.03	-17.04	4.70	2.73
54	中国电信集团有限公司	北京	8.74	11.06	5.75	3.69
55	物产中大集团股份有限公司	浙江	2.59	-1.86	12.05	11.07
56	金东纸业（江苏）股份有限公司	江苏	3.19	103.57	-0.45	8.35
57	金发科技股份有限公司	广东	0.53	19.89	14.76	10.29
58	江苏阳光集团有限公司	江苏	15.25	13.17	1.63	6.14

续表

序号	企业名称	地区	营收增长率（%）	利润增长率（%）	资产增长率（%）	资本积累率（%）
59	中国卫通集团股份有限公司	北京	3.76	60.88	17.37	25.83
60	新疆广汇实业投资（集团）有限责任公司	新疆	2.35	153.55	-5.38	6.40
61	三角轮胎股份有限公司	山东	2.97	22.86	5.70	4.94
62	江苏长电科技股份有限公司	江苏	10.69	9.20	6.22	17.40
63	海澜集团有限公司	江苏	2.97	2.36	0.10	-0.92
64	内蒙古伊利实业集团股份有限公司	内蒙古	11.40	8.34	28.44	5.37
65	广西投资集团有限公司	广西	2.01	11.06	12.01	-4.48
66	佛山市海天调味食品股份有限公司	广东	2.42	-7.09	2.16	12.80
67	华勤橡胶工业集团有限公司	山东	9.49	55.94	11.72	14.03
68	立讯精密工业股份有限公司	广东	39.03	29.60	23.07	28.49
69	明阳智慧能源集团股份公司	广东	13.22	11.40	12.11	52.84
70	天合光能股份有限公司	江苏	91.21	103.97	41.61	53.92
71	赛轮集团股份有限公司	山东	21.69	1.43	13.22	13.87
72	中国振华（集团）科技股份有限公司	贵州	28.48	59.79	21.91	31.11
73	郑州煤矿机械集团股份有限公司	河南	9.46	30.31	20.88	20.36
74	中国保利集团有限公司	北京	1.48	-34.54	5.08	6.61
75	徐工集团工程机械股份有限公司	江苏	11.25	-23.29	59.13	46.13
76	阳光电源股份有限公司	安徽	66.79	127.04	43.85	19.23
77	万洲国际有限公司	河南	7.35	33.59	11.74	19.88
78	雅戈尔集团股份有限公司	浙江	8.92	-1.15	-3.05	11.56
79	天津城市基础设施建设投资集团有限公司	天津	19.29	3.74	2.48	0.92
80	晶科能源控股有限公司	江西	61.87	157.24	35.93	11.19
81	山推工程机械股份有限公司	山东	9.15	201.58	7.23	11.57
82	通威集团有限公司	四川	98.47	215.57	56.56	17.58
83	浙江交通科技股份有限公司	浙江	0.89	62.97	10.68	39.73
84	紫光国芯微电子股份有限公司	河北	33.28	34.71	32.23	33.96
85	安克创新科技股份有限公司	湖南	13.33	16.43	19.56	13.11
86	研祥高科技控股集团有限公司	广东	-9.57	-11.15	9.11	11.95
87	爱玛科技集团股份有限公司	天津	35.09	182.15	37.88	35.10
88	浙江伟明环保股份有限公司	浙江	6.23	7.67	38.03	21.46
89	北京首都创业集团有限公司	北京	-9.85	-26.73	-0.68	6.18
90	中国电力建设集团有限公司	北京	7.10	-4.69	13.06	8.40

续表

序号	企业名称	地区	营收增长率（%）	利润增长率（%）	资产增长率（%）	资本积累率（%）
91	网易股份有限公司	广东	10.15	20.65	12.44	9.86
92	中国华能集团有限公司	北京	10.12	72.20	5.62	15.75
93	重庆水务集团股份有限公司	重庆	7.26	-8.11	9.28	3.89
94	晶澳太阳能科技股份有限公司	河北	76.72	171.40	27.00	66.75
95	格林美股份有限公司	广东	52.28	40.36	28.33	29.91
96	阿里巴巴（中国）有限公司	浙江	3.36	-43.32	0.66	0.17
97	中国交通建设集团有限公司	北京	10.36	-6.34	5.87	12.46
98	厦门亿联网络技术股份有限公司	福建	30.57	34.75	21.13	24.63
99	中国华电集团有限公司	北京	9.78	184.50	8.35	-1.98
100	迪尚集团有限公司	山东	5.75	90.56	-3.59	19.81
101	安井食品集团股份有限公司	福建	31.39	61.37	84.62	130.21
102	神州数码集团股份有限公司	广东	-5.32	321.86	3.24	25.02
103	成都市兴蓉环境股份有限公司	四川	13.02	8.31	11.09	9.81
104	蓝思科技股份有限公司	湖南	3.16	18.25	2.26	3.62
105	牧原食品股份有限公司	河南	58.23	92.16	8.85	32.07
106	千禾味业食品股份有限公司	四川	26.55	55.35	32.26	13.44
107	双良节能系统股份有限公司	江苏	277.99	208.26	144.06	183.82
108	中山华利实业集团股份有限公司	广东	17.74	16.63	5.75	129.83
109	心里程控股集团有限公司	广东	20.10	22.48	3.33	9.57
110	上海派能能源科技股份有限公司	上海	191.55	302.53	89.62	45.12
111	石药创新制药股份有限公司	河北	83.42	84.70	22.53	19.65
112	江苏苏盐井神股份有限公司	江苏	25.37	140.48	20.30	16.56
113	胜达集团有限公司	浙江	10.36	-5.97	1.99	0.66
114	欧派家居集团股份有限公司	广东	9.97	0.86	22.31	14.57
115	TCL 中环新能源科技股份有限公司	天津	63.02	69.21	39.95	18.77
116	双胞胎（集团）股份有限公司	江西	-1.66	1221.22	12.01	26.99
117	广联达科技股份有限公司	北京	17.80	46.26	14.68	9.05
118	浙商中拓集团股份有限公司	浙江	8.60	22.39	12.89	16.88
119	中国国际金融股份有限公司	北京	-13.42	-29.51	-0.16	17.83
120	梅花生物科技集团股份有限公司	西藏	22.33	87.42	17.06	27.25
121	山东齐润控股集团有限公司	山东	29.34	24.48	19.25	17.66
122	北京当升材料科技股份有限公司	北京	157.50	107.02	48.80	128.15

续表

序号	企业名称	地区	营收增长率（%）	利润增长率（%）	资产增长率（%）	资本积累率（%）
123	北方华创科技集团股份有限公司	北京	51.68	118.37	37.02	16.86
124	谱尼测试集团股份有限公司	北京	87.48	45.63	64.71	75.18
125	科达制造股份有限公司	广东	13.89	322.66	31.19	66.21
126	首钢集团有限公司	北京	-8.69	-6.45	0.05	-1.56
127	湖南五江控股集团有限公司	湖南	13.14	0.45	4.76	7.52
128	河南蓝天燃气股份有限公司	河南	21.86	40.72	21.38	25.88
129	青岛国恩科技股份有限公司	山东	37.28	3.14	28.70	17.15
130	安徽元琛环保科技股份有限公司	安徽	15.35	15.35	20.19	-2.07
131	青岛港国际股份有限公司	山东	14.71	13.63	-7.62	5.20
132	中国广核集团有限公司	广东	12.84	14.45	7.63	5.13
133	浙江新澳纺织股份有限公司	浙江	14.64	30.66	16.95	8.81
134	锐捷网络股份有限公司	北京	23.26	20.14	44.59	174.90
135	中国化学工程集团有限公司	北京	15.89	1.42	13.04	25.40
136	云南恩捷新材料股份有限公司	云南	57.73	47.20	47.85	28.15
137	苏州东山精密制造股份有限公司	江苏	-0.67	27.12	6.80	12.23
138	索通发展股份有限公司	山东	105.12	45.99	42.93	20.73
139	东富龙科技集团股份有限公司	上海	30.46	2.27	37.34	72.20
140	黄山永新股份有限公司	安徽	9.27	14.85	18.71	7.05
141	聚辰半导体股份有限公司	上海	80.21	226.81	25.52	25.66
142	桂林力源粮油食品集团有限公司	广西	28.86	150.01	28.84	46.50
143	金风科技股份有限公司	新疆	-8.17	-31.05	14.63	7.18
144	澜起科技股份有限公司	上海	43.33	56.71	19.28	18.13
145	石家庄尚太科技股份有限公司	河北	104.70	137.26	141.54	181.87
146	深圳市汇川技术股份有限公司	广东	28.23	20.89	43.62	24.76
147	顾家家居股份有限公司	浙江	-1.81	8.87	1.05	10.76
148	奥德集团有限公司	山东	7.92	-6.56	7.40	12.48
149	金诚信矿业管理股份有限公司	北京	18.90	29.47	29.79	15.90
150	南京国博电子股份有限公司	江苏	37.93	41.40	64.83	120.92
151	恺英网络股份有限公司	福建	56.84	77.76	31.29	31.30
152	新奥天然气股份有限公司	河北	32.89	42.48	6.46	18.51
153	嘉友国际物流股份有限公司	北京	24.21	98.58	17.56	45.53
154	杨凌美畅新材料股份有限公司	陕西	97.99	93.00	51.52	26.71

续表

序号	企业名称	地区	营收增长率（%）	利润增长率（%）	资产增长率（%）	资本积累率（%）
155	青鸟消防股份有限公司	河北	19.13	7.51	41.73	63.73
156	新疆大全新能源股份有限公司	新疆	185.64	234.06	132.57	176.58
157	厦门建发股份有限公司	福建	17.65	3.01	10.34	15.02
158	中矿资源集团股份有限公司	北京	235.88	490.24	86.85	84.49
159	浙江省海港投资运营集团有限公司	浙江	13.39	4.47	16.79	5.51
160	安琪酵母股份有限公司	湖北	20.31	0.97	25.91	35.06
161	云南云天化股份有限公司	云南	19.07	65.33	0.15	60.22
162	浙江晶盛机电股份有限公司	浙江	78.45	70.80	71.09	57.62
163	中国联合网络通信集团有限公司	北京	8.21	105.93	9.01	4.19
164	盐津铺子食品股份有限公司	湖南	26.83	100.01	17.91	29.99
165	三全食品股份有限公司	河南	7.07	24.98	14.40	20.00
166	广东海大集团股份有限公司	广东	21.76	85.09	24.09	23.26
167	天津九安医疗电子股份有限公司	天津	997.80	1664.19	452.90	580.72
168	银都餐饮设备股份有限公司	浙江	8.30	8.96	2.66	10.77
169	西安城市基础设施建设投资集团有限公司	陕西	15.69	344.80	2.68	1.95
170	青海盐湖工业股份有限公司	青海	108.06	247.55	66.15	169.83
171	比音勒芬服饰股份有限公司	广东	6.06	16.50	14.72	27.26
172	软通动力信息技术（集团）股份有限公司	北京	14.92	3.02	43.14	98.06
173	四川雅化实业集团股份有限公司	四川	175.82	384.53	61.44	71.00
174	华泰集团有限公司	山东	0.27	-12.67	4.18	7.34
175	深圳市星源材质科技股份有限公司	广东	54.81	154.26	79.88	97.70
176	金猴集团有限公司	山东	5.45	-0.07	5.83	7.67
177	安通控股股份有限公司	黑龙江	17.73	32.59	14.89	23.32
178	卫华集团有限公司	河南	13.31	29.66	2.97	7.77
179	欧龙汽车贸易集团有限公司	浙江	15.58	-17.37	24.06	20.36
180	汇通达网络股份有限公司	江苏	22.19	15.71	15.04	33.65
181	广州视源电子科技股份有限公司	广东	-1.11	21.98	29.93	42.92
182	香驰控股有限公司	山东	9.44	30.46	9.86	11.30
183	大亚科技集团有限公司	江苏	13.44	8.33	9.16	28.91
184	永兴特种材料科技股份有限公司	浙江	116.39	612.42	142.15	143.81
185	烟台杰瑞石油服务集团股份有限公司	山东	30.00	41.54	49.66	38.43
186	贵州轮胎股份有限公司	贵州	15.00	15.97	22.41	9.01

续表

序号	企业名称	地区	营收增长率（%）	利润增长率（%）	资产增长率（%）	资本积累率（%）
187	厦门象屿股份有限公司	福建	16.35	22.06	20.06	-0.71
188	三花控股集团有限公司	浙江	30.20	23.00	24.89	14.44
189	振石控股集团有限公司	浙江	14.03	-10.98	17.68	34.09
190	潍坊特钢集团有限公司	山东	35.27	169.18	-18.42	20.39
191	甘肃能化股份有限公司	甘肃	22.34	82.71	5.16	32.20
192	江苏太平洋石英股份有限公司	江苏	108.62	274.48	50.63	49.71
193	广州天赐高新材料股份有限公司	广东	101.22	158.77	83.69	75.31
194	索菲亚家居股份有限公司	广东	7.84	768.32	-2.98	2.51
195	百隆东方股份有限公司	浙江	-10.10	14.00	13.54	11.79
196	江苏国泰国际集团股份有限公司	江苏	8.69	39.50	13.97	33.96
197	重庆望变电气（集团）股份有限公司	重庆	30.68	67.35	56.85	104.18
198	南京盛航海运股份有限公司	江苏	41.70	41.70	30.09	56.48
199	志邦家居股份有限公司	安徽	4.58	6.17	9.05	11.10
200	北京高能时代环境技术股份有限公司	北京	12.11	-4.65	30.73	61.61
201	华泰证券股份有限公司	江苏	-15.50	-17.18	4.95	13.09
202	四川省能源投资集团有限责任公司	四川	21.34	19.75	21.12	11.91
203	中兵红箭股份有限公司	湖南	-10.65	68.77	6.93	8.22
204	佛燃能源集团股份有限公司	广东	39.85	10.17	6.13	21.83
205	北京金山办公软件股份有限公司	北京	18.44	7.32	15.65	13.02
206	曙光信息产业股份有限公司	天津	16.14	33.38	21.78	34.32
207	东方电子股份有限公司	山东	21.73	26.06	18.71	8.95
208	平安银行股份有限公司	广东	6.21	25.26	8.13	9.92
209	深圳市铭利达精密技术股份有限公司	广东	75.16	171.93	118.83	177.30
210	东方财富信息股份有限公司	上海	-4.65	-0.51	14.52	47.97
211	环旭电子股份有限公司	上海	23.90	64.69	7.58	20.39
212	航天信息股份有限公司	北京	-17.87	5.30	3.85	5.98
213	承德露露股份公司	河北	6.66	5.69	8.68	17.05
214	海信集团控股股份有限公司	山东	9.07	12.73	6.19	8.98
215	广州产业投资控股集团有限公司	广东	21.95	28.57	12.38	8.98
216	安徽合力股份有限公司	安徽	1.66	42.62	26.96	16.59
217	纳思达股份有限公司	广东	13.44	60.15	5.61	11.06
218	青岛东方铁塔股份有限公司	山东	29.99	104.12	11.34	6.52

续表

序号	企业名称	地区	营收增长率（%）	利润增长率（%）	资产增长率（%）	资本积累率（%）
219	江西洪城环境股份有限公司	江西	-4.87	15.31	18.06	20.71
220	交通银行股份有限公司	上海	1.33	5.22	11.37	6.09
221	中哲控股集团有限公司	浙江	7.32	15.40	9.48	23.71
222	老凤祥股份有限公司	上海	7.36	-9.38	16.75	10.19
223	中国北方稀土（集团）高科技股份有限公司	内蒙古	22.53	16.64	5.58	29.20
224	湖南博深实业集团有限公司	湖南	47.19	95.52	86.31	27.96
225	确成硅化学股份有限公司	江苏	16.20	26.79	5.61	7.67
226	上海璞泰来新能源科技股份有限公司	上海	71.90	77.52	66.42	28.32
227	福建圣农发展股份有限公司	福建	16.15	-8.33	11.03	0.24
228	深圳金雅福控股集团有限公司	深圳	2.48	20.99	49.21	24.94
229	鲁泰纺织股份有限公司	山东	32.46	177.29	2.80	12.91
230	四川天味食品集团股份有限公司	四川	32.84	85.10	13.98	5.67
231	湖北菲利华石英玻璃股份有限公司	湖北	40.52	32.05	32.95	22.07
232	圆通速递股份有限公司	辽宁	18.57	86.35	14.71	18.00
233	杭州市城市建设投资集团有限公司	浙江	14.24	45.24	51.99	53.49
234	五得利面粉集团有限公司	河北	29.14	0.07	19.04	12.02
235	浙江航民股份有限公司	浙江	0.83	-1.32	3.60	6.26
236	广西南丹南方金属有限公司	广西	47.07	55.93	17.14	18.58
237	新乡市瑞丰新材料股份有限公司	河南	181.77	192.54	38.18	26.92
238	江苏江南水务股份有限公司	江苏	13.87	1.45	2.40	5.92
239	扬州扬杰电子科技股份有限公司	江苏	22.90	38.02	28.26	21.06
240	成都新易盛通信技术股份有限公司	四川	13.83	36.51	20.80	21.99
241	景津装备股份有限公司	山东	22.17	28.89	34.04	19.14
242	固德威技术股份有限公司	江苏	75.88	132.28	56.10	36.33
243	武汉三镇实业控股股份有限公司	湖北	43.84	597.97	13.18	-10.78
244	山西杏花村汾酒厂股份有限公司	山西	31.26	52.36	22.47	40.06
245	广州海格通信集团股份有限公司	广东	2.58	2.23	2.87	3.63
246	盛泰智造集团股份有限公司	浙江	15.68	29.08	22.84	23.73
247	广西北部湾投资集团有限公司	广西	7.92	12.60	22.99	18.56
248	中航光电科技股份有限公司	内蒙古	23.09	36.47	17.87	16.60
249	南昌市政公用集团有限公司	江西	4.73	-11.16	0.61	-2.77
250	广东奥普特科技股份有限公司	广东	30.39	7.26	9.51	10.50

续表

序号	企业名称	地区	营收增长率（%）	利润增长率（%）	资产增长率（%）	资本积累率（%）
251	中科创达软件股份有限公司	北京	31.96	18.77	48.11	74.74
252	圣邦微电子（北京）股份有限公司	北京	42.40	24.92	42.45	44.09
253	龙岩卓越新能源股份有限公司	福建	40.91	31.03	16.05	12.70
254	郑州公用事业投资发展集团有限公司	河南	3.46	15.22	9.43	13.23
255	楚天科技股份有限公司	湖南	22.54	0.18	11.05	17.30
256	苏美达股份有限公司	江苏	-16.33	19.40	-2.93	10.54
257	西安三角防务股份有限公司	陕西	60.06	51.52	68.73	91.37
258	杭州华旺新材料科技股份有限公司	浙江	16.88	4.18	37.28	41.60
259	鲁银投资集团股份有限公司	山东	25.47	41.69	22.33	40.85
260	永艺家具股份有限公司	浙江	-12.95	84.86	-7.25	21.67
261	天通控股股份有限公司	浙江	10.35	61.30	31.90	54.78
262	上海万业企业股份有限公司	上海	31.56	12.50	6.49	9.16
263	杭州巨星科技股份有限公司	浙江	15.48	11.78	7.35	26.41
264	久立集团股份有限公司	浙江	0.72	27.80	13.35	25.03
265	江西铜业集团有限公司	江西	10.19	4.18	5.97	10.20
266	杭州长川科技股份有限公司	浙江	70.49	111.28	41.36	28.80
267	中天科技集团有限公司	江苏	10.67	228.71	0.85	23.83
268	厦门法拉电子股份有限公司	福建	36.49	21.21	22.17	18.83
269	江苏共创人造草坪股份有限公司	江苏	7.35	17.55	17.99	14.53
270	浙江伟星实业发展股份有限公司	浙江	8.12	8.97	18.18	7.52
271	浙江天振科技股份有限公司	浙江	-6.72	35.73	51.79	185.45
272	浪潮电子信息产业股份有限公司	山东	3.70	3.88	-11.24	13.87
273	晶晨半导体（上海）股份有限公司	上海	16.07	-10.47	15.99	26.30
274	北京神州泰岳软件股份有限公司	北京	11.40	40.93	10.86	11.76
275	安集微电子科技（上海）股份有限公司	上海	56.81	140.99	22.45	26.67
276	浙江三花智能控制股份有限公司	浙江	33.25	52.81	18.38	16.06
277	润建股份有限公司	广西	23.58	20.16	25.09	13.35
278	中粮糖业控股股份有限公司	新疆	5.08	43.14	6.41	5.89
279	江苏省农垦农业发展股份有限公司	江苏	19.62	12.10	3.49	7.69
280	湖南钢铁集团有限公司	湖南	0.19	-3.35	14.45	7.80
281	陕西有色金属控股集团有限责任公司	陕西	9.33	63.73	2.40	6.32
282	北京首农食品集团有限公司	北京	-1.50	-14.19	-2.13	-1.53

续表

序号	企业名称	地区	营收增长率（%）	利润增长率（%）	资产增长率（%）	资本积累率（%）
283	中基宁波集团股份有限公司	浙江	5.96	7.25	18.59	21.23
284	恒信汽车集团股份有限公司	湖北	-0.51	-49.79	9.48	9.78
285	冀南钢铁集团有限公司	河北	36.86	14.97	303.62	40.73
286	海南海德资本管理股份有限公司	海南	59.46	82.63	19.36	8.72
287	北京中科三环高技术股份有限公司	北京	35.97	112.56	26.41	29.10
288	中山公用事业集团股份有限公司	广东	52.67	-26.85	13.36	3.51
289	厦门翔业集团有限公司	福建	7.41	-3.94	15.24	34.46
290	富海集团新能源控股有限公司	山东	35.00	-2.68	20.98	16.21
291	华工科技产业股份有限公司	湖北	18.14	19.07	20.95	11.49
292	岳阳林纸股份有限公司	湖南	24.79	106.51	1.02	5.06
293	北京国联视讯信息技术股份有限公司	北京	8.16	94.64	34.67	25.01
294	山东神驰控股有限公司	山东	29.32	12.22	-0.28	10.87
295	兴华财富集团有限公司	河北	10.07	-6.90	22.39	18.44
296	滁州多利汽车科技股份有限公司	安徽	21.03	15.77	32.08	31.53
297	江苏常宝钢管股份有限公司	江苏	47.25	246.80	5.23	8.01
298	北京能源集团有限责任公司	北京	14.25	-15.56	5.24	8.68
299	福建星网锐捷通讯股份有限公司	福建	16.18	6.37	29.88	29.37
300	多弗国际控股集团有限公司	浙江	4.75	3.97	-1.58	3.65
301	明阳新能源投资控股集团有限公司	广东	0.18	-25.24	14.19	33.57
302	江苏新长江实业集团有限公司	江苏	6.80	53.01	14.20	15.41
303	四川福蓉科技股份公司	四川	16.74	33.44	35.49	13.71
304	宁波德业科技股份有限公司	浙江	42.89	162.28	116.83	53.87
305	上海紫江企业集团股份有限公司	上海	0.83	9.04	-0.68	-0.61
306	雪天盐业集团股份有限公司	湖南	34.74	91.48	11.58	23.22
307	陕西省天然气股份有限公司	陕西	12.47	46.31	0.04	-0.79
308	杭州锦江集团有限公司	浙江	2.13	-4.31	9.55	15.29
309	中伟新材料股份有限公司	贵州	51.17	64.39	91.05	68.03
310	浙江伟星新型建材股份有限公司	浙江	8.86	6.06	7.81	8.55
311	东莞怡合达自动化股份有限公司	广东	39.49	26.40	23.45	17.83
312	创维数字股份有限公司	四川	10.71	95.13	-3.46	32.55
313	中际旭创股份有限公司	山东	25.29	39.57	-0.05	3.97
314	诸城外贸有限责任公司	山东	10.28	5.38	5.77	7.26

续表

序号	企业名称	地区	营收增长率（%）	利润增长率（%）	资产增长率（%）	资本积累率（%）
315	山东鲁花集团有限公司	山东	8.97	35.83	13.70	7.62
316	云南省能源投资集团有限公司	云南	-9.92	11.77	8.49	-4.73
317	浙江东方金融控股集团股份有限公司	浙江	10.90	44.28	26.03	16.74
318	江苏扬农化工股份有限公司	江苏	33.52	46.82	12.91	22.92
319	浙江天铁实业股份有限公司	浙江	0.42	35.66	25.50	18.29
320	湖北兴发化工集团股份有限公司	湖北	28.40	37.80	24.26	46.80
321	浙江华铁应急设备科技股份有限公司	浙江	25.75	28.74	36.40	23.39
322	国轩高科股份有限公司	安徽	122.59	206.15	66.53	25.21
323	广东领益智造股份有限公司	广东	13.49	35.25	1.82	8.61
324	广东粤海控股集团有限公司	广东	11.11	10.13	14.96	11.85
325	横店集团东磁股份有限公司	浙江	54.28	48.98	33.64	15.16
326	中节能太阳能股份有限公司	重庆	31.65	17.42	16.93	46.64
327	深圳华强集团有限公司	广东	2.13	25.42	0.39	3.26
328	南兴装备股份有限公司	广东	6.61	-0.35	13.36	7.86
329	无锡新洁能股份有限公司	江苏	20.87	6.02	111.62	119.74
330	新疆天润乳业股份有限公司	新疆	14.25	1504.91	13.29	4.06
331	重庆顺博铝合金股份有限公司	重庆	10.83	17.65	12.16	12.16
332	申能（集团）有限公司	上海	25.59	-26.01	-4.09	-9.81
333	禾丰食品股份有限公司	辽宁	11.34	333.25	18.67	11.95
334	上海移远通信技术股份有限公司	上海	26.36	73.94	26.21	15.95
335	四川路桥建设集团股份有限公司	四川	58.91	100.87	52.00	53.94
336	山东潍坊润丰化工股份有限公司	山东	47.60	76.72	12.48	25.99
337	山东豪迈机械科技股份有限公司	山东	10.55	13.96	12.41	12.81
338	河北新华联合冶金控股集团有限公司	河北	0.25	22.03	-73.64	20.90
339	苏州固锝电子股份有限公司	江苏	32.01	70.34	12.60	14.17
340	陕西省国际信托股份有限公司	陕西	0.91	14.44	32.22	32.37
341	中国银河证券股份有限公司	北京	-6.51	-25.60	11.62	3.67
342	成都燃气集团股份有限公司	四川	10.36	0.57	8.51	6.18
343	浙江新安化工集团股份有限公司	浙江	14.89	11.30	11.90	29.09
344	利尔化学股份有限公司	四川	56.08	69.01	25.74	46.06
345	浙江巨化股份有限公司	浙江	19.48	114.66	26.45	16.01
346	北大荒农垦集团有限公司	黑龙江	12.29	-21.77	9.79	-3.49

续表

序号	企业名称	地区	营收增长率（%）	利润增长率（%）	资产增长率（%）	资本积累率（%）
347	昆山新莱洁净应用材料股份有限公司	江苏	27.53	103.04	25.23	25.96
348	无锡奥特维科技股份有限公司	江苏	72.94	92.25	98.68	82.66
349	上海华谊控股集团有限公司	上海	2.90	68.98	8.91	9.68
350	紫光股份有限公司	北京	9.49	0.48	11.49	6.28
351	江西金力永磁科技股份有限公司	江西	75.61	55.09	85.44	128.80
352	韵达控股股份有限公司	浙江	13.65	1.62	5.09	7.62
353	安福县海能实业股份有限公司	江西	14.69	75.23	8.69	15.17
354	常州聚和新材料股份有限公司	江苏	27.94	58.53	102.85	267.97
355	三人行传媒集团股份有限公司	陕西	58.30	45.82	65.36	28.42
356	斯达半导体股份有限公司	浙江	58.53	105.24	29.08	14.82
357	中控技术股份有限公司	浙江	46.56	37.18	26.25	16.20
358	密尔克卫化工供应链服务股份有限公司	上海	33.90	40.20	30.78	20.18
359	得力集团有限公司	浙江	-1.89	-4.95	2.97	0.89
360	沪士电子股份有限公司	江苏	12.36	28.03	-78.53	14.27
361	厦门国贸控股集团有限公司	福建	14.62	-21.23	31.03	38.77
362	陕西华秦科技实业股份有限公司	陕西	31.36	43.00	449.13	609.82
363	宁波容百新能源科技股份有限公司	浙江	193.63	48.54	74.54	28.29
364	山西焦化股份有限公司	山西	7.55	104.87	13.95	18.75
365	旺能环境股份有限公司	浙江	12.87	11.39	14.36	12.98
366	百度网络技术有限公司	北京	-0.66	-26.08	2.88	5.68
367	南京高科股份有限公司	江苏	-8.87	2.14	13.24	9.90
368	南山集团有限公司	山东	12.77	1.58	13.62	6.09
369	无锡先导智能装备股份有限公司	江苏	38.82	46.25	37.11	17.47
370	深圳市康冠科技股份有限公司	广东	-2.54	64.19	83.98	120.57
371	万凯新材料股份有限公司	浙江	102.22	148.18	65.56	212.44
372	中国能源建设股份有限公司	北京	13.67	20.07	25.62	8.17
373	江苏龙蟠科技股份有限公司	江苏	247.15	114.60	140.63	112.53
374	晨光生物科技集团股份有限公司	河北	29.18	23.48	16.26	13.62
375	陕西投资集团有限公司	陕西	0.48	24.65	7.21	13.70
376	广东广弘控股股份有限公司	广东	-6.04	176.90	21.54	30.14
377	锦浪科技股份有限公司	浙江	77.80	123.70	136.49	89.54
378	攀钢集团钒钛资源股份有限公司	四川	7.31	1.24	16.87	16.86

续表

序号	企业名称	地区	营收增长率（%）	利润增长率（%）	资产增长率（%）	资本积累率（%）
379	浙江富冶集团有限公司	浙江	30.06	10.07	24.07	22.56
380	天洁集团有限公司	浙江	13.76	15.90	9.46	20.57
381	安徽应流机电股份有限公司	安徽	7.73	73.75	2.76	8.55
382	天能控股集团有限公司	浙江	12.65	44.69	4.27	13.25
383	公牛集团股份有限公司	浙江	13.70	14.68	7.60	15.28
384	新疆雪峰科技（集团）股份有限公司	新疆	164.86	355.61	97.74	103.34
385	湖北江瀚新材料股份有限公司	湖北	30.62	52.16	50.97	78.21
386	东鹏饮料（集团）股份有限公司	广东	21.89	20.75	52.36	19.49
387	洽洽食品股份有限公司	安徽	15.01	5.10	5.89	9.89
388	山东寿光鲁清石化有限公司	山东	37.18	41.42	114.62	382.16
389	通鼎集团有限公司	江苏	15.13	11.12	11.11	13.45
390	安徽广信农化股份有限公司	安徽	63.29	56.53	36.43	24.70
391	西部矿业股份有限公司	青海	3.28	17.51	5.74	21.47
392	上海机电股份有限公司	上海	-4.64	21.03	0.79	5.19
393	天士力医药集团股份有限公司	天津	8.06	262.99	-0.67	-4.44
394	云南能源投资股份有限公司	云南	17.97	16.99	35.98	48.39
395	恒林家居股份有限公司	浙江	12.76	4.50	17.75	8.42
396	深圳市中金岭南有色金属股份有限公司	广东	24.50	3.46	18.29	11.37
397	紫金矿业集团股份有限公司	福建	20.09	2.26	46.72	25.21
398	上海华峰铝业股份有限公司	上海	32.51	33.11	7.90	18.84
399	上海富瀚微电子股份有限公司	上海	22.92	9.42	18.46	23.68
400	广发证券股份有限公司	广东	-26.62	-26.95	15.19	12.68
401	山东鲁阳节能材料股份有限公司	山东	6.52	9.02	2.45	9.33
402	贵州振华风光半导体股份有限公司	贵州	55.05	71.27	279.44	577.41
403	深圳市燃气集团股份有限公司	广东	40.38	-11.64	12.04	6.36
404	东方润安集团有限公司	江苏	16.92	-16.55	8.14	13.82
405	山东海科控股有限公司	山东	2.76	12.30	0.41	11.83
406	长城汽车股份有限公司	河北	0.69	22.90	5.67	4.95
407	浙富控股集团股份有限公司	浙江	18.56	-36.53	18.47	9.58
408	安徽海螺集团有限责任公司	安徽	-13.34	-52.77	6.84	2.01
409	山东省药用玻璃股份有限公司	山东	8.05	4.60	37.05	49.06
410	东方航空物流股份有限公司	上海	5.59	0.27	44.53	23.17

续表

序号	企业名称	地区	营收增长率（%）	利润增长率（%）	资产增长率（%）	资本积累率（%）
411	杭州安旭生物科技股份有限公司	浙江	287.97	312.27	111.61	108.02
412	西子联合控股有限公司	浙江	-6.49	-38.66	5.98	4.06
413	陕西建工控股集团有限公司	陕西	27.76	16.55	30.16	25.32
414	新天绿色能源股份有限公司	河北	16.11	6.20	7.63	3.97
415	江苏立霸实业股份有限公司	江苏	-10.74	413.95	42.42	55.43
416	东华软件股份公司	北京	8.72	5.48	2.09	2.09
417	中盐内蒙古化工股份有限公司	内蒙古	35.41	26.20	17.80	44.52
418	宁波富邦控股集团有限公司	浙江	27.46	19.19	10.98	17.35
419	奥克斯集团有限公司	浙江	12.50	134.34	-6.20	9.17
420	珀莱雅化妆品股份有限公司	浙江	37.82	41.88	24.71	22.51
421	上海水星家用纺织品股份有限公司	上海	-3.57	-27.89	1.76	4.94
422	山西通宝能源股份有限公司	山西	41.98	358.97	17.03	15.14
423	深圳市科达利实业股份有限公司	广东	93.70	66.39	93.47	25.79
424	重庆中昂投资集团有限公司	重庆	-2.00	1.30	1.74	15.51
425	成都云图控股股份有限公司	四川	37.62	21.13	37.79	71.33
426	信达证券股份有限公司	北京	-9.61	4.75	0.00	9.94
427	深圳科士达科技股份有限公司	广东	56.84	75.90	25.65	15.81
428	道恩集团有限公司	山东	5.60	7.98	8.37	44.57
429	周大生珠宝股份有限公司	广东	21.44	-10.94	8.43	4.41
430	森林包装集团股份有限公司	浙江	-8.66	-8.68	1.45	2.36
431	深圳市信维通信股份有限公司	广东	13.30	28.37	0.67	10.16
432	上海中谷物流股份有限公司	上海	15.60	14.02	16.22	-4.12
433	浙江中国轻纺城集团股份有限公司	浙江	-11.55	174.73	14.03	7.08
434	东软集团股份有限公司	辽宁	8.37	8.49	3.10	-3.56
435	宁波博洋控股集团有限公司	浙江	-8.23	-8.23	9.08	22.65
436	山东中海化工集团有限公司	山东	-1.44	45.51	13.04	19.73
437	中国宝安集团股份有限公司	广东	82.29	11.68	41.05	14.17
438	兆易创新科技集团股份有限公司	北京	-4.47	-12.16	7.96	12.63
439	福莱特玻璃集团股份有限公司	浙江	77.44	0.13	61.24	18.82
440	宁波滕头集团有限公司	浙江	1.90	-7.33	-5.86	157.19
441	上海梅林正广和股份有限公司	上海	5.80	66.05	5.45	10.18
442	西安蓝晓科技新材料股份有限公司	陕西	60.69	72.92	46.97	30.74

续表

序号	企业名称	地区	营收增长率（%）	利润增长率（%）	资产增长率（%）	资本积累率（%）
443	金鹰重型工程机械股份有限公司	湖北	-14.09	25.14	14.35	12.16
444	广州市建筑集团有限公司	广东	6.00	7.64	10.51	14.12
445	北京指南针科技发展股份有限公司	北京	34.60	92.07	108.60	32.68
446	雅迪科技集团有限公司	江苏	15.52	58.61	24.48	30.50
447	四川华西集团有限公司	四川	22.77	33.95	28.89	16.81
448	成都振芯科技股份有限公司	四川	49.01	98.13	17.32	24.48
449	山东阳谷华泰化工股份有限公司	山东	30.01	81.52	33.28	44.16
450	深圳拓邦股份有限公司	广东	14.27	3.13	7.89	13.93
451	成都银行股份有限公司	四川	13.14	28.24	19.43	18.10
452	广州工业投资控股集团有限公司	广州	35.16	-52.25	76.75	10.03
453	洛阳国宏投资控股集团有限公司	河南	71.64	7.15	128.51	74.43
454	西部超导材料科技股份有限公司	陕西	44.41	45.65	29.09	11.86
455	贵州磷化（集团）有限责任公司	贵州	-20.23	158.82	-0.32	22.84
456	四川华油集团有限责任公司	四川	15.64	12.21	0.55	-8.54
457	贵研铂业股份有限公司	云南	12.13	5.13	18.04	59.45
458	宁波银行股份有限公司	浙江	9.67	24.00	17.39	12.40
459	江苏天奈科技股份有限公司	江苏	39.51	43.37	56.85	26.38
460	北京华峰测控技术股份有限公司	北京	21.89	19.95	15.67	19.76
461	深圳市富安娜家居用品股份有限公司	广东	-3.14	-2.21	-0.84	1.87
462	上海临港经济发展（集团）有限公司	上海	-6.50	-64.71	14.13	3.03
463	江苏省广电有线信息网络股份有限公司	江苏	0.63	3.76	4.95	1.02
464	贵州航天电器股份有限公司	贵州	19.49	14.00	8.25	8.39
465	京东方科技集团股份有限公司	北京	-18.65	-70.77	-6.49	-4.78
466	武汉东湖高新集团股份有限公司	湖北	15.21	8.50	-87.93	14.50
467	深圳新宙邦科技股份有限公司	广东	38.98	34.57	37.88	23.55
468	通州建总集团有限公司	江苏	4.09	0.69	0.63	22.07
469	无锡市国联发展（集团）有限公司	江苏	8.09	31.07	13.49	3.04
470	四川英杰电气股份有限公司	四川	94.34	115.47	38.45	27.01
471	宇通重工股份有限公司	河南	-4.56	-1.86	-0.97	9.85
472	浙报数字文化集团股份有限公司	浙江	69.27	-5.21	2.47	3.93
473	中国人寿保险（集团）公司	北京	0.56	131.68	6.80	-26.05
474	浙江大华技术股份有限公司	浙江	-6.91	-31.20	4.99	9.40

续表

序号	企业名称	地区	营收增长率（%）	利润增长率（%）	资产增长率（%）	资本积累率（%）
475	宁波申洲针织有限公司	浙江	76.30	-50.55	-20.88	-5.58
476	瀚蓝环境股份有限公司	广东	9.33	-1.46	13.69	9.88
477	上海华测导航技术股份有限公司	上海	17.50	22.69	18.29	15.67
478	杭州炬华科技股份有限公司	浙江	24.47	48.52	21.54	15.92
479	中国核工业集团有限公司	北京	6.26	12.65	12.23	7.52
480	广东南方新媒体股份有限公司	广东	1.39	1.71	17.53	13.71
481	天津七一二通信广播股份有限公司	天津	17.06	12.58	14.39	19.14
482	黑牡丹（集团）股份有限公司	江苏	17.49	-7.80	-9.57	6.21
483	深圳麦格米特电气股份有限公司	广东	31.81	21.56	36.06	17.33
484	欣旺达电子股份有限公司	广东	0.00	16.17	74.75	53.92
485	深圳市英维克科技股份有限公司	广东	31.19	36.70	16.95	14.01
486	胜宏科技（惠州）股份有限公司	广东	6.10	17.93	6.26	10.64
487	中国国际技术智力合作集团有限公司	北京	7.19	-4.17	7.43	10.77
488	中国黄金集团黄金珠宝股份有限公司	北京	-7.16	-3.66	5.54	5.52
489	东莞市奥海科技股份有限公司	广东	5.22	27.41	39.46	82.96
490	浙江鼎力机械股份有限公司	浙江	10.24	42.15	23.26	18.18
491	富通集团有限公司	浙江	4.77	7.61	3.19	6.59
492	良品铺子股份有限公司	湖北	1.24	19.16	-7.26	11.80
493	浙江越剑智能装备股份有限公司	浙江	-18.43	38.95	-4.27	14.09
494	铜陵有色金属集团股份有限公司	安徽	-7.01	-11.96	20.84	16.84
495	山东高速路桥集团股份有限公司	山东	13.03	17.32	23.58	16.15
496	中国东方电气集团有限公司	四川	20.44	11.45	22.96	14.07
497	东方国际（集团）有限公司	上海	-6.08	8.29	-2.98	1.34
498	万向集团公司	浙江	16.96	167.41	5.19	12.69
499	浙江水晶光电科技股份有限公司	浙江	14.86	30.31	4.51	1.06
500	厦门钨业股份有限公司	福建	51.40	22.50	22.76	11.49

五、2023 中国企业信用 500 强地区分布

序号	企业名称	综合信用指数	营业收入（万元）	利润（万元）	资产（万元）	所有者权益（万元）
北京						
1	国家电网有限公司	99.815	356524505	5510499	490227557	209797126
2	中国石油化工集团有限公司	99.460	316934342	6496012	254334578	91187023
3	中国石油天然气集团有限公司	98.985	324915726	14179836	439505369	211876657
4	中国建设银行股份有限公司	98.716	82247300	32386100	3460191700	285673300
5	中国工商银行股份有限公司	98.472	91798900	36048300	3960965700	349517100
6	招商局集团有限公司	98.388	49295592	5700322	263202724	47612321
7	中国农业银行股份有限公司	98.100	72486800	25914000	3392753300	266841200
8	中国银行股份有限公司	97.814	61800900	22743900	2891385700	242758900
9	中国海洋石油集团有限公司	97.579	110831212	11427207	151335316	74724159
10	中国建材集团有限公司	97.458	38015811	2211000	70296223	23467300
11	中国建筑股份有限公司	97.400	205505207	5095030	265290330	38432214
12	中国电子科技集团有限公司	97.324	37567355	1792961	59416897	22051605
13	中国移动通信集团有限公司	97.312	93903722	9900630	228796985	126065120
14	中国神华能源股份有限公司	97.100	34453300	9624700	62170100	39385400
15	中国铝业集团有限公司	97.051	51759778	1141844	62501951	10936910
16	中国铁路工程集团有限公司	96.668	115477604	1368677	162053670	13125944
17	中国邮政集团有限公司	96.625	74176479	3371864	1470460708	49510922
18	中国五矿集团有限公司	96.620	89830142	589851	105634035	6525324
19	中国铁道建筑集团有限公司	96.578	109671201	1210540	152853790	11861730
20	中国中信集团有限公司	96.340	67784747	2626084	1059769342	43824860
21	中国光大银行股份有限公司	96.313	15163200	5596600	630051000	50788300
22	北京控股集团有限公司	96.203	11910115	136186	43005912	4400049
23	中国电信集团有限公司	96.151	58634784	1386231	104664204	39621437
24	中国卫通集团股份有限公司	95.998	273333	92073	2242811	1510711
25	中国保利集团有限公司	95.503	45537678	866210	182848841	11749656
26	北京首都创业集团有限公司	95.086	5782222	45489	42060022	2620012

续表

序号	企业名称	综合信用指数	营业收入（万元）	利润（万元）	资产（万元）	所有者权益（万元）
27	中国电力建设集团有限公司	95.072	66608157	417619	129507190	10330028
28	中国华能集团有限公司	95.043	42454816	756986	141519461	13982189
29	中国交通建设集团有限公司	94.886	93011239	844141	237518365	17217641
30	中国华电集团有限公司	94.851	30346738	687031	102717210	11151678
31	广联达科技股份有限公司	94.648	655235	96673	1154549	631174
32	中国国际金融股份有限公司	94.626	2608736	759750	64876403	9947469
33	北京当升材料科技股份有限公司	94.608	2126414	225859	2155547	2155547
34	北方华创科技集团股份有限公司	94.601	1468811	235272	4255139	1974606
35	谱尼测试集团股份有限公司	94.589	376208	32080	457993	353860
36	首钢集团有限公司	94.576	24789937	127027	51884243	12032247
37	锐捷网络股份有限公司	94.466	1132595	54992	805081	429463
38	中国化学工程集团有限公司	94.455	17617096	288470	23474396	3437654
39	金诚信矿业管理股份有限公司	94.318	535485	60975	1127059	612843
40	嘉友国际物流股份有限公司	94.245	482945	68074	535632	415751
41	中矿资源集团股份有限公司	94.200	804122	329483	1148245	750951
42	中国联合网络通信集团有限公司	94.119	35615693	656480	68348838	19234333
43	软通动力信息技术（集团）股份有限公司	94.053	1910369	97332	1506270	1005837
44	北京高能时代环境技术股份有限公司	93.736	877423	69247	2266013	887812
45	北京金山办公软件股份有限公司	93.647	388495	111752	1205767	872430
46	航天信息股份有限公司	93.551	1931407	107900	2368166	1414922
47	中科创达软件股份有限公司	93.152	544545	76877	1072120	906663
48	圣邦微电子（北京）股份有限公司	93.126	318754	87367	434341	346645
49	北京神州泰岳软件股份有限公司	92.883	480601	54188	581780	483503
50	北京首农食品集团有限公司	92.787	18034960	233993	16133958	4198836
51	北京中科三环高技术股份有限公司	92.745	971580	84786	1171294	643650
52	北京国联视讯信息技术股份有限公司	92.692	4026897	112579	1283207	540901
53	北京能源集团有限责任公司	92.654	10052951	201450	42113323	9738837
54	中国银河证券股份有限公司	92.098	3364199	776054	62521572	10258971
55	紫光股份有限公司	91.941	7405764	215792	7406300	3184110
56	百度网络技术有限公司	91.729	12367500	755900	39097300	22347800
57	中国能源建设股份有限公司	91.650	36639330	780934	66435112	10189366
58	东华软件股份公司	91.074	1183333	40088	2222602	1114755

续表

序号	企业名称	综合信用指数	营业收入（万元）	利润（万元）	资产（万元）	所有者权益（万元）
59	信达证券股份有限公司	90. 948	343776	122734	291870	1368247
60	兆易创新科技集团股份有限公司	90. 802	812999	205256	1664506	1518553
61	北京指南针科技发展股份有限公司	90. 749	125505	33840	426713	170112
62	北京华峰测控技术股份有限公司	90. 552	107055	52629	337135	313895
63	京东方科技集团股份有限公司	90. 502	17841373	755087	42056210	13608941
64	中国人寿保险（集团）公司	90. 402	101901900	4613600	612682200	19291700
65	中国核工业集团有限公司	90. 337	26270430	861941	115042105	18583205
66	中国国际技术智力合作集团有限公司	90. 192	15719486	89888	2018816	802020
67	中国黄金集团黄金珠宝股份有限公司	90. 189	4712426	76533	1163027	691788
安徽						
1	阳光电源股份有限公司	95. 490	4025723	359341	6162621	1866630
2	安徽元琛环保科技股份有限公司	94. 482	57903	57903	127385	64288
3	黄山永新股份有限公司	94. 423	330413	36282	357275	227871
4	志邦家居股份有限公司	93. 739	538877	53671	577742	287861
5	安徽合力股份有限公司	93. 505	1567314	90414	1477363	677414
6	滁州多利汽车科技股份有限公司	92. 681	335500	44637	352797	186225
7	国轩高科股份有限公司	92. 408	2305170	31157	7262736	2351225
8	安徽应流机电股份有限公司	91. 489	219770	40168	989944	427212
9	洽洽食品股份有限公司	91. 452	688336	97599	854730	526872
10	安徽广信农化股份有限公司	91. 383	906237	231566	1385151	867821
11	安徽海螺集团有限责任公司	91. 126	22192212	585540	30162811	7321327
12	铜陵有色金属集团股份有限公司	90. 103	12184546	273036	6143572	2536238
福建						
1	兴业银行股份有限公司	96. 780	22237400	9137700	926667100	74618700
2	福耀玻璃工业集团股份有限公司	96. 596	2809875	475559	5076749	2900300
3	厦门亿联网络技术股份有限公司	94. 872	481055	217766	860685	789136
4	安井食品集团股份有限公司	94. 833	1218266	110102	1619358	1167928
5	恺英网络股份有限公司	94. 280	372553	102517	577644	447190
6	厦门建发股份有限公司	94. 201	83281200	628155	66475442	5847978
7	厦门象屿股份有限公司	93. 883	53814806	263690	11505640	1709156
8	福建圣农发展股份有限公司	93. 406	1681708	41089	1892333	993224
9	龙岩卓越新能源股份有限公司	93. 113	434497	45172	298549	278380

续表

序号	企业名称	综合信用指数	营业收入（万元）	利润（万元）	资产（万元）	所有者权益（万元）
10	厦门法拉电子股份有限公司	92.923	383621	100677	567048	408029
11	厦门翔业集团有限公司	92.724	1915801	28222	4951426	1742500
12	福建星网锐捷通讯股份有限公司	92.653	1574057	57605	1444610	607114
13	厦门国贸控股集团有限公司	91.778	69346046	194727	32220107	3639521
14	紫金矿业集团股份有限公司	91.272	27032899	2004204	30604413	8894278
15	厦门钨业股份有限公司	90.004	4822278	144618	3979877	999050
甘肃						
1	金川集团股份有限公司	96.491	33275083	748405	14388763	5191042
2	甘肃能化股份有限公司	93.867	1226134	316897	2718007	1289417
广东						
1	华为投资控股有限公司	98.843	64233800	3553400	106380400	43697500
2	腾讯控股有限公司	98.391	55455200	18824300	157813100	72139100
3	珠海格力电器股份有限公司	97.600	18898838	2450662	35502475	9675873
4	中国华润有限公司	97.385	81826544	3135765	228869995	31606764
5	美的集团股份有限公司	97.346	34391753	2955351	42255526	14293523
6	中国南方电网有限责任公司	97.287	76465826	1019412	114511539	41646438
7	比亚迪股份有限公司	97.082	42406063	1662244	49386064	11102929
8	富士康工业互联网股份有限公司	96.872	51184957	2007307	28418766	12897519
9	鹏鼎控股（深圳）股份有限公司	96.452	3621097	501153	3880302	2793679
10	中兴通讯股份有限公司	96.271	12295442	808030	18095360	5864120
11	金发科技股份有限公司	96.034	4041233	199189	5542866	1652927
12	佛山市海天调味食品股份有限公司	95.813	2560965	619771	3405917	2639767
13	立讯精密工业股份有限公司	95.806	21402839	916310	14838431	4534289
14	明阳智慧能源集团股份公司	95.744	3074777	345460	6894022	2811371
15	研祥高科技控股集团有限公司	95.133	7156833	375794	5403945	3520126
16	网易股份有限公司	95.065	9649581	2033760	17276099	10473132
17	格林美股份有限公司	94.963	2939177	129588	4412960	1848386
18	神州数码集团股份有限公司	94.820	11588002	100440	4021604	760204
19	中山华利实业集团股份有限公司	94.728	2056926	322802	1711027	1319543
20	心里程控股集团有限公司	94.712	7218535	295646	2542915	1715320
21	欧派家居集团股份有限公司	94.669	2247950	268842	2861100	1650814
22	科达制造股份有限公司	94.585	1115719	425093	2115242	1138847

续表

序号	企业名称	综合信用指数	营业收入（万元）	利润（万元）	资产（万元）	所有者权益（万元）
23	中国广核集团有限公司	94.473	13698039	973839	91265773	15559271
24	深圳市汇川技术股份有限公司	94.360	2300831	431976	3921161	1981588
25	广东海大集团股份有限公司	94.104	10471541	295414	4423778	1782490
26	比音勒芬服饰股份有限公司	94.053	288484	72759	557888	413003
27	深圳市星源材质科技股份有限公司	94.035	288027	71927	1370118	843536
28	广州视源电子科技股份有限公司	93.976	2099026	207241	2014849	1194145
29	广州天赐高新材料股份有限公司	93.852	2231693	571443	2553092	1254596
30	索菲亚家居股份有限公司	93.815	1122254	106430	1205681	578239
31	佛燃能源集团股份有限公司	93.649	1892310	65525	1479173	543301
32	平安银行股份有限公司	93.602	17989500	4551600	532151400	43468000
33	深圳市铭利达精密技术股份有限公司	93.582	321895	40295	469019	221255
34	广州产业投资控股集团有限公司	93.528	5986341	150209	15328489	3116718
35	纳思达股份有限公司	93.505	2585535	186289	4602863	1587370
36	深圳金雅福控股集团有限公司	93.406	5279781	28721	343130	198518
37	广州海格通信集团股份有限公司	93.190	561561	66819	1520797	1066145
38	广东奥普特科技股份有限公司	93.167	114095	32486	295840	277891
39	中山公用事业集团股份有限公司	92.744	361922	107206	2549465	1567332
40	明阳新能源投资控股集团有限公司	92.632	5707347	370256	11765371	4271322
41	东莞怡合达自动化股份有限公司	92.533	251482	50640	342597	266610
42	广东领益智造股份有限公司	92.383	3448467	159607	3619200	1716663
43	广东粤海控股集团有限公司	92.358	4377269	409113	23728891	4903868
44	深圳华强集团有限公司	92.339	3215078	38809	7487643	1671737
45	南兴装备股份有限公司	92.279	296032	29034	392144	240288
46	深圳市康冠科技股份有限公司	91.691	1158704	151559	989316	591972
47	广东广弘控股股份有限公司	91.596	341790	91675	572523	301286
48	东鹏饮料（集团）股份有限公司	91.453	850538	144052	1186964	506429
49	深圳市中金岭南有色金属股份有限公司	91.276	5533945	121228	3265219	1475650
50	广发证券股份有限公司	91.228	2513201	792928	61725628	12014563
51	深圳市燃气集团股份有限公司	91.188	3006156	163209	3820072	1314870
52	深圳市科达利实业股份有限公司	90.970	865350	90118	1417423	572990
53	深圳科士达科技股份有限公司	90.914	440068	65647	622021	354667
54	周大生珠宝股份有限公司	90.901	1111808	109059	760725	604224

续表

序号	企业名称	综合信用指数	营业收入（万元）	利润（万元）	资产（万元）	所有者权益（万元）
55	深圳市信维通信股份有限公司	90.869	858991	64838	1219432	658257
56	中国宝安集团股份有限公司	90.807	3199872	115658	5229331	913381
57	广州市建筑集团有限公司	90.754	26407769	100578	19770130	1859197
58	深圳拓邦股份有限公司	90.653	887509	58265	1036455	572852
59	深圳市富安娜家居用品股份有限公司	90.551	307959	53382	467294	376881
60	深圳新宙邦科技股份有限公司	90.433	966071	175839	1539511	836354
61	瀚蓝环境股份有限公司	90.363	1287506	114634	3328777	1088319
62	广东南方新媒体股份有限公司	90.295	142864	69132	438622	346888
63	深圳麦格米特电气股份有限公司	90.215	547775	47269	845355	370395
64	欣旺达电子股份有限公司	90.214	3735872	106375	7449446	2005624
65	深圳市英维克科技股份有限公司	90.211	292318	28028	404233	211720
66	胜宏科技（惠州）股份有限公司	90.193	788515	79064	1430377	693686
67	东莞市奥海科技股份有限公司	90.186	446684	43767	705528	456949
68	广州工业投资控股集团有限公司	90.630	24612246	157315	29175733	3756023
广西						
1	广西投资集团有限公司	95.821	21029995	56518	74937609	3057791
2	桂林力源粮油食品集团有限公司	94.409	4027454	152285	1417977	529160
3	广西南丹南方金属有限公司	93.293	6011490	146385	2534823	990152
4	广西北部湾投资集团有限公司	93.176	7881105	267941	35893264	10482292
5	润建股份有限公司	92.873	815934	42413	1272895	433915
贵州						
1	贵州茅台酒股份有限公司	97.874	12409984	6271644	25436480	19750667
2	中国振华（集团）科技股份有限公司	95.535	726686	238245	1356017	975598
3	贵州轮胎股份有限公司	93.886	843986	42878	1576157	645007
4	中伟新材料股份有限公司	92.536	3034374	154352	5387467	1652195
5	贵州振华风光半导体股份有限公司	91.197	77887	30301	481673	419387
6	贵州磷化（集团）有限责任公司	90.613	4855485	321311	9089364	1561623
7	贵州航天电器股份有限公司	90.522	601969	55544	996846	568343
海南						
1	海南海德资本管理股份有限公司	92.756	106288	70014	794176	515498
河北						
1	紫光国芯微电子股份有限公司	95.227	711990	263189	1532875	970307

续表

序号	企业名称	综合信用指数	营业收入（万元）	利润（万元）	资产（万元）	所有者权益（万元）
2	晶澳太阳能科技股份有限公司	95.012	7298940	553286	7234862	2750470
3	石药创新制药股份有限公司	94.702	262648	72627	458403	393560
4	石家庄尚太科技股份有限公司	94.370	478184	128945	887003	519672
5	新奥天然气股份有限公司	94.262	15404417	584391	13619744	1757812
6	青鸟消防股份有限公司	94.225	460237	56963	805780	580139
7	承德露露股份公司	93.548	269202	60189	381273	275856
8	五得利面粉集团有限公司	93.301	5368853	227609	2458977	1670441
9	冀南钢铁集团有限公司	92.760	19986509	1504374	18605698	6042967
10	兴华财富集团有限公司	92.684	6563262	301267	2529353	1935023
11	河北新华联合冶金控股集团有限公司	92.153	19087309	231590	3319313	1229568
12	晨光生物科技集团股份有限公司	91.613	629587	43403	692373	316481
13	长城汽车股份有限公司	91.157	13733998	826604	18535730	6520125
14	新天绿色能源股份有限公司	91.087	1856052	229411	7740866	2046497
河南						
1	郑州煤矿机械集团股份有限公司	95.505	3204331	253823	4430117	1780726
2	万洲国际有限公司	95.407	18891636	919873	13828213	6686016
3	牧原食品股份有限公司	94.800	12482621	1326615	19294761	7178335
4	河南蓝天燃气股份有限公司	94.500	475370	59226	624745	366161
5	三全食品股份有限公司	94.113	743429	80090	753088	387991
6	卫华集团有限公司	94.016	1850793	59673	1174638	495710
7	新乡市瑞丰新材料股份有限公司	93.277	304623	58813	339639	273895
8	郑州公用事业投资发展集团有限公司	93.100	1388008	79482	8042196	1748970
9	洛阳国宏投资控股集团有限公司	90.628	5078724	118691	7813381	2286563
10	宇通重工股份有限公司	90.406	358528	38561	473071	242981
黑龙江						
1	安通控股股份有限公司	94.029	917642	234207	1290481	957509
2	北大荒农垦集团有限公司	92.014	19130694	38928	25460645	4348106
湖北						
1	中国信息通信科技集团有限公司	96.208	5286746	138783	11943301	3248726
2	安琪酵母股份有限公司	94.175	1284329	132122	1692962	925743
3	湖北菲利华石英玻璃股份有限公司	93.347	171936	48873	432415	300637
4	武汉三镇实业控股股份有限公司	93.195	289387	278447	2040104	509141

续表

序号	企业名称	综合信用指数	营业收入（万元）	利润（万元）	资产（万元）	所有者权益（万元）
5	恒信汽车集团股份有限公司	92.769	7980726	129137	2533332	1449388
6	华工科技产业股份有限公司	92.717	1201102	90608	1679271	823755
7	湖北兴发化工集团股份有限公司	92.431	3031065	585178	4161249	2029959
8	湖北江瀚新材料股份有限公司	91.467	331172	104001	294818	238655
9	金鹰重型工程机械股份有限公司	90.784	262226	30221	464583	220970
10	武汉东湖高新集团股份有限公司	90.444	1398610	57863	349015	739682
11	良品铺子股份有限公司	90.124	943961	33547	503585	239880
湖南						
1	安克创新科技股份有限公司	95.227	1425051	114300	1013198	684276
2	蓝思科技股份有限公司	94.804	4669854	244808	7834564	4417251
3	湖南五江控股集团有限公司	94.572	4184645	323447	6893168	4626606
4	盐津铺子食品股份有限公司	94.115	289352	30149	245474	113489
5	中兵红箭股份有限公司	93.660	671359	81907	1500319	975174
6	湖南博深实业集团有限公司	93.445	2490808	104868	1538201	786085
7	楚天科技股份有限公司	93.094	644555	56744	1104751	421385
8	湖南钢铁集团有限公司	92.832	22011764	790826	15706431	3844392
9	岳阳林纸股份有限公司	92.707	978149	61556	1662071	919643
10	雪天盐业集团股份有限公司	92.568	644073	76918	934582	621452
吉林						
1	中国第一汽车集团有限公司	97.313	58979871	2587416	59636880	24963525
江苏						
1	波司登股份有限公司	96.333	3631634	583057	4506880	2724111
2	金东纸业（江苏）股份有限公司	96.052	2919488	289677	7117179	2369306
3	江苏阳光集团有限公司	96.016	5204919	259368	2245015	1246560
4	江苏长电科技股份有限公司	95.919	3376202	323098	3940773	2464273
5	海澜集团有限公司	95.897	12032549	461578	11321653	8143724
6	天合光能股份有限公司	95.736	8505179	368002	8997606	2633897
7	徐工集团工程机械股份有限公司	95.500	9381712	430709	17508559	5325396
8	双良节能系统股份有限公司	94.734	1447635	95602	2194339	682869
9	江苏苏盐井神股份有限公司	94.701	596909	80392	972175	505320
10	苏州东山精密制造股份有限公司	94.436	3158014	236751	4053136	1635942
11	南京国博电子股份有限公司	94.283	346051	52058	832514	563554
12	汇通达网络股份有限公司	93.987	8035478	37908	2802397	795482

续表

序号	企业名称	综合信用指数	营业收入（万元）	利润（万元）	资产（万元）	所有者权益（万元）
13	大亚科技集团有限公司	93.951	3384735	114014	1943844	535932
14	江苏太平洋石英股份有限公司	93.862	200416	105219	368564	326413
15	江苏国泰国际集团股份有限公司	93.772	4275909	172449	3940551	1406726
16	南京盛航海运股份有限公司	93.762	86819	86819	16907	279760
17	华泰证券股份有限公司	93.695	3203156	1105269	84656701	16784870
18	确成硅化学股份有限公司	93.437	174647	38046	308868	265780
19	江苏江南水务股份有限公司	93.267	126801	28042	585396	349104
20	扬州扬杰电子科技股份有限公司	93.260	540353	106014	948323	615340
21	固德威技术股份有限公司	93.198	471023	64928	579874	225749
22	苏美达股份有限公司	93.055	14114458	91585	5298829	625694
23	中天科技集团有限公司	92.927	9024546	317327	5405887	1216352
24	江苏共创人造草坪股份有限公司	92.921	247075	44703	283044	228932
25	江苏省农垦农业发展股份有限公司	92.842	1272729	82624	1459053	622738
26	江苏常宝钢管股份有限公司	92.659	622336	47103	733539	457947
27	江苏新长江实业集团有限公司	92.613	11427782	185965	5608646	1775787
28	江苏扬农化工股份有限公司	92.441	1581075	179421	1479346	853496
29	无锡新洁能股份有限公司	92.269	181094	43518	398949	336269
30	苏州固锝电子股份有限公司	92.110	326819	37085	341826	273130
31	昆山新莱洁净应用材料股份有限公司	92.002	262006	34479	368159	159695
32	无锡奥特维科技股份有限公司	91.966	353964	71271	850844	257134
33	常州聚和新材料股份有限公司	91.862	650421	39120	581127	454707
34	沪士电子股份有限公司	91.789	833603	136157	250132	826689
35	南京高科股份有限公司	91.727	448220	240237	3740368	1656337
36	无锡先导智能装备股份有限公司	91.698	1393235	231758	3290654	1112336
37	江苏龙蟠科技股份有限公司	91.628	1407164	75292	1469067	472264
38	通鼎集团有限公司	91.404	5210110	143909	2794663	787478
39	东方润安集团有限公司	91.162	6523389	90427	1388872	744947
40	江苏立霸实业股份有限公司	91.080	141641	56457	184255	128431
41	雅迪科技集团有限公司	90.737	3125091	230418	2411080	584280
42	江苏天奈科技股份有限公司	90.567	184152	42420	406273	250609
43	江苏省广电有线信息网络股份有限公司	90.522	750583	32691	3692652	2201916
44	通州建总集团有限公司	90.430	5217638	164003	701394	366279

续表

序号	企业名称	综合信用指数	营业收入（万元）	利润（万元）	资产（万元）	所有者权益（万元）
45	无锡市国联发展（集团）有限公司	90.412	2478719	158001	18124465	2901711
46	黑牡丹（集团）股份有限公司	90.215	1154541	61089	3149397	995508
江西						
1	晶科能源股份有限公司	96.400	8267607	293619	10563943	2669006
2	晶科能源控股有限公司	95.333	11106485	293620	10563943	2669006
3	双胞胎（集团）股份有限公司	94.649	8463673	412748	3574437	1763771
4	江西洪城环境股份有限公司	93.474	777609	94562	2089944	710799
5	南昌市政公用集团有限公司	93.170	5897204	53545	15925889	3724153
6	江西铜业集团有限公司	92.943	50401784	312244	20964471	3712332
7	江西金力永磁科技股份有限公司	91.933	716518	70268	1122045	678485
8	安福县海能实业股份有限公司	91.886	238594	32598	270899	156157
辽宁						
1	圆通速递股份有限公司	93.321	5353931	391967	3925732	2667269
2	禾丰食品股份有限公司	92.239	3281175	51353	1539331	723656
3	东软集团股份有限公司	90.830	946580	945191	1887213	923784
内蒙古						
1	内蒙古伊利实业集团股份有限公司	95.881	12269800	943106	13096530	5026788
2	中国北方稀土（集团）高科技股份有限公司	93.455	3726003	598364	3664524	1983068
3	中航光电科技股份有限公司	93.172	1583811	271712	3181073	1740121
4	中盐内蒙古化工股份有限公司	91.074	1816251	186392	1991369	1117436
青海						
1	青海盐湖工业股份有限公司	94.054	3074785	1556459	4198283	2518881
2	西部矿业股份有限公司	91.352	3976248	344599	5281666	1614445
山东						
1	海尔集团公司	96.779	35062328	1105285	49719941	7449669
2	山东魏桥创业集团有限公司	96.336	50398814	626397	25732721	8829278
3	三角轮胎股份有限公司	95.924	922012	73764	1769331	1169562
4	华勤橡胶工业集团有限公司	95.808	5032713	145471	2411388	1182162
5	赛轮集团股份有限公司	95.605	2190221	133179	2963221	1221911
6	山推工程机械股份有限公司	95.273	999783	63173	1152316	489188
7	迪尚集团有限公司	94.834	1851287	220889	1193918	730382
8	山东齐润控股集团有限公司	94.614	6581260	196030	2773376	1529804

续表

序号	企业名称	综合信用指数	营业收入（万元）	利润（万元）	资产（万元）	所有者权益（万元）
9	青岛国恩科技股份有限公司	94.499	1340643	66310	1275311	407210
10	青岛港国际股份有限公司	94.481	1926276	452517	5747591	3739974
11	索通发展股份有限公司	94.433	1940058	90519	1735406	544899
12	奥德集团有限公司	94.329	3798039	380525	5783016	3429047
13	华泰集团有限公司	94.037	7704348	124068	3817914	1353550
14	金猴集团有限公司	94.034	1883455	38967	595700	404989
15	香驰控股有限公司	93.960	3504528	114833	1832891	982328
16	烟台杰瑞石油服务集团股份有限公司	93.897	1140901	224494	2922582	1726631
17	潍坊特钢集团有限公司	93.869	3016076	72873	858392	470493
18	东方电子股份有限公司	93.602	546025	43842	956371	414897
19	海信集团控股股份有限公司	93.546	18493639	362376	17864558	2120436
20	青岛东方铁塔股份有限公司	93.491	361610	82450	1303617	845659
21	鲁泰纺织股份有限公司	93.390	693834	96386	1335109	901415
22	景津装备股份有限公司	93.217	568214	83391	797661	401457
23	鲁银投资集团股份有限公司	93.040	378898	32445	523767	263636
24	浪潮电子信息产业股份有限公司	92.896	6952545	208035	4101342	1726448
25	富海集团新能源控股有限公司	92.723	7833404	173433	2783525	1235694
26	山东神驰控股有限公司	92.685	3632136	58082	1118163	592216
27	中际旭创股份有限公司	92.492	964179	122399	1655698	1194521
28	诸城外贸有限责任公司	92.484	2629079	80810	2391986	1193116
29	山东鲁花集团有限公司	92.475	4684638	384460	4369726	1747984
30	山东潍坊润丰化工股份有限公司	92.164	1446017	141323	1159887	618426
31	山东豪迈机械科技股份有限公司	92.160	664222	120020	859223	733770
32	南山集团有限公司	91.716	13062086	414219	15380693	7211914
33	山东寿光鲁清石化有限公司	91.421	6219427	120076	3256626	1100155
34	山东鲁阳节能材料股份有限公司	91.208	336998	58234	391526	288048
35	山东海科控股有限公司	91.158	7206892	164152	2551311	995609
36	山东省药用玻璃股份有限公司	91.107	418727	61828	878425	696167
37	道恩集团有限公司	90.911	4066264	98533	1626065	343472
38	山东中海化工集团有限公司	90.816	3303961	170684	1475780	1054093
39	山东阳谷华泰化工股份有限公司	90.687	351719	51537	354125	277929
40	山东高速路桥集团股份有限公司	90.078	6501893	250463	10305001	1570965

续表

序号	企业名称	综合信用指数	营业收入（万元）	利润（万元）	资产（万元）	所有者权益（万元）
山西						
1	山西杏花村汾酒厂股份有限公司	93.191	2621386	809585	3668647	2132084
2	山西焦化股份有限公司	91.747	1207458	258195	2345708	1445224
3	山西通宝能源股份有限公司	90.979	1111845	85414	1003157	662086
陕西						
1	隆基绿能科技股份有限公司	96.912	12899811	1481157	13955559	6214678
2	杨凌美畅新材料股份有限公司	94.228	365824	147291	675746	509019
3	西安城市基础设施建设投资集团有限公司	94.057	2032804	91923	19953413	7517771
4	西安三角防务股份有限公司	93.048	187649	62467	697068	470128
5	陕西有色金属控股集团有限责任公司	92.815	17621270	152551	14421596	3917007
6	陕西省天然气股份有限公司	92.563	850566	61635	1299798	631357
7	陕西省国际信托股份有限公司	92.099	192591	83798	2280027	1621771
8	三人行传媒集团股份有限公司	91.858	565298	73636	530748	257759
9	陕西华秦科技实业股份有限公司	91.750	67239	33341	421938	380422
10	陕西投资集团有限公司	91.609	8448427	340438	25909023	4845616
11	陕西建工控股集团有限公司	91.090	23365635	263019	38723928	1550885
12	西安蓝晓科技新材料股份有限公司	90.787	192008	53751	456261	272216
13	西部超导材料科技股份有限公司	90.619	422717	107999	1130586	599653
上海						
1	中国宝武钢铁集团有限公司	99.176	108770720	1676852	123984105	32081228
2	中芯国际集成电路制造有限公司	97.091	4951608	1213307	30510369	13337192
3	上海国际港务（集团）股份有限公司	96.857	3727980	1722391	18180170	11232740
4	上海汽车集团股份有限公司	96.506	74406288	1611754	99010738	27923352
5	上海派能能源科技股份有限公司	94.711	601317	127272	808953	430996
6	东富龙科技集团股份有限公司	94.426	546942	84656	1337696	744256
7	聚辰半导体股份有限公司	94.417	98043	35377	205737	191572
8	澜起科技股份有限公司	94.388	367225	129937	1068604	991218
9	东方财富信息股份有限公司	93.563	1248557	850946	21188073	6516466
10	环旭电子股份有限公司	93.558	6851607	305996	3857446	1574939
11	交通银行股份有限公司	93.474	27297800	9214900	1299241900	102340900
12	老凤祥股份有限公司	93.462	6301014	170034	2600484	1012806
13	上海璞泰来新能源科技股份有限公司	93.429	1546390	310443	3569730	1345692

续表

序号	企业名称	综合信用指数	营业收入（万元）	利润（万元）	资产（万元）	所有者权益（万元）
14	上海万业企业股份有限公司	92.978	115757	42357	976217	831302
15	晶晨半导体（上海）股份有限公司	92.896	554491	72666	586507	489361
16	安集微电子科技（上海）股份有限公司	92.881	107678	30143	204760	152154
17	上海紫江企业集团股份有限公司	92.581	960794	60319	1207674	551044
18	申能（集团）有限公司	92.253	7019122	370615	20666687	9338819
19	上海移远通信技术股份有限公司	92.199	1423024	62281	1027317	372024
20	上海华谊控股集团有限公司	91.949	5943852	337670	10453040	2555511
21	密尔克卫化工供应链服务股份有限公司	91.828	1157561	60536	951068	378893
22	上海机电股份有限公司	91.347	2356952	98147	3750664	1295350
23	上海华峰铝业股份有限公司	91.251	854476	66577	628500	373253
24	上海富瀚微电子股份有限公司	91.234	211057	39812	344759	227011
25	东方航空物流股份有限公司	91.106	2347037	363681	2606781	1352331
26	上海水星家用纺织品股份有限公司	90.992	366375	27825	353561	276723
27	上海中谷物流股份有限公司	90.854	1420891	274138	2013042	930361
28	上海梅林正广和股份有限公司	90.789	2498730	50277	1579286	484580
29	上海临港经济发展（集团）有限公司	90.538	1108134	67300	17914733	2897505
30	上海华测导航技术股份有限公司	90.363	223624	36111	401755	253253
31	东方国际（集团）有限公司	90.056	8988909	47202	6270182	1757533
四川						
1	四川川投能源股份有限公司	96.275	142041	351526	5471381	3381682
2	通威集团有限公司	95.236	21488237	1101219	15988402	2633754
3	成都市兴蓉环境股份有限公司	94.813	762967	161782	3833860	1477779
4	千禾味业食品股份有限公司	94.742	243647	34395	317159	235302
5	四川雅化实业集团股份有限公司	94.049	1445683	453825	1464622	1089082
6	四川省能源投资集团有限责任公司	93.679	9004424	64424	24139655	4423655
7	四川天味食品集团股份有限公司	93.363	269071	34170	482172	402010
8	成都新易盛通信技术股份有限公司	93.217	331057	90358	587606	482916
9	四川福蓉科技股份公司	92.598	225386	39125	243421	187331
10	创维数字股份有限公司	92.494	1200858	82303	1081008	599963
11	四川路桥建设集团股份有限公司	92.170	13515116	1121290	20829873	4179419
12	成都燃气集团股份有限公司	92.093	483544	49154	719937	415275
13	利尔化学股份有限公司	92.052	1013614	181248	1286634	726966

续表

序号	企业名称	综合信用指数	营业收入（万元）	利润（万元）	资产（万元）	所有者权益（万元）
14	攀钢集团钒钛资源股份有限公司	91.547	1508754	134421	1193299	879457
15	成都云图控股股份有限公司	90.948	2050177	149194	1870479	768001
16	四川华西集团有限公司	90.690	10055680	151607	12335683	1535608
17	成都振芯科技股份有限公司	90.689	118236	30011	260587	152835
18	成都银行股份有限公司	90.645	2024131	1004237	91765030	6134271
19	四川华油集团有限责任公司	90.608	1614980	46064	1052393	324785
20	四川英杰电气股份有限公司	90.410	128257	33908	286752	150984
21	中国东方电气集团有限公司	90.073	5933236	172547	13028723	2228124
天津						
1	天津城市基础设施建设投资集团有限公司	95.397	2132471	182502	89458544	26311428
2	爱玛科技集团股份有限公司	95.112	2080221	187343	1847135	672117
3	TCL 中环新能源科技股份有限公司	94.664	6701015	681865	10913376	3761769
4	天津九安医疗电子股份有限公司	94.097	2631536	1603016	2173064	1955421
5	曙光信息产业股份有限公司	93.637	1300795	154421	3181017	1701738
6	天士力医药集团股份有限公司	91.320	859319	856238	1643026	1240491
7	天津七一二通信广播股份有限公司	90.295	403962	77491	982334	430723
西藏						
1	梅花生物科技集团股份有限公司	94.616	2793715	440631	2449022	1351613
新疆						
1	特变电工股份有限公司	97.072	9588674	1588301	17033400	5769674
2	新疆广汇实业投资（集团）有限责任公司	95.936	20800708	107053	25748922	4060281
3	金风科技股份有限公司	94.399	4643684	238343	13682237	3809507
4	新疆大全新能源股份有限公司	94.205	3094030	1912087	5226488	4554157
5	中粮糖业控股股份有限公司	92.864	2643872	74365	1994061	1060784
6	新疆天润乳业股份有限公司	92.258	240978	240207	393347	230894
7	新疆雪峰科技（集团）股份有限公司	91.467	690251	66579	834302	329449
云南						
1	云南恩捷新材料股份有限公司	94.437	1259092	400046	3862273	1772620
2	云南云天化股份有限公司	94.152	7531329	602132	5322279	1636451
3	云南省能源投资集团有限公司	92.469	12610682	317112	25106798	5970111
4	云南能源投资股份有限公司	91.311	234799	29160	1336325	654773
5	贵研铂业股份有限公司	90.605	4075865	40698	1307541	593828

续表

序号	企业名称	综合信用指数	营业收入（万元）	利润（万元）	资产（万元）	所有者权益（万元）
浙江						
1	农夫山泉股份有限公司	96.536	3323919	849525	3925484	2408408
2	浙江省能源集团有限公司	96.394	16764709	558718	30088872	9159765
3	杭州市实业投资集团有限公司	96.226	17712484	226374	7703907	1809233
4	浙江正泰电器股份有限公司	96.219	4597433	402326	10433442	3634081
5	物产中大集团股份有限公司	96.125	57655134	391096	14505087	3374317
6	雅戈尔集团股份有限公司	95.400	1482120	506752	7777707	3793068
7	浙江交通科技股份有限公司	95.232	4646958	157821	5837900	1319972
8	浙江伟明环保股份有限公司	95.096	444614	165319	2022377	928940
9	阿里巴巴（中国）有限公司	94.899	86453900	3275200	177212400	97595400
10	胜达集团有限公司	94.686	3181353	94268	1493216	973674
11	浙商中拓集团股份有限公司	94.642	19360475	100252	2607139	528229
12	浙江新澳纺织股份有限公司	94.468	394987	38972	464604	295710
13	顾家家居股份有限公司	94.359	1801044	181204	1610563	888135
14	浙江省海港投资运营集团有限公司	94.179	3728922	330340	17196881	7098229
15	浙江晶盛机电股份有限公司	94.137	1063831	292364	2888665	1077328
16	银都餐饮设备股份有限公司	94.092	266285	44896	344168	253122
17	欧龙汽车贸易集团有限公司	93.993	1803185	50201	686231	332290
18	永兴特种材料科技股份有限公司	93.900	1557873	631974	1542337	1227896
19	三花控股集团有限公司	93.877	5230979	174369	4005686	1304688
20	振石控股集团有限公司	93.874	5220731	498819	4065443	2008138
21	百隆东方股份有限公司	93.778	698906	156271	1620645	1005331
22	中哲控股集团有限公司	93.465	2312008	30833	593795	143509
23	杭州市城市建设投资集团有限公司	93.310	6418122	224596	25424637	7476494
24	浙江航民股份有限公司	93.298	957030	65778	817478	580637
25	盛泰智造集团股份有限公司	93.181	596626	37608	734182	253866
26	杭州华旺新材料科技股份有限公司	93.040	343640	46733	551965	360778
27	永艺家具股份有限公司	92.993	405528	33521	298713	175992
28	天通控股股份有限公司	92.990	450771	66942	1088705	779670
29	杭州巨星科技股份有限公司	92.957	1261018	141955	1857955	1339794
30	久立集团股份有限公司	92.957	3079655	58523	1358155	361533
31	杭州长川科技股份有限公司	92.939	257652	46108	469126	227699

续表

序号	企业名称	综合信用指数	营业收入（万元）	利润（万元）	资产（万元）	所有者权益（万元）
32	浙江伟星实业发展股份有限公司	92.920	362806	48888	477316	289521
33	浙江天振科技股份有限公司	92.916	296734	37915	408429	343291
34	浙江三花智能控制股份有限公司	92.881	2134754	257334	2796121	1294131
35	中基宁波集团股份有限公司	92.778	11607710	36388	1762155	199989
36	多弗国际控股集团有限公司	92.645	21668635	273363	14136253	7763885
37	宁波德业科技股份有限公司	92.586	595551	151740	850748	406252
38	杭州锦江集团有限公司	92.546	8227646	162550	6273920	1404052
39	浙江伟星新型建材股份有限公司	92.536	695364	129748	693878	532704
40	浙江东方金融控股集团股份有限公司	92.452	1881155	94672	3692235	1552254
41	浙江天铁实业股份有限公司	92.439	172042	41023	512306	298335
42	浙江华铁应急设备科技股份有限公司	92.427	327819	64129	1441238	457672
43	横店集团东磁股份有限公司	92.341	1945063	166926	1760989	775013
44	浙江新安化工集团股份有限公司	92.092	2180274	295458	1924528	1154526
45	浙江巨化股份有限公司	92.029	2148912	238073	2262669	1546838
46	韵达控股股份有限公司	91.901	4743373	148307	3807251	1697626
47	斯达半导体股份有限公司	91.848	270549	81764	712775	573787
48	中控技术股份有限公司	91.842	662385	79792	1306262	525793
49	得力集团有限公司	91.811	3952178	251946	4065889	1476731
50	宁波容百新能源科技股份有限公司	91.749	3012299	135322	2566004	696467
51	旺能环境股份有限公司	91.731	334991	72179	1449288	607678
52	万凯新材料股份有限公司	91.662	1938604	92687	1158465	559340
53	锦浪科技股份有限公司	91.581	588960	105996	1492486	424619
54	浙江富冶集团有限公司	91.547	10322860	98085	1886310	522626
55	天洁集团有限公司	91.502	3385892	184338	1791351	1241693
56	天能控股集团有限公司	91.482	20192105	195435	7678504	1399641
57	公牛集团股份有限公司	91.478	1408137	318861	1665049	1239886
58	恒林家居股份有限公司	91.302	651492	35286	879303	327897
59	浙富控股集团股份有限公司	91.136	1677979	146663	2462093	1061466
60	杭州安旭生物科技股份有限公司	91.101	616588	304467	694168	542193
61	西子联合控股有限公司	91.093	3258618	173510	5529062	1565180
62	宁波富邦控股集团有限公司	91.063	5752122	81918	5861929	1330045
63	奥克斯集团有限公司	91.058	8101020	166504	6250572	1416793

续表

序号	企业名称	综合信用指数	营业收入（万元）	利润（万元）	资产（万元）	所有者权益（万元）
64	珀莱雅化妆品股份有限公司	91.042	638545	81740	577807	352448
65	森林包装集团股份有限公司	90.870	270138	269878	275282	234208
66	浙江中国轻纺城集团股份有限公司	90.842	82018	118684	1045812	622861
67	宁波博洋控股集团有限公司	90.816	2717062	46080	880329	228999
68	福莱特玻璃集团股份有限公司	90.797	1546084	212278	3238172	1403244
69	宁波滕头集团有限公司	90.789	1178775	32897	534882	356595
70	宁波银行股份有限公司	90.577	5787900	2539200	236609700	16852600
71	浙报数字文化集团股份有限公司	90.403	518636	48969	1219955	927705
72	浙江大华技术股份有限公司	90.395	3056537	232435	4625289	2583679
73	宁波申洲针织有限公司	90.368	4203933	166722	3333492	2621977
74	杭州炬华科技股份有限公司	90.355	150631	47207	403777	305807
75	浙江鼎力机械股份有限公司	90.177	544515	125723	1180180	706518
76	富通集团有限公司	90.164	6305010	178935	3565471	1388925
77	浙江越剑智能装备股份有限公司	90.123	126445	45010	320998	254932
78	万向集团公司	90.049	19046558	487649	11474688	3500785
79	浙江水晶光电科技股份有限公司	90.045	437551	57617	1027860	814669
重庆						
1	重庆水务集团股份有限公司	95.021	777887	190908	3195752	1707303
2	重庆望变电气（集团）股份有限公司	93.769	252647	29811	350651	226658
3	中节能太阳能股份有限公司	92.340	923638	138653	4649990	2182496
4	重庆顺博铝合金股份有限公司	92.256	1106630	589903	245569	245569
5	重庆中昂投资集团有限公司	90.959	5211930	675527	10532679	5030835

六、2023 中国企业信用 500 强行业分布

序号	企业名称	综合信用指数	营业收入（万元）	利润（万元）	资产（万元）	所有者权益（万元）
农副食品及农产品加工业						
1	通威集团有限公司	95.236	21488237	1101219	15988402	2633754
2	双胞胎（集团）股份有限公司	94.649	8463673	412748	3574437	1763771
3	梅花生物科技集团股份有限公司	94.616	2793715	440631	2449022	1351613
4	桂林力源粮油食品集团有限公司	94.409	4027454	152285	1417977	529160
5	广东海大集团股份有限公司	94.104	10471541	295414	4423778	1782490
6	五得利面粉集团有限公司	93.301	5368853	227609	2458977	1670441
7	雪天盐业集团股份有限公司	92.568	644073	76918	934582	621452
8	山东鲁花集团有限公司	92.475	4684638	384460	4369726	1747984
9	禾丰食品股份有限公司	92.239	3281175	51353	1539331	723656
10	洽洽食品股份有限公司	91.452	688336	97599	854730	526872
食品（含饮料、乳制品、肉食品等）加工制造业						
1	农夫山泉股份有限公司	96.536	3323919	849525	3925484	2408408
2	内蒙古伊利实业集团股份有限公司	95.881	12269800	943106	13096530	5026788
3	佛山市海天调味食品股份有限公司	95.813	2560965	619771	3405917	2639767
4	万洲国际有限公司	95.407	18891636	919873	13828213	6686016
5	安井食品集团股份有限公司	94.833	1218266	110102	1619358	1167928
6	千禾味业食品股份有限公司	94.742	243647	34395	317159	235302
7	石药创新制药股份有限公司	94.702	262648	72627	458403	393560
8	江苏苏盐井神股份有限公司	94.701	596909	80392	972175	505320
9	安琪酵母股份有限公司	94.175	1284329	132122	1692962	925743
10	盐津铺子食品股份有限公司	94.115	289352	30149	245474	113489
11	三全食品股份有限公司	94.113	743429	80090	753088	387991
12	香驰控股有限公司	93.960	3504528	114833	1832891	982328
13	承德露露股份公司	93.548	269202	60189	381273	275856
14	四川天味食品集团股份有限公司	93.363	269071	34170	482172	402010
15	中粮糖业控股股份有限公司	92.864	2643872	74365	1994061	1060784

续表

序号	企业名称	综合信用指数	营业收入（万元）	利润（万元）	资产（万元）	所有者权益（万元）
16	北京首农食品集团有限公司	92.787	18034960	233993	16133958	4198836
17	诸城外贸有限责任公司	92.484	2629079	80810	2391986	1193116
18	新疆天润乳业股份有限公司	92.258	240978	240207	393347	230894
19	晨光生物科技集团股份有限公司	91.613	629587	43403	692373	316481
20	东鹏饮料（集团）股份有限公司	91.453	850538	144052	1186964	506429
21	云南能源投资股份有限公司	91.311	234799	29160	1336325	654773
22	上海梅林正广和股份有限公司	90.789	2498730	50277	1579286	484580
23	良品铺子股份有限公司	90.124	943961	33547	503585	239880
酿酒制造业						
1	贵州茅台酒股份有限公司	97.874	12409984	6271644	25436480	19750667
2	山西杏花村汾酒厂股份有限公司	93.191	2621386	809585	3668647	2132084
纺织、印染业						
1	山东魏桥创业集团有限公司	96.336	50398814	626397	25732721	8829278
2	江苏阳光集团有限公司	96.016	5204919	259368	2245015	1246560
3	浙江新澳纺织股份有限公司	94.468	394987	38972	464604	295710
4	百隆东方股份有限公司	93.778	698906	156271	1620645	1005331
5	浙江航民股份有限公司	93.298	957030	65778	817478	580637
6	上海水星家用纺织品股份有限公司	90.992	366375	27825	353561	276723
纺织品、服装、服饰、鞋帽、皮革加工业						
1	波司登股份有限公司	96.333	3631634	583057	4506880	2724111
2	海澜集团有限公司	95.897	12032549	461578	11321653	8143724
3	雅戈尔集团股份有限公司	95.400	1482120	506752	7777707	3793068
4	迪尚集团有限公司	94.834	1851287	220889	1193918	730382
5	中山华利实业集团股份有限公司	94.728	2056926	322802	1711027	1319543
6	比音勒芬服饰股份有限公司	94.053	288484	72759	557888	413003
7	金猴集团有限公司	94.034	1883455	38967	595700	404989
8	中哲控股集团有限公司	93.465	2312008	30833	593795	143509
9	鲁泰纺织股份有限公司	93.390	693834	96386	1335109	901415
10	盛泰智造集团股份有限公司	93.181	596626	37608	734182	253866
11	浙江伟星实业发展股份有限公司	92.920	362806	48888	477316	289521
12	宁波博洋控股集团有限公司	90.816	2717062	46080	880329	228999
13	深圳市富安娜家居用品股份有限公司	90.551	307959	53382	467294	376881

续表

序号	企业名称	综合信用指数	营业收入（万元）	利润（万元）	资产（万元）	所有者权益（万元）
14	宁波申洲针织有限公司	90.368	4203933	166722	3333492	2621977
造纸及纸制品（含木材、藤、竹、家具等）加工、印刷、包装业						
1	金东纸业（江苏）股份有限公司	96.052	2919488	289677	7117179	2369306
2	胜达集团有限公司	94.686	3181353	94268	1493216	973674
3	欧派家居集团股份有限公司	94.669	2247950	268842	2861100	1650814
4	云南恩捷新材料股份有限公司	94.437	1259092	400046	3862273	1772620
5	黄山永新股份有限公司	94.423	330413	36282	357275	227871
6	顾家家居股份有限公司	94.359	1801044	181204	1610563	888135
7	华泰集团有限公司	94.037	7704348	124068	3817914	1353550
8	大亚科技集团有限公司	93.951	3384735	114014	1943844	535932
9	索菲亚家居股份有限公司	93.815	1122254	106430	1205681	578239
10	志邦家居股份有限公司	93.739	538877	53671	577742	287861
11	杭州华旺新材料科技股份有限公司	93.040	343640	46733	551965	360778
12	永艺家具股份有限公司	92.993	405528	33521	298713	175992
13	岳阳林纸股份有限公司	92.707	978149	61556	1662071	919643
14	上海紫江企业集团股份有限公司	92.581	960794	60319	1207674	551044
15	恒林家居股份有限公司	91.302	651492	35286	879303	327897
16	森林包装集团股份有限公司	90.870	270138	269878	275282	234208
生活用品（含文体、玩具、工艺品、珠宝）等轻工产品加工制造业						
1	老凤祥股份有限公司	93.462	6301014	170034	2600484	1012806
2	周大生珠宝股份有限公司	90.901	1111808	109059	760725	604224
3	中国黄金集团黄金珠宝股份有限公司	90.189	4712426	76533	1163027	691788
石化产品、炼焦及其他燃料生产加工业						
1	中国石油化工集团有限公司	99.460	316934342	6496012	254334578	91187023
2	山东齐润控股集团有限公司	94.614	6581260	196030	2773376	1529804
3	富海集团新能源控股有限公司	92.723	7833404	173433	2783525	1235694
4	山东神驰控股有限公司	92.685	3632136	58082	1118163	592216
5	山西焦化股份有限公司	91.747	1207458	258195	2345708	1445224
6	山东寿光鲁清石化有限公司	91.421	6219427	120076	3256626	1100155
7	山东海科控股有限公司	91.158	7206892	164152	2551311	995609
化学原料及化学制品（含精细化工、日化、肥料等）制造业						
1	云南云天化股份有限公司	94.152	7531329	602132	5322279	1636451

续表

序号	企业名称	综合信用指数	营业收入（万元）	利润（万元）	资产（万元）	所有者权益（万元）
2	青海盐湖工业股份有限公司	94.054	3074785	1556459	4198283	2518881
3	四川雅化实业集团股份有限公司	94.049	1445683	453825	1464622	1089082
4	广州天赐高新材料股份有限公司	93.852	2231693	571443	2553092	1254596
5	新乡市瑞丰新材料股份有限公司	93.277	304623	58813	339639	273895
6	江苏扬农化工股份有限公司	92.441	1581075	179421	1479346	853496
7	湖北兴发化工集团股份有限公司	92.431	3031065	585178	4161249	2029959
8	山东潍坊润丰化工股份有限公司	92.164	1446017	141323	1159887	618426
9	浙江新安化工集团股份有限公司	92.092	2180274	295458	1924528	1154526
10	利尔化学股份有限公司	92.052	1013614	181248	1286634	726966
11	浙江巨化股份有限公司	92.029	2148912	238073	2262669	1546838
12	上海华谊控股集团有限公司	91.949	5943852	337670	10453040	2555511
13	万凯新材料股份有限公司	91.662	1938604	92687	1158465	559340
14	江苏龙蟠科技股份有限公司	91.628	1407164	75292	1469067	472264
15	新疆雪峰科技（集团）股份有限公司	91.467	690251	66579	834302	329449
16	湖北江瀚新材料股份有限公司	91.467	331172	104001	294818	238655
17	安徽广信农化股份有限公司	91.383	906237	231566	1385151	867821
18	中盐内蒙古化工股份有限公司	91.074	1816251	186392	1991369	1117436
19	珀莱雅化妆品股份有限公司	91.042	638545	81740	577807	352448
20	成都云图控股股份有限公司	90.948	2050177	149194	1870479	768001
21	道恩集团有限公司	90.911	4066264	98533	1626065	343472
22	山东中海化工集团有限公司	90.816	3303961	170684	1475780	1054093
23	西安蓝晓科技新材料股份有限公司	90.787	192008	53751	456261	272216
24	山东阳谷华泰化工股份有限公司	90.687	351719	51537	354125	277929
25	贵州磷化（集团）有限责任公司	90.613	4855485	321311	9089364	1561623
26	深圳新宙邦科技股份有限公司	90.433	966071	175839	1539511	836354
医药、生物制药、医疗设备制造业						
1	天津九安医疗电子股份有限公司	94.097	2631536	1603016	2173064	1955421
2	天士力医药集团股份有限公司	91.320	859319	856238	1643026	1240491
3	杭州安旭生物科技股份有限公司	91.101	616588	304467	694168	542193
橡胶、塑料制品及其他新材料制造业						
1	杭州市实业投资集团有限公司	96.226	17712484	226374	7703907	1809233
2	金发科技股份有限公司	96.034	4041233	199189	5542866	1652927

续表

序号	企业名称	综合信用指数	营业收入（万元）	利润（万元）	资产（万元）	所有者权益（万元）
3	三角轮胎股份有限公司	95.924	922012	73764	1769331	1169562
4	华勤橡胶工业集团有限公司	95.808	5032713	145471	2411388	1182162
5	赛轮集团股份有限公司	95.605	2190221	133179	2963221	1221911
6	青岛国恩科技股份有限公司	94.499	1340643	66310	1275311	407210
7	贵州轮胎股份有限公司	93.886	843986	42878	1576157	645007
8	确成硅化学股份有限公司	93.437	174647	38046	308868	265780
9	江苏共创人造草坪股份有限公司	92.921	247075	44703	283044	228932
10	浙江天振科技股份有限公司	92.916	296734	37915	408429	343291
11	浙江天铁实业股份有限公司	92.439	172042	41023	512306	298335
建筑材料、玻璃等制造业及非金属矿物制品业						
1	中国建材集团有限公司	97.458	38015811	2211000	70296223	23467300
2	福耀玻璃工业集团股份有限公司	96.596	2809875	475559	5076749	2900300
3	石家庄尚太科技股份有限公司	94.370	478184	128945	887003	519672
4	湖北菲利华石英玻璃股份有限公司	93.347	171936	48873	432415	300637
5	浙江伟星新型建材股份有限公司	92.536	695364	129748	693878	532704
6	陕西华秦科技实业股份有限公司	91.750	67239	33341	421938	380422
7	山东鲁阳节能材料股份有限公司	91.208	336998	58234	391526	288048
8	安徽海螺集团有限责任公司	91.126	22192212	585540	30162811	7321327
9	山东省药用玻璃股份有限公司	91.107	418727	61828	878425	696167
10	福莱特玻璃集团股份有限公司	90.797	1546084	212278	3238172	1403244
黑色冶金及压延加工业						
1	中国宝武钢铁集团有限公司	99.176	108770720	1676852	123984105	32081228
2	首钢集团有限公司	94.576	24789937	127027	51884243	12032247
3	永兴特种材料科技股份有限公司	93.900	1557873	631974	1542337	1227896
4	振石控股集团有限公司	93.874	5220731	498819	4065443	2008138
5	潍坊特钢集团有限公司	93.869	3016076	72873	858392	470493
6	湖南钢铁集团有限公司	92.832	22011764	790826	15706431	3844392
7	冀南钢铁集团有限公司	92.760	19986509	1504374	18605698	6042967
8	江苏常宝钢管股份有限公司	92.659	622336	47103	733539	457947
9	江苏新长江实业集团有限公司	92.613	11427782	185965	5608646	1775787
10	河北新华联合冶金控股集团有限公司	92.153	19087309	231590	3319313	1229568
11	攀钢集团钒钛资源股份有限公司	91.547	1508754	134421	1193299	879457

续表

序号	企业名称	综合信用指数	营业收入（万元）	利润（万元）	资产（万元）	所有者权益（万元）
12	东方润安集团有限公司	91.162	6523389	90427	1388872	744947
一般有色冶金及压延加工业						
1	中国铝业集团有限公司	97.051	51759778	1141844	62501951	10936910
2	金川集团股份有限公司	96.491	33275083	748405	14388763	5191042
3	中国北方稀土（集团）高科技股份有限公司	93.455	3726003	598364	3664524	1983068
4	西安三角防务股份有限公司	93.048	187649	62467	697068	470128
5	江西铜业集团有限公司	92.943	50401784	312244	20964471	3712332
6	陕西有色金属控股集团有限责任公司	92.815	17621270	152551	14421596	3917007
7	重庆顺博铝合金股份有限公司	92.256	1106630	589903	245569	245569
8	江西金力永磁科技股份有限公司	91.933	716518	70268	1122045	678485
9	南山集团有限公司	91.716	13062086	414219	15380693	7211914
10	浙江富冶集团有限公司	91.547	10322860	98085	1886310	522626
11	深圳市中金岭南有色金属股份有限公司	91.276	5533945	121228	3265219	1475650
12	上海华峰铝业股份有限公司	91.251	854476	66577	628500	373253
13	西部超导材料科技股份有限公司	90.619	422717	107999	1130586	599653
14	贵研铂业股份有限公司	90.605	4075865	40698	1307541	593828
15	铜陵有色金属集团股份有限公司	90.103	12184546	273036	6143572	2536238
16	厦门钨业股份有限公司	90.004	4822278	144618	3979877	999050
金属制品、加工工具、工业辅助产品加工及金属新材料制造业						
1	杨凌美畅新材料股份有限公司	94.228	365824	147291	675746	509019
2	青岛东方铁塔股份有限公司	93.491	361610	82450	1303617	845659
3	广西南丹南方金属有限公司	93.293	6011490	146385	2534823	990152
4	杭州巨星科技股份有限公司	92.957	1261018	141955	1857955	1339794
5	久立集团股份有限公司	92.957	3079655	58523	1358155	361533
6	昆山新莱洁净应用材料股份有限公司	92.002	262006	34479	368159	159695
7	深圳市科达利实业股份有限公司	90.970	865350	90118	1417423	572990
工程机械、设备和特种装备（含电梯、仓储设备）及零配件制造业						
1	徐工集团工程机械股份有限公司	95.500	9381712	430709	17508559	5325396
2	山推工程机械股份有限公司	95.273	999783	63173	1152316	489188
3	科达制造股份有限公司	94.585	1115719	425093	2115242	1138847
4	索通发展股份有限公司	94.433	1940058	90519	1735406	544899
5	东富龙科技集团股份有限公司	94.426	546942	84656	1337696	744256

续表

序号	企业名称	综合信用指数	营业收入（万元）	利润（万元）	资产（万元）	所有者权益（万元）
6	金风科技股份有限公司	94. 399	4643684	238343	13682237	3809507
7	深圳市汇川技术股份有限公司	94. 360	2300831	431976	3921161	1981588
8	浙江晶盛机电股份有限公司	94. 137	1063831	292364	2888665	1077328
9	银都餐饮设备股份有限公司	94. 092	266285	44896	344168	253122
10	卫华集团有限公司	94. 016	1850793	59673	1174638	495710
11	中兵红箭股份有限公司	93. 660	671359	81907	1500319	975174
12	安徽合力股份有限公司	93. 505	1567314	90414	1477363	677414
13	景津装备股份有限公司	93. 217	568214	83391	797661	401457
14	广东奥普特科技股份有限公司	93. 167	114095	32486	295840	277891
15	楚天科技股份有限公司	93. 094	644555	56744	1104751	421385
16	南兴装备股份有限公司	92. 279	296032	29034	392144	240288
17	安徽应流机电股份有限公司	91. 489	219770	40168	989944	427212
18	浙富控股集团股份有限公司	91. 136	1677979	146663	2462093	1061466
19	西子联合控股有限公司	91. 093	3258618	173510	5529062	1565180
20	金鹰重型工程机械股份有限公司	90. 784	262226	30221	464583	220970
21	宇通重工股份有限公司	90. 406	358528	38561	473071	242981
22	浙江越剑智能装备股份有限公司	90. 123	126445	45010	320998	254932
通用机械设备和专用机械设备及零配件制造业						
1	郑州煤矿机械集团股份有限公司	95. 505	3204331	253823	4430117	1780726
2	双良节能系统股份有限公司	94. 734	1447635	95602	2194339	682869
3	浙江三花智能控制股份有限公司	92. 881	2134754	257334	2796121	1294131
4	山东豪迈机械科技股份有限公司	92. 160	664222	120020	859223	733770
5	天洁集团有限公司	91. 502	3385892	184338	1791351	1241693
6	上海机电股份有限公司	91. 347	2356952	98147	3750664	1295350
7	浙江鼎力机械股份有限公司	90. 177	544515	125723	1180180	706518
电力、电气等设备、机械、元器件及光伏、风能、电池、线缆制造业						
1	特变电工股份有限公司	97. 072	9588674	1588301	17033400	5769674
2	隆基绿能科技股份有限公司	96. 912	12899811	1481157	13955559	6214678
3	晶科能源股份有限公司	96. 400	8267607	293619	10563943	2669006
4	明阳智慧能源集团股份公司	95. 744	3074777	345460	6894022	2811371
5	天合光能股份有限公司	95. 736	8505179	368002	8997606	2633897
6	阳光电源股份有限公司	95. 490	4025723	359341	6162621	1866630

续表

序号	企业名称	综合信用指数	营业收入（万元）	利润（万元）	资产（万元）	所有者权益（万元）
7	晶科能源控股有限公司	95. 333	11106485	293620	10563943	2669006
8	晶澳太阳能科技股份有限公司	95. 012	7298940	553286	7234862	2750470
9	格林美股份有限公司	94. 963	2939177	129588	4412960	1848386
10	上海派能能源科技股份有限公司	94. 711	601317	127272	808953	430996
11	TCL 中环新能源科技股份有限公司	94. 664	6701015	681865	10913376	3761769
12	北京当升材料科技股份有限公司	94. 608	2126414	225859	2155547	2155547
13	深圳市星源材质科技股份有限公司	94. 035	288027	71927	1370118	843536
14	江苏太平洋石英股份有限公司	93. 862	200416	105219	368564	326413
15	重庆望变电气（集团）股份有限公司	93. 769	252647	29811	350651	226658
16	深圳市铭利达精密技术股份有限公司	93. 582	321895	40295	469019	221255
17	上海璞泰来新能源科技股份有限公司	93. 429	1546390	310443	3569730	1345692
18	固德威技术股份有限公司	93. 198	471023	64928	579874	225749
19	中航光电科技股份有限公司	93. 172	1583811	271712	3181073	1740121
20	中天科技集团有限公司	92. 927	9024546	317327	5405887	1216352
21	明阳新能源投资控股集团有限公司	92. 632	5707347	370256	11765371	4271322
22	中伟新材料股份有限公司	92. 536	3034374	154352	5387467	1652195
23	国轩高科股份有限公司	92. 408	2305170	31157	7262736	2351225
24	横店集团东磁股份有限公司	92. 341	1945063	166926	1760989	775013
25	中节能太阳能股份有限公司	92. 340	923638	138653	4649990	2182496
26	无锡奥特维科技股份有限公司	91. 966	353964	71271	850844	257134
27	常州聚和新材料股份有限公司	91. 862	650421	39120	581127	454707
28	宁波容百新能源科技股份有限公司	91. 749	3012299	135322	2566004	696467
29	无锡先导智能装备股份有限公司	91. 698	1393235	231758	3290654	1112336
30	锦浪科技股份有限公司	91. 581	588960	105996	1492486	424619
31	天能控股集团有限公司	91. 482	20192105	195435	7678504	1399641
32	公牛集团股份有限公司	91. 478	1408137	318861	1665049	1239886
33	贵州振华风光半导体股份有限公司	91. 197	77887	30301	481673	419387
34	宁波富邦控股集团有限公司	91. 063	5752122	81918	5861929	1330045
35	深圳科士达科技股份有限公司	90. 914	440068	65647	622021	354667
36	江苏天奈科技股份有限公司	90. 567	184152	42420	406273	250609
37	四川英杰电气股份有限公司	90. 410	128257	33908	286752	150984
38	欣旺达电子股份有限公司	90. 214	3735872	106375	7449446	2005624

续表

序号	企业名称	综合信用指数	营业收入（万元）	利润（万元）	资产（万元）	所有者权益（万元）
39	东莞市奥海科技股份有限公司	90.186	446684	43767	705528	456949
40	富通集团有限公司	90.164	6305010	178935	3565471	1388925
家用电器及零配件制造业						
1	珠海格力电器股份有限公司	97.600	18898838	2450662	35502475	9675873
2	美的集团股份有限公司	97.346	34391753	2955351	42255526	14293523
3	海尔集团公司	96.779	35062328	1105285	49719941	7449669
4	海信集团控股股份有限公司	93.546	18493639	362376	17864558	2120436
5	宁波德业科技股份有限公司	92.586	595551	151740	850748	406252
6	深圳市康冠科技股份有限公司	91.691	1158704	151559	989316	591972
7	江苏立霸实业股份有限公司	91.080	141641	56457	184255	128431
8	奥克斯集团有限公司	91.058	8101020	166504	6250572	1416793
电子元器件与仪器仪表、自动化控制设备制造业						
1	中国电子科技集团有限公司	97.324	37567355	1792961	59416897	22051605
2	中芯国际集成电路制造有限公司	97.091	4951608	1213307	30510369	13337192
3	富士康工业互联网股份有限公司	96.872	51184957	2007307	28418766	12897519
4	鹏鼎控股（深圳）股份有限公司	96.452	3621097	501153	3880302	2793679
5	浙江正泰电器股份有限公司	96.219	4597433	402326	10433442	3634081
6	江苏长电科技股份有限公司	95.919	3376202	323098	3940773	2464273
7	中国振华（集团）科技股份有限公司	95.535	726686	238245	1356017	975598
8	紫光国芯微电子股份有限公司	95.227	711990	263189	1532875	970307
9	蓝思科技股份有限公司	94.804	4669854	244808	7834564	4417251
10	北方华创科技集团股份有限公司	94.601	1468811	235272	4255139	1974606
11	南京国博电子股份有限公司	94.283	346051	52058	832514	563554
12	青鸟消防股份有限公司	94.225	460237	56963	805780	580139
13	三花控股集团有限公司	93.877	5230979	174369	4005686	1304688
14	扬州扬杰电子科技股份有限公司	93.260	540353	106014	948323	615340
15	圣邦微电子（北京）股份有限公司	93.126	318754	87367	434341	346645
16	天通控股股份有限公司	92.990	450771	66942	1088705	779670
17	杭州长川科技股份有限公司	92.939	257652	46108	469126	227699
18	厦门法拉电子股份有限公司	92.923	383621	100677	567048	408029
19	安集微电子科技（上海）股份有限公司	92.881	107678	30143	204760	152154
20	华工科技产业股份有限公司	92.717	1201102	90608	1679271	823755

续表

序号	企业名称	综合信用指数	营业收入（万元）	利润（万元）	资产（万元）	所有者权益（万元）
21	东莞怡合达自动化股份有限公司	92. 533	251482	50640	342597	266610
22	苏州固锝电子股份有限公司	92. 110	326819	37085	341826	273130
23	斯达半导体股份有限公司	91. 848	270549	81764	712775	573787
24	中控技术股份有限公司	91. 842	662385	79792	1306262	525793
25	沪士电子股份有限公司	91. 789	833603	136157	250132	826689
26	上海富瀚微电子股份有限公司	91. 234	211057	39812	344759	227011
27	深圳市信维通信股份有限公司	90. 869	858991	64838	1219432	658257
28	兆易创新科技集团股份有限公司	90. 802	812999	205256	1664506	1518553
29	成都振芯科技股份有限公司	90. 689	118236	30011	260587	152835
30	深圳拓邦股份有限公司	90. 653	887509	58265	1036455	572852
31	北京华峰测控技术股份有限公司	90. 552	107055	52629	337135	313895
32	贵州航天电器股份有限公司	90. 522	601969	55544	996846	568343
33	杭州炬华科技股份有限公司	90. 355	150631	47207	403777	305807
34	深圳麦格米特电气股份有限公司	90. 215	547775	47269	845355	370395
35	深圳市英维克科技股份有限公司	90. 211	292318	28028	404233	211720
36	胜宏科技（惠州）股份有限公司	90. 193	788515	79064	1430377	693686
37	浙江水晶光电科技股份有限公司	90. 045	437551	57617	1027860	814669
动力、电力生产等装备、设备制造业						
1	中国东方电气集团有限公司	90. 073	5933236	172547	13028723	2228124
计算机、通信器材、办公、影像等设备及零部件制造业						
1	华为投资控股有限公司	98. 843	64233800	3553400	106380400	43697500
2	中兴通讯股份有限公司	96. 271	12295442	808030	18095360	5864120
3	中国信息通信科技集团有限公司	96. 208	5286746	138783	11943301	3248726
4	立讯精密工业股份有限公司	95. 806	21402839	916310	14838431	4534289
5	研祥高科技控股集团有限公司	95. 133	7156833	375794	5403945	3520126
6	心里程控股集团有限公司	94. 712	7218535	295646	2542915	1715320
7	锐捷网络股份有限公司	94. 466	1132595	54992	805081	429463
8	苏州东山精密制造股份有限公司	94. 436	3158014	236751	4053136	1635942
9	聚辰半导体股份有限公司	94. 417	98043	35377	205737	191572
10	广州视源电子科技股份有限公司	93. 976	2099026	207241	2014849	1194145
11	曙光信息产业股份有限公司	93. 637	1300795	154421	3181017	1701738
12	环旭电子股份有限公司	93. 558	6851607	305996	3857446	1574939

续表

序号	企业名称	综合信用指数	营业收入（万元）	利润（万元）	资产（万元）	所有者权益（万元）
13	纳思达股份有限公司	93.505	2585535	186289	4602863	1587370
14	成都新易盛通信技术股份有限公司	93.217	331057	90358	587606	482916
15	晶晨半导体（上海）股份有限公司	92.896	554491	72666	586507	489361
16	福建星网锐捷通讯股份有限公司	92.653	1574057	57605	1444610	607114
17	四川福蓉科技股份公司	92.598	225386	39125	243421	187331
18	创维数字股份有限公司	92.494	1200858	82303	1081008	599963
19	中际旭创股份有限公司	92.492	964179	122399	1655698	1194521
20	无锡新洁能股份有限公司	92.269	181094	43518	398949	336269
21	上海移远通信技术股份有限公司	92.199	1423024	62281	1027317	372024
22	安福县海能实业股份有限公司	91.886	238594	32598	270899	156157
23	得力集团有限公司	91.811	3952178	251946	4065889	1476731
24	京东方科技集团股份有限公司	90.502	17841373	755087	42056210	13608941
25	浙江大华技术股份有限公司	90.395	3056537	232435	4625289	2583679
26	上海华测导航技术股份有限公司	90.363	223624	36111	401755	253253
27	天津七一二通信广播股份有限公司	90.295	403962	77491	982334	430723
汽车及零配件制造业						
1	中国第一汽车集团有限公司	97.313	58979871	2587416	59636880	24963525
2	比亚迪股份有限公司	97.082	42406063	1662244	49386064	11102929
3	上海汽车集团股份有限公司	96.506	74406288	1611754	99010738	27923352
4	长城汽车股份有限公司	91.157	13733998	826604	18535730	6520125
5	万向集团公司	90.049	19046558	487649	11474688	3500785
摩托车、自行车和其他交通运输设备及零配件制造业						
1	爱玛科技集团股份有限公司	95.112	2080221	187343	1847135	672117
2	雅迪科技集团有限公司	90.737	3125091	230418	2411080	584280
综合制造业（以制造业为主，含有服务业）						
1	中国五矿集团有限公司	96.620	89830142	589851	105634035	6525324
2	湖南五江控股集团有限公司	94.572	4184645	323447	6893168	4626606
3	北京中科三环高技术股份有限公司	92.745	971580	84786	1171294	643650
4	杭州锦江集团有限公司	92.546	8227646	162550	6273920	1404052
5	广东领益智造股份有限公司	92.383	3448467	159607	3619200	1716663
6	中国宝安集团股份有限公司	90.807	3199872	115658	5229331	913381
7	广州工业投资控股集团有限公司	90.630	24612246	157315	29175733	3756023

续表

序号	企业名称	综合信用指数	营业收入（万元）	利润（万元）	资产（万元）	所有者权益（万元）
能源（电、热、燃气等）供应、开发、节能减排及再循环服务业						
1	国家电网有限公司	99.815	356524505	5510499	490227557	209797126
2	中国南方电网有限责任公司	97.287	76465826	1019412	114511539	41646438
3	浙江省能源集团有限公司	96.394	16764709	558718	30088872	9159765
4	河南蓝天燃气股份有限公司	94.500	475370	59226	624745	366161
5	奥德集团有限公司	94.329	3798039	380525	5783016	3429047
6	新奥天然气股份有限公司	94.262	15404417	584391	13619744	1757812
7	四川省能源投资集团有限责任公司	93.679	9004424	64424	24139655	4423655
8	佛燃能源集团股份有限公司	93.649	1892310	65525	1479173	543301
9	广州产业投资控股集团有限公司	93.528	5986341	150209	15328489	3116718
10	龙岩卓越新能源股份有限公司	93.113	434497	45172	298549	278380
11	北京能源集团有限责任公司	92.654	10052951	201450	42113323	9738837
12	陕西省天然气股份有限公司	92.563	850566	61635	1299798	631357
13	云南省能源投资集团有限公司	92.469	12610682	317112	25106798	5970111
14	申能（集团）有限公司	92.253	7019122	370615	20666687	9338819
15	成都燃气集团股份有限公司	92.093	483544	49154	719937	415275
16	旺能环境股份有限公司	91.731	334991	72179	1449288	607678
17	深圳市燃气集团股份有限公司	91.188	3006156	163209	3820072	1314870
18	新天绿色能源股份有限公司	91.087	1856052	229411	7740866	2046497
19	四川华油集团有限责任公司	90.608	1614980	46064	1052393	324785
20	无锡市国联发展（集团）有限公司	90.412	2478719	158001	18124465	2901711
21	瀚蓝环境股份有限公司	90.363	1287506	114634	3328777	1088319
水上运输业						
1	南京盛航海运股份有限公司	93.762	86819	86819	16907	279760
港口服务业						
1	上海国际港务（集团）股份有限公司	96.857	3727980	1722391	18180170	11232740
2	青岛港国际股份有限公司	94.481	1926276	452517	5747591	3739974
3	浙江省海港投资运营集团有限公司	94.179	3728922	330340	17196881	7098229
航空运输及相关服务业						
1	厦门翔业集团有限公司	92.724	1915801	28222	4951426	1742500
电信、邮寄、速递等服务业						
1	中国移动通信集团有限公司	97.312	93903722	9900630	228796985	126065120

续表

序号	企业名称	综合信用指数	营业收入（万元）	利润（万元）	资产（万元）	所有者权益（万元）
2	中国邮政集团有限公司	96.625	74176479	3371864	1470460708	49510922
3	中国电信集团有限公司	96.151	58634784	1386231	104664204	39621437
4	中国联合网络通信集团有限公司	94.119	35615693	656480	68348838	19234333
5	圆通速递股份有限公司	93.321	5353931	391967	3925732	2667269
6	韵达控股股份有限公司	91.901	4743373	148307	3807251	1697626
软件、程序、计算机应用、网络工程等计算机、微电子服务业						
1	中国卫通集团股份有限公司	95.998	273333	92073	2242811	1510711
2	安克创新科技股份有限公司	95.227	1425051	114300	1013198	684276
3	厦门亿联网络技术股份有限公司	94.872	481055	217766	860685	789136
4	神州数码集团股份有限公司	94.820	11588002	100440	4021604	760204
5	广联达科技股份有限公司	94.648	655235	96673	1154549	631174
6	澜起科技股份有限公司	94.388	367225	129937	1068604	991218
7	软通动力信息技术（集团）股份有限公司	94.053	1910369	97332	1506270	1005837
8	北京金山办公软件股份有限公司	93.647	388495	111752	1205767	872430
9	东方电子股份有限公司	93.602	546025	43842	956371	414897
10	航天信息股份有限公司	93.551	1931407	107900	2368166	1414922
11	广州海格通信集团股份有限公司	93.190	561561	66819	1520797	1066145
12	中科创达软件股份有限公司	93.152	544545	76877	1072120	906663
13	浪潮电子信息产业股份有限公司	92.896	6952545	208035	4101342	1726448
14	北京神州泰岳软件股份有限公司	92.883	480601	54188	581780	483503
15	润建股份有限公司	92.873	815934	42413	1272895	433915
16	紫光股份有限公司	91.941	7405764	215792	7406300	3184110
17	东华软件股份公司	91.074	1183333	40088	2222602	1114755
18	东软集团股份有限公司	90.830	946580	945191	1887213	923784
19	北京指南针科技发展股份有限公司	90.749	125505	33840	426713	170112
物流、仓储、运输、配送及供应链服务业						
1	嘉友国际物流股份有限公司	94.245	482945	68074	535632	415751
2	厦门建发股份有限公司	94.201	83281200	628155	66475442	5847978
3	安通控股股份有限公司	94.029	917642	234207	1290481	957509
4	厦门象屿股份有限公司	93.883	53814806	263690	11505640	1709156
5	深圳金雅福控股集团有限公司	93.406	5279781	28721	343130	198518
6	密尔克卫化工供应链服务股份有限公司	91.828	1157561	60536	951068	378893

续表

序号	企业名称	综合信用指数	营业收入（万元）	利润（万元）	资产（万元）	所有者权益（万元）
7	东方航空物流股份有限公司	91.106	2347037	363681	2606781	1352331
8	上海中谷物流股份有限公司	90.854	1420891	274138	2013042	930361
能源、矿产、化工、机电、金属产品等内外商贸批发业						
1	新疆大全新能源股份有限公司	94.205	3094030	1912087	5226488	4554157
综合性内外商贸及批发、零售业						
1	物产中大集团股份有限公司	96.125	57655134	391096	14505087	3374317
2	浙商中拓集团股份有限公司	94.642	19360475	100252	2607139	528229
3	江苏国泰国际集团股份有限公司	93.772	4275909	172449	3940551	1406726
4	湖南博深实业集团有限公司	93.445	2490808	104868	1538201	786085
5	中基宁波集团股份有限公司	92.778	11607710	36388	1762155	199989
6	浙江东方金融控股集团股份有限公司	92.452	1881155	94672	3692235	1552254
7	厦门国贸控股集团有限公司	91.778	69346046	194727	32220107	3639521
8	东方国际（集团）有限公司	90.056	8988909	47202	6270182	1757533
汽车和摩托车商贸、维修保养及租赁业						
1	欧龙汽车贸易集团有限公司	93.993	1803185	50201	686231	332290
2	恒信汽车集团股份有限公司	92.769	7980726	129137	2533332	1449388
3	滁州多利汽车科技股份有限公司	92.681	335500	44637	352797	186225
4	浙江华铁应急设备科技股份有限公司	92.427	327819	64129	1441238	457672
银行业						
1	中国建设银行股份有限公司	98.716	82247300	32386100	3460191700	285673300
2	中国工商银行股份有限公司	98.472	91798900	36048300	3960965700	349517100
3	中国农业银行股份有限公司	98.100	72486800	25914000	3392753300	266841200
4	中国银行股份有限公司	97.814	61800900	22743900	2891385700	242758900
5	兴业银行股份有限公司	96.780	22237400	9137700	926667100	74618700
6	中国光大银行股份有限公司	96.313	15163200	5596600	630051000	50788300
7	平安银行股份有限公司	93.602	17989500	4551600	532151400	43468000
8	交通银行股份有限公司	93.474	27297800	9214900	1299241900	102340900
9	成都银行股份有限公司	90.645	2024131	1004237	91765030	6134271
10	宁波银行股份有限公司	90.577	5787900	2539200	236609700	16852600
保险业						
1	中国人寿保险（集团）公司	90.402	101901900	4613600	612682200	19291700
证券及其他金融服务业						
1	中国国际金融股份有限公司	94.626	2608736	759750	64876403	9947469

续表

序号	企业名称	综合信用指数	营业收入（万元）	利润（万元）	资产（万元）	所有者权益（万元）
2	华泰证券股份有限公司	93.695	3203156	1105269	84656701	16784870
3	东方财富信息股份有限公司	93.563	1248557	850946	21188073	6516466
4	海南海德资本管理股份有限公司	92.756	106288	70014	794176	515498
5	兴华财富集团有限公司	92.684	6563262	301267	2529353	1935023
6	陕西省国际信托股份有限公司	92.099	192591	83798	2280027	1621771
7	中国银河证券股份有限公司	92.098	3364199	776054	62521572	10258971
8	广发证券股份有限公司	91.228	2513201	792928	61725628	12014563
9	信达证券股份有限公司	90.948	343776	122734	291870	1368247
多元化投资控股、商务服务业						
1	招商局集团有限公司	98.388	49295592	5700322	263202724	47612321
2	中国中信集团有限公司	96.340	67784747	2626084	1059769342	43824860
3	杭州市城市建设投资集团有限公司	93.310	6418122	224596	25424637	7476494
4	广西北部湾投资集团有限公司	93.176	7881105	267941	35893264	10482292
5	多弗国际控股集团有限公司	92.645	21668635	273363	14136253	7763885
6	广东粤海控股集团有限公司	92.358	4377269	409113	23728891	4903868
7	陕西投资集团有限公司	91.609	8448427	340438	25909023	4845616
8	重庆中昂投资集团有限公司	90.959	5211930	675527	10532679	5030835
9	洛阳国宏投资控股集团有限公司	90.628	5078724	118691	7813381	2286563
公用事业、市政、水务、航道等公共设施投资、经营与管理业						
1	四川川投能源股份有限公司	96.275	142041	351526	5471381	3381682
2	北京控股集团有限公司	96.203	11910115	136186	43005912	4400049
3	天津城市基础设施建设投资集团有限公司	95.397	2132471	182502	89458544	26311428
4	浙江伟明环保股份有限公司	95.096	444614	165319	2022377	928940
5	北京首都创业集团有限公司	95.086	5782222	45489	42060022	2620012
6	重庆水务集团股份有限公司	95.021	777887	190908	3195752	1707303
7	成都市兴蓉环境股份有限公司	94.813	762967	161782	3833860	1477779
8	安徽元琛环保科技股份有限公司	94.482	57903	57903	127385	64288
9	西安城市基础设施建设投资集团有限公司	94.057	2032804	91923	19953413	7517771
10	北京高能时代环境技术股份有限公司	93.736	877423	69247	2266013	887812
11	江西洪城环境股份有限公司	93.474	777609	94562	2089944	710799
12	江苏江南水务股份有限公司	93.267	126801	28042	585396	349104

续表

序号	企业名称	综合信用指数	营业收入（万元）	利润（万元）	资产（万元）	所有者权益（万元）
13	武汉三镇实业控股股份有限公司	93.195	289387	278447	2040104	509141
14	南昌市政公用集团有限公司	93.170	5897204	53545	15925889	3724153
15	郑州公用事业投资发展集团有限公司	93.100	1388008	79482	8042196	1748970
16	中山公用事业集团股份有限公司	92.744	361922	107206	2549465	1567332
17	上海临港经济发展（集团）有限公司	90.538	1108134	67300	17914733	2897505
人力资源（职业教育、培训等）、会展博览、国内外经济合作等社会综合服务业						
1	中国国际技术智力合作集团有限公司	90.192	15719486	89888	2018816	802020
科技研发、推广及地勘、规划、设计、评估、咨询、认证等承包服务业						
1	谱尼测试集团股份有限公司	94.589	376208	32080	457993	353860
2	烟台杰瑞石油服务集团股份有限公司	93.897	1140901	224494	2922582	1726631
文化产业（书刊出版、印刷、发行与销售及影视、音像、文体、演艺等）						
1	江苏省广电有线信息网络股份有限公司	90.522	750583	32691	3692652	2201916
2	浙报数字文化集团股份有限公司	90.403	518636	48969	1219955	927705
信息、传媒、电子商务、网购、娱乐等互联网服务业						
1	腾讯控股有限公司	98.391	55455200	18824300	157813100	72139100
2	网易股份有限公司	95.065	9649581	2033760	17276099	10473132
3	阿里巴巴（中国）有限公司	94.899	86453900	3275200	177212400	97595400
4	恺英网络股份有限公司	94.280	372553	102517	577644	447190
5	汇通达网络股份有限公司	93.987	8035478	37908	2802397	795482
6	北京国联视讯信息技术股份有限公司	92.692	4026897	112579	1283207	540901
7	三人行传媒集团股份有限公司	91.858	565298	73636	530748	257759
8	百度网络技术有限公司	91.729	12367500	755900	39097300	22347800
9	通鼎集团有限公司	91.404	5210110	143909	2794663	787478
10	广东南方新媒体股份有限公司	90.295	142864	69132	438622	346888
综合服务业（以服务业为主，含有制造业）						
1	中国华润有限公司	97.385	81826544	3135765	228869995	31606764
2	新疆广汇实业投资（集团）有限责任公司	95.936	20800708	107053	25748922	4060281
3	广西投资集团有限公司	95.821	21029995	56518	74937609	3057791
4	中国保利集团有限公司	95.503	45537678	866210	182848841	11749656
5	浙江交通科技股份有限公司	95.232	4646958	157821	5837900	1319972
6	金诚信矿业管理股份有限公司	94.318	535485	60975	1127059	612843
7	苏美达股份有限公司	93.055	14114458	91585	5298829	625694

续表

序号	企业名称	综合信用指数	营业收入（万元）	利润（万元）	资产（万元）	所有者权益（万元）
8	鲁银投资集团股份有限公司	93.040	378898	32445	523767	263636
9	上海万业企业股份有限公司	92.978	115757	42357	976217	831302
10	深圳华强集团有限公司	92.339	3215078	38809	7487643	1671737
11	南京高科股份有限公司	91.727	448220	240237	3740368	1656337
12	广东广弘控股股份有限公司	91.596	341790	91675	572523	301286
13	浙江中国轻纺城集团股份有限公司	90.842	82018	118684	1045812	622861
14	宁波滕头集团有限公司	90.789	1178775	32897	534882	356595
15	黑牡丹（集团）股份有限公司	90.215	1154541	61089	3149397	995508
农业、渔业、畜牧业及林业						
1	牧原食品股份有限公司	94.800	12482621	1326615	19294761	7178335
2	福建圣农发展股份有限公司	93.406	1681708	41089	1892333	993224
3	江苏省农垦农业发展股份有限公司	92.842	1272729	82624	1459053	622738
4	北大荒农垦集团有限公司	92.014	19130694	38928	25460645	4348106
煤炭采掘及采选业						
1	中国神华能源股份有限公司	97.100	34453300	9624700	62170100	39385400
2	甘肃能化股份有限公司	93.867	1226134	316897	2718007	1289417
3	西部矿业股份有限公司	91.352	3976248	344599	5281666	1614445
石油、天然气开采及生产业						
1	中国石油天然气集团有限公司	98.985	324915726	14179836	439505369	211876657
2	中国海洋石油集团有限公司	97.579	110831212	11427207	151335316	74724159
建筑业						
1	中国建筑股份有限公司	97.400	205505207	5095030	265290330	38432214
2	中国铁路工程集团有限公司	96.668	115477604	1368677	162053670	13125944
3	中国铁道建筑集团有限公司	96.578	109671201	1210540	152853790	11861730
4	中国电力建设集团有限公司	95.072	66608157	417619	129507190	10330028
5	中国交通建设集团有限公司	94.886	93011239	844141	237518365	17217641
6	中国化学工程集团有限公司	94.455	17617096	288470	23474396	3437654
7	四川路桥建设集团股份有限公司	92.170	13515116	1121290	20829873	4179419
8	中国能源建设股份有限公司	91.650	36639330	780934	66435112	10189366
9	陕西建工控股集团有限公司	91.090	23365635	263019	38723928	1550885
10	广州市建筑集团有限公司	90.754	26407769	100578	19770130	1859197
11	四川华西集团有限公司	90.690	10055680	151607	12335683	1535608

续表

序号	企业名称	综合信用指数	营业收入（万元）	利润（万元）	资产（万元）	所有者权益（万元）
12	武汉东湖高新集团股份有限公司	90. 444	1398610	57863	349015	739682
13	通州建总集团有限公司	90. 430	5217638	164003	701394	366279
14	山东高速路桥集团股份有限公司	90. 078	6501893	250463	10305001	1570965
电力生产业						
1	中国华能集团有限公司	95. 043	42454816	756986	141519461	13982189
2	中国华电集团有限公司	94. 851	30346738	687031	102717210	11151678
3	中国广核集团有限公司	94. 473	13698039	973839	91265773	15559271
4	山西通宝能源股份有限公司	90. 979	1111845	85414	1003157	662086
5	中国核工业集团有限公司	90. 337	26270430	861941	115042105	18583205
其他采选业						
1	中矿资源集团股份有限公司	94. 200	804122	329483	1148245	750951
2	紫金矿业集团股份有限公司	91. 272	27032899	2004204	30604413	8894278

第九章
2023中国制造业企业信用100强评价资料

一、2023 中国制造业企业信用 100 强排序

序号	企业名称	地区	综合信用指数	信用环境指数	信用能力指数	信用行为指数
1	中国石油化工集团有限公司	北京	99.460	13.824	71.636	14.000
2	中国宝武钢铁集团有限公司	上海	99.176	14.000	71.176	14.000
3	华为投资控股有限公司	广东	98.843	13.859	71.041	13.944
4	贵州茅台酒股份有限公司	贵州	97.874	11.874	72.000	14.000
5	珠海格力电器股份有限公司	广东	97.600	14.000	72.000	11.600
6	中国建材集团有限公司	北京	97.458	13.142	70.716	13.600
7	美的集团股份有限公司	广东	97.346	14.000	71.733	11.613
8	中国电子科技集团有限公司	北京	97.324	13.339	72.000	11.985
9	中国第一汽车集团有限公司	吉林	97.313	13.368	71.991	11.954
10	中芯国际集成电路制造有限公司	香港	97.091	13.491	72.000	11.600
11	比亚迪股份有限公司	广东	97.082	13.217	71.325	12.540
12	特变电工股份有限公司	新疆	97.072	13.472	72.000	11.600
13	中国铝业集团有限公司	北京	97.051	13.341	71.210	12.500
14	隆基绿能科技股份有限公司	陕西	96.912	13.312	72.000	11.600
15	富士康工业互联网股份有限公司	广东	96.872	12.411	72.000	12.461
16	海尔集团公司	山东	96.779	14.000	71.179	11.600
17	中国五矿集团有限公司	北京	96.620	13.500	71.520	11.600
18	福耀玻璃工业集团股份有限公司	福建	96.596	13.941	71.055	11.600
19	农夫山泉股份有限公司	浙江	96.536	12.936	72.000	11.600
20	上海汽车集团股份有限公司	上海	96.506	12.959	71.084	12.463
21	金川集团股份有限公司	甘肃	96.491	12.310	71.079	13.102
22	鹏鼎控股（深圳）股份有限公司	广东	96.452	13.937	70.916	11.600
23	晶科能源股份有限公司	江西	96.400	13.291	71.509	11.600
24	山东魏桥创业集团有限公司	山东	96.336	12.368	71.169	12.800
25	波司登股份有限公司	江苏	96.333	12.733	72.000	11.600
26	中兴通讯股份有限公司	广东	96.271	12.904	71.767	11.600
27	杭州市实业投资集团有限公司	浙江	96.226	13.152	71.474	11.600
28	浙江正泰电器股份有限公司	浙江	96.219	12.619	72.000	11.600

续表

序号	企业名称	地区	综合信用指数	信用环境指数	信用能力指数	信用行为指数
29	金东纸业（江苏）股份有限公司	江苏	96.052	12.452	72.000	11.600
30	金发科技股份有限公司	广东	96.034	12.434	72.000	11.600
31	江苏阳光集团有限公司	江苏	96.016	12.000	71.216	12.800
32	江苏长电科技股份有限公司	江苏	95.919	13.600	70.720	11.600
33	海澜集团有限公司	江苏	95.897	13.003	71.295	11.600
34	内蒙古伊利实业集团股份有限公司	内蒙古	95.881	13.180	71.100	11.600
35	佛山市海天调味食品股份有限公司	广东	95.813	12.474	71.739	11.600
36	立讯精密工业股份有限公司	广东	95.806	12.886	71.321	11.600
37	明阳智慧能源集团股份公司	广东	95.744	13.019	71.126	11.600
38	天合光能股份有限公司	江苏	95.736	12.496	71.639	11.600
39	郑州煤矿机械集团股份有限公司	河南	95.505	13.445	70.461	11.600
40	徐工集团工程机械股份有限公司	江苏	95.500	12.412	71.488	11.600
41	阳光电源股份有限公司	安徽	95.490	13.402	70.488	11.600
42	万洲国际有限公司	河南	95.407	12.953	71.854	10.600
43	雅戈尔集团股份有限公司	浙江	95.400	12.855	70.945	11.600
44	晶科能源控股有限公司	江西	95.333	13.340	70.394	11.600
45	通威集团有限公司	四川	95.236	13.525	70.111	11.600
46	紫光国芯微电子股份有限公司	河北	95.227	13.820	69.807	11.600
47	研祥高科技控股集团有限公司	广东	95.133	12.972	70.561	11.600
48	晶澳太阳能科技股份有限公司	河北	95.012	12.412	72.000	10.600
49	迪尚集团有限公司	山东	94.834	12.600	71.634	10.600
50	蓝思科技股份有限公司	湖南	94.804	12.832	70.372	11.600
51	中山华利实业集团股份有限公司	广东	94.728	12.128	72.000	10.600
52	心里程控股集团有限公司	广东	94.712	13.932	69.180	11.600
53	欧派家居集团股份有限公司	广东	94.669	12.357	71.711	10.600
54	TCL 中环新能源科技股份有限公司	天津	94.664	13.472	70.592	10.600
55	梅花生物科技集团股份有限公司	西藏	94.616	13.419	69.596	11.600
56	山东齐润控股集团有限公司	山东	94.614	12.921	71.093	10.600
57	湖南五江控股集团有限公司	湖南	94.572	13.500	70.472	10.600
58	内蒙古鄂尔多斯资源股份有限公司	内蒙古	94.465	11.755	71.110	11.600
59	云南恩捷新材料股份有限公司	云南	94.437	13.300	70.038	11.100
60	苏州东山精密制造股份有限公司	江苏	94.436	13.939	68.898	11.600

续表

序号	企业名称	地区	综合信用指数	信用环境指数	信用能力指数	信用行为指数
61	金风科技股份有限公司	新疆	94.399	11.832	70.967	11.600
62	深圳市汇川技术股份有限公司	广东	94.360	12.260	72.000	10.100
63	浙江晶盛机电股份有限公司	浙江	94.137	13.320	70.216	10.600
64	广东海大集团股份有限公司	广东	94.104	13.254	69.251	11.600
65	青海盐湖工业股份有限公司	青海	94.054	14.000	67.254	12.800
66	广州视源电子科技股份有限公司	广东	93.976	13.060	69.316	11.600
67	振石控股集团有限公司	浙江	93.874	13.067	69.208	11.600
68	环旭电子股份有限公司	上海	93.558	12.501	69.457	11.600
69	海信集团控股股份有限公司	山东	93.546	14.000	67.946	11.600
70	中国北方稀土（集团）高科技股份有限公司	内蒙古	93.455	13.539	67.837	12.079
71	五得利面粉集团有限公司	河北	93.301	13.073	68.628	11.600
72	山西杏花村汾酒厂股份有限公司	山西	93.191	12.984	68.607	11.600
73	中航光电科技股份有限公司	内蒙古	93.172	13.298	68.274	11.600
74	江西铜业集团有限公司	江西	92.943	13.514	67.829	11.600
75	中天科技集团有限公司	江苏	92.927	13.511	67.816	11.600
76	浙江三花智能控制股份有限公司	浙江	92.881	13.516	67.765	11.600
77	湖南钢铁集团有限公司	湖南	92.832	13.600	67.632	11.600
78	北京首农食品集团有限公司	北京	92.787	12.280	68.908	11.600
79	中信泰富特钢集团股份有限公司	湖北	92.773	12.752	68.421	11.600
80	冀南钢铁集团有限公司	河北	92.760	13.600	65.160	14.000
81	明阳新能源投资控股集团有限公司	广东	92.632	11.369	69.664	11.600
82	山东鲁花集团有限公司	山东	92.475	13.241	67.634	11.600
83	重庆顺博铝合金股份有限公司	重庆	92.256	13.600	66.635	12.021
84	河北新华联合冶金控股集团有限公司	河北	92.153	13.600	66.953	11.600
85	上海华谊控股集团有限公司	上海	91.949	13.911	65.238	12.800
86	得力集团有限公司	浙江	91.811	13.395	66.816	11.600
87	山西焦化股份有限公司	山西	91.747	13.600	66.547	11.600
88	南山集团有限公司	山东	91.716	13.456	66.659	11.600
89	公牛集团股份有限公司	浙江	91.478	13.158	66.720	11.600
90	天士力医药集团股份有限公司	天津	91.320	13.600	66.120	11.600
91	长城汽车股份有限公司	河北	91.157	13.084	68.810	9.263
92	安徽海螺集团有限责任公司	安徽	91.126	10.820	68.706	11.600
93	森林包装集团股份有限公司	浙江	90.870	12.035	67.235	11.600

续表

序号	企业名称	地区	综合信用指数	信用环境指数	信用能力指数	信用行为指数
94	兆易创新科技集团股份有限公司	北京	90. 802	12. 565	66. 637	11. 600
95	福莱特玻璃集团股份有限公司	浙江	90. 797	12. 902	66. 295	11. 600
96	雅迪科技集团有限公司	江苏	90. 737	13. 400	65. 737	11. 600
97	京东方科技集团股份有限公司	北京	90. 502	10. 083	68. 819	11. 600
98	浙江大华技术股份有限公司	浙江	90. 395	12. 115	66. 680	11. 600
99	铜陵有色金属集团股份有限公司	安徽	90. 103	12. 587	65. 916	11. 600
100	万向集团公司	浙江	90. 049	13. 171	68. 133	8. 745

二、2023 中国制造业企业信用 100 强收益性指标

序号	企业名称	地区	综合信用指数	营收利润率（%）	资产利润率（%）	净资产利润率（%）
1	中国石油化工集团有限公司	北京	99. 460	2. 05	2. 55	7. 12
2	中国宝武钢铁集团有限公司	上海	99. 176	1. 54	1. 35	5. 23
3	华为投资控股有限公司	广东	98. 843	5. 53	3. 34	8. 13
4	贵州茅台酒股份有限公司	贵州	97. 874	50. 54	24. 66	31. 75
5	珠海格力电器股份有限公司	广东	97. 600	12. 97	6. 90	25. 33
6	中国建材集团有限公司	北京	97. 458	5. 82	3. 15	9. 42
7	美的集团股份有限公司	广东	97. 346	8. 59	6. 99	20. 68
8	中国电子科技集团有限公司	北京	97. 324	4. 77	3. 02	8. 13
9	中国第一汽车集团有限公司	吉林	97. 313	4. 39	4. 34	10. 36
10	中芯国际集成电路制造有限公司	香港	97. 091	24. 50	3. 98	9. 10
11	比亚迪股份有限公司	广东	97. 082	3. 92	3. 37	14. 97
12	特变电工股份有限公司	新疆	97. 072	16. 56	9. 32	27. 53
13	中国铝业集团有限公司	北京	97. 051	2. 21	1. 83	10. 44
14	隆基绿能科技股份有限公司	陕西	96. 912	11. 48	10. 61	23. 83
15	富士康工业互联网股份有限公司	广东	96. 872	3. 92	7. 06	15. 56
16	海尔集团公司	山东	96. 779	3. 15	2. 22	14. 84
17	中国五矿集团有限公司	北京	96. 620	0. 66	0. 56	9. 04
18	福耀玻璃工业集团股份有限公司	福建	96. 596	16. 92	9. 37	16. 40
19	农夫山泉股份有限公司	浙江	96. 536	25. 56	21. 64	35. 27
20	上海汽车集团股份有限公司	上海	96. 506	2. 17	1. 63	5. 77
21	金川集团股份有限公司	甘肃	96. 491	2. 25	5. 20	14. 42
22	鹏鼎控股（深圳）股份有限公司	广东	96. 452	13. 84	12. 92	17. 94
23	晶科能源股份有限公司	江西	96. 400	3. 55	2. 78	11. 00
24	山东魏桥创业集团有限公司	山东	96. 336	1. 24	2. 43	7. 09
25	波司登股份有限公司	江苏	96. 333	16. 05	12. 94	21. 40
26	中兴通讯股份有限公司	广东	96. 271	6. 57	4. 47	13. 78
27	杭州市实业投资集团有限公司	浙江	96. 226	1. 28	2. 94	12. 51

续表

序号	企业名称	地区	综合信用指数	营收利润率（%）	资产利润率（%）	净资产利润率（%）
28	浙江正泰电器股份有限公司	浙江	96.219	8.75	3.86	11.07
29	金东纸业（江苏）股份有限公司	江苏	96.052	9.92	4.07	12.23
30	金发科技股份有限公司	广东	96.034	4.93	3.59	12.05
31	江苏阳光集团有限公司	江苏	96.016	4.98	11.55	20.81
32	江苏长电科技股份有限公司	江苏	95.919	9.57	8.20	13.11
33	海澜集团有限公司	江苏	95.897	3.84	4.08	5.67
34	内蒙古伊利实业集团股份有限公司	内蒙古	95.881	7.69	7.20	18.76
35	佛山市海天调味食品股份有限公司	广东	95.813	24.20	18.20	23.48
36	立讯精密工业股份有限公司	广东	95.806	4.28	6.18	20.21
37	明阳智慧能源集团股份公司	广东	95.744	11.24	5.01	12.29
38	天合光能股份有限公司	江苏	95.736	4.33	4.09	13.97
39	郑州煤矿机械集团股份有限公司	河南	95.505	7.92	5.73	14.25
40	徐工集团工程机械股份有限公司	江苏	95.500	4.59	2.46	8.09
41	阳光电源股份有限公司	安徽	95.490	8.93	5.83	19.25
42	万洲国际有限公司	河南	95.407	4.87	6.65	13.76
43	雅戈尔集团股份有限公司	浙江	95.400	34.19	6.52	13.36
44	晶科能源控股有限公司	江西	95.333	2.64	2.78	11.00
45	通威集团有限公司	四川	95.236	5.12	6.89	41.81
46	紫光国芯微电子股份有限公司	河北	95.227	36.97	17.17	27.12
47	研祥高科技控股集团有限公司	广东	95.133	5.25	6.95	10.68
48	晶澳太阳能科技股份有限公司	河北	95.012	7.58	7.65	20.12
49	迪尚集团有限公司	山东	94.834	11.93	18.50	30.24
50	蓝思科技股份有限公司	湖南	94.804	5.24	3.12	5.54
51	中山华利实业集团股份有限公司	广东	94.728	15.69	18.87	24.46
52	心里程控股集团有限公司	广东	94.712	4.10	11.63	17.24
53	欧派家居集团股份有限公司	广东	94.669	11.96	9.40	16.29
54	TCL 中环新能源科技股份有限公司	天津	94.664	7059.22	6.25	18.13
55	梅花生物科技集团股份有限公司	西藏	94.616	15.77	17.99	32.60
56	山东齐润控股集团有限公司	山东	94.614	2.98	7.07	12.81
57	湖南五江控股集团有限公司	湖南	94.572	7.73	4.69	6.99
58	内蒙古鄂尔多斯资源股份有限公司	内蒙古	94.465	13.00	9.91	23.17
59	云南恩捷新材料股份有限公司	云南	94.437	31.77	10.36	22.57

续表

序号	企业名称	地区	综合信用指数	营收利润率（%）	资产利润率（%）	净资产利润率（%）
60	苏州东山精密制造股份有限公司	江苏	94.436	7.50	5.84	14.47
61	金风科技股份有限公司	新疆	94.399	5.13	1.74	6.26
62	深圳市汇川技术股份有限公司	广东	94.360	18.77	11.02	21.80
63	浙江晶盛机电股份有限公司	浙江	94.137	27.48	10.12	27.14
64	广东海大集团股份有限公司	广东	94.104	2.82	6.68	16.57
65	青海盐湖工业股份有限公司	青海	94.054	50.62	37.07	61.79
66	广州视源电子科技股份有限公司	广东	93.976	9.87	10.29	17.35
67	振石控股集团有限公司	浙江	93.874	9.55	12.27	24.84
68	环旭电子股份有限公司	上海	93.558	4.47	7.93	19.43
69	海信集团控股股份有限公司	山东	93.546	1.96	2.03	17.09
70	中国北方稀土（集团）高科技股份有限公司	内蒙古	93.455	16.06	16.33	30.17
71	五得利面粉集团有限公司	河北	93.301	4.24	9.26	13.63
72	山西杏花村汾酒厂股份有限公司	山西	93.191	30.88	22.07	37.97
73	中航光电科技股份有限公司	内蒙古	93.172	17.16	8.54	15.61
74	江西铜业集团有限公司	江西	92.943	0.62	1.49	8.41
75	中天科技集团有限公司	江苏	92.927	3.52	5.87	26.09
76	浙江三花智能控制股份有限公司	浙江	92.881	12.05	9.20	19.88
77	湖南钢铁集团有限公司	湖南	92.832	3.59	5.04	20.57
78	北京首农食品集团有限公司	北京	92.787	1.30	1.45	5.57
79	中信泰富特钢集团股份有限公司	湖北	92.773	7.22	7.83	19.59
80	冀南钢铁集团有限公司	河北	92.760	7.53	8.09	24.89
81	明阳新能源投资控股集团有限公司	广东	92.632	6.49	3.15	8.67
82	山东鲁花集团有限公司	山东	92.475	8.21	8.80	21.99
83	重庆顺博铝合金股份有限公司	重庆	92.256	53.31	240.22	240.22
84	河北新华联合冶金控股集团有限公司	河北	92.153	1.21	6.98	18.84
85	上海华谊控股集团有限公司	上海	91.949	5.68	3.23	13.21
86	得力集团有限公司	浙江	91.811	6.37	6.20	17.06
87	山西焦化股份有限公司	山西	91.747	21.38	11.01	17.87
88	南山集团有限公司	山东	91.716	3.17	2.69	5.74
89	公牛集团股份有限公司	浙江	91.478	22.64	19.15	25.72
90	天士力医药集团股份有限公司	天津	91.320	99.64	52.11	69.02
91	长城汽车股份有限公司	河北	91.157	6.02	4.46	12.68

续表

序号	企业名称	地区	综合信用指数	营收利润率（%）	资产利润率（%）	净资产利润率（%）
92	安徽海螺集团有限责任公司	安徽	91.126	2.64	1.94	8.00
93	森林包装集团股份有限公司	浙江	90.870	99.90	98.04	115.23
94	兆易创新科技集团股份有限公司	北京	90.802	25.25	12.33	13.52
95	福莱特玻璃集团股份有限公司	浙江	90.797	13.73	6.56	15.13
96	雅迪科技集团有限公司	江苏	90.737	7.37	9.56	39.44
97	京东方科技集团股份有限公司	北京	90.502	4.23	1.80	5.55
98	浙江大华技术股份有限公司	浙江	90.395	7.60	5.03	9.00
99	铜陵有色金属集团股份有限公司	安徽	90.103	2.24	4.44	10.77
100	万向集团公司	浙江	90.049	2.56	4.25	13.93

三、2023 中国制造业企业信用 100 强流动性和安全性指标

序号	企业名称	地区	综合信用指数	资产周转率（次/年）	所有者权益比率（%）	资本保值增值率（%）
1	中国石油化工集团有限公司	北京	99.460	1.25	35.85	107.66
2	中国宝武钢铁集团有限公司	上海	99.176	0.88	25.88	105.42
3	华为投资控股有限公司	广东	98.843	0.60	41.08	108.57
4	贵州茅台酒股份有限公司	贵州	97.874	0.49	77.65	133.09
5	珠海格力电器股份有限公司	广东	97.600	0.53	27.25	123.64
6	中国建材集团有限公司	北京	97.458	0.54	33.38	110.46
7	美的集团股份有限公司	广东	97.346	0.81	33.83	123.67
8	中国电子科技集团有限公司	北京	97.324	0.63	37.11	109.27
9	中国第一汽车集团有限公司	吉林	97.313	0.99	41.86	111.34
10	中芯国际集成电路制造有限公司	香港	97.091	0.16	43.71	111.11
11	比亚迪股份有限公司	广东	97.082	0.86	22.48	117.48
12	特变电工股份有限公司	新疆	97.072	0.56	33.87	135.94
13	中国铝业集团有限公司	北京	97.051	0.83	17.50	111.12
14	隆基绿能科技股份有限公司	陕西	96.912	0.92	44.53	131.22
15	富士康工业互联网股份有限公司	广东	96.872	1.80	45.38	116.84
16	海尔集团公司	山东	96.779	0.71	14.98	116.11
17	中国五矿集团有限公司	北京	96.620	0.85	6.18	108.80
18	福耀玻璃工业集团股份有限公司	福建	96.596	0.55	57.13	118.08
19	农夫山泉股份有限公司	浙江	96.536	0.85	61.35	140.96
20	上海汽车集团股份有限公司	上海	96.506	0.75	28.20	105.89
21	金川集团股份有限公司	甘肃	96.491	2.31	36.08	117.25
22	鹏鼎控股（深圳）股份有限公司	广东	96.452	0.93	72.00	123.25
23	晶科能源股份有限公司	江西	96.400	0.78	25.27	121.67
24	山东魏桥创业集团有限公司	山东	96.336	1.96	34.31	107.34
25	波司登股份有限公司	江苏	96.333	0.81	60.44	124.70
26	中兴通讯股份有限公司	广东	96.271	0.68	32.41	115.70
27	杭州市实业投资集团有限公司	浙江	96.226	2.30	23.48	113.88

续表

序号	企业名称	地区	综合信用指数	资产周转率（次/年）	所有者权益比率（%）	资本保值增值率（%）
28	浙江正泰电器股份有限公司	浙江	96.219	0.44	34.83	112.44
29	金东纸业（江苏）股份有限公司	江苏	96.052	0.41	33.29	113.25
30	金发科技股份有限公司	广东	96.034	0.73	29.82	113.29
31	江苏阳光集团有限公司	江苏	96.016	2.32	55.53	122.08
32	江苏长电科技股份有限公司	江苏	95.919	0.86	62.53	115.39
33	海澜集团有限公司	江苏	95.897	1.06	71.93	105.62
34	内蒙古伊利实业集团股份有限公司	内蒙古	95.881	0.94	38.38	119.77
35	佛山市海天调味食品股份有限公司	广东	95.813	0.75	77.51	126.48
36	立讯精密工业股份有限公司	广东	95.806	1.44	30.56	125.97
37	明阳智慧能源集团股份公司	广东	95.744	0.45	40.78	118.78
38	天合光能股份有限公司	江苏	95.736	0.95	29.27	121.51
39	郑州煤矿机械集团股份有限公司	河南	95.505	0.72	40.20	117.16
40	徐工集团工程机械股份有限公司	江苏	95.500	0.54	30.42	111.82
41	阳光电源股份有限公司	安徽	95.490	0.65	30.29	122.95
42	万洲国际有限公司	河南	95.407	1.37	48.35	116.49
43	雅戈尔集团股份有限公司	浙江	95.400	0.19	48.77	114.90
44	晶科能源控股有限公司	江西	95.333	1.05	25.27	112.23
45	通威集团有限公司	四川	95.236	1.34	16.47	149.16
46	紫光国芯微电子股份有限公司	河北	95.227	0.46	63.30	136.33
47	研祥高科技控股集团有限公司	广东	95.133	1.32	65.14	111.95
48	晶澳太阳能科技股份有限公司	河北	95.012	1.01	38.02	133.54
49	迪尚集团有限公司	山东	94.834	1.55	61.18	136.23
50	蓝思科技股份有限公司	湖南	94.804	0.60	56.38	105.74
51	中山华利实业集团股份有限公司	广东	94.728	1.20	77.12	156.22
52	心里程控股集团有限公司	广东	94.712	2.84	67.45	118.88
53	欧派家居集团股份有限公司	广东	94.669	0.79	57.70	118.66
54	TCL 中环新能源科技股份有限公司	天津	94.664	0.61	34.47	121.53
55	梅花生物科技集团股份有限公司	西藏	94.616	1.14	55.19	141.48
56	山东齐润控股集团有限公司	山东	94.614	2.37	55.16	115.08
57	湖南五江控股集团有限公司	湖南	94.572	0.61	67.12	107.52
58	内蒙古鄂尔多斯资源股份有限公司	内蒙古	94.465	0.76	42.75	125.50
59	云南恩捷新材料股份有限公司	云南	94.437	0.33	45.90	128.92

续表

序号	企业名称	地区	综合信用指数	资产周转率（次/年）	所有者权益比率（%）	资本保值增值率（%）
60	苏州东山精密制造股份有限公司	江苏	94.436	0.78	40.36	116.24
61	金风科技股份有限公司	新疆	94.399	0.34	27.84	106.71
62	深圳市汇川技术股份有限公司	广东	94.360	0.59	50.54	127.20
63	浙江晶盛机电股份有限公司	浙江	94.137	0.37	37.30	142.77
64	广东海大集团股份有限公司	广东	94.104	2.37	40.29	120.43
65	青海盐湖工业股份有限公司	青海	94.054	0.73	60.00	266.73
66	广州视源电子科技股份有限公司	广东	93.976	1.04	59.27	124.80
67	振石控股集团有限公司	浙江	93.874	1.28	49.40	133.31
68	环旭电子股份有限公司	上海	93.558	1.78	40.83	123.39
69	海信集团控股股份有限公司	山东	93.546	1.04	11.87	118.62
70	中国北方稀土（集团）高科技股份有限公司	内蒙古	93.455	1.02	54.12	138.99
71	五得利面粉集团有限公司	河北	93.301	2.18	67.93	115.26
72	山西杏花村汾酒厂股份有限公司	山西	93.191	0.71	58.12	153.18
73	中航光电科技股份有限公司	内蒙古	93.172	0.50	54.70	118.21
74	江西铜业集团有限公司	江西	92.943	2.40	17.71	109.27
75	中天科技集团有限公司	江苏	92.927	1.67	22.50	132.30
76	浙江三花智能控制股份有限公司	浙江	92.881	0.76	46.28	123.08
77	湖南钢铁集团有限公司	湖南	92.832	1.40	24.48	122.18
78	北京首农食品集团有限公司	北京	92.787	1.12	26.02	105.49
79	中信泰富特钢集团股份有限公司	湖北	92.773	1.08	39.96	121.66
80	冀南钢铁集团有限公司	河北	92.760	1.07	32.48	135.03
81	明阳新能源投资控股集团有限公司	广东	92.632	0.49	36.30	111.58
82	山东鲁花集团有限公司	山东	92.475	1.07	40.00	123.67
83	重庆顺博铝合金股份有限公司	重庆	92.256	4.51	100.00	369.44
84	河北新华联合冶金控股集团有限公司	河北	92.153	5.75	37.04	122.77
85	上海华谊控股集团有限公司	上海	91.949	0.57	24.45	114.49
86	得力集团有限公司	浙江	91.811	0.97	36.32	117.21
87	山西焦化股份有限公司	山西	91.747	0.51	61.61	121.22
88	南山集团有限公司	山东	91.716	0.85	46.89	106.09
89	公牛集团股份有限公司	浙江	91.478	0.85	74.47	129.65
90	天士力医药集团股份有限公司	天津	91.320	0.52	75.50	165.96
91	长城汽车股份有限公司	河北	91.157	0.74	35.18	113.31

续表

序号	企业名称	地区	综合信用指数	资产周转率（次/年）	所有者权益比率（%）	资本保值增值率（%）
92	安徽海螺集团有限责任公司	安徽	91.126	0.74	24.27	108.16
93	森林包装集团股份有限公司	浙江	90.870	0.98	85.08	217.94
94	兆易创新科技集团股份有限公司	北京	90.802	0.49	91.23	115.22
95	福莱特玻璃集团股份有限公司	浙江	90.797	0.48	43.33	117.97
96	雅迪科技集团有限公司	江苏	90.737	1.30	24.23	151.47
97	京东方科技集团股份有限公司	北京	90.502	0.42	32.36	105.28
98	浙江大华技术股份有限公司	浙江	90.395	0.66	55.86	109.84
99	铜陵有色金属集团股份有限公司	安徽	90.103	1.98	41.28	112.58
100	万向集团公司	浙江	90.049	1.66	30.51	115.70

四、2023 中国制造业企业信用 100 强成长性指标

序号	企业名称	地区	营收增长率（%）	利润增长率（%）	资产增长率（%）	资本积累率（%）
1	中国石油化工集团有限公司	北京	22.43	21.10	5.18	7.55
2	中国宝武钢铁集团有限公司	上海	11.87	-13.20	10.99	3.70
3	华为投资控股有限公司	广东	1.85	-68.71	8.24	5.43
4	贵州茅台酒股份有限公司	贵州	16.87	19.55	-0.31	4.20
5	珠海格力电器股份有限公司	广东	-0.35	6.26	11.08	-6.65
6	中国建材集团有限公司	北京	-8.51	-22.83	7.78	11.04
7	美的集团股份有限公司	广东	0.79	3.43	8.92	14.47
8	中国电子科技集团有限公司	北京	5.02	29.17	9.01	13.99
9	中国第一汽车集团有限公司	吉林	-16.42	11.41	-0.62	9.43
10	中芯国际集成电路制造有限公司	香港	38.97	13.04	32.69	22.14
11	比亚迪股份有限公司	广东	96.20	445.86	66.97	16.79
12	特变电工股份有限公司	新疆	56.48	118.93	34.80	30.57
13	中国铝业集团有限公司	北京	-0.20	26.54	0.09	6.52
14	隆基绿能科技股份有限公司	陕西	59.39	63.02	42.79	30.98
15	富士康工业互联网股份有限公司	广东	16.45	0.32	6.59	8.22
16	海尔集团公司	山东	5.38	3.26	5.50	8.61
17	中国五矿集团有限公司	北京	5.66	48.25	5.22	-2.67
18	福耀玻璃工业集团股份有限公司	福建	19.05	51.15	13.36	10.25
19	农夫山泉股份有限公司	浙江	11.93	18.62	19.33	16.11
20	上海汽车集团股份有限公司	上海	-4.59	-34.30	7.98	1.99
21	金川集团股份有限公司	甘肃	25.95	20.24	19.16	19.63
22	鹏鼎控股（深圳）股份有限公司	广东	8.69	51.07	9.18	29.59
23	晶科能源股份有限公司	江西	103.79	157.24	44.97	96.95
24	山东魏桥创业集团有限公司	山东	22.58	-44.76	0.89	3.45
25	波司登股份有限公司	江苏	3.92	4.04	15.62	15.38
26	中兴通讯股份有限公司	广东	7.36	18.60	7.22	13.91
27	杭州市实业投资集团有限公司	浙江	-2.17	-1.13	2.12	10.90

续表

序号	企业名称	地区	营收增长率（%）	利润增长率（%）	资产增长率（%）	资本积累率（%）
28	浙江正泰电器股份有限公司	浙江	17.78	19.47	20.72	12.37
29	金东纸业（江苏）股份有限公司	江苏	3.19	103.57	-0.45	8.35
30	金发科技股份有限公司	广东	0.53	19.89	14.76	10.29
31	江苏阳光集团有限公司	江苏	15.25	13.17	1.63	6.14
32	江苏长电科技股份有限公司	江苏	10.69	9.20	6.22	17.40
33	海澜集团有限公司	江苏	2.97	2.36	0.10	-0.92
34	内蒙古伊利实业集团股份有限公司	内蒙古	11.40	8.34	28.44	5.37
35	佛山市海天调味食品股份有限公司	广东	2.42	-7.09	2.16	12.80
36	立讯精密工业股份有限公司	广东	39.03	29.60	23.07	28.49
37	明阳智慧能源集团股份公司	广东	13.22	11.40	12.11	52.84
38	天合光能股份有限公司	江苏	91.21	103.97	41.61	53.92
39	郑州煤矿机械集团股份有限公司	河南	9.46	30.31	20.88	20.36
40	徐工集团工程机械股份有限公司	江苏	11.25	-23.29	59.13	46.13
41	阳光电源股份有限公司	安徽	66.79	127.04	43.85	19.23
42	万洲国际有限公司	河南	7.35	33.59	11.74	19.88
43	雅戈尔集团股份有限公司	浙江	8.92	-1.15	-3.05	11.56
44	晶科能源控股有限公司	江西	61.87	157.24	35.93	11.19
45	通威集团有限公司	四川	98.47	215.57	56.56	17.58
46	紫光国芯微电子股份有限公司	河北	33.28	34.71	32.23	33.96
47	研祥高科技控股集团有限公司	广东	-9.57	-11.15	9.11	11.95
48	晶澳太阳能科技股份有限公司	河北	76.72	171.40	27.00	66.75
49	迪尚集团有限公司	山东	5.75	90.56	-3.59	19.81
50	蓝思科技股份有限公司	湖南	3.16	18.25	2.26	3.62
51	中山华利实业集团股份有限公司	广东	17.74	16.63	5.75	129.83
52	心里程控股集团有限公司	广东	20.10	22.48	3.33	9.57
53	欧派家居集团股份有限公司	广东	9.97	0.86	22.31	14.57
54	TCL 中环新能源科技股份有限公司	天津	63.02	69.21	39.95	18.77
55	梅花生物科技集团股份有限公司	西藏	22.33	87.42	17.06	27.25
56	山东齐润控股集团有限公司	山东	29.34	24.48	19.25	17.66
57	湖南五江控股集团有限公司	湖南	13.14	0.45	4.76	7.52
58	内蒙古鄂尔多斯资源股份有限公司	内蒙古	-0.22	-22.30	-4.08	10.03
59	云南恩捷新材料股份有限公司	云南	57.73	47.20	47.85	28.15

续表

序号	企业名称	地区	营收增长率（%）	利润增长率（%）	资产增长率（%）	资本积累率（%）
60	苏州东山精密制造股份有限公司	江苏	-0.67	27.12	6.80	12.23
61	金风科技股份有限公司	新疆	-8.17	-31.05	14.63	7.18
62	深圳市汇川技术股份有限公司	广东	28.23	20.89	43.62	24.76
63	浙江晶盛机电股份有限公司	浙江	78.45	70.80	71.09	57.62
64	广东海大集团股份有限公司	广东	21.76	85.09	24.09	23.26
65	青海盐湖工业股份有限公司	青海	108.06	247.55	66.15	169.83
66	广州视源电子科技股份有限公司	广东	-1.11	21.98	29.93	42.92
67	振石控股集团有限公司	浙江	14.03	-10.98	17.68	34.09
68	环旭电子股份有限公司	上海	23.90	64.69	7.58	20.39
69	海信集团控股股份有限公司	山东	9.07	12.73	6.19	8.98
70	中国北方稀土（集团）高科技股份有限公司	内蒙古	22.53	16.64	5.58	29.20
71	五得利面粉集团有限公司	河北	29.14	0.07	19.04	12.02
72	山西杏花村汾酒厂股份有限公司	山西	31.26	52.36	22.47	40.06
73	中航光电科技股份有限公司	内蒙古	23.09	36.47	17.87	16.60
74	江西铜业集团有限公司	江西	10.19	4.18	5.97	10.20
75	中天科技集团有限公司	江苏	10.67	228.71	0.85	23.83
76	浙江三花智能控制股份有限公司	浙江	33.25	52.81	18.38	16.06
77	湖南钢铁集团有限公司	湖南	0.19	-3.35	14.45	7.80
78	北京首农食品集团有限公司	北京	-1.50	-14.19	-2.13	-1.53
79	中信泰富特钢集团股份有限公司	湖北	1.04	-10.65	6.95	10.59
80	冀南钢铁集团有限公司	河北	36.86	14.97	303.62	40.73
81	明阳新能源投资控股集团有限公司	广东	0.18	-25.24	14.19	33.57
82	山东鲁花集团有限公司	山东	8.97	35.83	13.70	7.62
83	重庆顺博铝合金股份有限公司	重庆	10.83	17.65	12.16	12.16
84	河北新华联合冶金控股集团有限公司	河北	0.25	22.03	-73.64	20.90
85	上海华谊控股集团有限公司	上海	2.90	68.98	8.91	9.68
86	得力集团有限公司	浙江	-1.89	-4.95	2.97	0.89
87	山西焦化股份有限公司	山西	7.55	104.87	13.95	18.75
88	南山集团有限公司	山东	12.77	1.58	13.62	6.09
89	公牛集团股份有限公司	浙江	13.70	14.68	7.60	15.28
90	天士力医药集团股份有限公司	天津	8.06	262.99	-0.67	-4.44
91	长城汽车股份有限公司	河北	0.69	22.90	5.67	4.95

续表

序号	企业名称	地区	营收增长率（%）	利润增长率（%）	资产增长率（%）	资本积累率（%）
92	安徽海螺集团有限责任公司	安徽	-13.34	-52.77	6.84	2.01
93	森林包装集团股份有限公司	浙江	-8.66	-8.68	1.45	2.36
94	兆易创新科技集团股份有限公司	北京	-4.47	-12.16	7.96	12.63
95	福莱特玻璃集团股份有限公司	浙江	77.44	0.13	61.24	18.82
96	雅迪科技集团有限公司	江苏	15.52	58.61	24.48	30.50
97	京东方科技集团股份有限公司	北京	-18.65	-70.77	-6.49	-4.78
98	浙江大华技术股份有限公司	浙江	-6.91	-31.20	4.99	9.40
99	铜陵有色金属集团股份有限公司	安徽	-7.01	-11.96	20.84	16.84
100	万向集团公司	浙江	16.96	167.41	5.19	12.69

五、2023 中国制造业企业信用 100 强地区分布

序号	企业名称	综合信用指数	营业收入（万元）	利润（万元）	资产（万元）	所有者权益（万元）
北京						
1	中国石油化工集团有限公司	99.460	316934342	6496012	254334578	91187023
2	中国建材集团有限公司	97.458	38015811	2211000	70296223	23467300
3	中国电子科技集团有限公司	97.324	37567355	1792961	59416897	22051605
4	中国铝业集团有限公司	97.051	51759778	1141844	62501951	10936910
5	中国五矿集团有限公司	96.620	89830142	589851	105634035	6525324
6	北京首农食品集团有限公司	92.787	18034960	233993	16133958	4198836
7	兆易创新科技集团股份有限公司	90.802	812999	205256	1664506	1518553
8	京东方科技集团股份有限公司	90.502	17841373	755087	42056210	13608941
安徽						
1	阳光电源股份有限公司	95.490	4025723	359341	6162621	1866630
2	安徽海螺集团有限责任公司	91.126	22192212	585540	30162811	7321327
3	铜陵有色金属集团股份有限公司	90.103	12184546	273036	6143572	2536238
福建						
1	福耀玻璃工业集团股份有限公司	96.596	2809875	475559	5076749	2900300
甘肃						
1	金川集团股份有限公司	96.491	33275083	748405	14388763	5191042
广东						
1	华为投资控股有限公司	98.843	64233800	3553400	106380400	43697500
2	珠海格力电器股份有限公司	97.600	18898838	2450662	35502475	9675873
3	美的集团股份有限公司	97.346	34391753	2955351	42255526	14293523
4	比亚迪股份有限公司	97.082	42406063	1662244	49386064	11102929
5	富士康工业互联网股份有限公司	96.872	51184957	2007307	28418766	12897519
6	鹏鼎控股（深圳）股份有限公司	96.452	3621097	501153	3880302	2793679
7	中兴通讯股份有限公司	96.271	12295442	808030	18095360	5864120
8	金发科技股份有限公司	96.034	4041233	199189	5542866	1652927
9	佛山市海天调味食品股份有限公司	95.813	2560965	619771	3405917	2639767

续表

序号	企业名称	综合信用指数	营业收入（万元）	利润（万元）	资产（万元）	所有者权益（万元）
10	立讯精密工业股份有限公司	95. 806	21402839	916310	14838431	4534289
11	明阳智慧能源集团股份公司	95. 744	3074777	345460	6894022	2811371
12	研祥高科技控股集团有限公司	95. 133	7156833	375794	5403945	3520126
13	中山华利实业集团股份有限公司	94. 728	2056926	322802	1711027	1319543
14	心里程控股集团有限公司	94. 712	7218535	295646	2542915	1715320
15	欧派家居集团股份有限公司	94. 669	2247950	268842	2861100	1650814
16	深圳市汇川技术股份有限公司	94. 360	2300831	431976	3921161	1981588
17	广东海大集团股份有限公司	94. 104	10471541	295414	4423778	1782490
18	广州视源电子科技股份有限公司	93. 976	2099026	207241	2014849	1194145
19	明阳新能源投资控股集团有限公司	92. 632	5707347	370256	11765371	4271322
贵州						
1	贵州茅台酒股份有限公司	97. 874	12409984	6271644	25436480	19750667
河北						
1	紫光国芯微电子股份有限公司	95. 227	711990	263189	1532875	970307
2	晶澳太阳能科技股份有限公司	95. 012	7298940	553286	7234862	2750470
3	五得利面粉集团有限公司	93. 301	5368853	227609	2458977	1670441
4	冀南钢铁集团有限公司	92. 760	19986509	1504374	18605698	6042967
5	河北新华联合冶金控股集团有限公司	92. 153	19087309	231590	3319313	1229568
6	长城汽车股份有限公司	91. 157	13733998	826604	18535730	6520125
河南						
1	郑州煤矿机械集团股份有限公司	95. 505	3204331	253823	4430117	1780726
2	万洲国际有限公司	95. 407	18891636	919873	13828213	6686016
湖北						
1	中信泰富特钢集团股份有限公司	92. 773	9834470	710538	9077461	3627719
湖南						
1	蓝思科技股份有限公司	94. 804	4669854	244808	7834564	4417251
2	湖南五江控股集团有限公司	94. 572	4184645	323447	6893168	4626606
3	湖南钢铁集团有限公司	92. 832	22011764	790826	15706431	3844392
吉林						
1	中国第一汽车集团有限公司	97. 313	58979871	2587416	59636880	24963525
江苏						
1	波司登股份有限公司	96. 333	3631634	583057	4506880	2724111

续表

序号	企业名称	综合信用指数	营业收入（万元）	利润（万元）	资产（万元）	所有者权益（万元）
2	金东纸业（江苏）股份有限公司	96.052	2919488	289677	7117179	2369306
3	江苏阳光集团有限公司	96.016	5204919	259368	2245015	1246560
4	江苏长电科技股份有限公司	95.919	3376202	323098	3940773	2464273
5	海澜集团有限公司	95.897	12032549	461578	11321653	8143724
6	天合光能股份有限公司	95.736	8505179	368002	8997606	2633897
7	徐工集团工程机械股份有限公司	95.500	9381712	430709	17508559	5325396
8	苏州东山精密制造股份有限公司	94.436	3158014	236751	4053136	1635942
9	中天科技集团有限公司	92.927	9024546	317327	5405887	1216352
10	雅迪科技集团有限公司	90.737	3125091	230418	2411080	584280
江西						
1	晶科能源股份有限公司	96.400	8267607	293619	10563943	2669006
2	晶科能源控股有限公司	95.333	11106485	293620	10563943	2669006
3	江西铜业集团有限公司	92.943	50401784	312244	20964471	3712332
内蒙古						
1	内蒙古伊利实业集团股份有限公司	95.881	12269800	943106	13096530	5026788
2	内蒙古鄂尔多斯资源股份有限公司	94.465	3639342	473247	4777289	2042402
3	中国北方稀土（集团）高科技股份有限公司	93.455	3726003	598364	3664524	1983068
4	中航光电科技股份有限公司	93.172	1583811	271712	3181073	1740121
青海						
1	青海盐湖工业股份有限公司	94.054	3074785	1556459	4198283	2518881
山东						
1	海尔集团公司	96.779	35062328	1105285	49719941	7449669
2	山东魏桥创业集团有限公司	96.336	50398814	626397	25732721	8829278
3	迪尚集团有限公司	94.834	1851287	220889	1193918	730382
4	山东齐润控股集团有限公司	94.614	6581260	196030	2773376	1529804
5	海信集团控股股份有限公司	93.546	18493639	362376	17864558	2120436
6	山东鲁花集团有限公司	92.475	4684638	384460	4369726	1747984
7	南山集团有限公司	91.716	13062086	414219	15380693	7211914
山西						
1	山西杏花村汾酒厂股份有限公司	93.191	2621386	809585	3668647	2132084
2	山西焦化股份有限公司	91.747	1207458	258195	2345708	1445224

续表

序号	企业名称	综合信用指数	营业收入（万元）	利润（万元）	资产（万元）	所有者权益（万元）
陕西						
1	隆基绿能科技股份有限公司	96.912	12899811	1481157	13955559	6214678
上海						
1	中国宝武钢铁集团有限公司	99.176	108770720	1676852	123984105	32081228
2	中芯国际集成电路制造有限公司	97.091	4951608	1213307	30510369	13337192
3	上海汽车集团股份有限公司	96.506	74406288	1611754	99010738	27923352
4	环旭电子股份有限公司	93.558	6851607	305996	3857446	1574939
5	上海华谊控股集团有限公司	91.949	5943852	337670	10453040	2555511
四川						
1	通威集团有限公司	95.236	21488237	1101219	15988402	2633754
天津						
1	TCL 中环新能源科技股份有限公司	94.664	6701015	681865	10913376	3761769
2	天士力医药集团股份有限公司	91.320	859319	856238	1643026	1240491
西藏						
1	梅花生物科技集团股份有限公司	94.616	2793715	440631	2449022	1351613
新疆						
1	特变电工股份有限公司	97.072	9588674	1588301	17033400	5769674
2	金风科技股份有限公司	94.399	4643684	238343	13682237	3809507
云南						
1	云南恩捷新材料股份有限公司	94.437	1259092	400046	3862273	1772620
浙江						
1	农夫山泉股份有限公司	96.536	3323919	849525	3925484	2408408
2	杭州市实业投资集团有限公司	96.226	17712484	226374	7703907	1809233
3	浙江正泰电器股份有限公司	96.219	4597433	402326	10433442	3634081
4	雅戈尔集团股份有限公司	95.400	1482120	506752	7777707	3793068
5	浙江晶盛机电股份有限公司	94.137	1063831	292364	2888665	1077328
6	振石控股集团有限公司	93.874	5220731	498819	4065443	2008138
7	浙江三花智能控制股份有限公司	92.881	2134754	257334	2796121	1294131
8	得力集团有限公司	91.811	3952178	251946	4065889	1476731
9	公牛集团股份有限公司	91.478	1408137	318861	1665049	1239886
10	森林包装集团股份有限公司	90.870	270138	269878	275282	234208
11	福莱特玻璃集团股份有限公司	90.797	1546084	212278	3238172	1403244

续表

序号	企业名称	综合信用指数	营业收入（万元）	利润（万元）	资产（万元）	所有者权益（万元）
12	浙江大华技术股份有限公司	90. 395	3056537	232435	4625289	2583679
13	万向集团公司	90. 049	19046558	487649	11474688	3500785
重庆						
1	重庆顺博铝合金股份有限公司	92. 256	1106630	589903	245569	245569

六、2023 中国制造业企业信用 100 强行业分布

序号	企业名称	综合信用指数	营业收入（万元）	利润（万元）	资产（万元）	所有者权益（万元）
农副食品及农产品加工业						
1	通威集团有限公司	95.236	21488237	1101219	15988402	2633754
2	梅花生物科技集团股份有限公司	94.616	2793715	440631	2449022	1351613
3	广东海大集团股份有限公司	94.104	10471541	295414	4423778	1782490
4	五得利面粉集团有限公司	93.301	5368853	227609	2458977	1670441
5	山东鲁花集团有限公司	92.475	4684638	384460	4369726	1747984
食品（含饮料、乳制品、肉食品等）加工制造业						
1	农夫山泉股份有限公司	96.536	3323919	849525	3925484	2408408
2	内蒙古伊利实业集团股份有限公司	95.881	12269800	943106	13096530	5026788
3	佛山市海天调味食品股份有限公司	95.813	2560965	619771	3405917	2639767
4	万洲国际有限公司	95.407	18891636	919873	13828213	6686016
5	北京首农食品集团有限公司	92.787	18034960	233993	16133958	4198836
酿酒制造业						
1	贵州茅台酒股份有限公司	97.874	12409984	6271644	25436480	19750667
2	山西杏花村汾酒厂股份有限公司	93.191	2621386	809585	3668647	2132084
纺织、印染业						
1	山东魏桥创业集团有限公司	96.336	50398814	626397	25732721	8829278
2	江苏阳光集团有限公司	96.016	5204919	259368	2245015	1246560
纺织品、服装、服饰、鞋帽、皮革加工业						
1	波司登股份有限公司	96.333	3631634	583057	4506880	2724111
2	海澜集团有限公司	95.897	12032549	461578	11321653	8143724
3	雅戈尔集团股份有限公司	95.400	1482120	506752	7777707	3793068
4	迪尚集团有限公司	94.834	1851287	220889	1193918	730382
5	中山华利实业集团股份有限公司	94.728	2056926	322802	1711027	1319543
6	内蒙古鄂尔多斯资源股份有限公司	94.465	3639342	473247	4777289	2042402
造纸及纸制品（含木材、藤、竹、家具等）加工、印刷、包装业						
1	金东纸业（江苏）股份有限公司	96.052	2919488	289677	7117179	2369306

续表

序号	企业名称	综合信用指数	营业收入（万元）	利润（万元）	资产（万元）	所有者权益（万元）
2	欧派家居集团股份有限公司	94.669	2247950	268842	2861100	1650814
3	云南恩捷新材料股份有限公司	94.437	1259092	400046	3862273	1772620
4	森林包装集团股份有限公司	90.870	270138	269878	275282	234208
石化产品、炼焦及其他燃料生产加工业						
1	中国石油化工集团有限公司	99.460	316934342	6496012	254334578	91187023
2	山东齐润控股集团有限公司	94.614	6581260	196030	2773376	1529804
3	山西焦化股份有限公司	91.747	1207458	258195	2345708	1445224
化学原料及化学制品（含精细化工、日化、肥料等）制造业						
1	青海盐湖工业股份有限公司	94.054	3074785	1556459	4198283	2518881
2	上海华谊控股集团有限公司	91.949	5943852	337670	10453040	2555511
医药、生物制药、医疗设备制造业						
1	天士力医药集团股份有限公司	91.320	859319	856238	1643026	1240491
橡胶、塑料制品及其他新材料制造业						
1	杭州市实业投资集团有限公司	96.226	17712484	226374	7703907	1809233
2	金发科技股份有限公司	96.034	4041233	199189	5542866	1652927
建筑材料、玻璃等制造业及非金属矿物制品业						
1	中国建材集团有限公司	97.458	38015811	2211000	70296223	23467300
2	福耀玻璃工业集团股份有限公司	96.596	2809875	475559	5076749	2900300
3	安徽海螺集团有限责任公司	91.126	22192212	585540	30162811	7321327
4	福莱特玻璃集团股份有限公司	90.797	1546084	212278	3238172	1403244
黑色冶金及压延加工业						
1	中国宝武钢铁集团有限公司	99.176	108770720	1676852	123984105	32081228
2	振石控股集团有限公司	93.874	5220731	498819	4065443	2008138
3	湖南钢铁集团有限公司	92.832	22011764	790826	15706431	3844392
4	中信泰富特钢集团股份有限公司	92.773	9834470	710538	9077461	3627719
5	冀南钢铁集团有限公司	92.760	19986509	1504374	18605698	6042967
6	河北新华联合冶金控股集团有限公司	92.153	19087309	231590	3319313	1229568
一般有色冶金及压延加工业						
1	中国铝业集团有限公司	97.051	51759778	1141844	62501951	10936910
2	金川集团股份有限公司	96.491	33275083	748405	14388763	5191042
3	中国北方稀土（集团）高科技股份有限公司	93.455	3726003	598364	3664524	1983068
4	江西铜业集团有限公司	92.943	50401784	312244	20964471	3712332

续表

序号	企业名称	综合信用指数	营业收入（万元）	利润（万元）	资产（万元）	所有者权益（万元）
5	重庆顺博铝合金股份有限公司	92. 256	1106630	589903	245569	245569
6	南山集团有限公司	91. 716	13062086	414219	15380693	7211914
7	铜陵有色金属集团股份有限公司	90. 103	12184546	273036	6143572	2536238
工程机械、设备和特种装备（含电梯、仓储设备）及零配件制造业						
1	徐工集团工程机械股份有限公司	95. 500	9381712	430709	17508559	5325396
2	金风科技股份有限公司	94. 399	4643684	238343	13682237	3809507
3	深圳市汇川技术股份有限公司	94. 360	2300831	431976	3921161	1981588
4	浙江晶盛机电股份有限公司	94. 137	1063831	292364	2888665	1077328
5	深圳市汇川技术股份有限公司	94. 360	2300831	431976	3921161	1981588
通用机械设备和专用机械设备及零配件制造业						
1	郑州煤矿机械集团股份有限公司	95. 505	3204331	253823	4430117	1780726
2	浙江三花智能控制股份有限公司	92. 881	2134754	257334	2796121	1294131
电力、电气等设备、机械、元器件及光伏、风能、电池、线缆制造业						
1	特变电工股份有限公司	97. 072	9588674	1588301	17033400	5769674
2	隆基绿能科技股份有限公司	96. 912	12899811	1481157	13955559	6214678
3	晶科能源股份有限公司	96. 400	8267607	293619	10563943	2669006
4	明阳智慧能源集团股份公司	95. 744	3074777	345460	6894022	2811371
5	天合光能股份有限公司	95. 736	8505179	368002	8997606	2633897
6	阳光电源股份有限公司	95. 490	4025723	359341	6162621	1866630
7	晶科能源控股有限公司	95. 333	11106485	293620	10563943	2669006
8	晶澳太阳能科技股份有限公司	95. 012	7298940	553286	7234862	2750470
9	TCL 中环新能源科技股份有限公司	94. 664	6701015	681865	10913376	3761769
10	中航光电科技股份有限公司	93. 172	1583811	271712	3181073	1740121
11	中天科技集团有限公司	92. 927	9024546	317327	5405887	1216352
12	明阳新能源投资控股集团有限公司	92. 632	5707347	370256	11765371	4271322
13	公牛集团股份有限公司	91. 478	1408137	318861	1665049	1239886
家用电器及零配件制造业						
1	珠海格力电器股份有限公司	97. 600	18898838	2450662	35502475	9675873
2	美的集团股份有限公司	97. 346	34391753	2955351	42255526	14293523
3	海尔集团公司	96. 779	35062328	1105285	49719941	7449669
4	海信集团控股股份有限公司	93. 546	18493639	362376	17864558	2120436
电子元器件与仪器仪表、自动化控制设备制造业						
1	中国电子科技集团有限公司	97. 324	37567355	1792961	59416897	22051605

续表

序号	企业名称	综合信用指数	营业收入（万元）	利润（万元）	资产（万元）	所有者权益（万元）
2	中芯国际集成电路制造有限公司	97.091	4951608	1213307	30510369	13337192
3	富士康工业互联网股份有限公司	96.872	51184957	2007307	28418766	12897519
4	鹏鼎控股（深圳）股份有限公司	96.452	3621097	501153	3880302	2793679
5	浙江正泰电器股份有限公司	96.219	4597433	402326	10433442	3634081
6	江苏长电科技股份有限公司	95.919	3376202	323098	3940773	2464273
7	紫光国芯微电子股份有限公司	95.227	711990	263189	1532875	970307
8	蓝思科技股份有限公司	94.804	4669854	244808	7834564	4417251
9	兆易创新科技集团股份有限公司	90.802	812999	205256	1664506	1518553
计算机、通信器材、办公、影像等设备及零部件制造业						
1	华为投资控股有限公司	98.843	64233800	3553400	106380400	43697500
2	中兴通讯股份有限公司	96.271	12295442	808030	18095360	5864120
3	立讯精密工业股份有限公司	95.806	21402839	916310	14838431	4534289
4	研祥高科技控股集团有限公司	95.133	7156833	375794	5403945	3520126
5	心里程控股集团有限公司	94.712	7218535	295646	2542915	1715320
6	苏州东山精密制造股份有限公司	94.436	3158014	236751	4053136	1635942
7	广州视源电子科技股份有限公司	93.976	2099026	207241	2014849	1194145
8	环旭电子股份有限公司	93.558	6851607	305996	3857446	1574939
9	得力集团有限公司	91.811	3952178	251946	4065889	1476731
10	京东方科技集团股份有限公司	90.502	17841373	755087	42056210	13608941
11	浙江大华技术股份有限公司	90.395	3056537	232435	4625289	2583679
汽车及零配件制造业						
1	中国第一汽车集团有限公司	97.313	58979871	2587416	59636880	24963525
2	比亚迪股份有限公司	97.082	42406063	1662244	49386064	11102929
3	上海汽车集团股份有限公司	96.506	74406288	1611754	99010738	27923352
4	长城汽车股份有限公司	91.157	13733998	826604	18535730	6520125
5	万向集团公司	90.049	19046558	487649	11474688	3500785
摩托车、自行车和其他交通运输设备及零配件制造业						
1	雅迪科技集团有限公司	90.737	3125091	230418	2411080	584280
综合制造业（以制造业为主，含有服务业）						
1	中国五矿集团有限公司	96.620	89830142	589851	105634035	6525324
2	湖南五江控股集团有限公司	94.572	4184645	323447	6893168	4626606

第十章

2023中国服务业企业信用100强评价资料

一、2023 中国服务业企业信用 100 强排序

序号	企业名称	地区	综合信用指数	信用环境指数	信用能力指数	信用行为指数
1	国家电网有限公司	北京	99.815	13.815	72.000	14.000
2	中国建设银行股份有限公司	北京	98.716	13.626	71.090	14.000
3	中国工商银行股份有限公司	北京	98.472	13.484	70.989	14.000
4	腾讯控股有限公司	广东	98.391	12.391	72.000	14.000
5	招商局集团有限公司	北京	98.388	13.391	70.997	14.000
6	中国农业银行股份有限公司	北京	98.100	13.662	70.438	14.000
7	中国银行股份有限公司	北京	97.814	13.568	70.245	14.000
8	中国华润有限公司	广东	97.385	13.552	72.000	11.833
9	中国移动通信集团有限公司	北京	97.312	13.913	69.399	14.000
10	中国南方电网有限责任公司	广东	97.287	14.316	71.371	11.600
11	上海国际港务（集团）股份有限公司	上海	96.857	13.872	71.385	11.600
12	兴业银行股份有限公司	福建	96.780	12.808	69.972	14.000
13	中国邮政集团有限公司	北京	96.625	14.000	69.503	13.122
14	浙江省能源集团有限公司	浙江	96.394	13.848	70.946	11.600
15	中国中信集团有限公司	北京	96.340	12.750	70.990	12.600
16	中国光大银行股份有限公司	北京	96.313	13.549	68.765	14.000
17	四川川投能源股份有限公司	四川	96.275	13.600	69.875	12.800
18	北京控股集团有限公司	北京	96.203	11.833	71.970	12.400
19	中国电信集团有限公司	北京	96.151	13.067	70.285	12.800
20	物产中大集团股份有限公司	浙江	96.125	13.210	71.314	11.600
21	中国卫通集团股份有限公司	北京	95.998	13.811	70.588	11.600
22	中国保利集团有限公司	北京	95.503	11.903	72.000	11.600
23	天津城市基础设施建设投资集团有限公司	天津	95.397	12.558	70.839	12.000
24	浙江交通科技股份有限公司	浙江	95.232	13.859	69.773	11.600
25	安克创新科技股份有限公司	湖南	95.227	13.641	69.986	11.600
26	浙江伟明环保股份有限公司	浙江	95.096	12.520	71.276	11.300
27	网易股份有限公司	广东	95.065	13.865	69.600	11.600
28	重庆水务集团股份有限公司	重庆	95.021	11.999	70.022	13.000

续表

序号	企业名称	地区	综合信用指数	信用环境指数	信用能力指数	信用行为指数
29	阿里巴巴（中国）有限公司	浙江	94.899	11.560	71.336	12.004
30	厦门亿联网络技术股份有限公司	福建	94.872	13.209	70.563	11.100
31	成都市兴蓉环境股份有限公司	四川	94.813	12.559	69.754	12.500
32	上海宝信软件股份有限公司	上海	94.680	13.684	69.396	11.600
33	浙商中拓集团股份有限公司	浙江	94.642	13.825	69.217	11.600
34	中国国际金融股份有限公司	北京	94.626	13.625	68.902	12.100
35	澜起科技股份有限公司	上海	94.388	12.747	71.041	10.600
36	奥德集团有限公司	山东	94.329	12.673	70.056	11.600
37	新奥天然气股份有限公司	河北	94.262	12.898	69.765	11.600
38	新疆大全新能源股份有限公司	新疆	94.205	13.928	68.677	11.600
39	厦门建发股份有限公司	福建	94.201	13.774	68.827	11.600
40	浙江省海港投资运营集团有限公司	浙江	94.179	13.500	69.079	11.600
41	中国联合网络通信集团有限公司	北京	94.119	13.094	68.225	12.800
42	软通动力信息技术（集团）股份有限公司	北京	94.053	13.171	69.281	11.600
43	安通控股股份有限公司	黑龙江	94.029	13.600	68.829	11.600
44	烟台杰瑞石油服务集团股份有限公司	山东	93.897	12.828	69.969	11.100
45	厦门象屿股份有限公司	福建	93.883	14.000	68.283	11.600
46	江苏国泰国际集团股份有限公司	江苏	93.772	13.437	68.735	11.600
47	北京高能时代环境技术股份有限公司	北京	93.736	11.236	72.000	10.500
48	华泰证券股份有限公司	江苏	93.695	12.264	69.831	11.600
49	北京金山办公软件股份有限公司	北京	93.647	13.299	68.749	11.600
50	平安银行股份有限公司	广东	93.602	13.390	66.648	13.564
51	东方财富信息股份有限公司	上海	93.563	13.147	68.816	11.600
52	航天信息股份有限公司	北京	93.551	12.814	69.136	11.600
53	广州产业投资控股集团有限公司	广东	93.528	13.785	68.142	11.600
54	江西洪城环境股份有限公司	江西	93.474	12.593	71.072	9.808
55	交通银行股份有限公司	上海	93.474	12.573	66.901	14.000
56	圆通速递股份有限公司	辽宁	93.321	10.785	70.936	11.600
57	杭州市城市建设投资集团有限公司	浙江	93.310	13.816	67.894	11.600
58	广西北部湾投资集团有限公司	广西	93.176	13.809	67.767	11.600
59	中国化学工程股份有限公司	北京	93.159	13.351	68.208	11.600
60	中科创达软件股份有限公司	北京	93.152	12.547	70.504	10.100

续表

序号	企业名称	地区	综合信用指数	信用环境指数	信用能力指数	信用行为指数
61	郑州公用事业投资发展集团有限公司	河南	93.100	11.084	71.416	10.600
62	苏美达股份有限公司	江苏	93.055	13.698	67.757	11.600
63	浪潮电子信息产业股份有限公司	山东	92.896	13.112	68.184	11.600
64	恒信汽车集团股份有限公司	湖北	92.769	11.132	70.036	11.600
65	中山公用事业集团股份有限公司	广东	92.744	11.817	68.127	12.800
66	兴华财富集团有限公司	河北	92.684	13.063	68.021	11.600
67	北京能源集团有限责任公司	北京	92.654	12.917	68.137	11.600
68	多弗国际控股集团有限公司	浙江	92.645	13.495	67.550	11.600
69	云南省能源投资集团有限公司	云南	92.469	13.671	67.198	11.600
70	浙江东方金融控股集团股份有限公司	浙江	92.452	13.443	67.409	11.600
71	广东粤海控股集团有限公司	广东	92.358	13.406	67.352	11.600
72	申能（集团）有限公司	上海	92.253	12.643	68.009	11.600
73	陕西省国际信托股份有限公司	陕西	92.099	13.457	67.041	11.600
74	中国银河证券股份有限公司	北京	92.098	11.950	68.548	11.600
75	紫光股份有限公司	北京	91.941	13.083	67.258	11.600
76	中国石油集团资本股份有限公司	新疆	91.922	12.825	67.497	11.600
77	韵达控股股份有限公司	浙江	91.901	12.653	67.648	11.600
78	厦门国贸控股集团有限公司	福建	91.778	12.683	67.495	11.600
79	旺能环境股份有限公司	浙江	91.731	13.402	66.729	11.600
80	百度网络技术有限公司	北京	91.729	12.179	67.950	11.600
81	南京高科股份有限公司	江苏	91.727	12.922	67.205	11.600
82	陕西投资集团有限公司	陕西	91.609	13.830	66.179	11.600
83	通鼎集团有限公司	江苏	91.404	13.803	66.000	11.600
84	广发证券股份有限公司	广东	91.228	11.686	67.942	11.600
85	深圳市燃气集团股份有限公司	广东	91.188	12.689	66.900	11.600
86	东方航空物流股份有限公司	上海	91.106	12.967	66.539	11.600
87	新天绿色能源股份有限公司	河北	91.087	13.126	66.362	11.600
88	重庆中昂投资集团有限公司	重庆	90.959	13.110	66.249	11.600
89	信达证券股份有限公司	北京	90.948	13.019	66.329	11.600
90	上海中谷物流股份有限公司	上海	90.854	13.596	65.659	11.600
91	东软集团股份有限公司	辽宁	90.830	13.599	65.631	11.600
92	成都银行股份有限公司	四川	90.645	13.252	65.793	11.600
93	洛阳国宏投资控股集团有限公司	河南	90.628	13.107	65.921	11.600

续表

序号	企业名称	地区	综合信用指数	信用环境指数	信用能力指数	信用行为指数
94	宁波银行股份有限公司	浙江	90.577	13.040	65.937	11.600
95	上海临港经济发展（集团）有限公司	上海	90.538	10.305	66.233	14.000
96	无锡市国联发展（集团）有限公司	江苏	90.412	13.440	65.372	11.600
97	中国人寿保险（集团）公司	北京	90.402	13.012	63.750	13.640
98	瀚蓝环境股份有限公司	广东	90.363	12.926	65.837	11.600
99	广东南方新媒体股份有限公司	广东	90.295	12.889	65.806	11.600
100	中国国际技术智力合作集团有限公司	北京	90.192	10.906	66.486	12.800

二、2023 中国服务业企业信用 100 强收益性指标

序号	企业名称	地区	综合信用指数	营收利润率（%）	资产利润率（%）	净资产利润率（%）
1	国家电网有限公司	北京	99.815	1.55	1.12	2.63
2	中国建设银行股份有限公司	北京	98.716	39.38	0.94	11.34
3	中国工商银行股份有限公司	北京	98.472	39.27	0.91	10.31
4	腾讯控股有限公司	广东	98.391	33.95	11.93	26.09
5	招商局集团有限公司	北京	98.388	11.56	2.17	11.97
6	中国农业银行股份有限公司	北京	98.100	35.75	0.76	9.71
7	中国银行股份有限公司	北京	97.814	36.80	0.79	9.37
8	中国华润有限公司	广东	97.385	3.83	1.37	9.92
9	中国移动通信集团有限公司	北京	97.312	10.54	4.33	7.85
10	中国南方电网有限责任公司	广东	97.287	1.33	0.89	2.45
11	上海国际港务（集团）股份有限公司	上海	96.857	46.20	9.47	15.33
12	兴业银行股份有限公司	福建	96.780	41.09	0.99	12.25
13	中国邮政集团有限公司	北京	96.625	4.55	0.23	6.81
14	浙江省能源集团有限公司	浙江	96.394	3.33	1.86	6.10
15	中国中信集团有限公司	北京	96.340	3.87	0.25	5.99
16	中国光大银行股份有限公司	北京	96.313	36.91	0.89	11.02
17	四川川投能源股份有限公司	四川	96.275	247.48	6.42	10.40
18	北京控股集团有限公司	北京	96.203	1.14	0.32	3.10
19	中国电信集团有限公司	北京	96.151	2.36	1.32	3.50
20	物产中大集团股份有限公司	浙江	96.125	0.68	2.70	11.59
21	中国卫通集团股份有限公司	北京	95.998	33.69	4.11	6.09
22	中国保利集团有限公司	北京	95.503	1.90	0.47	7.37
23	天津城市基础设施建设投资集团有限公司	天津	95.397	8.56	0.20	0.69
24	浙江交通科技股份有限公司	浙江	95.232	3.40	2.70	11.96
25	安克创新科技股份有限公司	湖南	95.227	8.02	11.28	16.70
26	浙江伟明环保股份有限公司	浙江	95.096	37.18	8.17	17.80
27	网易股份有限公司	广东	95.065	21.08	11.77	19.42

续表

序号	企业名称	地区	综合信用指数	营收利润率（%）	资产利润率（%）	净资产利润率（%）
28	重庆水务集团股份有限公司	重庆	95.021	24.54	5.97	11.18
29	阿里巴巴（中国）有限公司	浙江	94.899	3.79	1.85	3.36
30	厦门亿联网络技术股份有限公司	福建	94.872	45.27	25.30	27.60
31	成都市兴蓉环境股份有限公司	四川	94.813	21.20	4.22	10.95
32	上海宝信软件股份有限公司	上海	94.680	16.62	11.16	21.99
33	浙商中拓集团股份有限公司	浙江	94.642	0.52	3.85	18.98
34	中国国际金融股份有限公司	北京	94.626	29.12	1.17	7.64
35	澜起科技股份有限公司	上海	94.388	35.38	12.16	13.11
36	奥德集团有限公司	山东	94.329	10.02	6.58	11.10
37	新奥天然气股份有限公司	河北	94.262	3.79	4.29	33.25
38	新疆大全新能源股份有限公司	新疆	94.205	61.80	36.58	41.99
39	厦门建发股份有限公司	福建	94.201	0.75	0.94	10.74
40	浙江省海港投资运营集团有限公司	浙江	94.179	8.86	1.92	4.65
41	中国联合网络通信集团有限公司	北京	94.119	1.84	0.96	3.41
42	软通动力信息技术（集团）股份有限公司	北京	94.053	5.09	6.46	9.68
43	安通控股股份有限公司	黑龙江	94.029	25.52	18.15	24.46
44	烟台杰瑞石油服务集团股份有限公司	山东	93.897	19.68	7.68	13.00
45	厦门象屿股份有限公司	福建	93.883	0.49	2.29	15.43
46	江苏国泰国际集团股份有限公司	江苏	93.772	4.03	4.38	12.26
47	北京高能时代环境技术股份有限公司	北京	93.736	7.89	3.06	7.80
48	华泰证券股份有限公司	江苏	93.695	34.51	1.31	6.58
49	北京金山办公软件股份有限公司	北京	93.647	28.77	9.27	12.81
50	平安银行股份有限公司	广东	93.602	25.30	0.86	10.47
51	东方财富信息股份有限公司	上海	93.563	68.15	4.02	13.06
52	航天信息股份有限公司	北京	93.551	5.59	4.56	7.63
53	广州产业投资控股集团有限公司	广东	93.528	2.51	0.98	4.82
54	江西洪城环境股份有限公司	江西	93.474	12.16	4.52	13.30
55	交通银行股份有限公司	上海	93.474	33.76	0.71	9.00
56	圆通速递股份有限公司	辽宁	93.321	7.32	9.98	14.70
57	杭州市城市建设投资集团有限公司	浙江	93.310	3.50	0.88	3.00
58	广西北部湾投资集团有限公司	广西	93.176	3.40	0.75	2.56
59	中国化学工程股份有限公司	北京	93.159	3.43	2.78	10.24

续表

序号	企业名称	地区	综合信用指数	营收利润率（%）	资产利润率（%）	净资产利润率（%）
60	中科创达软件股份有限公司	北京	93.152	14.12	7.17	8.48
61	郑州公用事业投资发展集团有限公司	河南	93.100	5.73	0.99	4.54
62	苏美达股份有限公司	江苏	93.055	0.65	1.73	14.64
63	浪潮电子信息产业股份有限公司	山东	92.896	2.99	5.07	12.05
64	恒信汽车集团股份有限公司	湖北	92.769	1.62	5.10	8.91
65	中山公用事业集团股份有限公司	广东	92.744	29.62	4.21	6.84
66	兴华财富集团有限公司	河北	92.684	4.59	11.91	15.57
67	北京能源集团有限责任公司	北京	92.654	2.00	0.48	2.07
68	多弗国际控股集团有限公司	浙江	92.645	1.26	1.93	3.52
69	云南省能源投资集团有限公司	云南	92.469	2.51	1.26	5.31
70	浙江东方金融控股集团股份有限公司	浙江	92.452	5.03	2.56	6.10
71	广东粤海控股集团有限公司	广东	92.358	9.35	1.72	8.34
72	申能（集团）有限公司	上海	92.253	5.28	1.79	3.97
73	陕西省国际信托股份有限公司	陕西	92.099	43.51	3.68	5.17
74	中国银河证券股份有限公司	北京	92.098	23.07	1.24	7.56
75	紫光股份有限公司	北京	91.941	2.91	2.91	6.78
76	中国石油集团资本股份有限公司	新疆	91.922	15.16	0.48	5.14
77	韵达控股股份有限公司	浙江	91.901	3.13	3.90	8.74
78	厦门国贸控股集团有限公司	福建	91.778	0.28	0.60	5.35
79	旺能环境股份有限公司	浙江	91.731	21.55	4.98	11.88
80	百度网络技术有限公司	北京	91.729	6.11	1.93	3.38
81	南京高科股份有限公司	江苏	91.727	53.60	6.42	14.50
82	陕西投资集团有限公司	陕西	91.609	4.03	1.31	7.03
83	通鼎集团有限公司	江苏	91.404	2.76	5.15	18.27
84	广发证券股份有限公司	广东	91.228	31.55	1.28	6.60
85	深圳市燃气集团股份有限公司	广东	91.188	5.43	4.27	12.41
86	东方航空物流股份有限公司	上海	91.106	15.50	13.95	26.89
87	新天绿色能源股份有限公司	河北	91.087	12.36	2.96	11.21
88	重庆中昂投资集团有限公司	重庆	90.959	12.96	6.41	13.43
89	信达证券股份有限公司	北京	90.948	35.70	42.05	8.97
90	上海中谷物流股份有限公司	上海	90.854	19.29	13.62	29.47
91	东软集团股份有限公司	辽宁	90.830	99.85	50.08	102.32

续表

序号	企业名称	地区	综合信用指数	营收利润率（%）	资产利润率（%）	净资产利润率（%）
92	成都银行股份有限公司	四川	90. 645	49. 61	1. 09	16. 37
93	洛阳国宏投资控股集团有限公司	河南	90. 628	2. 34	1. 52	5. 19
94	宁波银行股份有限公司	浙江	90. 577	43. 87	1. 07	15. 07
95	上海临港经济发展（集团）有限公司	上海	90. 538	6. 07	0. 38	2. 32
96	无锡市国联发展（集团）有限公司	江苏	90. 412	6. 37	0. 87	5. 45
97	中国人寿保险（集团）公司	北京	90. 402	4. 53	0. 75	23. 91
98	瀚蓝环境股份有限公司	广东	90. 363	8. 90	3. 44	10. 53
99	广东南方新媒体股份有限公司	广东	90. 295	48. 39	15. 76	19. 93
100	中国国际技术智力合作集团有限公司	北京	90. 192	0. 57	4. 45	11. 21

三、2023 中国服务业企业信用 100 强流动性和安全性指标

序号	企业名称	地区	综合信用指数	资产周转率（次/年）	所有者权益比率（%）	资本保值增值率（%）
1	国家电网有限公司	北京	99.815	0.73	42.80	102.80
2	中国建设银行股份有限公司	北京	98.716	0.02	8.26	112.39
3	中国工商银行股份有限公司	北京	98.472	0.02	8.82	111.07
4	腾讯控股有限公司	广东	98.391	0.35	45.71	123.35
5	招商局集团有限公司	北京	98.388	0.19	18.09	112.91
6	中国农业银行股份有限公司	北京	98.100	0.02	7.87	110.73
7	中国银行股份有限公司	北京	97.814	0.02	8.40	110.22
8	中国华润有限公司	广东	97.385	0.36	13.81	110.94
9	中国移动通信集团有限公司	北京	97.312	0.41	55.10	108.37
10	中国南方电网有限责任公司	广东	97.287	0.67	36.37	102.55
11	上海国际港务（集团）股份有限公司	上海	96.857	0.21	61.79	117.26
12	兴业银行股份有限公司	福建	96.780	0.02	8.05	113.36
13	中国邮政集团有限公司	北京	96.625	0.05	3.37	107.08
14	浙江省能源集团有限公司	浙江	96.394	0.56	30.44	106.36
15	中国中信集团有限公司	北京	96.340	0.06	4.14	106.28
16	中国光大银行股份有限公司	北京	96.313	0.02	8.06	111.60
17	四川川投能源股份有限公司	四川	96.275	0.03	61.81	111.25
18	北京控股集团有限公司	北京	96.203	0.28	10.23	103.18
19	中国电信集团有限公司	北京	96.151	0.56	37.86	103.63
20	物产中大集团股份有限公司	浙江	96.125	3.97	23.26	112.87
21	中国卫通集团股份有限公司	北京	95.998	0.12	67.36	107.67
22	中国保利集团有限公司	北京	95.503	0.25	6.43	107.86
23	天津城市基础设施建设投资集团有限公司	天津	95.397	0.02	29.41	100.70
24	浙江交通科技股份有限公司	浙江	95.232	0.80	22.61	116.71
25	安克创新科技股份有限公司	湖南	95.227	1.41	67.54	118.89
26	浙江伟明环保股份有限公司	浙江	95.096	0.22	45.93	121.62
27	网易股份有限公司	广东	95.065	0.56	60.62	121.33

续表

序号	企业名称	地区	综合信用指数	资产周转率（次/年）	所有者权益比率（%）	资本保值增值率（%）
28	重庆水务集团股份有限公司	重庆	95.021	0.24	53.42	111.62
29	阿里巴巴（中国）有限公司	浙江	94.899	0.49	55.07	103.36
30	厦门亿联网络技术股份有限公司	福建	94.872	0.56	91.69	134.39
31	成都市兴蓉环境股份有限公司	四川	94.813	0.20	38.55	112.02
32	上海宝信软件股份有限公司	上海	94.680	0.67	50.78	124.24
33	浙商中拓集团股份有限公司	浙江	94.642	7.43	20.26	122.18
34	中国国际金融股份有限公司	北京	94.626	0.04	15.33	109.00
35	澜起科技股份有限公司	上海	94.388	0.34	92.76	115.49
36	奥德集团有限公司	山东	94.329	0.66	59.30	112.48
37	新奥天然气股份有限公司	河北	94.262	1.13	12.91	139.40
38	新疆大全新能源股份有限公司	新疆	94.205	0.59	87.14	216.13
39	厦门建发股份有限公司	福建	94.201	1.25	8.80	112.35
40	浙江省海港投资运营集团有限公司	浙江	94.179	0.22	41.28	104.91
41	中国联合网络通信集团有限公司	北京	94.119	0.52	28.14	103.56
42	软通动力信息技术（集团）股份有限公司	北京	94.053	1.27	66.78	119.17
43	安通控股股份有限公司	黑龙江	94.029	0.71	74.20	130.17
44	烟台杰瑞石油服务集团股份有限公司	山东	93.897	0.39	59.08	118.00
45	厦门象屿股份有限公司	福建	93.883	4.68	14.85	115.32
46	江苏国泰国际集团股份有限公司	江苏	93.772	1.09	35.70	116.42
47	北京高能时代环境技术股份有限公司	北京	93.736	0.39	39.18	112.61
48	华泰证券股份有限公司	江苏	93.695	0.04	19.83	107.45
49	北京金山办公软件股份有限公司	北京	93.647	0.32	72.35	114.48
50	平安银行股份有限公司	广东	93.602	0.03	8.17	111.51
51	东方财富信息股份有限公司	上海	93.563	0.06	30.76	119.32
52	航天信息股份有限公司	北京	93.551	0.82	59.75	108.08
53	广州产业投资控股集团有限公司	广东	93.528	0.39	20.33	105.25
54	江西洪城环境股份有限公司	江西	93.474	0.37	34.01	116.06
55	交通银行股份有限公司	上海	93.474	0.02	7.88	109.55
56	圆通速递股份有限公司	辽宁	93.321	1.36	67.94	117.34
57	杭州市城市建设投资集团有限公司	浙江	93.310	0.25	29.41	104.61
58	广西北部湾投资集团有限公司	广西	93.176	0.22	29.20	103.03
59	中国化学工程股份有限公司	北京	93.159	0.81	27.18	111.24

续表

序号	企业名称	地区	综合信用指数	资产周转率（次/年）	所有者权益比率（%）	资本保值增值率（%）
60	中科创达软件股份有限公司	北京	93.152	0.51	84.57	114.82
61	郑州公用事业投资发展集团有限公司	河南	93.100	0.17	21.75	105.15
62	苏美达股份有限公司	江苏	93.055	2.66	11.81	116.18
63	浪潮电子信息产业股份有限公司	山东	92.896	1.70	42.09	113.72
64	恒信汽车集团股份有限公司	湖北	92.769	3.15	57.21	109.78
65	中山公用事业集团股份有限公司	广东	92.744	0.14	61.48	107.08
66	兴华财富集团有限公司	河北	92.684	2.59	76.50	118.44
67	北京能源集团有限责任公司	北京	92.654	0.24	23.13	102.25
68	多弗国际控股集团有限公司	浙江	92.645	1.53	54.92	103.65
69	云南省能源投资集团有限公司	云南	92.469	0.50	23.78	105.06
70	浙江东方金融控股集团股份有限公司	浙江	92.452	0.51	42.04	107.12
71	广东粤海控股集团有限公司	广东	92.358	0.18	20.67	109.33
72	申能（集团）有限公司	上海	92.253	0.34	45.19	103.58
73	陕西省国际信托股份有限公司	陕西	92.099	0.08	71.13	106.84
74	中国银河证券股份有限公司	北京	92.098	0.05	16.41	107.84
75	紫光股份有限公司	北京	91.941	1.00	42.99	107.20
76	中国石油集团资本股份有限公司	新疆	91.922	0.03	9.34	105.30
77	韵达控股股份有限公司	浙江	91.901	1.25	44.59	109.40
78	厦门国贸控股集团有限公司	福建	91.778	2.15	11.30	107.42
79	旺能环境股份有限公司	浙江	91.731	0.23	41.93	113.42
80	百度网络技术有限公司	北京	91.729	0.32	57.16	103.57
81	南京高科股份有限公司	江苏	91.727	0.12	44.28	115.94
82	陕西投资集团有限公司	陕西	91.609	0.33	18.70	107.99
83	通鼎集团有限公司	江苏	91.404	1.86	28.18	120.73
84	广发证券股份有限公司	广东	91.228	0.04	19.46	107.44
85	深圳市燃气集团股份有限公司	广东	91.188	0.79	34.42	113.20
86	东方航空物流股份有限公司	上海	91.106	0.90	51.88	133.12
87	新天绿色能源股份有限公司	河北	91.087	0.24	26.44	111.65
88	重庆中昂投资集团有限公司	重庆	90.959	0.49	47.76	115.51
89	信达证券股份有限公司	北京	90.948	1.18	468.79	109.86
90	上海中谷物流股份有限公司	上海	90.854	0.71	46.22	128.25
91	东软集团股份有限公司	辽宁	90.830	0.50	48.95	198.67

续表

序号	企业名称	地区	综合信用指数	资产周转率（次/年）	所有者权益比率（%）	资本保值增值率（%）
92	成都银行股份有限公司	四川	90.645	0.02	6.68	119.33
93	洛阳国宏投资控股集团有限公司	河南	90.628	0.65	29.26	109.05
94	宁波银行股份有限公司	浙江	90.577	0.02	7.12	116.94
95	上海临港经济发展（集团）有限公司	上海	90.538	0.06	16.17	102.39
96	无锡市国联发展（集团）有限公司	江苏	90.412	0.14	16.01	105.61
97	中国人寿保险（集团）公司	北京	90.402	0.17	3.15	117.68
98	瀚蓝环境股份有限公司	广东	90.363	0.39	32.69	111.57
99	广东南方新媒体股份有限公司	广东	90.295	0.33	79.09	122.66
100	中国国际技术智力合作集团有限公司	北京	90.192	7.79	39.73	112.41

四、2023 中国服务业企业信用 100 强成长性指标

序号	企业名称	地区	营收增长率（%）	利润增长率（%）	资产增长率（%）	资本积累率（%）
1	国家电网有限公司	北京	20.00	19.69	4.94	6.46
2	中国建设银行股份有限公司	北京	-0.22	6.56	14.37	9.28
3	中国工商银行股份有限公司	北京	-2.63	3.49	12.62	7.29
4	腾讯控股有限公司	广东	-0.99	-16.27	-2.12	-10.53
5	招商局集团有限公司	北京	-0.45	3.66	4.91	7.85
6	中国农业银行股份有限公司	北京	0.69	7.45	16.71	10.51
7	中国银行股份有限公司	北京	2.06	5.02	8.20	9.10
8	中国华润有限公司	广东	5.21	6.12	13.24	10.23
9	中国移动通信集团有限公司	北京	10.36	4.92	6.59	6.64
10	中国南方电网有限责任公司	广东	13.86	21.19	5.81	4.35
11	上海国际港务（集团）股份有限公司	上海	8.72	17.31	6.45	12.56
12	兴业银行股份有限公司	福建	0.51	10.52	7.71	9.07
13	中国邮政集团有限公司	北京	5.82	-12.63	11.66	3.91
14	浙江省能源集团有限公司	浙江	22.49	49.43	0.99	4.25
15	中国中信集团有限公司	北京	9.32	-16.76	20.30	4.79
16	中国光大银行股份有限公司	北京	-0.73	28.93	6.75	5.26
17	四川川投能源股份有限公司	四川	12.43	13.86	12.89	8.22
18	北京控股集团有限公司	北京	9.03	-17.04	4.70	2.73
19	中国电信集团有限公司	北京	8.74	11.06	5.75	3.69
20	物产中大集团股份有限公司	浙江	2.59	-1.86	12.05	11.07
21	中国卫通集团股份有限公司	北京	3.76	60.88	17.37	25.83
22	中国保利集团有限公司	北京	1.48	-34.54	5.08	6.61
23	天津城市基础设施建设投资集团有限公司	天津	19.29	3.74	2.48	0.92
24	浙江交通科技股份有限公司	浙江	0.89	62.97	10.68	39.73
25	安克创新科技股份有限公司	湖南	13.33	16.43	19.56	13.11
26	浙江伟明环保股份有限公司	浙江	6.23	7.67	38.03	21.46
27	网易股份有限公司	广东	10.15	20.65	12.44	9.86

续表

序号	企业名称	地区	营收增长率（%）	利润增长率（%）	资产增长率（%）	资本积累率（%）
28	重庆水务集团股份有限公司	重庆	7.26	-8.11	9.28	3.89
29	阿里巴巴（中国）有限公司	浙江	3.36	-43.32	0.66	0.17
30	厦门亿联网络技术股份有限公司	福建	30.57	34.75	21.13	24.63
31	成都市兴蓉环境股份有限公司	四川	13.02	8.31	11.09	9.81
32	上海宝信软件股份有限公司	上海	11.82	20.18	9.64	10.26
33	浙商中拓集团股份有限公司	浙江	8.60	22.39	12.89	16.88
34	中国国际金融股份有限公司	北京	-13.42	-29.51	-0.16	17.83
35	澜起科技股份有限公司	上海	43.33	56.71	19.28	18.13
36	奥德集团有限公司	山东	7.92	-6.56	7.40	12.48
37	新奥天然气股份有限公司	河北	32.89	42.48	6.46	18.51
38	新疆大全新能源股份有限公司	新疆	185.64	234.06	132.57	176.58
39	厦门建发股份有限公司	福建	17.65	3.01	10.34	15.02
40	浙江省海港投资运营集团有限公司	浙江	13.39	4.47	16.79	5.51
41	中国联合网络通信集团有限公司	北京	8.21	105.93	9.01	4.19
42	软通动力信息技术（集团）股份有限公司	北京	14.92	3.02	43.14	98.06
43	安通控股股份有限公司	黑龙江	17.73	32.59	14.89	23.32
44	烟台杰瑞石油服务集团股份有限公司	山东	30.00	41.54	49.66	38.43
45	厦门象屿股份有限公司	福建	16.35	22.06	20.06	-0.71
46	江苏国泰国际集团股份有限公司	江苏	8.69	39.50	13.97	33.96
47	北京高能时代环境技术股份有限公司	北京	12.11	-4.65	30.73	61.61
48	华泰证券股份有限公司	江苏	-15.50	-17.18	4.95	13.09
49	北京金山办公软件股份有限公司	北京	18.44	7.32	15.65	13.02
50	平安银行股份有限公司	广东	6.21	25.26	8.13	9.92
51	东方财富信息股份有限公司	上海	-4.65	-0.51	14.52	47.97
52	航天信息股份有限公司	北京	-17.87	5.30	3.85	5.98
53	广州产业投资控股集团有限公司	广东	21.95	28.57	12.38	8.98
54	江西洪城环境股份有限公司	江西	-4.87	15.31	18.06	20.71
55	交通银行股份有限公司	上海	1.33	5.22	11.37	6.09
56	圆通速递股份有限公司	辽宁	18.57	86.35	14.71	18.00
57	杭州市城市建设投资集团有限公司	浙江	14.24	45.24	51.99	53.49
58	广西北部湾投资集团有限公司	广西	7.92	12.60	22.99	18.56
59	中国化学工程股份有限公司	北京	14.88	16.87	9.37	9.73

续表

序号	企业名称	地区	营收增长率（%）	利润增长率（%）	资产增长率（%）	资本积累率（%）
60	中科创达软件股份有限公司	北京	31.96	18.77	48.11	74.74
61	郑州公用事业投资发展集团有限公司	河南	3.46	15.22	9.43	13.23
62	苏美达股份有限公司	江苏	-16.33	19.40	-2.93	10.54
63	浪潮电子信息产业股份有限公司	山东	3.70	3.88	-11.24	13.87
64	恒信汽车集团股份有限公司	湖北	-0.51	-49.79	9.48	9.78
65	中山公用事业集团股份有限公司	广东	52.67	-26.85	13.36	3.51
66	兴华财富集团有限公司	河北	10.07	-6.90	22.39	18.44
67	北京能源集团有限责任公司	北京	14.25	-15.56	5.24	8.68
68	多弗国际控股集团有限公司	浙江	4.75	3.97	-1.58	3.65
69	云南省能源投资集团有限公司	云南	-9.92	11.77	8.49	-4.73
70	浙江东方金融控股集团股份有限公司	浙江	10.90	44.28	26.03	16.74
71	广东粤海控股集团有限公司	广东	11.11	10.13	14.96	11.85
72	申能（集团）有限公司	上海	25.59	-26.01	-4.09	-9.81
73	陕西省国际信托股份有限公司	陕西	0.91	14.44	32.22	32.37
74	中国银河证券股份有限公司	北京	-6.51	-25.60	11.62	3.67
75	紫光股份有限公司	北京	9.49	0.48	11.49	6.28
76	中国石油集团资本股份有限公司	新疆	4.74	-11.39	3.36	2.94
77	韵达控股股份有限公司	浙江	13.65	1.62	5.09	7.62
78	厦门国贸控股集团有限公司	福建	14.62	-21.23	31.03	38.77
79	旺能环境股份有限公司	浙江	12.87	11.39	14.36	12.98
80	百度网络技术有限公司	北京	-0.66	-26.08	2.88	5.68
81	南京高科股份有限公司	江苏	-8.87	2.14	13.24	9.90
82	陕西投资集团有限公司	陕西	0.48	24.65	7.21	13.70
83	通鼎集团有限公司	江苏	15.13	11.12	11.11	13.45
84	广发证券股份有限公司	广东	-26.62	-26.95	15.19	12.68
85	深圳市燃气集团股份有限公司	广东	40.38	-11.64	12.04	6.36
86	东方航空物流股份有限公司	上海	5.59	0.27	44.53	23.17
87	新天绿色能源股份有限公司	河北	16.11	6.20	7.63	3.97
88	重庆中昂投资集团有限公司	重庆	-2.00	1.30	1.74	15.51
89	信达证券股份有限公司	北京	-9.61	4.75	0.00	9.94
90	上海中谷物流股份有限公司	上海	15.60	14.02	16.22	-4.12
91	东软集团股份有限公司	辽宁	8.37	8.49	3.10	-3.56

续表

序号	企业名称	地区	营收增长率（%）	利润增长率（%）	资产增长率（%）	资本积累率（%）
92	成都银行股份有限公司	四川	13.14	28.24	19.43	18.10
93	洛阳国宏投资控股集团有限公司	河南	71.64	7.15	128.51	74.43
94	宁波银行股份有限公司	浙江	9.67	24.00	17.39	12.40
95	上海临港经济发展（集团）有限公司	上海	-6.50	-64.71	14.13	3.03
96	无锡市国联发展（集团）有限公司	江苏	8.09	31.07	13.49	3.04
97	中国人寿保险（集团）公司	北京	0.56	131.68	6.80	-26.05
98	瀚蓝环境股份有限公司	广东	9.33	-1.46	13.69	9.88
99	广东南方新媒体股份有限公司	广东	1.39	1.71	17.53	13.71
100	中国国际技术智力合作集团有限公司	北京	7.19	-4.17	7.43	10.77

五、2023 中国服务业企业信用 100 强地区分布

序号	企业名称	综合信用指数	营业收入（万元）	利润（万元）	资产（万元）	所有者权益（万元）
北京						
1	国家电网有限公司	99.815	356524505	5510499	490227557	209797126
2	中国建设银行股份有限公司	98.716	82247300	32386100	3460191700	285673300
3	中国工商银行股份有限公司	98.472	91798900	36048300	3960965700	349517100
4	招商局集团有限公司	98.388	49295592	5700322	263202724	47612321
5	中国农业银行股份有限公司	98.100	72486800	25914000	3392753300	266841200
6	中国银行股份有限公司	97.814	61800900	22743900	2891385700	242758900
7	中国移动通信集团有限公司	97.312	93903722	9900630	228796985	126065120
8	中国邮政集团有限公司	96.625	74176479	3371864	1470460708	49510922
9	中国中信集团有限公司	96.340	67784747	2626084	1059769342	43824860
10	中国光大银行股份有限公司	96.313	15163200	5596600	630051000	50788300
11	北京控股集团有限公司	96.203	11910115	136186	43005912	4400049
12	中国电信集团有限公司	96.151	58634784	1386231	104664204	39621437
13	中国卫通集团股份有限公司	95.998	273333	92073	2242811	1510711
14	中国保利集团有限公司	95.503	45537678	866210	182848841	11749656
15	中国国际金融股份有限公司	94.626	2608736	759750	64876403	9947469
16	中国联合网络通信集团有限公司	94.119	35615693	656480	68348838	19234333
17	软通动力信息技术（集团）股份有限公司	94.053	1910369	97332	1506270	1005837
18	北京高能时代环境技术股份有限公司	93.736	877423	69247	2266013	887812
19	北京金山办公软件股份有限公司	93.647	388495	111752	1205767	872430
20	航天信息股份有限公司	93.551	1931407	107900	2368166	1414922
21	中国化学工程股份有限公司	93.159	15771622	541521	19456564	5288959
22	中科创达软件股份有限公司	93.152	544545	76877	1072120	906663
23	北京能源集团有限责任公司	92.654	10052951	201450	42113323	9738837
24	中国银河证券股份有限公司	92.098	3364199	776054	62521572	10258971
25	紫光股份有限公司	91.941	7405764	215792	7406300	3184110
26	百度网络技术有限公司	91.729	12367500	755900	39097300	22347800

续表

序号	企业名称	综合信用指数	营业收入（万元）	利润（万元）	资产（万元）	所有者权益（万元）
27	信达证券股份有限公司	90.948	343776	122734	291870	1368247
28	中国人寿保险（集团）公司	90.402	101901900	4613600	612682200	19291700
29	中国国际技术智力合作集团有限公司	90.192	15719486	89888	2018816	802020
福建						
1	兴业银行股份有限公司	96.780	22237400	9137700	926667100	74618700
2	厦门亿联网络技术股份有限公司	94.872	481055	217766	860685	789136
3	厦门建发股份有限公司	94.201	83281200	628155	66475442	5847978
4	厦门象屿股份有限公司	93.883	53814806	263690	11505640	1709156
5	厦门国贸控股集团有限公司	91.778	69346046	194727	32220107	3639521
广东						
1	腾讯控股有限公司	98.391	55455200	18824300	157813100	72139100
2	中国华润有限公司	97.385	81826544	3135765	228869995	31606764
3	中国南方电网有限责任公司	97.287	76465826	1019412	114511539	41646438
4	网易股份有限公司	95.065	9649581	2033760	17276099	10473132
5	平安银行股份有限公司	93.602	17989500	4551600	532151400	43468000
6	广州产业投资控股集团有限公司	93.528	5986341	150209	15328489	3116718
7	中山公用事业集团股份有限公司	92.744	361922	107206	2549465	1567332
8	广东粤海控股集团有限公司	92.358	4377269	409113	23728891	4903868
9	广发证券股份有限公司	91.228	2513201	792928	61725628	12014563
10	深圳市燃气集团股份有限公司	91.188	3006156	163209	3820072	1314870
11	瀚蓝环境股份有限公司	90.363	1287506	114634	3328777	1088319
12	广东南方新媒体股份有限公司	90.295	142864	69132	438622	346888
广西						
1	广西北部湾投资集团有限公司	93.176	7881105	267941	35893264	10482292
河北						
1	新奥天然气股份有限公司	94.262	15404417	584391	13619744	1757812
2	兴华财富集团有限公司	92.684	6563262	301267	2529353	1935023
3	新天绿色能源股份有限公司	91.087	1856052	229411	7740866	2046497
河南						
1	郑州公用事业投资发展集团有限公司	93.100	1388008	79482	8042196	1748970
2	洛阳国宏投资控股集团有限公司	90.628	5078724	118691	7813381	2286563
黑龙江						
1	安通控股股份有限公司	94.029	917642	234207	1290481	957509

续表

序号	企业名称	综合信用指数	营业收入（万元）	利润（万元）	资产（万元）	所有者权益（万元）
湖北						
1	恒信汽车集团股份有限公司	92.769	7980726	129137	2533332	1449388
湖南						
1	安克创新科技股份有限公司	95.227	1425051	114300	1013198	684276
江苏						
1	江苏国泰国际集团股份有限公司	93.772	4275909	172449	3940551	1406726
2	华泰证券股份有限公司	93.695	3203156	1105269	84656701	16784870
3	苏美达股份有限公司	93.055	14114458	91585	5298829	625694
4	南京高科股份有限公司	91.727	448220	240237	3740368	1656337
5	通鼎集团有限公司	91.404	5210110	143909	2794663	787478
6	无锡市国联发展（集团）有限公司	90.412	2478719	158001	18124465	2901711
江西						
1	江西洪城环境股份有限公司	93.474	777609	94562	2089944	710799
辽宁						
1	圆通速递股份有限公司	93.321	5353931	391967	3925732	2667269
2	东软集团股份有限公司	90.830	946580	945191	1887213	923784
山东						
1	奥德集团有限公司	94.329	3798039	380525	5783016	3429047
2	烟台杰瑞石油服务集团股份有限公司	93.897	1140901	224494	2922582	1726631
3	浪潮电子信息产业股份有限公司	92.896	6952545	208035	4101342	1726448
陕西						
1	陕西省国际信托股份有限公司	92.099	192591	83798	2280027	1621771
2	陕西投资集团有限公司	91.609	8448427	340438	25909023	4845616
上海						
1	上海国际港务（集团）股份有限公司	96.857	3727980	1722391	18180170	11232740
2	上海宝信软件股份有限公司	94.680	1314988	218588	1958103	994256
3	澜起科技股份有限公司	94.388	367225	129937	1068604	991218
4	东方财富信息股份有限公司	93.563	1248557	850946	21188073	6516466
5	交通银行股份有限公司	93.474	27297800	9214900	1299241900	102340900
6	申能（集团）有限公司	92.253	7019122	370615	20666687	9338819
7	东方航空物流股份有限公司	91.106	2347037	363681	2606781	1352331
8	上海中谷物流股份有限公司	90.854	1420891	274138	2013042	930361

续表

序号	企业名称	综合信用指数	营业收入（万元）	利润（万元）	资产（万元）	所有者权益（万元）
9	上海临港经济发展（集团）有限公司	90.538	1108134	67300	17914733	2897505
四川						
1	四川川投能源股份有限公司	96.275	142041	351526	5471381	3381682
2	成都市兴蓉环境股份有限公司	94.813	762967	161782	3833860	1477779
3	成都银行股份有限公司	90.645	2024131	1004237	91765030	6134271
天津						
1	天津城市基础设施建设投资集团有限公司	95.397	2132471	182502	89458544	26311428
新疆						
1	新疆大全新能源股份有限公司	94.205	3094030	1912087	5226488	4554157
2	中国石油集团资本股份有限公司	91.922	3243144	491799	102377396	9558889
云南						
1	云南省能源投资集团有限公司	92.469	12610682	317112	25106798	5970111
浙江						
1	浙江省能源集团有限公司	96.394	16764709	558718	30088872	9159765
2	物产中大集团股份有限公司	96.125	57655134	391096	14505087	3374317
3	浙江交通科技股份有限公司	95.232	4646958	157821	5837900	1319972
4	浙江伟明环保股份有限公司	95.096	444614	165319	2022377	928940
5	阿里巴巴（中国）有限公司	94.899	86453900	3275200	177212400	97595400
6	浙商中拓集团股份有限公司	94.642	19360475	100252	2607139	528229
7	浙江省海港投资运营集团有限公司	94.179	3728922	330340	17196881	7098229
8	杭州市城市建设投资集团有限公司	93.310	6418122	224596	25424637	7476494
9	多弗国际控股集团有限公司	92.645	21668635	273363	14136253	7763885
10	浙江东方金融控股集团股份有限公司	92.452	1881155	94672	3692235	1552254
11	韵达控股股份有限公司	91.901	4743373	148307	3807251	1697626
12	旺能环境股份有限公司	91.731	334991	72179	1449288	607678
13	宁波银行股份有限公司	90.577	5787900	2539200	236609700	16852600
重庆						
1	重庆水务集团股份有限公司	95.021	777887	190908	3195752	1707303
2	重庆中昂投资集团有限公司	90.959	5211930	675527	10532679	5030835

六、2023 中国服务业企业信用 100 强行业分布

序号	企业名称	综合信用指数	营业收入（万元）	利润（万元）	资产（万元）	所有者权益（万元）
能源（电、热、燃气等）供应、开发、节能减排及再循环服务业						
1	国家电网有限公司	99.815	356524505	5510499	490227557	209797126
2	中国南方电网有限责任公司	97.287	76465826	1019412	114511539	41646438
3	浙江省能源集团有限公司	96.394	16764709	558718	30088872	9159765
4	奥德集团有限公司	94.329	3798039	380525	5783016	3429047
5	新奥天然气股份有限公司	94.262	15404417	584391	13619744	1757812
6	广州产业投资控股集团有限公司	93.528	5986341	150209	15328489	3116718
7	北京能源集团有限责任公司	92.654	10052951	201450	42113323	9738837
8	云南省能源投资集团有限公司	92.469	12610682	317112	25106798	5970111
9	申能（集团）有限公司	92.253	7019122	370615	20666687	9338819
10	旺能环境股份有限公司	91.731	334991	72179	1449288	607678
11	深圳市燃气集团股份有限公司	91.188	3006156	163209	3820072	1314870
12	新天绿色能源股份有限公司	91.087	1856052	229411	7740866	2046497
13	无锡市国联发展（集团）有限公司	90.412	2478719	158001	18124465	2901711
14	瀚蓝环境股份有限公司	90.363	1287506	114634	3328777	1088319
港口服务业						
1	上海国际港务（集团）股份有限公司	96.857	3727980	1722391	18180170	11232740
2	浙江省海港投资运营集团有限公司	94.179	3728922	330340	17196881	7098229
电信、邮寄、速递等服务业						
1	中国移动通信集团有限公司	97.312	93903722	9900630	228796985	126065120
2	中国邮政集团有限公司	96.625	74176479	3371864	1470460708	49510922
3	中国电信集团有限公司	96.151	58634784	1386231	104664204	39621437
4	中国联合网络通信集团有限公司	94.119	35615693	656480	68348838	19234333
5	圆通速递股份有限公司	93.321	5353931	391967	3925732	2667269
6	韵达控股股份有限公司	91.901	4743373	148307	3807251	1697626
软件、程序、计算机应用、网络工程等计算机、微电子服务业						
1	中国卫通集团股份有限公司	95.998	273333	92073	2242811	1510711

续表

序号	企业名称	综合信用指数	营业收入（万元）	利润（万元）	资产（万元）	所有者权益（万元）
2	安克创新科技股份有限公司	95.227	1425051	114300	1013198	684276
3	厦门亿联网络技术股份有限公司	94.872	481055	217766	860685	789136
4	上海宝信软件股份有限公司	94.680	1314988	218588	1958103	994256
5	澜起科技股份有限公司	94.388	367225	129937	1068604	991218
6	软通动力信息技术（集团）股份有限公司	94.053	1910369	97332	1506270	1005837
7	北京金山办公软件股份有限公司	93.647	388495	111752	1205767	872430
8	航天信息股份有限公司	93.551	1931407	107900	2368166	1414922
9	中科创达软件股份有限公司	93.152	544545	76877	1072120	906663
10	浪潮电子信息产业股份有限公司	92.896	6952545	208035	4101342	1726448
11	紫光股份有限公司	91.941	7405764	215792	7406300	3184110
12	东软集团股份有限公司	90.830	946580	945191	1887213	923784
物流、仓储、运输、配送及供应链服务业						
1	厦门建发股份有限公司	94.201	83281200	628155	66475442	5847978
2	安通控股股份有限公司	94.029	917642	234207	1290481	957509
3	厦门象屿股份有限公司	93.883	53814806	263690	11505640	1709156
4	东方航空物流股份有限公司	91.106	2347037	363681	2606781	1352331
5	上海中谷物流股份有限公司	90.854	1420891	274138	2013042	930361
能源、矿产、化工、机电、金属产品等内外商贸批发业						
1	新疆大全新能源股份有限公司	94.205	3094030	1912087	5226488	4554157
综合性内外商贸及批发、零售业						
1	物产中大集团股份有限公司	96.125	57655134	391096	14505087	3374317
2	浙商中拓集团股份有限公司	94.642	19360475	100252	2607139	528229
3	江苏国泰国际集团股份有限公司	93.772	4275909	172449	3940551	1406726
4	浙江东方金融控股集团股份有限公司	92.452	1881155	94672	3692235	1552254
5	厦门国贸控股集团有限公司	91.778	69346046	194727	32220107	3639521
汽车和摩托车商贸、维修保养及租赁业						
1	恒信汽车集团股份有限公司	92.769	7980726	129137	2533332	1449388
银行业						
1	中国建设银行股份有限公司	98.716	82247300	32386100	3460191700	285673300
2	中国工商银行股份有限公司	98.472	91798900	36048300	3960965700	349517100
3	中国农业银行股份有限公司	98.100	72486800	25914000	3392753300	266841200
4	中国银行股份有限公司	97.814	61800900	22743900	2891385700	242758900

续表

序号	企业名称	综合信用指数	营业收入（万元）	利润（万元）	资产（万元）	所有者权益（万元）
5	兴业银行股份有限公司	96. 780	22237400	9137700	926667100	74618700
6	中国光大银行股份有限公司	96. 313	15163200	5596600	630051000	50788300
7	平安银行股份有限公司	93. 602	17989500	4551600	532151400	43468000
8	交通银行股份有限公司	93. 474	27297800	9214900	1299241900	102340900
9	成都银行股份有限公司	90. 645	2024131	1004237	91765030	6134271
10	宁波银行股份有限公司	90. 577	5787900	2539200	236609700	16852600
保险业						
1	中国人寿保险（集团）公司	90. 402	101901900	4613600	612682200	19291700
证券及其他金融服务业						
1	中国国际金融股份有限公司	94. 626	2608736	759750	64876403	9947469
2	华泰证券股份有限公司	93. 695	3203156	1105269	84656701	16784870
3	东方财富信息股份有限公司	93. 563	1248557	850946	21188073	6516466
4	兴华财富集团有限公司	92. 684	6563262	301267	2529353	1935023
5	陕西省国际信托股份有限公司	92. 099	192591	83798	2280027	1621771
6	中国银河证券股份有限公司	92. 098	3364199	776054	62521572	10258971
7	中国石油集团资本股份有限公司	91. 922	3243144	491799	102377396	9558889
8	广发证券股份有限公司	91. 228	2513201	792928	61725628	12014563
9	信达证券股份有限公司	90. 948	343776	122734	291870	1368247
多元化投资控股、商务服务业						
1	招商局集团有限公司	98. 388	49295592	5700322	263202724	47612321
2	中国中信集团有限公司	96. 340	67784747	2626084	1059769342	43824860
3	杭州市城市建设投资集团有限公司	93. 310	6418122	224596	25424637	7476494
4	广西北部湾投资集团有限公司	93. 176	7881105	267941	35893264	10482292
5	多弗国际控股集团有限公司	92. 645	21668635	273363	14136253	7763885
6	广东粤海控股集团有限公司	92. 358	4377269	409113	23728891	4903868
7	陕西投资集团有限公司	91. 609	8448427	340438	25909023	4845616
8	重庆中昂投资集团有限公司	90. 959	5211930	675527	10532679	5030835
9	洛阳国宏投资控股集团有限公司	90. 628	5078724	118691	7813381	2286563
公用事业、市政、水务、航道等公共设施投资、经营与管理业						
1	四川川投能源股份有限公司	96. 275	142041	351526	5471381	3381682
2	北京控股集团有限公司	96. 203	11910115	136186	43005912	4400049
3	天津城市基础设施建设投资集团有限公司	95. 397	2132471	182502	89458544	26311428

续表

序号	企业名称	综合信用指数	营业收入（万元）	利润（万元）	资产（万元）	所有者权益（万元）
4	浙江伟明环保股份有限公司	95. 096	444614	165319	2022377	928940
5	重庆水务集团股份有限公司	95. 021	777887	190908	3195752	1707303
6	成都市兴蓉环境股份有限公司	94. 813	762967	161782	3833860	1477779
7	北京高能时代环境技术股份有限公司	93. 736	877423	69247	2266013	887812
8	江西洪城环境股份有限公司	93. 474	777609	94562	2089944	710799
9	郑州公用事业投资发展集团有限公司	93. 100	1388008	79482	8042196	1748970
10	中山公用事业集团股份有限公司	92. 744	361922	107206	2549465	1567332
11	上海临港经济发展（集团）有限公司	90. 538	1108134	67300	17914733	2897505
人力资源（职业教育、培训等）、会展博览、国内外经济合作等社会综合服务业						
1	中国国际技术智力合作集团有限公司	90. 192	15719486	89888	2018816	802020
科技研发、推广及地勘、规划、设计、评估、咨询、认证等承包服务业						
1	烟台杰瑞石油服务集团股份有限公司	93. 897	1140901	224494	2922582	1726631
2	中国化学工程股份有限公司	93. 159	15771622	541521	19456564	5288959
信息、传媒、电子商务、网购、娱乐等互联网服务业						
1	腾讯控股有限公司	98. 391	55455200	18824300	157813100	72139100
2	网易股份有限公司	95. 065	9649581	2033760	17276099	10473132
3	阿里巴巴（中国）有限公司	94. 899	86453900	3275200	177212400	97595400
4	百度网络技术有限公司	91. 729	12367500	755900	39097300	22347800
5	通鼎集团有限公司	91. 404	5210110	143909	2794663	787478
6	广东南方新媒体股份有限公司	90. 295	142864	69132	438622	346888
综合服务业（以服务业为主，含有制造业）						
1	中国华润有限公司	97. 385	81826544	3135765	228869995	31606764
2	中国保利集团有限公司	95. 503	45537678	866210	182848841	11749656
3	浙江交通科技股份有限公司	95. 232	4646958	157821	5837900	1319972
4	苏美达股份有限公司	93. 055	14114458	91585	5298829	625694
5	南京高科股份有限公司	91. 727	448220	240237	3740368	1656337

第十一章

2023中国民营企业信用100强评价资料

一、2023 中国民营企业信用 100 强排序

序号	企业名称	地区	综合信用指数	信用环境指数	信用能力指数	信用行为指数
1	华为投资控股有限公司	广东	98.843	13.859	71.041	13.944
2	腾讯控股有限公司	广东	98.391	12.391	72.000	14.000
3	美的集团股份有限公司	广东	97.346	14.000	71.733	11.613
4	比亚迪股份有限公司	广东	97.082	13.217	71.325	12.540
5	特变电工股份有限公司	新疆	97.072	13.472	72.000	11.600
6	隆基绿能科技股份有限公司	陕西	96.912	13.312	72.000	11.600
7	福耀玻璃工业集团股份有限公司	福建	96.596	13.941	71.055	11.600
8	农夫山泉股份有限公司	浙江	96.536	12.936	72.000	11.600
9	山东魏桥创业集团有限公司	山东	96.336	12.368	71.169	12.800
10	波司登股份有限公司	江苏	96.333	12.733	72.000	11.600
11	浙江正泰电器股份有限公司	浙江	96.219	12.619	72.000	11.600
12	金东纸业（江苏）股份有限公司	江苏	96.052	12.452	72.000	11.600
13	金发科技股份有限公司	广东	96.034	12.434	72.000	11.600
14	江苏阳光集团有限公司	江苏	96.016	12.000	71.216	12.800
15	海澜集团有限公司	江苏	95.897	13.003	71.295	11.600
16	佛山市海天调味食品股份有限公司	广东	95.813	12.474	71.739	11.600
17	华勤橡胶工业集团有限公司	山东	95.808	12.284	71.924	11.600
18	天合光能股份有限公司	江苏	95.736	12.496	71.639	11.600
19	赛轮集团股份有限公司	山东	95.605	12.411	71.594	11.600
20	阳光电源股份有限公司	安徽	95.490	13.402	70.488	11.600
21	雅戈尔集团股份有限公司	浙江	95.400	12.855	70.945	11.600
22	晶科能源控股有限公司	江西	95.333	13.340	70.394	11.600
23	通威集团有限公司	四川	95.236	13.525	70.111	11.600
24	安克创新科技股份有限公司	湖南	95.227	13.641	69.986	11.600
25	研祥高科技控股集团有限公司	广东	95.133	12.972	70.561	11.600
26	爱玛科技集团股份有限公司	天津	95.112	13.400	70.112	11.600
27	浙江伟明环保股份有限公司	浙江	95.096	12.520	71.276	11.300
28	网易股份有限公司	广东	95.065	13.865	69.600	11.600

续表

序号	企业名称	地区	综合信用指数	信用环境指数	信用能力指数	信用行为指数
29	晶澳太阳能科技股份有限公司	河北	95.012	12.412	72.000	10.600
30	厦门亿联网络技术股份有限公司	福建	94.872	13.209	70.563	11.100
31	安井食品集团股份有限公司	福建	94.833	13.367	69.866	11.600
32	牧原食品股份有限公司	河南	94.800	11.200	72.000	11.600
33	河北兴华钢铁有限公司	河北	94.753	13.266	69.887	11.600
34	中山华利实业集团股份有限公司	广东	94.728	12.128	72.000	10.600
35	欧派家居集团股份有限公司	广东	94.669	12.357	71.711	10.600
36	梅花生物科技集团股份有限公司	西藏	94.616	13.419	69.596	11.600
37	山东太阳控股集团有限公司	山东	94.610	12.172	71.838	10.600
38	湖南五江控股集团有限公司	湖南	94.572	13.500	70.472	10.600
39	内蒙古鄂尔多斯资源股份有限公司	内蒙古	94.465	11.755	71.110	11.600
40	苏州东山精密制造股份有限公司	江苏	94.436	13.939	68.898	11.600
41	桂林力源粮油食品集团有限公司	广西	94.409	13.375	69.435	11.600
42	奥德集团有限公司	山东	94.329	12.673	70.056	11.600
43	新疆大全新能源股份有限公司	新疆	94.205	13.928	68.677	11.600
44	浙江晶盛机电股份有限公司	浙江	94.137	13.320	70.216	10.600
45	广东海大集团股份有限公司	广东	94.104	13.254	69.251	11.600
46	华泰集团有限公司	山东	94.037	12.729	69.708	11.600
47	香驰控股有限公司	山东	93.960	13.451	68.910	11.600
48	大亚科技集团有限公司	江苏	93.951	13.523	68.827	11.600
49	三花控股集团有限公司	浙江	93.877	12.918	69.359	11.600
50	振石控股集团有限公司	浙江	93.874	13.067	69.208	11.600
51	广州天赐高新材料股份有限公司	广东	93.852	14.000	67.052	12.800
52	东方财富信息股份有限公司	上海	93.563	13.147	68.816	11.600
53	环旭电子股份有限公司	上海	93.558	12.501	69.457	11.600
54	上海璞泰来新能源科技股份有限公司	上海	93.429	13.328	68.501	11.600
55	圆通速递股份有限公司	辽宁	93.321	10.785	71.936	10.600
56	五得利面粉集团有限公司	河北	93.301	13.073	68.628	11.600
57	杭州巨星科技股份有限公司	浙江	92.957	13.062	68.295	11.600
58	中天科技集团有限公司	江苏	92.927	13.511	67.816	11.600
59	浙江三花智能控制股份有限公司	浙江	92.881	13.516	67.765	11.600
60	冀南钢铁集团有限公司	河北	92.760	13.600	65.160	14.000

续表

序号	企业名称	地区	综合信用指数	信用环境指数	信用能力指数	信用行为指数
61	富海集团新能源控股有限公司	山东	92. 723	12. 917	68. 206	11. 600
62	多弗国际控股集团有限公司	浙江	92. 645	13. 495	67. 550	11. 600
63	明阳新能源投资控股集团有限公司	广东	92. 632	11. 369	69. 664	11. 600
64	江苏新长江实业集团有限公司	江苏	92. 613	13. 600	67. 413	11. 600
65	浙江伟星新型建材股份有限公司	浙江	92. 536	13. 130	67. 806	11. 600
66	中际旭创股份有限公司	山东	92. 492	13. 561	67. 330	11. 600
67	山东鲁花集团有限公司	山东	92. 475	13. 241	67. 634	11. 600
68	广东领益智造股份有限公司	广东	92. 383	13. 881	66. 902	11. 600
69	重庆顺博铝合金股份有限公司	重庆	92. 256	13. 600	66. 635	12. 021
70	山东豪迈机械科技股份有限公司	山东	92. 160	13. 421	67. 139	11. 600
71	河北新华联合冶金控股集团有限公司	河北	92. 153	13. 600	66. 953	11. 600
72	浙江新安化工集团股份有限公司	浙江	92. 092	13. 751	65. 541	12. 800
73	韵达控股股份有限公司	浙江	91. 901	12. 653	67. 648	11. 600
74	得力集团有限公司	浙江	91. 811	13. 395	66. 816	11. 600
75	沪士电子股份有限公司	江苏	91. 789	14. 000	66. 189	11. 600
76	百度网络技术有限公司	北京	91. 729	12. 179	67. 950	11. 600
77	南山集团有限公司	山东	91. 716	13. 456	66. 659	11. 600
78	无锡先导智能装备股份有限公司	江苏	91. 698	13. 302	66. 796	11. 600
79	天洁集团有限公司	浙江	91. 502	13. 410	66. 491	11. 600
80	天能控股集团有限公司	浙江	91. 482	13. 284	66. 598	11. 600
81	公牛集团股份有限公司	浙江	91. 478	13. 158	66. 720	11. 600
82	东鹏饮料（集团）股份有限公司	广东	91. 453	13. 371	66. 482	11. 600
83	山东寿光鲁清石化有限公司	山东	91. 421	13. 052	66. 769	11. 600
84	通鼎集团有限公司	江苏	91. 404	13. 803	66. 000	11. 600
85	安徽广信农化股份有限公司	安徽	91. 383	13. 805	64. 779	12. 800
86	长城汽车股份有限公司	河北	91. 157	13. 084	68. 810	9. 263
87	浙富控股集团股份有限公司	浙江	91. 136	11. 822	67. 715	11. 600
88	杭州安旭生物科技股份有限公司	浙江	91. 101	13. 125	66. 375	11. 600
89	西子联合控股有限公司	浙江	91. 093	11. 479	68. 014	11. 600
90	奥克斯集团有限公司	浙江	91. 058	14. 000	65. 458	11. 600
91	森林包装集团股份有限公司	浙江	90. 870	12. 035	67. 235	11. 600
92	上海中谷物流股份有限公司	上海	90. 854	13. 596	65. 659	11. 600
93	山东中海化工集团有限公司	山东	90. 816	13. 900	64. 116	12. 800

续表

序号	企业名称	地区	综合信用指数	信用环境指数	信用能力指数	信用行为指数
94	福莱特玻璃集团股份有限公司	浙江	90.797	12.902	66.295	11.600
95	雅迪科技集团有限公司	江苏	90.737	13.400	65.737	11.600
96	深圳新宙邦科技股份有限公司	广东	90.433	13.740	63.892	12.800
97	通州建总集团有限公司	江苏	90.430	13.472	65.358	11.600
98	宁波申洲针织有限公司	浙江	90.368	11.701	67.067	11.600
99	富通集团有限公司	浙江	90.164	12.811	65.754	11.600
100	万向集团公司	浙江	90.049	13.171	68.133	8.745

二、2023 中国民营企业信用 100 强收益性指标

序号	企业名称	地区	综合信用指数	营收利润率（%）	资产利润率（%）	净资产利润率（%）
1	华为投资控股有限公司	广东	98.843	5.53	3.34	8.13
2	腾讯控股有限公司	广东	98.391	33.95	11.93	26.09
3	美的集团股份有限公司	广东	97.346	8.59	6.99	20.68
4	比亚迪股份有限公司	广东	97.082	3.92	3.37	14.97
5	特变电工股份有限公司	新疆	97.072	16.56	9.32	27.53
6	隆基绿能科技股份有限公司	陕西	96.912	11.48	10.61	23.83
7	福耀玻璃工业集团股份有限公司	福建	96.596	16.92	9.37	16.40
8	农夫山泉股份有限公司	浙江	96.536	25.56	21.64	35.27
9	山东魏桥创业集团有限公司	山东	96.336	1.24	2.43	7.09
10	波司登股份有限公司	江苏	96.333	16.05	12.94	21.40
11	浙江正泰电器股份有限公司	浙江	96.219	8.75	3.86	11.07
12	金东纸业（江苏）股份有限公司	江苏	96.052	9.92	4.07	12.23
13	金发科技股份有限公司	广东	96.034	4.93	3.59	12.05
14	江苏阳光集团有限公司	江苏	96.016	4.98	11.55	20.81
15	海澜集团有限公司	江苏	95.897	3.84	4.08	5.67
16	佛山市海天调味食品股份有限公司	广东	95.813	24.20	18.20	23.48
17	华勤橡胶工业集团有限公司	山东	95.808	2.89	6.03	12.31
18	天合光能股份有限公司	江苏	95.736	4.33	4.09	13.97
19	赛轮集团股份有限公司	山东	95.605	6.08	4.49	10.90
20	阳光电源股份有限公司	安徽	95.490	8.93	5.83	19.25
21	雅戈尔集团股份有限公司	浙江	95.400	34.19	6.52	13.36
22	晶科能源控股有限公司	江西	95.333	2.64	2.78	11.00
23	通威集团有限公司	四川	95.236	5.12	6.89	41.81
24	安克创新科技股份有限公司	湖南	95.227	8.02	11.28	16.70
25	研祥高科技控股集团有限公司	广东	95.133	5.25	6.95	10.68
26	爱玛科技集团股份有限公司	天津	95.112	9.01	10.14	27.87
27	浙江伟明环保股份有限公司	浙江	95.096	37.18	8.17	17.80

续表

序号	企业名称	地区	综合信用指数	营收利润率（%）	资产利润率（%）	净资产利润率（%）
28	网易股份有限公司	广东	95.065	21.08	11.77	19.42
29	晶澳太阳能科技股份有限公司	河北	95.012	7.58	7.65	20.12
30	厦门亿联网络技术股份有限公司	福建	94.872	45.27	25.30	27.60
31	安井食品集团股份有限公司	福建	94.833	9.04	6.80	9.43
32	牧原食品股份有限公司	河南	94.800	10.63	6.88	18.48
33	河北兴华钢铁有限公司	河北	94.753	4.14	15.17	18.06
34	中山华利实业集团股份有限公司	广东	94.728	15.69	18.87	24.46
35	欧派家居集团股份有限公司	广东	94.669	11.96	9.40	16.29
36	梅花生物科技集团股份有限公司	西藏	94.616	15.77	17.99	32.60
37	山东太阳控股集团有限公司	山东	94.610	5.37	6.39	14.20
38	湖南五江控股集团有限公司	湖南	94.572	7.73	4.69	6.99
39	内蒙古鄂尔多斯资源股份有限公司	内蒙古	94.465	13.00	9.91	23.17
40	苏州东山精密制造股份有限公司	江苏	94.436	7.50	5.84	14.47
41	桂林力源粮油食品集团有限公司	广西	94.409	3.78	10.74	28.78
42	奥德集团有限公司	山东	94.329	10.02	6.58	11.10
43	新疆大全新能源股份有限公司	新疆	94.205	61.80	36.58	41.99
44	浙江晶盛机电股份有限公司	浙江	94.137	27.48	10.12	27.14
45	广东海大集团股份有限公司	广东	94.104	2.82	6.68	16.57
46	华泰集团有限公司	山东	94.037	1.61	3.25	9.17
47	香驰控股有限公司	山东	93.960	3.28	6.27	11.69
48	大亚科技集团有限公司	江苏	93.951	3.37	5.87	21.27
49	三花控股集团有限公司	浙江	93.877	3.33	4.35	13.36
50	振石控股集团有限公司	浙江	93.874	9.55	12.27	24.84
51	广州天赐高新材料股份有限公司	广东	93.852	25.61	22.38	45.55
52	东方财富信息股份有限公司	上海	93.563	68.15	4.02	13.06
53	环旭电子股份有限公司	上海	93.558	4.47	7.93	19.43
54	上海璞泰来新能源科技股份有限公司	上海	93.429	20.08	8.70	23.07
55	圆通速递股份有限公司	辽宁	93.321	7.32	9.98	14.70
56	五得利面粉集团有限公司	河北	93.301	4.24	9.26	13.63
57	杭州巨星科技股份有限公司	浙江	92.957	11.26	7.64	10.60
58	中天科技集团有限公司	江苏	92.927	3.52	5.87	26.09
59	浙江三花智能控制股份有限公司	浙江	92.881	12.05	9.20	19.88

续表

序号	企业名称	地区	综合信用指数	营收利润率（%）	资产利润率（%）	净资产利润率（%）
60	冀南钢铁集团有限公司	河北	92.760	7.53	8.09	24.89
61	富海集团新能源控股有限公司	山东	92.723	2.21	6.23	14.04
62	多弗国际控股集团有限公司	浙江	92.645	1.26	1.93	3.52
63	明阳新能源投资控股集团有限公司	广东	92.632	6.49	3.15	8.67
64	江苏新长江实业集团有限公司	江苏	92.613	1.63	3.32	10.47
65	浙江伟星新型建材股份有限公司	浙江	92.536	18.66	18.70	24.36
66	中际旭创股份有限公司	山东	92.492	12.69	7.39	10.25
67	山东鲁花集团有限公司	山东	92.475	8.21	8.80	21.99
68	广东领益智造股份有限公司	广东	92.383	4.63	4.41	9.30
69	重庆顺博铝合金股份有限公司	重庆	92.256	53.31	240.22	240.22
70	山东豪迈机械科技股份有限公司	山东	92.160	18.07	13.97	16.36
71	河北新华联合冶金控股集团有限公司	河北	92.153	1.21	6.98	18.84
72	浙江新安化工集团股份有限公司	浙江	92.092	13.55	15.35	25.59
73	韵达控股股份有限公司	浙江	91.901	3.13	3.90	8.74
74	得力集团有限公司	浙江	91.811	6.37	6.20	17.06
75	沪士电子股份有限公司	江苏	91.789	16.33	54.43	16.47
76	百度网络技术有限公司	北京	91.729	6.11	1.93	3.38
77	南山集团有限公司	山东	91.716	3.17	2.69	5.74
78	无锡先导智能装备股份有限公司	江苏	91.698	16.63	7.04	20.84
79	天洁集团有限公司	浙江	91.502	5.44	10.29	14.85
80	天能控股集团有限公司	浙江	91.482	0.97	2.55	13.96
81	公牛集团股份有限公司	浙江	91.478	22.64	19.15	25.72
82	东鹏饮料（集团）股份有限公司	广东	91.453	16.94	12.14	28.44
83	山东寿光鲁清石化有限公司	山东	91.421	1.93	3.69	10.91
84	通鼎集团有限公司	江苏	91.404	2.76	5.15	18.27
85	安徽广信农化股份有限公司	安徽	91.383	25.55	16.72	26.68
86	长城汽车股份有限公司	河北	91.157	6.02	4.46	12.68
87	浙富控股集团股份有限公司	浙江	91.136	8.74	5.96	13.82
88	杭州安旭生物科技股份有限公司	浙江	91.101	49.38	43.86	56.15
89	西子联合控股有限公司	浙江	91.093	5.32	3.14	11.09
90	奥克斯集团有限公司	浙江	91.058	2.06	2.66	11.75
91	森林包装集团股份有限公司	浙江	90.870	99.90	98.04	115.23

续表

序号	企业名称	地区	综合信用指数	营收利润率（%）	资产利润率（%）	净资产利润率（%）
92	上海中谷物流股份有限公司	上海	90. 854	19. 29	13. 62	29. 47
93	山东中海化工集团有限公司	山东	90. 816	5. 17	11. 57	16. 19
94	福莱特玻璃集团股份有限公司	浙江	90. 797	13. 73	6. 56	15. 13
95	雅迪科技集团有限公司	江苏	90. 737	7. 37	9. 56	39. 44
96	深圳新宙邦科技股份有限公司	广东	90. 433	18. 20	11. 42	21. 02
97	通州建总集团有限公司	江苏	90. 430	3. 14	23. 38	44. 78
98	宁波申洲针织有限公司	浙江	90. 368	3. 97	5. 00	6. 36
99	富通集团有限公司	浙江	90. 164	2. 84	5. 02	12. 88
100	万向集团公司	浙江	90. 049	2. 56	4. 25	13. 93

三、2023 中国民营企业信用 100 强流动性和安全性指标

序号	企业名称	地区	综合信用指数	资产周转率（次/年）	所有者权益比率（%）	资本保值增值率（%）
1	华为投资控股有限公司	广东	98.843	0.60	41.08	108.57
2	腾讯控股有限公司	广东	98.391	0.35	45.71	123.35
3	美的集团股份有限公司	广东	97.346	0.81	33.83	123.67
4	比亚迪股份有限公司	广东	97.082	0.86	22.48	117.48
5	特变电工股份有限公司	新疆	97.072	0.56	33.87	135.94
6	隆基绿能科技股份有限公司	陕西	96.912	0.92	44.53	131.22
7	福耀玻璃工业集团股份有限公司	福建	96.596	0.55	57.13	118.08
8	农夫山泉股份有限公司	浙江	96.536	0.85	61.35	140.96
9	山东魏桥创业集团有限公司	山东	96.336	1.96	34.31	107.34
10	波司登股份有限公司	江苏	96.333	0.81	60.44	124.70
11	浙江正泰电器股份有限公司	浙江	96.219	0.44	34.83	112.44
12	金东纸业（江苏）股份有限公司	江苏	96.052	0.41	33.29	113.25
13	金发科技股份有限公司	广东	96.034	0.73	29.82	113.29
14	江苏阳光集团有限公司	江苏	96.016	2.32	55.53	122.08
15	海澜集团有限公司	江苏	95.897	1.06	71.93	105.62
16	佛山市海天调味食品股份有限公司	广东	95.813	0.75	77.51	126.48
17	华勤橡胶工业集团有限公司	山东	95.808	2.09	49.02	114.03
18	天合光能股份有限公司	江苏	95.736	0.95	29.27	121.51
19	赛轮集团股份有限公司	山东	95.605	0.74	41.24	112.41
20	阳光电源股份有限公司	安徽	95.490	0.65	30.29	122.95
21	雅戈尔集团股份有限公司	浙江	95.400	0.19	48.77	114.90
22	晶科能源控股有限公司	江西	95.333	1.05	25.27	112.23
23	通威集团有限公司	四川	95.236	1.34	16.47	149.16
24	安克创新科技股份有限公司	湖南	95.227	1.41	67.54	118.89
25	研祥高科技控股集团有限公司	广东	95.133	1.32	65.14	111.95
26	爱玛科技集团股份有限公司	天津	95.112	1.13	36.39	137.66
27	浙江伟明环保股份有限公司	浙江	95.096	0.22	45.93	121.62

续表

序号	企业名称	地区	综合信用指数	资产周转率（次/年）	所有者权益比率（%）	资本保值增值率（%）
28	网易股份有限公司	广东	95.065	0.56	60.62	121.33
29	晶澳太阳能科技股份有限公司	河北	95.012	1.01	38.02	133.54
30	厦门亿联网络技术股份有限公司	福建	94.872	0.56	91.69	134.39
31	安井食品集团股份有限公司	福建	94.833	0.75	72.12	121.70
32	牧原食品股份有限公司	河南	94.800	0.65	37.20	124.41
33	河北兴华钢铁有限公司	河北	94.753	3.66	83.96	122.04
34	中山华利实业集团股份有限公司	广东	94.728	1.20	77.12	156.22
35	欧派家居集团股份有限公司	广东	94.669	0.79	57.70	118.66
36	梅花生物科技集团股份有限公司	西藏	94.616	1.14	55.19	141.48
37	山东太阳控股集团有限公司	山东	94.610	1.19	45.00	116.91
38	湖南五江控股集团有限公司	湖南	94.572	0.61	67.12	107.52
39	内蒙古鄂尔多斯资源股份有限公司	内蒙古	94.465	0.76	42.75	125.50
40	苏州东山精密制造股份有限公司	江苏	94.436	0.78	40.36	116.24
41	桂林力源粮油食品集团有限公司	广西	94.409	2.84	37.32	142.16
42	奥德集团有限公司	山东	94.329	0.66	59.30	112.48
43	新疆大全新能源股份有限公司	新疆	94.205	0.59	87.14	216.13
44	浙江晶盛机电股份有限公司	浙江	94.137	0.37	37.30	142.77
45	广东海大集团股份有限公司	广东	94.104	2.37	40.29	120.43
46	华泰集团有限公司	山东	94.037	2.02	35.45	109.84
47	香驰控股有限公司	山东	93.960	1.91	53.59	113.01
48	大亚科技集团有限公司	江苏	93.951	1.74	27.57	127.42
49	三花控股集团有限公司	浙江	93.877	1.31	32.57	115.29
50	振石控股集团有限公司	浙江	93.874	1.28	49.40	133.31
51	广州天赐高新材料股份有限公司	广东	93.852	0.87	49.14	179.85
52	东方财富信息股份有限公司	上海	93.563	0.06	30.76	119.32
53	环旭电子股份有限公司	上海	93.558	1.78	40.83	123.39
54	上海璞泰来新能源科技股份有限公司	上海	93.429	0.43	37.70	129.60
55	圆通速递股份有限公司	辽宁	93.321	1.36	67.94	117.34
56	五得利面粉集团有限公司	河北	93.301	2.18	67.93	115.26
57	杭州巨星科技股份有限公司	浙江	92.957	0.68	72.11	113.39
58	中天科技集团有限公司	江苏	92.927	1.67	22.50	132.30
59	浙江三花智能控制股份有限公司	浙江	92.881	0.76	46.28	123.08

续表

序号	企业名称	地区	综合信用指数	资产周转率（次/年）	所有者权益比率（%）	资本保值增值率（%）
60	冀南钢铁集团有限公司	河北	92.760	1.07	32.48	135.03
61	富海集团新能源控股有限公司	山东	92.723	2.81	44.39	116.31
62	多弗国际控股集团有限公司	浙江	92.645	1.53	54.92	103.65
63	明阳新能源投资控股集团有限公司	广东	92.632	0.49	36.30	111.58
64	江苏新长江实业集团有限公司	江苏	92.613	2.04	31.66	112.09
65	浙江伟星新型建材股份有限公司	浙江	92.536	1.00	76.77	126.44
66	中际旭创股份有限公司	山东	92.492	0.58	72.15	110.65
67	山东鲁花集团有限公司	山东	92.475	1.07	40.00	123.67
68	广东领益智造股份有限公司	广东	92.383	0.95	47.43	110.10
69	重庆顺博铝合金股份有限公司	重庆	92.256	4.51	100.00	369.44
70	山东豪迈机械科技股份有限公司	山东	92.160	0.77	85.40	118.45
71	河北新华联合冶金控股集团有限公司	河北	92.153	5.75	37.04	122.77
72	浙江新安化工集团股份有限公司	浙江	92.092	1.13	59.99	133.04
73	韵达控股股份有限公司	浙江	91.901	1.25	44.59	109.40
74	得力集团有限公司	浙江	91.811	0.97	36.32	117.21
75	沪士电子股份有限公司	江苏	91.789	3.33	330.50	118.82
76	百度网络技术有限公司	北京	91.729	0.32	57.16	103.57
77	南山集团有限公司	山东	91.716	0.85	46.89	106.09
78	无锡先导智能装备股份有限公司	江苏	91.698	0.42	33.80	124.48
79	天洁集团有限公司	浙江	91.502	1.89	69.32	117.90
80	天能控股集团有限公司	浙江	91.482	2.63	18.23	115.81
81	公牛集团股份有限公司	浙江	91.478	0.85	74.47	129.65
82	东鹏饮料（集团）股份有限公司	广东	91.453	0.72	42.67	133.99
83	山东寿光鲁清石化有限公司	山东	91.421	1.91	33.78	152.63
84	通鼎集团有限公司	江苏	91.404	1.86	28.18	120.73
85	安徽广信农化股份有限公司	安徽	91.383	0.65	62.65	133.28
86	长城汽车股份有限公司	河北	91.157	0.74	35.18	113.31
87	浙富控股集团股份有限公司	浙江	91.136	0.68	43.11	115.14
88	杭州安旭生物科技股份有限公司	浙江	91.101	0.89	78.11	216.81
89	西子联合控股有限公司	浙江	91.093	0.59	28.31	111.54
90	奥克斯集团有限公司	浙江	91.058	1.30	22.67	112.83
91	森林包装集团股份有限公司	浙江	90.870	0.98	85.08	217.94

续表

序号	企业名称	地区	综合信用指数	资产周转率（次/年）	所有者权益比率（%）	资本保值增值率（%）
92	上海中谷物流股份有限公司	上海	90.854	0.71	46.22	128.25
93	山东中海化工集团有限公司	山东	90.816	2.24	71.43	119.39
94	福莱特玻璃集团股份有限公司	浙江	90.797	0.48	43.33	117.97
95	雅迪科技集团有限公司	江苏	90.737	1.30	24.23	151.47
96	深圳新宙邦科技股份有限公司	广东	90.433	0.63	54.33	125.98
97	通州建总集团有限公司	江苏	90.430	7.44	52.22	154.66
98	宁波申洲针织有限公司	浙江	90.368	1.26	78.66	106.00
99	富通集团有限公司	浙江	90.164	1.77	38.95	113.73
100	万向集团公司	浙江	90.049	1.66	30.51	115.70

四、2023 中国民营企业信用 100 强成长性指标

序号	企业名称	地区	营收增长率（%）	利润增长率（%）	资产增长率（%）	资本积累率（%）
1	华为投资控股有限公司	广东	1.85	-68.71	8.24	5.43
2	腾讯控股有限公司	广东	-0.99	-16.27	-2.12	-10.53
3	美的集团股份有限公司	广东	0.79	3.43	8.92	14.47
4	比亚迪股份有限公司	广东	96.20	445.86	66.97	16.79
5	特变电工股份有限公司	新疆	56.48	118.93	34.80	30.57
6	隆基绿能科技股份有限公司	陕西	59.39	63.02	42.79	30.98
7	福耀玻璃工业集团股份有限公司	福建	19.05	51.15	13.36	10.25
8	农夫山泉股份有限公司	浙江	11.93	18.62	19.33	16.11
9	山东魏桥创业集团有限公司	山东	22.58	-44.76	0.89	3.45
10	波司登股份有限公司	江苏	3.92	4.04	15.62	15.38
11	浙江正泰电器股份有限公司	浙江	17.78	19.47	20.72	12.37
12	金东纸业（江苏）股份有限公司	江苏	3.19	103.57	-0.45	8.35
13	金发科技股份有限公司	广东	0.53	19.89	14.76	10.29
14	江苏阳光集团有限公司	江苏	15.25	13.17	1.63	6.14
15	海澜集团有限公司	江苏	2.97	2.36	0.10	-0.92
16	佛山市海天调味食品股份有限公司	广东	2.42	-7.09	2.16	12.80
17	华勤橡胶工业集团有限公司	山东	9.49	55.94	11.72	14.03
18	天合光能股份有限公司	江苏	91.21	103.97	41.61	53.92
19	赛轮集团股份有限公司	山东	21.69	1.43	13.22	13.87
20	阳光电源股份有限公司	安徽	66.79	127.04	43.85	19.23
21	雅戈尔集团股份有限公司	浙江	8.92	-1.15	-3.05	11.56
22	晶科能源控股有限公司	江西	61.87	157.24	35.93	11.19
23	通威集团有限公司	四川	98.47	215.57	56.56	17.58
24	安克创新科技股份有限公司	湖南	13.33	16.43	19.56	13.11
25	研祥高科技控股集团有限公司	广东	-9.57	-11.15	9.11	11.95
26	爱玛科技集团股份有限公司	天津	35.09	182.15	37.88	35.10
27	浙江伟明环保股份有限公司	浙江	6.23	7.67	38.03	21.46

续表

序号	企业名称	地区	营收增长率（%）	利润增长率（%）	资产增长率（%）	资本积累率（%）
28	网易股份有限公司	广东	10.15	20.65	12.44	9.86
29	晶澳太阳能科技股份有限公司	河北	76.72	171.40	27.00	66.75
30	厦门亿联网络技术股份有限公司	福建	30.57	34.75	21.13	24.63
31	安井食品集团股份有限公司	福建	31.39	61.37	84.62	130.21
32	牧原食品股份有限公司	河南	58.23	92.16	8.85	32.07
33	河北兴华钢铁有限公司	河北	9.00	5.00	5.00	22.04
34	中山华利实业集团股份有限公司	广东	17.74	16.63	5.75	129.83
35	欧派家居集团股份有限公司	广东	9.97	0.86	22.31	14.57
36	梅花生物科技集团股份有限公司	西藏	22.33	87.42	17.06	27.25
37	山东太阳控股集团有限公司	山东	16.89	-7.38	13.71	19.08
38	湖南五江控股集团有限公司	湖南	13.14	0.45	4.76	7.52
39	内蒙古鄂尔多斯资源股份有限公司	内蒙古	-0.22	-22.30	-4.08	10.03
40	苏州东山精密制造股份有限公司	江苏	-0.67	27.12	6.80	12.23
41	桂林力源粮油食品集团有限公司	广西	28.86	150.01	28.84	46.50
42	奥德集团有限公司	山东	7.92	-6.56	7.40	12.48
43	新疆大全新能源股份有限公司	新疆	185.64	234.06	132.57	176.58
44	浙江晶盛机电股份有限公司	浙江	78.45	70.80	71.09	57.62
45	广东海大集团股份有限公司	广东	21.76	85.09	24.09	23.26
46	华泰集团有限公司	山东	0.27	-12.67	4.18	7.34
47	香驰控股有限公司	山东	9.44	30.46	9.86	11.30
48	大亚科技集团有限公司	江苏	13.44	8.33	9.16	28.91
49	三花控股集团有限公司	浙江	30.20	23.00	24.89	14.44
50	振石控股集团有限公司	浙江	14.03	-10.98	17.68	34.09
51	广州天赐高新材料股份有限公司	广东	101.22	158.77	83.69	75.31
52	东方财富信息股份有限公司	上海	-4.65	-0.51	14.52	47.97
53	环旭电子股份有限公司	上海	23.90	64.69	7.58	20.39
54	上海璞泰来新能源科技股份有限公司	上海	71.90	77.52	66.42	28.32
55	圆通速递股份有限公司	辽宁	18.57	86.35	14.71	18.00
56	五得利面粉集团有限公司	河北	29.14	0.07	19.04	12.02
57	杭州巨星科技股份有限公司	浙江	15.48	11.78	7.35	26.41
58	中天科技集团有限公司	江苏	10.67	228.71	0.85	23.83
59	浙江三花智能控制股份有限公司	浙江	33.25	52.81	18.38	16.06

续表

序号	企业名称	地区	营收增长率（%）	利润增长率（%）	资产增长率（%）	资本积累率（%）
60	冀南钢铁集团有限公司	河北	36.86	14.97	303.62	40.73
61	富海集团新能源控股有限公司	山东	35.00	-2.68	20.98	16.21
62	多弗国际控股集团有限公司	浙江	4.75	3.97	-1.58	3.65
63	明阳新能源投资控股集团有限公司	广东	0.18	-25.24	14.19	33.57
64	江苏新长江实业集团有限公司	江苏	6.80	53.01	14.20	15.41
65	浙江伟星新型建材股份有限公司	浙江	8.86	6.06	7.81	8.55
66	中际旭创股份有限公司	山东	25.29	39.57	-0.05	3.97
67	山东鲁花集团有限公司	山东	8.97	35.83	13.70	7.62
68	广东领益智造股份有限公司	广东	13.49	35.25	1.82	8.61
69	重庆顺博铝合金股份有限公司	重庆	10.83	17.65	12.16	12.16
70	山东豪迈机械科技股份有限公司	山东	10.55	13.96	12.41	12.81
71	河北新华联合冶金控股集团有限公司	河北	0.25	22.03	-73.64	20.90
72	浙江新安化工集团股份有限公司	浙江	14.89	11.30	11.90	29.09
73	韵达控股股份有限公司	浙江	13.65	1.62	5.09	7.62
74	得力集团有限公司	浙江	-1.89	-4.95	2.97	0.89
75	沪士电子股份有限公司	江苏	12.36	28.03	-78.53	14.27
76	百度网络技术有限公司	北京	-0.66	-26.08	2.88	5.68
77	南山集团有限公司	山东	12.77	1.58	13.62	6.09
78	无锡先导智能装备股份有限公司	江苏	38.82	46.25	37.11	17.47
79	天洁集团有限公司	浙江	13.76	15.90	9.46	20.57
80	天能控股集团有限公司	浙江	12.65	44.69	4.27	13.25
81	公牛集团股份有限公司	浙江	13.70	14.68	7.60	15.28
82	东鹏饮料（集团）股份有限公司	广东	21.89	20.75	52.36	19.49
83	山东寿光鲁清石化有限公司	山东	37.18	41.42	114.62	382.16
84	通鼎集团有限公司	江苏	15.13	11.12	11.11	13.45
85	安徽广信农化股份有限公司	安徽	63.29	56.53	36.43	24.70
86	长城汽车股份有限公司	河北	0.69	22.90	5.67	4.95
87	浙富控股集团股份有限公司	浙江	18.56	-36.53	18.47	9.58
88	杭州安旭生物科技股份有限公司	浙江	287.97	312.27	111.61	108.02
89	西子联合控股有限公司	浙江	-6.49	-38.66	5.98	4.06
90	奥克斯集团有限公司	浙江	12.50	134.34	-6.20	9.17
91	森林包装集团股份有限公司	浙江	-8.66	-8.68	1.45	2.36

续表

序号	企业名称	地区	营收增长率（%）	利润增长率（%）	资产增长率（%）	资本积累率（%）
92	上海中谷物流股份有限公司	上海	15.60	14.02	16.22	-4.12
93	山东中海化工集团有限公司	山东	-1.44	45.51	13.04	19.73
94	福莱特玻璃集团股份有限公司	浙江	77.44	0.13	61.24	18.82
95	雅迪科技集团有限公司	江苏	15.52	58.61	24.48	30.50
96	深圳新宙邦科技股份有限公司	广东	38.98	34.57	37.88	23.55
97	通州建总集团有限公司	江苏	4.09	0.69	0.63	22.07
98	宁波申洲针织有限公司	浙江	76.30	-50.55	-20.88	-5.58
99	富通集团有限公司	浙江	4.77	7.61	3.19	6.59
100	万向集团公司	浙江	16.96	167.41	5.19	12.69

五、2023 中国民营企业信用 100 强地区分布

序号	企业名称	综合信用指数	营业收入（万元）	利润（万元）	资产（万元）	所有者权益（万元）
北京						
1	百度网络技术有限公司	91.729	12367500	755900	39097300	22347800
安徽						
1	阳光电源股份有限公司	95.490	4025723	359341	6162621	1866630
2	安徽广信农化股份有限公司	91.383	906237	231566	1385151	867821
福建						
1	福耀玻璃工业集团股份有限公司	96.596	2809875	475559	5076749	2900300
2	厦门亿联网络技术股份有限公司	94.872	481055	217766	860685	789136
3	安井食品集团股份有限公司	94.833	1218266	110103	1619358	1167928
广东						
1	华为投资控股有限公司	98.843	64233800	3553400	106380400	43697500
2	腾讯控股有限公司	98.391	55455200	18824300	157813100	72139100
3	美的集团股份有限公司	97.346	34391753	2955351	42255526	14293523
4	比亚迪股份有限公司	97.082	42406063	1662244	49386064	11102929
5	金发科技股份有限公司	96.034	4041233	199189	5542866	1652927
6	佛山市海天调味食品股份有限公司	95.813	2560965	619771	3405917	2639767
7	研祥高科技控股集团有限公司	95.133	7156833	375794	5403945	3520126
8	网易股份有限公司	95.065	9649581	2033760	17276099	10473132
9	中山华利实业集团股份有限公司	94.728	2056926	322802	1711027	1319543
10	欧派家居集团股份有限公司	94.669	2247950	268842	2861100	1650814
11	广东海大集团股份有限公司	94.104	10471541	295414	4423778	1782490
12	广州天赐高新材料股份有限公司	93.852	2231693	571443	2553092	1254596
13	明阳新能源投资控股集团有限公司	92.632	5707347	370256	11765371	4271322
14	广东领益智造股份有限公司	92.383	3448467	159607	3619200	1716663
15	东鹏饮料（集团）股份有限公司	91.453	850538	144052	1186964	506429
16	深圳新宙邦科技股份有限公司	90.433	966071	175839	1539511	836354
广西						
1	桂林力源粮油食品集团有限公司	94.409	4027454	152285	1417977	529160

续表

序号	企业名称	综合信用指数	营业收入（万元）	利润（万元）	资产（万元）	所有者权益（万元）
河北						
1	晶澳太阳能科技股份有限公司	95.012	7298940	553286	7234862	2750470
2	河北兴华钢铁有限公司	94.753	3635385	150653	993370	834083
3	五得利面粉集团有限公司	93.301	5368853	227609	2458977	1670441
4	冀南钢铁集团有限公司	92.760	19986509	1504374	18605698	6042967
5	河北新华联合冶金控股集团有限公司	92.153	19087309	231590	3319313	1229568
6	长城汽车股份有限公司	91.157	13733998	826604	18535730	6520125
河南						
1	牧原食品股份有限公司	94.800	12482621	1326615	19294761	7178335
湖南						
1	安克创新科技股份有限公司	95.227	1425051	114300	1013198	684276
2	湖南五江控股集团有限公司	94.572	4184645	323447	6893168	4626606
江苏						
1	波司登股份有限公司	96.333	3631634	583057	4506880	2724111
2	金东纸业（江苏）股份有限公司	96.052	2919488	289677	7117179	2369306
3	江苏阳光集团有限公司	96.016	5204919	259368	2245015	1246560
4	海澜集团有限公司	95.897	12032549	461578	11321653	8143724
5	天合光能股份有限公司	95.736	8505179	368002	8997606	2633897
6	苏州东山精密制造股份有限公司	94.436	3158014	236751	4053136	1635942
7	大亚科技集团有限公司	93.951	3384735	114014	1943844	535932
8	中天科技集团有限公司	92.927	9024546	317327	5405887	1216352
9	江苏新长江实业集团有限公司	92.613	11427782	185965	5608646	1775787
10	沪士电子股份有限公司	91.789	833603	136157	250132	826689
11	无锡先导智能装备股份有限公司	91.698	1393235	231758	3290654	1112336
12	通鼎集团有限公司	91.404	5210110	143909	2794663	787478
13	雅迪科技集团有限公司	90.737	3125091	230418	2411080	584280
14	通州建总集团有限公司	90.430	5217638	164003	701394	366279
江西						
1	晶科能源控股有限公司	95.333	11106485	293620	10563943	2669006
辽宁						
1	圆通速递股份有限公司	93.321	5353931	391967	3925732	2667269
内蒙古						
1	内蒙古鄂尔多斯资源股份有限公司	94.465	3639342	473247	4777289	2042402

续表

序号	企业名称	综合信用指数	营业收入（万元）	利润（万元）	资产（万元）	所有者权益（万元）
山东						
1	山东魏桥创业集团有限公司	96.336	50398814	626397	25732721	8829278
2	华勤橡胶工业集团有限公司	95.808	5032713	145471	2411388	1182162
3	赛轮集团股份有限公司	95.605	2190221	133179	2963221	1221911
4	山东太阳控股集团有限公司	94.610	7058446	379378	5936171	2671558
5	奥德集团有限公司	94.329	3798039	380525	5783016	3429047
6	华泰集团有限公司	94.037	7704348	124068	3817914	1353550
7	香驰控股有限公司	93.960	3504528	114833	1832891	982328
8	富海集团新能源控股有限公司	92.723	7833404	173433	2783525	1235694
9	中际旭创股份有限公司	92.492	964179	122399	1655698	1194521
10	山东鲁花集团有限公司	92.475	4684638	384460	4369726	1747984
11	山东豪迈机械科技股份有限公司	92.160	664222	120020	859223	733770
12	南山集团有限公司	91.716	13062086	414219	15380693	7211914
13	山东寿光鲁清石化有限公司	91.421	6219427	120076	3256626	1100155
14	山东中海化工集团有限公司	90.816	3303961	170684	1475780	1054093
陕西						
1	隆基绿能科技股份有限公司	96.912	12899811	1481157	13955559	6214678
上海						
1	东方财富信息股份有限公司	93.563	1248557	850946	21188073	6516466
2	环旭电子股份有限公司	93.558	6851607	305996	3857446	1574939
3	上海璞泰来新能源科技股份有限公司	93.429	1546390	310443	3569730	1345692
4	上海中谷物流股份有限公司	90.854	1420891	274138	2013042	930361
四川						
1	通威集团有限公司	95.236	21488237	1101219	15988402	2633754
天津						
1	爱玛科技集团股份有限公司	95.112	2080221	187343	1847135	672117
西藏						
1	梅花生物科技集团股份有限公司	94.616	2793715	440631	2449022	1351613
新疆						
1	特变电工股份有限公司	97.072	9588674	1588301	17033400	5769674
2	新疆大全新能源股份有限公司	94.205	3094030	1912087	5226488	4554157
浙江						
1	农夫山泉股份有限公司	96.536	3323919	849525	3925484	2408408

续表

序号	企业名称	综合信用指数	营业收入（万元）	利润（万元）	资产（万元）	所有者权益（万元）
2	浙江正泰电器股份有限公司	96.219	4597433	402326	10433442	3634081
3	雅戈尔集团股份有限公司	95.400	1482120	506752	7777707	3793068
4	浙江伟明环保股份有限公司	95.096	444614	165319	2022377	928940
5	浙江晶盛机电股份有限公司	94.137	1063831	292364	2888665	1077328
6	三花控股集团有限公司	93.877	5230979	174369	4005686	1304688
7	振石控股集团有限公司	93.874	5220731	498819	4065443	2008138
8	杭州巨星科技股份有限公司	92.957	1261018	141955	1857955	1339794
9	浙江三花智能控制股份有限公司	92.881	2134754	257334	2796121	1294131
10	多弗国际控股集团有限公司	92.645	21668635	273363	14136253	7763885
11	浙江伟星新型建材股份有限公司	92.536	695364	129748	693878	532704
12	浙江新安化工集团股份有限公司	92.092	2180274	295458	1924528	1154526
13	韵达控股股份有限公司	91.901	4743373	148307	3807251	1697626
14	得力集团有限公司	91.811	3952178	251946	4065889	1476731
15	天洁集团有限公司	91.502	3385892	184338	1791351	1241693
16	天能控股集团有限公司	91.482	20192105	195435	7678504	1399641
17	公牛集团股份有限公司	91.478	1408137	318861	1665049	1239886
18	浙富控股集团股份有限公司	91.136	1677979	146663	2462093	1061466
19	杭州安旭生物科技股份有限公司	91.101	616588	304467	694168	542193
20	西子联合控股有限公司	91.093	3258618	173510	5529062	1565180
21	奥克斯集团有限公司	91.058	8101020	166504	6250572	1416793
22	森林包装集团股份有限公司	90.870	270138	269878	275282	234208
23	福莱特玻璃集团股份有限公司	90.797	1546084	212278	3238172	1403244
24	宁波申洲针织有限公司	90.368	4203933	166722	3333492	2621977
25	富通集团有限公司	90.164	6305010	178935	3565471	1388925
26	万向集团公司	90.049	19046558	487649	11474688	3500785
重庆						
1	重庆顺博铝合金股份有限公司	92.256	1106630	589903	245569	245569

六、2023 中国民营企业信用 100 强行业分布

序号	企业名称	综合信用指数	营业收入（万元）	利润（万元）	资产（万元）	所有者权益（万元）
农副食品及农产品加工业						
1	通威集团有限公司	95.236	21488237	1101219	15988402	2633754
2	梅花生物科技集团股份有限公司	94.616	2793715	440631	2449022	1351613
3	桂林力源粮油食品集团有限公司	94.409	4027454	152285	1417977	529160
4	广东海大集团股份有限公司	94.104	10471541	295414	4423778	1782490
5	五得利面粉集团有限公司	93.301	5368853	227609	2458977	1670441
6	山东鲁花集团有限公司	92.475	4684638	384460	4369726	1747984
食品（含饮料、乳制品、肉食品等）加工制造业						
1	农夫山泉股份有限公司	96.536	3323919	849525	3925484	2408408
2	佛山市海天调味食品股份有限公司	95.813	2560965	619771	3405917	2639767
3	安井食品集团股份有限公司	94.833	1218266	110103	1619358	1167928
4	香驰控股有限公司	93.960	3504528	114833	1832891	982328
5	东鹏饮料（集团）股份有限公司	91.453	850538	144052	1186964	506429
纺织、印染业						
1	山东魏桥创业集团有限公司	96.336	50398814	626397	25732721	8829278
2	江苏阳光集团有限公司	96.016	5204919	259368	2245015	1246560
纺织品、服装、服饰、鞋帽、皮革加工业						
1	波司登股份有限公司	96.333	3631634	583057	4506880	2724111
2	海澜集团有限公司	95.897	12032549	461578	11321653	8143724
3	雅戈尔集团股份有限公司	95.400	1482120	506752	7777707	3793068
4	中山华利实业集团股份有限公司	94.728	2056926	322802	1711027	1319543
5	内蒙古鄂尔多斯资源股份有限公司	94.465	3639342	473247	4777289	2042402
6	宁波申洲针织有限公司	90.368	4203933	166722	3333492	2621977
造纸及纸制品（含木材、藤、竹、家具等）加工、印刷、包装业						
1	金东纸业（江苏）股份有限公司	96.052	2919488	289677	7117179	2369306
2	欧派家居集团股份有限公司	94.669	2247950	268842	2861100	1650814
3	山东太阳控股集团有限公司	94.610	7058446	379378	5936171	2671558

续表

序号	企业名称	综合信用指数	营业收入（万元）	利润（万元）	资产（万元）	所有者权益（万元）
4	华泰集团有限公司	94.037	7704348	124068	3817914	1353550
5	大亚科技集团有限公司	93.951	3384735	114014	1943844	535932
6	森林包装集团股份有限公司	90.870	270138	269878	275282	234208
石化产品、炼焦及其他燃料生产加工业						
1	富海集团新能源控股有限公司	92.723	7833404	173433	2783525	1235694
2	山东寿光鲁清石化有限公司	91.421	6219427	120076	3256626	1100155
化学原料及化学制品（含精细化工、日化、肥料等）制造业						
1	广州天赐高新材料股份有限公司	93.852	2231693	571443	2553092	1254596
2	浙江新安化工集团股份有限公司	92.092	2180274	295458	1924528	1154526
3	安徽广信农化股份有限公司	91.383	906237	231566	1385151	867821
4	山东中海化工集团有限公司	90.816	3303961	170684	1475780	1054093
5	深圳新宙邦科技股份有限公司	90.433	966071	175839	1539511	836354
医药、生物制药、医疗设备制造业						
1	杭州安旭生物科技股份有限公司	91.101	616588	304467	694168	542193
橡胶、塑料制品及其他新材料制造业						
1	金发科技股份有限公司	96.034	4041233	199189	5542866	1652927
2	华勤橡胶工业集团有限公司	95.808	5032713	145471	2411388	1182162
3	赛轮集团股份有限公司	95.605	2190221	133179	2963221	1221911
建筑材料、玻璃等制造业及非金属矿物制品业						
1	福耀玻璃工业集团股份有限公司	96.596	2809875	475559	5076749	2900300
2	浙江伟星新型建材股份有限公司	92.536	695364	129748	693878	532704
3	福莱特玻璃集团股份有限公司	90.797	1546084	212278	3238172	1403244
黑色冶金及压延加工业						
1	河北兴华钢铁有限公司	94.753	3635385	150653	993370	834083
2	振石控股集团有限公司	93.874	5220731	498819	4065443	2008138
3	冀南钢铁集团有限公司	92.760	19986509	1504374	18605698	6042967
4	江苏新长江实业集团有限公司	92.613	11427782	185965	5608646	1775787
5	河北新华联合冶金控股集团有限公司	92.153	19087309	231590	3319313	1229568
一般有色冶金及压延加工业						
1	重庆顺博铝合金股份有限公司	92.256	1106630	589903	245569	245569
2	南山集团有限公司	91.716	13062086	414219	15380693	7211914
金属制品、加工工具、工业辅助产品加工及金属新材料制造业						
1	杭州巨星科技股份有限公司	92.957	1261018	141955	1857955	1339794

续表

序号	企业名称	综合信用指数	营业收入（万元）	利润（万元）	资产（万元）	所有者权益（万元）
工程机械、设备和特种装备（含电梯、仓储设备）及零配件制造业						
1	浙江晶盛机电股份有限公司	94.137	1063831	292364	2888665	1077328
2	浙富控股集团股份有限公司	91.136	1677979	146663	2462093	1061466
3	西子联合控股有限公司	91.093	3258618	173510	5529062	1565180
通用机械设备和专用机械设备及零配件制造业						
1	浙江三花智能控制股份有限公司	92.881	2134754	257334	2796121	1294131
2	山东豪迈机械科技股份有限公司	92.160	664222	120020	859223	733770
3	天洁集团有限公司	91.502	3385892	184338	1791351	1241693
电力、电气等设备、机械、元器件及光伏、风能、电池、线缆制造业						
1	特变电工股份有限公司	97.072	9588674	1588301	17033400	5769674
2	隆基绿能科技股份有限公司	96.912	12899811	1481157	13955559	6214678
3	天合光能股份有限公司	95.736	8505179	368002	8997606	2633897
4	阳光电源股份有限公司	95.490	4025723	359341	6162621	1866630
5	晶科能源控股有限公司	95.333	11106485	293620	10563943	2669006
6	晶澳太阳能科技股份有限公司	95.012	7298940	553286	7234862	2750470
7	上海璞泰来新能源科技股份有限公司	93.429	1546390	310443	3569730	1345692
8	中天科技集团有限公司	92.927	9024546	317327	5405887	1216352
9	明阳新能源投资控股集团有限公司	92.632	5707347	370256	11765371	4271322
10	无锡先导智能装备股份有限公司	91.698	1393235	231758	3290654	1112336
11	天能控股集团有限公司	91.482	20192105	195435	7678504	1399641
12	公牛集团股份有限公司	91.478	1408137	318861	1665049	1239886
13	富通集团有限公司	90.164	6305010	178935	3565471	1388925
家用电器及零配件制造业						
1	美的集团股份有限公司	97.346	34391753	2955351	42255526	14293523
2	奥克斯集团有限公司	91.058	8101020	166504	6250572	1416793
电子元器件与仪器仪表、自动化控制设备制造业						
1	浙江正泰电器股份有限公司	96.219	4597433	402326	10433442	3634081
2	三花控股集团有限公司	93.877	5230979	174369	4005686	1304688
3	沪士电子股份有限公司	91.789	833603	136157	250132	826689
计算机、通信器材、办公、影像等设备及零部件制造业						
1	华为投资控股有限公司	98.843	64233800	3553400	106380400	43697500
2	研祥高科技控股集团有限公司	95.133	7156833	375794	5403945	3520126

续表

序号	企业名称	综合信用指数	营业收入（万元）	利润（万元）	资产（万元）	所有者权益（万元）
3	苏州东山精密制造股份有限公司	94.436	3158014	236751	4053136	1635942
4	环旭电子股份有限公司	93.558	6851607	305996	3857446	1574939
5	中际旭创股份有限公司	92.492	964179	122399	1655698	1194521
6	得力集团有限公司	91.811	3952178	251946	4065889	1476731
汽车及零配件制造业						
1	比亚迪股份有限公司	97.082	42406063	1662244	49386064	11102929
2	长城汽车股份有限公司	91.157	13733998	826604	18535730	6520125
3	万向集团公司	90.049	19046558	487649	11474688	3500785
摩托车、自行车和其他交通运输设备及零配件制造业						
1	爱玛科技集团股份有限公司	95.112	2080221	187343	1847135	672117
2	雅迪科技集团有限公司	90.737	3125091	230418	2411080	584280
综合制造业（以制造业为主，含有服务业）						
1	湖南五江控股集团有限公司	94.572	4184645	323447	6893168	4626606
2	广东领益智造股份有限公司	92.383	3448467	159607	3619200	1716663
能源（电、热、燃气等）供应、开发、节能减排及再循环服务业						
1	奥德集团有限公司	94.329	3798039	380525	5783016	3429047
电信、邮寄、速递等服务业						
1	圆通速递股份有限公司	93.321	5353931	391967	3925732	2667269
2	韵达控股股份有限公司	91.901	4743373	148307	3807251	1697626
软件、程序、计算机应用、网络工程等计算机、微电子服务业						
1	安克创新科技股份有限公司	95.227	1425051	114300	1013198	684276
2	厦门亿联网络技术股份有限公司	94.872	481055	217766	860685	789136
物流、仓储、运输、配送及供应链服务业						
1	上海中谷物流股份有限公司	90.854	1420891	274138	2013042	930361
能源、矿产、化工、机电、金属产品等内外商贸批发业						
1	新疆大全新能源股份有限公司	94.205	3094030	1912087	5226488	4554157
证券及其他金融服务业						
1	东方财富信息股份有限公司	93.563	1248557	850946	21188073	6516466
多元化投资控股、商务服务业						
1	多弗国际控股集团有限公司	92.645	21668635	273363	14136253	7763885
公用事业、市政、水务、航道等公共设施投资、经营与管理业						
1	浙江伟明环保股份有限公司	95.096	444614	165319	2022377	928940

续表

序号	企业名称	综合信用指数	营业收入（万元）	利润（万元）	资产（万元）	所有者权益（万元）
信息、传媒、电子商务、网购、娱乐等互联网服务业						
1	腾讯控股有限公司	98. 391	55455200	18824300	157813100	72139100
2	网易股份有限公司	95. 065	9649581	2033760	17276099	10473132
3	百度网络技术有限公司	91. 729	12367500	755900	39097300	22347800
4	通鼎集团有限公司	91. 404	5210110	143909	2794663	787478
农业、渔业、畜牧业及林业						
1	牧原食品股份有限公司	94. 800	12482621	1326615	19294761	7178335
建筑业						
1	通州建总集团有限公司	90. 430	5217638	164003	701394	366279

第十二章 2023中国上市公司信用500强评价资料

一、2023 中国上市公司信用 500 强排序

序号	企业名称	股票简称	股票代码	综合信用指数	信用环境指数	信用能力指数	信用行为指数
1	中国建设银行股份有限公司	建设银行	601939	98.716	13.626	71.090	14.000
2	中国工商银行股份有限公司	工商银行	601398	98.472	13.484	70.989	14.000
3	中国农业银行股份有限公司	农业银行	601288	98.100	13.662	70.438	14.000
4	贵州茅台酒股份有限公司	贵州茅台	600519	97.874	11.874	72.000	14.000
5	中国石油化工股份有限公司	中国石化	600028	97.868	13.868	70.000	14.000
6	中国银行股份有限公司	中国银行	601988	97.814	13.568	70.245	14.000
7	珠海格力电器股份有限公司	格力电器	000651	97.600	14.000	72.000	11.600
8	中国建筑股份有限公司	中国建筑	601668	97.400	14.000	69.400	14.000
9	美的集团股份有限公司	美的集团	000333	97.346	14.000	71.733	11.613
10	中国移动有限公司	中国移动	600941	97.205	13.605	69.600	14.000
11	通威股份有限公司	通威股份	600438	97.200	13.600	72.000	11.600
12	中国神华能源股份有限公司	中国神华	601088	97.100	13.200	69.900	14.000
13	中芯国际集成电路制造有限公司	中芯国际	688981	97.091	13.491	72.000	11.600
14	比亚迪股份有限公司	比亚迪	002594	97.082	13.217	71.325	12.540
15	特变电工股份有限公司	特变电工	600089	97.072	13.472	72.000	11.600
16	河南双汇投资发展股份有限公司	双汇发展	000895	96.945	13.489	71.856	11.600
17	隆基绿能科技股份有限公司	隆基股份	601012	96.912	13.312	72.000	11.600
18	富士康工业互联网股份有限公司	工业富联	601138	96.872	12.411	72.000	12.461
19	上海国际港务（集团）股份有限公司	上港集团	600018	96.857	13.872	71.385	11.600
20	兴业银行股份有限公司	兴业银行	601166	96.780	12.808	69.972	14.000
21	海尔智家股份有限公司	海尔智家	600690	96.763	14.000	71.163	11.600
22	北京中科润宇环保科技股份有限公司	中科环保	301175	96.670	13.540	70.330	12.800
23	福耀玻璃工业集团股份有限公司	福耀玻璃	600660	96.596	13.941	71.055	11.600
24	中海油田服务股份有限公司	中海油服	601808	96.547	12.978	71.969	11.600
25	厦门国贸集团股份有限公司	厦门国贸	600755	96.517	13.537	71.380	11.600
26	山东太阳纸业股份有限公司	太阳纸业	002078	96.508	13.211	71.697	11.600
27	上海汽车集团股份有限公司	上汽集团	600104	96.506	12.959	71.084	12.463

续表

序号	企业名称	股票简称	股票代码	综合信用指数	信用环境指数	信用能力指数	信用行为指数
28	中铁高新工业股份有限公司	中铁工业	600528	96.471	13.374	71.497	11.600
29	鹏鼎控股（深圳）股份有限公司	鹏鼎控股	002938	96.452	13.937	70.916	11.600
30	晶科能源股份有限公司	晶科能源	688223	96.400	13.291	71.509	11.600
31	中国光大银行股份有限公司	光大银行	601818	96.313	13.549	68.765	14.000
32	四川川投能源股份有限公司	川投能源	600674	96.275	13.600	69.875	12.800
33	中兴通讯股份有限公司	中兴通讯	000063	96.271	12.904	71.767	11.600
34	国电南瑞科技股份有限公司	国电南瑞	600406	96.243	13.532	71.110	11.600
35	浙江正泰电器股份有限公司	正泰电器	601877	96.219	12.619	72.000	11.600
36	物产中大集团股份有限公司	物产中大	600704	96.125	13.210	71.314	11.600
37	金发科技股份有限公司	金发科技	600143	96.034	12.434	72.000	11.600
38	北京首创股份有限公司	首创股份	600008	96.031	12.600	70.931	12.500
39	中国卫通集团股份有限公司	中国卫通	601698	95.998	13.811	70.588	11.600
40	三角轮胎股份有限公司	三角轮胎	601163	95.924	13.845	70.479	11.600
41	江苏长电科技股份有限公司	长电科技	600584	95.919	13.600	70.720	11.600
42	宁波兴瑞电子科技股份有限公司	兴瑞科技	002937	95.899	13.582	70.716	11.600
43	内蒙古伊利实业集团股份有限公司	伊利股份	600887	95.881	13.180	71.100	11.600
44	杭叉集团股份有限公司	杭叉集团	603298	95.834	13.578	70.656	11.600
45	佛山市海天调味食品股份有限公司	海天味业	603288	95.813	12.474	71.739	11.600
46	立讯精密工业股份有限公司	立讯精密	002475	95.806	12.886	71.321	11.600
47	杭州海康威视数字技术股份有限公司	海康威视	002415	95.800	12.438	71.762	11.600
48	明阳智慧能源集团股份公司	明阳智能	601615	95.744	13.019	71.126	11.600
49	天合光能股份有限公司	天合光能	688599	95.736	12.496	71.639	11.600
50	圣邦微电子（北京）股份有限公司	圣邦股份	300661	95.626	13.276	70.750	11.600
51	北京首钢股份有限公司	首钢股份	000959	95.624	13.600	68.024	14.000
52	赛轮集团股份有限公司	赛轮轮胎	601058	95.605	12.411	71.594	11.600
53	鲁泰纺织股份有限公司	鲁泰 A	000726	95.590	13.600	70.390	11.600
54	中国振华（集团）科技股份有限公司	振华科技	000733	95.535	14.000	69.936	11.600
55	苏州斯莱克精密设备股份有限公司	斯莱克	300382	95.512	13.476	70.436	11.600
56	上海宝立食品科技股份有限公司	宝立食品	603170	95.508	13.244	70.665	11.600
57	郑州煤矿机械集团股份有限公司	郑煤机	601717	95.505	13.445	70.461	11.600
58	徐工集团工程机械股份有限公司	徐工机械	000425	95.500	12.412	71.488	11.600
59	海洋石油工程股份有限公司	海油工程	600583	95.500	13.936	69.964	11.600

续表

序号	企业名称	股票简称	股票代码	综合信用指数	信用环境指数	信用能力指数	信用行为指数
60	阳光电源股份有限公司	阳光电源	300274	95. 490	13. 402	70. 488	11. 600
61	雅戈尔集团股份有限公司	雅戈尔	600177	95. 400	12. 855	70. 945	11. 600
62	中电科数字技术股份有限公司	电科数字	600850	95. 387	13. 692	70. 095	11. 600
63	深圳市菲菱科思通信技术股份有限公司	菲菱科思	301191	95. 342	13. 306	70. 435	11. 600
64	山推工程机械股份有限公司	山推股份	000680	95. 273	14. 000	69. 673	11. 600
65	浙江交通科技股份有限公司	浙江交科	002061	95. 232	13. 859	69. 773	11. 600
66	紫光国芯微电子股份有限公司	紫光国微	002049	95. 227	13. 820	69. 807	11. 600
67	安克创新科技股份有限公司	安克创新	300866	95. 227	13. 641	69. 986	11. 600
68	中国巨石股份有限公司	中国巨石	600176	95. 159	13. 800	69. 760	11. 600
69	爱玛科技集团股份有限公司	爱玛科技	603529	95. 112	13. 400	70. 112	11. 600
70	浙江伟明环保股份有限公司	伟明环保	603568	95. 096	12. 520	71. 276	11. 300
71	重庆水务集团股份有限公司	重庆水务	601158	95. 021	11. 999	70. 022	13. 000
72	晶澳太阳能科技股份有限公司	晶澳科技	002459	95. 012	12. 412	72. 000	10. 600
73	格林美股份有限公司	格林美	002340	94. 963	13. 241	70. 122	11. 600
74	广东申菱环境系统股份有限公司	申菱环境	301018	94. 887	13. 584	68. 504	12. 800
75	厦门亿联网络技术股份有限公司	亿联网络	300628	94. 872	13. 209	70. 563	11. 100
76	安井食品集团股份有限公司	安井食品	603345	94. 833	13. 367	69. 866	11. 600
77	神州数码集团股份有限公司	神州数码	000034	94. 820	13. 780	69. 440	11. 600
78	成都市兴蓉环境股份有限公司	兴蓉环境	000598	94. 813	12. 559	69. 754	12. 500
79	蓝思科技股份有限公司	蓝思科技	300433	94. 804	12. 832	70. 372	11. 600
80	宝山钢铁股份有限公司	宝钢股份	600019	94. 802	13. 600	68. 236	12. 966
81	牧原食品股份有限公司	牧原股份	002714	94. 800	11. 200	72. 000	11. 600
82	江苏中天科技股份有限公司	中天科技	600522	94. 788	13. 526	69. 662	11. 600
83	千禾味业食品股份有限公司	千禾味业	603027	94. 742	13. 513	69. 628	11. 600
84	双良节能系统股份有限公司	双良节能	600481	94. 734	13. 416	69. 718	11. 600
85	中山华利实业集团股份有限公司	华利集团	300979	94. 728	12. 128	72. 000	10. 600
86	上海派能能源科技股份有限公司	派能科技	688063	94. 711	13. 600	69. 511	11. 600
87	石药创新制药股份有限公司	新诺威	300765	94. 702	12. 562	71. 540	10. 600
88	江苏苏盐井神股份有限公司	苏盐井神	603299	94. 701	13. 600	69. 501	11. 600
89	上海宝信软件股份有限公司	宝信软件	600845	94. 680	13. 684	69. 396	11. 600
90	欧派家居集团股份有限公司	欧派家居	603833	94. 669	12. 357	71. 711	10. 600
91	TCL 中环新能源科技股份有限公司	TCL 中环	002129	94. 664	13. 472	70. 592	10. 600

续表

序号	企业名称	股票简称	股票代码	综合信用指数	信用环境指数	信用能力指数	信用行为指数
92	广联达科技股份有限公司	广联达	002410	94.648	12.740	70.307	11.600
93	浙商中拓集团股份有限公司	浙商中拓	000906	94.642	13.825	69.217	11.600
94	中国国际金融股份有限公司	中金公司	601995	94.626	13.625	68.902	12.100
95	梅花生物科技集团股份有限公司	梅花生物	600873	94.616	13.419	69.596	11.600
96	北京当升材料科技股份有限公司	当升科技	300073	94.608	12.728	71.281	10.600
97	北方华创科技集团股份有限公司	北方华创	002371	94.601	12.968	71.033	10.600
98	谱尼测试集团股份有限公司	谱尼测试	300887	94.589	13.343	69.646	11.600
99	中信重工机械股份有限公司	中信重工	601608	94.588	14.000	68.988	11.600
100	科达制造股份有限公司	科达制造	600499	94.585	13.000	71.485	10.100
101	招商银行股份有限公司	招商银行	600036	94.562	12.296	68.267	14.000
102	河南蓝天燃气股份有限公司	蓝天燃气	605368	94.500	12.469	71.431	10.600
103	青岛国恩科技股份有限公司	国恩股份	002768	94.499	13.408	69.491	11.600
104	安徽元琛环保科技股份有限公司	元琛科技	688659	94.482	13.600	68.082	12.800
105	青岛港国际股份有限公司	青岛港	6101298	94.481	13.797	69.084	11.600
106	浙江新澳纺织股份有限公司	新澳股份	603889	94.468	13.600	68.068	12.800
107	锐捷网络股份有限公司	锐捷网络	301165	94.466	13.250	69.616	11.600
108	内蒙古鄂尔多斯资源股份有限公司	鄂尔多斯	600295	94.465	11.755	71.110	11.600
109	钱江水利开发股份有限公司	钱江水利	600283	94.464	13.580	68.084	12.800
110	上海汉得信息技术股份有限公司	汉得信息	300170	94.439	14.000	68.839	11.600
111	云南恩捷新材料股份有限公司	恩捷股份	002812	94.437	13.300	70.038	11.100
112	苏州东山精密制造股份有限公司	东山精密	002384	94.436	13.939	68.898	11.600
113	索通发展股份有限公司	索通发展	603612	94.433	13.823	69.010	11.600
114	东富龙科技集团股份有限公司	东富龙	300171	94.426	12.829	69.997	11.600
115	黄山永新股份有限公司	永新股份	002014	94.423	13.408	69.415	11.600
116	聚辰半导体股份有限公司	聚辰股份	688123	94.417	13.600	69.217	11.600
117	金风科技股份有限公司	金风科技	002202	94.399	11.832	70.967	11.600
118	澜起科技股份有限公司	澜起科技	688008	94.388	12.747	71.041	10.600
119	厦门瑞尔特卫浴科技股份有限公司	瑞尔特	002790	94.371	13.521	69.249	11.600
120	石家庄尚太科技股份有限公司	尚太科技	001301	94.370	13.394	69.377	11.600
121	深圳市汇川技术股份有限公司	汇川技术	300124	94.360	12.260	72.000	10.100
122	顾家家居股份有限公司	顾家家居	603816	94.359	12.570	71.189	10.600
123	金诚信矿业管理股份有限公司	金诚信	603979	94.318	13.434	69.284	11.600

续表

序号	企业名称	股票简称	股票代码	综合信用指数	信用环境指数	信用能力指数	信用行为指数
124	南京国博电子股份有限公司	国博电子	688375	94. 283	13. 335	69. 347	11. 600
125	恺英网络股份有限公司	恺英网络	002517	94. 280	13. 586	69. 095	11. 600
126	新奥天然气股份有限公司	新奥股份	600803	94. 262	12. 898	69. 765	11. 600
127	嘉友国际物流股份有限公司	嘉友国际	603871	94. 245	13. 600	69. 045	11. 600
128	杨凌美畅新材料股份有限公司	美畅股份	300861	94. 228	13. 401	69. 227	11. 600
129	青鸟消防股份有限公司	青鸟消防	002960	94. 225	13. 047	69. 578	11. 600
130	宁波舟山港股份有限公司	宁波港	601018	94. 209	13. 266	69. 344	11. 600
131	广州发展集团股份有限公司	广州发展	600098	94. 208	13. 522	69. 086	11. 600
132	新疆大全新能源股份有限公司	大全能源	688303	94. 205	13. 928	68. 677	11. 600
133	厦门建发股份有限公司	建发股份	600153	94. 201	13. 774	68. 827	11. 600
134	中矿资源集团股份有限公司	中矿资源	002738	94. 200	12. 100	72. 000	10. 100
135	安琪酵母股份有限公司	安琪酵母	600298	94. 175	12. 917	69. 658	11. 600
136	北京中科江南信息技术股份有限公司	中科江南	301153	94. 171	13. 170	69. 401	11. 600
137	中国中铁股份有限公司	中国中铁	601390	94. 168	14. 000	68. 344	11. 823
138	云南云天化股份有限公司	云天化	600096	94. 152	13. 909	67. 443	12. 800
139	浙江晶盛机电股份有限公司	晶盛机电	300316	94. 137	13. 320	70. 216	10. 600
140	中国石油集团工程股份有限公司	中油工程	600339	94. 129	13. 829	68. 700	11. 600
141	盐津铺子食品股份有限公司	盐津铺子	002847	94. 115	13. 600	68. 915	11. 600
142	三全食品股份有限公司	三全食品	002216	94. 113	13. 451	69. 063	11. 600
143	浙江嘉欣丝绸股份有限公司	嘉欣丝绸	002404	94. 106	13. 530	68. 975	11. 600
144	广东海大集团股份有限公司	海大集团	002311	94. 104	13. 254	69. 251	11. 600
145	天津九安医疗电子股份有限公司	九安医疗	002432	94. 097	12. 600	69. 897	11. 600
146	安徽省天然气开发股份有限公司	皖天然气	603689	94. 092	13. 432	69. 060	11. 600
147	银都餐饮设备股份有限公司	银都股份	603277	94. 092	13. 218	69. 274	11. 600
148	广东冠豪高新技术股份有限公司	冠豪高新	600433	94. 077	13. 517	68. 960	11. 600
149	东莞市鼎通精密科技股份有限公司	鼎通科技	688668	94. 067	13. 340	69. 127	11. 600
150	青海盐湖工业股份有限公司	盐湖股份	000792	94. 054	14. 000	67. 254	12. 800
151	比音勒芬服饰股份有限公司	比音勒芬	002832	94. 053	13. 420	69. 033	11. 600
152	软通动力信息技术（集团）股份有限公司	软通动力	301236	94. 053	13. 171	69. 281	11. 600
153	四川雅化实业集团股份有限公司	雅化集团	002497	94. 049	13. 000	68. 249	12. 800
154	深圳市星源材质科技股份有限公司	星源材质	300568	94. 035	13. 396	69. 039	11. 600
155	安通控股股份有限公司	安通控股	600179	94. 029	13. 600	68. 829	11. 600

续表

序号	企业名称	股票简称	股票代码	综合信用指数	信用环境指数	信用能力指数	信用行为指数
156	永泰运化工物流股份有限公司	永泰运	001228	93.994	13.561	68.833	11.600
157	招商局港口集团股份有限公司	招商港口	001872	93.992	13.454	68.938	11.600
158	广州视源电子科技股份有限公司	视源股份	002841	93.976	13.060	69.316	11.600
159	浙矿重工股份有限公司	浙矿股份	300837	93.975	13.422	68.953	11.600
160	永兴特种材料科技股份有限公司	永兴材料	002756	93.900	12.700	69.600	11.600
161	烟台杰瑞石油服务集团股份有限公司	杰瑞股份	002353	93.897	12.828	69.969	11.100
162	贵州轮胎股份有限公司	贵州轮胎	000589	93.886	13.813	68.473	11.600
163	厦门象屿股份有限公司	象屿股份	600057	93.883	14.000	68.283	11.600
164	甘肃能化股份有限公司	甘肃能化	000552	93.867	13.600	68.667	11.600
165	江苏太平洋石英股份有限公司	石英股份	603688	93.862	12.600	70.162	11.100
166	广州天赐高新材料股份有限公司	天赐材料	002709	93.852	14.000	67.052	12.800
167	河南省力量钻石股份有限公司	力量钻石	301071	93.817	13.118	69.099	11.600
168	索菲亚家居股份有限公司	索菲亚	002572	93.815	12.800	69.415	11.600
169	百隆东方股份有限公司	百隆东方	601339	93.778	13.600	67.378	12.800
170	江苏国泰国际集团股份有限公司	江苏国泰	002091	93.772	13.437	68.735	11.600
171	重庆望变电气（集团）股份有限公司	望变电气	603191	93.769	13.239	68.929	11.600
172	南京盛航海运股份有限公司	盛航股份	001205	93.762	12.100	71.562	10.100
173	志邦家居股份有限公司	志邦家居	603801	93.739	13.131	69.008	11.600
174	北京高能时代环境技术股份有限公司	高能环境	603588	93.736	11.236	72.000	10.500
175	浙江海象新材料股份有限公司	海象新材	003011	93.723	13.600	68.523	11.600
176	宁波江丰电子材料股份有限公司	江丰电子	300666	93.704	13.556	68.548	11.600
177	华泰证券股份有限公司	华泰证券	601688	93.695	12.264	69.831	11.600
178	苏州瑞可达连接系统股份有限公司	瑞可达	688800	93.672	13.309	68.763	11.600
179	中兵红箭股份有限公司	中兵红箭	000519	93.660	13.654	68.406	11.600
180	中国电信股份有限公司	中国电信	601728	93.658	13.058	69.000	11.600
181	佛燃能源集团股份有限公司	佛燃股份	002911	93.649	13.188	68.861	11.600
182	北京金山办公软件股份有限公司	金山办公	688111	93.647	13.299	68.749	11.600
183	深圳朗特智能控制股份有限公司	朗特智能	300916	93.638	13.502	68.536	11.600
184	曙光信息产业股份有限公司	中科曙光	603019	93.637	13.587	68.450	11.600
185	华润微电子有限公司	华润微	688396	93.618	13.650	68.367	11.600
186	上海丛麟环保科技股份有限公司	丛麟科技	688370	93.617	12.987	67.830	12.800
187	东方电子股份有限公司	东方电子	000682	93.602	13.660	68.341	11.600

续表

序号	企业名称	股票简称	股票代码	综合信用指数	信用环境指数	信用能力指数	信用行为指数
188	平安银行股份有限公司	平安银行	000001	93.602	13.390	66.648	13.564
189	网宿科技股份有限公司	网宿科技	300017	93.594	13.644	68.350	11.600
190	深圳市铭利达精密技术股份有限公司	铭利达	301268	93.582	13.306	68.675	11.600
191	京北方信息技术股份有限公司	京北方	002987	93.565	13.654	68.311	11.600
192	东方财富信息股份有限公司	东方财富	300059	93.563	13.147	68.816	11.600
193	环旭电子股份有限公司	环旭电子	601231	93.558	12.501	69.457	11.600
194	航天信息股份有限公司	航天信息	600271	93.551	12.814	69.136	11.600
195	中国外运股份有限公司	中国外运	601598	93.548	13.582	68.367	11.600
196	承德露露股份公司	承德露露	000848	93.548	13.107	68.840	11.600
197	国网信息通信股份有限公司	国网信通	600131	93.543	13.672	68.270	11.600
198	福建博思软件股份有限公司	博思软件	300525	93.521	13.048	68.872	11.600
199	安徽合力股份有限公司	安徽合力	600761	93.505	12.870	70.535	10.100
200	纳思达股份有限公司	纳思达	002180	93.505	13.975	67.930	11.600
201	中国冶金科工股份有限公司	中国中冶	601618	93.497	14.000	67.897	11.600
202	青岛东方铁塔股份有限公司	东方铁塔	002545	93.491	13.428	68.463	11.600
203	江西洪城环境股份有限公司	洪城环境	600461	93.474	12.593	71.072	9.808
204	交通银行股份有限公司	交通银行	601328	93.474	12.573	66.901	14.000
205	老凤祥股份有限公司	老凤祥	600612	93.462	12.961	68.900	11.600
206	中国电力建设股份有限公司	中国电建	601669	93.455	14.000	67.855	11.600
207	中国北方稀土（集团）高科技股份有限公司	北方稀土	600111	93.455	13.539	67.837	12.079
208	确成硅化学股份有限公司	确成股份	605183	93.437	13.486	68.351	11.600
209	上海璞泰来新能源科技股份有限公司	璞泰来	603659	93.429	13.328	68.501	11.600
210	福建圣农发展股份有限公司	圣农发展	002299	93.406	11.200	70.606	11.600
211	四川天味食品集团股份有限公司	天味食品	603317	93.363	13.536	68.227	11.600
212	湖北菲利华石英玻璃股份有限公司	菲利华	300395	93.347	13.401	68.346	11.600
213	圆通速递股份有限公司	圆通速递	600233	93.321	10.785	70.936	11.600
214	中材科技股份有限公司	中材科技	002080	93.299	13.434	68.264	11.600
215	浙江航民股份有限公司	航民股份	600987	93.298	12.600	69.098	11.600
216	新乡市瑞丰新材料股份有限公司	瑞丰新材	300910	93.277	13.600	66.877	12.800
217	江苏江南水务股份有限公司	江南水务	601199	93.267	13.393	67.075	12.800
218	扬州扬杰电子科技股份有限公司	扬杰科技	300373	93.260	13.474	68.186	11.600
219	湖北京山轻工机械股份有限公司	京山轻机	000821	93.235	13.511	68.123	11.600

续表

序号	企业名称	股票简称	股票代码	综合信用指数	信用环境指数	信用能力指数	信用行为指数
220	无锡化工装备股份有限公司	锡装股份	001332	93.231	13.250	68.381	11.600
221	桂林莱茵生物科技股份有限公司	莱茵生物	002166	93.226	13.427	68.199	11.600
222	成都新易盛通信技术股份有限公司	新易盛	300502	93.217	13.591	68.026	11.600
223	景津装备股份有限公司	景津装备	603279	93.217	12.434	70.683	10.100
224	沈阳富创精密设备股份有限公司	富创精密	688409	93.203	13.317	68.285	11.600
225	中国铝业股份有限公司	中国铝业	601600	93.198	12.697	68.901	11.600
226	固德威技术股份有限公司	固德威	688390	93.198	13.465	68.132	11.600
227	武汉三镇实业控股股份有限公司	武汉控股	600168	93.195	13.600	66.795	12.800
228	北京华大九天科技股份有限公司	华大九天	301269	93.192	13.053	68.539	11.600
229	山西杏花村汾酒厂股份有限公司	山西汾酒	600809	93.191	12.984	68.607	11.600
230	广州海格通信集团股份有限公司	海格通信	002465	93.190	13.035	68.556	11.600
231	盛泰智造集团股份有限公司	盛泰集团	605138	93.181	13.429	68.152	11.600
232	中航光电科技股份有限公司	中航光电	002179	93.172	13.298	68.274	11.600
233	广东奥普特科技股份有限公司	奥普特	688686	93.167	12.981	68.586	11.600
234	中国化学工程股份有限公司	中国化学	601117	93.159	13.351	68.208	11.600
235	博创科技股份有限公司	博创科技	300548	93.153	13.469	68.084	11.600
236	中科创达软件股份有限公司	中科创达	300496	93.152	12.547	70.504	10.100
237	云南铜业股份有限公司	云南铜业	000878	93.130	13.941	67.589	11.600
238	龙岩卓越新能源股份有限公司	卓越新能	688196	93.113	12.450	70.562	10.100
239	楚天科技股份有限公司	楚天科技	300358	93.094	12.952	68.542	11.600
240	苏美达股份有限公司	苏美达	600710	93.055	13.698	67.757	11.600
241	西安三角防务股份有限公司	三角防务	300775	93.048	13.328	68.119	11.600
242	杭州华旺新材料科技股份有限公司	华旺科技	605377	93.040	12.960	68.480	11.600
243	鲁银投资集团股份有限公司	鲁银投资	600784	93.040	11.934	71.007	10.100
244	云南铝业股份有限公司	云铝股份	000807	93.022	13.893	67.529	11.600
245	湖北盛天网络技术股份有限公司	盛天网络	300494	92.995	13.384	68.011	11.600
246	永艺家具股份有限公司	永艺股份	603600	92.993	13.600	67.793	11.600
247	天通控股股份有限公司	天通股份	600330	92.990	13.488	67.902	11.600
248	上海万业企业股份有限公司	万业企业	600641	92.978	13.087	68.292	11.600
249	深圳市铂科新材料股份有限公司	铂科新材	300811	92.964	13.409	67.955	11.600
250	杭州巨星科技股份有限公司	巨星科技	002444	92.957	13.062	68.295	11.600
251	湖南凯美特气体股份有限公司	凯美特气	002549	92.954	13.389	67.965	11.600

续表

序号	企业名称	股票简称	股票代码	综合信用指数	信用环境指数	信用能力指数	信用行为指数
252	杭州长川科技股份有限公司	长川科技	300604	92. 939	13. 595	67. 744	11. 600
253	厦门法拉电子股份有限公司	法拉电子	600563	92. 923	13. 372	67. 951	11. 600
254	江苏共创人造草坪股份有限公司	共创草坪	605099	92. 921	12. 435	70. 386	10. 100
255	浙江伟星实业发展股份有限公司	伟星股份	002003	92. 920	13. 204	68. 116	11. 600
256	浙江天振科技股份有限公司	天振股份	301356	92. 916	13. 292	68. 025	11. 600
257	浪潮电子信息产业股份有限公司	浪潮信息	000977	92. 896	13. 112	68. 184	11. 600
258	晶晨半导体（上海）股份有限公司	晶晨股份	688099	92. 896	12. 904	68. 392	11. 600
259	北京神州泰岳软件股份有限公司	神州泰岳	300002	92. 883	12. 117	69. 666	11. 100
260	安集微电子科技（上海）股份有限公司	安集科技	688019	92. 881	13. 600	67. 681	11. 600
261	浙江三花智能控制股份有限公司	三花智控	002050	92. 881	13. 516	67. 765	11. 600
262	润建股份有限公司	润建股份	002929	92. 873	13. 640	67. 634	11. 600
263	中粮糖业控股股份有限公司	中粮糖业	600737	92. 864	13. 454	67. 810	11. 600
264	江苏省农垦农业发展股份有限公司	苏垦农发	601952	92. 842	11. 200	70. 042	11. 600
265	海目星激光科技集团股份有限公司	海目星	688559	92. 824	13. 600	67. 624	11. 600
266	中信泰富特钢集团股份有限公司	中信特钢	000708	92. 773	12. 752	68. 421	11. 600
267	金宏气体股份有限公司	金宏气体	688106	92. 766	13. 470	67. 696	11. 600
268	海澜之家集团股份有限公司	海澜之家	600398	92. 757	12. 137	69. 020	11. 600
269	海南海德资本管理股份有限公司	海德股份	000567	92. 756	12. 100	69. 556	11. 100
270	北京中科三环高技术股份有限公司	中科三环	000970	92. 745	13. 453	67. 692	11. 600
271	中山公用事业集团股份有限公司	中山公用	000685	92. 744	11. 817	68. 127	12. 800
272	华工科技产业股份有限公司	华工科技	000988	92. 717	13. 818	67. 299	11. 600
273	岳阳林纸股份有限公司	岳阳林纸	600963	92. 707	12. 176	69. 432	11. 100
274	北京国联视讯信息技术股份有限公司	国联股份	603613	92. 692	13. 954	67. 138	11. 600
275	滁州多利汽车科技股份有限公司	多利科技	001311	92. 681	13. 338	67. 743	11. 600
276	熵基科技股份有限公司	熵基科技	301330	92. 663	13. 151	67. 912	11. 600
277	江苏常宝钢管股份有限公司	常宝股份	002478	92. 659	13. 600	67. 459	11. 600
278	福建星网锐捷通讯股份有限公司	星网锐捷	002396	92. 653	13. 724	67. 329	11. 600
279	四川福蓉科技股份公司	福蓉科技	603327	92. 598	13. 548	67. 449	11. 600
280	宁波德业科技股份有限公司	德业股份	605117	92. 586	13. 600	67. 386	11. 600
281	上海紫江企业集团股份有限公司	紫江企业	600210	92. 581	13. 476	67. 505	11. 600
282	中电科普天科技股份有限公司	普天科技	002544	92. 576	13. 449	67. 526	11. 600
283	中国铁建股份有限公司	中国铁建	601186	92. 572	14. 000	66. 972	11. 600

续表

序号	企业名称	股票简称	股票代码	综合信用指数	信用环境指数	信用能力指数	信用行为指数
284	雪天盐业集团股份有限公司	雪天盐业	600929	92.568	13.285	67.683	11.600
285	陕西省天然气股份有限公司	陕天然气	002267	92.563	13.490	67.473	11.600
286	中伟新材料股份有限公司	中伟股份	300919	92.536	13.233	67.703	11.600
287	浙江伟星新型建材股份有限公司	伟星新材	002372	92.536	13.130	67.806	11.600
288	东莞怡合达自动化股份有限公司	怡合达	301029	92.533	13.404	67.530	11.600
289	创维数字股份有限公司	创维数字	000810	92.494	13.629	67.266	11.600
290	中际旭创股份有限公司	中际旭创	300308	92.492	13.561	67.330	11.600
291	中科星图股份有限公司	中科星图	688568	92.481	12.738	68.143	11.600
292	宸展光电（厦门）股份有限公司	宸展光电	003019	92.465	13.600	67.265	11.600
293	浙江东方金融控股集团股份有限公司	浙江东方	600120	92.452	13.443	67.409	11.600
294	江苏扬农化工股份有限公司	扬农化工	600486	92.441	13.902	65.739	12.800
295	浙江天铁实业股份有限公司	天铁股份	300587	92.439	13.518	67.321	11.600
296	湖北兴发化工集团股份有限公司	兴发集团	600141	92.431	13.820	65.811	12.800
297	浙江华铁应急设备科技股份有限公司	华铁应急	603300	92.427	13.419	67.408	11.600
298	湖南长远锂科股份有限公司	长远锂科	688779	92.424	13.317	67.508	11.600
299	国轩高科股份有限公司	国轩高科	002074	92.408	13.253	67.556	11.600
300	天能电池集团股份有限公司	天能股份	688819	92.406	13.292	67.515	11.600
301	江苏图南合金股份有限公司	图南股份	300855	92.392	13.426	67.366	11.600
302	广东领益智造股份有限公司	领益智造	002600	92.383	13.881	66.902	11.600
303	横店集团东磁股份有限公司	横店东磁	002056	92.341	13.304	67.437	11.600
304	中节能太阳能股份有限公司	太阳能	000591	92.340	13.115	67.625	11.600
305	法兰泰克重工股份有限公司	法兰泰克	603966	92.286	13.198	67.488	11.600
306	南兴装备股份有限公司	南兴股份	002757	92.279	12.922	67.758	11.600
307	无锡新洁能股份有限公司	新洁能	605111	92.269	13.055	67.614	11.600
308	新疆天润乳业股份有限公司	天润乳业	600419	92.258	13.600	67.058	11.600
309	重庆顺博铝合金股份有限公司	顺博合金	002996	92.256	13.600	66.635	12.021
310	钜泉光电科技（上海）股份有限公司	钜泉科技	688391	92.249	12.870	67.780	11.600
311	禾丰食品股份有限公司	禾丰牧业	603609	92.239	13.255	67.384	11.600
312	上海移远通信技术股份有限公司	移远通信	603236	92.199	13.706	66.893	11.600
313	四川路桥建设集团股份有限公司	四川路桥	600039	92.170	13.941	66.630	11.600
314	山东潍坊润丰化工股份有限公司	润丰股份	301035	92.164	13.970	65.394	12.800
315	山东豪迈机械科技股份有限公司	豪迈科技	002595	92.160	13.421	67.139	11.600

续表

序号	企业名称	股票简称	股票代码	综合信用指数	信用环境指数	信用能力指数	信用行为指数
316	苏州固锝电子股份有限公司	苏州固锝	002079	92.110	13.546	66.965	11.600
317	陕西省国际信托股份有限公司	陕国投 A	000563	92.099	13.457	67.041	11.600
318	中国银河证券股份有限公司	中国银河	601881	92.098	11.950	68.548	11.600
319	成都燃气集团股份有限公司	成都燃气	603053	92.093	13.010	67.482	11.600
320	浙江新安化工集团股份有限公司	新安股份	600596	92.092	13.751	65.541	12.800
321	利尔化学股份有限公司	利尔化学	002258	92.052	13.916	65.336	12.800
322	浙江巨化股份有限公司	巨化股份	600160	92.029	14.000	65.229	12.800
323	北新集团建材股份有限公司	北新建材	000786	92.012	12.653	67.759	11.600
324	昆山新莱洁净应用材料股份有限公司	新莱应材	300260	92.002	13.439	66.963	11.600
325	三维控股集团股份有限公司	三维股份	603033	91.984	13.489	66.895	11.600
326	中信建投证券股份有限公司	中信建投	601066	91.968	11.827	68.541	11.600
327	无锡奥特维科技股份有限公司	奥特维	688516	91.966	13.274	67.092	11.600
328	紫光股份有限公司	紫光股份	000938	91.941	13.083	67.258	11.600
329	江西金力永磁科技股份有限公司	金力永磁	300748	91.933	13.315	67.018	11.600
330	安徽集友新材料股份有限公司	集友股份	603429	91.927	13.434	66.893	11.600
331	中国石油集团资本股份有限公司	中油资本	000617	91.922	12.825	67.497	11.600
332	彩讯科技股份有限公司	彩讯股份	300634	91.922	13.317	67.005	11.600
333	山东南山智尚科技股份有限公司	南山智尚	300918	91.909	13.442	66.867	11.600
334	韵达控股股份有限公司	韵达股份	002120	91.901	12.653	67.648	11.600
335	安福县海能实业股份有限公司	海能实业	300787	91.886	13.600	66.686	11.600
336	常州聚和新材料股份有限公司	聚和材料	688503	91.862	13.090	67.172	11.600
337	三人行传媒集团股份有限公司	三人行	605168	91.858	13.415	66.843	11.600
338	斯达半导体股份有限公司	斯达半导	603290	91.848	13.600	66.648	11.600
339	中控技术股份有限公司	中控技术	688777	91.842	13.669	66.573	11.600
340	密尔克卫化工供应链服务股份有限公司	密尔克卫	603713	91.828	13.600	66.628	11.600
341	沪士电子股份有限公司	沪电股份	002463	91.789	14.000	66.189	11.600
342	江苏秀强玻璃工艺股份有限公司	秀强股份	300160	91.762	13.395	66.767	11.600
343	中电科网络安全科技股份有限公司	电科网安	002268	91.760	13.437	66.723	11.600
344	陕西华秦科技实业股份有限公司	华秦科技	688281	91.750	12.735	67.415	11.600
345	宁波容百新能源科技股份有限公司	容百科技	688005	91.749	13.204	66.944	11.600
346	山西焦化股份有限公司	山西焦化	600740	91.747	13.600	66.547	11.600
347	凯盛新能源股份有限公司	凯盛新能	600876	91.740	13.600	66.540	11.600

续表

序号	企业名称	股票简称	股票代码	综合信用指数	信用环境指数	信用能力指数	信用行为指数
348	旺能环境股份有限公司	旺能环境	002034	91.731	13.402	66.729	11.600
349	南京高科股份有限公司	南京高科	600064	91.727	12.922	67.205	11.600
350	海信视像科技股份有限公司	海信视像	600060	91.715	14.000	66.115	11.600
351	无锡先导智能装备股份有限公司	先导智能	300450	91.698	13.302	66.796	11.600
352	深圳市康冠科技股份有限公司	康冠科技	001308	91.691	13.529	66.562	11.600
353	万凯新材料股份有限公司	万凯新材	301216	91.662	13.800	65.061	12.800
354	中国能源建设股份有限公司	中国能建	601868	91.650	14.000	66.050	11.600
355	江苏龙蟠科技股份有限公司	龙蟠科技	603906	91.628	13.762	65.066	12.800
356	晨光生物科技集团股份有限公司	晨光生物	300138	91.613	13.424	66.589	11.600
357	广东广弘控股股份有限公司	广弘控股	000529	91.596	13.600	66.396	11.600
358	宁波长鸿高分子科技股份有限公司	长鸿高科	605008	91.590	12.884	67.106	11.600
359	锦浪科技股份有限公司	锦浪科技	300763	91.581	13.322	66.659	11.600
360	攀钢集团钒钛资源股份有限公司	攀钢钒钛	000629	91.547	12.963	66.984	11.600
361	北京星网宇达科技股份有限公司	星网宇达	002829	91.515	13.502	66.414	11.600
362	湖南华联瓷业股份有限公司	华瓷股份	001216	91.515	13.451	66.463	11.600
363	深圳市今天国际物流技术股份有限公司	今天国际	300532	91.499	14.000	65.899	11.600
364	安徽应流机电股份有限公司	应流股份	603308	91.489	13.564	66.326	11.600
365	公牛集团股份有限公司	公牛集团	603195	91.478	13.158	66.720	11.600
366	新疆雪峰科技（集团）股份有限公司	雪峰科技	603227	91.467	13.600	65.067	12.800
367	武汉凡谷电子技术股份有限公司	武汉凡谷	002194	91.467	13.505	66.361	11.600
368	湖北江瀚新材料股份有限公司	江瀚新材	603281	91.467	13.375	65.292	12.800
369	东鹏饮料（集团）股份有限公司	东鹏饮料	605499	91.453	13.371	66.482	11.600
370	洽洽食品股份有限公司	洽洽食品	002557	91.452	13.124	66.728	11.600
371	山东新巨丰科技包装股份有限公司	新巨丰	301296	91.396	12.981	66.814	11.600
372	安徽广信农化股份有限公司	广信股份	603599	91.383	13.805	64.779	12.800
373	黑龙江北大荒农业股份有限公司	北大荒	600598	91.383	10.800	68.983	11.600
374	湖南华菱钢铁股份有限公司	华菱钢铁	000932	91.380	13.125	66.656	11.600
375	广州赛意信息科技股份有限公司	赛意信息	300687	91.371	13.548	66.223	11.600
376	安徽安纳达钛业股份有限公司	安纳达	002136	91.368	13.466	65.103	12.800
377	西部矿业股份有限公司	西部矿业	601168	91.352	12.090	67.662	11.600
378	上海机电股份有限公司	上海机电	600835	91.347	13.439	66.308	11.600
379	三达膜环境技术股份有限公司	三达膜	688101	91.344	12.902	65.642	12.800

续表

序号	企业名称	股票简称	股票代码	综合信用指数	信用环境指数	信用能力指数	信用行为指数
380	昱能科技股份有限公司	昱能科技	688348	91. 334	12. 955	66. 780	11. 600
381	北京元隆雅图文化传播股份有限公司	元隆雅图	002878	91. 326	13. 487	66. 239	11. 600
382	天士力医药集团股份有限公司	天士力	600535	91. 320	13. 600	66. 120	11. 600
383	云南能源投资股份有限公司	云南能投	002053	91. 311	13. 389	66. 323	11. 600
384	中国石油天然气股份有限公司	中国石油	601857	91. 310	12. 786	64. 524	14. 000
385	恒林家居股份有限公司	恒林股份	603661	91. 302	13. 085	66. 616	11. 600
386	深圳市中金岭南有色金属股份有限公司	中金岭南	000060	91. 276	13. 480	66. 196	11. 600
387	紫金矿业集团股份有限公司	紫金矿业	601899	91. 272	11. 595	68. 078	11. 600
388	远光软件股份有限公司	远光软件	002063	91. 260	13. 207	66. 453	11. 600
389	上海华峰铝业股份有限公司	华峰铝业	601702	91. 251	13. 460	66. 191	11. 600
390	上海富瀚微电子股份有限公司	富瀚微	300613	91. 234	13. 104	66. 530	11. 600
391	广发证券股份有限公司	广发证券	000776	91. 228	11. 686	67. 942	11. 600
392	山东鲁阳节能材料股份有限公司	鲁阳节能	002088	91. 208	13. 233	66. 375	11. 600
393	贵州振华风光半导体股份有限公司	振华风光	688439	91. 197	12. 930	66. 667	11. 600
394	深圳市燃气集团股份有限公司	深圳燃气	601139	91. 188	12. 689	66. 900	11. 600
395	长城汽车股份有限公司	长城汽车	601633	91. 157	13. 084	68. 810	9. 263
396	浙富控股集团股份有限公司	浙富控股	002266	91. 136	11. 822	67. 715	11. 600
397	北京数字政通科技股份有限公司	数字政通	300075	91. 120	13. 286	66. 234	11. 600
398	山东省药用玻璃股份有限公司	山东药玻	600529	91. 107	13. 039	66. 468	11. 600
399	东方航空物流股份有限公司	东航物流	601156	91. 106	12. 967	66. 539	11. 600
400	杭州安旭生物科技股份有限公司	安旭生物	688075	91. 101	13. 125	66. 375	11. 600
401	上海钢联电子商务股份有限公司	上海钢联	300226	91. 098	13. 814	65. 684	11. 600
402	新天绿色能源股份有限公司	新天绿能	600956	91. 087	13. 126	66. 362	11. 600
403	江苏立霸实业股份有限公司	立霸股份	603519	91. 080	13. 600	65. 880	11. 600
404	东华软件股份公司	东华软件	002065	91. 074	13. 353	66. 121	11. 600
405	中盐内蒙古化工股份有限公司	中盐化工	600328	91. 074	13. 777	64. 497	12. 800
406	广东顺控发展股份有限公司	顺控发展	003039	91. 070	12. 696	65. 574	12. 800
407	珀莱雅化妆品股份有限公司	珀莱雅	603605	91. 042	13. 476	64. 766	12. 800
408	深南电路股份有限公司	深南电路	002916	91. 006	12. 812	66. 594	11. 600
409	上海水星家用纺织品股份有限公司	水星家纺	603365	90. 992	13. 113	65. 079	12. 800
410	航天宏图信息技术股份有限公司	航天宏图	688066	90. 991	13. 597	65. 794	11. 600
411	山西通宝能源股份有限公司	通宝能源	600780	90. 979	13. 600	65. 779	11. 600

续表

序号	企业名称	股票简称	股票代码	综合信用指数	信用环境指数	信用能力指数	信用行为指数
412	深圳市科达利实业股份有限公司	科达利	002850	90.970	13.250	66.120	11.600
413	凌云光技术股份有限公司	凌云光	688400	90.959	13.419	65.940	11.600
414	成都云图控股股份有限公司	云图控股	002539	90.948	13.681	64.467	12.800
415	信达证券股份有限公司	信达证券	601059	90.948	13.019	66.329	11.600
416	中建环能科技股份有限公司	中建环能	300425	90.931	13.119	66.212	11.600
417	深圳科士达科技股份有限公司	科士达	002518	90.914	13.369	65.945	11.600
418	烟台北方安德利果汁股份有限公司	德利股份	605198	90.906	13.433	65.873	11.600
419	周大生珠宝股份有限公司	周大生	002867	90.901	13.058	66.243	11.600
420	烽火通信科技股份有限公司	烽火通信	600498	90.879	13.901	65.378	11.600
421	森林包装集团股份有限公司	森林包装	605500	90.870	12.035	67.235	11.600
422	深圳市信维通信股份有限公司	信维通信	300136	90.869	13.853	65.416	11.600
423	四会富仕电子科技股份有限公司	四会富仕	300852	90.869	13.431	65.838	11.600
424	上海中谷物流股份有限公司	中谷物流	603565	90.854	13.596	65.659	11.600
425	中国中材国际工程股份有限公司	中材国际	600970	90.852	13.600	65.652	11.600
426	浙江中国轻纺城集团股份有限公司	轻纺城	600790	90.842	13.600	65.642	11.600
427	上海振华重工（集团）股份有限公司	振华重工	600320	90.831	12.968	66.263	11.600
428	东软集团股份有限公司	东软集团	600718	90.830	13.599	65.631	11.600
429	乐歌人体工学科技股份有限公司	乐歌股份	300729	90.825	13.375	65.849	11.600
430	中国宝安集团股份有限公司	中国宝安	000009	90.807	14.000	65.207	11.600
431	兆易创新科技集团股份有限公司	兆易创新	603986	90.802	12.565	66.637	11.600
432	福莱特玻璃集团股份有限公司	福莱特	601865	90.797	12.902	66.295	11.600
433	广东和胜工业铝材股份有限公司	和胜股份	002824	90.797	12.872	66.324	11.600
434	上海梅林正广和股份有限公司	上海梅林	600073	90.789	13.478	65.711	11.600
435	西安蓝晓科技新材料股份有限公司	蓝晓科技	300487	90.787	13.518	64.468	12.800
436	金鹰重型工程机械股份有限公司	金鹰重工	301048	90.784	13.481	65.704	11.600
437	国机汽车股份有限公司	国机汽车	600335	90.782	13.819	65.363	11.600
438	北京指南针科技发展股份有限公司	指南针	300803	90.749	13.400	65.748	11.600
439	成都振芯科技股份有限公司	振芯科技	300101	90.689	13.600	65.489	11.600
440	山东阳谷华泰化工股份有限公司	阳谷华泰	300121	90.687	13.560	64.327	12.800
441	镇江东方电热科技股份有限公司	东方电热	300217	90.671	13.480	65.591	11.600
442	深圳拓邦股份有限公司	拓邦股份	002139	90.653	13.464	65.589	11.600
443	成都银行股份有限公司	成都银行	601838	90.645	13.252	65.793	11.600

续表

序号	企业名称	股票简称	股票代码	综合信用指数	信用环境指数	信用能力指数	信用行为指数
444	安徽荃银高科种业股份有限公司	荃银高科	300087	90.636	10.800	68.236	11.600
445	西部超导材料科技股份有限公司	西部超导	688122	90.619	13.479	65.540	11.600
446	贵研铂业股份有限公司	贵研铂业	600459	90.605	13.164	65.841	11.600
447	海信家电集团股份有限公司	海信家电	000921	90.595	14.000	64.995	11.600
448	深圳市盛弘电气股份有限公司	盛弘股份	300693	90.584	13.420	65.564	11.600
449	宁波银行股份有限公司	宁波银行	002142	90.577	13.040	65.937	11.600
450	江苏天奈科技股份有限公司	天奈科技	688116	90.567	13.256	65.710	11.600
451	北京华峰测控技术股份有限公司	华峰测控	688200	90.552	13.407	65.545	11.600
452	深圳市富安娜家居用品股份有限公司	富安娜	002327	90.551	12.709	66.241	11.600
453	江苏省广电有线信息网络股份有限公司	江苏有线	600959	90.522	13.412	65.511	11.600
454	贵州航天电器股份有限公司	航天电器	002025	90.522	13.439	65.483	11.600
455	广西粤桂广业控股股份有限公司	粤桂股份	000833	90.512	13.424	65.488	11.600
456	京东方科技集团股份有限公司	京东方 A	000725	90.502	10.083	68.819	11.600
457	云南神农农业产业集团股份有限公司	神农集团	605296	90.501	10.800	68.101	11.600
458	嘉环科技股份有限公司	嘉环科技	603206	90.490	12.858	66.032	11.600
459	安徽国风新材料股份有限公司	国风新材	000859	90.479	12.477	66.403	11.600
460	武汉长江通信产业集团股份有限公司	长江通信	600345	90.474	13.542	65.332	11.600
461	武汉东湖高新集团股份有限公司	东湖高新	600133	90.444	13.600	65.244	11.600
462	欢乐家食品集团股份有限公司	欢乐家	300997	90.435	13.422	65.413	11.600
463	深圳新宙邦科技股份有限公司	新宙邦	300037	90.433	13.740	63.892	12.800
464	四川英杰电气股份有限公司	英杰电气	300820	90.410	13.431	65.380	11.600
465	宇通重工股份有限公司	宇通重工	600817	90.406	12.684	66.122	11.600
466	浙报数字文化集团股份有限公司	浙数文化	600633	90.403	13.111	65.691	11.600
467	浙江大华技术股份有限公司	大华股份	002236	90.395	12.115	66.680	11.600
468	华域汽车系统股份有限公司	华域汽车	600741	90.365	12.948	68.316	9.101
469	瀚蓝环境股份有限公司	瀚蓝环境	600323	90.363	12.926	65.837	11.600
470	上海华测导航技术股份有限公司	华测导航	300627	90.363	13.507	65.256	11.600
471	杭州炬华科技股份有限公司	炬华科技	300360	90.355	13.544	65.211	11.600
472	金堆城钼业股份有限公司	金钼股份	601958	90.345	13.600	65.145	11.600
473	山东登海种业股份有限公司	登海种业	002041	90.333	10.800	67.933	11.600
474	广东南方新媒体股份有限公司	新媒股份	300770	90.295	12.889	65.806	11.600
475	天津七一二通信广播股份有限公司	七一二	603712	90.295	13.458	65.236	11.600

续表

序号	企业名称	股票简称	股票代码	综合信用指数	信用环境指数	信用能力指数	信用行为指数
476	株洲欧科亿数控精密刀具股份有限公司	欧科亿	688308	90.251	12.860	65.791	11.600
477	四川天邑康和通信股份有限公司	天邑股份	300504	90.239	13.469	65.170	11.600
478	天融信科技集团股份有限公司	天融信	002212	90.235	12.579	66.055	11.600
479	广东联泰环保股份有限公司	联泰环保	603797	90.222	12.829	64.593	12.800
480	黑牡丹（集团）股份有限公司	黑牡丹	600510	90.215	12.842	65.773	11.600
481	深圳麦格米特电气股份有限公司	麦格米特	002851	90.215	13.397	65.217	11.600
482	欣旺达电子股份有限公司	欣旺达	300207	90.214	13.010	65.604	11.600
483	深圳市英维克科技股份有限公司	英维克	002837	90.211	13.455	65.156	11.600
484	胜宏科技（惠州）股份有限公司	胜宏科技	300476	90.193	13.838	64.754	11.600
485	中国黄金集团黄金珠宝股份有限公司	中国黄金	600916	90.189	12.963	65.626	11.600
486	东莞市奥海科技股份有限公司	奥海科技	002993	90.186	13.199	65.387	11.600
487	浙江鼎力机械股份有限公司	浙江鼎力	603338	90.177	13.531	65.046	11.600
488	中国邮政储蓄银行股份有限公司	邮储银行	601658	90.175	12.866	63.309	14.000
489	中国海诚工程科技股份有限公司	中国海诚	002116	90.156	13.600	64.956	11.600
490	浙江大自然户外用品股份有限公司	浙江自然	605080	90.152	12.831	65.721	11.600
491	新华网股份有限公司	新华网	603888	90.130	13.426	65.104	11.600
492	良品铺子股份有限公司	良品铺子	603719	90.124	13.446	65.078	11.600
493	浙江越剑智能装备股份有限公司	越剑智能	603095	90.123	13.600	64.923	11.600
494	铜陵有色金属集团股份有限公司	铜陵有色	000630	90.103	12.587	65.916	11.600
495	宁波三星医疗电气股份有限公司	三星医疗	601567	90.099	13.363	65.136	11.600
496	山东高速路桥集团股份有限公司	山东路桥	000498	90.078	13.600	64.878	11.600
497	福建省青山纸业股份有限公司	青山纸业	600103	90.074	13.212	65.262	11.600
498	江苏联瑞新材料股份有限公司	联瑞新材	688300	90.067	13.212	65.255	11.600
499	浙江水晶光电科技股份有限公司	水晶光电	002273	90.045	13.464	64.982	11.600
500	厦门钨业股份有限公司	厦门钨业	600549	90.004	13.817	64.587	11.600

二、2023 中国上市公司信用 500 强收益性指标

序号	企业名称	股票代码	综合信用指数	营收利润率（%）	资产利润率（%）	净资产利润率（%）
1	中国建设银行股份有限公司	601939	98.716	39.38	0.94	11.34
2	中国工商银行股份有限公司	601398	98.472	39.27	0.91	10.31
3	中国农业银行股份有限公司	601288	98.100	35.75	0.76	9.71
4	贵州茅台酒股份有限公司	600519	97.874	50.54	24.66	31.75
5	中国石油化工股份有限公司	600028	97.868	2.91	4.95	12.27
6	中国银行股份有限公司	601988	97.814	36.80	0.79	9.37
7	珠海格力电器股份有限公司	000651	97.600	12.97	6.90	25.33
8	中国建筑股份有限公司	601668	97.400	2.48	1.92	13.26
9	美的集团股份有限公司	000333	97.346	8.59	6.99	20.68
10	中国移动有限公司	600941	97.205	13.39	6.60	9.94
11	通威股份有限公司	600438	97.200	18.06	17.71	42.32
12	中国神华能源股份有限公司	601088	97.100	27.94	15.48	24.44
13	中芯国际集成电路制造有限公司	688981	97.091	24.50	3.98	9.10
14	比亚迪股份有限公司	002594	97.082	3.92	3.37	14.97
15	特变电工股份有限公司	600089	97.072	16.56	9.32	27.53
16	河南双汇投资发展股份有限公司	000895	96.945	8.98	15.44	25.72
17	隆基绿能科技股份有限公司	601012	96.912	11.48	10.61	23.83
18	富士康工业互联网股份有限公司	601138	96.872	3.92	7.06	15.56
19	上海国际港务（集团）股份有限公司	600018	96.857	46.20	9.47	15.33
20	兴业银行股份有限公司	601166	96.780	41.09	0.99	12.25
21	海尔智家股份有限公司	600690	96.763	6.04	6.24	15.75
22	北京中科润宇环保科技股份有限公司	301175	96.670	13.29	3.27	6.60
23	福耀玻璃工业集团股份有限公司	600660	96.596	16.92	9.37	16.40
24	中海油田服务股份有限公司	601808	96.547	6.60	3.05	5.98
25	厦门国贸集团股份有限公司	600755	96.517	0.69	3.18	11.88
26	山东太阳纸业股份有限公司	002078	96.508	7.06	5.85	12.17
27	上海汽车集团股份有限公司	600104	96.506	2.17	1.63	5.77

续表

序号	企业名称	股票代码	综合信用指数	营收利润率（%）	资产利润率（%）	净资产利润率（%）
28	中铁高新工业股份有限公司	600528	96.471	6.48	3.49	7.80
29	鹏鼎控股（深圳）股份有限公司	002938	96.452	13.84	12.92	17.94
30	晶科能源股份有限公司	688223	96.400	3.55	2.78	11.00
31	中国光大银行股份有限公司	601818	96.313	36.91	0.89	11.02
32	四川川投能源股份有限公司	600674	96.275	247.48	6.42	10.40
33	中兴通讯股份有限公司	000063	96.271	6.57	4.47	13.78
34	国电南瑞科技股份有限公司	600406	96.243	13.77	8.41	15.18
35	浙江正泰电器股份有限公司	601877	96.219	8.75	3.86	11.07
36	物产中大集团股份有限公司	600704	96.125	0.68	2.70	11.59
37	金发科技股份有限公司	600143	96.034	4.93	3.59	12.05
38	北京首创股份有限公司	600008	96.031	14.23	3.01	11.54
39	中国卫通集团股份有限公司	601698	95.998	33.69	4.11	6.09
40	三角轮胎股份有限公司	601163	95.924	8.00	4.17	6.31
41	江苏长电科技股份有限公司	600584	95.919	9.57	8.20	13.11
42	宁波兴瑞电子科技股份有限公司	002937	95.899	12.39	11.49	17.43
43	内蒙古伊利实业集团股份有限公司	600887	95.881	7.69	7.20	18.76
44	杭叉集团股份有限公司	603298	95.834	6.85	8.45	15.73
45	佛山市海天调味食品股份有限公司	603288	95.813	24.20	18.20	23.48
46	立讯精密工业股份有限公司	002475	95.806	4.28	6.18	20.21
47	杭州海康威视数字技术股份有限公司	002415	95.800	15.44	10.77	18.77
48	明阳智慧能源集团股份公司	601615	95.744	11.24	5.01	12.29
49	天合光能股份有限公司	688599	95.736	4.33	4.09	13.97
50	圣邦微电子（北京）股份有限公司	300661	95.626	27.41	20.11	25.20
51	北京首钢股份有限公司	000959	95.624	100.00	82.52	246.40
52	赛轮集团股份有限公司	601058	95.605	6.08	4.49	10.90
53	鲁泰纺织股份有限公司	000726	95.590	13.89	7.22	10.69
54	中国振华（集团）科技股份有限公司	000733	95.535	32.79	17.57	24.42
55	苏州斯莱克精密设备股份有限公司	300382	95.512	13.05	5.52	9.42
56	上海宝立食品科技股份有限公司	603170	95.508	10.57	14.06	19.09
57	郑州煤矿机械集团股份有限公司	601717	95.505	7.92	5.73	14.25
58	徐工集团工程机械股份有限公司	000425	95.500	4.59	2.46	8.09
59	海洋石油工程股份有限公司	600583	95.500	4.96	3.42	6.15

续表

序号	企业名称	股票代码	综合信用指数	营收利润率（%）	资产利润率（%）	净资产利润率（%）
60	阳光电源股份有限公司	300274	95.490	8.93	5.83	19.25
61	雅戈尔集团股份有限公司	600177	95.400	34.19	6.52	13.36
62	中电科数字技术股份有限公司	600850	95.387	5.27	4.68	12.61
63	深圳市菲菱科思通信技术股份有限公司	301191	95.342	8.30	8.19	12.37
64	山推工程机械股份有限公司	000680	95.273	6.32	5.48	12.91
65	浙江交通科技股份有限公司	002061	95.232	3.40	2.70	11.96
66	紫光国芯微电子股份有限公司	002049	95.227	36.97	17.17	27.12
67	安克创新科技股份有限公司	300866	95.227	8.02	11.28	16.70
68	中国巨石股份有限公司	600176	95.159	32.74	13.59	23.95
69	爱玛科技集团股份有限公司	603529	95.112	9.01	10.14	27.87
70	浙江伟明环保股份有限公司	603568	95.096	37.18	8.17	17.80
71	重庆水务集团股份有限公司	601158	95.021	24.54	5.97	11.18
72	晶澳太阳能科技股份有限公司	002459	95.012	7.58	7.65	20.12
73	格林美股份有限公司	002340	94.963	4.41	2.94	7.01
74	广东申菱环境系统股份有限公司	301018	94.887	7.49	4.59	10.48
75	厦门亿联网络技术股份有限公司	300628	94.872	45.27	25.30	27.60
76	安井食品集团股份有限公司	603345	94.833	9.04	6.80	9.43
77	神州数码集团股份有限公司	000034	94.820	0.87	2.50	13.21
78	成都市兴蓉环境股份有限公司	000598	94.813	21.20	4.22	10.95
79	蓝思科技股份有限公司	300433	94.804	5.24	3.12	5.54
80	宝山钢铁股份有限公司	600019	94.802	3.31	3.06	6.26
81	牧原食品股份有限公司	002714	94.800	10.63	6.88	18.48
82	江苏中天科技股份有限公司	600522	94.788	7.98	6.60	10.71
83	千禾味业食品股份有限公司	603027	94.742	14.12	10.84	14.62
84	双良节能系统股份有限公司	600481	94.734	6.60	4.36	14.00
85	中山华利实业集团股份有限公司	300979	94.728	15.69	18.87	24.46
86	上海派能能源科技股份有限公司	688063	94.711	21.17	15.73	29.53
87	石药创新制药股份有限公司	300765	94.702	27.65	15.84	18.45
88	江苏苏盐井神股份有限公司	603299	94.701	13.47	8.27	15.91
89	上海宝信软件股份有限公司	600845	94.680	16.62	11.16	21.99
90	欧派家居集团股份有限公司	603833	94.669	11.96	9.40	16.29
91	TCL 中环新能源科技股份有限公司	002129	94.664	7059.22	6.25	18.13

续表

序号	企业名称	股票代码	综合信用指数	营收利润率（%）	资产利润率（%）	净资产利润率（%）
92	广联达科技股份有限公司	002410	94.648	14.75	8.37	15.32
93	浙商中拓集团股份有限公司	000906	94.642	0.52	3.85	18.98
94	中国国际金融股份有限公司	601995	94.626	29.12	1.17	7.64
95	梅花生物科技集团股份有限公司	600873	94.616	15.77	17.99	32.60
96	北京当升材料科技股份有限公司	300073	94.608	10.62	10.48	10.48
97	北方华创科技集团股份有限公司	002371	94.601	16.02	5.53	11.91
98	谱尼测试集团股份有限公司	300887	94.589	8.53	7.00	9.07
99	中信重工机械股份有限公司	601608	94.588	99.93	45.23	115.53
100	科达制造股份有限公司	600499	94.585	38.10	20.10	37.33
101	招商银行股份有限公司	600036	94.562	40.03	1.36	14.60
102	河南蓝天燃气股份有限公司	605368	94.500	12.46	9.48	16.17
103	青岛国恩科技股份有限公司	002768	94.499	4.95	5.20	16.28
104	安徽元琛环保科技股份有限公司	688659	94.482	100.00	45.46	90.07
105	青岛港国际股份有限公司	601298	94.481	23.49	7.87	12.10
106	浙江新澳纺织股份有限公司	603889	94.468	9.87	8.39	13.18
107	锐捷网络股份有限公司	301165	94.466	4.86	6.83	12.80
108	内蒙古鄂尔多斯资源股份有限公司	600295	94.465	13.00	9.91	23.17
109	钱江水利开发股份有限公司	600283	94.464	9.44	2.50	7.83
110	上海汉得信息技术股份有限公司	300170	94.439	14.56	7.53	11.06
111	云南恩捷新材料股份有限公司	002812	94.437	31.77	10.36	22.57
112	苏州东山精密制造股份有限公司	002384	94.436	7.50	5.84	14.47
113	索通发展股份有限公司	603612	94.433	4.67	5.22	16.61
114	东富龙科技集团股份有限公司	300171	94.426	15.48	6.33	11.37
115	黄山永新股份有限公司	002014	94.423	10.98	10.16	15.92
116	聚辰半导体股份有限公司	688123	94.417	36.08	17.20	18.47
117	金风科技股份有限公司	002202	94.399	5.13	1.74	6.26
118	澜起科技股份有限公司	688008	94.388	35.38	12.16	13.11
119	厦门瑞尔特卫浴科技股份有限公司	002790	94.371	10.76	8.68	10.90
120	石家庄尚太科技股份有限公司	001301	94.370	26.97	14.54	24.81
121	深圳市汇川技术股份有限公司	300124	94.360	18.77	11.02	21.80
122	顾家家居股份有限公司	603816	94.359	10.06	11.25	20.40
123	金诚信矿业管理股份有限公司	603979	94.318	11.39	5.41	9.95

续表

序号	企业名称	股票代码	综合信用指数	营收利润率（%）	资产利润率（%）	净资产利润率（%）
124	南京国博电子股份有限公司	688375	94.283	15.04	6.25	9.24
125	恺英网络股份有限公司	002517	94.280	27.52	17.75	22.92
126	新奥天然气股份有限公司	600803	94.262	3.79	4.29	33.25
127	嘉友国际物流股份有限公司	603871	94.245	14.10	12.71	16.37
128	杨凌美畅新材料股份有限公司	300861	94.228	40.26	21.80	28.94
129	青鸟消防股份有限公司	002960	94.225	12.38	7.07	9.82
130	宁波舟山港股份有限公司	601018	94.209	16.42	3.88	5.86
131	广州发展集团股份有限公司	600098	94.208	2.83	2.18	5.59
132	新疆大全新能源股份有限公司	688303	94.205	61.80	36.58	41.99
133	厦门建发股份有限公司	600153	94.201	0.75	0.94	10.74
134	中矿资源集团股份有限公司	002738	94.200	40.97	28.69	43.88
135	安琪酵母股份有限公司	600298	94.175	10.29	7.80	14.27
136	北京中科江南信息技术股份有限公司	301153	94.171	28.32	11.61	16.73
137	中国中铁股份有限公司	601390	94.168	2.72	1.94	10.38
138	云南云天化股份有限公司	600096	94.152	8.00	11.31	36.79
139	浙江晶盛机电股份有限公司	300316	94.137	27.48	10.12	27.14
140	中国石油集团工程股份有限公司	600339	94.129	0.86	0.67	2.83
141	盐津铺子食品股份有限公司	002847	94.115	10.42	12.28	26.57
142	三全食品股份有限公司	002216	94.113	10.77	10.63	20.64
143	浙江嘉欣丝绸股份有限公司	002404	94.106	5.33	6.66	11.73
144	广东海大集团股份有限公司	002311	94.104	2.82	6.68	16.57
145	天津九安医疗电子股份有限公司	002432	94.097	60.92	73.77	81.98
146	安徽省天然气开发股份有限公司	603689	94.092	4.36	4.30	9.32
147	银都餐饮设备股份有限公司	603277	94.092	16.86	13.04	17.74
148	广东冠豪高新技术股份有限公司	600433	94.077	4.79	3.91	7.32
149	东莞市鼎通精密科技股份有限公司	688668	94.067	20.08	8.35	9.73
150	青海盐湖工业股份有限公司	000792	94.054	50.62	37.07	61.79
151	比音勒芬服饰股份有限公司	002832	94.053	25.22	13.04	17.62
152	软通动力信息技术（集团）股份有限公司	301236	94.053	5.09	6.46	9.68
153	四川雅化实业集团股份有限公司	002497	94.049	31.39	30.99	41.67
154	深圳市星源材质科技股份有限公司	300568	94.035	24.97	5.25	8.53
155	安通控股股份有限公司	600179	94.029	25.52	18.15	24.46

续表

序号	企业名称	股票代码	综合信用指数	营收利润率（%）	资产利润率（%）	净资产利润率（%）
156	永泰运化工物流股份有限公司	001228	93.994	9.76	13.44	17.99
157	招商局港口集团股份有限公司	001872	93.992	20.56	1.69	6.15
158	广州视源电子科技股份有限公司	002841	93.976	9.87	10.29	17.35
159	浙矿重工股份有限公司	300837	93.975	26.85	11.67	15.21
160	永兴特种材料科技股份有限公司	002756	93.900	40.57	40.98	51.47
161	烟台杰瑞石油服务集团股份有限公司	002353	93.897	19.68	7.68	13.00
162	贵州轮胎股份有限公司	000589	93.886	5.08	2.72	6.65
163	厦门象屿股份有限公司	600057	93.883	0.49	2.29	15.43
164	甘肃能化股份有限公司	000552	93.867	25.85	11.66	24.58
165	江苏太平洋石英股份有限公司	603688	93.862	52.50	28.55	32.23
166	广州天赐高新材料股份有限公司	002709	93.852	25.61	22.38	45.55
167	河南省力量钻石股份有限公司	301071	93.817	50.78	7.42	8.76
168	索菲亚家居股份有限公司	002572	93.815	9.48	8.83	18.41
169	百隆东方股份有限公司	601339	93.778	22.36	9.64	15.54
170	江苏国泰国际集团股份有限公司	002091	93.772	4.03	4.38	12.26
171	重庆望变电气（集团）股份有限公司	603191	93.769	11.80	8.50	13.15
172	南京盛航海运股份有限公司	001205	93.762	100.00	513.51	31.03
173	志邦家居股份有限公司	603801	93.739	9.96	9.29	18.64
174	北京高能时代环境技术股份有限公司	603588	93.736	7.89	3.06	7.80
175	浙江海象新材料股份有限公司	003011	93.723	11.23	8.57	14.59
176	宁波江丰电子材料股份有限公司	300666	93.704	11.41	5.22	6.62
177	华泰证券股份有限公司	601688	93.695	34.51	1.31	6.58
178	苏州瑞可达连接系统股份有限公司	688800	93.672	15.55	8.47	13.39
179	中兵红箭股份有限公司	000519	93.660	12.20	5.46	8.40
180	中国电信股份有限公司	601728	93.658	5.81	3.42	6.39
181	佛燃能源集团股份有限公司	002911	93.649	3.46	4.43	12.06
182	北京金山办公软件股份有限公司	688111	93.647	28.77	9.27	12.81
183	深圳朗特智能控制股份有限公司	300916	93.638	14.00	11.89	15.82
184	曙光信息产业股份有限公司	603019	93.637	11.87	4.85	9.07
185	华润微电子有限公司	688396	93.618	26.01	9.89	13.10
186	上海丛麟环保科技股份有限公司	688370	93.617	23.87	4.67	6.13
187	东方电子股份有限公司	000682	93.602	8.03	4.58	10.57

续表

序号	企业名称	股票代码	综合信用指数	营收利润率（%）	资产利润率（%）	净资产利润率（%）
188	平安银行股份有限公司	000001	93.602	25.30	0.86	10.47
189	网宿科技股份有限公司	300017	93.594	3.75	1.81	2.11
190	深圳市铭利达精密技术股份有限公司	301268	93.582	12.52	8.59	18.21
191	京北方信息技术股份有限公司	002987	93.565	7.54	10.26	12.46
192	东方财富信息股份有限公司	300059	93.563	68.15	4.02	13.06
193	环旭电子股份有限公司	601231	93.558	4.47	7.93	19.43
194	航天信息股份有限公司	600271	93.551	5.59	4.56	7.63
195	中国外运股份有限公司	601598	93.548	3.74	5.23	11.67
196	承德露露股份公司	000848	93.548	22.36	15.79	21.82
197	国网信息通信股份有限公司	600131	93.543	10.53	6.66	13.98
198	福建博思软件股份有限公司	300525	93.521	13.25	7.83	12.07
199	安徽合力股份有限公司	600761	93.505	5.77	6.12	13.35
200	纳思达股份有限公司	002180	93.505	7.21	4.05	11.74
201	中国冶金科工股份有限公司	601618	93.497	1.73	1.75	8.48
202	青岛东方铁塔股份有限公司	002545	93.491	22.80	6.32	9.75
203	江西洪城环境股份有限公司	600461	93.474	12.16	4.52	13.30
204	交通银行股份有限公司	601328	93.474	33.76	0.71	9.00
205	老凤祥股份有限公司	600612	93.462	2.70	6.54	16.79
206	中国电力建设股份有限公司	601669	93.455	2.00	1.10	7.53
207	中国北方稀土（集团）高科技股份有限公司	600111	93.455	16.06	16.33	30.17
208	确成硅化学股份有限公司	605183	93.437	21.78	12.32	14.31
209	上海璞泰来新能源科技股份有限公司	603659	93.429	20.08	8.70	23.07
210	福建圣农发展股份有限公司	002299	93.406	2.44	2.17	4.14
211	四川天味食品集团股份有限公司	603317	93.363	12.70	7.09	8.50
212	湖北菲利华石英玻璃股份有限公司	300395	93.347	28.43	11.30	16.26
213	圆通速递股份有限公司	600233	93.321	7.32	9.98	14.70
214	中材科技股份有限公司	002080	93.299	15.88	7.49	20.33
215	浙江航民股份有限公司	600987	93.298	6.87	8.05	11.33
216	新乡市瑞丰新材料股份有限公司	300910	93.277	19.31	17.32	21.47
217	江苏江南水务股份有限公司	601199	93.267	22.11	4.79	8.03
218	扬州扬杰电子科技股份有限公司	300373	93.260	19.62	11.18	17.23
219	湖北京山轻工机械股份有限公司	000821	93.235	6.20	3.03	9.16

续表

序号	企业名称	股票代码	综合信用指数	营收利润率（%）	资产利润率（%）	净资产利润率（%）
220	无锡化工装备股份有限公司	001332	93.231	19.71	7.83	10.86
221	桂林莱茵生物科技股份有限公司	002166	93.226	12.76	4.01	5.83
222	成都新易盛通信技术股份有限公司	300502	93.217	27.29	15.38	18.71
223	景津装备股份有限公司	603279	93.217	14.68	10.45	20.77
224	沈阳富创精密设备股份有限公司	688409	93.203	15.90	3.70	5.29
225	中国铝业股份有限公司	601600	93.198	1.44	1.97	7.71
226	固德威技术股份有限公司	688390	93.198	13.78	11.20	28.76
227	武汉三镇实业控股股份有限公司	600168	93.195	96.22	13.65	54.69
228	北京华大九天科技股份有限公司	301269	93.192	23.24	3.44	3.99
229	山西杏花村汾酒厂股份有限公司	600809	93.191	30.88	22.07	37.97
230	广州海格通信集团股份有限公司	002465	93.190	11.90	4.39	6.27
231	盛泰智造集团股份有限公司	605138	93.181	6.30	5.12	14.81
232	中航光电科技股份有限公司	002179	93.172	17.16	8.54	15.61
233	广东奥普特科技股份有限公司	688686	93.167	28.47	10.98	11.69
234	中国化学工程股份有限公司	601117	93.159	3.43	2.78	10.24
235	博创科技股份有限公司	300548	93.153	13.24	85.34	11.49
236	中科创达软件股份有限公司	300496	93.152	14.12	7.17	8.48
237	云南铜业股份有限公司	000878	93.130	1.34	4.53	13.69
238	龙岩卓越新能源股份有限公司	688196	93.113	10.40	15.13	16.23
239	楚天科技股份有限公司	300358	93.094	8.80	5.14	13.47
240	苏美达股份有限公司	600710	93.055	0.65	1.73	14.64
241	西安三角防务股份有限公司	300775	93.048	33.29	8.96	13.29
242	杭州华旺新材料科技股份有限公司	605377	93.040	13.60	8.47	12.95
243	鲁银投资集团股份有限公司	600784	93.040	8.56	6.19	12.31
244	云南铝业股份有限公司	000807	93.022	9.43	11.70	20.44
245	湖北盛天网络技术股份有限公司	300494	92.995	13.40	10.80	14.43
246	永艺家具股份有限公司	603600	92.993	8.27	11.22	19.05
247	天通控股股份有限公司	600330	92.990	14.85	6.15	8.59
248	上海万业企业股份有限公司	600641	92.978	36.59	4.34	5.10
249	深圳市铂科新材料股份有限公司	300811	92.964	18.12	8.59	11.85
250	杭州巨星科技股份有限公司	002444	92.957	11.26	7.64	10.60
251	湖南凯美特气体股份有限公司	002549	92.954	19.42	7.40	13.42

续表

序号	企业名称	股票代码	综合信用指数	营收利润率（%）	资产利润率（%）	净资产利润率（%）
252	杭州长川科技股份有限公司	300604	92.939	17.90	9.83	20.25
253	厦门法拉电子股份有限公司	600563	92.923	26.24	17.75	24.67
254	江苏共创人造草坪股份有限公司	605099	92.921	18.09	15.79	19.53
255	浙江伟星实业发展股份有限公司	002003	92.920	13.47	10.24	16.89
256	浙江天振科技股份有限公司	301356	92.916	12.78	9.28	11.04
257	浪潮电子信息产业股份有限公司	000977	92.896	2.99	5.07	12.05
258	晶晨半导体（上海）股份有限公司	688099	92.896	13.10	12.39	14.85
259	北京神州泰岳软件股份有限公司	300002	92.883	11.28	9.31	11.21
260	安集微电子科技（上海）股份有限公司	688019	92.881	27.99	14.72	19.81
261	浙江三花智能控制股份有限公司	002050	92.881	12.05	9.20	19.88
262	润建股份有限公司	002929	92.873	5.20	3.33	9.77
263	中粮糖业控股股份有限公司	600737	92.864	2.81	3.73	7.01
264	江苏省农垦农业发展股份有限公司	601952	92.842	6.49	5.66	13.27
265	海目星激光科技集团股份有限公司	688559	92.824	9.27	4.29	18.65
266	中信泰富特钢集团股份有限公司	000708	92.773	7.22	7.83	19.59
267	金宏气体股份有限公司	688106	92.766	11.65	4.84	8.15
268	海澜之家集团股份有限公司	600398	92.757	11.61	6.58	14.76
269	海南海德资本管理股份有限公司	000567	92.756	65.87	8.82	13.58
270	北京中科三环高技术股份有限公司	000970	92.745	8.73	7.24	13.17
271	中山公用事业集团股份有限公司	000685	92.744	29.62	4.21	6.84
272	华工科技产业股份有限公司	000988	92.717	7.54	5.40	11.00
273	岳阳林纸股份有限公司	600963	92.707	6.29	3.70	6.69
274	北京国联视讯信息技术股份有限公司	603613	92.692	2.80	8.77	20.81
275	滁州多利汽车科技股份有限公司	001311	92.681	13.30	12.65	23.97
276	熵基科技股份有限公司	301330	92.663	10.02	5.26	6.29
277	江苏常宝钢管股份有限公司	002478	92.659	7.57	6.42	10.29
278	福建星网锐捷通讯股份有限公司	002396	92.653	3.66	3.99	9.49
279	四川福蓉科技股份公司	603327	92.598	17.36	16.07	20.89
280	宁波德业科技股份有限公司	605117	92.586	25.48	17.84	37.35
281	上海紫江企业集团股份有限公司	600210	92.581	6.28	4.99	10.95
282	中电科普天科技股份有限公司	002544	92.576	3.02	2.17	5.66
283	中国铁建股份有限公司	601186	92.572	2.43	1.75	9.17

续表

序号	企业名称	股票代码	综合信用指数	营收利润率（%）	资产利润率（%）	净资产利润率（%）
284	雪天盐业集团股份有限公司	600929	92.568	11.94	8.23	12.38
285	陕西省天然气股份有限公司	002267	92.563	7.25	4.74	9.76
286	中伟新材料股份有限公司	300919	92.536	5.09	2.87	9.34
287	浙江伟星新型建材股份有限公司	002372	92.536	18.66	18.70	24.36
288	东莞怡合达自动化股份有限公司	301029	92.533	20.14	14.78	18.99
289	创维数字股份有限公司	000810	92.494	6.85	7.61	13.72
290	中际旭创股份有限公司	300308	92.492	12.69	7.39	10.25
291	中科星图股份有限公司	688568	92.481	15.40	5.23	7.55
292	宸展光电（厦门）股份有限公司	003019	92.465	14.39	14.09	17.14
293	浙江东方金融控股集团股份有限公司	600120	92.452	5.03	2.56	6.10
294	江苏扬农化工股份有限公司	600486	92.441	11.35	12.13	21.02
295	浙江天铁实业股份有限公司	300587	92.439	23.84	8.01	13.75
296	湖北兴发化工集团股份有限公司	600141	92.431	19.31	14.06	28.83
297	浙江华铁应急设备科技股份有限公司	603300	92.427	19.56	4.45	14.01
298	湖南长远锂科股份有限公司	688779	92.424	8.29	8.44	18.34
299	国轩高科股份有限公司	002074	92.408	1.35	0.43	1.33
300	天能电池集团股份有限公司	688819	92.406	4.56	5.89	13.95
301	江苏图南合金股份有限公司	300855	92.392	24.68	13.51	17.12
302	广东领益智造股份有限公司	002600	92.383	4.63	4.41	9.30
303	横店集团东磁股份有限公司	002056	92.341	8.58	9.48	21.54
304	中节能太阳能股份有限公司	000591	92.340	15.01	2.98	6.35
305	法兰泰克重工股份有限公司	603966	92.286	10.87	6.22	14.10
306	南兴装备股份有限公司	002757	92.279	9.81	7.40	12.08
307	无锡新洁能股份有限公司	605111	92.269	24.03	10.91	12.94
308	新疆天润乳业股份有限公司	600419	92.258	99.68	61.07	104.03
309	重庆顺博铝合金股份有限公司	002996	92.256	53.31	240.22	240.22
310	钜泉光电科技（上海）股份有限公司	688391	92.249	28.18	9.14	10.01
311	禾丰食品股份有限公司	603609	92.239	1.57	3.34	7.10
312	上海移远通信技术股份有限公司	603236	92.199	4.38	6.06	16.74
313	四川路桥建设集团股份有限公司	600039	92.170	8.30	5.38	26.83
314	山东潍坊润丰化工股份有限公司	301035	92.164	9.77	12.18	22.85
315	山东豪迈机械科技股份有限公司	002595	92.160	18.07	13.97	16.36

续表

序号	企业名称	股票代码	综合信用指数	营收利润率（%）	资产利润率（%）	净资产利润率（%）
316	苏州固锝电子股份有限公司	002079	92.110	11.35	10.85	13.58
317	陕西省国际信托股份有限公司	000563	92.099	43.51	3.68	5.17
318	中国银河证券股份有限公司	601881	92.098	23.07	1.24	7.56
319	成都燃气集团股份有限公司	603053	92.093	10.17	6.83	11.84
320	浙江新安化工集团股份有限公司	600596	92.092	13.55	15.35	25.59
321	利尔化学股份有限公司	002258	92.052	17.88	14.09	24.93
322	浙江巨化股份有限公司	600160	92.029	11.08	10.52	15.39
323	北新集团建材股份有限公司	000786	92.012	15.73	10.96	14.97
324	昆山新莱洁净应用材料股份有限公司	300260	92.002	13.16	9.37	21.59
325	三维控股集团股份有限公司	603033	91.984	6.00	3.11	7.06
326	中信建投证券股份有限公司	601066	91.968	27.23	1.47	8.05
327	无锡奥特维科技股份有限公司	688516	91.966	20.14	8.38	27.72
328	紫光股份有限公司	000938	91.941	2.91	2.91	6.78
329	江西金力永磁科技股份有限公司	300748	91.933	9.81	6.26	10.36
330	安徽集友新材料股份有限公司	603429	91.927	20.16	8.88	11.72
331	中国石油集团资本股份有限公司	000617	91.922	15.16	0.48	5.14
332	彩讯科技股份有限公司	300634	91.922	18.83	7.84	9.88
333	山东南山智尚科技股份有限公司	300918	91.909	11.43	5.83	10.34
334	韵达控股股份有限公司	002120	91.901	3.13	3.90	8.74
335	安福县海能实业股份有限公司	300787	91.886	13.66	12.03	20.88
336	常州聚和新材料股份有限公司	688503	91.862	6.01	6.73	8.60
337	三人行传媒集团股份有限公司	605168	91.858	13.03	13.87	28.57
338	斯达半导体股份有限公司	603290	91.848	30.22	11.47	14.25
339	中控技术股份有限公司	688777	91.842	12.05	6.11	15.18
340	密尔克卫化工供应链服务股份有限公司	603713	91.828	5.23	6.37	15.98
341	沪士电子股份有限公司	002463	91.789	16.33	54.43	16.47
342	江苏秀强玻璃工艺股份有限公司	300160	91.762	12.22	6.64	8.20
343	中电科网络安全科技股份有限公司	002268	91.760	8.92	4.05	5.86
344	陕西华秦科技实业股份有限公司	688281	91.750	49.59	7.90	8.76
345	宁波容百新能源科技股份有限公司	688005	91.749	4.49	5.27	19.43
346	山西焦化股份有限公司	600740	91.747	21.38	11.01	17.87
347	凯盛新能源股份有限公司	600876	91.740	99.53	47.38	118.29

续表

序号	企业名称	股票代码	综合信用指数	营收利润率（%）	资产利润率（%）	净资产利润率（%）
348	旺能环境股份有限公司	002034	91.731	21.55	4.98	11.88
349	南京高科股份有限公司	600064	91.727	53.60	6.42	14.50
350	海信视像科技股份有限公司	600060	91.715	3.67	4.70	9.57
351	无锡先导智能装备股份有限公司	300450	91.698	16.63	7.04	20.84
352	深圳市康冠科技股份有限公司	001308	91.691	13.08	15.32	25.60
353	万凯新材料股份有限公司	301216	91.662	4.78	8.00	16.57
354	中国能源建设股份有限公司	601868	91.650	2.13	1.18	7.66
355	江苏龙蟠科技股份有限公司	603906	91.628	5.35	5.13	15.94
356	晨光生物科技集团股份有限公司	300138	91.613	6.89	6.27	13.71
357	广东广弘控股股份有限公司	000529	91.596	26.82	16.01	30.43
358	宁波长鸿高分子科技股份有限公司	605008	91.590	7.61	4.74	9.01
359	锦浪科技股份有限公司	300763	91.581	18.00	7.10	24.96
360	攀钢集团钒钛资源股份有限公司	000629	91.547	8.91	11.26	15.28
361	北京星网宇达科技股份有限公司	002829	91.515	20.05	9.21	16.25
362	湖南华联瓷业股份有限公司	001216	91.515	12.38	9.12	11.71
363	深圳市今天国际物流技术股份有限公司	300532	91.499	10.69	5.52	18.29
364	安徽应流机电股份有限公司	603308	91.489	18.28	4.06	9.40
365	公牛集团股份有限公司	603195	91.478	22.64	19.15	25.72
366	新疆雪峰科技（集团）股份有限公司	603227	91.467	9.65	7.98	20.21
367	武汉凡谷电子技术股份有限公司	002194	91.467	13.33	8.01	10.20
368	湖北江瀚新材料股份有限公司	603281	91.467	31.40	35.28	43.58
369	东鹏饮料（集团）股份有限公司	605499	91.453	16.94	12.14	28.44
370	洽洽食品股份有限公司	002557	91.452	14.18	11.42	18.52
371	山东新巨丰科技包装股份有限公司	301296	91.396	10.54	5.90	7.15
372	安徽广信农化股份有限公司	603599	91.383	25.55	16.72	26.68
373	黑龙江北大荒农业股份有限公司	600598	91.383	22.89	11.85	13.57
374	湖南华菱钢铁股份有限公司	000932	91.380	3.79	5.33	12.77
375	广州赛意信息科技股份有限公司	300687	91.371	10.98	7.23	10.34
376	安徽安纳达钛业股份有限公司	002136	91.368	9.88	14.03	23.16
377	西部矿业股份有限公司	601168	91.352	8.67	6.52	21.34
378	上海机电股份有限公司	600835	91.347	4.16	2.62	7.58
379	三达膜环境技术股份有限公司	688101	91.344	17.31	4.11	6.14

续表

序号	企业名称	股票代码	综合信用指数	营收利润率（%）	资产利润率（%）	净资产利润率（%）
380	昱能科技股份有限公司	688348	91.334	26.94	7.27	9.69
381	北京元隆雅图文化传播股份有限公司	002878	91.326	5.09	9.32	16.48
382	天士力医药集团股份有限公司	600535	91.320	99.64	52.11	69.02
383	云南能源投资股份有限公司	002053	91.311	12.42	2.18	4.45
384	中国石油天然气股份有限公司	601857	91.310	74.88	9.07	17.71
385	恒林家居股份有限公司	603661	91.302	5.42	4.01	10.76
386	深圳市中金岭南有色金属股份有限公司	000060	91.276	2.19	3.71	8.22
387	紫金矿业集团股份有限公司	601899	91.272	7.41	6.55	22.53
388	远光软件股份有限公司	002063	91.260	15.18	8.22	10.24
389	上海华峰铝业股份有限公司	601702	91.251	7.79	10.59	17.84
390	上海富瀚微电子股份有限公司	300613	91.234	18.86	11.55	17.54
391	广发证券股份有限公司	000776	91.228	31.55	1.28	6.60
392	山东鲁阳节能材料股份有限公司	002088	91.208	17.28	14.87	20.22
393	贵州振华风光半导体股份有限公司	688439	91.197	38.90	6.29	7.23
394	深圳市燃气集团股份有限公司	601139	91.188	5.43	4.27	12.41
395	长城汽车股份有限公司	601633	91.157	6.02	4.46	12.68
396	浙富控股集团股份有限公司	002266	91.136	8.74	5.96	13.82
397	北京数字政通科技股份有限公司	300075	91.120	16.69	5.36	6.67
398	山东省药用玻璃股份有限公司	600529	91.107	14.77	7.04	8.88
399	东方航空物流股份有限公司	601156	91.106	15.50	13.95	26.89
400	杭州安旭生物科技股份有限公司	688075	91.101	49.38	43.86	56.15
401	上海钢联电子商务股份有限公司	300226	91.098	0.27	1.47	11.62
402	新天绿色能源股份有限公司	600956	91.087	12.36	2.96	11.21
403	江苏立霸实业股份有限公司	603519	91.080	39.86	30.64	43.96
404	东华软件股份公司	002065	91.074	187.83	199.38	199.38
405	中盐内蒙古化工股份有限公司	600328	91.074	10.26	9.36	16.68
406	广东顺控发展股份有限公司	003039	91.070	18.06	5.18	9.93
407	珀莱雅化妆品股份有限公司	603605	91.042	12.80	14.15	23.19
408	深南电路股份有限公司	002916	91.006	11.72	7.91	13.39
409	上海水星家用纺织品股份有限公司	603365	90.992	7.59	7.87	10.06
410	航天宏图信息技术股份有限公司	688066	90.991	10.75	4.42	9.80
411	山西通宝能源股份有限公司	600780	90.979	7.68	8.51	12.90

续表

序号	企业名称	股票代码	综合信用指数	营收利润率（%）	资产利润率（%）	净资产利润率（%）
412	深圳市科达利实业股份有限公司	002850	90.970	10.41	6.36	15.73
413	凌云光技术股份有限公司	688400	90.959	6.82	3.75	4.82
414	成都云图控股股份有限公司	002539	90.948	7.28	7.98	19.43
415	信达证券股份有限公司	601059	90.948	35.70	42.05	8.97
416	中建环能科技股份有限公司	300425	90.931	11.14	4.62	8.85
417	深圳科士达科技股份有限公司	002518	90.914	14.92	10.55	18.51
418	烟台北方安德利果汁股份有限公司	605198	90.906	18.24	7.45	8.20
419	周大生珠宝股份有限公司	002867	90.901	9.81	14.34	18.05
420	烽火通信科技股份有限公司	600498	90.879	1.31	1.05	3.34
421	森林包装集团股份有限公司	605500	90.870	99.90	98.04	115.23
422	深圳市信维通信股份有限公司	300136	90.869	7.55	5.32	9.85
423	四会富仕电子科技股份有限公司	300852	90.869	18.51	13.51	18.31
424	上海中谷物流股份有限公司	603565	90.854	19.29	13.62	29.47
425	中国中材国际工程股份有限公司	600970	90.852	5.65	5.01	15.07
426	浙江中国轻纺城集团股份有限公司	600790	90.842	144.70	11.35	19.05
427	上海振华重工（集团）股份有限公司	600320	90.831	1.23	0.48	2.45
428	东软集团股份有限公司	600718	90.830	99.85	50.08	102.32
429	乐歌人体工学科技股份有限公司	300729	90.825	6.82	3.65	8.92
430	中国宝安集团股份有限公司	000009	90.807	3.61	2.21	12.66
431	兆易创新科技集团股份有限公司	603986	90.802	25.25	12.33	13.52
432	福莱特玻璃集团股份有限公司	601865	90.797	13.73	6.56	15.13
433	广东和胜工业铝材股份有限公司	002824	90.797	6.82	6.73	13.02
434	上海梅林正广和股份有限公司	600073	90.789	2.01	3.18	10.38
435	西安蓝晓科技新材料股份有限公司	300487	90.787	27.99	11.78	19.75
436	金鹰重型工程机械股份有限公司	301048	90.784	11.52	6.50	13.68
437	国机汽车股份有限公司	600335	90.782	0.81	0.98	2.83
438	北京指南针科技发展股份有限公司	300803	90.749	26.96	7.93	19.89
439	成都振芯科技股份有限公司	300101	90.689	25.38	11.52	19.64
440	山东阳谷华泰化工股份有限公司	300121	90.687	14.65	14.55	18.54
441	镇江东方电热科技股份有限公司	300217	90.671	7.90	4.17	9.16
442	深圳拓邦股份有限公司	002139	90.653	6.57	5.62	10.17
443	成都银行股份有限公司	601838	90.645	49.61	1.09	16.37

续表

序号	企业名称	股票代码	综合信用指数	营收利润率（%）	资产利润率（%）	净资产利润率（%）
444	安徽荃银高科种业股份有限公司	300087	90.636	6.68	4.59	13.60
445	西部超导材料科技股份有限公司	688122	90.619	25.55	9.55	18.01
446	贵研铂业股份有限公司	600459	90.605	1.00	3.11	6.85
447	海信家电集团股份有限公司	000921	90.595	1.94	2.59	12.46
448	深圳市盛弘电气股份有限公司	300693	90.584	14.15	9.41	20.02
449	宁波银行股份有限公司	002142	90.577	43.87	1.07	15.07
450	江苏天奈科技股份有限公司	688116	90.567	23.04	10.44	16.93
451	北京华峰测控技术股份有限公司	688200	90.552	49.16	15.61	16.77
452	深圳市富安娜家居用品股份有限公司	002327	90.551	17.33	11.42	14.16
453	江苏省广电有线信息网络股份有限公司	600959	90.522	4.36	0.89	1.48
454	贵州航天电器股份有限公司	002025	90.522	9.23	5.57	9.77
455	广西粤桂广业控股股份有限公司	000833	90.512	8.65	5.45	8.93
456	京东方科技集团股份有限公司	000725	90.502	4.23	1.80	5.55
457	云南神农农业产业集团股份有限公司	605296	90.501	7.73	4.67	5.46
458	嘉环科技股份有限公司	603206	90.490	5.43	4.72	10.25
459	安徽国风新材料股份有限公司	000859	90.479	9.34	6.24	7.90
460	武汉长江通信产业集团股份有限公司	600345	90.474	80.06	7.47	8.48
461	武汉东湖高新集团股份有限公司	600133	90.444	4.14	16.58	7.82
462	欢乐家食品集团股份有限公司	300997	90.435	12.74	10.22	15.18
463	深圳新宙邦科技股份有限公司	300037	90.433	18.20	11.42	21.02
464	四川英杰电气股份有限公司	300820	90.410	26.44	11.82	22.46
465	宇通重工股份有限公司	600817	90.406	10.76	8.15	15.87
466	浙报数字文化集团股份有限公司	600633	90.403	9.44	4.01	5.28
467	浙江大华技术股份有限公司	002236	90.395	7.60	5.03	9.00
468	华域汽车系统股份有限公司	600741	90.365	4.55	4.42	13.60
469	瀚蓝环境股份有限公司	600323	90.363	8.90	3.44	10.53
470	上海华测导航技术股份有限公司	300627	90.363	16.15	8.99	14.26
471	杭州炬华科技股份有限公司	300360	90.355	31.34	11.69	15.44
472	金堆城钼业股份有限公司	601958	90.345	14.00	8.44	10.15
473	山东登海种业股份有限公司	002041	90.333	19.10	5.47	7.64
474	广东南方新媒体股份有限公司	300770	90.295	48.39	15.76	19.93
475	天津七一二通信广播股份有限公司	603712	90.295	19.18	7.89	17.99

续表

序号	企业名称	股票代码	综合信用指数	营收利润率（%）	资产利润率（%）	净资产利润率（%）
476	株洲欧科亿数控精密刀具股份有限公司	688308	90.251	22.94	7.63	9.81
477	四川天邑康和通信股份有限公司	300504	90.239	6.46	6.19	8.75
478	天融信科技集团股份有限公司	002212	90.235	5.79	1.71	2.10
479	广东联泰环保股份有限公司	603797	90.222	27.27	2.66	9.52
480	黑牡丹（集团）股份有限公司	600510	90.215	5.29	1.94	6.14
481	深圳麦格米特电气股份有限公司	002851	90.215	8.63	5.59	12.76
482	欣旺达电子股份有限公司	300207	90.214	2.85	1.43	5.30
483	深圳市英维克科技股份有限公司	002837	90.211	9.59	6.93	13.24
484	胜宏科技（惠州）股份有限公司	300476	90.193	10.03	5.53	11.40
485	中国黄金集团黄金珠宝股份有限公司	600916	90.189	1.62	6.58	11.06
486	东莞市奥海科技股份有限公司	002993	90.186	9.80	6.20	9.58
487	浙江鼎力机械股份有限公司	603338	90.177	23.09	10.65	17.79
488	中国邮政储蓄银行股份有限公司	601658	90.175	25.44	0.64	10.34
489	中国海诚工程科技股份有限公司	002116	90.156	3.62	3.42	12.56
490	浙江大自然户外用品股份有限公司	605080	90.152	22.52	10.70	11.92
491	新华网股份有限公司	603888	90.130	12.48	4.67	7.38
492	良品铺子股份有限公司	603719	90.124	3.55	6.66	13.98
493	浙江越剑智能装备股份有限公司	603095	90.123	35.60	14.02	17.66
494	铜陵有色金属集团股份有限公司	000630	90.103	2.24	4.44	10.77
495	宁波三星医疗电气股份有限公司	601567	90.099	10.42	5.84	9.97
496	山东高速路桥集团股份有限公司	000498	90.078	3.85	2.43	15.94
497	福建省青山纸业股份有限公司	600103	90.074	7.11	3.57	5.38
498	江苏联瑞新材料股份有限公司	688300	90.067	28.44	12.24	15.30
499	浙江水晶光电科技股份有限公司	002273	90.045	13.17	5.61	7.07
500	厦门钨业股份有限公司	600549	90.004	3.00	3.63	14.48

三、2023 中国上市公司信用 500 强流动性和安全性指标

序号	企业名称	股票代码	综合信用指数	资产周转率（次/年）	所有者权益比率（%）	资本保值增值率（%）
1	中国建设银行股份有限公司	601939	98.716	0.02	8.26	112.39
2	中国工商银行股份有限公司	601398	98.472	0.02	8.82	111.07
3	中国农业银行股份有限公司	601288	98.100	0.02	7.87	110.73
4	贵州茅台酒股份有限公司	600519	97.874	0.49	77.65	133.09
5	中国石油化工股份有限公司	600028	97.868	1.70	40.31	112.44
6	中国银行股份有限公司	601988	97.814	0.02	8.40	110.22
7	珠海格力电器股份有限公司	000651	97.600	0.53	27.25	123.64
8	中国建筑股份有限公司	601668	97.400	0.77	14.49	114.82
9	美的集团股份有限公司	000333	97.346	0.81	33.83	123.67
10	中国移动有限公司	600941	97.205	0.49	66.42	110.71
11	通威股份有限公司	600438	97.200	0.98	41.86	168.60
12	中国神华能源股份有限公司	601088	97.100	0.55	63.35	125.54
13	中芯国际集成电路制造有限公司	688981	97.091	0.16	43.71	111.11
14	比亚迪股份有限公司	002594	97.082	0.86	22.48	117.48
15	特变电工股份有限公司	600089	97.072	0.56	33.87	135.94
16	河南双汇投资发展股份有限公司	000895	96.945	1.72	60.02	124.64
17	隆基绿能科技股份有限公司	601012	96.912	0.92	44.53	131.22
18	富士康工业互联网股份有限公司	601138	96.872	1.80	45.38	116.84
19	上海国际港务（集团）股份有限公司	600018	96.857	0.21	61.79	117.26
20	兴业银行股份有限公司	601166	96.780	0.02	8.05	113.36
21	海尔智家股份有限公司	600690	96.763	1.03	39.61	118.43
22	北京中科润宇环保科技股份有限公司	301175	96.670	0.25	49.50	112.88
23	福耀玻璃工业集团股份有限公司	600660	96.596	0.55	57.13	118.08
24	中海油田服务股份有限公司	601808	96.547	0.46	50.96	106.19
25	厦门国贸集团股份有限公司	600755	96.517	4.62	26.77	112.34
26	山东太阳纸业股份有限公司	002078	96.508	0.83	48.08	114.99
27	上海汽车集团股份有限公司	600104	96.506	0.75	28.20	105.89

续表

序号	企业名称	股票代码	综合信用指数	资产周转率（次/年）	所有者权益比率（%）	资本保值增值率（%）
28	中铁高新工业股份有限公司	600528	96.471	0.54	44.71	108.23
29	鹏鼎控股（深圳）股份有限公司	002938	96.452	0.93	72.00	123.25
30	晶科能源股份有限公司	688223	96.400	0.78	25.27	121.67
31	中国光大银行股份有限公司	601818	96.313	0.02	8.06	111.60
32	四川川投能源股份有限公司	600674	96.275	0.03	61.81	111.25
33	中兴通讯股份有限公司	000063	96.271	0.68	32.41	115.70
34	国电南瑞科技股份有限公司	600406	96.243	0.61	55.39	116.97
35	浙江正泰电器股份有限公司	601877	96.219	0.44	34.83	112.44
36	物产中大集团股份有限公司	600704	96.125	3.97	23.26	112.87
37	金发科技股份有限公司	600143	96.034	0.73	29.82	113.29
38	北京首创股份有限公司	600008	96.031	0.21	26.05	111.51
39	中国卫通集团股份有限公司	601698	95.998	0.12	67.36	107.67
40	三角轮胎股份有限公司	601163	95.924	0.52	66.10	106.62
41	江苏长电科技股份有限公司	600584	95.919	0.86	62.53	115.39
42	宁波兴瑞电子科技股份有限公司	002937	95.899	0.93	65.92	120.68
43	内蒙古伊利实业集团股份有限公司	600887	95.881	0.94	38.38	119.77
44	杭叉集团股份有限公司	603298	95.834	1.23	53.70	117.64
45	佛山市海天调味食品股份有限公司	603288	95.813	0.75	77.51	126.48
46	立讯精密工业股份有限公司	002475	95.806	1.44	30.56	125.97
47	杭州海康威视数字技术股份有限公司	002415	95.800	0.70	57.36	120.23
48	明阳智慧能源集团股份公司	601615	95.744	0.45	40.78	118.78
49	天合光能股份有限公司	688599	95.736	0.95	29.27	121.51
50	圣邦微电子（北京）股份有限公司	300661	95.626	0.73	79.81	136.32
51	北京首钢股份有限公司	000959	95.624	0.83	33.49	382.45
52	赛轮集团股份有限公司	601058	95.605	0.74	41.24	112.41
53	鲁泰纺织股份有限公司	000726	95.590	0.52	67.52	112.07
54	中国振华（集团）科技股份有限公司	000733	95.535	0.54	71.95	132.02
55	苏州斯莱克精密设备股份有限公司	300382	95.512	0.42	58.62	116.94
56	上海宝立食品科技股份有限公司	603170	95.508	1.33	73.65	133.01
57	郑州煤矿机械集团股份有限公司	601717	95.505	0.72	40.20	117.16
58	徐工集团工程机械股份有限公司	000425	95.500	0.54	30.42	111.82
59	海洋石油工程股份有限公司	600583	95.500	0.69	55.59	106.41

续表

序号	企业名称	股票代码	综合信用指数	资产周转率（次/年）	所有者权益比率（%）	资本保值增值率（%）
60	阳光电源股份有限公司	300274	95.490	0.65	30.29	122.95
61	雅戈尔集团股份有限公司	600177	95.400	0.19	48.77	114.90
62	中电科数字技术股份有限公司	600850	95.387	0.89	37.08	117.69
63	深圳市菲菱科思通信技术股份有限公司	301191	95.342	0.99	66.17	138.87
64	山推工程机械股份有限公司	000680	95.273	0.87	42.45	114.41
65	浙江交通科技股份有限公司	002061	95.232	0.80	22.61	116.71
66	紫光国芯微电子股份有限公司	002049	95.227	0.46	63.30	136.33
67	安克创新科技股份有限公司	300866	95.227	1.41	67.54	118.89
68	中国巨石股份有限公司	600176	95.159	0.42	56.75	129.29
69	爱玛科技集团股份有限公司	603529	95.112	1.13	36.39	137.66
70	浙江伟明环保股份有限公司	603568	95.096	0.22	45.93	121.62
71	重庆水务集团股份有限公司	601158	95.021	0.24	53.42	111.62
72	晶澳太阳能科技股份有限公司	002459	95.012	1.01	38.02	133.54
73	格林美股份有限公司	002340	94.963	0.67	41.89	109.11
74	广东申菱环境系统股份有限公司	301018	94.887	0.61	43.83	111.55
75	厦门亿联网络技术股份有限公司	300628	94.872	0.56	91.69	134.39
76	安井食品集团股份有限公司	603345	94.833	0.75	72.12	121.70
77	神州数码集团股份有限公司	000034	94.820	2.88	18.90	116.52
78	成都市兴蓉环境股份有限公司	000598	94.813	0.20	38.55	112.02
79	蓝思科技股份有限公司	300433	94.804	0.60	56.38	105.74
80	宝山钢铁股份有限公司	600019	94.802	0.92	48.87	106.38
81	牧原食品股份有限公司	002714	94.800	0.65	37.20	124.41
82	江苏中天科技股份有限公司	600522	94.788	0.83	61.63	111.93
83	千禾味业食品股份有限公司	603027	94.742	0.77	74.19	116.58
84	双良节能系统股份有限公司	600481	94.734	0.66	31.12	139.73
85	中山华利实业集团股份有限公司	300979	94.728	1.20	77.12	156.22
86	上海派能能源科技股份有限公司	688063	94.711	0.74	53.28	142.85
87	石药创新制药股份有限公司	300765	94.702	0.57	85.85	122.08
88	江苏苏盐井神股份有限公司	603299	94.701	0.61	51.98	118.54
89	上海宝信软件股份有限公司	600845	94.680	0.67	50.78	124.24
90	欧派家居集团股份有限公司	603833	94.669	0.79	57.70	118.66
91	TCL 中环新能源科技股份有限公司	002129	94.664	0.61	34.47	121.53

续表

序号	企业名称	股票代码	综合信用指数	资产周转率（次/年）	所有者权益比率（%）	资本保值增值率（%）
92	广联达科技股份有限公司	002410	94.648	0.57	54.67	116.70
93	浙商中拓集团股份有限公司	000906	94.642	7.43	20.26	122.18
94	中国国际金融股份有限公司	601995	94.626	0.04	15.33	109.00
95	梅花生物科技集团股份有限公司	600873	94.616	1.14	55.19	141.48
96	北京当升材料科技股份有限公司	300073	94.608	0.99	100.00	123.91
97	北方华创科技集团股份有限公司	002371	94.601	0.35	46.41	113.92
98	谱尼测试集团股份有限公司	300887	94.589	0.82	77.26	115.88
99	中信重工机械股份有限公司	601608	94.588	0.45	39.15	216.97
100	科达制造股份有限公司	600499	94.585	0.53	53.84	162.04
101	招商银行股份有限公司	600036	94.562	0.03	9.33	116.07
102	河南蓝天燃气股份有限公司	605368	94.500	0.76	58.61	120.36
103	青岛国恩科技股份有限公司	002768	94.499	1.05	31.93	119.08
104	安徽元琛环保科技股份有限公司	688659	94.482	0.45	50.47	188.20
105	青岛港国际股份有限公司	601298	94.481	0.34	65.07	112.73
106	浙江新澳纺织股份有限公司	603889	94.468	0.85	63.65	114.34
107	锐捷网络股份有限公司	301165	94.466	1.41	53.34	135.20
108	内蒙古鄂尔多斯资源股份有限公司	600295	94.465	0.76	42.75	125.50
109	钱江水利开发股份有限公司	600283	94.464	0.27	31.92	108.28
110	上海汉得信息技术股份有限公司	300170	94.439	0.52	68.08	112.81
111	云南恩捷新材料股份有限公司	002812	94.437	0.33	45.90	128.92
112	苏州东山精密制造股份有限公司	002384	94.436	0.78	40.36	116.24
113	索通发展股份有限公司	603612	94.433	1.12	31.40	120.06
114	东富龙科技集团股份有限公司	300171	94.426	0.41	55.64	119.59
115	黄山永新股份有限公司	002014	94.423	0.92	63.78	117.04
116	聚辰半导体股份有限公司	688123	94.417	0.48	93.11	123.21
117	金风科技股份有限公司	002202	94.399	0.34	27.84	106.71
118	澜起科技股份有限公司	688008	94.388	0.34	92.76	115.49
119	厦门瑞尔特卫浴科技股份有限公司	002790	94.371	0.81	79.61	111.89
120	石家庄尚太科技股份有限公司	001301	94.370	0.54	58.59	169.94
121	深圳市汇川技术股份有限公司	300124	94.360	0.59	50.54	127.20
122	顾家家居股份有限公司	603816	94.359	1.12	55.14	122.60
123	金诚信矿业管理股份有限公司	603979	94.318	0.48	54.38	111.53

续表

序号	企业名称	股票代码	综合信用指数	资产周转率（次/年）	所有者权益比率（%）	资本保值增值率（%）
124	南京国博电子股份有限公司	688375	94.283	0.42	67.69	120.41
125	恺英网络股份有限公司	002517	94.280	0.64	77.42	130.10
126	新奥天然气股份有限公司	600803	94.262	1.13	12.91	139.40
127	嘉友国际物流股份有限公司	603871	94.245	0.90	77.62	123.83
128	杨凌美畅新材料股份有限公司	300861	94.228	0.54	75.33	136.66
129	青鸟消防股份有限公司	002960	94.225	0.57	72.00	116.08
130	宁波舟山港股份有限公司	601018	94.209	0.24	66.09	107.71
131	广州发展集团股份有限公司	600098	94.208	0.77	39.12	105.84
132	新疆大全新能源股份有限公司	688303	94.205	0.59	87.14	216.13
133	厦门建发股份有限公司	600153	94.201	1.25	8.80	112.35
134	中矿资源集团股份有限公司	002738	94.200	0.70	65.40	180.94
135	安琪酵母股份有限公司	600298	94.175	0.76	54.68	119.28
136	北京中科江南信息技术股份有限公司	301153	94.171	0.41	69.41	146.58
137	中国中铁股份有限公司	601390	94.168	0.71	18.67	111.36
138	云南云天化股份有限公司	600096	94.152	1.42	30.75	158.95
139	浙江晶盛机电股份有限公司	300316	94.137	0.37	37.30	142.77
140	中国石油集团工程股份有限公司	600339	94.129	0.78	23.78	102.90
141	盐津铺子食品股份有限公司	002847	94.115	1.18	46.23	134.53
142	三全食品股份有限公司	002216	94.113	0.99	51.52	124.77
143	浙江嘉欣丝绸股份有限公司	002404	94.106	1.25	56.79	112.71
144	广东海大集团股份有限公司	002311	94.104	2.37	40.29	120.43
145	天津九安医疗电子股份有限公司	002432	94.097	1.21	89.98	658.04
146	安徽省天然气开发股份有限公司	603689	94.092	0.99	46.17	110.05
147	银都餐饮设备股份有限公司	603277	94.092	0.77	73.55	119.65
148	广东冠豪高新技术股份有限公司	600433	94.077	0.82	53.42	107.73
149	东莞市鼎通精密科技股份有限公司	688668	94.067	0.42	85.83	120.91
150	青海盐湖工业股份有限公司	000792	94.054	0.73	60.00	266.73
151	比音勒芬服饰股份有限公司	002832	94.053	0.52	74.03	122.42
152	软通动力信息技术（集团）股份有限公司	301236	94.053	1.27	66.78	119.17
153	四川雅化实业集团股份有限公司	002497	94.049	0.99	74.36	171.26
154	深圳市星源材质科技股份有限公司	300568	94.035	0.21	61.57	116.86
155	安通控股股份有限公司	600179	94.029	0.71	74.20	130.17

续表

序号	企业名称	股票代码	综合信用指数	资产周转率（次/年）	所有者权益比率（%）	资本保值增值率（%）
156	永泰运化工物流股份有限公司	001228	93.994	1.38	74.68	141.39
157	招商局港口集团股份有限公司	001872	93.992	0.08	27.47	108.39
158	广州视源电子科技股份有限公司	002841	93.976	1.04	59.27	124.80
159	浙矿重工股份有限公司	300837	93.975	0.43	76.71	117.43
160	永兴特种材料科技股份有限公司	002756	93.900	1.01	79.61	225.49
161	烟台杰瑞石油服务集团股份有限公司	002353	93.897	0.39	59.08	118.00
162	贵州轮胎股份有限公司	000589	93.886	0.54	40.92	107.25
163	厦门象屿股份有限公司	600057	93.883	4.68	14.85	115.32
164	甘肃能化股份有限公司	000552	93.867	0.45	47.44	132.49
165	江苏太平洋石英股份有限公司	603688	93.862	0.54	88.56	148.26
166	广州天赐高新材料股份有限公司	002709	93.852	0.87	49.14	179.85
167	河南省力量钻石股份有限公司	301071	93.817	0.15	84.70	148.03
168	索菲亚家居股份有限公司	002572	93.815	0.93	47.96	118.87
169	百隆东方股份有限公司	601339	93.778	0.43	62.03	117.38
170	江苏国泰国际集团股份有限公司	002091	93.772	1.09	35.70	116.42
171	重庆望变电气（集团）股份有限公司	603191	93.769	0.72	64.64	126.85
172	南京盛航海运股份有限公司	001205	93.762	5.14	1654.70	148.56
173	志邦家居股份有限公司	603801	93.739	0.93	49.83	120.71
174	北京高能时代环境技术股份有限公司	603588	93.736	0.39	39.18	112.61
175	浙江海象新材料股份有限公司	003011	93.723	0.76	58.73	116.72
176	宁波江丰电子材料股份有限公司	300666	93.704	0.46	78.72	118.21
177	华泰证券股份有限公司	601688	93.695	0.04	19.83	107.45
178	苏州瑞可达连接系统股份有限公司	688800	93.672	0.54	63.27	125.34
179	中兵红箭股份有限公司	000519	93.660	0.45	65.00	109.09
180	中国电信股份有限公司	601728	93.658	0.59	53.50	106.44
181	佛燃能源集团股份有限公司	002911	93.649	1.28	36.73	114.69
182	北京金山办公软件股份有限公司	688111	93.647	0.32	72.35	114.48
183	深圳朗特智能控制股份有限公司	300916	93.638	0.85	75.14	118.82
184	曙光信息产业股份有限公司	603019	93.637	0.41	53.50	112.19
185	华润微电子有限公司	688396	93.618	0.38	75.52	115.14
186	上海丛麟环保科技股份有限公司	688370	93.617	0.20	76.16	114.22
187	东方电子股份有限公司	000682	93.602	0.57	43.38	111.51

续表

序号	企业名称	股票代码	综合信用指数	资产周转率（次/年）	所有者权益比率（%）	资本保值增值率（%）
188	平安银行股份有限公司	000001	93.602	0.03	8.17	111.51
189	网宿科技股份有限公司	300017	93.594	0.48	85.87	102.16
190	深圳市铭利达精密技术股份有限公司	301268	93.582	0.69	47.17	150.50
191	京北方信息技术股份有限公司	002987	93.565	1.36	82.30	114.06
192	东方财富信息股份有限公司	300059	93.563	0.06	30.76	119.32
193	环旭电子股份有限公司	601231	93.558	1.78	40.83	123.39
194	航天信息股份有限公司	600271	93.551	0.82	59.75	108.08
195	中国外运股份有限公司	601598	93.548	1.40	44.80	112.29
196	承德露露股份公司	000848	93.548	0.71	72.35	125.54
197	国网信息通信股份有限公司	600131	93.543	0.63	47.66	115.62
198	福建博思软件股份有限公司	300525	93.521	0.59	64.90	115.85
199	安徽合力股份有限公司	600761	93.505	1.06	45.85	115.56
200	纳思达股份有限公司	002180	93.505	0.56	34.49	113.03
201	中国冶金科工股份有限公司	601618	93.497	1.01	20.69	109.56
202	青岛东方铁塔股份有限公司	002545	93.491	0.28	64.87	110.39
203	江西洪城环境股份有限公司	600461	93.474	0.37	34.01	116.06
204	交通银行股份有限公司	601328	93.474	0.02	7.88	109.55
205	老凤祥股份有限公司	600612	93.462	2.42	38.95	118.50
206	中国电力建设股份有限公司	601669	93.455	0.55	14.60	109.15
207	中国北方稀土（集团）高科技股份有限公司	600111	93.455	1.02	54.12	138.99
208	确成硅化学股份有限公司	605183	93.437	0.57	86.05	115.41
209	上海璞泰来新能源科技股份有限公司	603659	93.429	0.43	37.70	129.60
210	福建圣农发展股份有限公司	002299	93.406	0.89	52.49	104.15
211	四川天味食品集团股份有限公司	603317	93.363	0.56	83.37	108.98
212	湖北菲利华石英玻璃股份有限公司	300395	93.347	0.40	69.53	119.84
213	圆通速递股份有限公司	600233	93.321	1.36	67.94	117.34
214	中材科技股份有限公司	002080	93.299	0.47	36.84	124.78
215	浙江航民股份有限公司	600987	93.298	1.17	71.03	112.04
216	新乡市瑞丰新材料股份有限公司	300910	93.277	0.90	80.64	127.25
217	江苏江南水务股份有限公司	601199	93.267	0.22	59.64	108.51
218	扬州扬杰电子科技股份有限公司	300373	93.260	0.57	64.89	120.86
219	湖北京山轻工机械股份有限公司	000821	93.235	0.49	33.09	110.24

续表

序号	企业名称	股票代码	综合信用指数	资产周转率（次/年）	所有者权益比率（%）	资本保值增值率（%）
220	无锡化工装备股份有限公司	001332	93.231	0.40	72.13	123.25
221	桂林莱茵生物科技股份有限公司	002166	93.226	0.31	68.79	109.57
222	成都新易盛通信技术股份有限公司	300502	93.217	0.56	82.18	122.83
223	景津装备股份有限公司	603279	93.217	0.71	50.33	124.75
224	沈阳富创精密设备股份有限公司	688409	93.203	0.23	69.95	123.44
225	中国铝业股份有限公司	601600	93.198	1.37	25.62	107.32
226	固德威技术股份有限公司	688390	93.198	0.81	38.93	139.21
227	武汉三镇实业控股股份有限公司	600168	93.195	0.14	24.96	148.80
228	北京华大九天科技股份有限公司	301269	93.192	0.15	86.22	118.65
229	山西杏花村汾酒厂股份有限公司	600809	93.191	0.71	58.12	153.18
230	广州海格通信集团股份有限公司	002465	93.190	0.37	70.10	106.50
231	盛泰智造集团股份有限公司	605138	93.181	0.81	34.58	118.33
232	中航光电科技股份有限公司	002179	93.172	0.50	54.70	118.21
233	广东奥普特科技股份有限公司	688686	93.167	0.39	93.93	112.92
234	中国化学工程股份有限公司	601117	93.159	0.81	27.18	111.24
235	博创科技股份有限公司	300548	93.153	6.44	742.78	112.75
236	中科创达软件股份有限公司	300496	93.152	0.51	84.57	114.82
237	云南铜业股份有限公司	000878	93.130	3.38	33.06	119.54
238	龙岩卓越新能源股份有限公司	688196	93.113	1.46	93.24	118.29
239	楚天科技股份有限公司	300358	93.094	0.58	38.14	115.80
240	苏美达股份有限公司	600710	93.055	2.66	11.81	116.18
241	西安三角防务股份有限公司	300775	93.048	0.27	67.44	125.43
242	杭州华旺新材料科技股份有限公司	605377	93.040	0.62	65.36	118.34
243	鲁银投资集团股份有限公司	600784	93.040	0.72	50.33	117.33
244	云南铝业股份有限公司	000807	93.022	1.24	57.22	125.11
245	湖北盛天网络技术股份有限公司	300494	92.995	0.81	74.82	117.04
246	永艺家具股份有限公司	603600	92.993	1.36	58.92	123.17
247	天通控股股份有限公司	600330	92.990	0.41	71.61	113.29
248	上海万业企业股份有限公司	600641	92.978	0.12	85.16	105.56
249	深圳市铂科新材料股份有限公司	300811	92.964	0.47	72.45	119.49
250	杭州巨星科技股份有限公司	002444	92.957	0.68	72.11	113.39
251	湖南凯美特气体股份有限公司	002549	92.954	0.38	55.17	115.22

续表

序号	企业名称	股票代码	综合信用指数	资产周转率（次/年）	所有者权益比率（%）	资本保值增值率（%）
252	杭州长川科技股份有限公司	300604	92.939	0.55	48.54	126.08
253	厦门法拉电子股份有限公司	600563	92.923	0.68	71.96	129.32
254	江苏共创人造草坪股份有限公司	605099	92.921	0.87	80.88	122.36
255	浙江伟星实业发展股份有限公司	002003	92.920	0.76	60.66	118.16
256	浙江天振科技股份有限公司	301356	92.916	0.73	84.05	131.53
257	浪潮电子信息产业股份有限公司	000977	92.896	1.70	42.09	113.72
258	晶晨半导体（上海）股份有限公司	688099	92.896	0.95	83.44	118.75
259	北京神州泰岳软件股份有限公司	300002	92.883	0.83	83.11	112.52
260	安集微电子科技（上海）股份有限公司	688019	92.881	0.53	74.31	125.09
261	浙江三花智能控制股份有限公司	002050	92.881	0.76	46.28	123.08
262	润建股份有限公司	002929	92.873	0.64	34.09	111.08
263	中粮糖业控股股份有限公司	600737	92.864	1.33	53.20	107.42
264	江苏省农垦农业发展股份有限公司	601952	92.842	0.87	42.68	114.29
265	海目星激光科技集团股份有限公司	688559	92.824	0.46	23.00	124.74
266	中信泰富特钢集团股份有限公司	000708	92.773	1.08	39.96	121.66
267	金宏气体股份有限公司	688106	92.766	0.42	59.40	108.55
268	海澜之家集团股份有限公司	600398	92.757	0.57	44.59	114.38
269	海南海德资本管理股份有限公司	000567	92.756	0.13	64.91	114.77
270	北京中科三环高技术股份有限公司	000970	92.745	0.83	54.95	117.01
271	中山公用事业集团股份有限公司	000685	92.744	0.14	61.48	107.08
272	华工科技产业股份有限公司	000988	92.717	0.72	49.05	112.26
273	岳阳林纸股份有限公司	600963	92.707	0.59	55.33	107.03
274	北京国联视讯信息技术股份有限公司	603613	92.692	3.14	42.15	126.02
275	滁州多利汽车科技股份有限公司	001311	92.681	0.95	52.79	131.53
276	熵基科技股份有限公司	301330	92.663	0.52	83.63	114.01
277	江苏常宝钢管股份有限公司	002478	92.659	0.85	62.43	111.11
278	福建星网锐捷通讯股份有限公司	002396	92.653	1.09	42.03	112.28
279	四川福蓉科技股份公司	603327	92.598	0.93	76.96	123.75
280	宁波德业科技股份有限公司	605117	92.586	0.70	47.75	157.47
281	上海紫江企业集团股份有限公司	600210	92.581	0.80	45.63	110.88
282	中电科普天科技股份有限公司	002544	92.576	0.72	38.37	105.91
283	中国铁建股份有限公司	601186	92.572	0.72	19.06	109.91

续表

序号	企业名称	股票代码	综合信用指数	资产周转率（次/年）	所有者权益比率（%）	资本保值增值率（%）
284	雪天盐业集团股份有限公司	600929	92.568	0.69	66.50	115.25
285	陕西省天然气股份有限公司	002267	92.563	0.65	48.57	109.69
286	中伟新材料股份有限公司	300919	92.536	0.56	30.67	115.70
287	浙江伟星新型建材股份有限公司	002372	92.536	1.00	76.77	126.44
288	东莞怡合达自动化股份有限公司	301029	92.533	0.73	77.82	122.38
289	创维数字股份有限公司	000810	92.494	1.11	55.50	118.18
290	中际旭创股份有限公司	300308	92.492	0.58	72.15	110.65
291	中科星图股份有限公司	688568	92.481	0.34	69.16	116.92
292	宸展光电（厦门）股份有限公司	003019	92.465	0.98	82.20	119.92
293	浙江东方金融控股集团股份有限公司	600120	92.452	0.51	42.04	107.12
294	江苏扬农化工股份有限公司	600486	92.441	1.07	57.69	125.84
295	浙江天铁实业股份有限公司	300587	92.439	0.34	58.23	116.27
296	湖北兴发化工集团股份有限公司	600141	92.431	0.73	48.78	142.32
297	浙江华铁应急设备科技股份有限公司	603300	92.427	0.23	31.76	117.29
298	湖南长远锂科股份有限公司	688779	92.424	1.02	45.99	122.83
299	国轩高科股份有限公司	002074	92.408	0.32	32.37	101.66
300	天能电池集团股份有限公司	688819	92.406	1.29	42.24	115.55
301	江苏图南合金股份有限公司	300855	92.392	0.55	78.89	120.78
302	广东领益智造股份有限公司	002600	92.383	0.95	47.43	110.10
303	横店集团东磁股份有限公司	002056	92.341	1.10	44.01	124.80
304	中节能太阳能股份有限公司	000591	92.340	0.20	46.94	109.32
305	法兰泰克重工股份有限公司	603966	92.286	0.57	44.15	115.71
306	南兴装备股份有限公司	002757	92.279	0.75	61.28	113.03
307	无锡新洁能股份有限公司	605111	92.269	0.45	84.29	128.44
308	新疆天润乳业股份有限公司	600419	92.258	0.61	58.70	208.25
309	重庆顺博铝合金股份有限公司	002996	92.256	4.51	100.00	369.44
310	钜泉光电科技（上海）股份有限公司	688391	92.249	0.32	91.33	165.43
311	禾丰食品股份有限公司	603609	92.239	2.13	47.01	107.94
312	上海移远通信技术股份有限公司	603236	92.199	1.39	36.21	119.41
313	四川路桥建设集团股份有限公司	600039	92.170	0.65	20.06	141.30
314	山东潍坊润丰化工股份有限公司	301035	92.164	1.25	53.32	128.79
315	山东豪迈机械科技股份有限公司	002595	92.160	0.77	85.40	118.45

续表

序号	企业名称	股票代码	综合信用指数	资产周转率（次/年）	所有者权益比率（%）	资本保值增值率（%）
316	苏州固锝电子股份有限公司	002079	92.110	0.96	79.90	115.50
317	陕西省国际信托股份有限公司	000563	92.099	0.08	71.13	106.84
318	中国银河证券股份有限公司	601881	92.098	0.05	16.41	107.84
319	成都燃气集团股份有限公司	603053	92.093	0.67	57.68	112.57
320	浙江新安化工集团股份有限公司	600596	92.092	1.13	59.99	133.04
321	利尔化学股份有限公司	002258	92.052	0.79	56.50	136.42
322	浙江巨化股份有限公司	600160	92.029	0.95	68.36	117.85
323	北新集团建材股份有限公司	000786	92.012	0.70	73.26	116.56
324	昆山新莱洁净应用材料股份有限公司	300260	92.002	0.71	43.38	127.20
325	三维控股集团股份有限公司	603033	91.984	0.52	44.07	107.61
326	中信建投证券股份有限公司	601066	91.968	0.05	18.28	109.41
327	无锡奥特维科技股份有限公司	688516	91.966	0.42	30.22	150.63
328	紫光股份有限公司	000938	91.941	1.00	42.99	107.20
329	江西金力永磁科技股份有限公司	300748	91.933	0.64	60.47	123.70
330	安徽集友新材料股份有限公司	603429	91.927	0.44	75.81	112.86
331	中国石油集团资本股份有限公司	000617	91.922	0.03	9.34	105.30
332	彩讯科技股份有限公司	300634	91.922	0.42	79.38	110.87
333	山东南山智尚科技股份有限公司	300918	91.909	0.51	56.39	111.25
334	韵达控股股份有限公司	002120	91.901	1.25	44.59	109.40
335	安福县海能实业股份有限公司	300787	91.886	0.88	57.64	124.04
336	常州聚和新材料股份有限公司	688503	91.862	1.12	78.25	131.66
337	三人行传媒集团股份有限公司	605168	91.858	1.07	48.57	136.69
338	斯达半导体股份有限公司	603290	91.848	0.38	80.50	116.36
339	中控技术股份有限公司	688777	91.842	0.51	40.25	117.63
340	密尔克卫化工供应链服务股份有限公司	603713	91.828	1.22	39.84	119.20
341	沪士电子股份有限公司	002463	91.789	3.33	330.50	118.82
342	江苏秀强玻璃工艺股份有限公司	300160	91.762	0.54	80.90	115.56
343	中电科网络安全科技股份有限公司	002268	91.760	0.45	69.18	106.10
344	陕西华秦科技实业股份有限公司	688281	91.750	0.16	90.16	162.21
345	宁波容百新能源科技股份有限公司	688005	91.749	1.17	27.14	124.93
346	山西焦化股份有限公司	600740	91.747	0.51	61.61	121.22
347	凯盛新能源股份有限公司	600876	91.740	0.48	40.06	230.25

续表

序号	企业名称	股票代码	综合信用指数	资产周转率（次/年）	所有者权益比率（%）	资本保值增值率（%）
348	旺能环境股份有限公司	002034	91.731	0.23	41.93	113.42
349	南京高科股份有限公司	600064	91.727	0.12	44.28	115.94
350	海信视像科技股份有限公司	600060	91.715	1.28	49.08	110.44
351	无锡先导智能装备股份有限公司	300450	91.698	0.42	33.80	124.48
352	深圳市康冠科技股份有限公司	001308	91.691	1.17	59.84	156.47
353	万凯新材料股份有限公司	301216	91.662	1.67	48.28	151.77
354	中国能源建设股份有限公司	601868	91.650	0.55	15.34	108.29
355	江苏龙蟠科技股份有限公司	603906	91.628	0.96	32.15	133.88
356	晨光生物科技集团股份有限公司	300138	91.613	0.91	45.71	115.58
357	广东广弘控股股份有限公司	000529	91.596	0.60	52.62	139.60
358	宁波长鸿高分子科技股份有限公司	605008	91.590	0.62	52.59	109.90
359	锦浪科技股份有限公司	300763	91.581	0.39	28.45	147.31
360	攀钢集团钒钛资源股份有限公司	000629	91.547	1.26	73.70	117.86
361	北京星网宇达科技股份有限公司	002829	91.515	0.46	56.70	120.01
362	湖南华联瓷业股份有限公司	001216	91.515	0.74	77.94	112.74
363	深圳市今天国际物流技术股份有限公司	300532	91.499	0.52	30.21	122.33
364	安徽应流机电股份有限公司	603308	91.489	0.22	43.16	110.21
365	公牛集团股份有限公司	603195	91.478	0.85	74.47	129.65
366	新疆雪峰科技（集团）股份有限公司	603227	91.467	0.83	39.49	141.09
367	武汉凡谷电子技术股份有限公司	002194	91.467	0.60	78.52	111.93
368	湖北江瀚新材料股份有限公司	603281	91.467	1.12	80.95	177.66
369	东鹏饮料（集团）股份有限公司	605499	91.453	0.72	42.67	133.99
370	洽洽食品股份有限公司	002557	91.452	0.81	61.64	120.36
371	山东新巨丰科技包装股份有限公司	301296	91.396	0.56	82.46	114.82
372	安徽广信农化股份有限公司	603599	91.383	0.65	62.65	133.28
373	黑龙江北大荒农业股份有限公司	600598	91.383	0.52	87.36	113.73
374	湖南华菱钢铁股份有限公司	000932	91.380	1.40	41.72	114.05
375	广州赛意信息科技股份有限公司	300687	91.371	0.66	69.99	111.44
376	安徽安纳达钛业股份有限公司	002136	91.368	1.42	60.57	129.19
377	西部矿业股份有限公司	601168	91.352	0.75	30.57	125.93
378	上海机电股份有限公司	600835	91.347	0.63	34.54	107.97
379	三达膜环境技术股份有限公司	688101	91.344	0.24	66.97	106.34

续表

序号	企业名称	股票代码	综合信用指数	资产周转率（次/年）	所有者权益比率（%）	资本保值增值率（%）
380	昱能科技股份有限公司	688348	91.334	0.27	75.00	223.53
381	北京元隆雅图文化传播股份有限公司	002878	91.326	1.83	56.57	119.09
382	天士力医药集团股份有限公司	600535	91.320	0.52	75.50	165.96
383	云南能源投资股份有限公司	002053	91.311	0.18	49.00	106.61
384	中国石油天然气股份有限公司	601857	91.310	0.12	51.22	119.19
385	恒林家居股份有限公司	603661	91.302	0.74	37.29	111.67
386	深圳市中金岭南有色金属股份有限公司	000060	91.276	1.69	45.19	109.15
387	紫金矿业集团股份有限公司	601899	91.272	0.88	29.06	128.21
388	远光软件股份有限公司	002063	91.260	0.54	80.32	111.23
389	上海华峰铝业股份有限公司	601702	91.251	1.36	59.39	121.20
390	上海富瀚微电子股份有限公司	300613	91.234	0.61	65.85	121.69
391	广发证券股份有限公司	000776	91.228	0.04	19.46	107.44
392	山东鲁阳节能材料股份有限公司	002088	91.208	0.86	73.57	122.10
393	贵州振华风光半导体股份有限公司	688439	91.197	0.16	87.07	148.94
394	深圳市燃气集团股份有限公司	601139	91.188	0.79	34.42	113.20
395	长城汽车股份有限公司	601633	91.157	0.74	35.18	113.31
396	浙富控股集团股份有限公司	002266	91.136	0.68	43.11	115.14
397	北京数字政通科技股份有限公司	300075	91.120	0.32	80.39	107.31
398	山东省药用玻璃股份有限公司	600529	91.107	0.48	79.25	113.24
399	东方航空物流股份有限公司	601156	91.106	0.90	51.88	133.12
400	杭州安旭生物科技股份有限公司	688075	91.101	0.89	78.11	216.81
401	上海钢联电子商务股份有限公司	300226	91.098	5.53	12.63	113.07
402	新天绿色能源股份有限公司	600956	91.087	0.24	26.44	111.65
403	江苏立霸实业股份有限公司	603519	91.080	0.77	69.70	168.33
404	东华软件股份公司	002065	91.074	1.06	100.00	303.55
405	中盐内蒙古化工股份有限公司	600328	91.074	0.91	56.11	124.11
406	广东顺控发展股份有限公司	003039	91.070	0.29	52.20	110.64
407	珀莱雅化妆品股份有限公司	603605	91.042	1.11	61.00	128.41
408	深南电路股份有限公司	002916	91.006	0.68	59.10	119.25
409	上海水星家用纺织品股份有限公司	603365	90.992	1.04	78.27	110.55
410	航天宏图信息技术股份有限公司	688066	90.991	0.41	45.16	111.68
411	山西通宝能源股份有限公司	600780	90.979	1.11	66.00	114.85

续表

序号	企业名称	股票代码	综合信用指数	资产周转率（次/年）	所有者权益比率（%）	资本保值增值率（%）
412	深圳市科达利实业股份有限公司	002850	90.970	0.61	40.42	119.78
413	凌云光技术股份有限公司	688400	90.959	0.55	77.71	112.02
414	成都云图控股股份有限公司	002539	90.948	1.10	41.06	133.28
415	信达证券股份有限公司	601059	90.948	1.18	468.79	109.86
416	中建环能科技股份有限公司	300425	90.931	0.41	52.22	109.57
417	深圳科士达科技股份有限公司	002518	90.914	0.71	57.02	121.44
418	烟台北方安德利果汁股份有限公司	605198	90.906	0.41	90.79	108.73
419	周大生珠宝股份有限公司	002867	90.901	1.46	79.43	118.85
420	烽火通信科技股份有限公司	600498	90.879	0.80	31.47	103.46
421	森林包装集团股份有限公司	605500	90.870	0.98	85.08	217.94
422	深圳市信维通信股份有限公司	300136	90.869	0.70	53.98	110.85
423	四会富仕电子科技股份有限公司	300852	90.869	0.73	73.77	121.69
424	上海中谷物流股份有限公司	603565	90.854	0.71	46.22	128.25
425	中国中材国际工程股份有限公司	600970	90.852	0.89	33.24	116.83
426	浙江中国轻纺城集团股份有限公司	600790	90.842	0.08	59.56	120.40
427	上海振华重工（集团）股份有限公司	600320	90.831	0.39	19.39	102.48
428	东软集团股份有限公司	600718	90.830	0.50	48.95	198.67
429	乐歌人体工学科技股份有限公司	300729	90.825	0.54	40.95	111.48
430	中国宝安集团股份有限公司	000009	90.807	0.61	17.47	114.46
431	兆易创新科技集团股份有限公司	603986	90.802	0.49	91.23	115.22
432	福莱特玻璃集团股份有限公司	601865	90.797	0.48	43.33	117.97
433	广东和胜工业铝材股份有限公司	002824	90.797	0.99	51.65	118.79
434	上海梅林正广和股份有限公司	600073	90.789	1.58	30.68	111.43
435	西安蓝晓科技新材料股份有限公司	300487	90.787	0.42	59.66	125.82
436	金鹰重型工程机械股份有限公司	301048	90.784	0.56	47.56	115.34
437	国机汽车股份有限公司	600335	90.782	1.22	34.57	103.01
438	北京指南针科技发展股份有限公司	300803	90.749	0.29	39.87	126.39
439	成都振芯科技股份有限公司	300101	90.689	0.45	58.65	124.44
440	山东阳谷华泰化工股份有限公司	300121	90.687	0.99	78.48	126.73
441	镇江东方电热科技股份有限公司	300217	90.671	0.53	45.53	110.78
442	深圳拓邦股份有限公司	002139	90.653	0.86	55.27	111.59
443	成都银行股份有限公司	601838	90.645	0.02	6.68	119.33

续表

序号	企业名称	股票代码	综合信用指数	资产周转率（次/年）	所有者权益比率（%）	资本保值增值率（%）
444	安徽荃银高科种业股份有限公司	300087	90.636	0.69	33.78	116.99
445	西部超导材料科技股份有限公司	688122	90.619	0.37	53.04	120.15
446	贵研铂业股份有限公司	600459	90.605	3.12	45.42	110.93
447	海信家电集团股份有限公司	000921	90.595	1.34	20.80	113.87
448	深圳市盛弘电气股份有限公司	300693	90.584	0.66	46.99	125.13
449	宁波银行股份有限公司	002142	90.577	0.02	7.12	116.94
450	江苏天奈科技股份有限公司	688116	90.567	0.45	61.68	121.39
451	北京华峰测控技术股份有限公司	688200	90.552	0.32	93.11	120.08
452	深圳市富安娜家居用品股份有限公司	002327	90.551	0.66	80.65	114.43
453	江苏省广电有线信息网络股份有限公司	600959	90.522	0.20	59.63	101.50
454	贵州航天电器股份有限公司	002025	90.522	0.60	57.01	110.59
455	广西粤桂广业控股股份有限公司	000833	90.512	0.63	61.07	109.52
456	京东方科技集团股份有限公司	000725	90.502	0.42	32.36	105.28
457	云南神农农业产业集团股份有限公司	605296	90.501	0.60	85.55	105.68
458	嘉环科技股份有限公司	603206	90.490	0.87	46.10	123.71
459	安徽国风新材料股份有限公司	000859	90.479	0.67	79.01	108.52
460	武汉长江通信产业集团股份有限公司	600345	90.474	0.09	88.15	108.80
461	武汉东湖高新集团股份有限公司	600133	90.444	4.01	211.93	108.96
462	欢乐家食品集团股份有限公司	300997	90.435	0.80	67.30	116.58
463	深圳新宙邦科技股份有限公司	300037	90.433	0.63	54.33	125.98
464	四川英杰电气股份有限公司	300820	90.410	0.45	52.65	128.52
465	宇通重工股份有限公司	600817	90.406	0.76	51.36	117.43
466	浙报数字文化集团股份有限公司	600633	90.403	0.43	76.04	105.49
467	浙江大华技术股份有限公司	002236	90.395	0.66	55.86	109.84
468	华域汽车系统股份有限公司	600741	90.365	0.97	32.54	114.54
469	瀚蓝环境股份有限公司	600323	90.363	0.39	32.69	111.57
470	上海华测导航技术股份有限公司	300627	90.363	0.56	63.04	116.49
471	杭州炬华科技股份有限公司	300360	90.355	0.37	75.74	117.89
472	金堆城钼业股份有限公司	601958	90.345	0.60	83.23	111.08
473	山东登海种业股份有限公司	002041	90.333	0.29	71.61	108.19
474	广东南方新媒体股份有限公司	300770	90.295	0.33	79.09	122.66
475	天津七一二通信广播股份有限公司	603712	90.295	0.41	43.85	121.43

续表

序号	企业名称	股票代码	综合信用指数	资产周转率（次/年）	所有者权益比率（%）	资本保值增值率（%）
476	株洲欧科亿数控精密刀具股份有限公司	688308	90.251	0.33	77.78	116.20
477	四川天邑康和通信股份有限公司	300504	90.239	0.96	70.65	109.55
478	天融信科技集团股份有限公司	002212	90.235	0.30	81.59	102.16
479	广东联泰环保股份有限公司	603797	90.222	0.10	27.95	109.90
480	黑牡丹（集团）股份有限公司	600510	90.215	0.37	31.61	106.52
481	深圳麦格米特电气股份有限公司	002851	90.215	0.65	43.82	114.97
482	欣旺达电子股份有限公司	300207	90.214	0.50	26.92	108.16
483	深圳市英维克科技股份有限公司	002837	90.211	0.72	52.38	115.09
484	胜宏科技（惠州）股份有限公司	300476	90.193	0.55	48.50	112.61
485	中国黄金集团黄金珠宝股份有限公司	600916	90.189	4.05	59.48	111.67
486	东莞市奥海科技股份有限公司	002993	90.186	0.63	64.77	117.52
487	浙江鼎力机械股份有限公司	603338	90.177	0.46	59.87	121.03
488	中国邮政储蓄银行股份有限公司	601658	90.175	0.03	6.16	110.73
489	中国海诚工程科技股份有限公司	002116	90.156	0.94	27.20	113.79
490	浙江大自然户外用品股份有限公司	605080	90.152	0.48	89.78	113.15
491	新华网股份有限公司	603888	90.130	0.37	63.33	107.67
492	良品铺子股份有限公司	603719	90.124	1.87	47.63	115.63
493	浙江越剑智能装备股份有限公司	603095	90.123	0.39	79.42	120.14
494	铜陵有色金属集团股份有限公司	000630	90.103	1.98	41.28	112.58
495	宁波三星医疗电气股份有限公司	601567	90.099	0.56	58.58	110.69
496	山东高速路桥集团股份有限公司	000498	90.078	0.63	15.24	118.52
497	福建省青山纸业股份有限公司	600103	90.074	0.50	66.36	105.68
498	江苏联瑞新材料股份有限公司	688300	90.067	0.43	80.00	117.21
499	浙江水晶光电科技股份有限公司	002273	90.045	0.43	79.26	107.15
500	厦门钨业股份有限公司	600549	90.004	1.21	25.10	116.14

四、2023 中国上市公司信用 500 强成长性指标

序号	企业名称	股票代码	营收增长率（%）	利润增长率（%）	资产增长率（%）	资本积累率（%）
1	中国建设银行股份有限公司	601939	-0.22	6.56	14.37	9.28
2	中国工商银行股份有限公司	601398	-2.63	3.49	12.62	7.29
3	中国农业银行股份有限公司	601288	0.69	7.45	16.71	10.51
4	贵州茅台酒股份有限公司	600519	16.87	19.55	-0.31	4.20
5	中国石油化工股份有限公司	600028	21.06	35.40	3.14	1.35
6	中国银行股份有限公司	601988	2.06	5.02	8.20	9.10
7	珠海格力电器股份有限公司	000651	-0.35	6.26	11.08	-6.65
8	中国建筑股份有限公司	601668	8.66	-0.89	11.08	11.75
9	美的集团股份有限公司	000333	0.79	3.43	8.92	14.47
10	中国移动有限公司	600941	10.49	8.21	5.22	7.77
11	通威股份有限公司	600438	124.32	213.43	64.58	62.11
12	中国神华能源股份有限公司	601088	2.78	91.46	2.41	4.51
13	中芯国际集成电路制造有限公司	688981	38.97	13.04	32.69	22.14
14	比亚迪股份有限公司	002594	96.20	445.86	66.97	16.79
15	特变电工股份有限公司	600089	56.48	118.93	34.80	30.57
16	河南双汇投资发展股份有限公司	000895	-6.16	15.52	7.17	-4.19
17	隆基绿能科技股份有限公司	601012	59.39	63.02	42.79	30.98
18	富士康工业互联网股份有限公司	601138	16.45	0.32	6.59	8.22
19	上海国际港务（集团）股份有限公司	600018	8.72	17.31	6.45	12.56
20	兴业银行股份有限公司	601166	0.51	10.52	7.71	9.07
21	海尔智家股份有限公司	600690	7.01	12.58	8.45	17.05
22	北京中科润宇环保科技股份有限公司	301175	5.34	22.47	42.39	94.97
23	福耀玻璃工业集团股份有限公司	600660	19.05	51.15	13.36	10.25
24	中海油田服务股份有限公司	601808	22.11	651.15	5.28	3.41
25	厦门国贸集团股份有限公司	600755	12.30	5.20	15.50	3.87
26	山东太阳纸业股份有限公司	002078	24.28	-5.01	12.35	23.23
27	上海汽车集团股份有限公司	600104	-4.59	-34.30	7.98	1.99

续表

序号	企业名称	股票代码	营收增长率（%）	利润增长率（%）	资产增长率（%）	资本积累率（%）
28	中铁高新工业股份有限公司	600528	6.11	0.58	8.81	5.47
29	鹏鼎控股（深圳）股份有限公司	002938	8.69	51.07	9.18	29.59
30	晶科能源股份有限公司	688223	103.79	157.24	44.97	96.95
31	中国光大银行股份有限公司	601818	-0.73	28.93	6.75	5.26
32	四川川投能源股份有限公司	600674	12.43	13.86	12.89	8.22
33	中兴通讯股份有限公司	000063	7.36	18.60	7.22	13.91
34	国电南瑞科技股份有限公司	600406	10.42	14.24	5.41	11.76
35	浙江正泰电器股份有限公司	601877	17.78	19.47	20.72	12.37
36	物产中大集团股份有限公司	600704	2.59	-1.86	12.05	11.07
37	金发科技股份有限公司	600143	0.53	19.89	14.76	10.29
38	北京首创股份有限公司	600008	-0.34	37.87	-2.19	-0.27
39	中国卫通集团股份有限公司	601698	3.76	60.88	17.37	25.83
40	三角轮胎股份有限公司	601163	2.97	22.86	5.70	4.94
41	江苏长电科技股份有限公司	600584	10.69	9.20	6.22	17.40
42	宁波兴瑞电子科技股份有限公司	002937	41.16	93.04	32.90	18.68
43	内蒙古伊利实业集团股份有限公司	600887	11.40	8.34	28.44	5.37
44	杭叉集团股份有限公司	603298	-0.53	8.73	12.47	12.13
45	佛山市海天调味食品股份有限公司	603288	2.42	-7.09	2.16	12.80
46	立讯精密工业股份有限公司	002475	39.03	29.60	23.07	28.49
47	杭州海康威视数字技术股份有限公司	002415	2.14	-23.59	14.80	7.77
48	明阳智慧能源集团股份公司	601615	13.22	11.40	12.11	52.84
49	天合光能股份有限公司	688599	91.21	103.97	41.61	53.92
50	圣邦微电子（北京）股份有限公司	300661	42.40	24.92	42.45	44.09
51	北京首钢股份有限公司	000959	-11.86	-84.18	-2.74	14.63
52	赛轮集团股份有限公司	601058	21.69	1.43	13.22	13.87
53	鲁泰纺织股份有限公司	000726	32.46	177.29	2.80	12.91
54	中国振华（集团）科技股份有限公司	000733	28.48	59.79	21.91	31.11
55	苏州斯莱克精密设备股份有限公司	300382	72.53	110.31	52.49	79.77
56	上海宝立食品科技股份有限公司	603170	29.10	16.15	37.23	72.88
57	郑州煤矿机械集团股份有限公司	601717	9.46	30.31	20.88	20.36
58	徐工集团工程机械股份有限公司	000425	11.25	-23.29	59.13	46.13
59	海洋石油工程股份有限公司	600583	48.31	294.10	23.04	4.23

续表

序号	企业名称	股票代码	营收增长率（%）	利润增长率（%）	资产增长率（%）	资本积累率（%）
60	阳光电源股份有限公司	300274	66.79	127.04	43.85	19.23
61	雅戈尔集团股份有限公司	600177	8.92	-1.15	-3.05	11.56
62	中电科数字技术股份有限公司	600850	10.15	60.84	15.61	40.31
63	深圳市菲菱科思通信技术股份有限公司	301191	6.54	15.68	42.36	214.27
64	山推工程机械股份有限公司	000680	9.15	201.58	7.23	11.57
65	浙江交通科技股份有限公司	002061	0.89	62.97	10.68	39.73
66	紫光国芯微电子股份有限公司	002049	33.28	34.71	32.23	33.96
67	安克创新科技股份有限公司	300866	13.33	16.43	19.56	13.11
68	中国巨石股份有限公司	600176	2.46	9.65	10.96	22.29
69	爱玛科技集团股份有限公司	603529	35.09	182.15	37.88	35.10
70	浙江伟明环保股份有限公司	603568	6.23	7.67	38.03	21.46
71	重庆水务集团股份有限公司	601158	7.26	-8.11	9.28	3.89
72	晶澳太阳能科技股份有限公司	002459	76.72	171.40	27.00	66.75
73	格林美股份有限公司	002340	52.28	40.36	28.33	29.91
74	广东申菱环境系统股份有限公司	301018	23.53	18.49	11.89	10.16
75	厦门亿联网络技术股份有限公司	300628	30.57	34.75	21.13	24.63
76	安井食品集团股份有限公司	603345	31.39	61.37	84.62	130.21
77	神州数码集团股份有限公司	000034	-5.32	321.86	3.24	25.02
78	成都市兴蓉环境股份有限公司	000598	13.02	8.31	11.09	9.81
79	蓝思科技股份有限公司	300433	3.16	18.25	2.26	3.62
80	宝山钢铁股份有限公司	600019	0.94	-48.43	4.69	1.93
81	牧原食品股份有限公司	002714	58.23	92.16	8.85	32.07
82	江苏中天科技股份有限公司	600522	-12.76	1767.51	6.66	11.37
83	千禾味业食品股份有限公司	603027	26.55	55.35	32.26	13.44
84	双良节能系统股份有限公司	600481	277.99	208.26	144.06	183.82
85	中山华利实业集团股份有限公司	300979	17.74	16.63	5.75	129.83
86	上海派能能源科技股份有限公司	688063	191.55	302.53	89.62	45.12
87	石药创新制药股份有限公司	300765	83.42	84.70	22.53	19.65
88	江苏苏盐井神股份有限公司	603299	25.37	140.48	20.30	16.56
89	上海宝信软件股份有限公司	600845	11.82	20.18	9.64	10.26
90	欧派家居集团股份有限公司	603833	9.97	0.86	22.31	14.57
91	TCL 中环新能源科技股份有限公司	002129	63.02	69.21	39.95	18.77

续表

序号	企业名称	股票代码	营收增长率（%）	利润增长率（%）	资产增长率（%）	资本积累率（%）
92	广联达科技股份有限公司	002410	17.80	46.26	14.68	9.05
93	浙商中拓集团股份有限公司	000906	8.60	22.39	12.89	16.88
94	中国国际金融股份有限公司	601995	-13.42	-29.51	-0.16	17.83
95	梅花生物科技集团股份有限公司	600873	22.33	87.42	17.06	27.25
96	北京当升材料科技股份有限公司	300073	157.50	107.02	48.80	128.15
97	北方华创科技集团股份有限公司	002371	51.68	118.37	37.02	16.86
98	谱尼测试集团股份有限公司	300887	87.48	45.63	64.71	75.18
99	中信重工机械股份有限公司	601608	16.91	-35.78	-4.30	1.24
100	科达制造股份有限公司	600499	13.89	322.66	31.19	66.21
101	招商银行股份有限公司	600036	132.93	15.08	9.62	10.10
102	河南蓝天燃气股份有限公司	605368	21.86	40.72	21.38	25.88
103	青岛国恩科技股份有限公司	002768	37.28	3.14	28.70	17.15
104	安徽元琛环保科技股份有限公司	688659	15.35	15.35	20.19	-2.07
105	青岛港国际股份有限公司	601298	14.71	13.63	-7.62	5.20
106	浙江新澳纺织股份有限公司	603889	14.64	30.66	16.95	8.81
107	锐捷网络股份有限公司	301165	23.26	20.14	44.59	174.90
108	内蒙古鄂尔多斯资源股份有限公司	600295	-0.22	-22.30	-4.08	10.03
109	钱江水利开发股份有限公司	600283	18.77	14.37	8.01	5.74
110	上海汉得信息技术股份有限公司	300170	6.98	122.15	12.49	15.83
111	云南恩捷新材料股份有限公司	002812	57.73	47.20	47.85	28.15
112	苏州东山精密制造股份有限公司	002384	-0.67	27.12	6.80	12.23
113	索通发展股份有限公司	603612	105.12	45.99	42.93	20.73
114	东富龙科技集团股份有限公司	300171	30.46	2.27	37.34	72.20
115	黄山永新股份有限公司	002014	9.27	14.85	18.71	7.05
116	聚辰半导体股份有限公司	688123	80.21	226.81	25.52	25.66
117	金风科技股份有限公司	002202	-8.17	-31.05	14.63	7.18
118	澜起科技股份有限公司	688008	43.33	56.71	19.28	18.13
119	厦门瑞尔特卫浴科技股份有限公司	002790	4.89	51.36	8.54	9.06
120	石家庄尚太科技股份有限公司	001301	104.70	137.26	141.54	181.87
121	深圳市汇川技术股份有限公司	300124	28.23	20.89	43.62	24.76
122	顾家家居股份有限公司	603816	-1.81	8.87	1.05	10.76
123	金诚信矿业管理股份有限公司	603979	18.90	29.47	29.79	15.90

续表

序号	企业名称	股票代码	营收增长率（%）	利润增长率（%）	资产增长率（%）	资本积累率（%）
124	南京国博电子股份有限公司	688375	37.93	41.40	64.83	120.92
125	恺英网络股份有限公司	002517	56.84	77.76	31.29	31.30
126	新奥天然气股份有限公司	600803	32.89	42.48	6.46	18.51
127	嘉友国际物流股份有限公司	603871	24.21	98.58	17.56	45.53
128	杨凌美畅新材料股份有限公司	300861	97.99	93.00	51.52	26.71
129	青鸟消防股份有限公司	002960	19.13	7.51	41.73	63.73
130	宁波舟山港股份有限公司	601018	11.14	-2.58	14.66	31.52
131	广州发展集团股份有限公司	600098	26.22	568.07	6.60	4.50
132	新疆大全新能源股份有限公司	688303	185.64	234.06	132.57	176.58
133	厦门建发股份有限公司	600153	17.65	3.01	10.34	15.02
134	中矿资源集团股份有限公司	002738	235.88	490.24	86.85	84.49
135	安琪酵母股份有限公司	600298	20.31	0.97	25.91	35.06
136	北京中科江南信息技术股份有限公司	301153	23.66	65.68	83.97	178.42
137	中国中铁股份有限公司	601390	7.57	13.25	18.46	9.43
138	云南云天化股份有限公司	600096	19.07	65.33	0.15	60.22
139	浙江晶盛机电股份有限公司	300316	78.45	70.80	71.09	57.62
140	中国石油集团工程股份有限公司	600339	4.71	56.90	2.41	2.61
141	盐津铺子食品股份有限公司	002847	26.83	100.01	17.91	29.99
142	三全食品股份有限公司	002216	7.07	24.98	14.40	20.00
143	浙江嘉欣丝绸股份有限公司	002404	16.95	76.19	-8.68	8.42
144	广东海大集团股份有限公司	002311	21.76	85.09	24.09	23.26
145	天津九安医疗电子股份有限公司	002432	997.80	1664.19	452.90	580.72
146	安徽省天然气开发股份有限公司	603689	20.07	25.16	16.16	7.85
147	银都餐饮设备股份有限公司	603277	8.30	8.96	2.66	10.77
148	广东冠豪高新技术股份有限公司	600433	9.30	179.07	6.68	5.53
149	东莞市鼎通精密科技股份有限公司	688668	47.74	54.01	99.70	114.85
150	青海盐湖工业股份有限公司	000792	108.06	247.55	66.15	169.83
151	比音勒芬服饰股份有限公司	002832	6.06	16.50	14.72	27.26
152	软通动力信息技术（集团）股份有限公司	301236	14.92	3.02	43.14	98.06
153	四川雅化实业集团股份有限公司	002497	175.82	384.53	61.44	71.00
154	深圳市星源材质科技股份有限公司	300568	54.81	154.26	79.88	97.70
155	安通控股股份有限公司	600179	17.73	32.59	14.89	23.32

续表

序号	企业名称	股票代码	营收增长率（%）	利润增长率（%）	资产增长率（%）	资本积累率（%）
156	永泰运化工物流股份有限公司	001228	40.44	75.55	66.02	130.05
157	招商局港口集团股份有限公司	001872	6.19	24.26	12.24	36.35
158	广州视源电子科技股份有限公司	002841	-1.11	21.98	29.93	42.92
159	浙矿重工股份有限公司	300837	21.20	18.37	6.66	14.61
160	永兴特种材料科技股份有限公司	002756	116.39	612.42	142.15	143.81
161	烟台杰瑞石油服务集团股份有限公司	002353	30.00	41.54	49.66	38.43
162	贵州轮胎股份有限公司	000589	15.00	15.97	22.41	9.01
163	厦门象屿股份有限公司	600057	16.35	22.06	20.06	-0.71
164	甘肃能化股份有限公司	000552	22.34	82.71	5.16	32.20
165	江苏太平洋石英股份有限公司	603688	108.62	274.48	50.63	49.71
166	广州天赐高新材料股份有限公司	002709	101.22	158.77	83.69	75.31
167	河南省力量钻石股份有限公司	301071	81.85	92.13	335.93	448.46
168	索菲亚家居股份有限公司	002572	7.84	768.32	-2.98	2.51
169	百隆东方股份有限公司	601339	-10.10	14.00	13.54	11.79
170	江苏国泰国际集团股份有限公司	002091	8.69	39.50	13.97	33.96
171	重庆望变电气（集团）股份有限公司	603191	30.68	67.35	56.85	104.18
172	南京盛航海运股份有限公司	001205	41.70	41.70	30.09	56.48
173	志邦家居股份有限公司	603801	4.58	6.17	9.05	11.10
174	北京高能时代环境技术股份有限公司	603588	12.11	-4.65	30.73	61.61
175	浙江海象新材料股份有限公司	003011	5.39	119.49	9.29	14.64
176	宁波江丰电子材料股份有限公司	300666	45.80	148.73	75.27	174.81
177	华泰证券股份有限公司	601688	-15.50	-17.18	4.95	13.09
178	苏州瑞可达连接系统股份有限公司	688800	80.23	121.92	94.09	89.24
179	中兵红箭股份有限公司	000519	-10.65	68.77	6.93	8.22
180	中国电信股份有限公司	601728	21.81	6.32	5.96	0.79
181	佛燃能源集团股份有限公司	002911	39.85	10.17	6.13	21.83
182	北京金山办公软件股份有限公司	688111	18.44	7.32	15.65	13.02
183	深圳朗特智能控制股份有限公司	300916	34.51	28.28	17.51	18.97
184	曙光信息产业股份有限公司	603019	16.14	33.38	21.78	34.32
185	华润微电子有限公司	688396	8.77	15.40	19.23	15.56
186	上海丛麟环保科技股份有限公司	688370	9.97	-7.56	72.63	132.15
187	东方电子股份有限公司	000682	21.73	26.06	18.71	8.95

续表

序号	企业名称	股票代码	营收增长率（%）	利润增长率（%）	资产增长率（%）	资本积累率（%）
188	平安银行股份有限公司	000001	6.21	25.26	8.13	9.92
189	网宿科技股份有限公司	300017	11.13	15.34	-0.67	2.04
190	深圳市铭利达精密技术股份有限公司	301268	75.16	171.93	118.83	177.30
191	京北方信息技术股份有限公司	002987	20.27	20.13	11.70	12.80
192	东方财富信息股份有限公司	300059	-4.65	-0.51	14.52	47.97
193	环旭电子股份有限公司	601231	23.90	64.69	7.58	20.39
194	航天信息股份有限公司	600271	-17.87	5.30	3.85	5.98
195	中国外运股份有限公司	601598	-12.49	9.56	4.74	5.34
196	承德露露股份公司	000848	6.66	5.69	8.68	17.05
197	国网信息通信股份有限公司	600131	2.00	18.39	5.59	11.73
198	福建博思软件股份有限公司	300525	22.72	11.09	28.19	31.30
199	安徽合力股份有限公司	600761	1.66	42.62	26.96	16.59
200	纳思达股份有限公司	002180	13.44	60.15	5.61	11.06
201	中国冶金科工股份有限公司	601618	18.40	22.66	7.71	12.66
202	青岛东方铁塔股份有限公司	002545	29.99	104.12	11.34	6.52
203	江西洪城环境股份有限公司	600461	-4.87	15.31	18.06	20.71
204	交通银行股份有限公司	601328	1.33	5.22	11.37	6.09
205	老凤祥股份有限公司	600612	7.36	-9.38	16.75	10.19
206	中国电力建设股份有限公司	601669	27.51	32.48	7.89	21.50
207	中国北方稀土（集团）高科技股份有限公司	600111	22.53	16.64	5.58	29.20
208	确成硅化学股份有限公司	605183	16.20	26.79	5.61	7.67
209	上海璞泰来新能源科技股份有限公司	603659	71.90	77.52	66.42	28.32
210	福建圣农发展股份有限公司	002299	16.15	-8.33	11.03	0.24
211	四川天味食品集团股份有限公司	603317	32.84	85.10	13.98	5.67
212	湖北菲利华石英玻璃股份有限公司	300395	40.52	32.05	32.95	22.07
213	圆通速递股份有限公司	600233	18.57	86.35	14.71	18.00
214	中材科技股份有限公司	002080	8.94	4.08	24.62	21.92
215	浙江航民股份有限公司	600987	0.83	-1.32	3.60	6.26
216	新乡市瑞丰新材料股份有限公司	300910	181.77	192.54	38.18	26.92
217	江苏江南水务股份有限公司	601199	13.87	1.45	2.40	5.92
218	扬州扬杰电子科技股份有限公司	300373	22.90	38.02	28.26	21.06
219	湖北京山轻工机械股份有限公司	000821	19.14	107.04	27.10	11.88

续表

序号	企业名称	股票代码	营收增长率（%）	利润增长率（%）	资产增长率（%）	资本积累率（%）
220	无锡化工装备股份有限公司	001332	15.49	19.37	89.76	114.18
221	桂林莱茵生物科技股份有限公司	002166	32.99	50.92	36.71	64.01
222	成都新易盛通信技术股份有限公司	300502	13.83	36.51	20.80	21.99
223	景津装备股份有限公司	603279	22.17	28.89	34.04	19.14
224	沈阳富创精密设备股份有限公司	688409	83.18	94.19	167.05	343.17
225	中国铝业股份有限公司	601600	7.87	-17.47	10.38	-5.00
226	固德威技术股份有限公司	688390	75.88	132.28	56.10	36.33
227	武汉三镇实业控股股份有限公司	600168	43.84	597.97	13.18	-10.78
228	北京华大九天科技股份有限公司	301269	37.76	33.17	199.50	367.77
229	山西杏花村汾酒厂股份有限公司	600809	31.26	52.36	22.47	40.06
230	广州海格通信集团股份有限公司	002465	2.58	2.23	2.87	3.63
231	盛泰智造集团股份有限公司	605138	15.68	29.08	22.84	23.73
232	中航光电科技股份有限公司	002179	23.09	36.47	17.87	16.60
233	广东奥普特科技股份有限公司	688686	30.39	7.26	9.51	10.50
234	中国化学工程股份有限公司	601117	14.88	16.87	9.37	9.73
235	博创科技股份有限公司	300548	27.08	19.59	21.14	10.99
236	中科创达软件股份有限公司	300496	31.96	18.77	48.11	74.74
237	云南铜业股份有限公司	000878	6.18	178.63	2.15	42.71
238	龙岩卓越新能源股份有限公司	688196	40.91	31.03	16.05	12.70
239	楚天科技股份有限公司	300358	22.54	0.18	11.05	17.30
240	苏美达股份有限公司	600710	-16.33	19.40	-2.93	10.54
241	西安三角防务股份有限公司	300775	60.06	51.52	68.73	91.37
242	杭州华旺新材料科技股份有限公司	605377	16.88	4.18	37.28	41.60
243	鲁银投资集团股份有限公司	600784	25.47	41.69	22.33	40.85
244	云南铝业股份有限公司	000807	16.31	37.65	3.23	22.87
245	湖北盛天网络技术股份有限公司	300494	35.83	77.66	8.20	18.10
246	永艺家具股份有限公司	603600	-12.95	84.86	-7.25	21.67
247	天通控股股份有限公司	600330	10.35	61.30	31.90	54.78
248	上海万业企业股份有限公司	600641	31.56	12.50	6.49	9.16
249	深圳市铂科新材料股份有限公司	300811	46.81	60.54	85.10	64.43
250	杭州巨星科技股份有限公司	002444	15.48	11.78	7.35	26.41
251	湖南凯美特气体股份有限公司	002549	27.66	19.25	33.69	13.47

续表

序号	企业名称	股票代码	营收增长率（%）	利润增长率（%）	资产增长率（%）	资本积累率（%）
252	杭州长川科技股份有限公司	300604	70.49	111.28	41.36	28.80
253	厦门法拉电子股份有限公司	600563	36.49	21.21	22.17	18.83
254	江苏共创人造草坪股份有限公司	605099	7.35	17.55	17.99	14.53
255	浙江伟星实业发展股份有限公司	002003	8.12	8.97	18.18	7.52
256	浙江天振科技股份有限公司	301356	-6.72	35.73	51.79	185.45
257	浪潮电子信息产业股份有限公司	000977	3.70	3.88	-11.24	13.87
258	晶晨半导体（上海）股份有限公司	688099	16.07	-10.47	15.99	26.30
259	北京神州泰岳软件股份有限公司	300002	11.40	40.93	10.86	11.76
260	安集微电子科技（上海）股份有限公司	688019	56.81	140.99	22.45	26.67
261	浙江三花智能控制股份有限公司	002050	33.25	52.81	18.38	16.06
262	润建股份有限公司	002929	23.58	20.16	25.09	13.35
263	中粮糖业控股股份有限公司	600737	5.08	43.14	6.41	5.89
264	江苏省农垦农业发展股份有限公司	601952	19.62	12.10	3.49	7.69
265	海目星激光科技集团股份有限公司	688559	106.89	248.45	58.62	32.66
266	中信泰富特钢集团股份有限公司	000708	1.04	-10.65	6.95	10.59
267	金宏气体股份有限公司	688106	12.97	37.14	13.87	4.93
268	海澜之家集团股份有限公司	600398	-8.06	-13.49	3.94	-2.57
269	海南海德资本管理股份有限公司	000567	59.46	82.63	19.36	8.72
270	北京中科三环高技术股份有限公司	000970	35.97	112.56	26.41	29.10
271	中山公用事业集团股份有限公司	000685	52.67	-26.85	13.36	3.51
272	华工科技产业股份有限公司	000988	18.14	19.07	20.95	11.49
273	岳阳林纸股份有限公司	600963	24.79	106.51	1.02	5.06
274	北京国联视讯信息技术股份有限公司	603613	8.16	94.64	34.67	25.01
275	滁州多利汽车科技股份有限公司	001311	21.03	15.77	32.08	31.53
276	熵基科技股份有限公司	301330	-1.88	12.47	75.52	122.76
277	江苏常宝钢管股份有限公司	002478	47.25	246.80	5.23	8.01
278	福建星网锐捷通讯股份有限公司	002396	16.18	6.37	29.88	29.37
279	四川福蓉科技股份公司	603327	16.74	33.44	35.49	13.71
280	宁波德业科技股份有限公司	605117	42.89	162.28	116.83	53.87
281	上海紫江企业集团股份有限公司	600210	0.83	9.04	-0.68	-0.61
282	中电科普天科技股份有限公司	002544	7.98	50.73	12.71	4.43
283	中国铁建股份有限公司	601186	7.48	7.90	12.64	8.07

续表

序号	企业名称	股票代码	营收增长率（%）	利润增长率（%）	资产增长率（%）	资本积累率（%）
284	雪天盐业集团股份有限公司	600929	34.74	91.48	11.58	23.22
285	陕西省天然气股份有限公司	002267	12.47	46.31	0.04	-0.79
286	中伟新材料股份有限公司	300919	51.17	64.39	91.05	68.03
287	浙江伟星新型建材股份有限公司	002372	8.86	6.06	7.81	8.55
288	东莞怡合达自动化股份有限公司	301029	39.49	26.40	23.45	17.83
289	创维数字股份有限公司	000810	10.71	95.13	-3.46	32.55
290	中际旭创股份有限公司	300308	25.29	39.57	-0.05	3.97
291	中科星图股份有限公司	688568	51.62	10.18	96.58	123.99
292	宸展光电（厦门）股份有限公司	003019	13.79	72.83	-1.32	16.20
293	浙江东方金融控股集团股份有限公司	600120	10.90	44.28	26.03	16.74
294	江苏扬农化工股份有限公司	600486	33.52	46.82	12.91	22.92
295	浙江天铁实业股份有限公司	300587	0.42	35.66	25.50	18.29
296	湖北兴发化工集团股份有限公司	600141	28.40	37.80	24.26	46.80
297	浙江华铁应急设备科技股份有限公司	603300	25.75	28.74	36.40	23.39
298	湖南长远锂科股份有限公司	688779	162.75	112.59	87.88	24.50
299	国轩高科股份有限公司	002074	122.59	206.15	66.53	25.21
300	天能电池集团股份有限公司	688819	8.18	39.35	21.37	11.44
301	江苏图南合金股份有限公司	300855	47.93	40.51	37.96	21.39
302	广东领益智造股份有限公司	002600	13.49	35.25	1.82	8.61
303	横店集团东磁股份有限公司	002056	54.28	48.98	33.64	15.16
304	中节能太阳能股份有限公司	000591	31.65	17.42	16.93	46.64
305	法兰泰克重工股份有限公司	603966	17.71	9.72	6.32	11.43
306	南兴装备股份有限公司	002757	6.61	-0.35	13.36	7.86
307	无锡新洁能股份有限公司	605111	20.87	6.02	111.62	119.74
308	新疆天润乳业股份有限公司	600419	14.25	1504.91	13.29	4.06
309	重庆顺博铝合金股份有限公司	002996	10.83	17.65	12.16	12.16
310	钜泉光电科技（上海）股份有限公司	688391	42.17	97.31	420.31	553.57
311	禾丰食品股份有限公司	603609	11.34	333.25	18.67	11.95
312	上海移远通信技术股份有限公司	603236	26.36	73.94	26.21	15.95
313	四川路桥建设集团股份有限公司	600039	58.91	100.87	52.00	53.94
314	山东潍坊润丰化工股份有限公司	301035	47.60	76.72	12.48	25.99
315	山东豪迈机械科技股份有限公司	002595	10.55	13.96	12.41	12.81

续表

序号	企业名称	股票代码	营收增长率（%）	利润增长率（%）	资产增长率（%）	资本积累率（%）
316	苏州固锝电子股份有限公司	002079	32.01	70.34	12.60	14.17
317	陕西省国际信托股份有限公司	000563	0.91	14.44	32.22	32.37
318	中国银河证券股份有限公司	601881	-6.51	-25.60	11.62	3.67
319	成都燃气集团股份有限公司	603053	10.36	0.57	8.51	6.18
320	浙江新安化工集团股份有限公司	600596	14.89	11.30	11.90	29.09
321	利尔化学股份有限公司	002258	56.08	69.01	25.74	46.06
322	浙江巨化股份有限公司	600160	19.48	114.66	26.45	16.01
323	北新集团建材股份有限公司	000786	-5.46	-10.65	7.64	10.61
324	昆山新莱洁净应用材料股份有限公司	300260	27.53	103.04	25.23	25.96
325	三维控股集团股份有限公司	603033	15.12	86.94	27.34	7.85
326	中信建投证券股份有限公司	601066	-7.72	-26.68	12.62	16.82
327	无锡奥特维科技股份有限公司	688516	72.94	92.25	98.68	82.66
328	紫光股份有限公司	000938	9.49	0.48	11.49	6.28
329	江西金力永磁科技股份有限公司	300748	75.61	55.09	85.44	128.80
330	安徽集友新材料股份有限公司	603429	17.65	21.94	2.13	9.74
331	中国石油集团资本股份有限公司	000617	4.74	-11.39	3.36	2.94
332	彩讯科技股份有限公司	300634	34.72	50.91	12.99	10.05
333	山东南山智尚科技股份有限公司	300918	9.50	22.51	18.49	8.83
334	韵达控股股份有限公司	002120	13.65	1.62	5.09	7.62
335	安福县海能实业股份有限公司	300787	14.69	75.23	8.69	15.17
336	常州聚和新材料股份有限公司	688503	27.94	58.53	102.85	267.97
337	三人行传媒集团股份有限公司	605168	58.30	45.82	65.36	28.42
338	斯达半导体股份有限公司	603290	58.53	105.24	29.08	14.82
339	中控技术股份有限公司	688777	46.56	37.18	26.25	16.20
340	密尔克卫化工供应链服务股份有限公司	603713	33.90	40.20	30.78	20.18
341	沪士电子股份有限公司	002463	12.36	28.03	-78.53	14.27
342	江苏秀强玻璃工艺股份有限公司	300160	3.38	34.39	46.36	89.67
343	中电科网络安全科技股份有限公司	002268	23.27	28.81	7.09	4.08
344	陕西华秦科技实业股份有限公司	688281	31.36	43.00	449.13	609.82
345	宁波容百新能源科技股份有限公司	688005	193.63	48.54	74.54	28.29
346	山西焦化股份有限公司	600740	7.55	104.87	13.95	18.75
347	凯盛新能源股份有限公司	600876	39.51	1792.04	14.01	10.11

续表

序号	企业名称	股票代码	营收增长率（%）	利润增长率（%）	资产增长率（%）	资本积累率（%）
348	旺能环境股份有限公司	002034	12.87	11.39	14.36	12.98
349	南京高科股份有限公司	600064	-8.87	2.14	13.24	9.90
350	海信视像科技股份有限公司	600060	-2.27	47.58	7.51	9.11
351	无锡先导智能装备股份有限公司	300450	38.82	46.25	37.11	17.47
352	深圳市康冠科技股份有限公司	001308	-2.54	64.19	83.98	120.57
353	万凯新材料股份有限公司	301216	102.22	148.18	65.56	212.44
354	中国能源建设股份有限公司	601868	13.67	20.07	25.62	8.17
355	江苏龙蟠科技股份有限公司	603906	247.15	114.60	140.63	112.53
356	晨光生物科技集团股份有限公司	300138	29.18	23.48	16.26	13.62
357	广东广弘控股股份有限公司	000529	-6.04	176.90	21.54	30.14
358	宁波长鸿高分子科技股份有限公司	605008	36.83	-2.45	11.40	9.93
359	锦浪科技股份有限公司	300763	77.80	123.70	136.49	89.54
360	攀钢集团钒钛资源股份有限公司	000629	7.31	1.24	16.87	16.86
361	北京星网宇达科技股份有限公司	002829	39.88	33.78	19.06	23.12
362	湖南华联瓷业股份有限公司	001216	14.63	24.64	13.50	8.79
363	深圳市今天国际物流技术股份有限公司	300532	50.99	181.41	67.63	22.10
364	安徽应流机电股份有限公司	603308	7.73	73.75	2.76	8.55
365	公牛集团股份有限公司	603195	13.70	14.68	7.60	15.28
366	新疆雪峰科技（集团）股份有限公司	603227	164.86	355.61	97.74	103.34
367	武汉凡谷电子技术股份有限公司	002194	12.82	21.32	15.44	16.97
368	湖北江瀚新材料股份有限公司	603281	30.62	52.16	50.97	78.21
369	东鹏饮料（集团）股份有限公司	605499	21.89	20.75	52.36	19.49
370	洽洽食品股份有限公司	002557	15.01	5.10	5.89	9.89
371	山东新巨丰科技包装股份有限公司	301296	29.48	7.84	66.97	107.25
372	安徽广信农化股份有限公司	603599	63.29	56.53	36.43	24.70
373	黑龙江北大荒农业股份有限公司	600598	17.42	13.75	2.48	1.15
374	湖南华菱钢铁股份有限公司	000932	-1.80	-34.10	12.32	9.97
375	广州赛意信息科技股份有限公司	300687	17.37	11.10	14.72	10.64
376	安徽安纳达钛业股份有限公司	002136	32.60	44.76	38.78	26.00
377	西部矿业股份有限公司	601168	3.28	17.51	5.74	21.47
378	上海机电股份有限公司	600835	-4.64	21.03	0.79	5.19
379	三达膜环境技术股份有限公司	688101	9.43	-11.82	9.15	3.32

续表

序号	企业名称	股票代码	营收增长率（%）	利润增长率（%）	资产增长率（%）	资本积累率（%）
380	昱能科技股份有限公司	688348	101.27	250.30	690.61	1174.17
381	北京元隆雅图文化传播股份有限公司	002878	43.95	44.79	1.82	15.86
382	天士力医药集团股份有限公司	600535	8.06	262.99	-0.67	-4.44
383	云南能源投资股份有限公司	002053	17.97	16.99	35.98	48.39
384	中国石油天然气股份有限公司	601857	-87.61	163.20	6.84	8.37
385	恒林家居股份有限公司	603661	12.76	4.50	17.75	8.42
386	深圳市中金岭南有色金属股份有限公司	000060	24.50	3.46	18.29	11.37
387	紫金矿业集团股份有限公司	601899	20.09	2.26	46.72	25.21
388	远光软件股份有限公司	002063	10.94	5.65	12.46	9.65
389	上海华峰铝业股份有限公司	601702	32.51	33.11	7.90	18.84
390	上海富瀚微电子股份有限公司	300613	22.92	9.42	18.46	23.68
391	广发证券股份有限公司	000776	-26.62	-26.95	15.19	12.68
392	山东鲁阳节能材料股份有限公司	002088	6.52	9.02	2.45	9.33
393	贵州振华风光半导体股份有限公司	688439	55.05	71.27	279.44	577.41
394	深圳市燃气集团股份有限公司	601139	40.38	-11.64	12.04	6.36
395	长城汽车股份有限公司	601633	0.69	22.90	5.67	4.95
396	浙富控股集团股份有限公司	002266	18.56	-36.53	18.47	9.58
397	北京数字政通科技股份有限公司	300075	3.04	23.17	8.79	9.55
398	山东省药用玻璃股份有限公司	600529	8.05	4.60	37.05	49.06
399	东方航空物流股份有限公司	601156	5.59	0.27	44.53	23.17
400	杭州安旭生物科技股份有限公司	688075	287.97	312.27	111.61	108.02
401	上海钢联电子商务股份有限公司	300226	16.41	14.13	-2.44	12.48
402	新天绿色能源股份有限公司	600956	16.11	6.20	7.63	3.97
403	江苏立霸实业股份有限公司	603519	-10.74	413.95	42.42	55.43
404	东华软件股份公司	002065	8.72	5.48	2.09	2.09
405	中盐内蒙古化工股份有限公司	600328	35.41	26.20	17.80	44.52
406	广东顺控发展股份有限公司	003039	-1.38	-12.83	3.98	7.19
407	珀莱雅化妆品股份有限公司	603605	37.82	41.88	24.71	22.51
408	深南电路股份有限公司	002916	0.36	10.75	23.43	43.82
409	上海水星家用纺织品股份有限公司	603365	-3.57	-27.89	1.76	4.94
410	航天宏图信息技术股份有限公司	688066	67.32	32.06	72.24	19.19
411	山西通宝能源股份有限公司	600780	41.98	358.97	17.03	15.14

续表

序号	企业名称	股票代码	营收增长率（%）	利润增长率（%）	资产增长率（%）	资本积累率（%）
412	深圳市科达利实业股份有限公司	002850	93.70	66.39	93.47	25.79
413	凌云光技术股份有限公司	688400	12.83	9.12	92.56	149.32
414	成都云图控股股份有限公司	002539	37.62	21.13	37.79	71.33
415	信达证券股份有限公司	601059	-9.61	4.75	0.00	9.94
416	中建环能科技股份有限公司	300425	17.66	6.25	9.27	8.08
417	深圳科士达科技股份有限公司	002518	56.84	75.90	25.65	15.81
418	烟台北方安德利果汁股份有限公司	605198	22.24	21.45	5.91	6.46
419	周大生珠宝股份有限公司	002867	21.44	-10.94	8.43	4.41
420	烽火通信科技股份有限公司	600498	17.49	40.91	7.43	3.40
421	森林包装集团股份有限公司	605500	-8.66	-8.68	1.45	2.36
422	深圳市信维通信股份有限公司	300136	13.30	28.37	0.67	10.16
423	四会富仕电子科技股份有限公司	300852	16.12	22.44	21.27	18.46
424	上海中谷物流股份有限公司	603565	15.60	14.02	16.22	-4.12
425	中国中材国际工程股份有限公司	600970	7.11	21.20	5.56	11.67
426	浙江中国轻纺城集团股份有限公司	600790	-11.55	174.73	14.03	7.08
427	上海振华重工（集团）股份有限公司	600320	16.22	-15.44	-0.15	1.19
428	东软集团股份有限公司	600718	8.37	8.49	3.10	-3.56
429	乐歌人体工学科技股份有限公司	300729	11.74	18.44	48.53	28.72
430	中国宝安集团股份有限公司	000009	82.29	11.68	41.05	14.17
431	兆易创新科技集团股份有限公司	603986	-4.47	-12.16	7.96	12.63
432	福莱特玻璃集团股份有限公司	601865	77.44	0.13	61.24	18.82
433	广东和胜工业铝材股份有限公司	002824	24.44	-0.81	33.87	44.29
434	上海梅林正广和股份有限公司	600073	5.80	66.05	5.45	10.18
435	西安蓝晓科技新材料股份有限公司	300487	60.69	72.92	46.97	30.74
436	金鹰重型工程机械股份有限公司	301048	-14.09	25.14	14.35	12.16
437	国机汽车股份有限公司	600335	-9.96	24.38	8.03	6.20
438	北京指南针科技发展股份有限公司	300803	34.60	92.07	108.60	32.68
439	成都振芯科技股份有限公司	300101	49.01	98.13	17.32	24.48
440	山东阳谷华泰化工股份有限公司	300121	30.01	81.52	33.28	44.16
441	镇江东方电热科技股份有限公司	300217	37.01	73.66	35.65	17.70
442	深圳拓邦股份有限公司	002139	14.27	3.13	7.89	13.93
443	成都银行股份有限公司	601838	13.14	28.24	19.43	18.10

续表

序号	企业名称	股票代码	营收增长率（%）	利润增长率（%）	资产增长率（%）	资本积累率（%）
444	安徽荃银高科种业股份有限公司	300087	38.47	38.03	43.51	24.90
445	西部超导材料科技股份有限公司	688122	44.41	45.65	29.09	11.86
446	贵研铂业股份有限公司	600459	12.13	5.13	18.04	59.45
447	海信家电集团股份有限公司	000921	9.70	47.54	-1.02	11.37
448	深圳市盛弘电气股份有限公司	300693	47.16	111.13	49.88	25.53
449	宁波银行股份有限公司	002142	9.67	24.00	17.39	12.40
450	江苏天奈科技股份有限公司	688116	39.51	43.37	56.85	26.38
451	北京华峰测控技术股份有限公司	688200	21.89	19.95	15.67	19.76
452	深圳市富安娜家居用品股份有限公司	002327	-3.14	-2.21	-0.84	1.87
453	江苏省广电有线信息网络股份有限公司	600959	0.63	3.76	4.95	1.02
454	贵州航天电器股份有限公司	002025	19.49	14.00	8.25	8.39
455	广西粤桂广业控股股份有限公司	000833	11.70	13.73	4.54	6.64
456	京东方科技集团股份有限公司	000725	-18.65	-70.77	-6.49	-4.78
457	云南神农农业产业集团股份有限公司	605296	18.89	4.11	5.79	4.06
458	嘉环科技股份有限公司	603206	10.60	1.50	57.54	131.38
459	安徽国风新材料股份有限公司	000859	28.81	-18.59	13.15	7.86
460	武汉长江通信产业集团股份有限公司	600345	111.00	102.96	7.16	3.76
461	武汉东湖高新集团股份有限公司	600133	15.21	8.50	-87.93	14.50
462	欢乐家食品集团股份有限公司	300997	8.38	10.65	5.24	9.18
463	深圳新宙邦科技股份有限公司	300037	38.98	34.57	37.88	23.55
464	四川英杰电气股份有限公司	300820	94.34	115.47	38.45	27.01
465	宇通重工股份有限公司	600817	-4.56	-1.86	-0.97	9.85
466	浙报数字文化集团股份有限公司	600633	69.27	-5.21	2.47	3.93
467	浙江大华技术股份有限公司	002236	-6.91	-31.20	4.99	9.40
468	华域汽车系统股份有限公司	600741	13.09	11.35	5.82	6.91
469	瀚蓝环境股份有限公司	600323	9.33	-1.46	13.69	9.88
470	上海华测导航技术股份有限公司	300627	17.50	22.69	18.29	15.67
471	杭州炬华科技股份有限公司	300360	24.47	48.52	21.54	15.92
472	金堆城钼业股份有限公司	601958	19.53	169.76	9.31	9.24
473	山东登海种业股份有限公司	002041	20.45	8.78	9.92	7.20
474	广东南方新媒体股份有限公司	300770	1.39	1.71	17.53	13.71
475	天津七一二通信广播股份有限公司	603712	17.06	12.58	14.39	19.14

续表

序号	企业名称	股票代码	营收增长率（%）	利润增长率（%）	资产增长率（%）	资本积累率（%）
476	株洲欧科亿数控精密刀具股份有限公司	688308	6.56	8.94	64.13	65.11
477	四川天邑康和通信股份有限公司	300504	24.78	7.05	4.34	9.09
478	天融信科技集团股份有限公司	002212	5.71	-10.83	3.36	3.18
479	广东联泰环保股份有限公司	603797	25.04	-11.79	3.09	4.00
480	黑牡丹（集团）股份有限公司	600510	17.49	-7.80	-9.57	6.21
481	深圳麦格米特电气股份有限公司	002851	31.81	21.56	36.06	17.33
482	欣旺达电子股份有限公司	300207	0.00	16.17	74.75	53.92
483	深圳市英维克科技股份有限公司	002837	31.19	36.70	16.95	14.01
484	胜宏科技（惠州）股份有限公司	300476	6.10	17.93	6.26	10.64
485	中国黄金集团黄金珠宝股份有限公司	600916	-7.16	-3.66	5.54	5.52
486	东莞市奥海科技股份有限公司	002993	5.22	27.41	39.46	82.96
487	浙江鼎力机械股份有限公司	603338	10.24	42.15	23.26	18.18
488	中国邮政储蓄银行股份有限公司	601658	5.08	11.89	6.33	3.79
489	中国海诚工程科技股份有限公司	002116	8.63	28.80	24.39	9.76
490	浙江大自然户外用品股份有限公司	605080	12.27	-2.98	8.98	10.34
491	新华网股份有限公司	603888	12.56	15.03	7.19	3.97
492	良品铺子股份有限公司	603719	1.24	19.16	-7.26	11.80
493	浙江越剑智能装备股份有限公司	603095	-18.43	38.95	-4.27	14.09
494	铜陵有色金属集团股份有限公司	000630	-7.01	-11.96	20.84	16.84
495	宁波三星医疗电气股份有限公司	601567	29.55	37.40	9.16	7.13
496	山东高速路桥集团股份有限公司	000498	13.03	17.32	23.58	16.15
497	福建省青山纸业股份有限公司	600103	1.87	9.16	8.03	5.70
498	江苏联瑞新材料股份有限公司	688300	5.96	8.89	17.83	12.46
499	浙江水晶光电科技股份有限公司	002273	14.86	30.31	4.51	1.06
500	厦门钨业股份有限公司	600549	51.40	22.50	22.76	11.49

五、2023 中国上市公司信用 500 强地区分布

序号	企业名称	股票代码	营业收入（万元）	利润（万元）	资产（万元）	所有者权益（万元）
北京						
1	中国建设银行股份有限公司	601939	82247300	32386100	3460191700	285673300
2	中国工商银行股份有限公司	601398	91798900	36048300	3960965700	349517100
3	中国农业银行股份有限公司	601288	72486800	25914000	3392753300	266841200
4	中国石油化工股份有限公司	600028	331816800	6630200	194864000	78557700
5	中国银行股份有限公司	601988	61800900	22743900	2891385700	242758900
6	中国建筑股份有限公司	601668	205505207	5095030	265290330	38432214
7	中国移动有限公司	600941	93725900	12545900	190023800	126204800
8	中国神华能源股份有限公司	601088	34453300	9624700	62170100	39385400
9	北京中科润宇环保科技股份有限公司	301175	159677	21214	648902	321191
10	中铁高新工业股份有限公司	600528	2881709	186712	5350783	2392521
11	中国光大银行股份有限公司	601818	15163200	5596600	630051000	50788300
12	北京首创股份有限公司	600008	2215732	315377	10488323	2732248
13	中国卫通集团股份有限公司	601698	273333	92073	2242811	1510711
14	圣邦微电子（北京）股份有限公司	300661	318754	87367	434341	346645
15	北京首钢股份有限公司	000959	11814218	112454	14317344	4794767
16	广联达科技股份有限公司	002410	655235	96673	1154549	631174
17	中国国际金融股份有限公司	601995	2608736	759750	64876403	9947469
18	北京当升材料科技股份有限公司	300073	2126414	225859	2155547	2155547
19	北方华创科技集团股份有限公司	002371	1468811	235272	4255139	1974606
20	谱尼测试集团股份有限公司	300887	376208	32080	457993	353860
21	锐捷网络股份有限公司	301165	1132595	54992	805081	429463
22	金诚信矿业管理股份有限公司	603979	535485	60975	1127059	612843
23	嘉友国际物流股份有限公司	603871	482945	68074	535632	415751
24	中矿资源集团股份有限公司	002738	804122	329483	1148245	750951
25	北京中科江南信息技术股份有限公司	301153	91285	25854	222634	154540
26	中国中铁股份有限公司	601390	115150111	3127581	161316584	30123046

续表

序号	企业名称	股票代码	营业收入（万元）	利润（万元）	资产（万元）	所有者权益（万元）
27	软通动力信息技术（集团）股份有限公司	301236	1910369	97332	1506270	1005837
28	北京高能时代环境技术股份有限公司	603588	877423	69247	2266013	887812
29	中国电信股份有限公司	601728	47496724	2759342	80769815	43208928
30	北京金山办公软件股份有限公司	688111	388495	111752	1205767	872430
31	京北方信息技术股份有限公司	002987	367328	27703	270114	222306
32	航天信息股份有限公司	600271	1931407	107900	2368166	1414922
33	中国外运股份有限公司	601598	10881672	406826	7782577	3486603
34	中国冶金科工股份有限公司	601618	59266907	1027235	58538439	12110833
35	中国电力建设股份有限公司	601669	57164932	1143544	104007810	15186473
36	中国铝业股份有限公司	601600	29098794	419192	21234803	5440301
37	北京华大九天科技股份有限公司	301269	79806	18550	539566	465208
38	中国化学工程股份有限公司	601117	15771622	541521	19456564	5288959
39	中科创达软件股份有限公司	300496	544545	76877	1072120	906663
40	北京神州泰岳软件股份有限公司	300002	480601	54188	581780	483503
41	北京中科三环高技术股份有限公司	000970	971580	84786	1171294	643650
42	北京国联视讯信息技术股份有限公司	603613	4026897	112579	1283207	540901
43	中国铁建股份有限公司	601186	109631286	2664209	152395105	29048398
44	中科星图股份有限公司	688568	157673	24274	464547	321301
45	中国银河证券股份有限公司	601881	3364199	776054	62521572	10258971
46	北新集团建材股份有限公司	000786	1993431	313639	2860453	2095571
47	中信建投证券股份有限公司	601066	2756519	750730	50995549	9324434
48	紫光股份有限公司	000938	7405764	215792	7406300	3184110
49	中国能源建设股份有限公司	601868	36639330	780934	66435112	10189366
50	北京星网宇达科技股份有限公司	002829	107438	21546	233831	132590
51	北京元隆雅图文化传播股份有限公司	002878	329046	16735	179547	101564
52	中国石油天然气股份有限公司	601857	32391600	24256400	267375100	136957600
53	北京数字政通科技股份有限公司	300075	152563	25460	474836	381724
54	东华软件股份公司	002065	1183333	40088	2222602	1114755
55	航天宏图信息技术股份有限公司	688066	245705	26405	596860	269569
56	凌云光技术股份有限公司	688400	274878	18753	500704	389094
57	信达证券股份有限公司	601059	343776	122734	291870	1368247
58	兆易创新科技集团股份有限公司	603986	812999	205256	1664506	1518553

续表

序号	企业名称	股票代码	营业收入（万元）	利润（万元）	资产（万元）	所有者权益（万元）
59	北京指南针科技发展股份有限公司	300803	125505	33840	426713	170112
60	北京华峰测控技术股份有限公司	688200	107055	52629	337135	313895
61	京东方科技集团股份有限公司	000725	17841373	755087	42056210	13608941
62	中国黄金集团黄金珠宝股份有限公司	600916	4712426	76533	1163027	691788
63	中国邮政储蓄银行股份有限公司	601658	33495600	8522400	1338511600	82422500
64	新华网股份有限公司	603888	194057	24216	518109	328127
安徽						
1	阳光电源股份有限公司	300274	4025723	359341	6162621	1866630
2	安徽元琛环保科技股份有限公司	688659	57903	57903	127385	64288
3	黄山永新股份有限公司	002014	330413	36282	357275	227871
4	安徽省天然气开发股份有限公司	603689	592726	25830	600525	277253
5	志邦家居股份有限公司	603801	538877	53671	577742	287861
6	安徽合力股份有限公司	600761	1567314	90414	1477363	677414
7	滁州多利汽车科技股份有限公司	001311	335500	44637	352797	186225
8	国轩高科股份有限公司	002074	2305170	31157	7262736	2351225
9	安徽集友新材料股份有限公司	603429	82789	16691	187873	142433
10	安徽应流机电股份有限公司	603308	219770	40168	989944	427212
11	洽洽食品股份有限公司	002557	688336	97599	854730	526872
12	安徽广信农化股份有限公司	603599	906237	231566	1385151	867821
13	安徽安纳达钛业股份有限公司	002136	271426	26821	191168	115795
14	安徽荃银高科种业股份有限公司	300087	349054	23333	507810	171539
15	安徽国风新材料股份有限公司	000859	246037	22971	368024	290767
16	铜陵有色金属集团股份有限公司	000630	12184546	273036	6143572	2536238
福建						
1	兴业银行股份有限公司	601166	22237400	9137700	926667100	74618700
2	福耀玻璃工业集团股份有限公司	600660	2809875	475559	5076749	2900300
3	厦门国贸集团股份有限公司	600755	52191799	358899	11289655	3021807
4	厦门亿联网络技术股份有限公司	300628	481055	217766	860685	789136
5	安井食品集团股份有限公司	603345	1218266	110102	1619358	1167928
6	厦门瑞尔特卫浴科技股份有限公司	002790	195958	21094	243023	193463
7	恺英网络股份有限公司	002517	372553	102517	577644	447190
8	厦门建发股份有限公司	600153	83281200	628155	66475442	5847978

续表

序号	企业名称	股票代码	营业收入（万元）	利润（万元）	资产（万元）	所有者权益（万元）
9	厦门象屿股份有限公司	600057	53814806	263690	11505640	1709156
10	福建博思软件股份有限公司	300525	191942	25440	324715	210752
11	福建圣农发展股份有限公司	002299	1681708	41089	1892333	993224
12	龙岩卓越新能源股份有限公司	688196	434497	45172	298549	278380
13	厦门法拉电子股份有限公司	600563	383621	100677	567048	408029
14	福建星网锐捷通讯股份有限公司	002396	1574057	57605	1444610	607114
15	宸展光电（厦门）股份有限公司	003019	181192	26077	185073	152134
16	紫金矿业集团股份有限公司	601899	27032899	2004204	30604413	8894278
17	福建省青山纸业股份有限公司	600103	292098	20773	582382	386461
18	厦门钨业股份有限公司	600549	4822278	144618	3979877	999050
甘肃						
1	甘肃能化股份有限公司	000552	1226134	316897	2718007	1289417
广东						
1	珠海格力电器股份有限公司	000651	18898838	2450662	35502475	9675873
2	美的集团股份有限公司	000333	34391753	2955351	42255526	14293523
3	比亚迪股份有限公司	002594	42406063	1662244	49386064	11102929
4	富士康工业互联网股份有限公司	601138	51184957	2007307	28418766	12897519
5	鹏鼎控股（深圳）股份有限公司	002938	3621097	501153	3880302	2793679
6	中兴通讯股份有限公司	000063	12295442	808030	18095360	5864120
7	金发科技股份有限公司	600143	4041233	199189	5542866	1652927
8	佛山市海天调味食品股份有限公司	603288	2560965	619771	3405917	2639767
9	立讯精密工业股份有限公司	002475	21402839	916310	14838431	4534289
10	明阳智慧能源集团股份公司	601615	3074777	345460	6894022	2811371
11	深圳市菲菱科思通信技术股份有限公司	301191	235225	19534	238652	157923
12	格林美股份有限公司	002340	2939177	129588	4412960	1848386
13	广东申菱环境系统股份有限公司	301018	222116	16626	361918	158636
14	神州数码集团股份有限公司	000034	11588002	100440	4021604	760204
15	中山华利实业集团股份有限公司	300979	2056926	322802	1711027	1319543
16	欧派家居集团股份有限公司	603833	2247950	268842	2861100	1650814
17	科达制造股份有限公司	600499	1115719	425093	2115242	1138847
18	招商银行股份有限公司	600036	34478300	13801200	1013891200	94550300
19	深圳市汇川技术股份有限公司	300124	2300831	431976	3921161	1981588

续表

序号	企业名称	股票代码	营业收入（万元）	利润（万元）	资产（万元）	所有者权益（万元）
20	广州发展集团股份有限公司	600098	4784958	135385	6196352	2423844
21	广东海大集团股份有限公司	002311	10471541	295414	4423778	1782490
22	广东冠豪高新技术股份有限公司	600433	808597	38710	989920	528786
23	东莞市鼎通精密科技股份有限公司	688668	83911	16846	201694	173116
24	比音勒芬服饰股份有限公司	002832	288484	72759	557888	413003
25	深圳市星源材质科技股份有限公司	300568	288027	71927	1370118	843536
26	招商局港口集团股份有限公司	001872	1623048	333744	19752553	5426714
27	广州视源电子科技股份有限公司	002841	2099026	207241	2014849	1194145
28	广州天赐高新材料股份有限公司	002709	2231693	571443	2553092	1254596
29	索菲亚家居股份有限公司	002572	1122254	106430	1205681	578239
30	佛燃能源集团股份有限公司	002911	1892310	65525	1479173	543301
31	深圳朗特智能控制股份有限公司	300916	129133	18079	152108	114299
32	平安银行股份有限公司	000001	17989500	4551600	532151400	43468000
33	深圳市铭利达精密技术股份有限公司	301268	321895	40295	469019	221255
34	纳思达股份有限公司	002180	2585535	186289	4602863	1587370
35	广州海格通信集团股份有限公司	002465	561561	66819	1520797	1066145
36	广东奥普特科技股份有限公司	688686	114095	32486	295840	277891
37	深圳市铂科新材料股份有限公司	300811	106567	19306	224858	162909
38	海目星激光科技集团股份有限公司	688559	410541	38040	886949	204007
39	中山公用事业集团股份有限公司	000685	361922	107206	2549465	1567332
40	熵基科技股份有限公司	301330	191855	19223	365596	305746
41	中电科普天科技股份有限公司	002544	707552	21339	982726	377120
42	东莞怡合达自动化股份有限公司	301029	251482	50640	342597	266610
43	广东领益智造股份有限公司	002600	3448467	159607	3619200	1716663
44	南兴装备股份有限公司	002757	296032	29034	392144	240288
45	彩讯科技股份有限公司	300634	119541	22504	287045	227864
46	深圳市康冠科技股份有限公司	001308	1158704	151559	989316	591972
47	广东广弘控股股份有限公司	000529	341790	91675	572523	301286
48	深圳市今天国际物流技术股份有限公司	300532	241279	25794	466896	141029
49	东鹏饮料（集团）股份有限公司	605499	850538	144052	1186964	506429
50	广州赛意信息科技股份有限公司	300687	227111	24946	344850	241369
51	深圳市中金岭南有色金属股份有限公司	000060	5533945	121228	3265219	1475650

续表

序号	企业名称	股票代码	营业收入（万元）	利润（万元）	资产（万元）	所有者权益（万元）
52	远光软件股份有限公司	002063	212476	32264	392306	315119
53	广发证券股份有限公司	000776	2513201	792928	61725628	12014563
54	深圳市燃气集团股份有限公司	601139	3006156	163209	3820072	1314870
55	广东顺控发展股份有限公司	003039	131963	23828	459818	240038
56	深南电路股份有限公司	002916	1399245	163973	2072654	1224940
57	深圳市科达利实业股份有限公司	002850	865350	90118	1417423	572990
58	深圳科士达科技股份有限公司	002518	440068	65647	622021	354667
59	周大生珠宝股份有限公司	002867	1111808	109059	760725	604224
60	深圳市信维通信股份有限公司	300136	858991	64838	1219432	658257
61	四会富仕电子科技股份有限公司	300852	121895	22559	166973	123179
62	中国宝安集团股份有限公司	000009	3199872	115658	5229331	913381
63	广东和胜工业铝材股份有限公司	002824	299927	20459	304115	157080
64	深圳拓邦股份有限公司	002139	887509	58265	1036455	572852
65	海信家电集团股份有限公司	000921	7411515	143490	5537555	1151825
66	深圳市盛弘电气股份有限公司	300693	150310	21271	226072	106242
67	深圳市富安娜家居用品股份有限公司	002327	307959	53382	467294	376881
68	欢乐家食品集团股份有限公司	300997	159595	20339	199062	133965
69	深圳新宙邦科技股份有限公司	300037	966071	175839	1539511	836354
70	瀚蓝环境股份有限公司	600323	1287506	114634	3328777	1088319
71	广东南方新媒体股份有限公司	300770	142864	69132	438622	346888
72	天融信科技集团股份有限公司	002212	354300	20509	1198584	977868
73	广东联泰环保股份有限公司	603797	98163	26767	1006398	281255
74	深圳麦格米特电气股份有限公司	002851	547775	47269	845355	370395
75	欣旺达电子股份有限公司	300207	3735872	106375	7449446	2005624
76	深圳市英维克科技股份有限公司	002837	292318	28028	404233	211720
77	胜宏科技（惠州）股份有限公司	300476	788515	79064	1430377	693686
78	东莞市奥海科技股份有限公司	002993	446684	43767	705528	456949
广西						
1	桂林莱茵生物科技股份有限公司	002166	140073	17874	445536	306475
2	润建股份有限公司	002929	815934	42413	1272895	433915
3	广西粤桂广业控股股份有限公司	000833	341676	29544	541884	330936
贵州						
1	贵州茅台酒股份有限公司	600519	12409984	6271644	25436480	19750667
2	中国振华（集团）科技股份有限公司	000733	726686	238245	1356017	975598

续表

序号	企业名称	股票代码	营业收入（万元）	利润（万元）	资产（万元）	所有者权益（万元）
3	贵州轮胎股份有限公司	000589	843986	42878	1576157	645007
4	中伟新材料股份有限公司	300919	3034374	154352	5387467	1652195
5	贵州振华风光半导体股份有限公司	688439	77887	30301	481673	419387
6	贵州航天电器股份有限公司	002025	601969	55544	996846	568343
海南						
1	海南海德资本管理股份有限公司	000567	106288	70014	794176	515498
河北						
1	紫光国芯微电子股份有限公司	002049	711990	263189	1532875	970307
2	晶澳太阳能科技股份有限公司	002459	7298940	553286	7234862	2750470
3	石药创新制药股份有限公司	300765	262648	72627	458403	393560
4	石家庄尚太科技股份有限公司	001301	478184	128945	887003	519672
5	新奥天然气股份有限公司	600803	15404417	584391	13619744	1757812
6	青鸟消防股份有限公司	002960	460237	56963	805780	580139
7	承德露露股份公司	000848	269202	60189	381273	275856
8	晨光生物科技集团股份有限公司	300138	629587	43403	692373	316481
9	长城汽车股份有限公司	601633	13733998	826604	18535730	6520125
10	新天绿色能源股份有限公司	600956	1856052	229411	7740866	2046497
河南						
1	河南双汇投资发展股份有限公司	000895	6257563	562088	3641197	2185280
2	郑州煤矿机械集团股份有限公司	601717	3204331	253823	4430117	1780726
3	牧原食品股份有限公司	002714	12482621	1326615	19294761	7178335
4	中信重工机械股份有限公司	601608	882699	14551	1950246	763456
5	河南蓝天燃气股份有限公司	605368	475370	59226	624745	366161
6	三全食品股份有限公司	002216	743429	80090	753088	387991
7	河南省力量钻石股份有限公司	301071	90627	46024	620565	525593
8	新乡市瑞丰新材料股份有限公司	300910	304623	58813	339639	273895
9	凯盛新能源股份有限公司	600876	503011	500634	1056590	423243
10	宇通重工股份有限公司	600817	358528	38561	473071	242981
黑龙江						
1	安通控股股份有限公司	600179	917642	234207	1290481	957509
2	黑龙江北大荒农业股份有限公司	600598	426157	97529	822809	718772
湖北						
1	安琪酵母股份有限公司	600298	1284329	132122	1692962	925743

续表

序号	企业名称	股票代码	营业收入（万元）	利润（万元）	资产（万元）	所有者权益（万元）
2	湖北菲利华石英玻璃股份有限公司	300395	171936	48873	432415	300637
3	湖北京山轻工机械股份有限公司	000821	486770	30193	996400	329716
4	武汉三镇实业控股股份有限公司	600168	289387	278447	2040104	509141
5	湖北盛天网络技术股份有限公司	300494	165823	22227	205880	154030
6	中信泰富特钢集团股份有限公司	000708	9834470	710538	9077461	3627719
7	华工科技产业股份有限公司	000988	1201102	90608	1679271	823755
8	湖北兴发化工集团股份有限公司	600141	3031065	585178	4161249	2029959
9	武汉凡谷电子技术股份有限公司	002194	207314	27626	344879	270799
10	湖北江瀚新材料股份有限公司	603281	331172	104001	294818	238655
11	烽火通信科技股份有限公司	600498	3091786	40579	3854593	1213222
12	金鹰重型工程机械股份有限公司	301048	262226	30221	464583	220970
13	武汉长江通信产业集团股份有限公司	600345	23185	18561	248410	218972
14	武汉东湖高新集团股份有限公司	600133	1398610	57863	349015	739682
15	良品铺子股份有限公司	603719	943961	33547	503585	239880
湖南						
1	安克创新科技股份有限公司	300866	1425051	114300	1013198	684276
2	蓝思科技股份有限公司	300433	4669854	244808	7834564	4417251
3	盐津铺子食品股份有限公司	002847	289352	30149	245474	113489
4	中兵红箭股份有限公司	000519	671359	81907	1500319	975174
5	楚天科技股份有限公司	300358	644555	56744	1104751	421385
6	湖南凯美特气体股份有限公司	002549	85210	16552	223625	123379
7	岳阳林纸股份有限公司	600963	978149	61556	1662071	919643
8	雪天盐业集团股份有限公司	600929	644073	76918	934582	621452
9	湖南长远锂科股份有限公司	688779	1797539	148949	1765720	812125
10	湖南华联瓷业股份有限公司	001216	137990	17084	187261	145943
11	湖南华菱钢铁股份有限公司	000932	16809851	637855	11968994	4993903
12	株洲欧科亿数控精密刀具股份有限公司	688308	105532	24208	317254	246754
江苏						
1	国电南瑞科技股份有限公司	600406	4682896	644618	7666555	4246609
2	江苏长电科技股份有限公司	600584	3376202	323098	3940773	2464273
3	天合光能股份有限公司	688599	8505179	368002	8997606	2633897
4	苏州斯莱克精密设备股份有限公司	300382	173131	22591	409016	239785

续表

序号	企业名称	股票代码	营业收入（万元）	利润（万元）	资产（万元）	所有者权益（万元）
5	徐工集团工程机械股份有限公司	000425	9381712	430709	17508559	5325396
6	江苏中天科技股份有限公司	600522	4027072	321380	4867017	2999681
7	双良节能系统股份有限公司	600481	1447635	95602	2194339	682869
8	江苏苏盐井神股份有限公司	603299	596909	80392	972175	505320
9	苏州东山精密制造股份有限公司	002384	3158014	236751	4053136	1635942
10	南京国博电子股份有限公司	688375	346051	52058	832514	563554
11	江苏太平洋石英股份有限公司	603688	200416	105219	368564	326413
12	江苏国泰国际集团股份有限公司	002091	4275909	172449	3940551	1406726
13	南京盛航海运股份有限公司	001205	86819	86819	16907	279760
14	华泰证券股份有限公司	601688	3203156	1105269	84656701	16784870
15	苏州瑞可达连接系统股份有限公司	688800	162514	25268	298286	188728
16	华润微电子有限公司	688396	1006012	261707	2645779	1998072
17	确成硅化学股份有限公司	605183	174647	38046	308868	265780
18	中材科技股份有限公司	002080	2210895	351115	4688855	1727420
19	江苏江南水务股份有限公司	601199	126801	28042	585396	349104
20	扬州扬杰电子科技股份有限公司	300373	540353	106014	948323	615340
21	无锡化工装备股份有限公司	001332	116956	23050	294380	212344
22	固德威技术股份有限公司	688390	471023	64928	579874	225749
23	苏美达股份有限公司	600710	14114458	91585	5298829	625694
24	江苏共创人造草坪股份有限公司	605099	247075	44703	283044	228932
25	江苏省农垦农业发展股份有限公司	601952	1272729	82624	1459053	622738
26	金宏气体股份有限公司	688106	196705	22912	473451	281233
27	海澜之家集团股份有限公司	600398	1856174	215527	3274866	1460128
28	江苏常宝钢管股份有限公司	002478	622336	47103	733539	457947
29	江苏扬农化工股份有限公司	600486	1581075	179421	1479346	853496
30	江苏图南合金股份有限公司	300855	103237	25479	188638	148813
31	法兰泰克重工股份有限公司	603966	187039	20326	326579	144174
32	无锡新洁能股份有限公司	605111	181094	43518	398949	336269
33	苏州固锝电子股份有限公司	002079	326819	37085	341826	273130
34	昆山新莱洁净应用材料股份有限公司	300260	262006	34479	368159	159695
35	无锡奥特维科技股份有限公司	688516	353964	71271	850844	257134
36	常州聚和新材料股份有限公司	688503	650421	39120	581127	454707

续表

序号	企业名称	股票代码	营业收入（万元）	利润（万元）	资产（万元）	所有者权益（万元）
37	沪士电子股份有限公司	002463	833603	136157	250132	826689
38	江苏秀强玻璃工艺股份有限公司	300160	150705	18412	277383	224400
39	南京高科股份有限公司	600064	448220	240237	3740368	1656337
40	无锡先导智能装备股份有限公司	300450	1393235	231758	3290654	1112336
41	江苏龙蟠科技股份有限公司	603906	1407164	75292	1469067	472264
42	江苏立霸实业股份有限公司	603519	141641	56457	184255	128431
43	中国中材国际工程股份有限公司	600970	3881925	219406	4378575	1455638
44	镇江东方电热科技股份有限公司	300217	381886	30173	723605	329441
45	江苏天奈科技股份有限公司	688116	184152	42420	406273	250609
46	江苏省广电有线信息网络股份有限公司	600959	750583	32691	3692652	2201916
47	嘉环科技股份有限公司	603206	393164	21354	452148	208426
48	黑牡丹（集团）股份有限公司	600510	1154541	61089	3149397	995508
49	江苏联瑞新材料股份有限公司	688300	66195	18824	153762	123003
江西						
1	晶科能源股份有限公司	688223	8267607	293619	10563943	2669006
2	江西洪城环境股份有限公司	600461	777609	94562	2089944	710799
3	江西金力永磁科技股份有限公司	300748	716518	70268	1122045	678485
4	安福县海能实业股份有限公司	300787	238594	32598	270899	156157
辽宁						
1	圆通速递股份有限公司	600233	5353931	391967	3925732	2667269
2	沈阳富创精密设备股份有限公司	688409	154446	24563	664047	464491
3	禾丰食品股份有限公司	603609	3281175	51353	1539331	723656
4	东软集团股份有限公司	600718	946580	945191	1887213	923784
内蒙古						
1	内蒙古伊利实业集团股份有限公司	600887	12269800	943106	13096530	5026788
2	内蒙古鄂尔多斯资源股份有限公司	600295	3639342	473247	4777289	2042402
3	中国北方稀土（集团）高科技股份有限公司	600111	3726003	598364	3664524	1983068
4	中航光电科技股份有限公司	002179	1583811	271712	3181073	1740121
5	中盐内蒙古化工股份有限公司	600328	1816251	186392	1991369	1117436
青海						
1	青海盐湖工业股份有限公司	000792	3074785	1556459	4198283	2518881
2	西部矿业股份有限公司	601168	3976248	344599	5281666	1614445

续表

序号	企业名称	股票代码	营业收入（万元）	利润（万元）	资产（万元）	所有者权益（万元）
山东						
1	海尔智家股份有限公司	600690	24351356	1471092	23584225	9342264
2	山东太阳纸业股份有限公司	002078	3976692	280876	4801396	2308402
3	三角轮胎股份有限公司	601163	922012	73764	1769331	1169562
4	赛轮集团股份有限公司	601058	2190221	133179	2963221	1221911
5	鲁泰纺织股份有限公司	000726	693834	96386	1335109	901415
6	山推工程机械股份有限公司	000680	999783	63173	1152316	489188
7	青岛国恩科技股份有限公司	002768	1340643	66310	1275311	407210
8	青岛港国际股份有限公司	601298	1926276	452517	5747591	3739974
9	索通发展股份有限公司	603612	1940058	90519	1735406	544899
10	烟台杰瑞石油服务集团股份有限公司	002353	1140901	224494	2922582	1726631
11	东方电子股份有限公司	000682	546025	43842	956371	414897
12	青岛东方铁塔股份有限公司	002545	361610	82450	1303617	845659
13	景津装备股份有限公司	603279	568214	83391	797661	401457
14	鲁银投资集团股份有限公司	600784	378898	32445	523767	263636
15	浪潮电子信息产业股份有限公司	000977	6952545	208035	4101342	1726448
16	中际旭创股份有限公司	300308	964179	122399	1655698	1194521
17	山东潍坊润丰化工股份有限公司	301035	1446017	141323	1159887	618426
18	山东豪迈机械科技股份有限公司	002595	664222	120020	859223	733770
19	山东南山智尚科技股份有限公司	300918	163374	18672	320390	180661
20	海信视像科技股份有限公司	600060	4573812	167910	3575955	1755155
21	山东新巨丰科技包装股份有限公司	301296	160796	16952	287461	237046
22	山东鲁阳节能材料股份有限公司	002088	336998	58234	391526	288048
23	山东省药用玻璃股份有限公司	600529	418727	61828	878425	696167
24	烟台北方安德利果汁股份有限公司	605198	106542	19434	260981	236940
25	山东阳谷华泰化工股份有限公司	300121	351719	51537	354125	277929
26	山东登海种业股份有限公司	002041	132579	25322	462768	331377
27	山东高速路桥集团股份有限公司	000498	6501893	250463	10305001	1570965
山西						
1	山西杏花村汾酒厂股份有限公司	600809	2621386	809585	3668647	2132084
2	山西焦化股份有限公司	600740	1207458	258195	2345708	1445224
3	山西通宝能源股份有限公司	600780	1111845	85414	1003157	662086

续表

序号	企业名称	股票代码	营业收入（万元）	利润（万元）	资产（万元）	所有者权益（万元）
陕西						
1	隆基绿能科技股份有限公司	601012	12899811	1481157	13955559	6214678
2	杨凌美畅新材料股份有限公司	300861	365824	147291	675746	509019
3	西安三角防务股份有限公司	300775	187649	62467	697068	470128
4	陕西省天然气股份有限公司	002267	850566	61635	1299798	631357
5	陕西省国际信托股份有限公司	000563	192591	83798	2280027	1621771
6	三人行传媒集团股份有限公司	605168	565298	73636	530748	257759
7	陕西华秦科技实业股份有限公司	688281	67239	33341	421938	380422
8	三达膜环境技术股份有限公司	688101	125916	21790	529891	354857
9	西安蓝晓科技新材料股份有限公司	300487	192008	53751	456261	272216
10	西部超导材料科技股份有限公司	688122	422717	107999	1130586	599653
11	金堆城钼业股份有限公司	601958	953128	133474	1580550	1315469
上海						
1	中芯国际集成电路制造有限公司	688981	4951608	1213307	30510369	13337192
2	上海国际港务（集团）股份有限公司	600018	3727980	1722391	18180170	11232740
3	上海汽车集团股份有限公司	600104	74406288	1611754	99010738	27923352
4	上海宝立食品科技股份有限公司	603170	203678	21536	153148	112798
5	中电科数字技术股份有限公司	600850	987152	52000	1112148	412420
6	宝山钢铁股份有限公司	600019	36777800	1218700	39824900	19462300
7	上海派能能源科技股份有限公司	688063	601317	127272	808953	430996
8	上海宝信软件股份有限公司	600845	1314988	218588	1958103	994256
9	上海汉得信息技术股份有限公司	300170	300688	43777	581635	395978
10	东富龙科技集团股份有限公司	300171	546942	84656	1337696	744256
11	聚辰半导体股份有限公司	688123	98043	35377	205737	191572
12	澜起科技股份有限公司	688008	367225	129937	1068604	991218
13	上海丛麟环保科技股份有限公司	688370	73315	17497	375057	285659
14	网宿科技股份有限公司	300017	508422	19059	1050275	901912
15	东方财富信息股份有限公司	300059	1248557	850946	21188073	6516466
16	环旭电子股份有限公司	601231	6851607	305996	3857446	1574939
17	交通银行股份有限公司	601328	27297800	9214900	1299241900	102340900
18	老凤祥股份有限公司	600612	6301014	170034	2600484	1012806
19	上海璞泰来新能源科技股份有限公司	603659	1546390	310443	3569730	1345692

续表

序号	企业名称	股票代码	营业收入（万元）	利润（万元）	资产（万元）	所有者权益（万元）
20	上海万业企业股份有限公司	600641	115757	42357	976217	831302
21	晶晨半导体（上海）股份有限公司	688099	554491	72666	586507	489361
22	安集微电子科技（上海）股份有限公司	688019	107678	30143	204760	152154
23	上海紫江企业集团股份有限公司	600210	960794	60319	1207674	551044
24	钜泉光电科技（上海）股份有限公司	688391	70990	20005	218787	199815
25	上海移远通信技术股份有限公司	603236	1423024	62281	1027317	372024
26	密尔克卫化工供应链服务股份有限公司	603713	1157561	60536	951068	378893
27	上海机电股份有限公司	600835	2356952	98147	3750664	1295350
28	上海华峰铝业股份有限公司	601702	854476	66577	628500	373253
29	上海富瀚微电子股份有限公司	300613	211057	39812	344759	227011
30	东方航空物流股份有限公司	601156	2347037	363681	2606781	1352331
31	上海钢联电子商务股份有限公司	300226	7656664	20312	1384817	174839
32	上海水星家用纺织品股份有限公司	603365	366375	27825	353561	276723
33	上海中谷物流股份有限公司	603565	1420891	274138	2013042	930361
34	上海振华重工（集团）股份有限公司	600320	3019179	37193	7821316	1516847
35	上海梅林正广和股份有限公司	600073	2498730	50277	1579286	484580
36	华域汽车系统股份有限公司	600741	15826790	720312	16279693	5296835
37	上海华测导航技术股份有限公司	300627	223624	36111	401755	253253
38	中国海诚工程科技股份有限公司	002116	571962	20709	606091	164839
四川						
1	通威股份有限公司	600438	14242251	2572644	14524379	6079726
2	四川川投能源股份有限公司	600674	142041	351526	5471381	3381682
3	成都市兴蓉环境股份有限公司	000598	762967	161782	3833860	1477779
4	千禾味业食品股份有限公司	603027	243647	34395	317159	235302
5	四川雅化实业集团股份有限公司	002497	1445683	453825	1464622	1089082
6	国网信息通信股份有限公司	600131	761510	80158	1203230	573408
7	四川天味食品集团股份有限公司	603317	269071	34170	482172	402010
8	成都新易盛通信技术股份有限公司	300502	331057	90358	587606	482916
9	四川福蓉科技股份公司	603327	225386	39125	243421	187331
10	创维数字股份有限公司	000810	1200858	82303	1081008	599963
11	四川路桥建设集团股份有限公司	600039	13515116	1121290	20829873	4179419
12	成都燃气集团股份有限公司	603053	483544	49154	719937	415275

续表

序号	企业名称	股票代码	营业收入（万元）	利润（万元）	资产（万元）	所有者权益（万元）
13	利尔化学股份有限公司	002258	1013614	181248	1286634	726966
14	中电科网络安全科技股份有限公司	002268	343803	30663	756674	523486
15	攀钢集团钒钛资源股份有限公司	000629	1508754	134421	1193299	879457
16	成都云图控股股份有限公司	002539	2050177	149194	1870479	768001
17	中建环能科技股份有限公司	300425	171959	19162	414587	216492
18	成都振芯科技股份有限公司	300101	118236	30011	260587	152835
19	成都银行股份有限公司	601838	2024131	1004237	91765030	6134271
20	四川英杰电气股份有限公司	300820	128257	33908	286752	150984
21	四川天邑康和通信股份有限公司	300504	299243	19343	312720	220940
天津						
1	中海油田服务股份有限公司	601808	3565890	235260	7718410	3933130
2	海洋石油工程股份有限公司	600583	2935836	145740	4263867	2370298
3	爱玛科技集团股份有限公司	603529	2080221	187343	1847135	672117
4	TCL 中环新能源科技股份有限公司	002129	6701015	681865	10913376	3761769
5	天津九安医疗电子股份有限公司	002432	2631536	1603016	2173064	1955421
6	曙光信息产业股份有限公司	603019	1300795	154421	3181017	1701738
7	天士力医药集团股份有限公司	600535	859319	856238	1643026	1240491
8	国机汽车股份有限公司	600335	3956911	31857	3250992	1123950
9	天津七一二通信广播股份有限公司	603712	403962	77491	982334	430723
西藏						
1	梅花生物科技集团股份有限公司	600873	2793715	440631	2449022	1351613
新疆						
1	特变电工股份有限公司	600089	9588674	1588301	17033400	5769674
2	金风科技股份有限公司	002202	4643684	238343	13682237	3809507
3	新疆大全新能源股份有限公司	688303	3094030	1912087	5226488	4554157
4	中国石油集团工程股份有限公司	600339	8358962	72074	10705887	2546197
5	中粮糖业控股股份有限公司	600737	2643872	74365	1994061	1060784
6	新疆天润乳业股份有限公司	600419	240978	240207	393347	230894
7	中国石油集团资本股份有限公司	000617	3243144	491799	102377396	9558889
8	新疆雪峰科技（集团）股份有限公司	603227	690251	66579	834302	329449
云南						
1	云南恩捷新材料股份有限公司	002812	1259092	400046	3862273	1772620

续表

序号	企业名称	股票代码	营业收入（万元）	利润（万元）	资产（万元）	所有者权益（万元）
2	云南云天化股份有限公司	600096	7531329	602132	5322279	1636451
3	云南铜业股份有限公司	000878	13491529	180874	3996501	1321147
4	云南铝业股份有限公司	000807	4846302	456864	3905947	2235106
5	云南能源投资股份有限公司	002053	234799	29160	1336325	654773
6	贵研铂业股份有限公司	600459	4075865	40698	1307541	593828
7	云南神农农业产业集团股份有限公司	605296	330448	25538	546926	467884
浙江						
1	浙江正泰电器股份有限公司	601877	4597433	402326	10433442	3634081
2	物产中大集团股份有限公司	600704	57655134	391096	14505087	3374317
3	宁波兴瑞电子科技股份有限公司	002937	176713	21889	190531	125607
4	杭叉集团股份有限公司	603298	1441241	98775	1169357	627934
5	杭州海康威视数字技术股份有限公司	002415	8316632	1283734	11923328	6838915
6	雅戈尔集团股份有限公司	600177	1482120	506752	7777707	3793068
7	浙江交通科技股份有限公司	002061	4646958	157821	5837900	1319972
8	中国巨石股份有限公司	600176	2019222	661001	4863367	2759766
9	浙江伟明环保股份有限公司	603568	444614	165319	2022377	928940
10	浙商中拓集团股份有限公司	000906	19360475	100252	2607139	528229
11	浙江新澳纺织股份有限公司	603889	394987	38972	464604	295710
12	钱江水利开发股份有限公司	600283	182736	17242	689385	220070
13	顾家家居股份有限公司	603816	1801044	181204	1610563	888135
14	宁波舟山港股份有限公司	601018	2570417	422012	10887962	7195985
15	浙江晶盛机电股份有限公司	300316	1063831	292364	2888665	1077328
16	浙江嘉欣丝绸股份有限公司	002404	432122	23035	345941	196445
17	银都餐饮设备股份有限公司	603277	266285	44896	344168	253122
18	永泰运化工物流股份有限公司	001228	301190	29411	218870	163457
19	浙矿重工股份有限公司	300837	69480	18655	159913	122673
20	永兴特种材料科技股份有限公司	002756	1557873	631974	1542337	1227896
21	百隆东方股份有限公司	601339	698906	156271	1620645	1005331
22	浙江海象新材料股份有限公司	003011	189449	21284	248450	145914
23	宁波江丰电子材料股份有限公司	300666	232387	26520	508522	400325
24	浙江航民股份有限公司	600987	957030	65778	817478	580637
25	盛泰智造集团股份有限公司	605138	596626	37608	734182	253866

续表

序号	企业名称	股票代码	营业收入（万元）	利润（万元）	资产（万元）	所有者权益（万元）
26	博创科技股份有限公司	300548	146671	19422	22758	169043
27	杭州华旺新材料科技股份有限公司	605377	343640	46733	551965	360778
28	永艺家具股份有限公司	603600	405528	33521	298713	175992
29	天通控股股份有限公司	600330	450771	66942	1088705	779670
30	杭州巨星科技股份有限公司	002444	1261018	141955	1857955	1339794
31	杭州长川科技股份有限公司	300604	257652	46108	469126	227699
32	浙江伟星实业发展股份有限公司	002003	362806	48888	477316	289521
33	浙江天振科技股份有限公司	301356	296734	37915	408429	343291
34	浙江三花智能控制股份有限公司	002050	2134754	257334	2796121	1294131
35	宁波德业科技股份有限公司	605117	595551	151740	850748	406252
36	浙江伟星新型建材股份有限公司	002372	695364	129748	693878	532704
37	浙江东方金融控股集团股份有限公司	600120	1881155	94672	3692235	1552254
38	浙江天铁实业股份有限公司	300587	172042	41023	512306	298335
39	浙江华铁应急设备科技股份有限公司	603300	327819	64129	1441238	457672
40	天能电池集团股份有限公司	688819	4188237	190818	3237756	1367568
41	横店集团东磁股份有限公司	002056	1945063	166926	1760989	775013
42	浙江新安化工集团股份有限公司	600596	2180274	295458	1924528	1154526
43	浙江巨化股份有限公司	600160	2148912	238073	2262669	1546838
44	三维控股集团股份有限公司	603033	387292	23237	747250	329341
45	韵达控股股份有限公司	002120	4743373	148307	3807251	1697626
46	斯达半导体股份有限公司	603290	270549	81764	712775	573787
47	中控技术股份有限公司	688777	662385	79792	1306262	525793
48	宁波容百新能源科技股份有限公司	688005	3012299	135322	2566004	696467
49	旺能环境股份有限公司	002034	334991	72179	1449288	607678
50	万凯新材料股份有限公司	301216	1938604	92687	1158465	559340
51	宁波长鸿高分子科技股份有限公司	605008	237175	18045	381012	200385
52	锦浪科技股份有限公司	300763	588960	105996	1492486	424619
53	公牛集团股份有限公司	603195	1408137	318861	1665049	1239886
54	昱能科技股份有限公司	688348	133839	36053	495841	371880
55	恒林家居股份有限公司	603661	651492	35286	879303	327897
56	浙富控股集团股份有限公司	002266	1677979	146663	2462093	1061466
57	杭州安旭生物科技股份有限公司	688075	616588	304467	694168	542193

续表

序号	企业名称	股票代码	营业收入（万元）	利润（万元）	资产（万元）	所有者权益（万元）
58	珀莱雅化妆品股份有限公司	603605	638545	81740	577807	352448
59	森林包装集团股份有限公司	605500	270138	269878	275282	234208
60	浙江中国轻纺城集团股份有限公司	600790	82018	118684	1045812	622861
61	乐歌人体工学科技股份有限公司	300729	320830	21872	598872	245259
62	福莱特玻璃集团股份有限公司	601865	1546084	212278	3238172	1403244
63	宁波银行股份有限公司	002142	5787900	2539200	236609700	16852600
64	浙报数字文化集团股份有限公司	600633	518636	48969	1219955	927705
65	浙江大华技术股份有限公司	002236	3056537	232435	4625289	2583679
66	杭州炬华科技股份有限公司	300360	150631	47207	403777	305807
67	浙江鼎力机械股份有限公司	603338	544515	125723	1180180	706518
68	浙江大自然户外用品股份有限公司	605080	94580	21297	199036	178701
69	浙江越剑智能装备股份有限公司	603095	126445	45010	320998	254932
70	宁波三星医疗电气股份有限公司	601567	909820	94811	1622771	950553
71	浙江水晶光电科技股份有限公司	002273	437551	57617	1027860	814669
重庆						
1	重庆水务集团股份有限公司	601158	777887	190908	3195752	1707303
2	重庆望变电气（集团）股份有限公司	603191	252647	29811	350651	226658
3	中节能太阳能股份有限公司	000591	923638	138653	4649990	2182496
4	重庆顺博铝合金股份有限公司	002996	1106630	589903	245569	245569

六、2023 中国上市公司信用 500 强行业分布

序号	企业名称	股票代码	营业收入（万元）	利润（万元）	资产（万元）	所有者权益（万元）
农副食品及农产品加工业						
1	梅花生物科技集团股份有限公司	600873	2793715	440631	2449022	1351613
2	广东海大集团股份有限公司	002311	10471541	295414	4423778	1782490
3	雪天盐业集团股份有限公司	600929	644073	76918	934582	621452
4	禾丰食品股份有限公司	603609	3281175	51353	1539331	723656
5	洽洽食品股份有限公司	002557	688336	97599	854730	526872
食品（含饮料、乳制品、肉食品等）加工制造业						
1	河南双汇投资发展股份有限公司	000895	6257563	562088	3641197	2185280
2	内蒙古伊利实业集团股份有限公司	600887	12269800	943106	13096530	5026788
3	佛山市海天调味食品股份有限公司	603288	2560965	619771	3405917	2639767
4	上海宝立食品科技股份有限公司	603170	203678	21536	153148	112798
5	安井食品集团股份有限公司	603345	1218266	110102	1619358	1167928
6	千禾味业食品股份有限公司	603027	243647	34395	317159	235302
7	石药创新制药股份有限公司	300765	262648	72627	458403	393560
8	江苏苏盐井神股份有限公司	603299	596909	80392	972175	505320
9	安琪酵母股份有限公司	600298	1284329	132122	1692962	925743
10	盐津铺子食品股份有限公司	002847	289352	30149	245474	113489
11	三全食品股份有限公司	002216	743429	80090	753088	387991
12	承德露露股份公司	000848	269202	60189	381273	275856
13	四川天味食品集团股份有限公司	603317	269071	34170	482172	402010
14	桂林莱茵生物科技股份有限公司	002166	140073	17874	445536	306475
15	中粮糖业控股股份有限公司	600737	2643872	74365	1994061	1060784
16	新疆天润乳业股份有限公司	600419	240978	240207	393347	230894
17	晨光生物科技集团股份有限公司	300138	629587	43403	692373	316481
18	东鹏饮料（集团）股份有限公司	605499	850538	144052	1186964	506429
19	云南能源投资股份有限公司	002053	234799	29160	1336325	654773
20	烟台北方安德利果汁股份有限公司	605198	106542	19434	260981	236940

续表

序号	企业名称	股票代码	营业收入（万元）	利润（万元）	资产（万元）	所有者权益（万元）
21	上海梅林正广和股份有限公司	600073	2498730	50277	1579286	484580
22	广西粤桂广业控股股份有限公司	000833	341676	29544	541884	330936
23	欢乐家食品集团股份有限公司	300997	159595	20339	199062	133965
24	良品铺子股份有限公司	603719	943961	33547	503585	239880
酿酒制造业						
1	贵州茅台酒股份有限公司	600519	12409984	6271644	25436480	19750667
2	山西杏花村汾酒厂股份有限公司	600809	2621386	809585	3668647	2132084
纺织、印染业						
1	浙江新澳纺织股份有限公司	603889	394987	38972	464604	295710
2	百隆东方股份有限公司	601339	698906	156271	1620645	1005331
3	浙江航民股份有限公司	600987	957030	65778	817478	580637
4	上海水星家用纺织品股份有限公司	603365	366375	27825	353561	276723
纺织品、服装、服饰、鞋帽、皮革加工业						
1	鲁泰纺织股份有限公司	000726	693834	96386	1335109	901415
2	雅戈尔集团股份有限公司	600177	1482120	506752	7777707	3793068
3	中山华利实业集团股份有限公司	300979	2056926	322802	1711027	1319543
4	内蒙古鄂尔多斯资源股份有限公司	600295	3639342	473247	4777289	2042402
5	浙江嘉欣丝绸股份有限公司	002404	432122	23035	345941	196445
6	比音勒芬服饰股份有限公司	002832	288484	72759	557888	413003
7	盛泰智造集团股份有限公司	605138	596626	37608	734182	253866
8	浙江伟星实业发展股份有限公司	002003	362806	48888	477316	289521
9	海澜之家集团股份有限公司	600398	1856174	215527	3274866	1460128
10	山东南山智尚科技股份有限公司	300918	163374	18672	320390	180661
11	深圳市富安娜家居用品股份有限公司	002327	307959	53382	467294	376881
12	浙江大自然户外用品股份有限公司	605080	94580	21297	199036	178701
造纸及纸制品（含木材、藤、竹、家具等）加工、印刷、包装业						
1	山东太阳纸业股份有限公司	002078	3976692	280876	4801396	2308402
2	欧派家居集团股份有限公司	603833	2247950	268842	2861100	1650814
3	云南恩捷新材料股份有限公司	002812	1259092	400046	3862273	1772620
4	黄山永新股份有限公司	002014	330413	36282	357275	227871
5	顾家家居股份有限公司	603816	1801044	181204	1610563	888135
6	广东冠豪高新技术股份有限公司	600433	808597	38710	989920	528786

续表

序号	企业名称	股票代码	营业收入（万元）	利润（万元）	资产（万元）	所有者权益（万元）
7	索菲亚家居股份有限公司	002572	1122254	106430	1205681	578239
8	志邦家居股份有限公司	603801	538877	53671	577742	287861
9	杭州华旺新材料科技股份有限公司	605377	343640	46733	551965	360778
10	永艺家具股份有限公司	603600	405528	33521	298713	175992
11	岳阳林纸股份有限公司	600963	978149	61556	1662071	919643
12	上海紫江企业集团股份有限公司	600210	960794	60319	1207674	551044
13	安徽集友新材料股份有限公司	603429	82789	16691	187873	142433
14	山东新巨丰科技包装股份有限公司	301296	160796	16952	287461	237046
15	恒林家居股份有限公司	603661	651492	35286	879303	327897
16	森林包装集团股份有限公司	605500	270138	269878	275282	234208
17	乐歌人体工学科技股份有限公司	300729	320830	21872	598872	245259
18	福建省青山纸业股份有限公司	600103	292098	20773	582382	386461
生活用品（含文体、玩具、工艺品、珠宝）等轻工产品加工制造业						
1	老凤祥股份有限公司	600612	6301014	170034	2600484	1012806
2	周大生珠宝股份有限公司	002867	1111808	109059	760725	604224
3	中国黄金集团黄金珠宝股份有限公司	600916	4712426	76533	1163027	691788
石化产品、炼焦及其他燃料生产加工业						
1	中国石油化工股份有限公司	600028	331816800	6630200	194864000	78557700
2	山西焦化股份有限公司	600740	1207458	258195	2345708	1445224
化学原料及化学制品（含精细化工、日化、肥料等）制造业						
1	云南云天化股份有限公司	600096	7531329	602132	5322279	1636451
2	青海盐湖工业股份有限公司	000792	3074785	1556459	4198283	2518881
3	四川雅化实业集团股份有限公司	002497	1445683	453825	1464622	1089082
4	广州天赐高新材料股份有限公司	002709	2231693	571443	2553092	1254596
5	新乡市瑞丰新材料股份有限公司	300910	304623	58813	339639	273895
6	江苏扬农化工股份有限公司	600486	1581075	179421	1479346	853496
7	湖北兴发化工集团股份有限公司	600141	3031065	585178	4161249	2029959
8	山东潍坊润丰化工股份有限公司	301035	1446017	141323	1159887	618426
9	浙江新安化工集团股份有限公司	600596	2180274	295458	1924528	1154526
10	利尔化学股份有限公司	002258	1013614	181248	1286634	726966
11	浙江巨化股份有限公司	600160	2148912	238073	2262669	1546838
12	万凯新材料股份有限公司	301216	1938604	92687	1158465	559340

续表

序号	企业名称	股票代码	营业收入（万元）	利润（万元）	资产（万元）	所有者权益（万元）
13	江苏龙蟠科技股份有限公司	603906	1407164	75292	1469067	472264
14	新疆雪峰科技（集团）股份有限公司	603227	690251	66579	834302	329449
15	湖北江瀚新材料股份有限公司	603281	331172	104001	294818	238655
16	安徽广信农化股份有限公司	603599	906237	231566	1385151	867821
17	安徽安纳达钛业股份有限公司	002136	271426	26821	191168	115795
18	中盐内蒙古化工股份有限公司	600328	1816251	186392	1991369	1117436
19	珀莱雅化妆品股份有限公司	603605	638545	81740	577807	352448
20	成都云图控股股份有限公司	002539	2050177	149194	1870479	768001
21	西安蓝晓科技新材料股份有限公司	300487	192008	53751	456261	272216
22	山东阳谷华泰化工股份有限公司	300121	351719	51537	354125	277929
23	深圳新宙邦科技股份有限公司	300037	966071	175839	1539511	836354
医药、生物制药、医疗设备制造业						
1	天津九安医疗电子股份有限公司	002432	2631536	1603016	2173064	1955421
2	天士力医药集团股份有限公司	600535	859319	856238	1643026	1240491
3	杭州安旭生物科技股份有限公司	688075	616588	304467	694168	542193
橡胶、塑料制品及其他新材料制造业						
1	金发科技股份有限公司	600143	4041233	199189	5542866	1652927
2	三角轮胎股份有限公司	601163	922012	73764	1769331	1169562
3	宁波兴瑞电子科技股份有限公司	002937	176713	21889	190531	125607
4	赛轮集团股份有限公司	601058	2190221	133179	2963221	1221911
5	青岛国恩科技股份有限公司	002768	1340643	66310	1275311	407210
6	厦门瑞尔特卫浴科技股份有限公司	002790	195958	21094	243023	193463
7	贵州轮胎股份有限公司	000589	843986	42878	1576157	645007
8	浙江海象新材料股份有限公司	003011	189449	21284	248450	145914
9	确成硅化学股份有限公司	605183	174647	38046	308868	265780
10	江苏共创人造草坪股份有限公司	605099	247075	44703	283044	228932
11	浙江天振科技股份有限公司	301356	296734	37915	408429	343291
12	浙江天铁实业股份有限公司	300587	172042	41023	512306	298335
13	三维控股集团股份有限公司	603033	387292	23237	747250	329341
14	宁波长鸿高分子科技股份有限公司	605008	237175	18045	381012	200385
15	安徽国风新材料股份有限公司	000859	246037	22971	368024	290767
建筑材料、玻璃等制造业及非金属矿物制品业						
1	福耀玻璃工业集团股份有限公司	600660	2809875	475559	5076749	2900300

续表

序号	企业名称	股票代码	营业收入（万元）	利润（万元）	资产（万元）	所有者权益（万元）
2	中国巨石股份有限公司	600176	2019222	661001	4863367	2759766
3	石家庄尚太科技股份有限公司	001301	478184	128945	887003	519672
4	河南省力量钻石股份有限公司	301071	90627	46024	620565	525593
5	湖北菲利华石英玻璃股份有限公司	300395	171936	48873	432415	300637
6	中材科技股份有限公司	002080	2210895	351115	4688855	1727420
7	浙江伟星新型建材股份有限公司	002372	695364	129748	693878	532704
8	北新集团建材股份有限公司	000786	1993431	313639	2860453	2095571
9	江苏秀强玻璃工艺股份有限公司	300160	150705	18412	277383	224400
10	陕西华秦科技实业股份有限公司	688281	67239	33341	421938	380422
11	凯盛新能源股份有限公司	600876	503011	500634	1056590	423243
12	湖南华联瓷业股份有限公司	001216	137990	17084	187261	145943
13	山东鲁阳节能材料股份有限公司	002088	336998	58234	391526	288048
14	山东省药用玻璃股份有限公司	600529	418727	61828	878425	696167
15	福莱特玻璃集团股份有限公司	601865	1546084	212278	3238172	1403244
16	江苏联瑞新材料股份有限公司	688300	66195	18824	153762	123003
黑色冶金及压延加工业						
1	北京首钢股份有限公司	000959	11814218	112454	14317344	4794767
2	宝山钢铁股份有限公司	600019	36777800	1218700	39824900	19462300
3	永兴特种材料科技股份有限公司	002756	1557873	631974	1542337	1227896
4	中信泰富特钢集团股份有限公司	000708	9834470	710538	9077461	3627719
5	江苏常宝钢管股份有限公司	002478	622336	47103	733539	457947
6	攀钢集团钒钛资源股份有限公司	000629	1508754	134421	1193299	879457
7	湖南华菱钢铁股份有限公司	000932	16809851	637855	11968994	4993903
一般有色冶金及压延加工业						
1	中国北方稀土（集团）高科技股份有限公司	600111	3726003	598364	3664524	1983068
2	中国铝业股份有限公司	601600	29098794	419192	21234803	5440301
3	云南铜业股份有限公司	000878	13491529	180874	3996501	1321147
4	西安三角防务股份有限公司	300775	187649	62467	697068	470128
5	云南铝业股份有限公司	000807	4846302	456864	3905947	2235106
6	江苏图南合金股份有限公司	300855	103237	25479	188638	148813
7	重庆顺博铝合金股份有限公司	002996	1106630	589903	245569	245569
8	江西金力永磁科技股份有限公司	300748	716518	70268	1122045	678485

续表

序号	企业名称	股票代码	营业收入（万元）	利润（万元）	资产（万元）	所有者权益（万元）
9	深圳市中金岭南有色金属股份有限公司	000060	5533945	121228	3265219	1475650
10	上海华峰铝业股份有限公司	601702	854476	66577	628500	373253
11	西部超导材料科技股份有限公司	688122	422717	107999	1130586	599653
12	贵研铂业股份有限公司	600459	4075865	40698	1307541	593828
13	金堆城钼业股份有限公司	601958	953128	133474	1580550	1315469
14	铜陵有色金属集团股份有限公司	000630	12184546	273036	6143572	2536238
15	厦门钨业股份有限公司	600549	4822278	144618	3979877	999050
金属制品、加工工具、工业辅助产品加工及金属新材料制造业						
1	杨凌美畅新材料股份有限公司	300861	365824	147291	675746	509019
2	青岛东方铁塔股份有限公司	002545	361610	82450	1303617	845659
3	杭州巨星科技股份有限公司	002444	1261018	141955	1857955	1339794
4	昆山新莱洁净应用材料股份有限公司	300260	262006	34479	368159	159695
5	深圳市科达利实业股份有限公司	002850	865350	90118	1417423	572990
6	株洲欧科亿数控精密刀具股份有限公司	688308	105532	24208	317254	246754
工程机械、设备和特种装备（含电梯、仓储设备）及零配件制造业						
1	中铁高新工业股份有限公司	600528	2881709	186712	5350783	2392521
2	杭叉集团股份有限公司	603298	1441241	98775	1169357	627934
3	苏州斯莱克精密设备股份有限公司	300382	173131	22591	409016	239785
4	徐工集团工程机械股份有限公司	000425	9381712	430709	17508559	5325396
5	山推工程机械股份有限公司	000680	999783	63173	1152316	489188
6	中信重工机械股份有限公司	601608	882699	14551	1950246	763456
7	科达制造股份有限公司	600499	1115719	425093	2115242	1138847
8	索通发展股份有限公司	603612	1940058	90519	1735406	544899
9	东富龙科技集团股份有限公司	300171	546942	84656	1337696	744256
10	金风科技股份有限公司	002202	4643684	238343	13682237	3809507
11	深圳市汇川技术股份有限公司	300124	2300831	431976	3921161	1981588
12	浙江晶盛机电股份有限公司	300316	1063831	292364	2888665	1077328
13	银都餐饮设备股份有限公司	603277	266285	44896	344168	253122
14	浙矿重工股份有限公司	300837	69480	18655	159913	122673
15	中兵红箭股份有限公司	000519	671359	81907	1500319	975174
16	安徽合力股份有限公司	600761	1567314	90414	1477363	677414
17	湖北京山轻工机械股份有限公司	000821	486770	30193	996400	329716

续表

序号	企业名称	股票代码	营业收入（万元）	利润（万元）	资产（万元）	所有者权益（万元）
18	无锡化工装备股份有限公司	001332	116956	23050	294380	212344
19	景津装备股份有限公司	603279	568214	83391	797661	401457
20	广东奥普特科技股份有限公司	688686	114095	32486	295840	277891
21	楚天科技股份有限公司	300358	644555	56744	1104751	421385
22	法兰泰克重工股份有限公司	603966	187039	20326	326579	144174
23	南兴装备股份有限公司	002757	296032	29034	392144	240288
24	安徽应流机电股份有限公司	603308	219770	40168	989944	427212
25	浙富控股集团股份有限公司	002266	1677979	146663	2462093	1061466
26	中建环能科技股份有限公司	300425	171959	19162	414587	216492
27	上海振华重工（集团）股份有限公司	600320	3019179	37193	7821316	1516847
28	金鹰重型工程机械股份有限公司	301048	262226	30221	464583	220970
29	宇通重工股份有限公司	600817	358528	38561	473071	242981
30	浙江越剑智能装备股份有限公司	603095	126445	45010	320998	254932
通用机械设备和专用机械设备及零配件制造业						
1	郑州煤矿机械集团股份有限公司	601717	3204331	253823	4430117	1780726
2	双良节能系统股份有限公司	600481	1447635	95602	2194339	682869
3	沈阳富创精密设备股份有限公司	688409	154446	24563	664047	464491
4	浙江三花智能控制股份有限公司	002050	2134754	257334	2796121	1294131
5	山东豪迈机械科技股份有限公司	002595	664222	120020	859223	733770
6	上海机电股份有限公司	600835	2356952	98147	3750664	1295350
7	浙江鼎力机械股份有限公司	603338	544515	125723	1180180	706518
电力、电气等设备、机械、元器件及光伏、风能、电池、线缆制造业						
1	通威股份有限公司	600438	14242251	2572644	14524379	6079726
2	特变电工股份有限公司	600089	9588674	1588301	17033400	5769674
3	隆基绿能科技股份有限公司	601012	12899811	1481157	13955559	6214678
4	晶科能源股份有限公司	688223	8267607	293619	10563943	2669006
5	明阳智慧能源集团股份公司	601615	3074777	345460	6894022	2811371
6	天合光能股份有限公司	688599	8505179	368002	8997606	2633897
7	阳光电源股份有限公司	300274	4025723	359341	6162621	1866630
8	晶澳太阳能科技股份有限公司	002459	7298940	553286	7234862	2750470
9	格林美股份有限公司	002340	2939177	129588	4412960	1848386
10	江苏中天科技股份有限公司	600522	4027072	321380	4867017	2999681

续表

序号	企业名称	股票代码	营业收入（万元）	利润（万元）	资产（万元）	所有者权益（万元）
11	上海派能能源科技股份有限公司	688063	601317	127272	808953	430996
12	TCL 中环新能源科技股份有限公司	002129	6701015	681865	10913376	3761769
13	北京当升材料科技股份有限公司	300073	2126414	225859	2155547	2155547
14	深圳市星源材质科技股份有限公司	300568	288027	71927	1370118	843536
15	江苏太平洋石英股份有限公司	603688	200416	105219	368564	326413
16	重庆望变电气（集团）股份有限公司	603191	252647	29811	350651	226658
17	苏州瑞可达连接系统股份有限公司	688800	162514	25268	298286	188728
18	深圳市铭利达精密技术股份有限公司	301268	321895	40295	469019	221255
19	上海璞泰来新能源科技股份有限公司	603659	1546390	310443	3569730	1345692
20	固德威技术股份有限公司	688390	471023	64928	579874	225749
21	中航光电科技股份有限公司	002179	1583811	271712	3181073	1740121
22	中伟新材料股份有限公司	300919	3034374	154352	5387467	1652195
23	湖南长远锂科股份有限公司	688779	1797539	148949	1765720	812125
24	国轩高科股份有限公司	002074	2305170	31157	7262736	2351225
25	天能电池集团股份有限公司	688819	4188237	190818	3237756	1367568
26	横店集团东磁股份有限公司	002056	1945063	166926	1760989	775013
27	中节能太阳能股份有限公司	000591	923638	138653	4649990	2182496
28	无锡奥特维科技股份有限公司	688516	353964	71271	850844	257134
29	常州聚和新材料股份有限公司	688503	650421	39120	581127	454707
30	宁波容百新能源科技股份有限公司	688005	3012299	135322	2566004	696467
31	无锡先导智能装备股份有限公司	300450	1393235	231758	3290654	1112336
32	锦浪科技股份有限公司	300763	588960	105996	1492486	424619
33	公牛集团股份有限公司	603195	1408137	318861	1665049	1239886
34	昱能科技股份有限公司	688348	133839	36053	495841	371880
35	贵州振华风光半导体股份有限公司	688439	77887	30301	481673	419387
36	深南电路股份有限公司	002916	1399245	163973	2072654	1224940
37	深圳科士达科技股份有限公司	002518	440068	65647	622021	354667
38	深圳市盛弘电气股份有限公司	300693	150310	21271	226072	106242
39	江苏天奈科技股份有限公司	688116	184152	42420	406273	250609
40	四川英杰电气股份有限公司	300820	128257	33908	286752	150984
41	欣旺达电子股份有限公司	300207	3735872	106375	7449446	2005624
42	东莞市奥海科技股份有限公司	002993	446684	43767	705528	456949

续表

序号	企业名称	股票代码	营业收入（万元）	利润（万元）	资产（万元）	所有者权益（万元）
家用电器及零配件制造业						
1	珠海格力电器股份有限公司	000651	18898838	2450662	35502475	9675873
2	美的集团股份有限公司	000333	34391753	2955351	42255526	14293523
3	海尔智家股份有限公司	600690	24351356	1471092	23584225	9342264
4	宁波德业科技股份有限公司	605117	595551	151740	850748	406252
5	海信视像科技股份有限公司	600060	4573812	167910	3575955	1755155
6	深圳市康冠科技股份有限公司	001308	1158704	151559	989316	591972
7	江苏立霸实业股份有限公司	603519	141641	56457	184255	128431
8	海信家电集团股份有限公司	000921	7411515	143490	5537555	1151825
电子元器件与仪器仪表、自动化控制设备制造业						
1	中芯国际集成电路制造有限公司	688981	4951608	1213307	30510369	13337192
2	富士康工业互联网股份有限公司	601138	51184957	2007307	28418766	12897519
3	鹏鼎控股（深圳）股份有限公司	002938	3621097	501153	3880302	2793679
4	浙江正泰电器股份有限公司	601877	4597433	402326	10433442	3634081
5	江苏长电科技股份有限公司	600584	3376202	323098	3940773	2464273
6	圣邦微电子（北京）股份有限公司	300661	318754	87367	434341	346645
7	中国振华（集团）科技股份有限公司	000733	726686	238245	1356017	975598
8	紫光国芯微电子股份有限公司	002049	711990	263189	1532875	970307
9	蓝思科技股份有限公司	300433	4669854	244808	7834564	4417251
10	北方华创科技集团股份有限公司	002371	1468811	235272	4255139	1974606
11	南京国博电子股份有限公司	688375	346051	52058	832514	563554
12	青鸟消防股份有限公司	002960	460237	56963	805780	580139
13	东莞市鼎通精密科技股份有限公司	688668	83911	16846	201694	173116
14	扬州扬杰电子科技股份有限公司	300373	540353	106014	948323	615340
15	天通控股股份有限公司	600330	450771	66942	1088705	779670
16	深圳市铂科新材料股份有限公司	300811	106567	19306	224858	162909
17	杭州长川科技股份有限公司	300604	257652	46108	469126	227699
18	厦门法拉电子股份有限公司	600563	383621	100677	567048	408029
19	安集微电子科技（上海）股份有限公司	688019	107678	30143	204760	152154
20	海目星激光科技集团股份有限公司	688559	410541	38040	886949	204007
21	华工科技产业股份有限公司	000988	1201102	90608	1679271	823755
22	东莞怡合达自动化股份有限公司	301029	251482	50640	342597	266610

续表

序号	企业名称	股票代码	营业收入（万元）	利润（万元）	资产（万元）	所有者权益（万元）
23	苏州固锝电子股份有限公司	002079	326819	37085	341826	273130
24	斯达半导体股份有限公司	603290	270549	81764	712775	573787
25	中控技术股份有限公司	688777	662385	79792	1306262	525793
26	沪士电子股份有限公司	002463	833603	136157	250132	826689
27	上海富瀚微电子股份有限公司	300613	211057	39812	344759	227011
28	深圳市信维通信股份有限公司	300136	858991	64838	1219432	658257
29	四会富仕电子科技股份有限公司	300852	121895	22559	166973	123179
30	兆易创新科技集团股份有限公司	603986	812999	205256	1664506	1518553
31	广东和胜工业铝材股份有限公司	002824	299927	20459	304115	157080
32	成都振芯科技股份有限公司	300101	118236	30011	260587	152835
33	镇江东方电热科技股份有限公司	300217	381886	30173	723605	329441
34	深圳拓邦股份有限公司	002139	887509	58265	1036455	572852
35	北京华峰测控技术股份有限公司	688200	107055	52629	337135	313895
36	贵州航天电器股份有限公司	002025	601969	55544	996846	568343
37	杭州炬华科技股份有限公司	300360	150631	47207	403777	305807
38	深圳麦格米特电气股份有限公司	002851	547775	47269	845355	370395
39	深圳市英维克科技股份有限公司	002837	292318	28028	404233	211720
40	胜宏科技（惠州）股份有限公司	300476	788515	79064	1430377	693686
41	浙江水晶光电科技股份有限公司	002273	437551	57617	1027860	814669
计算机、通信器材、办公、影像等设备及零部件制造业						
1	中兴通讯股份有限公司	000063	12295442	808030	18095360	5864120
2	立讯精密工业股份有限公司	002475	21402839	916310	14838431	4534289
3	杭州海康威视数字技术股份有限公司	002415	8316632	1283734	11923328	6838915
4	锐捷网络股份有限公司	301165	1132595	54992	805081	429463
5	苏州东山精密制造股份有限公司	002384	3158014	236751	4053136	1635942
6	聚辰半导体股份有限公司	688123	98043	35377	205737	191572
7	广州视源电子科技股份有限公司	002841	2099026	207241	2014849	1194145
8	宁波江丰电子材料股份有限公司	300666	232387	26520	508522	400325
9	深圳朗特智能控制股份有限公司	300916	129133	18079	152108	114299
10	曙光信息产业股份有限公司	603019	1300795	154421	3181017	1701738
11	环旭电子股份有限公司	601231	6851607	305996	3857446	1574939
12	纳思达股份有限公司	002180	2585535	186289	4602863	1587370

续表

序号	企业名称	股票代码	营业收入（万元）	利润（万元）	资产（万元）	所有者权益（万元）
13	成都新易盛通信技术股份有限公司	300502	331057	90358	587606	482916
14	博创科技股份有限公司	300548	146671	19422	22758	169043
15	晶晨半导体（上海）股份有限公司	688099	554491	72666	586507	489361
16	福建星网锐捷通讯股份有限公司	002396	1574057	57605	1444610	607114
17	四川福蓉科技股份公司	603327	225386	39125	243421	187331
18	创维数字股份有限公司	000810	1200858	82303	1081008	599963
19	中际旭创股份有限公司	300308	964179	122399	1655698	1194521
20	宸展光电（厦门）股份有限公司	003019	181192	26077	185073	152134
21	无锡新洁能股份有限公司	605111	181094	43518	398949	336269
22	上海移远通信技术股份有限公司	603236	1423024	62281	1027317	372024
23	安福县海能实业股份有限公司	300787	238594	32598	270899	156157
24	北京星网宇达科技股份有限公司	002829	107438	21546	233831	132590
25	武汉凡谷电子技术股份有限公司	002194	207314	27626	344879	270799
26	凌云光技术股份有限公司	688400	274878	18753	500704	389094
27	烽火通信科技股份有限公司	600498	3091786	40579	3854593	1213222
28	京东方科技集团股份有限公司	000725	17841373	755087	42056210	13608941
29	武汉长江通信产业集团股份有限公司	600345	23185	18561	248410	218972
30	浙江大华技术股份有限公司	002236	3056537	232435	4625289	2583679
31	上海华测导航技术股份有限公司	300627	223624	36111	401755	253253
32	天津七一二通信广播股份有限公司	603712	403962	77491	982334	430723
33	四川天邑康和通信股份有限公司	300504	299243	19343	312720	220940
汽车及零配件制造业						
1	比亚迪股份有限公司	002594	42406063	1662244	49386064	11102929
2	上海汽车集团股份有限公司	600104	74406288	1611754	99010738	27923352
3	长城汽车股份有限公司	601633	13733998	826604	18535730	6520125
4	华域汽车系统股份有限公司	600741	15826790	720312	16279693	5296835
摩托车、自行车和其他交通运输设备及零配件制造业						
1	爱玛科技集团股份有限公司	603529	2080221	187343	1847135	672117
综合制造业（以制造业为主，含有服务业）						
1	北京中科三环高技术股份有限公司	000970	971580	84786	1171294	643650
2	广东领益智造股份有限公司	002600	3448467	159607	3619200	1716663
3	中国宝安集团股份有限公司	000009	3199872	115658	5229331	913381

续表

序号	企业名称	股票代码	营业收入（万元）	利润（万元）	资产（万元）	所有者权益（万元）
4	宁波三星医疗电气股份有限公司	601567	909820	94811	1622771	950553
能源（电、热、燃气等）供应、开发、节能减排及再循环服务业						
1	国电南瑞科技股份有限公司	600406	4682896	644618	7666555	4246609
2	河南蓝天燃气股份有限公司	605368	475370	59226	624745	366161
3	新奥天然气股份有限公司	600803	15404417	584391	13619744	1757812
4	广州发展集团股份有限公司	600098	4784958	135385	6196352	2423844
5	安徽省天然气开发股份有限公司	603689	592726	25830	600525	277253
6	佛燃能源集团股份有限公司	002911	1892310	65525	1479173	543301
7	龙岩卓越新能源股份有限公司	688196	434497	45172	298549	278380
8	湖南凯美特气体股份有限公司	002549	85210	16552	223625	123379
9	金宏气体股份有限公司	688106	196705	22912	473451	281233
10	陕西省天然气股份有限公司	002267	850566	61635	1299798	631357
11	成都燃气集团股份有限公司	603053	483544	49154	719937	415275
12	旺能环境股份有限公司	002034	334991	72179	1449288	607678
13	深圳市燃气集团股份有限公司	601139	3006156	163209	3820072	1314870
14	新天绿色能源股份有限公司	600956	1856052	229411	7740866	2046497
15	瀚蓝环境股份有限公司	600323	1287506	114634	3328777	1088319
水上运输业						
1	南京盛航海运股份有限公司	001205	86819	86819	16907	279760
港口服务业						
1	上海国际港务（集团）股份有限公司	600018	3727980	1722391	18180170	11232740
2	青岛港国际股份有限公司	601298	1926276	452517	5747591	3739974
3	宁波舟山港股份有限公司	601018	2570417	422012	10887962	7195985
4	招商局港口集团股份有限公司	001872	1623048	333744	19752553	5426714
电信、邮寄、速递等服务业						
1	中国移动有限公司	600941	93725900	12545900	190023800	126204800
2	中国电信股份有限公司	601728	47496724	2759342	80769815	43208928
3	圆通速递股份有限公司	600233	5353931	391967	3925732	2667269
4	韵达控股股份有限公司	002120	4743373	148307	3807251	1697626
软件、程序、计算机应用、网络工程等计算机、微电子服务业						
1	中国卫通集团股份有限公司	601698	273333	92073	2242811	1510711
2	中电科数字技术股份有限公司	600850	987152	52000	1112148	412420

续表

序号	企业名称	股票代码	营业收入（万元）	利润（万元）	资产（万元）	所有者权益（万元）
3	深圳市菲菱科思通信技术股份有限公司	301191	235225	19534	238652	157923
4	安克创新科技股份有限公司	300866	1425051	114300	1013198	684276
5	厦门亿联网络技术股份有限公司	300628	481055	217766	860685	789136
6	神州数码集团股份有限公司	000034	11588002	100440	4021604	760204
7	上海宝信软件股份有限公司	600845	1314988	218588	1958103	994256
8	广联达科技股份有限公司	002410	655235	96673	1154549	631174
9	上海汉得信息技术股份有限公司	300170	300688	43777	581635	395978
10	澜起科技股份有限公司	688008	367225	129937	1068604	991218
11	北京中科江南信息技术股份有限公司	301153	91285	25854	222634	154540
12	软通动力信息技术（集团）股份有限公司	301236	1910369	97332	1506270	1005837
13	北京金山办公软件股份有限公司	688111	388495	111752	1205767	872430
14	华润微电子有限公司	688396	1006012	261707	2645779	1998072
15	东方电子股份有限公司	000682	546025	43842	956371	414897
16	网宿科技股份有限公司	300017	508422	19059	1050275	901912
17	京北方信息技术股份有限公司	002987	367328	27703	270114	222306
18	航天信息股份有限公司	600271	1931407	107900	2368166	1414922
19	国网信息通信股份有限公司	600131	761510	80158	1203230	573408
20	福建博思软件股份有限公司	300525	191942	25440	324715	210752
21	北京华大九天科技股份有限公司	301269	79806	18550	539566	465208
22	广州海格通信集团股份有限公司	002465	561561	66819	1520797	1066145
23	中科创达软件股份有限公司	300496	544545	76877	1072120	906663
24	湖北盛天网络技术股份有限公司	300494	165823	22227	205880	154030
25	浪潮电子信息产业股份有限公司	000977	6952545	208035	4101342	1726448
26	北京神州泰岳软件股份有限公司	300002	480601	54188	581780	483503
27	润建股份有限公司	002929	815934	42413	1272895	433915
28	熵基科技股份有限公司	301330	191855	19223	365596	305746
29	中科星图股份有限公司	688568	157673	24274	464547	321301
30	钜泉光电科技（上海）股份有限公司	688391	70990	20005	218787	199815
31	紫光股份有限公司	000938	7405764	215792	7406300	3184110
32	彩讯科技股份有限公司	300634	119541	22504	287045	227864
33	深圳市今天国际物流技术股份有限公司	300532	241279	25794	466896	141029
34	广州赛意信息科技股份有限公司	300687	227111	24946	344850	241369

续表

序号	企业名称	股票代码	营业收入（万元）	利润（万元）	资产（万元）	所有者权益（万元）
35	远光软件股份有限公司	002063	212476	32264	392306	315119
36	北京数字政通科技股份有限公司	300075	152563	25460	474836	381724
37	东华软件股份公司	002065	1183333	40088	2222602	1114755
38	航天宏图信息技术股份有限公司	688066	245705	26405	596860	269569
39	东软集团股份有限公司	600718	946580	945191	1887213	923784
40	北京指南针科技发展股份有限公司	300803	125505	33840	426713	170112
41	天融信科技集团股份有限公司	002212	354300	20509	1198584	977868
物流、仓储、运输、配送及供应链服务业						
1	嘉友国际物流股份有限公司	603871	482945	68074	535632	415751
2	厦门建发股份有限公司	600153	83281200	628155	66475442	5847978
3	安通控股股份有限公司	600179	917642	234207	1290481	957509
4	永泰运化工物流股份有限公司	001228	301190	29411	218870	163457
5	厦门象屿股份有限公司	600057	53814806	263690	11505640	1709156
6	中国外运股份有限公司	601598	10881672	406826	7782577	3486603
7	密尔克卫化工供应链服务股份有限公司	603713	1157561	60536	951068	378893
8	东方航空物流股份有限公司	601156	2347037	363681	2606781	1352331
9	上海中谷物流股份有限公司	603565	1420891	274138	2013042	930361
能源、矿产、化工、机电、金属产品等内外商贸批发业						
1	新疆大全新能源股份有限公司	688303	3094030	1912087	5226488	4554157
综合性内外商贸及批发、零售业						
1	厦门国贸集团股份有限公司	600755	52191799	358899	11289655	3021807
2	物产中大集团股份有限公司	600704	57655134	391096	14505087	3374317
3	浙商中拓集团股份有限公司	000906	19360475	100252	2607139	528229
4	江苏国泰国际集团股份有限公司	002091	4275909	172449	3940551	1406726
5	浙江东方金融控股集团股份有限公司	600120	1881155	94672	3692235	1552254
汽车和摩托车商贸、维修保养及租赁业						
1	滁州多利汽车科技股份有限公司	001311	335500	44637	352797	186225
2	浙江华铁应急设备科技股份有限公司	603300	327819	64129	1441238	457672
3	国机汽车股份有限公司	600335	3956911	31857	3250992	1123950
银行业						
1	中国建设银行股份有限公司	601939	82247300	32386100	3460191700	285673300
2	中国工商银行股份有限公司	601398	91798900	36048300	3960965700	349517100

续表

序号	企业名称	股票代码	营业收入（万元）	利润（万元）	资产（万元）	所有者权益（万元）
3	中国农业银行股份有限公司	601288	72486800	25914000	3392753300	266841200
4	中国银行股份有限公司	601988	61800900	22743900	2891385700	242758900
5	兴业银行股份有限公司	601166	22237400	9137700	926667100	74618700
6	中国光大银行股份有限公司	601818	15163200	5596600	630051000	50788300
7	招商银行股份有限公司	600036	34478300	13801200	1013891200	94550300
8	平安银行股份有限公司	000001	17989500	4551600	532151400	43468000
9	交通银行股份有限公司	601328	27297800	9214900	1299241900	102340900
10	成都银行股份有限公司	601838	2024131	1004237	91765030	6134271
11	宁波银行股份有限公司	002142	5787900	2539200	236609700	16852600
12	中国邮政储蓄银行股份有限公司	601658	33495600	8522400	1338511600	82422500
证券及其他金融服务业						
1	中国国际金融股份有限公司	601995	2608736	759750	64876403	9947469
2	华泰证券股份有限公司	601688	3203156	1105269	84656701	16784870
3	东方财富信息股份有限公司	300059	1248557	850946	21188073	6516466
4	海南海德资本管理股份有限公司	000567	106288	70014	794176	515498
5	陕西省国际信托股份有限公司	000563	192591	83798	2280027	1621771
6	中国银河证券股份有限公司	601881	3364199	776054	62521572	10258971
7	中信建投证券股份有限公司	601066	2756519	750730	50995549	9324434
8	中国石油集团资本股份有限公司	000617	3243144	491799	102377396	9558889
9	广发证券股份有限公司	000776	2513201	792928	61725628	12014563
10	信达证券股份有限公司	601059	343776	122734	291870	1368247
公用事业、市政、水务、航道等公共设施投资、经营与管理业						
1	北京中科润宇环保科技股份有限公司	301175	159677	21214	648902	321191
2	四川川投能源股份有限公司	600674	142041	351526	5471381	3381682
3	北京首创股份有限公司	600008	2215732	315377	10488323	2732248
4	浙江伟明环保股份有限公司	603568	444614	165319	2022377	928940
5	重庆水务集团股份有限公司	601158	777887	190908	3195752	1707303
6	广东申菱环境系统股份有限公司	301018	222116	16626	361918	158636
7	成都市兴蓉环境股份有限公司	000598	762967	161782	3833860	1477779
8	安徽元琛环保科技股份有限公司	688659	57903	57903	127385	64288
9	钱江水利开发股份有限公司	600283	182736	17242	689385	220070
10	北京高能时代环境技术股份有限公司	603588	877423	69247	2266013	887812

续表

序号	企业名称	股票代码	营业收入（万元）	利润（万元）	资产（万元）	所有者权益（万元）
11	上海丛麟环保科技股份有限公司	688370	73315	17497	375057	285659
12	江西洪城环境股份有限公司	600461	777609	94562	2089944	710799
13	江苏江南水务股份有限公司	601199	126801	28042	585396	349104
14	武汉三镇实业控股股份有限公司	600168	289387	278447	2040104	509141
15	中山公用事业集团股份有限公司	000685	361922	107206	2549465	1567332
16	三达膜环境技术股份有限公司	688101	125916	21790	529891	354857
17	广东顺控发展股份有限公司	003039	131963	23828	459818	240038
18	广东联泰环保股份有限公司	603797	98163	26767	1006398	281255
科技研发、推广及地勘、规划、设计、评估、咨询、认证等承包服务业						
1	中海油田服务股份有限公司	601808	3565890	235260	7718410	3933130
2	海洋石油工程股份有限公司	600583	2935836	145740	4263867	2370298
3	谱尼测试集团股份有限公司	300887	376208	32080	457993	353860
4	中国石油集团工程股份有限公司	600339	8358962	72074	10705887	2546197
5	烟台杰瑞石油服务集团股份有限公司	002353	1140901	224494	2922582	1726631
6	中国化学工程股份有限公司	601117	15771622	541521	19456564	5288959
文化产业（书刊出版、印刷、发行与销售及影视、音像、文体、演艺等）						
1	江苏省广电有线信息网络股份有限公司	600959	750583	32691	3692652	2201916
2	浙报数字文化集团股份有限公司	600633	518636	48969	1219955	927705
信息、传媒、电子商务、网购、娱乐等互联网服务业						
1	恺英网络股份有限公司	002517	372553	102517	577644	447190
2	北京国联视讯信息技术股份有限公司	603613	4026897	112579	1283207	540901
3	三人行传媒集团股份有限公司	605168	565298	73636	530748	257759
4	中电科网络安全科技股份有限公司	002268	343803	30663	756674	523486
5	北京元隆雅图文化传播股份有限公司	002878	329046	16735	179547	101564
6	上海钢联电子商务股份有限公司	300226	7656664	20312	1384817	174839
7	嘉环科技股份有限公司	603206	393164	21354	452148	208426
8	广东南方新媒体股份有限公司	300770	142864	69132	438622	346888
9	新华网股份有限公司	603888	194057	24216	518109	328127
综合服务业（以服务业为主，含有制造业）						
1	浙江交通科技股份有限公司	002061	4646958	157821	5837900	1319972
2	金诚信矿业管理股份有限公司	603979	535485	60975	1127059	612843
3	苏美达股份有限公司	600710	14114458	91585	5298829	625694

续表

序号	企业名称	股票代码	营业收入（万元）	利润（万元）	资产（万元）	所有者权益（万元）
4	鲁银投资集团股份有限公司	600784	378898	32445	523767	263636
5	上海万业企业股份有限公司	600641	115757	42357	976217	831302
6	中电科普天科技股份有限公司	002544	707552	21339	982726	377120
7	南京高科股份有限公司	600064	448220	240237	3740368	1656337
8	广东广弘控股股份有限公司	000529	341790	91675	572523	301286
9	浙江中国轻纺城集团股份有限公司	600790	82018	118684	1045812	622861
10	黑牡丹（集团）股份有限公司	600510	1154541	61089	3149397	995508
农业、渔业、畜牧业及林业						
1	牧原食品股份有限公司	002714	12482621	1326615	19294761	7178335
2	福建圣农发展股份有限公司	002299	1681708	41089	1892333	993224
3	江苏省农垦农业发展股份有限公司	601952	1272729	82624	1459053	622738
4	黑龙江北大荒农业股份有限公司	600598	426157	97529	822809	718772
5	安徽荃银高科种业股份有限公司	300087	349054	23333	507810	171539
6	云南神农农业产业集团股份有限公司	605296	330448	25538	546926	467884
7	山东登海种业股份有限公司	002041	132579	25322	462768	331377
煤炭采掘及采选业						
1	中国神华能源股份有限公司	601088	34453300	9624700	62170100	39385400
2	甘肃能化股份有限公司	000552	1226134	316897	2718007	1289417
3	西部矿业股份有限公司	601168	3976248	344599	5281666	1614445
石油、天然气开采及生产业						
1	中国石油天然气股份有限公司	601857	32391600	24256400	267375100	136957600
建筑业						
1	中国建筑股份有限公司	601668	205505207	5095030	265290330	38432214
2	中国中铁股份有限公司	601390	115150111	3127581	161316584	30123046
3	中国冶金科工股份有限公司	601618	59266907	1027235	58538439	12110833
4	中国电力建设股份有限公司	601669	57164932	1143544	104007810	15186473
5	中国铁建股份有限公司	601186	109631286	2664209	152395105	29048398
6	四川路桥建设集团股份有限公司	600039	13515116	1121290	20829873	4179419
7	中国能源建设股份有限公司	601868	36639330	780934	66435112	10189366
8	中国中材国际工程股份有限公司	600970	3881925	219406	4378575	1455638
9	武汉东湖高新集团股份有限公司	600133	1398610	57863	349015	739682
10	中国海诚工程科技股份有限公司	002116	571962	20709	606091	164839

续表

序号	企业名称	股票代码	营业收入（万元）	利润（万元）	资产（万元）	所有者权益（万元）
11	山东高速路桥集团股份有限公司	000498	6501893	250463	10305001	1570965
电力生产业						
1	山西通宝能源股份有限公司	600780	1111845	85414	1003157	662086
其他采选业						
1	中矿资源集团股份有限公司	002738	804122	329483	1148245	750951
2	紫金矿业集团股份有限公司	601899	27032899	2004204	30604413	8894278

后 记

《中国企业信用发展报告2023》是由中国企业改革与发展研究会、中国合作贸易企业协会、国信联合（北京）认证中心联合组织编写，全面、客观、真实反映我国企业信用发展状况以及经济效益变化趋势的综合性大型年度报告，也是第13次向社会发布的中国企业信用发展报告。其中，《中国企业信用500强发展报告》是第12次发布，《中国制造业企业信用100强发展报告》《中国服务业企业信用100强发展报告》是第11次发布，《中国民营企业信用100强发展报告》是第10次发布，《中国上市公司信用500强发展报告》是第9次发布。

《中国企业信用发展报告2023》是在课题组开展中国企业信用调查评价活动过程中，历时一年采集大量信息和数据的基础上，经过深入分析研究，经专家委员会最后审定形成的。本活动得到了有关协会、商会组织和广大企业的大力支持，有关领导和专家给予了热情帮助和指导，在此一并深表感谢。

《中国企业信用发展报告2023》的出版主旨，是以习近平新时代中国特色社会主义思想为指导，全面贯彻党的二十大精神、中央经济工作会议以及党中央和国务院关于加强社会信用体系建设的总体要求，扎实推进中国式现代化，全面贯彻新发展理念，加快构建新发展格局，着力推动高质量发展，推动我国企业实现持续高质量信用发展；贯彻实施《企业诚信管理体系》（GB/T 31950—2015）国家标准，进一步推进诚信建设，有效加强ESG治理，强化社会责任意识、规则意识、奉献意识，全面提高我国企业的诚信管理水平，努力创建优质企业，打造世界一流企业，全面提升中国企业在国际市场上的形象和竞争力。

《中国企业信用发展报告2023》通过对中国企业的信用发展状况进行全面客观、科学公正的分析研究，剖析新时代宏观经济环境新变化以及企业面临的新问题、新挑战，引导我国企业进一步提高诚信管理水平和综合竞争能力。本报告为我国政府、协会商会组织及广大企业正确认识我国企业信用发展状况以及经济效益变化趋势提供决策参考依据，同时也有利于国际社会对我国企业信用水平有一个客观公正的了解，将对我国企业全面提高诚信管理水平、全面提升国际影响力和竞争力起到积极的推动作用。

“中国企业信用发展分析研究”是一项系统工程。“2023中国企业信用发展分析研究”课题组，经历一年时间的辛勤努力研究，在广大企业界同人的大力支持下，在各位专家评委的指导下，形成课题成果。2024 年，我们将会继续开展中国企业信用发展调查评价研究工作，继续做好中国企业信用 500 强、中国制造业企业信用 100 强、中国服务业企业信用 100 强、中国民营企业信用 100 强和中国上市公司信用 500 强的分析研究及评价工作。申报 2024 年的中国企业信用 500 强、中国制造业企业信用 100 强、中国服务业企业信用 100 强、中国民营企业信用 100 强和中国上市公司信用 500 强的企业，请与中国企业改革与发展研究会、中国合作贸易企业协会联系。

本活动离不开企业家和企业界同人的大力支持，希望企业界的朋友能够一如既往地支持和配合我们的工作，继续提供有价值的信息和数据；希望各位领导和专家能够一如既往地给予支持和指导，为推动我国企业信用建设，推动我国经济高质量发展做出应有贡献。

由于时间仓促，本报告难免存在疏漏和不尽如人意之处，恳请企业界、经济界和其他各界人士、专家、广大读者提出宝贵的意见和建议。

在本书出版之际，我们向负责本书出版并给予大力支持的中国财富出版社表示感谢。

编　者

2023 年 12 月